Cole

Biblioterapia

PAUL GILBERT (n. 1951) este un psiholog și psihoterapeut britanic, recunoscut la nivel mondial pentru inițierea terapiei bazate pe compasiune. Înainte de pensionare, Gilbert a condus Mental Health Research Unit din Derbyshire, iar în prezent continuă să predea psihologie la University of Derby și este președinte al Compassionate Mind Foundation. În 2011 i-a fost acordat titlul de Ofițer al Ordinului Imperiului Britanic pentru meritele în domeniul sănătății mintale, unde s-a ocupat cu precădere de tulburările afective, anxietate, depresie și psihoze. Până la acel moment, publicase deja 21 de cărți și peste 100 de articole științifice, fiind totodată membru al British Psychological Society.

Pentru a ajunge la un public cât mai larg, Paul Gilbert a realizat o serie de 12 videoclipuri care prezintă sfaturi și experiențe menite să îi ajute pe cei care le accesează să se adapteze mintal și emoțional la societatea zilelor noastre, marcată de anxietate crescândă și nesiguranță. Ele sunt disponibile gratuit pe site-ul compassionatewellbeing.com.

PAUL GILBERT

Compasiunea
și mintea umană

Traducere din engleză de
IOANA PĂTRĂȘCANU

CURTEA VECHE

Descrierea CIP a Bibliotecii Naţionale a României
GILBERT, PAUL
Compasiunea şi mintea umană / Paul Gilbert ; trad. de Ioana Pătrăşcanu.
- Bucureşti : Curtea Veche Publishing, 2020
Index
ISBN 978-606-44-0749-8

I. Pătrăşcanu, Ioana (trad.)

159.9

ISBN epub: 978-606-44-0362-9
ISBN mobi: 978-606-44-0361-2
Carte publicată şi în ediţie digitală

Redactor: Diana Ilie
Corector: Elena Tătaru
Tehnoredactor: Irinel Niculae

CURTEA VECHE PUBLISHING
str. Aurel Vlaicu nr. 35, Bucureşti, 020091
redacţie: 0744 55 47 63
distribuţie: 021 260 22 87, 021 222 25 36, 0744 36 97 21
fax: 021 223 16 88
redactie@curteaveche.ro
comenzi@curteaveche.ro
www.curteaveche.ro

PAUL GILBERT
The Compassionate Mind

First published in Great Britain in 2010 by Constable

CUPRINS

Mulțumiri 7
Introducere 11

Partea I
Știința compasiunii

1 Compasiunea: începutul călătoriei noastre 27
2 Provocările vieții 44
3 Așezarea în fluxul vieții 100
4 Amenințare și protecție: bunul, răul și cu adevărat dificilul 143
5 Plăcerile și satisfacțiile vieții: cele două tipuri de emoții bune, mintea și compasiunea umană 168
6 Compasiunea în contextul creierilor și minților vechi și noi 198

Partea a II-a
Construirea sinelui plin de compasiune prin tehnici și exerciții

7 Pregătiri conștiente pe drumul spre compasiune 237
8 Antrenarea compasiunii prin imagerie mintală 257
9 Compasiunea ca mod de gândire 283
10 De la critica de sine la compasiune 321
11 Compasiune și emoții: lucrul cu anxietatea, furia și iertarea 369
12 Comportamentul plin de compasiune: cultivarea curajului 397
13 Exprimarea minții prin compasiune 423

Note 454
Descoperă mai multe 485
Indice 488

MULȚUMIRI

Sunt mulți cei cărora se cuvine să le mulțumesc pentru contribuțiile la această carte, lucru care mă bucură. Trebuie să încep cu numeroșii pacienți pe care i-am avut în psihoterapie de-a lungul ultimilor 30 de ani – pentru curajul lor și pentru sondarea dificultăților pe care le-au întâmpinat în dobândirea compasiunii față de ei înșiși, cu toate eforturile implicite. În timpul lucrului cu ei a prins rădăcini ideea centrală a cărții, conform căreia „lipsa de bunăvoință și căldură față de sine“ este cauza multor suferințe psihice.

Am încercat să cercetăm în detaliu acest lucru – în special problemele legate de rușine și critică de sine. Aici aș dori să îi mulțumesc colegului meu Chris Irons, care, de-a lungul multor ani, a lucrat alături dc mine la diverse modele de compasiune. Sunt, de asemenea, încântat să le aduc mulțumiri entuziaste coordonatoarei actualc a minunatci mele echipe de cercetare, Corrine Gale, și cercetătoarei și analistei de date Kirsten McEwan. Ele lucrează incredibil dc mult și cu dedicare. De asemenea, mulțumiri speciale merg către Helen Rockliffe, pentru entuziasmul ei și pentru efortul susținut alături de noi. Secretarele mele – Diane Woollands timp de mulți ani (acum pensionată – îmi pare rău dacă te-am epuizat) și, recent, Suc Branningan și Lcslcy Fulter – mi-au oferit un sprijin excelent cu verificarea referințelor și corectura. Mulțumiri speciale merg, de asemenea, spre Keith Wilshere, pentru organizarea profesionistă a nucleului nostru de cercetare, pentru că ne-a ținut pe toți pe linia de plutire și pentru că m-a convins să reiau cântatul la chitară și să înregistrez cu Still Minds.

În 2007 am înființat o organizație caritabilă pentru a promova munca de cercetare și terapia prin compasiune – Compassionate Mind Foundation (www.compassionatemind.co.uk). Prin urmare, este o plăcere să le mulţumesc administratorilor actuali: Jean Gilbert şi doctorilor Chris Gillespie şi Tom Schroder. Mulţumiri, de asemenea, şi membrilor consiliului nostru: Diane Woollands (care este şi coordonatoarea organizaţiei de caritate) şi Ken Goss, Deborah Lee, Mary Welford, Ian Lowens şi Chris Irons. Cu toţii au lucrat la aceste idei un număr de ani şi au dezvoltat terapia centrată pe compasiune în propriile domenii, acoperind tulburările alimentare, anxietatea, trauma şi psihoza. De asemenea, le sunt recunoscător colegilor mei clinicieni Sue Procter şi doctorilor Sophie Mayhew, Sharon Pallant şi Andrew Rayner, cu care am lucrat la elaborarea datelor rezultate pentru terapia centrată pe compasiune. Mulţumiri personalului centrului de zi de la Duffield Road 63 pentru activitatea continuă în terapia compasiunii şi pentru punerea la dispoziţie a spaţiului şi echipamentelor necesare pentru întâlnirile noastre periodice de supervizare – o sursă de pasiune şi spaţiu pentru a împărtăşi idei şi rezultatele cercetării. Michael Towend şi Louis Spry de la University of Derby au fost un sprijin important în evoluţia instruirii şi sperăm să dezvoltăm în scurt timp o metodă de învăţare structurată.

De asemenea, aş dori să îi mulţumesc prietenului meu, profesorul Meinrad Perrez, pentru că mi-a oferit de-a lungul anilor funcţia de profesor asociat la Universität Freiburg din Elveţia şi pentru că mi-a împărtăşit activitatea sa fascinantă privind reglarea emoţiilor în familii. Îi mulţumesc, de asemenea, prietenului meu, profesorul Jose Gouveia, de la Universidade de Coimbra, Portugalia, pentru că mi-a oferit din nou funcţia de profesor asociat şi pentru stimularea cercetării importante a ruşinii şi compasiunii; le mulţumesc şi studentelor sale Paula Castilho, Marcella Matos şi Alexandra Dinis. Mulţumiri speciale, de asemenea, domnului doctor Giovanni Liotti pentru ideile sale şi pentru activitatea întreprinsă de-a lungul anilor în teoria şi terapia ataşamentului şi pentru îndrumare. De asemenea, le sunt recunoscător mentorilor pe care i-am avut în anumite perioade, inclusiv doctorului John Price şi profesorului Leon Sloman, care a dezvoltat teoria ierarhiei sociale în tulburările afective, şi profesorilor Michael McGuire şi Dan Wilson, pentru cunoştinţele lor substanţiale în abordările evoluţioniste ale tulburărilor mintale.

Mental Health Research Unit a fost înfiinţată în 1996 ca o asociere între University of Derby şi (actualul) Derbyshire Mental Health Trust. Fără sprijinul lor, cercetarea noastră şi noua abordare nu ar fi fost posibile, așa că le sunt foarte recunoscător pentru viziunea și încurajarea pe termen lung. De asemenea, aș vrea să mulțumesc British Association of Behavioural and Cognitive Psychotherapies, care mi-a oferit întotdeauna un sentiment de apartenență, o primire călduroasă și care mi-a cerut să fiu director general în 2003. Aici sunt oameni dedicați cercetării proceselor și rezultatelor, care rămân nemulțumiți de psihoterapia actuală și care doresc să o îmbunătățească. Chiar dacă eu sunt mai preocupat decât unii dintre colegii mei de procesele biologice evolutive puternic amprentate de teoria atașamentului, de arhetipurile jungiene și de procesele inconștiente, ei m-au tratat întotdeauna cu bunăvoință și mi-au oferit multe platforme prin care să îmi prezint punctele de vedere. Fără sprijinul și deschiderea lor, nu am fi unde suntem astăzi. Nu este clar dacă vreuna dintre actualele școli și asociații de psihoterapie se poate menține în fața cercetării psihologice fără să devină simplă „terapie psihologică bazată pe dovezi". Cu lucrurile care se schimbă atât de repede în prezent, cine știe ce va exista în viitor? Mulțumiri speciale merg spre profesorul Bob Leahy, coleg terapeut cognitiv-comportamental din New York, pentru erudiția, prietenia și pasiunea pentru pasiune (emoții) în terapie – am spus că nu o să menționez cântatul în bar.

Nick Robinson de la Constable & Robinson a fost un susținător foarte entuziast și editorul acestei cărți. Nu mi-aș putea închipui un editor, un prieten și un ghid de mai mare ajutor. Priceput și la vinurile roșii. Multe mulțumiri Frithei Saunders, redactorul de la editură, care este entuziastă, incredibil de eficientă, întotdeauna de ajutor și foarte prietenoasă. Ea s-a arătat foarte calmă de fiecare dată când eu deveneam neliniștit din pricina termenelor de predare. Nancy Duin, redactorul independent, a fost minunată în preluarea unui text greu de înțeles și transformarea lui în ceva ce poate fi citit. Nu prea există propoziție pe care să nu o fi îmbunătățit, lucrând apoi din greu și asupra corecturilor și completărilor mele. De asemenea, a schimbat locul paragrafelor pentru a oferi un sens mai bun textului și a verificat lucrurile pe care trebuia să le verific eu pe internet (m-a salvat de niște erori jenante). Dacă înțelegi ce am scris, atunci acest lucru se datorează în mare măsură faptului că Nancy este strălucită. Îi datorez profundă recunoștință. Desigur, orice greșeli rămase sunt doar responsabilitatea mea, dar până la sfârșitul cărții am încredere că mă vei ierta.

Și, ca de obicei, dragostea mea se îndreaptă spre copiii mei, Hannah și James, care m-au învățat enorm despre puterea iubirii semenilor. O iubesc pe Jean – soția mea, tovarășul de pahar și de crichet, cercetătoare, colaboratoare și iubirea vieții mele de peste 30 de ani. Dumnezeule, atât de bătrâni suntem? National Health Service (NHS) nu permite concedii sabatice pentru scrierea de cărți, așa că în ultimii ani mi-am început ziua la 5:00, încercând să nu o trezesc pe iubita mea.

În lunile anterioare finalizării acestei cărți, dr. Simon Thomas, un coleg psiholog clinician și terapeut experimentat, un om cu adevărat minunat de care eram cu toții profund atașați, a murit la vârsta de 45 de ani, după o luptă lungă cu cancerul. Apoi tatăl meu a dezvoltat un cancer galopant, care l-a schimbat repede dintr-un om activ, cu ochi strălucitori, într-un om confuz, cu dorință de moarte. Am putut să fiu alături de el în ultimele sale zile. Aceste evenimente au armonizat cumva ce reprezintă compasiunea pentru mine – înfruntând realitățile și tragediile vieții – și m-au făcut să înțeleg ce scriam la început. Așa că le dedic această carte tuturor celor care simt bucuria vieții, dar care suferă de pe urma faptului de a fi vii.

INTRODUCERE

Compasiunea poate fi definită în multe moduri, dar esența sa este bunăvoința, cu o conștientizare profundă a propriei suferințe și a celei resimțite de alte ființe, însoțită de dorința și încercarea de a o alina. Chiar dacă oamenii se comportă crud și dur (privind în urmă în istoria omenirii, vedem că este ceva frecvent), pentru mai bine de 3000 de ani compasiunea a fost înțeleasă ca una dintre cele mai importante și mai remarcabile calități ale minții umane. Nu numai că a fost încurajată drept cale spirituală și morală în multe religii, ci a fost privită și ca proces important de vindecare pentru mințile și relațiile turbulente.

Majoritatea religiilor îi recunosc puterea, deși exercițiile și practicile de antrenare a minții prin compasiune s-au dezvoltat în cadrul tradițiilor estice – în special în budismul Mahayana, școala lui Dalai Lama. În aceste tradiții, dezvoltarea compasiunii este precum cântatul la un instrument muzical – este o capacitate care poate fi îmbunătățită printr-o practică dedicată. De asemenea, aceste tradiții prezintă dezvoltarea compasiunii ca având consecințe de anvergură asupra felului în care se organizează mintea, asupra modului în care trăim în lume și chiar asupra realității finale a conștiinței de sine.

Până relativ recent, imboldul pentru dezvoltarea compasiunii și a practicii acesteia a venit în primul rând din tradițiile spirituale și religioase. Extrem de interesant este că ultimii 30 de ani au văzut cum știința psihologiei și studiile asupra creierului uman au început să pună compasiunea, grija și comportamentul prosocial în centrul dezvoltării stării de bine, sănătății mintale și capacității noastre de a întreține relații armonioase unii cu alții, precum și cu lumea în care trăim.

La scurt timp după cel de Al Doilea Război Mondial, cercetători precum Harry Harlow (1905–1981), care a lucrat cu maimuțe, și psihiatrul pediatru John Bowlby (1907–1990) au început să studieze impactul relației de îngrijire pe care o aveau bebelușii cu mamele lor. S-a descoperit că dragostea și grija unei mame aveau un impact enorm asupra dezvoltării emoționale a bebelușului, copilului și adultului de mai târziu.

În anii '50 și '60, John Bowlby a conturat abordarea dezvoltării umane, pe care a denumit-o „teoria atașamentului". Aceasta se concentrează pe calitatea relației de atașament în termeni de accesibilitate și afecțiune a părintelui în alinarea și reglarea emoțiilor bebelușului. Într-adevăr, probabil am văzut cu toții cum copiii mici se stresează dacă pierd contactul cu mamele lor și cum, în cursul normal al evenimentelor, întoarcerea mamei calmează copilul. Bowlby ne-a ajutat să recunoaștem că, din ziua în care ne naștem, creierii sunt *proiectați biologic* să răspundă la grija și bunăvoința altora. Într-adevăr, munca sa a stârnit o revoluție în înțelegerea importanței afecțiunii în multele etape ale vieții noastre. Când suferim, bunăvoința ne ajută; dacă ne confruntăm cu tragedii precum pierderea persoanelor iubite, bunătatea altora ne ajută; dacă avem de-a face cu gândul la propria moarte, atunci a ne simți iubiți și doriți este important pentru capacitatea noastră de a-i face față. Acum știm că prieteniile apropiate și relațiile afectuoase joacă un rol important pentru sănătatea mintală și pentru starea de bine, influențând modul în care funcționează corpurile noastre. De exemplu, oamenii aflați în relații afectuoase au niveluri mai scăzute ale hormonilor de stres și mai ridicate ale hormonilor „fericirii" decât cei aflați în relații caracterizate de conflict. Cercetările au arătat și că modul în care ne raportăm *la noi înșine* – indiferent că ne privim cu bunăvoință sau cu critică – poate avea o influență importantă asupra capacității de a depăși dificultățile vieții și de a crea în noi înșine sentimentul de împlinire. Acum, în întreaga lume, cercetătorii din multe domenii diferite explorează puterea bunăvoinței și a afecțiunii, precum și modalitățile de a le valorifica.

Desigur, aceste procese se întâmplă tardiv. Ne confruntăm cu crize importante legate de lipsa de compasiune și de grijă a unuia față de celălalt și față de mediu. Am rămas prinși într-o lume competitivă, care caută doar eficiență și maximizarea profitului. Fiecare dintre noi are un creier care a evoluat milioane de ani și care este foarte sensibil la contextul social în care trăiește. Așa că, deși putem fi compătimitori, binevoitori și altruiști în unele contexte (de cooperare și de susținere), în altele (competitive și centrate pe amenințări), putem fi necrutători, cruzi și foarte preocupați de sine. Așa că, din înțelegerea importanței afecțiunii asupra modului de operare a creierilor și a corpurilor noastre și a felului în care se răsfrânge cultura modernă asupra psihologiei și creierilor noștri, folosind compasiunea mai mult sau mai puțin, învățăm din ce în ce mai multe despre importanța valorificării și concentrării compasiunii.

O călătorie personală

Interesul meu pentru compasiune și eventuala scriere a acestei cărți este rezultatul multor momente ale vieții mele. Permite-mi să îți prezint câteva contexte, pentru o mai bună analiză. Putem călători în urmă cu 40 de ani, când mi s-au prezentat conceptele jungiene ale arhetipurilor, în timp ce îmi urmam studiile liceale, în anii '60. Acelea erau zilele „studiilor liberale" și aveam un profesor tânăr fascinant, care ne ținea prelegeri din lucrarea sa de doctorat recent finalizată: „O analiză jungiană a romanului". Priveam firul epic și personajele din diferite cărți în termenii arhetipurilor de la baza lor și a temelor comune din istoria omenirii, precum eroul, răufăcătorul, sacrificiile iubirii și loialității, răzbunarea din trădare, moartea eroului și așa mai departe – lucruri grozave. Arhetipurile pe care George Lucas le-a folosit pentru a concepe seria *Star Wars* comunică cu aspectele înnăscute ale minții noastre, sursa dorințelor repetitive și a relațiilor cu ecou în întreaga istorie – așa cum vom vedea ulterior în această carte.

Chiar și când eram adolescent, ideea de a deveni psiholog îmi sclipea în minte (presupunând că nu aș fi dat lovitura cu trupa mea rock). Totuși, studiile mele principale au fost în domeniul politicii și al economiei, așa că le-am urmat mai departe la universitate. Am devenit foarte interesat de impactul relațiilor economice asupra stilului de viață și calității vieții, temă pe care a abordat-o Karl Marx. Marx era, de asemenea, un mare fan al lui Darwin, care a fost „onorat" să primească un exemplar al cărții *Das Kapital* în 1873 și i-a scris: „... amândoi dorim cu sinceritate extinderea cunoașterii și, pe termen lung, aceasta cu siguranță va suplini fericirea omenirii." Conform biografului lui Marx, Francis Wheen, pe 17 martie 1883, „pe când coșciugul lui Marx era coborât în pământ, la cimitirul Highgate, Engels a declarat: «Așa cum Darwin a descoperit teoria evoluționistă în natura umană, și Marx a descoperit legea evoluției în istoria omenirii.»“[1]

Legătura dintre psihologia evoluționistă și sistemele economice în care trăim, în crearea suferinței sau fericirii, nu a fost niciodată mai bine articulată. Din nefericire, această abordare evoluționistă avea să decadă în urma supra-medicalizării și patologizării suferinței umane – ceva de la care a încercat constant să dea înapoi. Așa cum vei vedea, această legătură, între mințile noastre evoluate și condițiile sociale în crearea compasiunii sau a cruzimii, a fericirii sau a nefericirii, este răspândită în această carte.

Este suficient de spus că, în această perioadă timpurie a vieții mele, eu și prietenii mei eram preocupați în mare măsură de justiție economică și de egalitate. Dar visul de a deveni psiholog a crescut, așa că, din fericire pentru mine, am avut șansa să mă recalific în psihologie la Sussex University între anii 1973 și 1975. Din nefericire, am picat la neurofiziologie și a trebuit să mai studiez un an. Acest lucru s-a potrivit stilului meu de dislexic, de dansator de *limbo* academic – acela de a promova la limită. Așa că am muncit noaptea ca asistent de psihiatrie, mi-am cunoscut soția și am ajuns să joc mult crichet. Studiile mele doctorale la Edinburgh s-au concentrat asupra depresiei și, apoi, în 1980, am luat calificarea clinică și am fost lăsat liber într-o lume care nu bănuia nimic.

Fascinația mea îndelungată pentru Jung și arhetipuri a condus la ceea ce a devenit cunoscut drept psihologie evoluționistă și, apoi, pentru mine, la studiile despre cum evoluția minților ne pregătește pentru toate tipurile de dificultăți, inclusiv anxietate, depresie, paranoia și restul. Am fost suficient de norocos să ajung să îl cunosc și să conversez în mai multe rânduri cu profesorul Aaron Beck, pionierul terapiei cognitive. El, de asemenea, era interesat de dinamica evoluționistă profundă a minții noastre, dar simțea că trebuie să ne concentrăm terapia pe gândurile conștiente ale oamenilor și să îi învățăm metode de a se ajuta singuri. Din punctul său de vedere, ceea ce îți aduce suferința este ce se întâmplă în mintea ta astăzi mai degrabă decât reflecțiile asupra trecutului. Aceasta rămâne o poziție controversată și, chiar dacă mulți psihologi încă recunosc importanța lucrului cu trecutul, abordarea practică a terapiei cognitive a devenit foarte populară printre mulți profesioniști – nu numai psihologi, ci și asistenți, psihiatri și asistenți sociali. Psihologii care au adoptat-o s-au grăbit apoi să îi dezvolte baza de cercetare.

Chiar dacă lucrul cu gândurile, comportamentele şi emoţiile actuale ale oamenilor este extrem de util, există totuşi mica problemă a creierului uman şi faptul că acesta a fost proiectat să răspundă la bunătate şi afecţiune. Cercetarea mea s-a îndreptat mult asupra problemelor legate de sentimentele de inferioritate şi de capitulare; într-adevăr, mi-am intitulat cea de-a doua carte *Depression: The Evolution of Powerlessness*. Unele dintre ideile mele au fost influenţate de diploma în economie, ceea ce mi-a dat ideea că opresiunea este legată de bolile mintale. Aşa că am fost interesat să înţeleg mecanismele prin care creierul nostru face legături cu sentimentele de inferioritate, înfrângere şi opresiune. Acest lucru m-a condus la studiul ruşinii şi autocriticii – modul în care ne persecutăm şi ne deprimăm singuri. Totuşi, problema *bunăvoinţei*, asupra căreia mi-au atras atenţia atât teoria ataşamentului, cât şi interesul pentru budism, m-a bântuit în activitatea terapeutică şi ştiam că trebuie să o integrez în terapie şi în modelele tulburărilor psihice. Am fost norocos să îi am ca doctoranzi pe talentaţii Steve Allen şi Chris Irons, care au studiat interacţiunea dintre experienţele de ataşament şi cele de putere şi subordonare. Munca lor şi numeroasele noastre conversaţii m-au ajutat să îmi îmbunătăţesc gândirea.

Am avut şi norocul că, în anii '80, câţiva dintre noi au reuşit să se întâlnească la fiecare câteva luni pentru a împărtăşi idei despre interacţiunea dintre aspecte ale minţii şi modul în care mediul social şi copilăria pot scoate ce e mai bun sau mai rău din noi. Printre cei care au participat la întâlniri se numără: soţia mea, Jean, care a studiat ierarhiile sociale ale gândacilor şi ulterior a făcut studii calitative cu persoane depresive sau care sufereau de schizofrenie; etologul Michael Chance, care a explorat diferite tipuri de ierarhii sociale la maimuţe; psihiatrul John Price, primul care a făcut legătura dintre tulburările afective şi sentimentele de inferioritate şi de înfrângere ca strategii evoluate de siguranţă şi Leon Sloman de la Clarke Institute, din Toronto, care a integrat ideile lui John în abordările teoriei ataşamentului; analistul jungian Anthony Stevens, care a studiat în anii '60 relaţiile de ataşament într-un orfelinat grecesc; şi doi alţi psihologi: Dave Stephens, sclipitor în interesele şi practicile budiste, şi Dennis Trent, care a studiat ceea ce ei numesc „pseudo-ataşamente". John şi Anthony au continuat prin a scrie cartea *Evolutionary Psychiatry*[2], care afirmă că goana după statut şi figurile relaţionării/ataşamentului constituie un proces arhetipal în fiecare dintre noi şi că problemele de sănătate mintală pot apărea din împiedicarea sau distorsionarea uneia dintre acestea sau a amândurora. Acele discuții de grup erau foarte interesante – împărtășirea lucrărilor de cercetare, amestecate cu lamentările despre lume... și prea mulți biscuiți cu ciocolată.

În 1983, doi terapeuți italieni, Vittorio Guidano și Giovanni Liotti, au scris o carte[33] foarte influentă care făcea legătura între relațiile timpurii de atașament și diferitele procese care îi interesau pe terapeuții cognitivi – stilurile noastre de gândire despre noi înșine și despre ceilalți. Niște ani mai târziu, am fost norocos să mă împrietenesc cu Giovanni și să învăț mult din înțelepciunea și ideile sale despre impactul relațiilor de atașament din copilărie asupra dificultăților ulterioare.

Eram interesat de modul în care aș putea folosi aceste idei în cercetările mele axate mai mult pe aspectele elementare ale cognitivului și comportamentalului. M-am instruit în psihanaliza kleiniană* (nu tocmai pe gustul meu) și, în anii '90, am avut șansa de a petrece patru ani lucrând într-un spital de zi, în cheie jungiană. Mi-au plăcut și aspectele mai deschise, împărtășite și bazate pe colaborare ale terapiei cognitiv-comportamentale și mi-am petrecut niște ani fericiți mergând pe stradă cu oameni care sufereau de agorafobie și dezvoltând grupuri de sprijin. Nu există îndoială că expunerea blândă la lucrurile temute și evitate și exersarea unui mod de gândire diferit, într-o atmosferă de sprijin, erau deopotrivă de ajutor. Totuși, în timp ce unii terapeuți cognitivi erau din ce în ce mai interesați de tehnici – învățându-i pe oameni logică și testând dovezile pentru credințele lor –, eu eram convins că acela era doar începutul. Pentru mine, cheia era modul în care oamenii începeau să se „simtă" în siguranță și să se aline singuri.

Pentru a aborda această direcție, a trebuit să lucrez cu modul în care este alcătuit creierul și asta m-a condus înapoi la neurofiziologie, teoria atașamentului și interesul meu pentru compasiunea budistă; abia apoi am introdus, treptat, ideea bunăvoinței în terapie. De exemplu, am ajutat oamenii care aveau gânduri negative despre ei înșiși să exploreze cât de întemeiate sunt astfel de gânduri, pentru a vedea ce tipare

* Ramură a psihanalizei care a permis investigarea perioadei infantile și adolescentine, bazată pe experiența clinică a lui Melanie Klein. Pentru investigarea inconștientului, Melanie Klein a creat o tehnică specială de analiză prin joc (1932), care a făcut trecerea de la psihanaliza freudiană la psihanaliza copilului. (*N. red.*)

arhetipale apar în cazul lor (de exemplu, frica de abandon, nevoia eroică de a reuși, rușinea și îndepărtarea ei) sau a descoperi dacă ei ascund altele mai înspăimântătoare. Apoi am încercat să generăm alternative și, cu exercițiu, să le aducem în viața reală. Totuși, pacienții spuneau uneori: „Înțeleg logica și sunt de acord că nu sunt un ratat, dar tot așa mă simt." De ce înțelegerea lor evidentă a problemei nu îi ajuta să se simtă mai bine?

În cartea mea din 1989 *Human Nature and Suffering*[4], am explorat cercetările care sugerau că avem sisteme cerebrale speciale pentru a ne permite să simțim siguranță, încurajare și alinare, acalmie și că aceste sentimente sunt legate de starea de a fi îngrijiți și de a primi afecțiune. În cele din urmă, mi-a picat și fisa: dacă sistemul de emoții care ne permite să simțim încurajarea, alinarea și siguranța nu funcționează sau nu este accesibil, oamenii pot într-adevăr înțelege ceva, dar nu și resimți încurajare sau alinare ca urmare a acelei înțelegeri. E ca și cum ai avea în minte toate imaginile sexuale care îți plac, dar dacă glanda pituitară nu răspunde la acele imagini, nimic nu se întâmplă în corp. Mi-am mai dat seama și de alte lucruri. Devenise clar că aveam de făcut mai mult decât expunerea oamenilor la *emoții pozitive* și oferirea ajutorului ca să le aprofundeze și să le simtă. Totuși, printr-o schimbare de situație fascinantă, cercetarea începea să arate clar că există două tipuri diferite de emoții pozitive. Un tip este legat de dorință și entuziasm, celălalt are legătură cu sentimentul de încurajare, siguranță și pace deplină (*vezi* paginile următoare). Ca terapeuți, am conștientizat că avem nevoie să separăm aceste două sisteme de emoții pozitive foarte clar în mințile noastre pentru că, deși ele sunt integrate, funcționează în moduri foarte diferite. Într-adevăr, unii oameni vor încerca să aibă realizări și entuziasm în viața lor mai ales pentru că fără acestea viața pare goală sau pentru că vor considera că este dificil să se simtă în siguranță sau mulțumiți. Compasiunea se referă foarte mult la stimularea celui de-al doilea sistem de emoții. Pentru mine, budismul, evoluția, teoria atașamentului a lui Bowlby și studiile asupra creierului și emoțiilor pozitive au început să se aranjeze. M-am convins că, indiferent de intervenția pe care o folosești, trebuie să te asiguri că pacientul o trăiește cu bunătate și căldură.

Totuși, s-a dovedit că a-i ajuta pe oameni să își dezvolte compasiunea pentru alții și în special pentru ei înșiși nu este întotdeauna ușor. Într-adevăr, unii oameni sunt de-a dreptul înspăimântați și rezistenți la această idee. Ei văd compasiunea și bunăvoința față de sine ca slăbiciune sau ca răsfăț; pentru ei, înseamnă că ești prea blând sau că lași garda jos. Dacă încep să simtă bunăvoință sau compasiune față de sine, ar putea declanșa tristețea, pentru că ar recunoaște cât de singuri s-au simțit atât de mult timp. John Bowlby a sugerat că, dacă arăți bunăvoință în terapie, poți activa amintirile legate de atașament ale pacientului. Dacă aceste amintiri includ neglijare sau un comportament aspru, sentimentele pe care le-a avut în acele momente pot reapărea. Departe de a simți blândețe din partea terapeutului sau a tehnicii, pacienții se simt stingheri, anxioși și rezistenți la compasiune.

Acest lucru poate fi înțeles prin ce numim terapie comportamentală, care are rădăcinile în munca lui Ivan Pavlov (1849–1936) și a câinilor lui care salivau. Permite-mi să îți dau un exemplu. Copiii au o dorință naturală de a se juca. Totuși, să presupunem că, de fiecare dată când copiii încep să se joace, părinții îi pedepsesc și nu le mai arată afecțiune. În timp, copiii vor învăța că propriile dorințe au ca rezultat pedeapsa, așa că își vor inhiba aceste dorințe sau vor deveni anxioși dacă le vor simți din nou. Putem deveni anxioși în legătură cu sentimentele noastre din cauza modului în care au răspuns alții la ele în trecut. Să considerăm dorința pentru grijă și afecțiune. Ce se întâmplă dacă această dorință are ca rezultat neglijarea, respingerea sau chiar abuzul? Sesizezi problema. Așa că, atunci când un terapeut este blând, poate reactiva dorința (înnăscută) a pacientului pentru grijă și afecțiune, dar aceste sentimente sunt asociate cu o mare frică revărsată asupra pacienților – așa că ei întorc spatele bunăvoinței. Această constatare ne-a condus pe mine și echipa mea spre cele mai recente cercetări ale noastre – analiza fricii de compasiune. Se dovedește că, dintr-o multitudine de motive, compasiunea poate fi complicată pentru oameni.

Acesta este temeiul cărții de față și al gândirii mele. Am vrut să scriu o carte pentru a împărtăși cu tine entuziasmul și pasiunea pentru cercetarea modernă în psihologie, pe măsură ce explorează în detaliu cum putem dezvolta un comportament prosocial, având compasiune și bunăvoință pentru lume și pentru noi înșine. Mai mulți ani, agresivitatea, anxietatea și depresia au fost punctele centrale ale cercetării noastre, dar acest lucru se schimbă.

De asemenea, am vrut să împărtășesc luptele pe care le purtăm pentru a fi plini de compasiune față de noi înșine și față de alții. Vei găsi multe cărți de dezvoltare personală care îți vor vorbi despre importanța de a învăța să te accepți și să te iubești, dar ele nu îți vor explica de ce este important acest lucru și de ce poate fi atât de dificil. Așa că această carte este diferită, în sensul că încearcă să îți ofere multe detalii despre cum funcționează mințile noastre. Ea va explora împreună cu tine provocările vieții pe care trebuie să le înfruntăm cu toții din cauza modului în care am evoluat și a societăților pe care le-am creat. Nu este nimic ușor în a urma calea compasiunii și uneori ea necesită curaj (nu este punctul meu forte). Dar dovezile sunt acum copleșitoare: a simți iubire și compasiune față de sine și alții este profund vindecător și liniștitor și ne ajută să înfruntăm provocările apărute în cale.

În întreaga lume există acum o mișcare progresivă de căutare a unui mod de a trăi prin compasiune. Deși am învățat că putem construi sisteme eficiente, tăia costurile și face lucruri incredibil de ieftine, acesta nu este un mod prea plăcut de a trăi. Putem sfârși într-o lume eficientă care nu este locuibilă – cu excepția puținilor relativ bogați. Așa că dezvoltarea compasiunii poate că nu este cel mai eficient mod de a trăi, dar va suplini starea noastră de bine. Într-adevăr, când privim astăzi în jurul nostru, recunoaștem că ne confruntăm cu o lume a suferinței și nedreptății grosolane și că ne este greu să afișăm compasiune, pentru că trăim în societăți profund lipsite de compasiune. Avem nevoie să înțelegem de ce se întâmplă acest lucru și să ne gândim ce putem face în mod colectiv pentru a schimba felul în care trăim – dar mai întâi trebuie să fim convinși că dezvoltarea minților și a societăților în spiritul compasiunii chiar *este* ce vrem să facem.

Despre această carte

Vei vedea că există două secțiuni principale în această carte. Partea I (capitolele 1–6) cuprinde încercările mele de a împărtăși entuziasmul față de modul în care știința poate dezvălui felul în care funcționează mințile și creierii noștri și de ce compasiunea poate fi un proces puternic vindecător. Pentru a dezvolta compasiunea, este de folos să cunoști detaliile pentru care acest lucru este important și felul în care funcționează. Partea a II-a (capitolele 7–13) îți oferă o serie de discuții și exerciții pe care le poți încerca pentru a-ți dezvolta mintea și compasiunea și să vezi dacă te ajută.

Partea I: Ştiinţa compasiunii

Capitolul 1 explorează câteva dintre modurile în care ne trăim în mod obişnuit vieţile în prezent, în special fiind zoriţi de societatea „avantajelor concurenţiale". Emoţiile, dorinţele şi fricile noastre ne însoţesc şi constatăm că este dificil să descoperim sensul vieţii. Este, de asemenea, dificil să stăm deoparte de agitaţia şi forfota vieţii cotidiene şi grijilor şi să ne vedem pe noi înşine ca fiinţe trecătoare pe această planetă, în acest univers. Ne putem simţi deconectaţi de la „fluxul vieţii" din care facem parte. Totuşi, dorinţele şi emoţiile noastre au fost construite în acest flux şi le împărtăşim cu alte fiinţe. A înţelege de unde au apărut dorinţele şi sentimentele noastre şi cum funcţionează poate fi de ajutor pe măsură ce pornim pe drumul spre compasiune. Vom învăţa că nu suntem vinovaţi pentru multe dintre cele care se petrec în minţile noastre şi cu siguranţă nu sunt proiectate de noi.

Capitolul 2 analizează urmările evoluţiei în „fluxul vieţii" şi ale faptului că facem parte din el. Prezintă 10 dintre provocările cu care ne confruntăm. Acestea se referă la faptul că avem un creier evoluat plin de pasiuni şi dorinţe demodate şi „o minte nouă", care poate activa, amplifica şi fantaza în legătură cu aceste emoţii, dorinţe şi pofte. Capacitatea de a gândi şi de a fantaza astfel semnifică faptul că fricile şi dorinţele noastre pot fi duse la extreme. Aşa cum am menţionat anterior, am evoluat în direcţia unei nevoi enorme de dragoste şi de afecţiune, ambele influenţându-ne creierul. Suntem o specie care caută individualitatea, dar şi conectarea, conformitatea şi apartenenţa. Avem o conştiinţă de *sine* care ne poate fi şi binecuvântare, şi blestem. Suntem conştienţi că viaţa poate fi plină de suferinţă şi de tragedie sub forma bolilor, vătămărilor, morţii şi diferitelor pierderi ale noastre şi ale celor pe care îi iubim. Provocarea finală se concentrează pe frica şi anxietatea faţă de compasiune şi bunătate. Compasiunea, corectitudinea şi dreptatea nu sunt gratuite. A învăţa să faci faţă greutăţilor compasiunii este important pentru dezvoltarea acesteia.

Capitolul 3 explorează ideea conform căreia cu toţii „pur şi simplu ne găsim aici", cu un creier construit de gene care au evoluat de-a lungul milioanelor de ani pentru a urmări dorinţe, pasiuni şi moduri de a relaţiona unii cu alţii, în familii şi în culturi pe care nu le-am ales. Vom explora evoluţia minţilor noastre şi felul în care a fi teritorial şi crud este o parte a potenţialului nostru înnăscut tot atât cât este şi bunătatea. Totuși, odată cu evoluția comportamentului afectuos, în special între mame și bebeluși, a apărut pe lume pentru prima dată capacitatea de a ocroti și de a purta grija unei alte ființe vii. Acest lucru avea să se extindă în diferite forme de compasiune. Cu cât înțelegem mai mult modul în care unele dintre viețile noastre sunt scrise de arhetipurile și mentalitățile interioare, cu atât mai mult putem să ne dăm un pas în spate, să preluăm controlul și să le dezvoltăm pe cele dorite.

Capitolul 4 investighează unul dintre cele mai importante mecanisme din mințile noastre, capacitatea de a detecta și de a răspunde la amenințări. Toate ființele vii trebuie să fie capabile să facă acest lucru. Totuși, acest sistem care adăpostește anxietatea, furia și dezgustul ne poate cauza și dificultăți majore. Vom vedea că sistemul nostru de apărare, deși este conceput pentru autoapărare și pentru protejarea celor de care ne pasă, este destul de complicat și poate declanșa un proces dominant în viețile noastre, astfel încât să ne provoace cu ușurință anxietatea, iritabilitatea sau depresia. Cu cât suntem mai absorbiți de amenințări, cu atât ne este mai dificil să obținem compasiunea.

Capitolul 5 va analiza faptul că avem două sisteme de emoții pozitive foarte diferite. Unul este legat de dorințe și plăceri. Câștigarea la loterie, plecarea în vacanță și îndrăgostirea ne pot entuziasma. Știind că ne vom bucura de ceva sau că o să ne îmbunătățească viața este important, pentru că ne va face să vrem să depunem efortul de a obține lucruri. Vom explora și sistemul nostru de mulțumire/alinare. Printre sentimentele care decurg din acesta se numără liniștea și o stare de calm și de împlinire interioară, care sunt adesea asociate cu conectarea – a te simți în siguranță din punct de vedere social în lume și apreciat de ceilalți. Din ziua în care ne naștem, bunătatea, dragostea și afecțiunea ne alină, ne calmează și ne ajută să ne simțim mai puțin amenințați. Așa că vom ajunge la descoperirea fascinantă că mulțumirea noastră este legată de afecțiune și de bunăvoință. A învăța cum să valorificăm capacitatea de alinare prin dezvoltarea bunăvoinței și a compasiunii față de sine este o parte importantă a acestei cărți.

Capitolul 6 explorează capacitatea noastră de a avea imaginație și fantezie, prin care pot fi stimulate diferite sisteme cerebrale. Acesta este principiul pe care se bazează antrenamentul minții noastre pentru compasiune, pentru că putem înțelege cum imageria mintală a compasiunii și gândirea plină de compasiune pot stimula sistemul de mulțumire/alinare.

Vom avea nevoie, desigur, să fim foarte clari atunci când folosim termenul „compasiune". Așa că vom privi spre budism și alte puncte de vedere spirituale înainte de a vedea compasiunea printr-o prismă occidentală, științifică. Vom vedea că este alcătuită din diferite atribute, precum a fi motivat să îți pese, a fi înțelegător, a fi capabil să îți tolerezi emoțiile, să fii empatic, să înțelegi ce simți și să nu fii critic. Există și alte abilități corelate pe care le putem învăța: atenția, gândirea și comportamentul pline de compasiune și cum să generăm compasiune.

Acest capitol este ultimul din secțiunea dedicată științei compasiunii. Partea I nu este exhaustivă, desigur, și de-a lungul deceniilor vom înțelege mult mai multe despre cum funcționează creierii noștri și cât de importantă este compasiunea. Dar aceste șase capitole îți vor oferi un indiciu despre ea, un punct de plecare pentru a te gândi la tine însuți în noi moduri și, de asemenea, te vor pregăti pentru exercițiile viitoare.

Partea a II-a: Construirea sinelui plin de compasiune prin tehnici și exerciții

Partea a II-a ne aduce la exercițiile care te vor ajuta să îți dezvolți mintea prin compasiune.

Capitolul 7 începe călătoria cu înțelegerea importanței a ce se numește acum *mindfulness*. Acest lucru înseamnă să înveți să acorzi atenție într-un anumit fel și să recunoști cum creierul tău poate declanșa șiruri de gânduri datorită fanteziilor. Prin mindfulness, învățăm cum să ne păstrăm atenția „în momentul prezent", fără judecăți de valoare. Așa că vei recunoaște că mintea ta tinde în mod natural să umble peste tot și că este foarte dificil să rămâi concentrat, dar cu antrenament îți poți croi „o minte calmă". Toate exercițiile din restul cărții vor fi abordate prin mindfulness – adică atunci când mintea rătăcește, o vom aduce înapoi cu blândețe și bunăvoință la sarcina sa, fără judecată sau critică. Fără antrenament, „rătăcirea" este starea naturală a minții, așa cum atunci când învățăm să cântăm la un instrument muzical degetele noastre nu vor merge la început acolo unde vrem să le îndreptăm.

Capitolul 8 ne va purta într-o lume a folosirii imageriei mintale și a creării anumitor fantezii pentru a stimula diferitele sisteme de emoții din noi. Vei învăța că, așa cum poți crea fantezii de natură sexuală care îți vor stimula corpul, poți să îți folosești fantezia minții pentru a crea imagini care îți vor stimula sistemele de mulțumire/alinare și de afecțiune. Există multe moduri de a face acest lucru, dar cheia este să înveți *cum* să exersezi, acordând atenție și creând în propria minte gânduri și imagini care sunt concepute intenționat pentru a stimula compasiunea și mulțumirea/alinarea.

Capitolul 9 explorează gândirea plină de compasiune. Este foarte ușor pentru emoțiile noastre să ne facă să gândim cu anxietate, furie, zbuciumare sau dorință. Gândirea plină de compasiune este un mod de a direcționa gândurile pentru a-ți fi de ajutor. Vom examina ideile din psihoterapii cognitive și de altă natură referitoare la cum gândirea ne permite să construim o lume pentru noi în mai multe feluri. A învăța să recunoaștem conținutul gândurilor noastre, cum să ne delimităm de ele și să le privim în feluri diferite poate fi favorabil dezvoltării compasiunii și gândirii pline de compasiune.

Capitolul 10 ne aduce la o temă foarte importantă: cum ne raportăm la noi și cum ne tratăm pe noi înșine. Din nefericire, lumea occidentală este plină de oameni nefericiți, critici față de ei înșiși, care se învinuiesc. A te trata cu asprime și în mod critic nu este bine pentru creierul tău; stimulează toate tipurile de stres. Așa că vom adresa această problemă direct, privind motivul pentru care am devenit autocritici și ce putem face pentru a detecta și a schimba acest lucru. Dezvoltarea compasiunii de sine, ghidată de cunoștințele despre cum funcționează creierul (acumulate din Partea I), te poate impulsiona în moduri substanțiale.

Capitolul 11 se concentrează pe emoțiile care pot cauza o grămadă de probleme – emoțiile autoprotectoare de anxietate și furie. Le vom analiza și ne vom gândi la moduri în care le putem trata prin compasiune, odată ce ne-am hotărât că uneori avem nevoie să lucrăm în feluri noi cu aceste emoții puternice.

Capitolul 12 ne conduce într-o călătorie spre zone mai complicate ale comportamentului plin de compasiune. Vei ajunge să înțelegi de ce a afișa compasiune nu înseamnă a fi slab sau „drăguț" și că poate fi foarte dificil, pentru că asta înseamnă să înfrunți unele dintre propriile dorințe și să refuzi să acționezi asupra altor dorințe sau frici. Poate însemna și că recunoașterea dorinței intense de apartenență și de conectare, de a fi un membru al tribului și de a apăra propriile interese poate fi sursa unor cruzimi și atrocități. Partea dificilă a comportamentului plin de compasiune este combaterea propriilor predispoziții față de cruzime. Compasiunea pentru noi înșine poate fi importantă când vedem că potențialul cruzimii apare pentru că creierii sunt proiectați să se protejeze și să evolueze genetic. Acest lucru nu este vina noastră, dar a simți compasiune din acest motiv ne permite să preluăm controlul și să ne împotrivim acestei părți interioare.

Capitolul 13 vorbește despre modul în care putem aduce o orientare plină de compasiune în viețile noastre și eventual să construim societăți mai pline de compasiune. Provocările viitorului sunt serioase, dar, în același timp, ne dăm seama treptat că suntem cu toții aici fără să fi ales să fim, prinși în fluxul vieții. Dacă învățăm să valorificăm puterea bunăvoinței și a compasiunii, putem să exercităm mai mult control și să creăm o lume mai distractivă și mai armonioasă pentru viața de zi cu zi. Vom dezvolta treptat științele minții, astfel încât ne vom plasa mai bine pentru a înțelege cum să construim stiluri de viață favorabile pentru hrănirea stării de bine fizice și psihice. Acest lucru înseamnă descoperirea unor noi moduri de organizare și de recompensare a muncii noastre, pentru că economia „avantajelor concurențiale“ ne înnebunește pe toți.

Este un drum lung și șerpuitor, dar sper că unul pe care îl vei găsi fascinant și care te va inspira să aduci mai multă compasiune în viața ta. Și ține minte că totul presupune *antrenament*. Vor fi numeroase dăți când, la fel ca mine, te vei împiedica, vei cădea, vei avea un acces de furie sau un atac de panică, vei fi egoist și vei mânca alimente oribile. Dar asta este viața și cu toții putem învăța să privim și aceste lucruri cu compasiune.

Am inclus în întreaga carte diferite studii de caz pentru a accentua anumite argumente. Acum, din motive evidente de păstrare a anonimității, adevăratele nume și fapte au fost schimbate sau un studiu de caz a fost creat prin combinarea mai multor cazuri.

PARTEA I
Știința compasiunii

1
Compasiunea: începutul călătoriei noastre

Viața poate fi dură și derutantă, nu-i așa? Istoria omenirii este plină de povești și reflecții asupra tragediilor vieții și suferinței, precum și asupra bucuriilor și triumfurilor sale. Într-adevăr, având în vedere provocările pe care viața ni le pune în cale, nu este deloc surprinzător că poeții, dramaturgii, autorii, artiștii, filozofii și căutătorii spirituali – ei bine, de fapt, aproape toți oamenii – au cugetat asupra modului în care să înțeleagă viața și să o transforme pe cea relativ scurtă, de aici, de pe pământ, într-una însemnată și fericită. Provocările pot veni sub forma nevoii de a face față propriilor stări de anxietate, furie sau depresie, sau sub forma pierderii persoanelor iubite, a eșecurilor în diferite planuri ale vieții, a relațiilor dificile sau amintirilor chinuitoare. Apoi există problema propriei fragilități în fața virușilor, bacteriilor, erorilor genetice și vătămărilor; toate pot transforma viața noastră sau pe cea a persoanelor iubite în tragedii și ne amintesc de eventuala noastră degradare și moarte. Înțelegi acum de ce oamenii au fost încântați când au descoperit vinul roșu!

Chiar dacă suntem împăcați cu noi înșine, suntem din ce în ce mai conștienți de suferința imensă din lume și simțim chemări interioare pentru a crea un mediu mai corect și mai ocrotitor pentru noi toți. Căutarea sensului, a dreptății și a fericirii face la fel de mult parte din noi astăzi cât a făcut parte cu sute de ani în urmă, când oamenii s-au gândit pentru prima dată la aceste lucruri. Putem, desigur, căuta mângâiere în toate felurile pentru anxietatea și furia pe care le simțim când „descoperim că viața este așa". Cu toate că noi, în Occident, trăim într-o lume a medicinei avansate, a confortului material și a plăcerilor, tot tânjim să găsim un sens și surse de pace interioară și bucurie.

Această carte va oferi un tur ghidat al abordărilor acestei misiuni. Mai întâi, avem nevoie să explorăm ce tip de specie suntem și de unde am venit – și anume, care este baza naturii noastre? Căutarea ne va ajuta să recunoaștem că înțelepciunea spirituală antică și noile studii în psihologie și asupra creierului indică aceeași sursă de însemnătate și fericire: cultivarea compasiunii pentru noi înșine și pentru ceilalți. Așa că în aceste pagini ne vom îndrepta atenția asupra tuturor beneficiilor dezvoltării compasiunii, cu un accent deosebit pe bunăvoința și compasiunea față de sine.

Drumul spre compasiune

Deși multe tradiții spirituale au subliniat mereu importanța compasiunii pentru starea noastră de bine și pentru relațiile bune cu alți oameni (vezi în continuare), de abia acum cercetătorii au descoperit *cum* își exercită compasiunea efectele benefice. Acest lucru este entuziasmant. O modalitate pe care au folosit-o pentru a descoperi felul în care compasiunea este benefică pentru noi a fost studierea creierilor oamenilor care fie o practicau foarte bine, fie aveau gânduri și fantezii pline de compasiune. Gândurile, lucrurile imaginate și fanteziile pe care alegem să ne concentrăm pot avea efecte foarte puternice asupra creierilor, stărilor corporale și comportamentelor noastre – ceva de care probabil că ești deja conștient. De exemplu, tu știi că propriile gânduri, imagini și fantezii sexuale (chiar și când ești singur acasă) pot să producă „efecte interesante“ asupra creierului și corpului tău. Așa că nu va fi o surpriză să afli că, atunci când fantazăm și ne gândim la compasiune, acest lucru are, de asemenea, „efecte interesante“ asupra creierilor și corpurilor. De fapt, concentrarea pe bunăvoință, atât față de noi înșine, cât și față de alți oameni, stimulează zone din creierul și corpul nostru în moduri favorabile sănătății și stării de bine. Cercetătorii au descoperit de asemenea că, din ziua în care ne naștem și până murim, bunăvoința, sprijinul, încurajarea și compasiunea față de alții au un impact imens asupra modului în care se dezvoltă creierii și corpurile noastre, precum și asupra stării generale de bine. Dragostea și bunătatea, în special în copilărie, influențează chiar modul în care se exprimă unele dintre genele noastre![5] Așa că se dovedește că bunăvoința și compasiunea sunt într-adevăr căi spre fericire și stare de bine.

Idei vechi despre natura suferinței

De-a lungul secolelor, multe tradiții spirituale au ajuns să privească această viață ca pe una de suferință, din care noi căutăm să scăpăm.

Musulmanii cred că noi suntem separați de Dumnezeu și căutăm să ne întoarcem. Muzica sufită vorbește despre durerea deconectării și tânjirea/căutarea reconectării.

Creștinii cred că suferința din lume este profund legată de relația noastră cu Dumnezeu și că doar prin Dumnezeu ne putem pune capăt suferinței, prin întoarcerea în rai.

Gnosticii cred că crearea universului material și a întregii vieți a fost o greșeală, posibil efectuată de o zeitate malefică. Suferința provine din „carne“ și poftele ei, la care ar trebui să renunțăm cu totul.

Hindușii cred că suntem prinși pe o roată a nașterii și morții constante și că nu suntem siguri cum să ne dăm jos de pe ea. Ei cred că, prin ajutorul lui Șiva și prin faptele bune, putem coborî de pe roata vieții și din ciclul ei de moarte și renaștere.

Budiștii cred de asemenea într-un ciclu al reîncarnării în care suntem prinși. Pentru ei, suferința apare din atașamentele noastre și din înșfăcarea lucrurilor și a realizărilor, de care ne putem elibera doar prin antrenarea unei minți luminate. Putem face asta recunoscând că mintea cu care ne-am născut este haotică și lacomă, dar că antrenând-o, prin mindfulness și compasiune, avem acces la o realitate diferită.

Alte tradiții spirituale explică suferința ca rezultat al încercărilor trimise de Dumnezeu, încercări pe care, dacă nu le depășim, suntem îndepărtați de El. Alții cred că sufletul trebuie să învețe lecții spirituale prin suferință, adică scopul reîncarnării. Sufletul trebuie să facă o călătorie a dezvoltării, precum în jocul *Snakes and Ladders*: în unele vieți mergi înainte și în altele înapoi. Multe religii cred că viețile rele sunt pedepsite după moarte – unele dintre ele chiar îngrozitor.

Toate aceste tradiții au puține de spus despre variația genetică, leziunile creierului sau despre cum a te naște într-o familie iubitoare sau abuzivă îți poate afecta dezvoltarea creierului și comportamentului. Aceia care cred în reîncarnare nu explică de ce imediat cum capeți ceva înțelepciune, mori, uiți totul și apoi trebuie să o iei de la capăt! Unii oameni de știință, odată ce au descoperit faptul că genele și evoluția stau la baza tuturor formelor de viață și că „masculin“ și „feminin“ sunt soluții genetice oarecum recente pentru supraviețuirea genelor, au argumentat cu tărie împotriva credinței în aceste tradiții. Totuși, aceste tradiții nu au avut niciodată intenția de a fi privite drept adevăruri, ci, în schimb, au apărut pentru a ne ajuta să facem față vieții dure și suferinței și pentru a uni oamenii cu un scop comun.

Compasiune și bunătate

Totuși, în *toate* aceste tradiții, vei găsi și un accent puternic pus asupra importanței și forței compasiunii, atât ca accent spiritual, cât și ca mod de a ne îmbunătăți relațiile sociale, relația cu noi înșine și cu fericirea. Budismul, în special, a fost concentrat mii de ani pe aprofundarea cu bună știință a compasiunii.[6] În budism, „compasiunea“ și „bunătatea“ au înțelesuri diferite:

- *Metta* este bunătatea iubitoare sau grija prietenească, o orientare spre sine și spre alții.
- *Mudita* este aprecierea și bucuria de a fi în viață „în acest moment“ (de exemplu, culorile norilor, un curcubeu sau un apus, gustul mâncării). Se referă și la „bucuria solidară“ – bucuria pe care o simți prin starea de bine a celorlalți. Este izvorul liniștii depline.
- *Karuna* este compasiunea care implică un comportament etic, răbdare și generozitate prin acțiune.
- *Upekkha* este echilibrul sufletesc și un simțământ al conectării/similitudinii cu alți oameni și ființe vii – toți caută fericire și nimeni nu e pe urmele suferinței, ne asemănăm în luptele pe care le purtăm în viață.

Psihologia occidentală face distincții clare între tipurile de sentimente pozitive, funcțiile evoluate și concentrarea lor. Reține, de asemenea, că „simțirea compasiunii“ poate implica tristețe și mâhnire față de tragediile în care sunt prinse ființele vii. Acum, compasiunea nu este doar despre o poziție morală sau ceva atât de simplu precum „dacă sunt bun cu tine, tu vei fi bun cu mine“, ci este, de fapt, un mod de *a ne antrena* creierii care modifică legăturile dintre ei într-un fel foarte important.[7] În a doua parte a acestei cărți, vei găsi un număr de exerciții care te vor ajuta să îți dezvolți compasiunea pentru tine însuți și pentru alții și să-ți stimulezi sentimentele de siguranță, acceptare, pace și mulțumire.

Aceasta este vestea bună. Totuși, se dovedește că drumul spre compasiune nu este unul ușor. Într-adevăr, dacă ar fi fost, având în vedere că știam valoarea compasiunii de mii de ani, am fi trăit acum într-o lume mai frumoasă decât cea din prezent. Așa că avem nevoie să ne înarmăm cu o înțelegere a *provocărilor* așezate înaintea noastră la începutul călătoriei spre dezvoltarea minții și compasiunii – pe acestea le vom explora în următoarele câteva capitole. Vom vedea, de asemenea, cum compasiunea poate cere curaj, dar curajul este ușor de invocat când avem compasiune (*vezi* Capitolul 11).

Viața într-o goană

Dacă ești ca mine, probabil că găsești viața puțin complicată – ei bine, măcar uneori. Pe de altă parte, există multe lucruri în viață care ne plac și de care ne bucurăm: afecțiunea celor apropiați nouă; să ne trezim în prima zi a unei vacanțe; să mergem pe dealuri, unde aerul este proaspăt și cerul este albastru, clar și alb; sexul; mâncarea; și, desigur, acel pahar de vin de la sfârșitul unei zile grele de muncă – destul de multe lucruri, dacă stai să te gândești. Pe de altă parte, putem avea zile în care ne simțim goniți și hărțuiți, când ne simțim puțin pierduți, blocați, obosiți, anxioși, frustrați și cu moralul la pământ, când viața pare oarecum fără însemnătate. În plus, există știri la zi despre războaie, traume, conflicte și probleme din lume. În ciuda dorinței de a fi fericiți, prosperi și buni, mulți dintre noi au sentimente, emoții și dispoziții pe care nu le agreează sau nu le doresc în mod special, dar care doar vin și trec peste ei. Am putea să le simțim chiar în acea vacanță. Știi despre ce vorbesc. Poate că ne trezim simțindu-ne puțin irascibili, cam temperamentali sau anxioși, obosiți sau căzuți în butoiul cu melancolie. Dispozițiile noastre pur și simplu par să fluctueze uneori, nu-i așa, fără ca noi să putem identifica un motiv anume – pur și simplu avem zile bune și zile mai puțin bune. Sau ne începem bine ziua și apoi suntem presați de timp, sau se întâmplă ceva frustrant care ne dă o dispoziție proastă.

Problema este că, odată ce ne aflăm într-o dispoziție proastă, lucrurile intră într-o spirală. Suntem pe fugă și apoi începem să uităm lucruri, iar acest lucru ne enervează și mai mult. Ajungem acasă și apoi, în mod neintenționat, suntem nervoși cu partenerul și el, deloc surprinzător, se supără pe noi. Am fi putut spera la o seară romantică și acum totul s-a dus pe apa sâmbetei. Sau poate pentru că suntem foarte obosiți și ne răstim la copii din cauza cerințelor și ciondănelilor neîncetate. Ne supărăm pe ei, pe noi înșine și pe viață – chiar și pe pisica familiei. Ne putem trezi pur și simplu reacționând la lucruri cu orice emoții avem la îndemână. Chiar dacă, fiind conștienți că nu asta dorim să simțim sau să facem, iar o voce din capul nostru ne spune să ne schimbăm comportamentul, emoțiile par să ne tragă după ele, atât de prezente „în corpul" nostru, până în măduva oaselor. Așa că, înainte să ne dăm seama, ne-am grăbit să trecem peste zi lăsând în urmă un vârtej de lucruri neterminate, de aspirații abandonate și dezamăgiri personale. Un prieten de-ai mei care a citit acest capitol a zâmbit și a spus: „Și asta e doar în zilele bune." Ei bine, nu e întotdeauna așa de rău, dar viața *poate* fi complicată uneori.

Este destul de straniu, pentru că mulți dintre noi trăiesc într-o lume de bogăție și de confort fără precedent. În ciuda dorinței noastre aparent insațiabile pentru eficiență, avantajul concurențial și „modelul de afacere" ne influențează toate aspectele vieții. Nu există nicio dovadă că acest lucru ne face mai fericiți decât acum 50 de ani. De fapt, există dovezi că devenim mai nefericiți și mai iritabili pe măsură ce nivelurile de stres cresc în societatea noastră grăbită.

După cel de Al Doilea Război Mondial, accentul s-a pus pe bunăstare și pe construirea unor comunități mai bune. Așa că, în Marea Britanie, am alcătuit National Health Service, noi universități și un sistem feroviar care chiar funcționa și nu îi trata pe oameni de parcă erau animale. Acestea erau instituțiile care, în multe privințe, provocau invidia lumii. În anii '60, am fost făcuți să credem că știința și tehnologia ne vor spori treptat timpul liber și pe cel petrecut cu familia, că ne vor permite să ne pensionăm din ce în ce mai devreme și că, în general, se vor concentra pe creșterea bunăstării oamenilor.

Această filozofie de a construi societăți pentru „bunăstarea" noastră a dispărut în prezent, fiind înlocuită de nevoia de a menține „avantajul concurențial" și de a crește „eficiența", de frica de șomaj și de problemele cu administrarea serviciilor din ce în ce mai complicate și mai scumpe, precum sănătatea, educația și transportul. De fapt, ne confruntăm exact cu opusul eliberării de corvezile și presiunea timpului legate de muncă. Așa cum arată Madeleine Bunting în cartea ei provocatoare *Willing Slaves*[8], muncim mai multe ore, vârsta de pensionare tocmai a fost mărită, nesiguranța de pe piața muncii prin contracte pe perioadă determinată este mai rea ca niciodată, în fiecare meserie auzi povești despre schimbări prea rapide, cu resurse insuficiente și prea puțin timp pentru a asigura calitatea. Există o schimbare deprimantă față de politicile centrate pe bunăstare și pe „calitatea vieții“ în modelul de afaceri. Acest model este concentrat pe dividendele acționarilor și pe „eficiențe“, adesea în detrimentul calității și al grijii pentru bunăstare[9].

De fapt, din anii '70, modelul de afaceri orientat spre maximizarea profitului s-a infiltrat în fiecare moment al activității. În multe aspecte ale vieții noastre, atât pe plan personal, cât și la locul de muncă, suntem consumați de atingerea țintelor – lucrurile pe care simțim sau pe care ni se spune că trebuie să le facem. O prietenă de-ale mele, femeie de afaceri, plângându-se de accentul pus pe țintele individuale și de dispariția activității de susținere la locul de muncă, a remarcat cu jumătate de zâmbet: „Știi, ieri m-am surprins că mă gândeam la viața mea sexuală ca la o țintă – și dacă îmi pot menține media de 2,5 ori pe săptămână! În prezent, cred că pot gestiona doar 0,5 – și, desigur, simt un eșec și sunt dezamăgită.“ Nu prea mi-am dat seama ce făcea pentru acel 0,5.

În ciuda bogăției și confortului, jumătate dintre noi tot au la un moment dat o problemă de sănătate mintală, depresie, anxietate, alcoolism și tulburări alimentare în vârful listei. Organizația Mondială a Sănătății a calculat că depresia va fi a doua cea mai apăsătoare tulburare din lume până în 2020 și alte probleme de sănătate mintală se vor număra printre primele 10. Când scriu această carte, lucrul este la o depărtare de 12 ani, iar până când o vei citi, va fi și mai aproape! Pentru femeile cu vârste cuprinse între 15 și 45 de ani, depresia este deja de departe cea mai mare povară.

De asemenea, devenim din ce în ce mai puțin încrezători și ne simțim mai amenințați. Soția mea s-a specializat în radiografie în anii '60, când nu se auzise de personal amenințat în spital în secțiile de urgență – nici măcar de cei în stare de ebrietate. Acum, în unele spitale, paza trebuie să fie pe aproape, în special noaptea, pentru că amenințările sunt dese. Camere cu circuit închis sunt plasate peste tot; zilele în care ușile erau lăsate descuiate au apus.

De ce progresele în medicină și posibilitatea noastră de a călători prin lume, de a merge la supermarketul local pentru o varietate de lucruri de mâncare, de a avea televizoare fantastice cu ecran plat cu sute de canale – de ce nu ne fac aceste lucruri incredibil de fericiți ca indivizi și în relațiile cu ceilalți? Ei bine, au fost descoperite multe motive. Conform lui Madeleine Bunting, am devenit „sclavi de bunăvoie" ai contabilității și ai nevoii de a concura. Oliver James sugerează că suferim de „afluență"[10] – o dependență de afluență și de nevoia „de mai mult și mai mult". John Naish[11] prezintă în mare același punct de vedere. El notează ceva ce psihologii evoluționiști spun de mult timp – creierii noștri au evoluat ca să facă față deficiențelor, nu „abundenței și belșugului", și suntem „căutători" și „doritori" înnăscuți – pentru că timp de milioane de ani, aceasta a fost starea în care ne-am aflat. Cu toate că avem o minte evoluată, care caută tot mai mult, ne străduim, de asemenea, să spunem „nu" dorințelor noastre și „este suficient". Adaugă acestei mici sclipiri evolutive faptul că avem o industrie a vânzărilor care cheltuie miliarde în fiecare an pentru a se asigura că nu suntem mulțumiți și că vrem tot mai multe... și vei vedea problema.

Toate aceste puncte de vedere au multe recomandări. Totuși, există alte două aspecte care trebuie adăugate. În primul rând, nu am învățat cum să ne antrenăm mințile pentru fericire și mulțumire. Mai mult decât atât, fiecare mesaj din familiile noastre, de la școală și de la muncă ne învață să nu fim mulțumiți, pentru că asta înseamnă „a te culca pe lauri", ceea ce arată oarecum lene sau lipsă de ambiție sau de „coloană vertebrală" și ne condamnă la stagnare în viață. Ia în considerare lumea comercială: cine ar considera o afacere bună o firmă care ar fi mulțumită de ea însăși, care ar avea 0% creștere sau care ar putea fi chiar pregătită să se micșoreze?

În al doilea rând, am uitat punctul-cheie de la care Karl Marx a pornit acum un secol și jumătate: mijloacele producției ne formează chiar conștiința. Sigur, nu trebuie să fii marxist ca să înțelegi că munca ne consumă atât de mult timp și este atât de stresantă, încât credem că doar având din ce în ce mai mult putem compensa pentru acel timp și contracara acel stres; fiecare dintre noi este un câine care își vânează coada. Cât de des i-ai auzit pe alți oameni spunând: „Am muncit extrem de mult, merit această mărire de salariu/mașină nouă/vacanță mai bună/noapte în oraș." Este ciudat – simțim că avem nevoie să ne recompensăm pentru că ne-am tratat atât de rău, încât suntem sleiți. Și suntem blocați pentru că avem ipoteci de plătit și stiluri de viață de întreținut, și nu avem nicio altă modalitate de a le menține fără să ne vindem sufletele modelului de afaceri. Nu (doar) căutarea afluenței ne face pe toți puțin mai nebuni, iritabili, agresivi, extenuați și concentrați pe sine, ci faptul că viețile noastre competitive sunt *incredibil de stresante*. În extenuarea noastră, pierdem contactul cu cei din jur; privitul la televizor a devenit mai ușor decât socializatul; băutul unei sticle de vin a devenit mai ușor decât exersarea relaxării, meditației și „reîncărcării minții". Al meu este Merlot. Cea mai comună plângere pe care o aud medicii generaliști zi de zi este: „Doctore, sunt atât de obosit." Unul dintre motivele pentru care televizorul are loc în fiecare casă este că, deși mai degrabă îți amorțește creierul, această pasivitate te atrage atunci când te simți obosit. Stilurile noastre de viață ne epuizează fizic, mintal și spiritual – iar noi știm asta!

Povestea lui Karen

Situația lui Karen este destul de tipică. Lucra într-un departament universitar și, când a plecat un coleg, reducerile bugetare au însemnat că acea persoană nu putea fi înlocuită, așa că alți oameni trebuiau să muncească în plus. Un an mai târziu, s-a întâmplat același lucru. Încet-încet, departamentul a fost afectat de efectul „orelor dilatate" și s-a instalat un amestec de griji și furie. În decurs de câțiva ani, un departament în care era o plăcere să lucrezi, în care oamenii aveau timp unii pentru alții și se ajutau reciproc în sarcinile lor a devenit un fel de non-stop cu: „Îmi pare rău, chiar nu am timp pentru tine azi" și „Cum se face că nu ai terminat deja raportul acela?". Oamenii erau cinici în legătură cu munca lor și nu mai erau mândri să facă parte din echipă, cu o atitudine ca: „Nu te îngrijora prea mult pentru acel raport – merge orice –, oricum, va fi schimbat mâine într-o nouă reorganizare." (NHS este plin de acest tip de gândire.)

În activitatea mea de psiholog clinician, întâlnesc mereu oameni care îmi spun că, în mod constant, calitatea este sacrificată pentru urmărirea profitului și avantajului concurențial. Cu toate acestea, oamenii obțin satisfacție din *a putea petrece timp* creând calitate. Obținem plăcere din creațiile noastre și avem nevoie să vedem aprecierea în ochii celorlalți. Modelul afacerii este mai interesat de dezvoltarea și satisfacerea acționarilor, nu de satisfacția muncii sau de bunăstarea angajaților.

În departamentul lui Karen, noii manageri au fost aduși pentru a lua niște decizii dificile, comportamentul lor fiind la limita hărțuirii. Karen a simțit că scopul de a oferi educație de calitate fusese înlocuit de „nevoia de a concura pe piață". Toți au crezut din ce în ce mai mult că motivul existenței lor era să pună „funduri pe scaune" mai ieftin și mai repede.

Asta nu este o poveste neobișnuită nicăieri în societatea în care trăim. În inimile noastre, știm că există o problemă. Sistemele economice sunt din ce în ce mai des în dezacord cu ce necesită cu adevărat mințile și relațiile noastre: să avem un sentiment de conectare, de siguranță sau de bunăstare. Care este sensul în a crea o lume cu mașini și case luxoase, cu mai multe canale TV, cu supermaketuri mai luminoase și mesele lor gata preparate, dacă mulți dintre noi sunt atât de obosiți, de concentrați pe muncă, de stresați și de mâhniți, încât oricum abia le observă – sau le privesc ca pe recompense așteptate pentru munca grea. Chiar mai problematic este că, în timp, tot confruntându-ne cu stresul și cu nevoia de adaptare, am putea deveni mai vulnerabili la problemele de sănătate mintală și, dacă nu putem ține pasul, la *autocritică*.

Karen a observat că, pe măsură ce treceau lunile, se frustra tot mai ușor și anxietatea ei creștea direct proporțional. Își făcea griji adesea că nu făcuse tot ce trebuia să facă; oare uitase ceva? Înainte era fericită și relaxată duminica, dar acum nu-și găsea locul, era anxioasă adesea, gândindu-se la munca de luni și la ce trebuia să facă. A început să se simtă oarecum blocată în slujba ei și se întreba cum ar putea să se schimbe. Ea a observat, de asemenea, că anxietatea apărea de nicăieri: când aștepta trenul despre care știa că e probabil aglomerat, începea să își facă griji nebunește că nu va prinde loc pe scaun sau că s-ar putea strica. În plus, începuse să se simtă tot mai claustrofobă. Mergând spre o ședință, își făcea griji că ar putea fi nevoită să se lupte din nou, pentru că bugetele erau tot mai mici și oamenii de la finanțe își pierduseră orice preocupare pentru calitate – era vorba doar despre supraviețuire.

Cu câtiva ani înainte, Karen se bucura de „momentele ei intime" cu soțul și citea o carte înainte de somn. Acum se simțea adesea prea obosită pentru intimitate și era capabilă să citească doar o pagină din cartea ei înainte de a adormi. „Mi-a luat aproape un an să citesc un roman", reflecta ea cu tristețe. „Problema este că, până când ajung la final, nu îmi pot aminti ce s-a întâmplat la început!" În mintea ei exista grija neîntreruptă că relația cu copiii avea de suferit din nou din cauza lipsei de timp și a propriei extenuări, dar familia avea nevoie disperată de salariul ei pentru a plăti ipoteca. Ea spunea înlăcrimată: „Știi, anii trec așa de repede. O să mă trezesc într-o zi că mi-au plecat copiii de acasă și că abia îi cunosc."

Karen simțea efectele unei probleme din ce în ce mai comune: trăind într-o societate care cerea tot mai multe, fără niciun fel de preocupare pentru bunăstarea ei, își solicita sistemele de stres și de amenințare. Depresia ei ușoară era o consecință *naturală* și *normală* a acestui lucru; pierderea de încredere era, de fapt, creierul ei care îi spunea „Renunță, ieși din lupta asta" – dar atunci cum avea să plătească ipoteca?

Precum Karen, mulți dintre noi sunt blocați într-o cultură condusă de „modelul de afaceri" și de nevoia de profit, nu de „modelul psihologiei" umane sau modelul bunăstării ori unul al stării de bine. Suntem atât de prinși de dorința noastră pentru profit și eficiență, încât pierdem contactul cu cei din jur și cu lucrurile care ne hrănesc, ne sprijină și ne întrețin de-a lungul vieții. De fapt, mă gândeam să scriu o carte intitulată *De ce eficiența este rea pentru tine*! Gândește-te la toate lucrurile din viață care nu ar fi foarte distractive dacă ne-am concentra doar pe eficiență. Fuga după eficiență ne face, de fapt, viețile de netrăit. Așa că modelul de afaceri al vieții va crea premisele pentru ce „trebuie", „nu trebuie", „acumulează" și ne va menține nivelul de anxietate ridicat, pe măsură ce încercăm să menținem „avantajul concurențial".

Desigur, viața modernă o bate pe cea a strămoșilor noștri, care trăiau în peșteri umede, adesea la limita înfometării, luptându-se cu animalele sălbatice și fiind supuși la o gamă de boli care sunt tratate cu ușurință în prezent. Și, desigur, majoritatea sistemelor sociale și politice ale civilizației umane au fost conduse de despoți. Competiția dintre tirani de un fel sau altul i-a menținut pe oameni săraci, înapoiați și concentrați pe luptă și apărare. Așa că libertatea, invenția, inovația și societatea ne-au ajutat în diferite moduri. Din nefericire, dorința pentru profit și avantajul concurențial (care era motivația tiranilor, până la urmă) este acum jucată între firme și corporații care au deturnat aceste calități și eșuează să ne asigure nevoile omenești. Creăm din ce în ce mai mult medii împărțite, lacome și epuizante, care nu sunt favorabile fericirii sau bunăstării. În deceniile ce urmează, trebuie, ca societate, să ne gândim pentru ce este necesară toată această muncă. Ținând cont de miliardele de ore de muncă și de efort efectuate de toți oamenii din lume în fiecare zi – ce facem? Efortul nostru omenesc – sudoarea frunții noastre – este irosit cu mărunțișuri.

O abordare plină de compasiune a vieții ne cere să înfruntăm direct aceste probleme, iar pe drumul spre compasiune ne vom întâlni cu un număr de provocări. Fiecare dintre ele va necesita o gândire atentă, cu soluții care apar pe măsură ce oamenii lucrează adunând laolaltă ideile, cunoștințele și talentele. Dar, în cele din urmă, soluțiile tuturor provocărilor pe care le vom explora arată în aceeași direcție, spre importanța și urgența dezvoltării compasiunii pentru noi înșine și pentru ceilalți. Fiecare dintre provocările pe care le voi discuta în capitolele următoare are consecințe importante asupra propriilor vieți, asupra sentimentului nostru de mulțumire și bunăstare și, de asemenea, asupra felului în care am putea începe să ne gândim cum să ne organizăm ca indivizi și societăți care trăiesc pe această planetă cu resurse limitate. Compasiunea nu se referă doar la a avea reacții pentru lucrurile care s-au întâmplat, ci și la „a încerca să creezi“ pentru viitor.

Fluxul vieții

Multe dintre cărțile despre compasiune disponibile sunt scrise dintr-o perspectivă budistă sau din tradiția spirituală. Această carte este destul de diferită, pentru că va include aceste perspective și înțelegerea noastră modernă asupra originilor și funcțiilor creierului. Este, de fapt, o recunoaștere a istoriei noastre evoluționiste – a ceea ce evoluția ne-a oferit –, care ne deschide noi orizonturi în nevoia noastră de a descoperi compasiune pentru noi înșine și pentru ceilalți. Într-adevăr, multe dintre provocările pe care le vom întâlni în curând au apărut în parte datorită modului în care au evoluat mințile noastre și motivului pentru care au evoluat. A înțelege cum au ajuns mințile să fie ce sunt și de ce avem o gamă de emoții, dorințe și pasiuni poate fi extrem de valoros pentru a ne ajuta să ne detașăm de acele emoții și să recunoaștem că nu noi le-am proiectat sau creat – pur și simplu trebuie să înțelegem cum trăiesc și curg prin noi. Înțelegând cum funcționează mințile noastre, putem vedea cu ce avem de-a face. Așadar, contextul principal al multor provocări cu care ne confruntăm este să ne împăcăm cu faptul că suntem *ființe evoluate*[12]. Acest lucru înseamnă că am apărut din *fluxul vieții* pe această planetă; suntem rezultatul luptelor dintre milioane de alte forme de viață, dintre care 99% sunt acum dispărute.

Un mesaj-cheie pe care știința modernă ni-l oferă este că modelul evoluției nu este neapărat unul bun. Pentru a evolua, orice strategie sau trăsătură a trebuit să excludă din competiție alte modele. Există un banc vechi bun care sună așa: „Nu trebuie să fugi mai repede decât lupul. Tu trebuie să fugi mai repede decât prietenul tău." Bine, nu îți ajută în niciun fel prietenia, dar îți demonstrează că unele dintre lucrurile cu care evoluția le-a înzestrat pe animale pentru a le oferi un avantaj într-o anumită zonă le pot compromite calitățile într-o alta. Acest troc poate fi observat în coada păunului, care este minunată pentru atragerea partenerelor, dar un handicap în încercarea de a scăpa de prădători. De asemenea, gândește-te cât se chinuie girafele să își lase gâturile în jos ca să bea apă. Nici sexul nu este prea ușor pentru ele. Orice extraterestru care vizitează această planetă le-ar privi ca pe niște animale mai degrabă bizare – cum a evoluat un asemenea animal? Apoi descoperim că gâtul lung este, de fapt, o adaptare care le permite girafelor să mănânce frunze de pe ramurile mai înalte ale copacilor. Din nou, avantajul într-o zonă poate crea dezavantaje serioase în altele.

Există multe exemple de acest fel în propriile profiluri genetice umane și în psihologie. O genă care oferă protecție împotriva malariei este aceeași care dă naștere anemiei cu celulele în seceră – o boală oribilă care îi afectează pe anumiți indivizi dintr-un număr de medii etnice.[13] Dacă ne uităm la psihologie, vedem și acolo trocuri. De exemplu, sistemele de stres au fost proiectate pentru a face față factorilor stresanți de scurtă durată, precum prădătorii sau luptele și schimbările, dar nu și stresului cronic. Există acum dovezi clare că hormonul stresului, cortizolul, este folositor pentru comportamentul defensiv de scurtă durată, pentru că mobilizează grăsimile, dă energie corpului, concentrează atenția, dar el poate dăuna chiar sistemului imunitar și creierului dacă rămâne la nivel ridicat prea mult timp[14]. Dimensiunea mare a creierului nostru ne dă inteligența. Totuși, a avea un creier mare înseamnă a avea un cap mare, ceea ce poate face nașterea dificilă și foarte dureroasă pentru mamă și duce la creșterea riscului morții la naștere. Miliarde de femei au murit ca rezultat al acestor adaptări. Cu toate acestea, ne naștem mici și complet neajutorați și avem nevoie de o lungă perioadă de atașament și grijă. Dependența noastră și interacțiunile cu părinții pe măsură ce ne dezvoltăm ne stimulează creierul în diferite moduri.

Totuși, dependența ne deschide și față de răul din partea îngrijitorilor noștri dacă ei sunt abuzivi sau neglijenți. Genul de îngrijire primită afectează modul în care se maturizează creierul.[15]

Un alt motiv pentru care evoluția nu vine întotdeauna cu modele bune este continua adaptare a modelelor preexistente. Ea nu se poate întoarce la masa de lucru ca să o ia de la început. Nu poate apăsa pe butonul „șterge" pentru celelalte modele. Astfel, creierul nostru nu a apărut *de la zero*, ci este rezultatul a milioane de ani de evoluție. Acest lucru înseamnă că noi adaptări se pot bate cap în cap cu unele vechi și cauza probleme. Vom privi acest lucru mai în detaliu în următorul capitol, când vom discuta diferențele dintre „creierii vechi", care reflectă gama de emoții și comportamente sociale pe care le împărțim cu multe alte animale, și „mințile noi", care ne permit să gândim complex. Imaginația poate da naștere unei arte minunate, dar și celei mai odioase dintre torturi. Gândurile noastre superioare și fanteziile pot fi direcționate de dorințe și emoții mult mai vechi și mai primitive, care au evoluat cu mult timp înainte de capacitatea de a imagina și de a gândi complex.

Ar trebui să fim conștienți că multe dintre adaptările umane au apărut pentru a se potrivi contextelor sociale și ecologice existente cu mii de ani în urmă, când rata mortalității infantile era ridicată, când oamenii trăiau în grupuri mici, izolate și apropiate, care poate erau ostile unele altora, când o persoană ar fi interacționat cu aceiași câțiva oameni (poate doar cu 100-150) în întreaga viață și când stilul de viață era, în mare parte, de vânător-culegător. Prin urmare, câteva dintre modurile tipice prin care gândim acum relațiile (de exemplu: rudă, prieten, dușman) tind să reflecte modurile de organizare a informației sociale care se potriveau acestui stil de viață antic.[16]

Viața modernă ne ajută în multe privințe, dar poate produce o *suprasarcină contextuală*. Stilurile de viață moderne pot suprasolicita sistemele fiziologice – de exemplu, sistemul cardiovascular nu a fost conceput să facă față alimentelor bogate în grăsimi, activității fizice scăzute și fumatului. Obezitatea este o problemă pentru noi pentru că am evoluat într-o lume a lipsurilor, fiind nevoiți să ne mișcăm pentru a găsi mâncare. Nu am dezvoltat mecanismele interioare pentru a ne stăpâni. Acum trăim într-o lume îmbelșugată, cu supermarketuri și mașini, cu producători de alimente care cheltuie miliarde creând „dependențe" delicioase. Am creat, de asemenea, medii în care ne marinăm singuri în chimicale artificiale prin diferite procese industriale și prin producția de alimente, chiar fără să avem idee despre modul în care acestea au impact asupra noastră. Cercetările ne arată treptat că unele dintre aceste chimicale din mediu și din hrana noastră au efecte negative asupra dispozițiilor și comportamentului copiilor.

Din comportamentele noastre de bază, probabil că cel competitiv, comparația socială, anxietatea socială și frica de excludere ar putea să funcționeze în mod destul de diferit în grupuri mici, strâns legate, familiare și stabile decât o fac astăzi în grupurile mari și mega-societățile aflate în continuă schimbare.[17] Mediile moderne pot, de asemenea, produce *constrângeri contextuale*, acolo unde împiedică dezvoltarea comportamentelor de adaptare. De exemplu, majoritatea primatelor zburdă libere, trăind în grupuri în aer liber, unde femelele și puii lor pot, în general, să evite agresivitatea. Oamenii au creat totuși căsătoria, casele și gospodăriile, structuri care impun proximitatea și care pot face dificilă, dacă nu chiar imposibilă, scăparea de indivizii agresivi. Violența domestică este, într-o anumită măsură, creată prin capturare. Un alt exemplu de constrângere a eliberării naturale și a evitării este nevoia de a plăti constant rata pentru o casă scumpă, ceea ce te poate împiedica să abandonezi o slujbă bine plătită, dar foarte stresantă. Într-adevăr, asemenea „capcane“ sunt foarte des întâlnite în cazul depresiei.[18]

Mediile moderne pot împiedica și nevoile, pentru că oferă tipuri de semnale/aporturi insuficiente sau greșite. Copiii au nevoie de afecțiune, grijă, protecție. Multe studii, în special cele care au implicat copii neglijați din orfelinate, au arătat că neglijarea severă poate avea un efect dăunător asupra maturizării creierului.[19] Chiar dacă nevoia de afecțiune atinge apogeul în copilărie, așa cum vom vedea, oamenii au evoluat având nevoie de iubire, afecțiune și compasiune, în diferite grade, de-a lungul întregii vieți. Aceste „aporturi“ ne hrănesc creierul în parte pentru că afecțiunea, sprijinul, bunăvoința și compasiunea determină secreția endorfinelor, opioidelor și hormonilor precum ocitocina, care sunt benefice pentru bunăstarea și sănătatea noastră. Mediile moderne pot atât limita aceste aporturi în multe moduri, cât și stimula creierul într-o manieră nu în totalitate utilă. De fapt, unii autori merg atât de departe, încât ajung să spună că factorii stresanți moderni ai „competiției“, nivelul de oboseală cauzat de stilul nostru de muncă, programele televizate pe care le urmărim și jocurile pe calculator pe care le joacă și copiii noștri contribuie la apariția stresului care ne-ar putea provoca daune cerebrale.[20] Criticii spun: „Sigur, dar nu era viața mai dură în urmă cu o sută de ani?“, iar răspunsul este: „Desigur, era“. Dar acela era și un timp în care unu din șapte copii murea și speranța medie de viață a oamenilor din East End, Londra, era între 45 și 50 de ani. Desigur, există multe stiluri de viață mult mai dure decât ale noastre, iar altele sunt mai bune. Atenția aici este îndreptată asupra modului în care modelul de afaceri separă ce vrem din punct de vedere material, ce putem vinde și cumpăra, de ceea ce avem nevoie cu adevărat ca surse pentru bunăstare.

Interacțiunea dintre dispozițiile noastre evoluate și cultură este puternică și transcende nivelul personal.[21] Asta înseamnă că simțul nostru de sine, adică tipul de persoană care simți că ești sau care dorești să fii, este creat în interiorul societăților și culturilor noastre. De exemplu, în ecosistemele în care bărbații vânează pe terenuri periculoase – acolo unde sunt mulți prădători – sau unde există multe alte grupuri ostile, sau o mare concurență între bărbați, identitatea masculină tinde să se concentreze pe chestiuni de bravură, valorile macho tradiționale și diferențele clare dintre genuri.[22] Aceste ecologii sociale au, de asemenea, impact asupra practicilor de creștere a copiilor, care pot fi dure și punitive.[23] Așa că modul în care ajungi să te gândești la tine ca persoană, valorile pe care le consideri importante sunt, de fapt, create în contextele tale sociale. Dacă te dezvolți într-un mediu sigur și iubitor, atunci valorile tale vor fi altele decât dacă te dezvolți pe străzi, unde violența și amenințarea nu sunt niciodată departe. Dacă crești într-o mănăstire budistă, valorile tale cu privire la multe lucruri vor fi diferite decât dacă crești într-o familie creștină sau musulmană fundamentalistă. Ne place să ne concentrăm pe indivizi și să îi luăm la ochi dacă fac bine sau rău, dar provocarea este să recunoaștem că suntem mult mai mult *creațiile* decât *creatorii* propriilor identități și conștiințe de sine.

Așa cum vom discuta în capitolul următor, acest lucru ne conduce la niște consecințe personale. Practic, nici tu, nici eu *nu am ales* să fim aici. Noi nu am ales să ne naștem și nici creierii pe care îi avem; nu am ales tipurile de emoții cu care trebuie să avem de-a face (însemnând capacitatea noastră pentru frică, furie, dorință sexuală); nu am ales cum vor fi educate mințile și corpurile noastre și nici valorile pe care vom ajunge să le adoptăm; nu am ales să ne naștem mai degrabă în secolul acesta decât într-un altul sau într-un grup social creștin, musulman, hindus sau ateu. Așa că, atunci când ajungem la conștiința din jurul vârstei de doi ani, *noi pur și simplu ne găsim aici*, încercând să înțelegem totul cât putem de bine. Creștem automat sub „instrucțiunile" vechi ale genelor noastre și influențelor relațiilor sociale.

Concluzie

Știința ne ajută acum să avem sensul de „a fi aici" pentru că ne reconectează la *fluxul vieții*, ceea ce ne duce la prima noastră provocare. Viețile noastre pot fi comparate cu hărți rutiere, cu locuri de origine, terenuri care au fost ușoare sau dificile, rute luate și evitate, drumuri blocate, fundături și desemnări intenționate și neintenționate – și, desigur, ne putem gândi la acele drumuri pe care să le parcurgem către destinații dorite. În următorul capitol vom explora în detaliu unele dintre provocările pe care le întâlnim în dezvoltarea compasiunii și cum ne va ajuta compasiunea să ne confruntăm cu aceste provocări.

Dezvoltarea compasiunii este văzută drept proces-cheie pentru a ne ajuta să aflăm fericirea și sensul.[24] Recent, câțiva cercetători au arătat că multe aspecte ale stării de bine au legătură cu trăirea la intensitate maximă a vieții.[25] Deși fericirea este, în primul rând, un sentiment și o abordare emoțională, atât compasiunea, cât și „trăirea vieții la maximum" pun sub lumina reflectoarelor controlul, identitatea de sine, însemnătatea personală și motivația. Abordările centrate pe compasiune le acoperă pe ambele.

Vom vedea că uneori compasiunea ne cere să acționăm prin curaj și să depășim anxietatea. Dezvoltarea compasiunii pentru sine și pentru alții ne poate ajuta în multe dintre provocările vieții, învățându-ne cum să facem față emoțiilor puternice care apar, conflictelor cu alți oameni și chiar cum să ne gândim la problemele lumii. Concentrarea pe dezvoltarea interioară a îngăduinței față de sine, pe conectarea socială și pe mulțumire ne poate ajuta în drumul nostru.

2
Provocările vieții

Drumul nostru spre compasiune începe prin încercarea de a înțelege în detaliu consecințele faptului că suntem ființe efemere *în fluxul vieții*, parte a evoluției. Dacă ne gândim la modul în care mințile și corpurile noastre au fost create și au evoluat, putem să înțelegem provocările din viețile personale și pe cele întâmpinate în construirea mai multor societăți pline de compasiune. Unele dintre aceste provocări vor fi foarte familiare, pentru că le întâlnești zi de zi. Te poți gândi la fel de bine la diferite alte provocări din viața ta cotidiană, așa că nu lua această listă drept una exhaustivă.

Provocarea 1: creieri și corpuri vechi

Prima provocare este să ne (re)conectăm la *fluxul și diversitatea vieții* de pe planeta noastră, în acest sistem solar și în acest univers, și să recunoaștem că mințile noastre sunt produsul acelui curs. Se numește evoluție. Creierii conțin o gamă de emoții, fantezii și dorințe potențiale, ale căror origini se întind cu mult în urma timpului și care au fost creați în fluxul vieții. Multe animale par să aibă emoțiile de bază – furia, anxietatea și plăcerea – pentru a le ghida pe parcursul vieții, deși modul în care ele le resimt este, desigur, foarte diferit de cel în care le trăim noi. Multe studii au arătat că zonele din creier care reglează aceste emoții la animale sunt similare cu cele din creierii noștri.

Știința a relevat, de asemenea, că creierii noștri conțin cel puțin trei tipuri de sisteme importante de reglare a emoțiilor. Fiecare dintre ele este proiectat să facă lucruri diferite, dar și să lucreze împreună ca un sistem, să fie în echilibru și să se compenseze unul pe altul.[26] *Trăirile* emoțiilor și dorințelor reies din *tiparele* create de ele în creierii și corpurile noastre. Așa că, dacă ai un anumit tip de gând sau de emoție, un tipar – o dispunere de multe milioane de celule neuronale – se va aprinde în creierul tău, dar când te simți diferit, se va activa un tipar/o dispunere diferită. Așa cum vom vedea când vom lucra cu exercițiile din Partea a II-a, vom putea să avem un control mai mare asupra „tiparelor cerebrale".

Cele trei sisteme interactive de reglare a emoțiilor sunt arătate în Diagrama 1. Le vom explora în detaliu în capitolele 4 și 5, pentru că ele joacă un rol important în modul în care ne gândim la compasiune și la exersarea ei.

Trei tipuri de sistem care reglează afectul

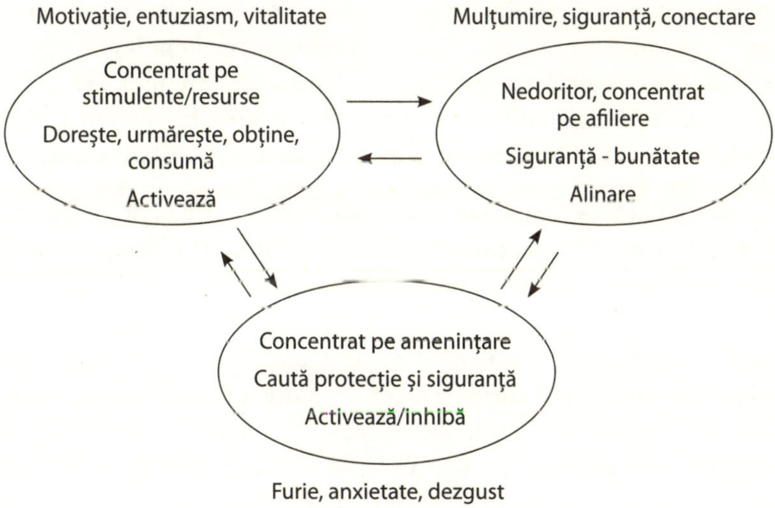

Diagrama 1: Interacțiunea dintre cele trei sisteme importante de reglare a emoțiilor

Desigur, aceasta este o imagine simplificată a sistemelor complexe, cu multiple componente. Totuși, gândirea în acești trei termeni poate furniza un cadru auxiliar pentru explorarea modului în care creierul nostru dă naștere diferitelor sentimente, dorințe și impulsuri, precum furia, frica, entuziasmul, și diferitelor pofte, precum și compasiunii. Să aruncăm o privire scurtă peste fiecare.

1. *Sistemul de amenințare și autoapărare.* Funcția acestui sistem este să recepteze cu repeziciune amenințările și apoi să ne dea izbucniri de sentimente, precum anxietatea, furia sau dezgustul. Aceste sentimente se vor propaga prin corpul nostru, alertându-ne și îndemnându-ne să acționăm împotriva amenințării – să ne protejăm. Efectul acestui sistem este de a ne activa să fugim sau să luptăm, ori să ne inhibe cât să înghețăm, să cedăm sau să ne oprim din a face ceva. El intră în joc și când există amenințări asupra oamenilor pe care îi iubim, prietenilor sau grupului nostru. Cu toate că este o sursă de sentimente dificile (anxietatea, furia, dezgustul), amintește-ți că el a evoluat ca sistem de protecție. De fapt, ai putea fi surprins să afli că creierul oferă prioritate rezolvării amenințărilor, și nu lucrurilor plăcute. Sistemul de amenințare operează cu anumite rețele neuronale, dintre care una este *amigdala* (din cuvântul latin pentru „migdală“). Ai câte un grup de asemenea neuroni pe fiecare parte a creierului, în spatele urechilor. Amigdala este un procesor cu acțiune rapidă, care recepționează lucrurile importante pentru noi, în special pe cele amenințătoare. Hormonul stresului, *cortizolul*, joacă și el un rol important în receptivitatea noastră la amenințări și în modul în care le trăim, precum și în sentimentul general de anxietate.

2. *Sistemul axat pe stimulente și căutarea resurselor.* Funcția acestui sistem este să ne ofere sentimente pozitive, care ne ghidează, ne motivează și ne încurajează să căutăm resursele de care noi (și cei iubiți sau cei de care ne pasă) avem nevoie pentru a supraviețui și a prospera. Găsim plăcerea și suntem motivați de căutarea, consumarea și obținerea lucrurilor bune (mâncare, sex, confort, prietenii, statut, recunoaștere). Atunci când câștigăm o competiție, luăm un examen sau ne întâlnim cu o persoană dorită, probabil simțim entuziasm și plăcere. Dacă dai lovitura la Loto și devii milionar, ai putea să te simți atât de energizat, încât ți-ar fi dificil să adormi, mintea ta ar lua-o la goană și ar vrea să petreci tot timpul. Asta se întâmplă pentru că sistemul axat pe stimulente și căutarea resurselor și-a pierdut echilibrul și, într-un fel, este suprastimulat. Oamenii maniaco-depresivi pot avea o problemă cu acest sistem, pentru că punctul său de activare se schimbă de la un nivel prea ridicat la unul prea scăzut. Totuși, când se află în echilibru cu celelalte două sisteme, acesta ne ghidează spre scopuri importante în viață. Imaginează-ți cum ar fi viața fără el: nu ai avea motivație, energie sau dorințe – și, într-adevăr, în depresie, oamenii pot pierde sentimentele pe care acest sistem le asigură. În schimb, suprastimularea sa ne

poate face să vrem „mai mult și mai mult" și ne conduce spre frustrare și dezamăgire. Când blocajele din calea dorințelor și scopurilor devin o „amenințare", sistemul de amenințare și autoapărare intervine cu reacția de anxietate sau frustrare/furie.

Sistemul axat pe stimulente și căutarea resurselor este principal activator și îți dă imboldul „du-te și ia". O substanță din creier numită *dopamină* este importantă pentru motivațiile noastre. Multe lucruri pot produce secreția de dopamină – îndrăgostirea, promovarea unui examen, câștigarea unui lucru dorit. Pentru că sunt plăcute, vom căuta aceste lucruri. Oamenii care iau amfetamine sau cocaină încearcă să obțină energia și starea de bine sporită pe care dopamina le produce în mod natural. Pierderea acesteia este, desigur, opusul.

3. *Sistemul de alinare și mulțumire.* Acesta este sistemul cel mai greu de descris. El ne permite să ne aducem o anumită alinare, liniștire și pace nouă înșine, ceea ce ne ajută să ne redăm echilibrul. Când animalele nu se apără de amenințări și probleme și nu au nevoie să obțină nimic sau să facă ceva pentru că au suficient, ele pot fi mulțumite. „Mulțumirea" înseamnă a fi fericit cu lucrurile așa cum sunt și a te simți în siguranță, fără a te strădui sau a tânji după ceva. Este o pace interioară destul de diferită de sentimentul exacerbat de entuziasm al „strădaniei și reușitei" din sistemul axat pe stimulente și căutarea resurselor. Este, de asemenea, diferit de sentimentele asociate adesea cu plictiseala sau cu un anumit fel de gol interior. Când oamenii practică meditația și se „încetinesc", acestea sunt sentimentele pe care le semnalează: „lipsa dorinței", calmul interior și conectarea cu ceilalți.

Ce complică acest sistem, dar este și de o mare importanță în explorarea compasiunii, este faptul că el este legat și de afecțiune și de bunătate. De exemplu, când un bebeluș sau un copil suferă, dragostea părintelui îl alină și îl calmează. Afecțiunea și bunăvoința din partea altora ne oferă sentimente de siguranță în viața noastră cotidiană. Alinarea și siguranța par să lucreze în rețelele noastre neuronale în mod similar cu cele care produc sentimente asociate cu împlinirea și cu mulțumirea.[27] Substanțele din creierul nostru numite *endorfine* sunt importante pentru această trăire pașnică. Hormonul *ocitocină* este legat de sentimentele noastre de siguranță socială și, împreună cu endorfinele, ne oferă sentimente de bunăstare care decurg din a te simți iubit, dorit și în siguranță alături de ceilalți. Acest sistem de alinare va fi centrul de interes în exersarea noastră pentru compasiune, deoarece este vital pentru bunăstare. (Întâmplător, folosesc termenul „siguranță" pentru a descrie starea de a fi în siguranță. „Siguranța" și „căutarea siguranței" sunt aspecte ale sistemului de amenințare/protecție.)

Mai multe puncte-cheie reies din înțelegerea naturii și originile emoțiilor noastre, pentru ce au fost proiectate și care sunt funcțiile lor.

Primul se referă la faptul că multe emoții negative precum anxietatea, furia, dezgustul și tristețea sunt o parte normală a repertoriului nostru emoțional. Aceste emoții protectoare sunt marii jucători din creierul nostru și pot depăși cu ușurință emoțiile pozitive: dacă te bucuri de prânzul luat în parc și apare un leu, ar fi bine să îți pierzi interesul față de plăcerile prânzului și să fugi! Aceste emoții au evoluat pentru a ne ajuta să detectăm și să facem față amenințărilor, dar în societatea noastră, obsedată de fericire cum este, ni se pare uneori că este ceva în neregulă cu noi dacă le resimțim într-o anumită măsură. Este important să observăm cum creierii nu au evoluat pentru fericire, ci pentru supraviețuire și reproducere, așa că trebuie să învățăm cum să acceptăm, să tolerăm, să lucrăm cu emoțiile dificile sau dispozițiile proaste. Acestea nu sunt dovezi că ceva este în „neregulă" cu noi, ci pot fi răspunsuri chiar normale la evenimentele din viața noastră.

Al doilea se referă în mod natural la faptul că sistemele noastre de emoții pot lucra perfect normal, dar aporturile sunt problematice. Cineva care se simte capturat într-o relație fără iubire, să zicem, ar putea deveni depresiv. Depresia poate fi o consecință *normală* în această situație în care se regăsește persoana. Așa cum vom vedea în capitolele 10, 11 și 12, comportamentul plin de compasiune necesită uneori curaj pentru a face schimbări. Viețile unor oameni *sunt* stresante – de aceea ei simt stresul – sau poate că au trăit tragedii și pierderi și de aceea sunt triști. Desigur, există lucruri pe care le putem face pentru a ne îmbunătăți calitatea viețilo și sentimentelor, și vom explora modul în care gândirea și comportamentul pline de compasiune ne pot ajuta, dar este, de asemenea, important să recunoaștem faptul că unele dintre sentimentele și reacțiile noastre neplăcute nu sunt de obicei anormale și că nu ar trebui să ne simțim rușinați de ele.

A treia chestiune se referă la a recunoaște că am devenit stresați și suferinzi când sistemele noastre axate pe stimulente/căutarea resurselor și de amenințare/protejare și-au pierdut echilibrul față de sistemul de alinare/mulțumire. Societățile moderne ne suprastimulează în multe feluri atât sistemul de amenințare, cât și sistemul axat pe stimulente („vreau mai mult" și „am nevoie să fac mai mult").[28] Totuși, fericirea nu se găsește în suprastimularea acestor tipare neuronale, ci în echilibrarea emoțiilor și dorințelor noastre, recunoscând suișurile și coborâșurile vieții și învățând cum să stimulăm și să dezvoltăm sistemul de alinare. Cel din urmă dă naștere sentimentului de pace și ne ajută să reglăm emoțiile bazate pe amenințare de anxietate, furie, dezgust și depresie și sentimentele de „nevoie și dorință" ale sistemului axat pe stimulente. Acest sistem de alinare răspunde la bunătate, așa cum vom vedea în capitolele 4, 5 și 6, iar a învăța să te concentrezi pe bunăvoința față de tine și față de alții îl poate ajuta. O bună parte din a doua jumătate a cărții este dedicată exercițiilor care fac exact acest lucru și care îți echilibrează sistemele – pentru că, la fel ca majoritatea lucrurilor în viață, totul se reduce la echilibru.

De fapt, rădăcinile timpurii ale emoțiilor noastre sunt îngropate adânc în trecutul evolutiv, întinzându-se în timp până la reptile și primele mamifere. Desigur, știm că emoțiile noastre pot fi minunate, pentru că oferă culoare și textură vieții: ele ne oferă plăcerile iubirii, sunt mișcate de muzică și apusuri de soare și generează amuzamentul când un prieten îți spune un banc nou sau entuziasmul când mergi la o întâlnire cu cineva necunoscut, precum și anxietatea și furia. Unii teoreticieni cred că emoțiile sunt, de fapt, cheia înțelegerii întregii naturi a conștiinței; pentru ei, conștiința se bazează chiar pe emoții. Emoțiile sunt atât de importante, încât joacă un rol fundamental în reglarea capacității noastre de a funcționa pur și simplu. Într-adevăr, cercetările asupra oamenilor care și-au afectat părțile din creier care înregistrează emoțiile au arătat că ei se confruntă cu un adevărat dezavantaj.[29] Ai putea crede că, fără emoții de care să își facă griji, ei ar fi mai degrabă ca Spock din *Star Trek*: clar, logic și precis, dar nu este nici pe departe așa. Fără emoții, putem deveni cu ușurință confuzi, descoperi că este greu să luăm decizii sau să cântărim importanța lucrurilor, ne putem pierde motivația, ne separăm de ceilalți și, în general, credem că viața nu are scop, e gri și monotonă, și așa ne pierdem capacitatea de a funcționa. Ei bine, Spock a fost, de fapt, întotdeauna o construcție de-a dreptul „ilogică"!

Totuși, la fel ca toate lucrurile care s-au dezvoltat prin evoluție, emoțiile noastre aduc și ele provocări. Bune și importante cum sunt pentru funcționarea noastră, emoțiile ne pot conduce și spre necazuri serioase – în special când suntem absorbiți de ele. Îți aduci aminte de acea zi proastă pe care o aveam în Capitolul 1, devenind mai frustrați, iritați și așa mai departe? Aceea este emoția din „creierul vechi", care conduce lucrurile pentru tine. Foarte mulți oameni vin la psihoterapie din cauza problemelor cu emoțiile și sentimentele. Unii se poartă imoral față de alții, reacționând cu cruzime din cauza emoțiilor și sentimentelor lor sau, uneori, din cauza *lipsei* acestora. Într-adevăr, mii de ani, filozofii și oamenii religioși au cugetat asupra problemelor care derivă din comportamentul uman ghidat de emoțiile mai degrabă primitive și asupra a ce putem să facem în legătură cu ele.

Vieți sociale evoluate

Unele dintre potențialele noastre emoții de bază au rădăcinile în sisteme ale „creierului/minții vechi", care au hoinărit pe această planetă, făcându-și treaba, milioane de ani – într-adevăr, cu mult înainte de noi. Dar dacă privești îndeaproape, vei vedea că nu doar emoțiile și-au făcut turele o eternitate – acest lucru este, de asemenea, valabil pentru o varietate de stiluri și tipare de relații sociale. De exemplu, dacă observi o specie oarecum asemănătoare nouă, precum cimpanzeii, îi vei vedea implicându-se în multe activități sociale și formând tipuri de relații pe care le formăm și noi. Așa că vei observa că urmăresc oportunități sexuale, se luptă și se provoacă unii pe alții pentru statut și poziție socială, formează prietenii și legături, își îngrijesc copiii, răspund strigătelor de ajutor și se lipesc unii de alții când sunt speriați, își soluționează conflictele și lucrează împreună în grupuri, cum ar fi vânătoarea. Din nefericire, s-a constatat că se implică în comportamente specifice războiului, când un grup este împărțit în două și, ulterior, un grup îl extermină pe celălalt.[30] Luate laolaltă, acestea sunt *modele arhetipale de viață* (sau „strategii", așa cum le descriu evoluționiștii) și ele funcționează și la noi – așa cum vom explora în detaliu în capitolul următor.

Acum, pentru comoditatea și ușurința discuției, mă voi referi la aceste emoții de bază și la stilurile de relaționare ca la atribute ale „creierului/minții vechi". Ele sunt tradiții vechi de când lumea, care ne ghidează (așa cum o fac și pentru alte animale) să căutăm relații sexuale, statut, prietenii, conectare familială și să avem copii, iar emoțiile ne provoacă să le îndeplinim. Așa că avem sentimente pozitive când atingem aceste scopuri, precum obținerea statutului și prieteniilor, a sentimentului de conectare față de prieteni și familie, și a propriilor familii. Dar putem trăi emoții negative când aceste aspecte importante ale vieților noastre sunt blocate și ne simțim ca niște străini, deconectați de familie sau prieteni și/sau simțim că am fost desconsiderați și părem inferiori.

Așa că prima provocare este să recunoaștem și să facem față dorințelor, motivațiilor și dispozițiilor care au fost prescrise mai degrabă *pentru* noi decât *de* noi și care funcționează pentru multe animale înrudite cu noi. Când ne plasăm în *fluxul vieții*, devenim conștienți că suntem actori pe această planetă, care joacă roluri foarte asemănătoare cu ale altor forme de viață, în lupta noastră pentru supraviețuire și reproducere. Suntem înrudiți cu alte ființe; ne reconectăm la fluxul vieții. Totuși, așa cum vom vedea, gândirea nouă și creierii conștienți de sine ne influențează în mare măsură sentimentele de bază și importanța relațiilor sociale.

Provocarea 2: creieri și minți noi

A doua provocare este, într-un fel, opusul primei. Este vorba despre a accepta faptul că suntem și *foarte diferiți* de toate celelalte forme de viață de pe planetă. Acest lucru se întâmplă pentru că avem atribute și competențe ale „creierului/minții".

Să luăm în considerare exact diferențele dintre noi și celelalte specii, inclusiv cimpanzeii, cu care împărțim mai mult de 98% dintre gene. Ceva s-a întâmplat în evoluția minții umane în urmă cu câteva milioane de ani, care ne-a format mințile radical diferit de ale altor specii. De fapt, oamenii de știință nu cred că a fost un singur lucru care a avut loc, ci o serie de adaptări interconectate.[31] Oamenii au evoluat în cele din urmă în primatele care rămân dependente cel mai mult timp, cu o maturizare a creierului care o depășește de departe pe a tuturor celorlalte specii.

Pentru a stabili cât de mult au evoluat oamenii în această direcție, ia în considerare că, la momentul nașterii, creierul celei mai apropiate rude a noastre, cimpanzeul, are un volum de aproximativ 350 de centimetri cubi. În timpul maturității, va crește până la aproximativ 450 de centimetri cubi – forma craniului nu permite mai mult. În urmă cu aproximativ două milioane de ani, primii umanoizi, cunoscuți drept *Homo habilis*, au apărut pentru prima dată pe Pământ, având o capacitate cerebrală de 650-700 de centimetri cubi. Ei mergeau drepți, trăiau în grupuri familiale, foloseau unelte simple, urmau stilul de viață al vânătorilor-culegători și s-ar putea să fi construit adăposturi. După *Homo habilis*, evoluția i-a creat pe *Homo erectus*, pe oamenii din Neanderthal și pe *Homo sapiens* (noi), iar astăzi, capacitatea noastră cerebrală are în jur de 1 500 de centimetri cubi.

În doar două milioane de ani, expansiunea creierului, și în special *a cortexului*, stratul exterior cu circumvoluțiuni al creierului, a fost rapidă și bruscă. Raportul dintre mărimea cortexului și cea totală a creierului este estimat la 67% la maimuțe, 75% la primatele mari și 80% la oameni. O mare parte din această masă extracorticală este prezentă în zonele locomotorii, care sunt responsabile pentru mișcare și coordonare, și în cortexul frontal, acolo unde se află capacitatea noastră de a empatiza, de a ne imagina și unde are loc absorbția genelor sociale (valori și reguli). Creierii și competențele pe care le susțin au nevoie de energie și sunt costisitor de întreținut, așa că trebuie să fi existat niște recompense importante pentru evoluția lor. Și există: ele sunt cele care ne fac inteligenți.

Creierul uman are la început aproximativ același volum ca al unui cimpanzeu, 350 de centimetri cubi, dar, în primii patru ani de dezvoltare, își triplează mărimea, apoi crește mai încet, până ajunge la aproape 1 500 de centimetri cubi. Nu numai că există o creștere rapidă a mărimii după naștere, ci și o dezvoltare considerabilă a ramificării și conectării neuronilor (celulele nervoase). În primii ani de viață, creierul uman trece printr-o transformare semnificativă, pe măsură ce se formează milioane peste milioane de noi conexiuni, care se așază în rețele din ce în ce mai complicate pe zi ce trece. Maturizarea, ramificarea, crearea rețelelor și organizarea traiectoriilor creierului dau naștere unor potențiale de gândire, simțire și comportare, care pot fi exprimate într-o multitudine de moduri sociale. Două procese-cheie direcționează aceste calități: genele cu care ne naștem și experiențele noastre în viață. Când are loc un eveniment, creierul răspunde și neuronii se aprind precum artificiile, în tipare complexe. Când fac acest lucru, creează conexiuni între ei. O descoperire bine-cunoscută sugerează că „neuronii care se aprind împreună creează conexiuni". Așa că poți să îți imaginezi cât de mult se va dezvolta creierul unui bebeluș care primește alinare și afecțiune, în comparație cu unul care nu are parte de ele, care este și neglijat sau se simte adesea stresat.

Genele ne oferă abilitățile de bază – învățarea unui limbaj, dezvoltarea atașamentului față de părinți – și ne influențează personalitățile, dar tipurile de limbaj pe care le învățăm și modul în care folosim acel limbaj depind de experiențele noastre și de mediul în care creștem. De asemenea, știm că experiențele stresante ne afectează creierul în diferite moduri. Experiențele timpurii puternice prin care simțim iubirea sau stresul – și chiar mediul intrauterin – pot activa sau dezactiva genele. Așa că experiențele pot avea efecte puternice asupra formării noastre, a tipului de oameni în care ne transformăm, până la nivelul expresiilor genetice. Potențialul nostru genetic se numește *genotip*; modul propriu prin care experiența ne formează și afectează ce simțim și ce facem se numește *fenotip*. Oamenii pot avea genotipuri similare, dar fenotipuri foarte diferite. Tu ai putea avea genotipul pentru a deveni un atlet cu renume mondial, dar, crescând în sărăcie, fumând și consumând alcool, nu realizezi posibilitatea fenotipică de a câștiga medalii de aur. În plus, gândurile noastre, valorile și implicarea socială pot juca un rol imens în modelarea comportamentului și expresiei noastre fenotipice. Drept rezultat, datorită creierilor și culturilor noastre noi, avem o gamă mult mai mare de posibilități fenotipice decât oricare alt animal.

Aceste procese de control – genele și experiențele noastre – sunt interdependente; nu există de o parte cazul genelor și de cealaltă parte cazul experiențelor. Cercetătorii au descoperit recent că creierul se schimbă pe parcursul vieții, pe măsură ce învățăm. Acest lucru se numește *neuroplasticitate* – celulele care sunt stimulate împreună și se aprind împreună se conectează pe *tot parcursul vieții*. Lucrurile asupra cărora te concentrezi, la care aspiri și pe care le *practici* vor face o diferență pentru creierul tău, acest lucru fiind valabil și pentru exersarea compasiunii. De asemenea, știm că producem noi celule nervoase în fiecare zi (poate 5 000) – un proces numit *neurogeneză*. Fenotipurile noastre se schimbă întotdeauna într-o anumită măsură.

Vedem că experiența și învățarea sunt vitale în formarea creierului. Și evoluția ne-a dat „creierul nou/mintea nouă" cu avantajul nostru imens de a gândi, a ne imagina, a învăța și a folosi simboluri și limbaje. Poți vedea cât de importante sunt aceste noi calități când te gândești cât de dificil ar fi să îi dresezi pe cimpanzei să facă ceva ce oamenii învață relativ ușor, cum ar fi șofatul. Acest lucru necesită o capacitate extraordinară de *a stăpâni* memoria, înțelegerea conceptuală, controlul atenției și coordonarea motorie, și totuși putem susține acest nivel de activitate coordonată ore întregi! Am putea chiar vorbi la telefoanele mobile în timp ce facem acest lucru (deși, desigur, poliția te va urmări dacă vei face acest lucru pentru că, de fapt, este un pas/o sarcină dusă prea departe). Gândește-te la ce înseamnă să înveți să cânți la pian un concert de Rahmaninov, ceea ce, din nou, necesită o capacitate extraordinară pentru antrenament dedicat, memorie și coordonare motorie. Sau imaginează-ți ceva puțin mai monden – cum învățăm regulile unui joc precum fotbalul și cum putem menține jocul mai mult de 90 de minute, apoi vorbim despre el săptămâna următoare, reflectând: „Dacă Sam ar fi făcut X și Joe ar fi făcut Y" și „Nu este timpul să îl concediem pe manager?". Jocul meu preferat este crichetul și pot menține această stare mai mult de cinci zile, deși nu sunt sigur că acest lucru măsoară inteligența sau rezistența. Ideea este că suntem capabili să coordonăm diferite elemente ale minților noastre și competențele lor în moduri extraordinare. Creierii lucrează ca un *sistem* într-un mod diferit față de alte forme de viață și datorită acestui tip integrat de funcționare apar multe alte capacități.[32]

Dar asta nu e tot. Folosirea *limbajului* și a *simbolurilor*, capacitatea noastră de *a conceptualiza*, de a gândi în termeni de sisteme – a gândi despre cum funcționează lucrurile, a înțelege regulile, capacitatea fundamentală necesară pentru știință și progres – au deschis un domeniu nou al „minții" în univers. Avem un creier care poate reflecta, medita și conceptualiza lumea; putem fi observatori și jucători, făcând intervenții cu scop pentru a vedea ce se întâmplă și pentru a descoperi cum funcționează lucrurile; putem privi dincolo de suprafața lor, avem teorii și le testăm. Pentru că avem un limbaj atât de complicat și plin de sens, putem transmite mai departe învățătura noastră, astfel încât acum trăim într-o lume construită de cunoașterea și creativitatea umană acumulate timp de mii de ani.

Creierul uman este, de asemenea, foarte creativ și încercăm mereu să împărtășim creațiile noastre. Acestea pot fi cântece, povești, poezii, picturi și sculpturi sau descoperiri științifice. Cât de des ne surprindem întrebându-ne ce gândesc alți oameni despre ce am făcut sau chiar care este opinia lor față de ideile pe care le exprimăm! Dacă ești bucătar (pardon, *chef*), vei încerca să deslușești cum să aduci laolaltă ingrediente pentru a crea noi gusturi și texturi și preparate cu un aspect estetic. Sportivii iau decizii rapide și încearcă să fie inovatori în jocul lor. Avem dorințe puternice de a căuta inovația, de a fi creativi, de a îmbunătăți lucrurile, de a avea un element de originalitate și de a fi apreciați sau lăudați pentru asta.

„Fantastic!" ai putea spune, și, într-adevăr, așa este. „Creierii/mințile noastre noi" au dat naștere agriculturii și producției în masă de hrană, științei, televizoarelor și telefoanelor mobile, medicinei, culturii, povestitului, înregistrării istoriei, artelor și unei înțelegeri tot mai profunde a propriilor minți (și, da, crichetului) și, poate într-o zi, capacității noastre de a trăi pe alte planete. Dar care este inconvenientul? Ce preț am plătit pentru aceste capacități? Sau, dacă vrei o întrebare mai spirituală: ce responsabilități vin odată cu aceste capacități ale „creierului/minții noi"? Vezi tu, acest lucru este ceva ce vom observa din când în când în povestea evoluției – beneficiile vin adesea la pachet cu potențiale dezavantaje sau „trocuri". Reversul acestei situații nu este greu de găsit. Problema apare când pui laolaltă dispozițiile, emoțiile, nevoile și dorințele „creierului/minții vechi" cu talentele „creierului/minții noi".

Capacitatea de a ne imagina și de a fantaza a apărut înainte de capacitatea de a ne concentra atenția, gândurile și emoțiile în modurile descrise anterior. Dar, oricum ar fi evoluat ele, imaginația și fantezia ne oferă avantaje importante. Apariția unei inovații poate fi accidentală, dar mai degrabă ea rezultă din efortul creației și fanteziilor noastre. Făuritorii preistorici ai primelor vârfuri de lance aveau o imagine sau o noțiune în minte despre ce încercau să facă și să obțină. Noi, oamenii, nu doar răspundem la semnalele externe, ci încercăm să aducem în existență fanteziile și imaginile interioare. De exemplu, iau chitara în mână cu o idee vagă a unui cântec din mintea mea și apoi încerc să îl deslușesc.

Din nefericire, fanteziile și închipuirile noastre pot fi și o sursă de mare dezamăgire și de conflict. Putem avea fantezii despre viețile, carierele, banii și casele, prietenii și iubiții care ne-ar plăcea, copiii pe care ni i-am dori. În mințile noastre, cei iubiți ne admiră, sunt în permanență gata să ofere plăcere fizică și nu sunt niciodată obosiți, morocănoși sau balonați; iar copiii noștri sunt întotdeauna manierați și respectuoși, și studiază din greu, nu au niciodată momente de rebeliune sau nu vin acasă beți și nu vomită pe podeaua din bucătărie. Ne imaginăm ce este cel mai bine pentru noi înșine și vrem tot mai mult – nefiind niciodată satisfăcuți, pentru că mereu ne putem imagina că avem ceva mai mult sau mai bun. Fanteziile ne alimentează lăcomia. Putem fi în permanență dezamăgiți, pentru că realitatea nu este niciodată așa cum ne dorim să fie – cântecele mele nu sunt niciodată așa de bune cum mi le-am imaginat.

Fanteziile pot fi, de asemenea, o sursă de frică și de furie. În urmă cu 30 de ani, eu și soția mea, Jean, trăiam într-o căsuță de lemn din Scoția. Nu erau alte case în jurul nostru. Când avea ture de noapte la spital, eu rămâneam în casă singur. Uneori, în noaptea întunecată, auzeam sunete în pod sau afară și ritmul cardiac îmi creștea, pe măsură ce fanteziile mele despre ce putea fi acolo o luau razna. Îmi spuneam, pentru a deveni rațional, că sunt psiholog și bărbat, dar, din nefericire, acest lucru nu prea mă ajuta. Mă speriam ușor! Oamenii pot dezvolta toate tipurile de anxietate din cauza fanteziilor despre ce vor păți sau ce li s-ar putea întâmpla dacă ar face anumite lucruri. Unii cred că modul în care relaționăm cu Dumnezeu se face prin lumea fantasmelor noastre. Așa că o grămadă de dificultăți sunt asociate cu fanteziile și cu capacitatea de a fantaza și de a ne imagina. Și, desigur, putem avea fantezii și gânduri despre ce gândesc și simt alții pentru noi, fără a ști dacă este adevărat sau nu.

În timp ce „creierul nou“ ne-ar putea salva de catastrofele legate de mediu și ne-ar putea ajuta să vedem valoarea exersării compasiunii, el ar putea să ne și doboare. Ia în considerare ce se întâmplă când talentele sunt folosite în serviciul motivațiilor „creierului/minții vechi“, precum teritorialitatea. Multe animale trăiesc în grupuri și își apără granițele; ele sunt teritoriale și pot deveni foarte agresive față de străini. Nu trebuie să privim spre explicațiile genetice pentru a motiva acest comportament; pur și simplu știm că așa este. Aceeași motivație pentru apărare, ripostă, pedepsire, atac sau distrugere a altora, când se valorizează competențele „creierului nou/minții noi“, devine profund problematică – cu adevărat înfricoșătoare și tragică.

Multe dintre atrocitățile care au avut loc în ultimele mii de ani au fost rezultatul competențelor „creierului nou/minții noi“ legate de motivele și apărările „creierului/minții vechi“. Putem chiar folosi competențele noi pentru a ne justifica acțiunile și pentru a ne oferi modalități sofisticate de a le pune în aplicare. Animalele își vor apăra grupurile și teritoriile tot timpul, dar numai oamenii se pot gândi cum să o facă mai eficient cu arme sau prin sadism, torturându-i pe cei care fie nu fac parte din grup, fie l-au trădat. Cel puțin o treime din toți banii pentru cercetare ai lumii sunt cheltuiți pe armament. Națiunile bogate le vând armament celor sărace, schilodindu-le economiile, menținând tiranii și cauzându-le daune imense, iar profiturile din vânzarea de arme se întorc la națiunile bogate. Este, desigur, un dezastru, dar este consecința „unui creier nou/unei minți noi“ fantastice, care nu are capacitatea de a elucida motivațiile teritoriale ale „creierului/minții vechi“ – lăcomia și încrederea în importanța unei puteri agresive. Până și religiile se înfruptă din această tragedie.

Acestea sunt doar câteva exemple ale problemelor din interacțiunile „creierului/minții vechi“ cu „creierul nou/mintea nouă“ – vedem zilnic cum se manifestă aceste tragedii. La nivel personal, modul în care ne folosim „creierii noi“ pentru a rumina despre noi înșine poate fi o sursă de emoții și sentimente stimulatoare, puternice și primitive, în care ne putem bloca și, astfel, afunda în anxietate și depresie.[33] Morala este, desigur, că avem nevoie de o formă sofisticată și agreată de organizare socială concentrată pe bunăstare pentru a ne înfrâna ierarhiile abuzatoare de putere. Trebuie să și recunoaștem că, dacă nu înțelegem și nu ne antrenăm mințile cu foarte mare atenție și nu învățăm să fim prudenți față de pericolul de a permite competențelor „creierului nou/minții noi“ să fie direcționate de pasiunile „creierului/minții vechi“, ne vom afla într-o încurcătură.

Compasiunea ne invită să folosim „creierii/mințile noi“ în moduri noi – să ne retragem din unele dintre pasiunile și dorințele noastre primitive, precum teritorialitatea, și să ne amintim că suntem cu toții ființe umane, în fluxul vieții, care simt durere și suferă la fel; toți „am ajuns aici“ cumva și suntem actori în poveștile vieții. Așa cum îi e drag lui Dalai Lama să spună: „Cu toții vrem fericire și respingem suferința.“ Este o meditație la care vom reveni ulterior în această carte. „Creierii/mințile noastre noi“ ne oferă opțiuni – mușcătura din mărul lui Adam –, dar mai avem până vom înțelege cu adevărat cum să le antrenăm și cum să le folosim.

Pentru a rezuma, poți să vezi că avem două tipuri de creier și două tipuri de minți. Acest lucru face viața foarte complicată, pentru că ele nu lucrează bine împreună întotdeauna. „Creierul vechi/mintea veche“ care se întinde înapoi în timp cu zeci de milioane de ani operează prin rețele neuronale legate de emoțiile și dorințele noastre, care acționează rapid. Sentimentele sunt automate și fără efort, curgând prin noi cu prea puțină gândire conștientă sau reflexivă, și, așa cum fac pentru multe alte specii de animale, ele ne alertează la amenințări, ne activează emoțiile și ne ghidează spre scopuri importante (mâncare, sex, alianțe și statut). Prin contrast, „creierul nostru nou/mintea noastră nouă" de două milioane de ani (sau mai puțin) este înceată și reflexivă, poate utiliza simboluri, poate conceptualiza și înțelege cum funcționează lucrurile, este creativă și se îmbunătățește în permanență. Ea fantazează și creează imagini ale „nevoilor" și dorințelor sau ale lucrurilor de temut. „Creierul nostru nou/mintea noastră nouă", în special cortexul frontal, ne oferă o bună parte din capacitatea de a empatiza și înțelege gândurile și emoțiile altor oameni și ne face o specie deosebit de socială și care se influențează reciproc.

Relația dintre aceste două tipuri de creier/minte este complexă. Intuiția de a empatiza și de a-i înțelege pe ceilalți poate fi folosită pentru a-i ajuta sau pentru a descoperi cum să îi speriem și să îi amenințăm, „să îi lovim unde doare". Pasiunile, motivațiile, nevoile, poftele, fricile și răzbunările „creierului/minții vechi" pot deturna capacitățile „creierului nou/minții noi". Când se întâmplă acest lucru, pur și simplu găsim metode de a satisface acele dorințe sau motive de a ne simți în felul în care ne simțim, susținându-ne prejudecățile. Emoțiile pot avea propriile justificări. „*Simt* asta, deci trebuie să fie adevărat", spunem noi. „Mă *simt* anxios, deci trebuie să fie ceva periculos, ce trebuie evitat." „Mă *simt* dezgustat, deci înseamnă că e rău." „*Simt* că este greșit; prin urmare așa este." „*Simt* că nu pot avea încredere în tine, deci reprezinți un pericol pentru mine." Nu punem sub semnul întrebării ce simțim sau facem pentru că ne încredem în „intuiție" și în sentimentul că avem dreptate.

De fapt, putem căuta motive pentru a ne susține emoțiile, chiar ignorând sau desconsiderând punctele de vedere mai rezonabile. În prezent, mulți psihoterapeuți încearcă să îi ajute pe oameni să acorde mai multă atenție gândirii lor reflexive, să se sustragă emoțiilor și să își folosească „creierul nou/mintea nouă" pentru a regla și schimba acele emoții (*vezi* Capitolul 9). Totuși, este important să lucrezi cu motivațiile și cu emoțiile „creierului/minții vechi", să le înțelegi mai bine, să le tolerezi și să nu le manifești. Putem învăța să acționăm împotriva lor și să le înlocuim cu unele noi, care sunt orientate spre a trăi și a fi pline de compasiune. Observă totuși că numeroasele tragedii umane care au apărut pentru că noi, oamenii, avem acești creieri diferiți *nu sunt din vina noastră,* pentru că am avut puține informații sau cunoștințe până acum asupra modului în care au evoluat și funcționează creierii. Mai mult decât atât, pasiunile și fricile „creierului/minții vechi“ au fost *proiectate* să fie foarte puternice, nu ușor de stăpânit.

Provocarea 3: blestemul sinelui

The Curse of the Self este, de fapt, titlul unei cărți fascinante a unuia dintre specialiștii de top în psihologie socială din Statele Unite, Mark Leary[34]. Ea elucidează a treia noastră provocare, care este legată de cea de-a doua. Împreună cu minunatele talente ale creierului nostru de a-și coordona și organiza interconectările în numeroase moduri pentru, printre alte sarcini cruciale, șofat, cântat la pian și prepararea pizzei, am dezvoltat capacitatea de a fi mai *conștienți de sine*. Capacitățile „creierului nou/minții noi“ pot fi acum folosite pentru a ne oferi un *simț al sinelui*. Putem avea o identitate de sine, un simț al „eului“ cu sentimente despre cine suntem, cine vrem să fim și cum vrem să ne vadă și să relaționeze cu noi alți oameni. Conștiința de sine ne permite să apreciem „faptul de a fi în viață“. Putem sta și privi stelele pe cerul indigo al nopții, ne putem minuna de univers și ști că existăm „aici“. Lucruri *cool*. Înseamnă, de asemenea, că putem exercita un anumit control asupra sentimentelor noastre. De exemplu, pot hotărî să îmi reduc cantitatea de mâncare pentru că vreau să fiu slab, sănătos sau chiar mai chipeș (OK, nu râde – nu prea sunt șanse pentru acest lucru, dar întotdeauna există speranță). Așadar, a avea conștiință de sine are multe beneficii pentru noi, dar, la fel ca multe alte lucruri, uneori prezintă o provocare și un îndemn de „a se mânui cu grijă“.

Se pare că mințile noastre pot integra sisteme și capacități în multe moduri diferite, deci avem nevoie de un anumit proces de organizare; altfel, ni s-ar prezenta prea multe posibilități, valori și conflicte în ce facem sau gândim. Trebuie să avem un anumit mod de a acorda prioritate potențialului de a face lucruri diferite. Aici intră în scenă simțul și identitatea de sine. Simțul de sine este legat de memorie și de un sentiment de consecvență a valorilor, comportamentelor și emoțiilor. Așa că simțul meu de sine este legat de persoana care mi-ar plăcea să fiu, persoana care nu vreau să fiu, persoana care sunt capabil să fiu și, desigur, amintirea mea de „a fi fost eu“ ieri, alaltăieri și așa mai departe.[35] Conștiința de sine presupune mai multe capacități – introspecția, o cunoștință a ce simți și puterea de a contempla sinele ca simțire și existență (sau nonexistență) în viitor. Aceste posibilități de conștientizare și de reflecție de sine pot avea un impact foarte puternic asupra emoțiilor „creierului/minții vechi". Adică abia mă obișnuiesc cu faptul de a fi aici, în această viață pe care nu am ales-o niciodată, cu emoții și dorințe pe care nu le-am cerut, și apoi descopăr că trupul meu se degradează și că în curând nu o să mai fiu deloc aici. Am 25 000–30 000 de zile de viață – desigur, dacă am noroc. M-am îndrăgostit profund de soția mea și de copiii mei, apoi aflu că nici ei nu o să fie aici prea mult; cu toții dispărem. Pare într-adevăr o afacere cam proastă.

Dar există alte probleme legate de trezirea conștiinței de sine. Acest lucru se întâmplă pentru că „creierul vechi/mintea veche" ne face foarte prezenți din punct de vedere *social* și implică posibilitățile „creierului nou/minții noi" de a gândi asupra sinelui în relație cu alții. Așa că este chiar posibil ca eu să cred despre mine însumi că sunt inferior, un ratat în *comparație* cu alții și, în acest fel, îmi activez depresia. Pot să îmi fac griji că nu mă integrez sau că oamenii nu mă plac sau mă văd slab. Mintea mea își poate face griji, de asemenea, în legătură cu încercările mele de a controla *problemele viitoare* și *viitoarele mele euri*. Pot să îmi fac griji în legătură cu plata ipotecii, cu menținerea pasului la locul de muncă, cu greutatea, cu aspectul meu – chiar și cu felul în care cânt la chitară! (Da, am vrut să fiu chitarist rock în anii '60 și m-am dus la universitate doar pentru că nu eram prea bun la asta.) Animalele nu se deprimă în legătură cu asemenea lucruri. La fel ca noi, ele se deprimă dacă sunt bătute sau dacă suferă pierderi importante în relații – răspund lumii pe măsură ce o trăiesc. Dar, așa cum am relatat anterior și cum vom relua în capitolele ulterioare, noi, oamenii, putem răspunde lumii pe care *am creat-o în capul nostru*, cea pe care ne-am imaginat-o, cea la care ne gândim și ne putem regăsi în interiorul acelei lumi. Conștiința de sine și capacitatea de „a ne gândi la noi înșine", de a recunoaște, de exemplu, un sine care nu ne-ar plăcea să fim, un sine rușinat, „un sine inferior", „un sine fără control" – toate aceste reflecții contribuie semnificativ la suferințele noastre.

Conștiința de sine este o trăsătură a evoluției și a complexității creierului; acest simț al „eului", pe care budiștii îl numesc „ego", va dori să se apere, să iasă în față și să își ofere plăceri și se poate judeca, critica și chiar ataca pe sine. Să fim cinstiți: chiar am devenit egocentrici și narcisiști! Desigur, toate animalele sunt egocentrice, pentru că ele au în minte propriile nevoi și dorințe, apărându-și teritoriul sau poziția socială, protejându-și puii și așa mai departe. Așadar, dorințele egoului sunt înrădăcinate în mecanismele de bază ale supraviețuirii și reproducerii, care există în *toate ființele vii*. Totuși, a avea acest ego ne face să purtăm lupte foarte personale în viață, iar acum căutăm să apărăm și să mărim egoul *în sine* când, de fapt, el apare din tiparele de transmisii chimice din creierii noștri. Poți analiza cât dorești creierul meu (ei bine, nu chiar literalmente, pentru că sunt atașat de el) și tot ce vei descoperi sunt celule nervoase transmițându-și semnale reciproc, tipare extraordinare de milioane de celule care se aprind sub formă de mozaic. Totuși, nu există un „eu" care se târăște pe undeva în acel labirint. Experiența mea cu „eul" *este* tiparul și nu se găsește în nicio altă parte. Dacă tiparele se schimbă – de exemplu, din cauza unei leziuni a creierului –, atunci esența „eului" meu se schimbă și aș putea deveni o persoană foarte diferită în comparație cu ce sunt acum. De asemenea, ia în considerare faptul că nu a mai rămas în corpul meu nici măcar un atom cu care să mă fi născut; „eul" nu este o entitate, ci un număr vast de tipare complexe de conexiuni neuronale, de celule nervoase care se aprind cu milioane de relații fără număr. Simțul „eului" este o experiență care își face apariția din conștiință.

Unii oameni de știință sugerează faptul că conștiința este creată de creier în rețeaua sa complexă de conexiuni. Alții spun că creierul creează tipare *în interiorul* conștiinței – proprietatea universului. Astfel, tiparul meu poate fi creat prin forma mea fizică și poate exista cumva ca tipar în conștiință. Are cineva dreptate sau greșesc ambele tabere? Ei bine, va trebui să mai aștepți pentru a afla; cel mai probabil această teză va fi dezbătută mult timp după ce tu și eu vom fi dispărut. Dacă vei căuta „studii despre conștiință" în orice motor de căutare, vei fi purtat într-o călătorie fascinantă. Eu o menționez aici doar pentru a-ți arăta cum sentimentul nostru de sine se lovește de aceste probleme.

Un aspect-cheie al acestei conștiințe de sine se referă la faptul că aproape orice problemă poate fi legată de ea. Dacă mă îngraș prea mult pentru că nu îmi controlez mâncatul, dacă fac greșeli, dacă alții mă resping sau mă critică, dacă mă zbat să înțeleg cum funcționează calculatorul meu când alții par să facă asta cu ușurință – chiar aproape orice poate deveni un mod de a mă judeca și a trăi negativ. Apar două probleme: enervarea sau dezamăgirea cu privire la *problema în sine* și experiența *eului* meu inferior, rău, învins, neiubit sau inadecvat într-un anume fel. Enervarea sau dezamăgirea asupra problemei în sine se pot disipa repede, dar ruminațiile despre sinele inferior, incompetent, fără voință sau orice altceva pot rămâne cu mine ore, zile, săptămâni sau chiar ani întregi, subminându-mi constant fericirea.

În plus, sentimentele despre tine însuți în legătură cu orice ai face bine sau rău pot fi legate de modul în care crezi că te percep ceilalți. A ne îngrijora excesiv în legătură cu acest lucru și apoi a ne judeca pe noi înșine ca rezultat ne pot fura multe lucruri în viață. De exemplu, o persoană merge în parc să picteze, bucurându-se de activitate, de peisaj, de culori, de felul în care lumina dansează printre copaci, de mirosul aerului, de aplicarea vopselei pe pânză sau pe hârtie. Cu toate acestea, o altă persoană începe să picteze și apoi se gândește: „Nu e prea bine – alți oameni care trec pe aici mă vor critica", începe să fie conștientă de sine și să nu dorească să vadă alții munca depusă, așa că împachetează, fiind dezamăgită, și merge acasă simțindu-se oribil. Aceste judecăți de sine i-au furat celei de-a doua persoane capacitatea de a se implica pur și simplu în plăcerea unei activități. Așa cum vom vedea în Partea a II-a, dezvoltarea compasiunii de sine ne poate ajuta să revenim la plăcerea „activității" și să suspendăm obsesia sinelui – să ne întoarcem mai degrabă la experiență decât la judecată.

Conștientizarea durerii

Atât noul tip de conștiință, cât și conștiința de sine sunt colorate și texturate de dispozițiile și sentimentele „creierului/minții vechi". Din câte știm, animalele pot simți anxietatea, furia și depresia, dar ele nu prea știu cu adevărat ce fac, nu au un simț al sinelui care trăiește aceste stări de dispoziție. Dacă simțim durere fizică, avem o conștiință de sine acută a acelei dureri, care poate crea frică și tristețe. Unul dintre lucrurile care fac morfina atât de eficientă este modul în care ea schimbă experiența durerii și sentimentele noastre față de ea.

Gândește-te la depresie. Depresia este o stare a minții în care sistemele din creierul nostru care reglează sentimentele pozitive sunt atenuate, iar cele care reglează emoțiile negative sunt fortificate. Acest tipar cerebral a evoluat pentru că le ajută pe animale să facă față mediilor amenințătoare; este un răspuns de tipul „du-te înapoi în peșteră și stai acolo până vei fi în siguranță". Dar să adaugi conștiință de sine unui creier care poate intra în acea stare sau în acel tipar înseamnă a adăuga încă un nivel de suferință per total.

Evoluția nu a făcut acest lucru intenționat doar pentru a ne încurca. Capacitățile „creierului nou/minții noi“ au evoluat pentru că ele ne-au oferit multe avantaje în înțelegerea amenințărilor și relaționarea cu alți oameni, dar evoluția nu poate controla cum sunt folosite aceste capacități sau aspectele negative ale acestora. Dacă vrei, este precum o eroare, și una destul de serioasă, deoarece conștiința de sine și conștientizarea emoțiilor pot fi captate și texturate de tiparele „creierului/minții vechi“, precum depresia. Când se întâmplă asta, încercăm lumea cu lumina sentimentelor pozitive stinsă și cu frica sporită – o lume de coșmar. Fără să ne dăm seama de faptul că mințile noastre au fost acaparate de un program defensiv vechi, cugetăm îndelung asupra felului teribil în care ne simțim, asupra oboselii noastre și a ceea ce vedem a fi un viitor sumbru, creând astfel gânduri oribile și fantezii despre noi înșine. În acest fel împingem emoțiile pozitive și mai departe de noi.

Uneori este de folos să ne dăm seama că, poate din cauza stresului sau a lipsei de sprijin social sau din alte motive, „creierii/mințile noastre vechi“ revin la ceea ce pentru ele este un tipar defensiv perfect rațional. Ele nu au cunoștințe despre noul nostru creier și își rulează programele, închizând sistemele de emoții pozitive și amplificându-le pe cele bazate pe amenințare. Așa cum vom vedea în următoarele capitole, a avea compasiune înseamnă a păstra distanța față de aceste stări emoționale și dispoziții, precum depresia, anxietatea sau dorința de răzbunare, dar și a nu le transforma în patologii, nici a le face pe plac. Mai degrabă, gândurile noastre pot fi direcționate spre ce avem nevoie să facem pentru a le vedea ca pe aspecte „normale, deși indezirabile“ ale minții, în timp ce depunem un efort pentru a ne schimba tiparele stării cerebrale cu unele mai favorabile acceptării, mulțumirii și stării de bine. Pentru unii, acest lucru poate implica medicația, care schimbă substanțele chimice din creier și care creează noi „stări ale minții“; psihoterapia și o schimbare a stilului de gândire; pentru alții, schimbarea stilului de viață (un loc de muncă stresant) sau a expunerii sociale (devenind mai mult sau mai puțin asertiv, mai iertător sau mai tolerant). Ideea este că, în timp ce conștiința de sine străbate stările creierului, ea este, de asemenea, diferită de ele.

Însingurarea

Psihologii evoluționiști au arătat, de asemenea, un alt aspect negativ al conștiinței de sine. În cele din urmă, cu toții trăim în propriile minți, separat, individual. Suntem conștienți de sine, dar și de faptul că suntem singuri. Putem să apelăm la alții, îi putem atinge, le putem vorbi, putem avea acces la ideea lor despre lume și noi. Dar, pe de altă parte, suntem singuri în mințile noastre – ne naștem și murim individual. Și totuși tânjim după conectare. Ne place să facem lucruri în echipă – să cântăm în orchestră, să lucrăm la proiecte, să avem un sentiment de comuniune, nu doar de singularitate.

Multe tradiții spirituale vorbesc despre acest sentiment de deconectare și de însingurare și, cu excepția acelor personalități cu trăsături introvertite extreme, despre dorința noastră de conectare. În unele tradiții, este vorba despre dorința de a reveni la o relație cu Dumnezeu; în altele, reprezintă o dorință de a transcende sinele, de a relaxa granițele egoului, de a avea sentimentul acalmiei produse de legătură. Deconectarea este prețul pe care îl plătim pentru a avea un creier care dă naștere individualității.

Unii cred că, prin antrenarea minților în anumite feluri (printre care și meditația), putem înțelege această treabă a „naturii sinelui". Am putea să o vedem mai mult ca pe o iluzie decât ca pe un sentiment al unui sine separat, evoluat parțial pentru a ajuta la direcționarea și reglarea acelor sisteme ale „creierului/minții vechi" în goana după supraviețuire și reproducere a genelor.[36] Complicat, nu-i așa? Când faci un pas înapoi de la acest sentiment de „a avea un sine individual" și recunoști că deții pasiuni și sentimente care au existat milioane de ani, că într-un fel ele trăiesc *prin tine*, dar nu sunt ce ești *tu*, poți căpăta noi înțelegeri asupra adevăratei naturi a minții tale. Ia în considerare, de asemenea, faptul că eul este un tipar de *aprinderi* din creier, deci poți să îl antrenezi să adopte anumite tipare care îți vor garanta experiențe de bunăstare și de singularitate unice. Ai putea fi capabil să deții controlul asupra tiparelor care se gravează în „câmpul conștiinței". Vom aborda unele dintre aceste lucruri, dar dacă vrei să aprofundezi aceste idei, ar trebui să cauți cunoscători ai căilor meditației.

Să ne întoarcem la subiectul nostru principal – blestemul sinelui. Noi, oamenii, putem forma, amesteca, amplifica, suprima și complica sentimentele de fericire, anxietate, furie, gelozie, depresie și așa mai departe în moduri în care animalele nu pot niciodată – datorită calităților „creierului nou/minții noi". Putem anticipa, rumina asupra regretelor, ne simțim rușinați sau vinovați și, în general, ne concentrăm pe lucrurile negative despre noi înșine. Le putem „păstra" în mințile noastre și, făcând astfel, stimulăm constant emoțiile negative. Nu pare prea hrănitor sau plin de compasiune, nu-i așa? Provocarea aici este să ne înțelegem mințile și să recunoaștem că modul în care gândim despre noi – fie că suntem duri sau blânzi – va juca un rol foarte important în felul în care unele emoții și sentimente se vor manifesta în interiorul nostru; va afecta modul în care funcționează corpurile și mințile noastre. Putem, de asemenea, să recunoaștem faptul că avem un sentiment de însingurare. Tânjim după solitudine și creștem odată cu ea, dar asta se întâmplă atunci când o alegem. Dorința de conectare este unul dintre motivele pentru care oamenii caută însemnătate spirituală – să ia legătura cu ceva mai mare decât ei.

Când ne propunem să dezvoltăm compasiunea, adoptăm ideea de bază conform căreia, dacă învățăm să ne concentrăm atenția, gândurile și comportamentul asupra compasiunii, dacă ne imaginăm pe noi înșine având compasiune și ne gândim cum să o manifestăm față de alții, ne vom stimula anumite sisteme cerebrale. Într-adevăr, acum există multe dovezi care arată că așa este (*vezi* Capitolul 8). Reiese faptul că, dacă declanșezi acele sisteme ale compasiunii din creier, ele vor crea sentimente de pace, calm și conectare, fără să mai menționăm înțelegerea naturii sinelui și a propriului rol în fluxul vieții. Mai mult decât atât, schimbările fiziologice pe care le creezi în corpul tău pe măsură ce devii mai concentrat pe compasiune îți vor influența sistemul imunitar și alte sisteme legate de sănătate.[37] Acest lucru, desigur, nu este ușor, așa că iată adevărata provocare: a dezvolta în tine însuți o grijă care să te hrănească prin compasiune. Ea îți va stimula mintea și trupul în anumite moduri – în contrast cu stilul furios, frustrat, dezamăgit și critic de sine pe care îl adoptă mulți dintre noi în societatea grăbită și competitivă ale cărei formule precum „nu am timp pentru mine sau pentru tine" ne forțează să ne concentrăm pe ținte. Da, cu cât te gândești mai mult la asta, nu există nicio îndoială – eficiența este rea pentru noi.

Provocarea 4: importanţa iubirii şi îngrijirii

A patra provocare are legătură cu aspectul-cheie al umanităţii, şi anume interdependenţa unuia cu celălalt. Este foarte uşor să ne gândim că „creierul nostru vechi/mintea veche" conţine doar înclinaţii dificile ca furia, anxietatea, teritorialitatea şi aşa mai departe. Totuşi, evoluţia mamiferelor a adus pe lume noi emoţii şi ţeluri – precum apariţia unui creier căruia să îi pese de alţii. Desigur, modalitatea prin care primele mamifere aveau grijă de puii lor era automată, creierii lor răspundeau la anumite semnale sau stimuli, precum ţipetele unui pui din adăpost – nu e prea mult de gândit aici. Dar prima licărire a unui creier a construit un adăpost pentru a-şi proteja puiul, care a detectat, a recunoscut şi a răspuns la strigătele suferinde şi care s-a comportat astfel încât să îi aducă beneficii puiului. Cu alte cuvinte, comportamentul său era ţintit spre a susţine, proteja şi ajuta altă fiinţă, nu doar pe sine. Bine, unii ar spune că acest comportament era ţintit spre susţinerea, protejarea şi ajutorarea propriilor gene. Totuşi, de-a lungul milioanelor de ani, o astfel de îngrijire a fost de un asemenea succes ca strategie evoluată de a menţine genealogia, încât, în fluxul vieţii, ea s-a dezvoltat ca potenţialitate a creierului uman, incluzând dezvoltarea competenţelor care au dat naştere compasiunii.

Până la apariţia oamenilor, creierii noştri au evoluat *să aibă grijă* şi *nevoie de îngrijire* într-o aşa măsură, încât modul în care se formează şi se conectează pe parcursul vieţii, tiparul interconexiunilor lor, este influenţat semnificativ de afecţiunea, dragostea şi grija pe care le primesc.[38] Îngrijirea parentală nu numai că alină copiii când suferă, ci îi şi ajută să înţeleagă şi să accepte modul în care funcţionează minţile lor; ei pot vorbi despre sentimente şi despre lucrurile care li s-au întâmplat. Conştiinţa că există în mintea altcuiva ca persoană iubită le stimulează sistemul de alinare/mulţumire şi le dă sentimentul de siguranţă. Acesta este modul în care sunt construiţi creierii noştri. Depindem de grijă şi de dragoste.

Copiii (şi adulţii) care primesc blândeţe, căldură şi compasiune sunt, în comparaţie cu cei care nu au parte de ele, mai încrezători şi mai siguri, mai fericiţi şi mai puţin vulnerabili la problemele de sănătate mintală şi fizică; ei sunt, de asemenea, mai grijulii şi mai respectuoşi faţă de alţii.[39] Primirea blândeţii, căldurii şi compasiunii transmite creierului că lumea este sigură şi că alţi oameni sunt mai degrabă de ajutor decât să dăuneze. Toate acestea ne îmbunătăţesc sistemul imunitar şi reduc nivelul hormonilor de stres. Ne ajută să ne simțim alinați și stabili și să avem un somn bun. Bunătatea, căldura și compasiunea sunt vitamine pentru mințile noastre. Așa că, de la primele ore ale vieții, chiar până în ultimele momente, să avem parte de o creștere bună înseamnă să fim susținuți să suportăm obstacolele, tragediile și suferințele pe care viața le va revărsa peste noi. Ceea ce am descris anterior reprezintă acum cunoaștere psihologică standard.[40]

Dragostea și afecțiunea stimulează sistemul axat pe alinare/mulțumire, iar sentimentul de siguranță care rezultă ajută la diminuarea emoțiilor negative. Una dintre dificultățile importante ale copiilor care provin din medii defavorizate este incapacitatea lor de a se simți în siguranță. Studiile au arătat că nivelurile hormonilor lor de stres (cortizolul) sunt destul de ridicate și că acele părți din creier care activează bunătatea și empatia pentru alții ar putea să nu fie la fel de bine dezvoltate precum cele ale copiilor care provin din cămine iubitoare.[41] Acest lucru se întâmplă pentru că dezvoltarea într-un mediu amenințător înseamnă că ai nevoie de o minte capabilă să înfrunte amenințarea. Creierii acestor copii privați de afecțiune sunt construiți pentru amenințare și apărare, deci înseamnă că vor fi pregătiți și pentru agresivitate sau anxietate, cele două emoții care protejează creierul. Dacă suntem aici pentru a-i ajuta pe acești copii să își orienteze creierii spre bunăvoința față de alții și față de propria bunăstare, e nevoie să îi ajutăm să se simtă în siguranță, iubiți și doriți. Avem nevoie să aprofundăm știința maturizării creierului până în punctul în care suntem siguri că creierii acestor copii primesc ce au nevoie pentru a-i hrăni și a-i îngriji. Prioritatea ar trebui să fie asigurarea că acești copii se simt în siguranță și primesc bunătate, căldură și compasiune (iar compasiunea poate însemna și impunerea unor limite). Într-adevăr, acum putem monitoriza multe aspecte ale corpurilor și creierilor copiilor pentru a ne asigura că nivelurile lor de stres scad și cortexurile frontale (zone importante pentru dezvoltarea emoțională) se maturizează favorabil pentru bunăstarea și dezvoltarea capacității lor de a fi empatici și binevoitori cu ceilalți. Suntem totuși departe de a avea grijă astfel de sănătatea emoțională a copiilor noștri, în comparație cu modul în care avem grijă de sănătatea lor fizică.

Dacă ne gândim la celălalt capăt al vieții, modul în care îmbătrânim și ne acceptăm limitările – într-adevăr, chiar și propria moarte – este, de asemenea, influențat puternic de gradul în care simțim iubirea, bunătatea și afecțiunea din jur. Confruntarea cu marele necunoscut poate fi și mai terifiantă când ne simțim neiubiți și deconectați de cei din jurul nostru și nu ne putem baza pe bunătatea și sprijinul altora. Cu toții știm aceste lucruri, nu e o veste nouă și totuși trebuie să ne străduim să construim societăți care pun aceste calități în fruntea eforturilor noastre. În schimb, suntem mai preocupați de modelul de afaceri și de „costurile pentru îngrijire". Încă mai trebuie să confruntăm problemele testamentelor și să avem mai multe opțiuni în privința procesului morții. Deși ne este dificil, toți știm asta în sufletele noastre – și oricine care și-a văzut părinții murind încet și dureros va ști cu siguranță –, că modul în care avem de-a face cu moartea este departe de a fi plin de compasiune. Medicina poate prelungi procesul morții, dar asta nu este același lucru cu prelungirea vieții.

Trebuie să recunoaștem ceva fundamental despre noi înșine – *suntem o specie care a evoluat pentru a prospera prin bunătate și compasiune*. Aici provocarea este să recunoaștem importanța bunătății și afecțiunii și să le plasăm în *centrul* relației noastre cu noi înșine, cu ceilalți și cu lumea. Așa că întreabă-te: „Am pus cu adevărat căldura, bunătatea, sprijinul și compasiunea pe primul loc în relația cu mine și cu felul în care încerc să mă ajut să trec prin tragediile vieții? Am pus aceste calități în folosul relațiilor cu ceilalți, chiar și cu oamenii pe care nu îi plac prea mult?" Dacă tu crezi că da, este fantastic, dar mulți știu că nu au făcut asta, că sunt critici aspri ai lor – de ce nu suntem atât de iubitori și de binevoitori cum am putea fi față de alții? Și da, desigur, mi-am pierdut și eu cumpătul cu membrii familiei. De fapt, soția mea crede că devin un bătrân cam morocănos, în ciuda eforturilor mele. Compasiunea poate fi o muncă destul de grea.

Provocarea 5: interconectarea și interdependența

Oamenii și-au dezvoltat multe dintre calitățile „creierului nou/minții noi" în ultimele câteva milioane de ani. În această perioadă, ei au trăit în grupuri relativ mici și izolate, de 100–200 de indivizi. Acolo au existat legături genetice între majoritatea oamenilor și, desigur, toți membrii unui grup erau familiarizați unul cu celălalt și înrudiți într-un fel sau altul. Mulți cercetători cred că, la un moment dat, când supraviețuirea depindea de împărțire și de sprijinul reciproc, aceste grupuri au fost relativ egalitariste. Într-adevăr, statutul tău în grup ar fi putut depinde de altruism – având reputația că îți pasă, că împarți, că ești onest și de încredere –, împreună cu alte talente, precum a fi un bun vânător sau înțelept. Mai mult decât atât, majoritatea „creierilor/minților noi" au dezvoltat capacitatea de a se gândi la alți creieri/alte minți și de a coopera cu ele. Prin urmare, un alt aspect al compasiunii are legătură cu recunoașterea interdependenței dintre noi.

Importanța de a simți că altora le pasă de noi (cel puțin până într-un anumit punct) conturează multe dintre relațiile și sentimentele noastre pe parcursul vieții. Cu niște ani în urmă, specialiștii în psihologie socială Roy Baumeister și Mark Leary[42] au scris o lucrare bine-cunoscută despre nevoia noastră de „apartenență". Ei au pus laolaltă multe dovezi pentru a susține punctul de vedere conform căruia noi, oamenii, avem o nevoie profundă de apartenență și de identitate de grup. Aceste sentimente acompaniază, de asemenea, anumite presupuneri despre cum te vor susține alții. Imaginează-ți că trăiești cu 10 000 de ani în urmă într-un grup mic și pleci la vânătoare. Știi că, dacă nu te întorci la timp, membrii grupului își vor face griji pentru tine și poate chiar vor veni să te caute. Probabil te vei simți mult mai în siguranță decât în cazul în care crezi că nimănui nu îi prea pasă dacă te întorci sau nu – adică oamenii din grupul tău nu sunt răutăcioși sau critici, ci oarecum indiferenți față de bunăstarea și soarta ta.

Oamenii doresc să se gândească cineva la ei când „nu sunt la vedere" și să nu fie uitați. Am evoluat să avem nevoia de *a trăi într-o lumină pozitivă în mințile celorlalți* – o altă formă de interconectare, gândirea despre modul în care noi existăm pentru alți oameni. Ia în considerare cât de multe povești și scenarii prezintă drept virtute faptul că o echipă se întoarce și găsește membrul care s-a pierdut sau care a rămas în urmă. Într-adevăr, oamenii sunt renumiți pentru actele lor extraordinare de eroism și salvare. Este aproape cert că interdependența noastră și sprijinul reciproc sunt cele care ne-au făcut să depășim ultimele câteva milioane de ani, inclusiv epoca glaciară.

Interconectarea ne oferă baza pentru relaționarea pozitivă, un simț al solidarității și prieteniei. Este capacitatea noastră de a coopera, de a învăța unul de la altul și de a ne susține, ceea ce ne pregătește pentru știință, tehnologie și trimiterea oamenilor pe Lună. Trăim o bucurie imensă când facem lucruri împreună – fie că jucăm într-o echipă de fotbal sau cântăm într-o orchestră, fie că pur și simplu vizionăm un film cu prietenii sau familia. Ne oferă un sentiment de comuniune, nu doar de singularitate. Oamenilor le place și vor căuta solidaritatea în termeni buni (desigur, ne plac și solitudinea și propriul spațiu din când în când). Așa cum am observat deja, modul în care depindem unii de alții și importanța afecțiunii pot fi cruciale pentru dezvoltarea creierului nostru, a sentimentului de siguranță și a stării de bine.

Acum există multe dovezi conform cărora a avea prieteni și a te simți apreciat și susținut în cadrul unei rețele de indivizi sunt importante pentru sănătatea mintală și fizică. Știm că, atunci când ne simțim astfel într-o rețea, ne scade nivelul de stres și creăm un mediu benefic sistemelor noastre imunitare. Gândește-te la viruși: ei joacă un rol important în evoluție – chiar ne-au afectat ADN-ul – și au fost responsabili pentru dispariția totală a unor specii. Pandemia de gripă din anii 1918–1919 a omorât mai mulți oameni decât Primul Război Mondial. Așa că este benefic orice ne oferă un avantaj în lupta cu virușii și pentru a avea un sistem imunitar rezistent. Relațiile sociale pozitive nu dezvoltă numai indivizi care îți vor purta de grijă dacă ești bolnav, ci pot avea impact și asupra sistemului tău imunitar. Astăzi, unii economiști folosesc termenul de „capital social“ pentru a descrie beneficiile pe care le câștigăm din conectare și susținere reciprocă, dar este folositor să avem în vedere și beneficiile fiziologice ale relațiilor de sprijin. De asemenea, astfel de relații au un impact important asupra sistemului axat pe alinare/mulțumire.

Schimbarea de la epoca de piatră la epoca iPod-ului a fost cu adevărat rapidă – doar 10 000 de ani. De la grupuri mici și izolate, am devenit o comunitate globală. Totuși, în timp ce între noi încercăm constant să recreăm rețele, suntem adesea incapabili să facem acest lucru. Trăim din ce în ce mai mult în comunități segregate. Simpla idee că mamele tinere au grijă singure de copiii lor ar fi fost o chestiune abominabilă în epoca de piatră. Felul în care o mulțime de bătrâni sunt izolați și trăiesc singuri, adesea departe de familie, ar fi fost, de asemenea, considerat anormal. Felul în care ne izolăm copiii și adolescenții în școli, educându-i în afara comunității adulte, eșuând să le oferim orice sentiment de apartenență, este un alt lucru anormal. Și diferențele uriașe dintre resursele care pot fi obținute de fiecare individ prin competiție, care pur și simplu descurajează împărțirea, sunt o altă aberație. Există beneficii clare ale traiului într-o societate modernă, desigur, dar orice revizuire a istoriei ne arată cât de mizere au fost viețile săracilor din majoritatea societăților în ultimii 10 000 de ani: prea mulți oameni au trăit izolați și fără resurse, blocați în medii neplăcute.

Din când în când, există mișcări în gândirea umană și în politică ce încearcă să ne redirecționeze spre societăți egalitariste, dar mereu aceste încercări sunt distruse de conflictele de grup, elitele protectoare, competiție și atracția de a controla resursele pentru noi înșine, construind rețelele noastre mici cu „alții ca mine". Schimbarea din Marea Britanie de la politica orientată spre bunăstare din anii '50 și '60 la politica „nevoii de a menține avantajul concurențial" din ultimii 25 de ani este pe cât de tragică, pe atât de tipică. Din nefericire, în aproape fiecare aspect al vieții noastre, abordarea „avantajului concurențial" poate dizolva încet interconectarea. Oamenii au prea puțin timp de petrecut pentru hrănirea și îngrijirea rețelelor lor de susținere.[43] Este mult mai obișnuit să vii acasă, să deschizi o sticlă de vin și să cazi gură-cască în fața televizorului. Tocmai din acest motiv consumul de alcool a luat amploare și a devenit o reală problemă.

Este, de asemenea, îngrijorător faptul că mulți oameni mai în vârstă au observat schimbări în sentimentul de conectare la locurile de muncă. Acesta este rezultatul eroziunii lucrurilor care cândva susțineau funcționarea „mentalității de grup", pentru a o înlocui cu modelul de afaceri „eu primul", care se află întotdeauna sub presiunea timpului. Una dintre primele părți vătămate este adesea timpul de a analiza problemele cu colegii. E-mailurile sunt trimise fără prea multă reflecție, răspunzând la urgență după urgență. Comunicarea electronică înseamnă pierderea tonurilor vocale și a expresiilor faciale, care stimulează amigdala din creier, o parte crucială a modului în care interpretăm și „simțim" comunicarea. Nu ne putem da seama dacă persoana care trimite mesajul glumește, este critică sau doar stresată. Există, de asemenea, reorganizarea constantă, care schimbă persoanele cu care lucrezi și cu care relaționezi, subminând stabilitatea – cu toții încercăm să găsim avantajul concurențial și să creștem eficiența.

NHS funcționa înainte ca un grup complex de oameni care încercau să coopereze; acum a fost divizată în unități/grupuri de afaceri. Ideea de cooperare între doctori și pacienți, furnizorii de îngrijire primară și secundară, sectoarele voluntare și statutare a fost văzută ca *un lucru rău*; în schimb, ei trebuie să concureze și să se întreacă unii pe alții. Poveștile de înșelăciune – de exemplu, reclasificarea brancardelor ca paturi de spital – sunt, desigur, cu miile, dar sistemul competitiv condus de țeluri este cel care îi provoacă pe oameni să se comporte imoral.

Medicii generaliști își exprimă tristețea față de erodarea relației din „medicina de familie" în favoarea medicinei mecanice rapide a corpului, practicată de orice medic. Timpul de a asculta cu adevărat și de a forma relații cu pacienții lor este redus. Guvernele speră că întreprinderea privată va fi mai eficientă (și, desigur, definesc parametrii eficienței, care privesc arareori efectele pe termen lung). Din nefericire, fie că privim spre căile ferate, companiile de apă sau alte servicii naționale, întreprinderile private și competiția au, de fapt, activitate de *proastă* calitate. În realitate, pentru a furniza servicii naționale, avem nevoie ca indivizii să coopereze și să nu fie fragmentați în grupuri competitive mici. Sentimentul pe care îl avem din traiul într-un grup cooperativ sau unul competitiv va avea impact diferit asupra minților și valorilor noastre și asupra modului în care funcționează corpurile și creierii. Așa cum subliniază în mod strălucit John Seddon în noua sa carte *Systems Thinking in the Public Sector*[44], întreaga atenție îndreptată asupra țintelor este greșită; îi poziționează pe oameni unii împotriva altora și a clienților lor. Este oare această eficiență fără de suflet chiar ce ne dorim? Este o provocare pentru că, în locul ei, este evident că nu vrem sisteme ineficiente și de proastă calitate; dar, așa cum spune Seddon, avem nevoie să regândim în mod radical organizarea în rețele interdependente și mai mult axate pe cooperare.

Totuși, criza se adâncește. Cu câteva luni în urmă, am urcat într-un tren supraaglomerat în drumul meu spre aeroport și nu am putut să prind un loc. Apoi am dat peste cozi lungi pentru a face *check-in*, care erau foarte prost organizate și în rândul cărora alți oameni deveneau tot mai furioși. Doamna din spatele meu a spus: „Pentru că plătim puțin, ne tratează ca pe vite." Mi-am dat seama că aceasta este o experiență obișnuită. Fie că încerci să dai de cineva la o linie telefonică de suport, să obții o programare de la NHS sau chiar să iei un tren sau un avion – pentru că serviciile sunt subfinanțate, cu toții suntem desconsiderați și tratați precum vitele. Suntem niște materii prime pe bandă rulantă, care urmează să fie procesate. Trăim în lumea noastră profund nepăsătoare și indiferentă. În fiecare aspect al vieții, simțim că „lor pur și simplu nu le pasă", chiar dacă nu suntem destul de siguri cine sunt „ei". Eficiența afacerilor ne schilodește inimile. Putem să facem ieftin lucrurile, dar atunci vom fi tratați astfel. Sentimentul de a fi apreciați în grupul nostru se diminuează repede, adăugându-se la eșecul de a crea o lume favorabilă fericirii.

Un alt motiv din cauza căruia interconectarea se fragmentează în jurul nostru este că trebuie să lucrăm cu foarte multe tipuri de public. În urmă cu 10 000 de ani, creșteai în grupul tău, cunoscându-i mai mult sau mai puțin pe toți din ziua în care te nășteai până la sfârșit. Relațiile erau bazate pe reputațiile oamenilor față de onestitate, de contribuțiile lor la grup și de consecvență. Astăzi, relațiile se bazează mai mult pe impresionat. Oamenii se simt adesea actori pe o scenă, viețile lor semănând tot mai mult cu un spectacol supus judecății, iar judecătorii – fățiși și ascunși – sunt peste tot.

Cum să impresionezi alți oameni cu talentele și cu utilitatea ta? Comparația socială se strecoară aici. Jane era adesea deranjată de întrebări precum: „Oare cred prietenii mei că sunt o mamă bună?" și „Oare nu ar trebui să fac mai multe lucruri cu copiii mei?". Creierii noștri au fost proiectați de evoluție pentru a fi foarte sensibili la ce credem că gândesc alții despre noi, pentru că păstrarea relațiilor bune este benefică pentru sănătatea noastră mintală și fizică. Dar dacă suntem prea sensibili într-o lume plină de străini, riscăm să ne pierdem singuri în propriile judecăți asupra performanței și jocului nostru de teatru.

Păstrarea relațiilor bune

Decât să încercăm să impresionăm oamenii cu cât de talentați, de competenți și de stăpâni pe situație suntem, mai bine optăm pentru o modalitate de a păstra relații bune, una care ne poate face pe toți fericiți. În 1939, omul de afaceri și pedagogul Dale Carnegie a scris *Secretele succesului. Cum să vă faceți prieteni și să deveniți influent*[45], care s-a vândut în milioane de exemplare. Este o carte extraordinară – simplă, directă și clară. Mesajul ei era: „Învață să asculți și să îți dai interesul în mod sincer și autentic față de alți oameni și concentrează-te asupra *lor*." În unele feluri, Carnegie a exprimat tradiția spirituală a valorii de a dezvolta o orientare plină de compasiune față de alții. Conform lui Carnegie, ar trebui să adoptăm aceste moduri de a fi cu alții nu pentru că ele sunt cerute de o oarecare zeitate, ci pentru că funcționează și sunt favorabile bunăstării noastre. De fapt, știm acum că avea absolută dreptate: cultivarea relațiilor amabile cu alții este un element-cheie pentru fericirea și starea noastră de bine. Totuși, am construit societăți care nici nu ne învață și nici nu ne inspiră asta. Până și divertismentul este din ce în ce mai mult proiectat să ne stimuleze și să ne capteze atenția cu violență și idei simpliste de tipul bine versus rău.[46]

Un dezavantaj

Totuși – și probabil că te-ai prins până acum cum merge treaba –, multe dintre lucrurile pe care ni le-a oferit evoluția pot fi atât un beneficiu, cât și un blestem, și așa se întâmplă și cu interconectarea. Dezavantajul este, desigur, că, dacă ne simțim deconectați, izolați, singuri, nedoriți și neiubiți, putem suferi îngrozitor. Mai mult decât atât, nevoia noastră de interconectare ne determină să ne comparăm cu alții și să ne întrebăm dacă suntem „ca" ei și la standardele lor, dacă suntem acceptați, dacă ne integrăm, dacă facem parte din echipă. Sau suntem străini marginalizați care trebuie să se lupte întotdeauna pentru a se dovedi „vrednici"? Pe măsură ce dispozițiile noastre fluctuează, putem avea un sentiment de apartenență sau neapartenență față de societatea în care trăim. Când ne întristăm, simțim acut că nu aparținem lumii noastre, simțindu-ne separați și izolați de ceilalți, iar acele sentimente pot fi copleșitoare.[47] Așa că provocarea este să învățăm cum să înțelegem aceste aspecte ale noastre, să dezvoltăm capacitatea de a avea sentimente și comportamente care facilitează conectarea, iar apoi să le practicăm.

În capitolele ulterioare, vei găsi un număr de exerciții prin care poți să-ți imaginezi sentimentele de conectare și să te apropii de ceilalți. În multe tradiții spirituale, oamenii se concentrează pe legătura cu ființe spirituale. În budism, ai o legătură cu Buddha, cu comunitatea și cu învățăturile, care laolaltă sunt cunoscute ca cele „trei bijuterii". În același timp, nu ar trebui să transformi asta într-un atașament similar drogului sau ceva ce „trebuie să ai". Astfel, putem învăța cum să acceptăm și experiența separării. Vom face acest lucru mult mai ușor dacă păstrăm în minte bunătate și căldură față de noi înșine.

Un alt dezavantaj al nevoii noastre de apartenență la grupuri mici este faptul că, pentru a ne simți conectați, uneori credem că trebuie să renunțăm la individualitate și să ne pierdem în grup, să ne îmbrăcăm în valorile, atitudinile și comportamentele lor. Ne îmbrăcăm ca cei din jurul nostru, mâncăm aceeași mâncare, ascultăm aceleași tipuri de muzică, adoptăm aceleași valori religioase. Ne este ușor să privim la alte culturi – să zicem, la copiii din paradă, cu toții îmbrăcați identic, fluturând steaguri, strigând slogane de laudă pentru președintele sau directorul lor – și să conchidem că au fost „spălați pe creier". Putem observa alți oameni care sunt conduși ca turmele și să îi considerăm supuși în multe feluri. Totuși, nu reacționăm și nu ne dăm seama că am căzut victime exact acelorași presiuni, că valorile noastre sunt preponderent create pentru noi, că dacă am trăi în acele culturi, ne-am purta și am gândi precum ei, noi am fi fluturătorii de steaguri și ne-am privi prin ochii lor. De ce crezi că industria modei valorează miliarde? De ce sunt oamenii atât de ocupați să se compare și să își dorească aceleași lucruri? De unde a venit dorința de a avea o anumită formă a corpului? Cu toții ne supunem normelor de grup din cauza nevoii de interconectare – dar aceasta presupune riscuri. Cel evident este conștiința de sine, dar o asemenea nevoie de conformitate poate avea ca rezultat, așa cum am discutat mai devreme, și teritorialitatea, ceea ce poate fi (cum s-a și întâmplat) sursa celor mai mari terori. Se estimează că, doar în ultimul secol, oamenii și-au omorât peste 200 de milioane dintre semeni în diferite războaie și conflicte, fără a-i menționa pe cei torturați și mutilați, închiși și bătuți.

Poți observa că nevoia de interconectare este rădăcina unora dintre cele mai grozave sentimente pe care le putem avea, iar lucrând și susținându-ne reciproc realizăm foarte multe. Dar, fără a avea grijă, ea poate fi și ceva de coșmar: alienare, singurătate profundă, disperare, distrugere, teritorialitate și ură. Așa că a cincea provocare este să recunoaștem importanța uriașă a nevoii și dorinței noastre de interconectare, dar și a pericolelor ei.

Provocarea 6: nu suntem la fel – importanța diferențelor dintre noi

Oamenii aparțin în mod clar unei singure specii, iar, în multe aspecte, suntem identici unii cu alții și destul de diferiți față de animale. Tot timpul facem presupuneri despre această similitudine și, într-adevăr, avem nevoie să facem asta. Dacă nu ne-am imagina că alți oameni văd sau înțeleg lucrurile așa cum facem noi, am fi străini unii față de alții, dar nu suntem. De fapt, unul dintre motivele pentru care suntem capabili să comunicăm și să cooperăm așa cum o facem este că ne folosim propriile minți pentru a emite judecăți despre ce se întâmplă în mințile altor oameni. Totuși, aici e trucul – această presupunere de similitudine poate cauza confuzie. Cât de des ne-am gândit: „Dacă aș fi fost în locul acelei persoane, nu aș fi făcut/spus/simțit asta. Cum poate să facă/să simtă asta? Nu aș fi făcut niciodată acest lucru." Ne folosim propria experiență a sentimentelor și identitatea pentru a judeca cealaltă persoană – când valorile sale și modul de a gândi și de a simți ar putea fi foarte diferite de ale noastre. Cercetările au arătat că bicicliștii și pietonii se enervează că șoferii ocupă drumul în parte pentru că bicicliștii și pietonii cred că ei sunt destul de vizibili, dar, din punctul de vedere al șoferilor, nu sunt. Cercetările sugerează și că, atunci când suntem tineri, presupunem că oamenii văd lumea în același mod în care o vedem noi. Apoi, pe măsură ce ne maturizăm, conștientizăm treptat că nu este așa și, prin urmare, trebuie să ne modificăm percepțiile și să gândim toate felurile în care alți oameni pot fi chiar diferiți față de noi, de la gusturile lor, personalitățile, valorile și judecățile, până la vulnerabilitatea în fața bolii. Această capacitate de a avea *empatie pentru ce este diferit*, de a fi deschis la diversitate, a lucra din greu pentru a gândi modul în care alți oameni pot fi diferiți de tine este un pas important în drumul spre compasiune – și nu este întotdeauna ușor.

Când te formezi ca psihoterapeut, ești învățat să îți imaginezi cum ar putea fi în pielea celeilalte persoane, cum să vezi lumea prin ochii ei. Acest lucru necesită efort și nu este ceva automat – dar este posibil. Dacă într-adevăr nu ai avea habar, abia ai face față. O altă problemă importantă în formarea ca terapeut este a fi capabil să vizitezi zone întunecate ale propriei minți. Terapeuții înfricoșați de propriile dorințe și fantezii neatinse, pe care le văd doar în mințile altora și niciodată ca parte din mințile evoluate ale tuturor, vor avea de luptă cu unii pacienți. Într-adevăr, este important pentru toți să recunoaștem că mințile pot avea „o parte umbrită“, așa cum o numea psihoterapeutul elvețian Carl Jung. Întâmplător, acesta este motivul pentru care suntem atrași de lucruri precum filmele horror – vrem să le vedem scrise și jucate de alții pentru a deveni spectatori și a nu ne simți responsabili pentru acel gen de fantezie sau pasiune.

Umbrele sunt create parțial de modul în care este formată identitatea în interiorul comunităților sociale. Spartanii care au trăit în Grecia în urmă cu mai mult de 2 000 de ani și care au fost remarcați pentru capacitatea lor de a lupta nu aveau nicio problemă cu homosexualitatea și chiar o promovau, în timp ce unii creștini consideră aceste dorințe profund tulburătoare și ar dori să scape de ele sau să le reprime. Jung credea că oamenii vehemenți împotriva anumitor lucruri ar putea să „își proiecteze umbra“ – văzând și atacând la alții aspecte pe care nu le-ar putea confrunta la ei înșiși. Acest lucru ar include, de exemplu, bărbatul care își critică sau își evită soția când plânge pentru că rezonează cu o tristețe profundă din interiorul lui; el este temător față de propria vulnerabilitate și față de faptul că ar putea izbucni în lacrimi, așa că nu vrea să conștientizeze asemenea sentimente sau ca nimeni să îi amintească de ele. Așa că oamenii diferă în privința lucrurilor pe care le pot confrunta la ei înșiși și în ce ar putea să proiecteze.

De asemenea, facem presupuneri de similitudine când vine vorba despre problemele legate de libertate și de drepturi. Desigur, din punct de vedere istoric, oamenii au încercat să domine și au considerat unele grupuri inferioare și mai puțin demne decât altele. De fapt, istoria este plină de culturi și de societăți care literalmente cultivă sfidarea și chiar ura față de alții pentru a justifica cucerirea, exploatarea, înrobirea și distrugerea lor.[48] Societățile l-au blamat mereu pe bietul Dumnezeu. La un moment dat se credea că Dumnezeu hotăra și ordona viețile oamenilor – pentru ca regele să fie rege și țăranul să fie țăran, bărbații să domine femeile și albii să domine negrii. Și, desigur, Dumnezeu dorea ca un trib să înrobească și să persecute un altul pe care El se întâmpla să nu îl favorizeze în acel moment. Lucrurile s-au schimbat treptat, iar unele grupuri au hotărât că Dumnezeu are, de fapt, alte idei: „În ochii lui Dumnezeu, suntem toți egali."

Este important să vedem acest lucru ca afirmație morală despre cum ne tratăm, apreciem și respectăm între noi. La fel de important este și principiul budist conform căruia cu toții căutăm fericire și nimeni nu dorește suferința. Aceste perspective morale contează, pentru că este clar că *nu* suntem egali. Genele noastre cuprind o arie importantă de inegalități și diferențe, pentru că joacă un rol important în crearea tipurilor de talente pe care le vom avea, dar și în vulnerabilitatea noastră față de diversele dificultăți ale vieții, incluzând, desigur, boala.

Prin studierea gemenilor identici (monozigoți) și neidentici (dizigoți), începem acum să înțelegem cât de importante sunt genele noastre. Gemenii identici provin din același ovul și împărtășesc genele în proporție de 100%. Gemenii neidentici derivă din două ovule diferite și au în comun doar 50% din gene. Acest lucru le permite cercetătorilor să compare diferite trăsături și să exploreze diferențele la gemenii identici care au fost separați la naștere și care s-au reîntâlnit ulterior în viață. Aceste prime întâlniri au scos la iveală niște povești extraordinare, precum frații care descoperă că soțiile lor au aceleași nume și ocupații, sau care apar îmbrăcați în haine asemănătoare, cumpărate din același magazin – unele lucruri fiind cu adevărat specifice. Așa că poți crede că „tu“ ești cel căruia îi place cămașa albastră sau bluza roz cu jacheta neagră – dar dacă genele noastre joacă un rol important aici, la ce ne referim prin „tu“ și „eu“? Poate că este mai bine să spunem că avem de-a face cu alegerea propriului creier. Straniu, nu-i așa?

Aceste studii pe gemeni ne-au permis, de asemenea, să privim vulnerabilitățile la boli precum cancerul, dar și diferențele importante dintre personalități. Cercetătorii au distins cinci dimensiuni importante ale personalității: nevrotismul, conștiinciozitatea, deschiderea spre experiență, extraversiunea și agreabilitatea. Oamenii diferă prin modul în care simt și își exprimă aceste trăsături, dar și prin felul în care sunt combinate în tipare. A fi agreabil pare să fie asociat cu tendința de a avea compasiune, în timp ce a fi nevrotic înseamnă a trăi în lume în moduri mai degrabă amenințătoare și cu o vulnerabilitate față de anxietate și tristețe. Există din ce în ce mai multe dovezi conform cărora unele extreme ale comportamentului distructiv, cum sunt cele văzute la personalitățile psihopate și paranoide, au un element genetic. Desigur, toate acestea generează o gândire complexă a problemelor de responsabilitate pentru infracțiune și pedeapsă.

O altă dimensiune a personalității studiată de Simon Baron-Cohen și colegii săi[49] în cercetarea autismului face distincția între ceea ce el numește „empatizatori“ și „sistematizatori“, ce ar putea avea și o influență asupra ușurinței de a dezvolta compasiune. Creierii celor care empatizează sunt orientați spre a înțelege mințile celorlalți și spre a fi capabili să intuiască și să răspundă la sentimentele altor oameni. Cei care sistematizează, pe de altă parte, sunt buni la înțelegerea sistemelor și a lucrurilor mecanice. Ei pot vedea foarte repede tipare și reguli în interiorul și în spatele sistemelor; le plac calculatoarele și îți pot repara mașina, dar ar fi mai puțin buni în a avea de-a face cu emoții complexe și relații sociale. Așa că cei care sistematizează și cei care empatizează simt lumea și relațiile în moduri oarecum diferite. Totuși, nu există prea multe studii asupra ușurinței cu care cei care empatizează și cei care sistematizează au de-a face cu dezvoltarea centrată pe compasiune sau asupra posibilității ca aceștia să simtă și să exprime compasiunea în moduri diferite.

Afacerile au și ele moduri diferite prin care înțeleg diferențele dintre indivizi. E un fapt cunoscut că unii oameni sunt buni lideri și ne inspiră; alții sunt buni locotenenți și conștiincioși, se ocupă de detalii și se asigură că lucrurile se fac; și alții sunt creativi și cu idei. Afacerile bune mai degrabă lucrează cu aceste calități pe care le au oamenii decât să încerce să îi transforme în ceva ce ei nu sunt. Problemele apar, desigur, dacă vrei să faci lucruri pentru care tu chiar nu te potrivești. De exemplu, unii indivizi ar putea dori să fie lideri pentru că le place să dețină controlul și să câștige mulți bani, în ciuda faptului că au calități de lider extrem de precare și că inspiră oamenii din jur mai puțin decât o budincă. Ar trebui să recunoaștem și să ne respectăm diferențele individuale. Dacă pur și simplu presupunem că noi vedem lumea în același fel, vom avea probleme. Dacă totuși putem învăța să apreciem diferențele, putem construi pe ele.

Diferențele individuale afectează relațiile dintre tineri și bătrâni și, desigur, dintre bărbați și femei, care, prin evoluție, chiar și-au dezvoltat strategii sexuale diferite.[50] O femeie va alege cu foarte mare grijă genele pentru cei (relativ) câțiva copii ai ei. Un bărbat, pe de altă parte, poate procrea mii de copii, așa că este în interesul său genetic să discearnă mai puțin și să fie oportunist. Multe cărți de *self-help* despre relații au vorbit despre această diferență și despre faptul că bărbații și femeile se gândesc la sex și, într-adevăr, la relații într-o varietate de moduri. Totul poate fi bine, cu condiția ca perechile să recunoască acest lucru și să lucreze pentru a-l explora ca să fie pregătite pentru compromisuri. Totuși, fiecare partener va dori ca celălalt să fie mai degrabă binevoitor, mai degrabă plin de compasiune decât rece și fără inimă, mai interesați de el decât deloc – calități care vor susține mai degrabă relația, nu atracția sexuală.

Diferențele dintre oameni sunt foarte importante când vine vorba despre tratamentul medical, în special medicamentos. Gândește-te cât de diferit reacționează oamenii la alcool. Unii, în special cei din țările asiatice, au o genă care îi face să le fie foarte rău chiar și la cantități mici. Unii beau și apoi adorm treptat (eu sunt unul dintre aceștia, trezindu-mă mahmur câteva ore mai târziu). Unii devin din ce în ce mai dezinhibați – și amuzanți sau stânjenitori, în funcție de punctul tău de vedere –, dar alții nu au nevoie de foarte mult alcool înainte să devină agresivi. Din nefericire, închisorile sunt pline de indivizi care sunt destul de plăcuți când nu beau, dar care au o reacție adversă la băutură, care îi face combativi și periculoși. Violența domestică este legată de consumul de alcool.

Dacă alcoolul are aceste variații în impact, gândește-te la antidepresive: unii oameni pot beneficia de pe urma lor, în timp ce alții suferă efecte secundare îngrozitoare și se simt mult mai rău. Studii recente au privit spre posibilele diferențe genetice dintre cei care răspund la un anumit antidepresiv și cei care nu o fac.

Știm și faptul că oamenii sunt extrem de diferiți în privința talentelor și capacităților lor. Mi-ar fi plăcut să fiu chitarist rock. Există un alt Paul Gilbert, unul grozav, dar, din nefericire, nu e vorba despre mine, pentru că sunt afon, mă chinui cu sincronizarea și nu prea am talent muzical. Totuși, mă bucur zdrăngănind în continuare. Mi-ar fi plăcut să fiu și jucător de crichet, dar eram destul de slab și la asta, în ciuda eforturilor mele și a multor antrenamente. Poate ne dăm seama încet și trist de faptul că nu ne potrivim cu lucrurile pe care ne dorim foarte mult să le facem sau să fim. Desigur, acest lucru este contrar tuturor ideilor mai degrabă amețitoare conform cărora poți să faci sau să fii orice dacă îți dorești suficient de mult. Cât de des le-au spus profesorii și părinții copiilor acest lucru, făcându-i să simtă că trebuie să fie ceva greșit la ei dacă nu pot reuși? Nu a contat cât de mult m-am antrenat la plasele de crichet sau câte ore am petrecut cu chitara dată la maximum, enervându-mi vecinii – pur și simplu aceste lucruri nu aveau cum să mi se întâmple. Putem avea aceeași perspectivă și asupra aspectului fizic, abilităților tehnice și așa mai departe. De fapt, tocmai această recunoaștere a diferențelor dintre noi este un pas important spre compasiune, atât față de noi înșine, cât și față de ceilalți. Nu trăim într-o lume a egalității; genele noastre și experiențele de viață ne vor trata inegal.

Acum, înțelegând că suntem diferiți din punct de vedere individual în atât de multe feluri, se creează un număr de provocări în drumul nostru spre compasiune. Trebuie să învățăm cum să fim empatici și curioși în legătură cu mințile altora. Trebuie să recunoaștem că valorile, percepțiile și modurile de gândire variază. De exemplu, sunt ceva dovezi că ar putea exista o componentă genetică pentru care unii oameni sunt atrași de politica de dreapta și de modurile autoritare de a organiza societatea, în timp ce alții sunt orientați spre principii egalitare și valori liberale. Unii oameni pot fi foarte sensibili la sentimentele altora, în timp ce altora le-ar putea lipsi acea sensibilitate. Unii sunt capabili să navigheze urcușurile și coborâșurile vieții precum dopurile de plută pe mare, în timp ce alții se scufundă destul de ușor. Datorită personalităților lor, unii își dezvoltă compasiunea mult mai ușor decât alții.

Acest lucru nu înseamnă totuși că cei din urmă nu își pot descoperi deloc aceste calități. Poate că nu sunt un chitarist grozav, dar pot cânta puțin și mă bucur de propriul nivel de competență acum.

A recunoaște că suntem diferiți înseamnă și că trebuie să facem față invidiei și *să ne acceptăm limitările*. Invidia este legată de tendința noastră de a ne compara cu ceilalți și de a ne dori să fim mai mult decât ei. Uneori încercăm să ne modelăm după oamenii pe care îi admirăm sau despre care credem că au parte de mai multă acțiune decât noi. Acest lucru este de înțeles, dar poate fi transformat cu ușurință în autocritică atunci când nu suntem capabili să ne acceptăm limitările, să ne acceptăm pe noi înșine așa cum suntem *în acest moment – chiar acum*. Uneori, când vedem calitatea materială superioară a vieții altora în comparație cu a noastră, ne putem înfuria. Așa că poate fi într-adevăr dificil să acceptăm că „așa sunt *eu*" și „aceasta este viața în care *eu* mă aflu". Avem nevoie să recunoaștem că, atunci când ne acceptăm așa cum suntem și viața așa cum este, găsim mai ușor pacea și mulțumirea pentru noi. Cu certitudine, aceasta nu este o poziție de renunțare sau de înfrângere, ci mai degrabă este vorba despre a privi în jur pentru a vedea ce putem face acum cu ce avem. Este vorba despre „a fi prezent", în comparație cu a trăi în regret și cu „ce-ar fi fost dacă" sau „nu e corect", sau „aș fi putut fi...", sau „ar trebui să fiu mai bun, mai capabil sau mai competent... De ce nu sunt suficient de bun?" și așa mai departe. Dar, așa cum am spus la început, aceasta este o provocare: nu va fi ușor.

Când eram mai tânăr și mă pregăteam să devin terapeut, încercând să îi ajut pe oamenii care sufereau, obișnuiam să îi spun supervizoarei că pacienților le-ar fi mult mai bine dacă ar avea pe cineva cu mai multă experiență decât mine. Într-o anumită măsură, acest lucru era clar adevărat. Totuși, supervizoarea, o doamnă în vârstă, înțeleaptă și blândă, mi-a mărturisit că aceasta era esența vieții. Putem trăi viața pe culoarul „doar dacă" sau să profităm la maximum și să apreciem etapa în care ne aflăm acum. Așa că întrebarea pentru mine nu era „Cum pot avea 20 de ani de experiență în prima zi?", pentru că acest lucru nu era posibil. Toată lumea trebuie să meargă exact pe același drum pe care mergeam eu, de la a nu avea experiență la a o acumula. Întrebarea pe care ea dorea mai degrabă să mi-o pun era: „Cum pot fi cel mai bun tânăr psihoterapeut fără experiență, având limitările date?" Pentru că asta era singura soluție a acelor oameni – nu mai era nimeni altcineva.

A fost o lecție dură în anumite privințe, dar m-a ajutat să mă confrunt cu realitatea propriilor limitări; puteam să fiu doar ce puteam fi.

Nu numai că trebuie să acceptăm anumite limitări, ci și să recunoaștem că, în unele aspecte, unii chiar *sunt* mai buni decât noi. Într-adevăr, acesta este motivul pentru care ne place să mergem la teatru, să ascultăm muzică sau să ne uităm la sport. Ascultăm sau privim alți oameni care creează lucruri pe care noi nu le putem face și îi apreciem pentru asta – deși, sigur, în cazul sportului, dacă nu câștigă, putem fi departe de apreciere. Dar capacitatea de a pune în valoare talentele și atributele altora este un element vital pentru compasiune, chiar dacă poate fi subminată de invidie sau nesiguranță de sine. Prin urmare, compasiunea poate implica chiar învățarea modului de a aprecia și a găsi bucurie în talentele altora, de *a fi mulțumiți pentru ei.*

Așa că diferențele dintre noi sunt extrem de importante în multe aspecte ale vieților noastre. Sursa unor asemenea diferențe zace în gene, în modul în care ele se combină și interacționează, în felul în care istoriile noastre de viață interacționează cu genele pentru a ne forma creierii și corpurile, genul de mediu social în care am crescut și valorile pe care le-am adoptat, lucrurile pe care le-am învățat – și multe altele. Dar, așa cum zice Dalai Lama: „Toți caută fericire. Nimeni nu dorește suferință.“

Provocarea 7: relația cu noi și propria interconectare

A șaptea provocare ne aduce la modul în care gândim și ne raportăm la propriile potențiale, emoții, motivații interioare și așa mai departe. Multe cărți de *self-help* se vor concentra să te ajute să privești spre modul în care gândești sau interpretezi lucrurile, cum funcționează sentimentele tale și cum să planifici și să ai un comportament care îți este folositor, ajutându-te să îți dezvolți capacitățile. Acestea sunt bune în măsura în care merg. Totuși, ținând cont că creierii noștri au evoluat pentru relaționarea socială, este folositor să gândim lumea interioară ca un loc al relațiilor „oarecum sociale“. Cu alte cuvinte, este vorba despre cum părți din noi înșine sau diferite sisteme din creierii noștri relaționează.

Este ca și cum am avea o serie de potențiali actori în cap care trebuie să învețe cum să interacționeze. În acest fel, gândurile mele furioase pot fi văzute ca parte a sinelui meu furios (legat de un anumit tipar de activare din creier), în timp ce gândurile pline de compasiune pot fi văzute ca parte din sinele meu compătimitor (legat de un anumit tipar de activare). Când suntem autocritici și ne condamnăm, ne raportăm la noi înșine prin partea competitivă și disprețuitoare a sinelui și ne stimulăm un anumit tipar de aprindere a celulelor nervoase. Totuși, când activăm, reglăm, antrenăm și ascultăm cuvintele, motivele și dorințele sinelui compătimitor, putem crea în creier tipare de activitate destul de diferite, care ne afectează sentimentele, comportamentul și gândurile.

Pentru unii oameni, emoțiile și amintirile sunt copleșitoare și înspăimântătoare. Ei cred că sentimentele lor sunt anormale și că alții i-ar face să se simtă rușinați dacă ar descoperi ce simt. Alții ar putea crede că sentimentele îi vor înnebuni sau că își vor pierde controlul asupra lor. Pentru a face față puterii unor asemenea sentimente ale „creierului/minții vechi", ei ar putea încerca să le evite sau să le facă față în diferite moduri ineficiente, cum ar fi consumul de alcool sau de droguri, sau chiar și prin vătămare. Din câte știm, doar oamenii pot alege să evite sentimentele sau să le controleze. Totuși, cercetările arată că evitarea conduce în mod obișnuit la mai multe belele. A învăța să dezvoltăm compasiune pentru propriile sentimente este un pas important spre lucrul cu ele. Așa că poate fi o provocare să conștientizăm și să înfruntăm puterea sentimentelor din „creierul/mintea veche".

Un alt motiv important pentru a ne concentra pe compasiunea față de sine este faptul că autocritica și disprețul de sine par să crească într-un ritm alarmant. Spun „par să" pentru că obținerea unor date exacte asupra acestor lucruri este dificilă. Recent, un coleg căuta studenți la medicină care să participe la unul dintre studiile noastre despre „compasiunea de sine ca antidot pentru autocritică". Au fost mulți doritori. El a rămas surprins de cât de mulți au recunoscut că au probleme cu autocritica – până în punctul în care devin anxioși și își subminează încrederea în sine. Când Dalai Lama a venit pentru prima dată în Occident, a fost uimit de nivelurile lipsei de satisfacție, dezamăgirii, autocriticii și disprețului față de sine. Cu toată tehnologia și confortul pe care le avem, el ne-a găsit în conflict cu noi înșine.

Foarte puțini oameni care intră la psihoterapie se simt bine, se acceptă, sunt încrezători și împăcați cu ei înșiși; există de obicei un simț de nemulțumire, un sentiment de a fi defect sau inadecvat într-un anume fel. Dacă vrei o rețetă pentru nefericire, aceasta ar fi concentrarea pe lucrurile pe care le critici sau care nu îţi plac la tine însuţi. Având în vedere felul în care gândurile, imaginaţia şi fanteziile ne afectează creierul, îţi poţi imagina ce se întâmplă în când ne concentrăm asupra lucrurilor care nu ne plac la noi înşine. Dar oamenii fac asta – zi şi noapte. Într-adevăr, studiile recente arată că, pentru mulţi oameni care au probleme de sănătate mintală, un lucru tipic pe care îl au în comun este autocritica. Aceasta poate varia de la o dezamăgire uşoară până la ura totală faţă de sine.[51]

De fapt, multe conversaţii pe care le-am avut în ultimii 30 de ani cu oamenii depresivi, anxioşi, pierduţi şi însinguraţi m-au convins că singurul element central care părea că le lipseşte era capacitatea de a fi binevoitori, blânzi, calzi şi plini de compasiune faţă de sine. Aşa că am hotărât să îi învăţ aceste aptitudini şi să văd dacă îi ajută. Acest lucru nu era tocmai reinventarea budismului, care, desigur, se concentrează pe compasiune, pentru că abordarea cu care lucrez şi pe care o vom explora în această carte este bazată pe modul în care funcţionează creierii. A fost dezvoltată în colaborare cu pacienţii mei, care m-au învăţat foarte multe despre drumul spre compasiune când eşti depresiv, înfricoşat sau paranoic. Pe de altă parte, există foarte puţine aspecte ale abordării compasiunii exprimate aici care nu au fost puternic influenţate de înţelepciunea psihologiei inspirate de budism.[52]

Adevăratul mesaj de ţinut minte este că putem stimula tiparele cerebrale care se hrănesc singure, care ne susţin, ne încurajează şi ne alină, astfel încât, în orice am face, să ne ajutăm singuri (să schimbăm modul în care ne gândim la noi înşine sau să facem faţă lucrurilor cu care ne luptăm), să exersăm crearea unei experienţe mintale (un tipar din creier) de căldură, bunăvoinţă şi sprijin ca *poziţie principală de pornire*. Dacă facem acest lucru, am putea descoperi că lucrurile vor fi ceva mai bune pentru noi.

Aşa că a şaptea provocare este, de fapt, a învăţa cum să ne înţelegem sentimentele (uneori puternice), impulsurile şi relaţiile interioare cu diferite părţi din noi înşine. Putem învăţa că, atunci când suntem critici cu noi înşine, se întâmplă adesea din dezamăgire sau frică. Totuşi, când suntem binevoitori, nu numai gândurile noastre, ci şi *sentimentele* de bunăvoinţă devin importante. Provocarea este să creăm relaţii hrănitoare şi ocrotitoare cu multe părţi din noi, astfel încât nicio parte să nu se desprindă, să nu fie uitată, ignorată, urâtă sau evitată. Vom privi spre această provocare destul de mult în a doua parte a acestei cărţi.

Provocarea 8: tragediile vieții

În unele moduri, a opta noastră provocare se află în miezul suferinței. Știm că viața este tragică. De la marii scriitori ai tragediilor grecești și gânditorii antici la scriitorii și filozofii moderni, marea întrebare a fost și este: „De ce este viața plină de suferință?" Imediat cum ne prindem cum stă treaba cu „a fi aici" și cum credem că am învățat ceva despre viață, trebuie să ne obișnuim cu ideea degradării, morții și faptului de a nu mai fi. Un prieten de-ai mei, medic, a evidențiat zilele trecute că, deși le oferim oamenilor medicamente pentru a preveni atacurile de cord, ei vor muri ulterior de cancer sau demență. Pe mulți dintre noi nu îi bântuie neapărat frica de moarte, ci calea morții. Așa cum se spune că glumea Woody Allen: „Nu mă deranjează să mor. Pur și simplu nu vreau să fiu acolo când se întâmplă." Dar, așa cum am notat și anterior, înfruntarea morții poate fi mai ușoară dacă simțim că suntem îngrijiți și conectați la fluxul vieții, în comparație cu a fi singuri și înstrăinați; este, de asemenea, mai ușor dacă suntem blânzi și binevoitori cu noi înșine pe măsură ce privim în urma vieții, spre deosebire de a fi severi și dezamăgiți.

A ne gândi la amploarea tragediei umane este unul dintre primii pași din călătoria noastră spre compasiune; într-adevăr, este una dintre sursele de inspirație ale compasiunii. Poate părea ciudat că prima mutare a oamenilor spre compasiune se face prin furia lor și prin sentimentul de nedreptate cu privire la suferința vieții. Din nefericire, unii oameni rămân blocați acolo, mai degrabă mergând în cercuri furibunde decât să își privească sentimentele ca pe *o chemare spre compasiune*. O persoană cu care am lucrat reflecta la sfârșitul terapiei că și-a considerat viața mai degrabă neplăcută și că a fost destul de furioasă față de propria suferință și a altor oameni. Dar apoi a conștientizat: „Dacă te regăsești în iad, poți să ai un acces de furie în legătură cu asta, ceea ce face iadul și mai rău, sau poți să cauți o găleată cu apă. Dacă fiecare dintre noi găsește o găleată de apă, putem stinge o parte din foc." Pentru acea persoană, dezvoltarea compasiunii a fost găleata cu apă.

Unele suferințe se ivesc pur și simplu din compromisurile care apar drept rezultat al evoluției. Forma scheletului a evoluat inițial în mare și nu este atât de bine adaptată pentru mersul în poziție verticală. Din acest motiv putem avea probleme cu genunchii, șoldurile și spatele din cauza greutății pe care trebuie să o cărăm. Nenumărate femei au murit la naştere din cauza cerinţelor fizice necesare mersului în poziţie verticală, care pot complica forma canalului naşterii – bebeluşii se pot bloca din cauza formei corpului. Viruşii care cauzează boli, paraziţii şi bacteriile sunt şi ele forme de viaţă care evoluează şi care interacţionează cu noi. Aceştia pot fi responsabili atât pentru inconveniențe uşoare (să zicem, gripa pe care o contractezi în prima zi de vacanţă), cât şi pentru handicapuri tragice şi pierderea vieţii – virusul gripal din 1918–1919 a omorât mai mulţi oameni decât Primul Război Mondial. Viruşii care îşi orbesc sau schilodesc gazdele sau chiar le omoară colcăie pe pământ cu miliardele în încercarea *lor* de a supravieţui şi a se reproduce. Majoritatea experţilor vorbesc despre „când" va lovi următorul virus ucigaş, nu „dacă", cu toate suferinţele şi jalea care îi vor urma.

Corpurile noastre se bazează pe componentele genetice, dar apar erori şi genele cauzează suferinţe grave. Există multe boli genetice care vor încheia viaţa timpuriu sau vor crea o existenţă plină de durere şi suferinţă. Probabil că genele sunt cele care le-au curmat viaţa soţiei iubite a unui coleg, la vârsta de 48 de ani, prin cancerul de sân, *şi* pe cea a fiicei lor la vârsta de 26 de ani, la puţin timp după finalizarea doctoratului. Asemenea poveşti tragice nu sunt rare – ele ne vizează pe toţi într-un fel sau altul. Şi, în urmă doar cu câteva sute de ani, ar fi fost surprinzător să *nu* îţi fi pierdut câţiva dintre copii înainte ca aceştia să fi ajuns la maturitate. În unele părţi ale lumii, acest lucru este încă valabil.

De asemenea, suntem o specie tragică tocmai pentru că avem „creieri/minţi noi", dar ele se aşază peste patimile noastre vechi. Nu apreciem întotdeauna felul în care predispoziţia oamenilor pentru cruzime, război şi violenţă (văzute ca soluţii pentru probleme complexe), care contribuie în mare măsură la suferinţa umană, este legată de modul în care creierii au evoluat şi au fost hrăniţi social. Istoria umană este plină de lideri care şi-au inspirat adepţii să comită acte teribile; aceştia s-au supus pentru că, la fel ca pentru noi, teritorialitatea şi supunerea sunt atracţii puternice. Asemenea observaţii sunt departe de a fi noi şi, de-a lungul secolelor, ne-am străduit să găsim un sens şi să le înţelegem (*vezi* Capitolul 12).

Unii oameni cred că lumea a fost creată de un Dumnezeu binevoitor şi că într-o zi suferinţa noastră se va încheia. Ei presupun că Dumnezeu are propriile motivaţii, care se află dincolo de raţiunea umană şi, prin urmare, nu are sens să încercăm să le deslușim – trebuie să suportăm suferința până când totul devine clar. Pentru unii, acest tip de credință a dispărut în lagărele de concentrare naziste. Mai rea este credința altora, care cred că suferința este pedeapsa lui Dumnezeu. Când un tsunami a străbătut Oceanul Indian în a doua zi de Crăciun în 2004, provocând mai mult de 250 000 de morți și o durere îngrozitoare pentru nenumărați alți oameni, unii lideri religioși au afirmat că aceasta a fost pedeapsa lui Dumnezeu pentru decadența lumii. Nu prea a existat compasiune acolo. Gnosticii, o sectă creștină timpurie, credeau că Pământul și universul au fost create din greșeală sau de o zeitate malefică; pasiunile carnale și posesivitatea erau părți din planul său de joc, deci trebuie evitate. Ei au devenit cunoscuți sub numele de catari și au fost exterminați ca eretici de către Biserica Romano-Catolică în secolul al XIII-lea, în ceea ce se consideră acum a fi fost o campanie de genocid.

Astăzi, există din ce în ce mai multe mișcări pentru a salva „proiectarea inteligentă", o formă de creaționism. Ca ființe evoluate în fluxul vieții, corpurile și mințile noastre sunt minunate, extraordinare, fantastice. Dar dacă ele ar fi fost într-adevăr proiectate de Dumnezeu sau de o altă entitate, ar trebui spus că proiectul este de-a dreptul îngrozitor! Nu numai că trupul este slab construit din multe puncte de vedere (nu uita ratele mari ale deceselor în urma nașterilor din cauza modului în care poziția verticală de mers a compromis canalul nașterii), ci și creierul. Dacă există un Proiectant, de ce El/Ea ar fi creat un sistem în care abilitățile „creierului nou/minții noi" alimentează motivațiile, emoțiile, teritorialitatea „creierului/minții vechi" și cine mai știe ce altceva? De ce să proiectezi un corp care este atât de vulnerabil la viruși, paraziți și erori genetice? Nu prea are sens pentru mine. Așa că prefer să cred că oamenii sunt parte a unui proces, precum fluxul vieții, iar întrebările spirituale apar pe parcursul său. Pentru mine acesta este un pas spre compasiune – recunoașterea faptului că *nu am fost proiectați*, că pur și simplu ne găsim aici, nu pentru că noi (sau o altă putere) am ales să fim aici. Așa că trebuie să ne folosim „creierii/mințile noi" pentru a ne susține și a ne ajuta în tragediile vieții. Lupta dintre bine și rău, îndrăgită de oamenii religioși, se dovedește, de fapt, lupta care apare parțial din interacțiunea dintre creierii/mințile noastre „vechi" și „noi" și parțial din diferitele strategii înnăscute.

Unii psihologi cred că goana noastră extraordinară și pasională după plăcere, confort, mașini rapide și case frumoase se datorează în parte faptului că nu ne-am gândit cu adevărat la realitatea vieții ca la o tragedie. În inima budismului se află recunoașterea faptului că nimic nu este permanent – inclusiv viața însăși –, și durerea și tragedia sunt inevitabile. Fluxul vieții în univers este dureros. Într-adevăr, 99% dintre formele de viață care au existat vreodată pe această planetă au dispărut; totul trece, totul se schimbă. Ideea budismului este totuși nu doar de a observa această tragedie, de a avea o abordare de genul „ei bine, trebuie să accepți asta și să mergi mai departe", ci de a conștientiza profund suferința pe care o trăim ca urmare a faptului de „a fi aici", de a ne trezi în fluxul vieții doar pentru puțin timp. Compasiunea vine din recunoașterea faptului că viața este o tragedie, o recunoaștere care constituie baza multor exerciții ale minții pline de compasiune.

Buddha a sugerat, de asemenea, că modurile prin care încercăm să facem față durerii și tragediilor vieții pot cauza neintenționat chiar mai multe dificultăți pentru noi înșine și pentru alții. De exemplu, urmărind posesiunile materiale și bucurându-ne de confort, nu trebuie să ne gândim la realitățile vieții și nici la tragediile și suferințele majorității oamenilor de pe această planetă. Există suferințe nevăzute în spatele producției de haine ieftine și agriculturii automatizate, iar Pământul este distrus de procesele noastre industriale, care vor face să sufere generațiile viitoare. Suferința adesea nerecunoscută rezultă din comparațiile noastre sociale, autocriticile și incapacitatea generală de a ne trata cu bunătate. Uneori, suferința poate părea pur și simplu copleșitoare și ne simțim atât de neputincioși să facem ceva în legătură cu ea, încât este mai ușor să nu o mai luăm în considerare. Și totuși, știm că trăim într-o lume a suferinței, iar aceste gânduri, sentimente și frici ticăie în continuare în fundalul minților noastre.

Așa că suntem o specie tragică pentru că murim din ziua în care ne naștem, pentru că suntem vulnerabili la multe boli genetice și infecțioase, pentru că avem două tipuri de creier care ne înnebunesc și ne pot face să comitem cruzimi și să permitem nedreptăți cumplite, pentru că vrem, tânjim cu ardoare să ne conectăm. Dar recunoașterea acestui lucru nu este drumul spre disperare, ci chemarea spre compasiune. Dacă viața este așa, cum ne putem antrena creierii să aducem sens și bucurie autentice în viețile noastre?

Provocarea 9: moralitatea și societățile

Există un aspect evident al vieții, strâns legat de compasiune, iar acesta este moralitatea. Nu toate problemele morale sunt legate de compasiune și nici compasiunea nu are legătură cu toate chestiunile morale. Problemele și întrebările despre ce este, de fapt, moralitatea și despre cum ajungem să o punem în practică au făcut parte din filozofia morală multe sute de ani.[53] Consensul general este că simțul nostru despre corectitudine și greșeală este legat de interacțiunile complexe dintre predispoziția genetică, învățarea, conformitatea, valorile sociale învățate, „simțitul lucrurilor" și rațiune. Desigur, oamenii pot lua și poziții morale pentru că le este frică să nu se supună membrilor dominanți ai grupului și pur și simplu adoptă valorile lor.

Sentimentul și gândirea morală nu sunt statice, ci se desfășoară pe măsură ce ne dezvoltăm, adesea în stadii. În copilărie, simțim empatie pentru ceilalți și un sentiment de dreptate care apare pentru a fi ghidați de pedepsele și laudele părinților. Ulterior, devenim conștienți de valorile, regulile și așteptările de bună conduită ale grupului nostru. De exemplu, morala și comportamentul acceptabil din vremurile timpurii ale romanilor erau diferite față de ale noastre. O dezvoltare ulterioară ne face să adoptăm un punct de vedere „din avion", mai detașat, fără partizanat, prin care devenim conștienți de omenire la scară largă și de faptul că tribul sau grupul nostru au creat granițe artificiale în jurul unor părți ale omenirii. Acest lucru conduce la gândul că libertatea, respectul și compasiunea ar trebui oferite întregii omeniri și, într-adevăr, în unele tradiții, tuturor ființelor vii. Fiecare dintre aceste stadii devine parte a unei identități individuale.[54]

De-a lungul procesului de creștere, nu durează mult până recunoaștem că gândirea morală implică adesea conflictul. Să presupunem că doi oameni caută îngrijire medicală: unul are doar o problemă minoră de sănătate, dar a plătit bani sistemului de sănătate pentru îngrijirea sa; celălalt are o problemă gravă de sănătate, dar nu a plătit bani sistemului. Tu îl poți trata doar pe unul dintre ei. Un principiu bazat pe dreptate ar fi să îi oferi îngrijire medicală celui care a plătit pentru ea; nerespectarea acestui principiu ar rezulta în refuzul oamenilor de a plăti și în colapsul întregului sistem. Un principiu bazat pe grijă și compasiune ne-ar face să îi oferim ajutor celui cu nevoie mai mare. Dacă o persoană săracă are nevoie de medicamente puternice pentru a-și trata copilul, cum ar trebui să îl tratăm dacă le fură?

Alte părți integrante ale rațiunii sunt ideile de „reguli", „merite" și „nevoi".[55] Carol Gilligan[56] a atras, de asemenea, atenția asupra a două tipuri de gândire morală: una bazată pe reguli, corectitudine și dreptate, și una bazată pe sentimentele de îngrijorare/grijă pentru ceilalți. Femeile ar putea fi mai concentrate pe îngrijire, pentru că ele investesc mai mult în copiii lor și depind de alianțe bazate pe rudenie.[57] Bărbații ar putea fi mai concentrați pe probleme de competiție și pe necesitatea reglementării sale prin sisteme de corectitudine și drepturi. Problemele legate de drepturi (luate și acordate) și sistemele de justiție și-au îndreptat atenția spre recunoașterea autonomiei oamenilor de a-și urmări scopurile și de a nu cădea sub exploatare. Drepturile sunt importante pentru cooperarea și prevenirea exploatării celor slabi de către cei puternici, iar ele au fost adesea greu de câștigat. Totuși, datele recente au pus sub semnul întrebării aceste diferențe dintre sexe și au direcționat atenția spre factorii situaționali, care necesită diferite tipuri de gândire morală.[58]

Un aspect interesant este felul în care compasiunea chiar cuprinde atât dreptatea, cât și grija, deși, după cum am menționat, în timp ce cu siguranță nu am crede despre compasiune că este nedreaptă, grija și dreptatea *pot* intra în conflict. O formă de dreptate socială sau convenită în mod tradițional pentru o victimă poate să fie un răspuns lipsit de compasiune pentru făptuitor. Dreptatea nu necesită neapărat iertare, în timp ce compasiunea probabil o cere. Dreptatea, ca rezultat, poate fi construită mai mult social și cultural decât compasiunea.

Știm că oamenii aplică diferite procese pentru a judeca chestiuni morale. Unii au ajuns la moralitate prin conștientizarea crescândă a suferinței sau nedreptății. De exemplu, conștientizarea suferinței endemice în creșterea animalelor generează o preocupare emoțională pentru schimbarea comportamentului; alții sunt vegetarieni din simplul motiv că așa au fost crescuți. În primul exemplu, moralitatea este dezvoltată printr-o reacție emoțională la suferința altor ființe vii și, în acel sens, este legată de compasiune. Nu este o moralitate la care se ajunge prin rațiune, dar nici una lipsită de raționament. Astfel, dezvoltarea moralității poate implica o interacțiune complexă între sentiment și raționament. Și, într-adevăr, aceasta este problema, pentru că *diferite tipuri de emoții* sunt legate de moralitate. Sentimentele de simpatie și de tristețe sunt un tip, dar dezgustul, indignarea și/sau frica sunt altele. De exemplu, este în regulă să creștem și să omorâm animale prin automatizare pentru mâncare, dar este imoral (adică simțim dezgust) să facem sex cu ele.

Așadar, oamenii susțin o poziție *morală* într-un număr mare de domenii, în multe moduri. Unii sărbătoresc homosexualitatea, în timp ce alții sunt dezgustați de ea și o văd ca pe un păcat. Unii sunt revoltați de avort, în timp ce alții luptă pentru dreptul femeii de a alege. Unii consideră comerțul cu arme legitim pentru economia națională și pentru dreptul de autoapărare, în timp ce alții îl privesc prin prisma corupției și îl consideră o pată asupra umanității. Unii cred că infractorii ar trebui electrocutați, uciși cu pietre sau spânzurați, în timp ce alții consideră că acestea sunt acte profund imorale. Unii cred că tortura este o modalitate legitimă de a trata inamicii, în timp ce alții văd acest lucru ca pe un important test moral al unei culturi. Unii cred că toate culturile și religiile ar trebui să fie libere să își urmeze propriile credințe și practici, în timp ce alții cred că anumite drepturi umane – cum ar fi libertatea față de subjugare și de circumcizia feminină – depășesc crezurile individuale. Unii susțin despre credințele religioase care au avut originea în estul Mediteranei, în urmă cu mai bine de 2000 de ani, că sunt o sursă de teritorialitate și agresivitate, pe când alții cred că acestea sunt fundamentul moralității. Unii cred că hibrizii cu celule stem umane/animale, care conțin doar câteva sute de celule, vor deschide calea pentru tratamentele multor boli oribile, pe când alții cred că acesta este începutul unei lumi ca a lui Frankenstein. Și așa am putea continua la nesfârșit. Nu e de mirare că filozofii moralei au o misiune dificilă. Ei recunosc că această combinație de predispoziție genetică, învățare, conformitate, valori sociale învățate, „simțit al lucrurilor" și raționare ridică întrebări complexe despre cum ne gândim problemele morale.

Așa că nu este surprinzător că oamenii sunt confuzi în legătură cu moralitatea și se vor baza adesea pe emoțiile lor și pe comparațiile sociale pentru a emite judecăți, iar capacitatea lor de a gândi va oferi justificări binevoitoare pentru orice principiu moral de care s-au agățat sau pentru indignarea pe care o simt.[59] Unii recurg la textele religioase, cum ar fi Biblia, pentru îndrumare și, în acest fel, iau decizii în funcție de ce crede Dumnezeu despre homosexualitate sau alte chestiuni. Din moment ce poți găsi în aceste texte argumente care susțin sau se opun aproape oricărui comportament, pentru că ele au fost scrise pentru societăți și culturi existente cu mult timp în urmă și adresau probleme sociale foarte diferite față de cele pe care le avem astăzi, vei găsi un câștigător. Poți să alegi și să culegi. Dacă nu îți place ce găsești în Noul Testament, nicio problemă – du-te la cel Vechi și viceversa. Pentru unii, problema esențială pentru care cineva ar dori să apeleze la o autoritate superioară cu care nu se poate discuta sau dezbate sau pune la îndoială este în sine o chestiune morală. Și este o chestiune morală pentru că, dacă apelezi la o autoritate, o vei folosi pentru a amenința, convinge, recompensa, controla sau pedepsi pe altcineva, pentru că tu știi că propria autoritate și capacitate de a persuada nu sunt suficiente. Prin urmare, simplul act de a folosi texte religioase antice care conțin presupusele cuvinte ale lui Dumnezeu este o problemă morală asupra căreia am putea avea opinii contrare.[60]

Așa că putem aborda problema în alt fel și ne concentrăm în schimb pe *comportamentul prosocial* și pe cum să îi ajutăm pe oameni să devină mai plini de compasiune, mai binevoitori și mai empatici.[61] Dacă facem asta, ar putea fi o modalitate prin care putem să abordăm chestiunile morale și să ajungem la propriile decizii. Se pare că oamenii care provin din medii iubitoare și sigure, în care compasiunea a făcut parte din viața lor, se gândesc la problemele morale diferit față de cei care au avut o viață de cămin neglijentă sau abuzivă.[62] Totuși, modurile prin care compasiunea și exersarea compasiunii ne-ar putea ajuta cu gândirea morală și cu luarea deciziilor sunt neclare și au mare nevoie de cercetare. De exemplu, s-a arătat frecvent că, deși Tibetul a avut unul dintre cele mai dezvoltate sisteme de compasiune din lume, a avut și una dintre cele mai sărace și mai feudale societăți, care opera ca un sistem de castă. Tibetanii au avut, de asemenea, multe credințe despre importanța subjugării și deferenței, în special ale claselor sărace, ca modalități de câștigare a virtuții. Pentru unii observatori, acesta era un mod (probabil inconștient) de a menține respectul față de nivelurile înalte ale ierarhiei.

Provocarea 10: rezistența la compasiune și compasiunea față de sine

Multe studii au arătat cum concentrarea pe compasiunea față de alții și față de sine are o serie de beneficii care promovează sănătatea și îmbunătățesc relațiile.[63] Totuși, provocarea noastră finală are legătură cu faptul că, deși putem înțelege tot ce am scris până în acest punct și putem cădea de acord în multe privințe, suntem în continuare destul de reticenți în a urma calea compasiunii.

Conform lui Aristotel și tradiției grecești, singurii oameni care merită compasiune sunt cei care nu își merită suferința, iar acest sentiment, care este străin de compasiunea budistă, a continuat să se propage în gândirea occidentală.[64] Romanii credeau despre compasiune că este o slăbiciune într-o societate care avea nevoie să își demonstreze constant puterea. Totuși, mila era acceptată, pentru că era acordată de învingător celui învins. Când David Cameron, liderul Partidului Conservator din Marea Britanie, a sugerat recent că unii tineri neastâmpărați probabil au nevoie de mai multă iubire și sprijin, a fost ridiculizat de presă, fiind considerat un politician papă-lapte. El avea, desigur, dreptate, și noi știm, dar nu vorbim despre asta.

În ce privește compasiunea față de sine, pe care ne vom concentra cu niște exerciții în a doua jumătate a acestei cărți, avem nevoie să examinăm un aspect care nu este aprofundat în budism sau în alte tradiții spirituale care implică compasiunea: unii dintre noi au o mare rezistență în a simți compasiune față de sine și în a-și pregăti mințile pentru aceasta (și, desigur, în a exprima compasiune față de alții). Acest lucru are legătură cu ce am discutat anterior în termenii diferențelor individuale: oamenii diferă prin ușurința cu care înțeleg valoarea compasiunii și cu care o dezvoltă. Motivațiile pentru a urma compasiunea sau pentru a-i rezista variază. Unii dintre noi poate că au fost învățați că întotdeauna ar trebui să îi pună pe alții înainte. Compasiunea față de sine are un iz de îngăduință și chiar de egoism. Am menționat cum cartea lui Dale Carnegie *Cum să vă faceți prieteni și să deveniți influent* se concentrează pe nevoile și pe interesele altora – dar acest lucru nu înseamnă să te neglijezi sau să eșuezi în a te îngriji. De fapt, adevărata grijă față de sine și grija față de alții merg mână în mână. Totuși, vom vedea cum compasiunea față de sine este diferită de promovare, prin încercarea de a face mai bine decât alții, prin sentimentul că ai dreptul de a face asta sau doar făcând „lucruri drăguțe" pentru tine sau oferindu-ți recompense.

Unii oameni simt că au deja destulă compasiune față de sine. Am întâlnit asemenea pacienți și doar pe măsură ce îi cunoști în profunzime descoperi că, de fapt, compasiunea față de sine este mai degrabă superficială, un prieten de vreme bună. Ei sunt într-adevăr binevoitori față de ei înșiși, dar imediat cum fac o greșeală, ratează ceva sau intră într-un conflict, devin mai puțin înțelegători sau iertători.

Pentru alții, compasiunea miroase a slăbiciune, moliciune și efeminare! După ce a trecut prin vremuri grele, Jack, anterior un om de afaceri de succes, a devenit depresiv și incapabil să lucreze din cauza anxietății, oboselii și problemelor de concentrare. Era „foarte dezamăgit" de el însuși pentru că ajunsese depresiv, văzând asta ca pe o simplă slăbiciune de caracter – simțea că ar fi trebuit să muncească în schimb. Ideea că el ar putea să fie binevoitor față de sine și să aibă compasiune față de depresia lui îl făcea să se simtă inconfortabil; i se părea chiar „puțin prostesc". După ce a auzit ceva despre terapia cognitiv-comportamentală (pe care o folosesc foarte mult, dar cu accentul pus pe evoluție și compasiune), a crezut că îl voi învăța cum să își schimbe gândirea, astfel încât să poată alege *corect* și să se întoarcă la muncă. Totul semăna foarte mult cu o lecție ca „adună-te" pentru a face lucruri. Jack vedea compasiunea față de sine ca pe o slăbiciune a oamenilor fără coloană vertebrală: „Ei bine, vezi tu, nu am ajuns unde sunt astăzi prin blândețe și compasiune față de mine, ci motivându-mă singur. Cu cât lucrurile devin mai grele, cu atât mă forțez mai mult – aceea este calea spre succes." El simțea că a deveni blând față de sine i-ar diminua motivația și l-ar face leneș, apoi ar eșua – una dintre cele mai mari frici ale lui.

Jack a recunoscut o problemă care îi afectează pe mulți. Ei sunt atât de preocupați de a obține lucruri, de a-și demonstra valoarea și de a-i impresiona pe alții, încât atunci când nu se descurcă prea bine, se înfurie, devin frustrați sau se deprimă. În terapie pot descoperi destul de repede că nu prea sunt siguri de motivul pentru care vor să obțină aceste lucruri și se simt foarte amenințați. Deloc neobișnuit, acest lucru începe cu încercarea de a câștiga aprobarea părinților sau de a se descurca mai bine decât un frate/o soră. Ei s-au cam blocat în încercarea de a rezolva problemele copilăriei folosind soluții de adulți. Desigur, nu funcționează, pentru că reușita nu satisface dorința interioară după un anumit tip de recunoaștere și de afecțiune; doar prin confruntarea directă a acelor sentimente le putem vindeca.

Jane, asistentă medicală și mamă, în vârstă de 40 de ani, considera că a fi binevoitor, blând și a simți compasiune față de sine ar însemna să „își permită să scape nepedepsită". Precum Aristotel, ea credea că trebuie să simțim compasiune doar pentru suferința și necazul cuiva, dacă simțim că acea persoană *nu* își merită suferința (*vezi* Capitolul 12). Jane simțea că își *merita* suferința. În Anglia medievală, nu se simțea compasiune pentru cei care sufereau chinurile iadului, pentru că se credea că le merită. Așa că în Occident există o lungă tradiție de a gândi că bunăvoința și compasiunea le aparțin celor care nu sunt responsabili pentru suferința lor – nu le aparține și nu și-au provocat-o singuri sau nu au făcut nimic pentru a merita pedeapsa.

Jane avea o altă problemă cu dezvoltarea compasiunii față de sine, legată de convingerea ei că nu merită compasiune. Era vorba despre frică. În opinia ei, nu ar trebui să iei lucruri sau să aspiri la poziții de putere pe care nu le meriți, pentru că ele îți pot fi luate și vei fi umilit chiar și pentru a gândi că le-ai meritat. Carol avea o problemă similară. Era înspăimântată și rezistentă la a primi compasiune și la a deveni binevoitoare cu sine, spunând că este ultimul lucru la care se gândește. „Uite", spunea ea, „încerc să fiu drăguță, dar dacă m-ai cunoaște *cu adevărat* – dacă ai ști cu adevărat ce se petrece în mintea mea –, ai ști de ce nu pot să am compasiune față de mine. Știu că nu sunt atât de drăguță – chiar deloc așa cum pretind. Până când nu îndepărtezi aceste lucruri oribile din mintea mea și mă faci o persoană mai bună, nu aș putea nici măcar să gândesc să îmi placă de mine". Îi era mai dificil să se împace cu ideea decât să se descotorosească de sentimentele și fanteziile ei, prin acceptarea faptului că ele fac parte din mintea omenească, așa cum arată cu ușurință scriitorii de povești de groază.

O altă formă de rezistență la dezvoltarea compasiunii față de sine apare când oamenii o acceptă în sfârșit, în special făcând acel gen de exerciții precum cele propuse de mine, iar acest lucru expune o dorință arzătoare care rămăsese îngropată foarte mult timp. Poate fi dorința unei apropieri sau un sentiment de a fi conectați – nu singuri – sau de a se simți iubiți sau doriți. Când focul compasiunii față de sine începe să pâlpâie, el poate lumina o mare tristețe și o dorință arzătoare în noi toți. Pentru unii oameni, poate fi copleșitoare la început, așa că trebuie să facem pas cu pas – cu compasiune.

Și pentru alții începuturile compasiunii față de sine pot declanșa amintiri despre vremurile în care oamenii, inițial binevoitori față de ei, i-au abuzat. Acest lucru poate crea o confuzie reală despre încrederea în compasiune, iar pentru acești indivizi poate însemna reactivarea emoțiilor de teamă sau stranietate. Putem da sens acestui lucru în felul următor. Fiecare dintre noi are un sistem în creier care programează experiențele relațiilor strânse: *sistemul de atașament*, legat de alinare și de mulțumire, sedimentează amintirile faptului de a fi iubit și alinat. Totuși, dacă avem amintiri despre cum alții ne rănesc și/sau cum noi suntem anxioși și furioși față de ei, acele amintiri se vor reactiva când terapeutul sau altă persoană este binevoitoare cu noi. În loc să ne simțim alinați de aceasta, vom retrăi furia sau anxietatea, pentru că acestea sunt sentimentele pe care le asociem cu oamenii apropiați sau cu oamenii care trebuiau să fie binevoitori față de noi, dar nu au fost. Cu toții știm astfel de oameni: când ești binevoitor și iubitor față de ei, se retrag ca și cum ai reprezenta o amenințare.

Acești indivizi au o înțelegere greșită a compasiunii, care nu înseamnă să devii mai puțin concentrat sau mai puțin capabil, ci să te *concentrezi din nou* și să devii *mai capabil.* Dacă te gândești la oamenii care sunt văzuți ca având foarte multă compasiune, precum Buddha, Iisus, Nightingale, Gandhi și Mandela, nu prea îi poți numi ratați. Într-adevăr, cei care simt compasiune sunt adesea inspirați să lucreze pentru o cauză. Prin urmare, dezvoltarea compasiunii față de sine nu înseamnă doar a sta degeaba, făcând apologia amorului-propriu sau gândind lucruri frumoase despre tine însuți. Dezvoltarea compasiunii poate fi o muncă grea și ne poate inspira să muncim. Unii meditatori budiști se trezesc dimineața la patru sau la cinci pentru a exersa. (Nu îți face griji! Nu sugerez acest lucru!) Mintea plină de compasiune este, de asemenea, concentrată pe dezvoltarea compasiunii față de alții.

Așadar, uneori călătoria spre compasiunea față de sine ne avertizează asupra faptului că am putea avea nevoie să lucrăm la nivel psihologic cu o altă persoană, precum un consilier sau un psihoterapeut – genul de exerciții de ghidare cu care vom lucra împreună pe parcursul acestei cărți nu sunt, desigur, vreun substitut pentru terapia profesionistă. Compasiunea față de sine se dovedește puțin mai complicată decât la prima vedere. La un anumit nivel, putem recunoaște că a avea compasiune pentru alții și pentru noi înșine este util, dar la un altul, descoperim motive să nu avem compasiune.

Nu putem lăsa aceste probleme legate de căpătarea compasiunii față de sine și de alții fără a clarifica importanța contextului social. De exemplu, o investigație recentă a BBC-ului despre bandele purtătoare de cuțite din Londra a dezvăluit că mulți dintre membri provin din familii cărora nu le-a păsat de ei și că, fără a face parte dintr-o bandă și a se implica în traficul de droguri, ei simt că viața le-ar fi pusă serios în pericol. Ideea de compasiune față de ei înșiși și față de alții era total irelevantă pentru viețile lor, dominate de supraviețuire și de autoapărare. Programul a dezvăluit vieți de o cruzime inimaginabilă, în care pedepsele includeau arderea cu țigara și chiar uciderea. Efectele consumului de droguri cresc, de asemenea, violența și blochează compasiunea.

Psihologii evoluționiști au arătat, de asemenea, că indivizii își dezvoltă strategii și fenotipuri care se potrivesc nișei lor sociale. Neîncrederea, exploatarea și cruzimea sunt, în întreaga lume, trăsături comune pe care oamenii le dezvoltă în genul acesta de medii sărace și infestate de droguri. Este ridicol să blamăm indivizi acum că știm cum se formează mințile/creierii noștri prin gene și culturi. Deși personal mă îndoiesc de reîncarnare, aceasta este o idee pe care o consider utilă. Când trecem rapid prin zonele sărace din oraș, în mașinile noastre strălucitoare, plângându-ne de prea multe taxe, ar trebui să ne gândim că probabil la următoarea reîncarnare am putea să trăim acolo. Este extraordinar să te gândești că imediat după colțul de lângă noi sunt locuri în care lumânarea compasiunii încă nu a fost aprinsă, dar este cerută fără întârziere.

Mintea plină de compasiune

De ce denumim această abordare una a *minții* pline de compasiune, și nu o abordare a compasiunii? În primul rând, este un termen care a fost folosit de multe ori în diferite tradiții spirituale. Totuși, mai important este că ne ajută să ne concentrăm asupra faptului că mințile noastre funcționează în termeni de tipare. Dacă accesezi un tipar, vei face un altul mai greu de generat. Dacă ești foarte anxios, acest lucru poate bloca tiparele pentru calm; dacă te simți foarte furios, acest lucru blochează tiparele pentru bunăvoință. Diferite tipare din creierul nostru activează și dezactivează sisteme. Nu te poți simți relaxat și temător sau furios și iubitor în același timp. Poți oscila între ele, desigur, dar nu le poți simți simultan. Un tipar îl neagă pe celălalt.

Așa cum vom explora în Capitolul 6, când te concentrezi pe compasiune, mintea ta se va organiza într-un anumit fel, creând anumite tipare de activare în miliardele de celule nervoase. Vei lua parte la suferința sau la nevoile celorlalți; vei dori să atenuezi acea suferință sau să îi ajuți să își îndeplinească nevoile și să îi privești cum se dezvoltă și înfloresc. În plus, vei fi deschis spre dezvoltarea empatiei și înțelegerii. Comportamentul tău va fi orientat spre a face lucruri pentru ei, gândurile tale vor fi îndreptate asupra lor și a ceea ce le poți oferi, vei avea parte de grijă, căldură și/sau generozitate. Când dezvolți *compasiunea față de sine*, vei aplica aceste aptitudini asupra ta. Gândurile, atitudinile și sentimentele pentru tine însuți vor include mai degrabă grija, susținerea și încurajarea decât critica sau disprețul (*vezi* capitolele 8 și 9). Dezvoltarea unei minți pline de compasiune este o modalitate de a crea anumite *tipare* în creierii noștri, care ne organizează motivațiile, emoțiile și gândurile, astfel încât să fie favorabile pentru bunăstarea noastră și a altor oameni.

Concluzie

Ne aflăm într-o perioadă nouă, interesantă și provocatoare în istoria noastră. Studiul științific asupra minții umane a dezvăluit multe despre sursele fericirii și nefericirii și despre diverse stări de bunăstare. Se dovedește că, în timp ce accesul la confort și tehnologii (case rezistente la ploaie, încălzire centralizată, paturi confortabile, cuptoare cu microunde, televizoare cu ecran plat, chitare făcute manual) ne oferă plăcere, sursele mai sigure de fericire și bunăstare, fără a menționa sustenabilitatea la scară globală, apar din modul în care înțelegem și relaționăm cu *propriile minți* și cu ale altora. Relațiile pline de compasiune cu noi înșine și cu ceilalți sunt un izvor de fericire și de sănătate. Studiile au arătat că, dacă putem cultiva compasiunea față de sine, bunăvoința și blândețea, bazate pe *o înțelegere clară a modului de funcționare a minților noastre*, ne putem echipa pentru a aduce fericire pentru noi înșine și pentru ceilalți. Nu îți pot promite că Dumnezeu te va iubi sau că, deschizându-ți inima spre cosmos, El te va face bogat și faimos, nici că te va elibera de adversitățile vieții și de tragedii, nici din calea destinului care ne așteaptă pe toți (scuze). Totuși, ai putea descoperi că, încercând unele dintre ideile din această carte, vei cădea mai mult la pace cu tine însuți, vei descoperi calea spre fericire și – cine știe? – poate noi moduri de a gândi chestiunile spirituale și existențiale.

Următoarele patru capitole explorează fundamentul științific pentru pregătirea noastră în compasiune. Vom privi în profunzime spre locul de proveniență a minților noastre, cum funcționează și natura compasiunii.

3
Așezarea în fluxul vieții

Ultimele două capitole au indicat faptul că, fără a ne antrena mințile, s-ar putea să nu avem controlul asupra lor așa cum ne-ar plăcea. Acest lucru înseamnă că, în multe feluri, nu suntem responsabili pentru cele petrecute în mințile noastre – nici măcar din intenția noastră. Aceasta a fost o perspectivă fundamentală a lui Buddha în urmă cu aproape 3 000 de ani. De fapt, acum este aproape unanim acceptat faptul că suntem un anumit tip de persoană prin interacțiunea a două mari procese de control asupra cărora noi, ca indivizi, nu avem absolut niciun control: genele și mediul în care trăim. Interacțiunea dintre acestea ne dă viață și ne oferă experiența de „a fi noi înșine". Înțelegând acest fapt despre propria persoană și viață are implicații uriașe asupra modului în care ne percepem, asupra călătoriei spre compasiune, a călătoriei spre bunăstare și împlinire și, pentru cei interesați, a călătoriei spirituale.

Când conștientizăm deplin cum și de ce nu am proiectat multe dintre cele care se petrec în mințile noastre, *putem să ne asumăm responsabilitatea* în moduri noi și să învățăm cum să lucrăm cu o asemenea minte și cum să trăim în ea. Acest lucru poate părea ciudat, dar nu este chiar atât de straniu. Până la urmă, nu ți-ai construit tu corpul fizic, genele au făcut asta, dar a învăța cum funcționează corpul înseamnă că îl poți antrena să fie tonifiat și în formă, lucrând cu diverse grupe musculare sau cu sistemul cardiovascular și având o dietă echilibrată. În urmă cu 200 de ani, oamenii nu erau conștienți că lipsa de vitamina C cauza scorbutul; acum suntem și, prin urmare, îl putem preveni mâncând fructe. Pe măsură ce învățăm mai multe despre creierii și mințile noastre, conștientizăm că și ele au nevoie de anumite tipuri de „date de intrare" pentru a funcționa. Așa cum vom vedea, compasiunea este ca multivitaminele pentru minte. În secolele ce vor urma, va fi nevoie de o mai bună înţelegere a tipurilor de aporturi şi a relaţiilor sociale care „hrănesc" şi „îngrijesc" creierul, alături de curajul politic de a promova o societate sănătoasă mintal.

Aşa că, înainte de a explora cum să ne antrenăm minţile şi să lucrăm cu nişte exerciţii, avem nevoie să surprindem spiritul corect al lipsei de învinuire şi al bunăvoinţei. Avem nevoie să înţelegem de ce nu suntem de vină pentru multe dintre cele care se petrec în minţile noastre şi de ce dezvoltarea compasiunii este drumul spre o minte mai bine reglată. Putem începe prin a ne gândi la una dintre provocările pe care le-am întâlnit în primul capitol: cum ajungem să fim conştienţi că existăm şi că *avem o minte*. A fost totul destul de ciudat, nu-i aşa? Ei bine, pentru mine a fost.

Apariţia personală

La fel ca mine, probabil că nu ai prea multe idei despre cum ai ajuns aici. Ne trezim deodată brusc în această lume, nu-i aşa? Călătoria spre conştientizare şi spre „noi existăm" începe lent. Din moment ce toate călătoriile spre conştientizarea de sine sunt similare, lasă-mă să împărtăşesc cu tine cum s-a întâmplat în cazul meu.

Cândva, la sfârşitul anilor '50, părinţii mei s-au angajat într-un act reproductiv. Au făcut acest lucru datorită unei mutaţii petrecute cu miliarde de ani în urmă. Organismele vii iniţiale procreau prin diviziune directă – practic, ele se reproduceau doar prin împărţirea în două. Diferenţele dintre masculi şi femele nu existau. Apoi, o mutaţie întâmplătoare a avut ca rezultat descoperirea că prin combinarea ADN-ului propriu cu al altuia din categoria sa introduce o variaţie genetică favorabilă supravieţuirii. Procrearea prin sex a fost o invenţie evoluată – nu că pe părinţii mei i-ar fi deranjat vreodată acest lucru, desigur. Ei erau doar fericiţi să se bucure de plăcerile procesului care începuse cu miliarde de ani în urmă. Oricum, într-un interval de câteva ore, un spermatozoid şi un ovul s-au unit, punând în mişcare o secvenţă de o complexitate extraordinară. Milioane de spermatozoizi au încercat să ajungă la ovul şi să se lege de el – oricare dintre ei ar fi putut să mă construiască uşor diferit. Găsesc fascinant acest gând. Mă întreb dacă a existat vreunul care să mă fi făcut să nu-mi pierd părul odată cu vârsta?

Odată ce spermatozoidul a penetrat ovulul, cursa s-a terminat şi toate celelalte milioane de spermatozoizi au fost înfrânţi. Modelul meu genetic era acum decis, iar sub circumstanţele genelor din acel spermatozoid câştigător şi din acel ovul, forma mea biologică de bază a început să se desfăşoare. Încet, au început să crească membrele şi organele interne, apoi creierul cu celule speciale, numite neuroni, care se conectează între ei în tipare complexe. Aşa cum furnicile construiesc un furnicar, apariţia ia naştere din acţiunile colective şi din interacţiunea „constructorilor“ – care, în cazul nostru, sunt genele. Nu există un proiectant sau un supervizor general. Urmând instrucţiunile de bază ale genelor din specia noastră, am fost proiectat să devin om, şi nu peşte sau iepure. Nu pot să spun cât de mulţumit sunt de acest lucru. Oricum, conform instrucţiunilor genetice pentru specia mea şi celor specifice de la părinţii mei, după nouă luni, o serie de schimbări au apărut în uterul mamei şi iată că eram acolo, roz, plângând şi fiind probabil foarte confuz. Mediul din uter şi hormonii care circulau în jurul meu mi-au afectat dezvoltarea şi unele dintre gene au fost activate şi dezactivate. Uimitor acest lucru – genele chiar pot fi activate şi dezactivate de factori externi, inclusiv de mediul hormonal din uter.

Acum că am sosit, conexiunile dintre neuronii din creierul meu de bebeluş, care urmau să devină o sursă pentru multe pe care aş fi fost capabil să le gândesc, să le simt şi să le fac, erau destul de limitate, precum şi capacitatea mea de a avea vreo percepţie a sinelui. Dar acestea aveau să se schimbe cu rapiditate, pentru că, sub îndrumarea genetică şi stimularea exterioară, creierul meu a făcut sute de mii de conexiuni în fiecare zi. Unii neuroni ar forma reţele complexe şi alţii chiar ar muri dacă nu ar fi stimulaţi şi folosiţi. Neuronii care se aprind împreună creează conexiuni, şi acesta este modul în care experienţa dezvoltă tiparele care pot apărea în creier. Aceste tipare de interconexiuni mă alcătuiesc pe „mine“.

Dar să ne oprim un moment aici şi să luăm în considerare consecinţele. Evident că nu am avut nimic de spus pentru genele moştenite. Nu mi-am ales specia şi nici măcar sexul. Nu mi-am ales culoarea ochilor sau forma urechilor. Nu am avut nimic de spus faţă de faptul că genele mi-ar creşte vulnerabilitatea faţă de anumite boli, sau că voi deveni gras, sau voi rămâne slab, ori dacă voi fi mai mult sau mai puţin predispus spre anxietate sau depresie. Cu siguranţă nu am ales aceste tipuri de emoţii pe care creierul meu va fi capabil să le creeze – capacitatea mea pentru dragoste, furie, frică, dezgust și așa mai departe pur și simplu a fost construită pentru mine. Nu am avut nimic de zis asupra faptului că aveam potențial să fiu alergător olimpic sau un talent muzical – ceea ce nu am! Ținând cont că mi-am dorit să fiu chitarist de muzică rock, acest lucru a fost o oarecare dezamăgire. Faptul că aș putea învăța și folosi un limbaj și că aș fi capabil să citesc, să îmi imaginez și să creez – toate acestea vor depinde de creierul care a fost construit pentru mine. Eu nu am ales nimic.

Totuși, nu sunt numai genele cele pe care nu le-am ales. Nu am avut nimic de spus nici despre când sau unde mă voi naște, ajungând în această cultură, în acest moment, la acești părinți. Dacă mă nășteam în urmă cu 2 000 de ani, să zicem, în cultura romană, din părinți care aveau un statut înalt sau care erau sclavi, atunci conștiința de sine ar fi fost cu totul diferită de ce este acum. Experiența de a mă fi născut într-un cămin iubitor sau într-unul stresant și abuziv a afectat dezvoltarea creierului și tipurilor de conexiuni care s-au creat între neuronii mei. Nu este vorba doar despre „valorile" mele, care ar fi fost formate într-un anume fel de relațiile cu alții (de exemplu, părinții mei), ci creierul meu, din care curg gândurile, sentimentele și dorințele, este sculptat de relațiile mele.[65] Dacă aș fi fost suficient de ghinionist să mă fi născut, să zicem, într-un orfelinat pe stil vechi, în care bebelușii erau lăsați în pătuțuri toată ziua și unde nu exista prea multă grijă sau interacțiune, atunci tot acel potențial care zace în mine, care ar fi putut fi sculptat de iubirea și bunăvoința care hrănesc creierul, pur și simplu ar fi dispărut. Aș fi suferit pierderi intelectuale și declin. Potențialul meu de a deveni profesor de psihologie s-ar fi transformat în praf. Și totuși, toate aceste lucruri care nu au fost alese de mine aveau să fie formatori puternici ai valorilor pe care le-am adoptat și la care am aspirat și ai conștiinței de sine ca persoană. Acest „eu" a apărut dintr-o interacțiune complexă între genele și mediul meu. Nu am ales nimic din toate acestea! Rezultă că multe dintre cele care apar în interiorul meu nu sunt alegerile *mele*. Probabil că și tu simți că acest lucru are consecințe profunde asupra compasiunii față de alții și, desigur, este exact la fel și pentru tine; nu ai avut de ales.

Primele mele amintiri sunt unele încețoșate despre joaca cu anumite jucării și despre fascinația pentru nori pe un cer albastru. Trebuie să fi avut doi sau trei ani. Mi-a plăcut dintotdeauna cerul. În Regatul Unit, se creează deasupra capului meu, în fiecare zi, un nou model, mereu schimbător, cu tonuri de albastru, alb, gri și roz. Așa că la vârsta de aproximativ doi ani creierul se dezvolta și deveneam treptat conștient că mă aflu pe lume. Nu aveam nicio amintire despre nimic dinaintea timpului meu petrecut pe Pământ, care a început în 1951. De acum înainte, corpul și creierul meu, cu codul său genetic ticăind, urmau să mă dezvolte. Am descoperit că, dacă aș cădea, m-ar durea și aș plânge; am descoperit că îmi era frică atunci când mă certa mama – nu îmi plăcea asta. Am fost furios când Sally a încercat să îmi ia ursulețul preferat la creșă și i-am tras una. Ei bine, era doar un gest automat. Când mă ținea mama și îmi spunea că mă iubește, îmi plăcea. Creierul construia pentru mine o suită de sentimente și de moduri de a mă comporta, care erau gata să mă ajute să fac față diferitelor situații, pe măsură ce treceam prin viață.

De la aproximativ 11 ani, a început să îmi crească păr în zone ciudate și în mine au apărut noi sentimente. De unde au venit? O nouă cascadă de hormoni a fost eliberată odată cu debutul adolescenței, reorganizându-mi creierul în moduri complexe. Eu și Joe am fost bătuți cu bastonul pentru că am fumat în spatele barăcii cu biciclete și pentru că ne-am furișat în cabina de duș a fetelor – *ups*. De ținut minte: nu te lăsa prins data viitoare. Oricât am încercat, mereu am fost aproape de codașii clasei, dar am ajuns să fiu căpitanul echipei de rugbi. În realitate, nu alesesem niciunul dintre aceste sentimente și aspirații – nici măcar unul –, pur și simplu se întâmplau în interiorul meu. Într-adevăr, în întreaga lume, băieții de vârsta mea treceau prin aceleași schimbări interioare, mai mult sau mai puțin. Deși am fost învățat o mulțime de matematică, geografie, istorie și cum să arunc mingea de rugbi, nimeni nu m-a învățat despre creierul și mintea mea – pur și simplu a trebuit să încerc să trăiesc cu ele și să îmi dau seama ce se petrecea în mine, prin încercare și greșeală. Mă străduiam să intru în ritm cu cei din jurul meu și observam schimbările și la ei. Știam că doream să fiu plăcut și acceptat, așa că asta a fost un fel de ghid. Așa că m-am trezit că sunt genul de persoană care se ia după alții.

Când stăm și ne gândim la felul în care am ajuns aici și cum am devenit cine suntem, vedem că, în multe moduri, pur și simplu am ajuns și am apărut în fluxul vieții; fiecare dintre noi este ca o mică undă într-o mare vastă, care se ridică și coboară. Pentru unii dintre noi, aceasta este o constatare plăcută, dar pentru mulți alții, care s-au născut în sărăcie, în familii stresate sau care au trăit cruzimea sau abuzul, nu este.

Această constatare este primul pas spre înțelegerea plină de compasiune. Ea ne permite să vedem că o mare parte din ce suntem are, într-un fel, puțin de-a face cu alegerea personală. Prin urmare, nu prea are sens să ne învinovățim pentru unele dintre sentimentele, motivațiile, dorințele sau capacitățile noastre, pentru lipsa lor sau pentru modul în care au decurs lucrurile. Așa cum sugerez pe tot parcursul cărții, când renunțăm să ne condamnăm (și pe alții), atunci suntem mai liberi să ne îndreptăm cu adevărat spre dezvoltarea discernământului, cunoașterii și înțelegerii de care avem nevoie pentru a ne asuma responsabilitatea pentru noi înșine și pentru acțiunile noastre. Învățarea și practicarea compasiunii ne vor ajuta să ne simțim mai mulțumiți și mai împăcați cu noi înșine și, de asemenea, mai grijulii față de alții. Niciunii dintre noi nu sunt responsabili pentru că au un creier capabil să simtă o mare frică, furie sau toate tipurile de dorințe sexuale. Nu suntem responsabili nici pentru că avem creieri care pot să înțeleagă că creierii sunt produsul evoluției și al anilor formatori. Totuși, „creierii/mințile noastre noi“ își pot asuma responsabilitatea de a descoperi acest lucru și de a se antrena.

Desigur, când vedem că suntem cu toții tipare care își fac apariția în fluxul vieții, conștientizăm (așa cum spune deseori Dalai Lama): „Nu vrem suferință. Cu toții dorim fericirea.“ Putem vedea celelalte ființe care se zbuciumă în lume, poate mai puțin norocoase decât suntem noi. Pentru mine, acest lucru înseamnă să ne deschidem inimile pentru cei ale căror apariții nu au fost atât de norocoase ca ale noastre. Deschidem ochii spre suferința din lume și spre modul în care oamenii pur și simplu se găsesc într-o asemenea viață și „acolo, doar din întâmplare, apar și eu“.

Paradoxul

Iată, așadar, paradoxul. Chiar dacă nu sunt responsabil pentru că îmi plac chipsurile, vinul roșu și ciocolata, dacă aș ceda dorințelor mele, m-aș îngrășa și aș avea dureri de cap – la naiba! Dacă aș sta în pat și nu aș merge la muncă sau m-aș uita la sport în loc de asta, aș fi concediat. Dacă mi-aș lăsa agresivitatea să preia controlul, aș merge la închisoare.

Soția mea și cu mine am împărtășit o fantezie în urmă cu ceva vreme. Era o seară târzie și rece de decembrie, înainte de Crăciun, cu ploi abundente, iar umezeala ne intrase în oase. Încercam să ieșim din parcarea unui centru comercial. Nicio mașină nu lăsa pe nimeni să treacă și s-a creat un mare ambuteiaj. Câțiva oameni au tras pe margine pentru a-i împiedica pe alții să se strecoare și să apuce să iasă în tranșe. „Nu ar fi fost grozav dacă eram bogați și ne-am fi izbit pur și simplu în ei, spunând: «Asta primești pentru că ești un nesimțit egoist!»“ am gândit noi cu voce tare.

Putem învăța să fim deschiși și chiar amuzați de unele chestii care se petrec în mințile noastre, odată ce suntem sinceri în legătură cu ele. Totuși, a pune în aplicare unele dintre fanteziile noastre, fiind conduși de dorințe, nevoi, frici sau sentimente răzbunătoare, poate cauza probleme – așa cum vom vedea, putem să dezvoltăm un mod de a deveni conștienți și sinceri, dar, în egală măsură, să avem controlul unora dintre sentimentele și impulsurile noastre. Acțiunile au consecințe, iar noi, ca specie, înțelegem acest lucru și (uneori) să le anticipăm. Viața înseamnă să înveți când să acționezi sau nu asupra dorințelor și emoțiilor. Acest lucru ne duce la baza comportamentului plin de compasiune, pentru că nu este vorba doar despre a ne purta amabil, călduros și prietenos. Este vorba și despre *a ne proteja* pe noi înșine și pe ceilalți de propriile dorințe și acțiuni distructive; este vorba despre a fi asertiv, a tolera disconfortul și a-ți dezvolta curajul – așa cum vom explora pe îndelete în capitolele 11 și 12.

Să ne întoarcem la vin, ciocolată și chipsuri. Este interesant și important că genele au construit pentru mine un creier unic față de oricare altul pe Pământ – el poate înțelege că băutul excesiv și consumul de chipsuri și de ciocolată nu sunt benefice. Freud a denumit această parte a minților noastre „principiul realității“. Nu există un alt creier în afara celui uman care să înțeleagă asemenea conexiuni – că prea multă ciocolată înseamnă creștere în greutate și că acest lucru este rău pentru aspectul și pentru sănătatea mea. Grozav – dar, odată ce știu acest lucru, pot fi pur și simplu furios și să întreb: „De ce lucrurile care îmi plac atât de mult trebuie să fie rele pentru mine?“ Un alt răspuns este să îmi spun cu severitate să fiu rezonabil și să mă opresc pur și simplu din mâncatul prostiilor și să beau mai puțin. E același răspuns bun și vechi de genul „maturizează-te și adună-te“. Un alt posibil răspuns este să nu te gândești prea mult la asta și să perseverezi în negare, bucurându-te de lucrurile bune în viață (adesea răspunsul meu favorit, care nu trebuie copiat). I-am spus cândva unui prieten de-ai mei, care încă fumează pipă: „Acest lucru te va face foarte nesănătos și vei muri din cauza lui." El a răspuns: „Desigur, dar cine vrea să moară sănătos – ce risipă!" Căile negării sunt multe.

O altă reacție este să ai compasiune față de furie sau negare, considerându-le de înțeles – este într-adevăr nedrept că eu am un creier (pe care nu l-am construit și nu a fost alegerea mea) care mă face să mă bucur și să vreau cu adevărat lucruri rele pentru mine (sau pentru alții). Pot să învăț cum să fiu înțelegător și empatic față de sentimentele mele de iritare și de pierdere care reies din faptul că nu pot avea ce vreau. Când încercam să renunț la țigări, soția mi-a cumpărat o carte minunată de Richard Klein, denumită *Cigarettes Are Sublime*[66]. Ea se concentrează pe plăcerile fumatului – și pe faptul că renunțatul la el va presupune un proces de doliu. Și abia atunci am conștientizat că nici nu recunoscusem, nici nu fusesem pregătit pentru a înfrunta sau a face față doliului și pierderii – pierderea romanticului Paul, cu jazzul, paharul de vin și fumul lejer. Fumătorii vor înțelege asta. Așa că a fost un adio trist, plin de compasiune pentru fumat – ei bine, dacă sunt cinstit, un șir de adio. Dar, în final, dacă vreau să scap de problemele de sănătate, de îngrășat și de durerile de cap, nu pot alege decât să preiau controlul asupra plăcerilor pentru fumat, mâncat și băut. Cheia este *modul în care* fac aceste lucruri. Ideea este să cultivăm o dorință autentică de a avea grijă și de a ne hrăni cu un sentiment de căldură, de bunăvoință și chiar de joacă, și să limităm punerea în acțiune a dorințelor noastre dintr-o poziție de bunăvoință și înțelegere.

Vom vedea că dorințele sunt importante pentru compasiune (*vezi* capitolele 11 și 12). Dar observă cum putem folosi același raționament pentru probleme mult mai mari. Ne plac mașinile, zborul în jurul lumii și produsele industriei – dar planeta se schimbă și moare pe parcursul acestui proces. Nu este psihologia blamării, ci încercarea de a avea o dorință autentică de a hrăni și de a repara ce necesită atenția noastră. Fără ea, este foarte ușor să rămâi blocat în negare sau pur și simplu să răspunzi cu furie: „De ce trebuie?"

Acestea sunt idei pe care le vom explora ulterior în profunzime – dar ele îți oferă un indiciu al mesajului-cheie: nu ești responsabil pentru felul în care funcționează creierul tău și pentru tipurile de emoții, gânduri și dorințe care pot apărea. Totuși, odată ce știm acest lucru, putem învăța cum să lucrăm cu procesele interioare cu care ne trezim că trăim.

Putem învăța cum să cultivăm anumite aspecte ale minților noastre, precum compasiunea, care ne vor ajuta cu anumite sentimente și care încurajează bunăstarea. Putem deveni, de asemenea, mai conștienți de modul în care societățile ar putea stimula partea egoistă de „eu în primul rând" din noi înșine cu fantezii și dorințe nerealiste, determinându-ne să vrem tot mai multe și, în același timp, simțindu-ne mai dezamăgiți și cu mai multe eșecuri personale (*vezi* Capitolul 5).

Ieșirea din fluxul vieții

Așadar, iată-ne – pur și simplu ne găsim aici. Dar așa a fost și pentru univers și toate vietățile care au existat vreodată. Suntem toți ființe care își fac apariția. Pentru a deține mai multă cunoaștere și înțelegere despre modul în care au fost proiectate mințile noastre și de ce ele pot fi acaparate de sentimente dificile, precum anxietatea, furia, disperarea și dorințele nefolositoare sau distructive, precum și de iubire sau bunătate, este folositor să ne vedem în mod clar *ca ființe care apar din fluxul vieții* pe planeta noastră.

Cercetările moderne ne-au permis să vedem că ne aflăm într-un anumit punct de pe drumul evoluției. Aceste idei au influențat reclamele la alcool. Guinness are o reclamă grozavă cu trei bărbați care stau și beau într-un bar, cu timpul care curge înapoi – îi vedem cum devin maimuțe, apoi șobolani și, în final, mici tritoni. Mesajul este: „Totul are sens pentru cei care așteaptă."

Această înțelegere a felului în care suntem, așa cum a conchis Darwin în mod genial, apăruți din evoluție, este acum mult mai prezentă în cultura noastră decât în oricare alt moment din istorie. Așa că și noi ne putem întoarce, privi peste umăr și vedea drumul care a fost parcurs pentru a ne permite nouă (și conștiinței) să fim acum, aici, cu creierii și dorințele, speranțele și fricile pe care le avem. În esență, cercetările din ultimii aproximativ 50 de ani ne permit să privim un fel de „videoclip" al vieții încă de la începuturile sale și până acum. Să ne aventurăm împreună și să ne imaginăm că am călătorit în timp, până în momentul în care au apărut primele organisme vii pe Pământ. Această călătorie este menită să ofere o perspectivă asupra genului de minți pe care le avem și pentru ce au fost/sunt ele proiectate să facă.

Primele zile

Să ne imaginăm că, la fel ca în documentarele acelea de la televizor, asistăm la evoluția vieții – de la microbi la oameni (ceea ce a durat miliarde de ani) – cum se desfășoară *într-o zi*. Așa că stăm aici, pe un deal, privind peste o mare spre un orizont vast albastru, pe măsură ce un soare nou roșiatic începe să încălzească într-o zi această planetă neatinsă. Apa este limpede și vedem prin ea până în adâncimi. Aici observăm mici organisme care se zbat pentru viață în jurul unor cratere fierbinți. Ele cresc și mor cu milioanele, generație după generație, dar încet, apar noi forme de viață, iar unele dintre ele vor fi mai complexe decât cele dinaintea lor. Nefolosind altceva în afară de codurile genetice și mutațiile lente, forme noi de viață evoluează și apar pe planeta noastră. Ele au doar două scopuri – să supraviețuiască și să se reproducă. Unii dintre noi ar putea spune astăzi că genele sunt egoiste, dar un asemenea scenariu se află la milioane de ani în viitor. Aici genele doar reproduc și construiesc sisteme.

Important este faptul că genele construiesc corpuri care le pot transporta. Crearea sistemelor biologice care se pot mișca cu scop este un eveniment primordial în univers. Împreună cu mișcarea, genele construiesc sisteme specializate în interiorul corpurilor, pentru a fi atrase și motivate de anumite lucruri. De aici apar sisteme despre care evoluționiștii spun că „susțin cei Patru F“: hrănitul, luptatul, fugitul și reprodusul*. Acestea se ramifică în motivații pentru *a achiziționa* și *a apăra/a proteja*. Așa cum vom vedea în capitolele 4 și 5, sistemele emoționale importante stau la baza acestor două mari preocupări fundamentale. Aceste procese simple sunt baza proiectării întregii vieți care se reproduce sexual. Odată cu oamenii, vin dorințele de *a dobândi* cunoaștere și înțelegere și de a crea sens – dar mergem deja prea departe.

Până la prânz, marea se umple cu forme de viață, fie ele mari sau mici. Oprim procesul și ne gândim la faptul că din nimic a apărut Big Bang în univers. De la atomi și elemente care au fost create atunci, acum există un cod și un model de atomi care au devenit ADN și, de la acesta, posibilitatea evoluției formelor de viață, care au dat posibilitatea conștiinței. Este un „proiect măreț sau inteligent“ – ei bine, nu chiar,

---

* „Feeding, fighting, fleeing and reproduction“ – ultimul cuvânt este înlocuit de autor cu un sinonim, fiind licențios, și doar i se sugerează prima literă. (*N. trad.*)

doar în privința posibilităților. Nimeni nu proiectează aceste forme de viață sau vreo schimbare la ele – pur și simplu apar cu timpul, dezvoltând o serie de legi și procese. De ce universul este astfel încât *aceste* coduri și tipare specifice care generează sisteme au căpătat existență va fi dezbătut mult timp după ce noi nu vom mai fi. Așa că nu putem discuta asta aici. Noi, privitorii, suntem doar martorii progresului și luptei acerbe a vieții. Noi vom vedea cum apar și dispar speciile. Ține minte: aproape 99% dintre speciile care au existat vreodată pe planeta noastră sunt dispărute acum. Chiar și oamenii din Neanderthal, foarte asemănători nouă, sunt de mult dispăruți, având doar oasele și artefactele drept mărturii ale existenței lor.

Pe măsură ce ziua merge mai departe, vedem terenuri care urcă și coboară, păduri și deșerturi care vin și pleacă, apariția vieții pe uscat, dispariții în masă în ere glaciare, secete și meteoriți. Viața este dură și neobosită. Dar vedem și apariția tiparelor. Vedem că multe dintre formele de viață au căpătat prin evoluție sisteme senzoriale care detectează lumina și sunetul. Vedem că multe dintre ele au același aspect de bază, cu patru membre, un cap, ochi și gură în față și urechi în lateral. Multe au sisteme cardiovasculare și plămâni, și ele trebuie să mănânce alte forme de viață pentru a supraviețui. Putem vedea, de asemenea, primele forme de viață care au început în mare și care acum sunt pe uscat sub forma reptilelor. Începem să vedem, de asemenea, tiparele de comportament. Acestea sunt primele tipare de bază ale minților evoluate, care vor reverbera și în noi.

Reptilele, care au apărut în fluxul vieții în urmă cu aproximativ 500 de milioane de ani, sunt preocupate de mâncare, de câștigarea și apărarea teritoriilor și de împerechere – din nou cei Patru F. Ele vor amenința alte reptile care le provoacă, prin afișarea membrelor rigide și cu priviri fixe. Nimeni nu le-a învățat acest lucru; nu există nicio școală pentru statutul sau duelul reptilian. Ele sunt ghidate de creierii lor, care conțin planuri pentru acțiuni și strategii, care le sunt încorporate în codurile genetice. Probabil că ar fi amuzate sau dezamăgite dacă ar vedea același tip de mișcare în pasul cadențat al militarilor sau privirea fixă a luptătorilor, precum și motivația lor pentru dominație, posesiuni și teritorii. Nu prea s-au schimbat multe de atunci! Psihoterapeutul Carl Jung va ajunge să denumească aceste tipare înnăscute de a simți, gândi și a se comporta (de exemplu, de a căuta statut, de a controla un teritoriu, de a găsi o pereche) „arhetipuri". Originile lor se întind cu multe milioane de ani în urmă.

Într-adevăr, regretatul Carl Sagan, celebru astronom, în cartea sa *The Dragons of Eden* (1977)[67], a argumentat că creierul reptilian este o sursă pentru unele dintre visele, coșmarurile și fanteziile noastre intruzive. Firul epic al filmului horror de a deveni „asemănător unei bestii" este frica arhetipală de a fi controlat de pasiunile creierului reptilian – o minte prădătoare, rece și agresivă, coșmarul nazist. Kent Bailey[68] de la Virginia Commonwealth University a studiat modul în care tiparele vechi ale creierului ne-ar putea afecta astăzi. El a evidențiat și că nu este atât de dificil să adoptăm un punct de vedere reptilian asupra lumii, concentrându-ne pe dorințele impulsive, cuceririle sexuale, agresivitate și impunerea dreptului de proprietate și control. Este de asemenea interesant că noi înfățișăm adesea răul în filmele horror asemănător reptilelor. Mintea unei reptile este interesată doar de putere, control, mâncare, sex și câștig personal – strategiile de viață și preocupările reptilelor în lupta lor pentru reproducere și supraviețuire. Mintea reptiliană nu are niciun interes (sau capacitate de a recunoaște ori de a se bucura) față de viața de familie, iubire, joacă, construirea alianțelor de încredere sau empatie, tocmai din acest motiv ne sperie. Aceste abilități evoluează odată cu mamiferele. Poate că le permitem demonilor să umble pe Pământ când ne folosim noile minți ca să alimentăm pasiunile reptiliene?

Strategiile și arhetipurile reptilelor nu vor fi îndepărtate din codul genetic atât timp cât vor avea succes în transmiterea genelor. Nu există nimic inerent bun sau rău în acest lucru; este pur și simplu evoluție. Formele de viață ulterioare vor adapta aceste strategii, le vor modela și vor adăuga la ele, dar nu se pot întoarce la punctul de plecare să o ia de la capăt; ele nu pot apăsa pur și simplu butonul de ștergere. Așa că, într-o formă sau alta, preocuparea pentru putere, sex, teritorii și control continuă să trăiască în și prin noi, oamenii. Indivizii fără cel mai mic interes pentru achiziționarea resurselor, apărarea lor și reproducere nu vor avea o moștenire genetică. „Proiectul inteligent", favorizat de creaționiști, nu vorbește niciodată despre cât de precare și „cârpite" sunt, de fapt, aspectele corpurilor și mințile noastre sau cât de multe instincte am împrumutat de la formele de viață evoluate timpuriu. Dezvoltarea conștiinței a fost cu siguranță complexă și uimitoare, dar asta nu înseamnă că vorbim despre un fenomen infailibil. Este mai degrabă ca o reclamă la Cartea Recordurilor. Dacă există vreo lecție spirituală de găsit, este exact faptul că, deoarece creierii și genele care ne-au construit au avut o perioadă atât de tulbure până au ajuns aici, tocmai compasiunea pe care o putem arăta față de noi înșine, pentru ceilalți și pentru planeta noastră va face diferența în viitorul pe care îl vom crea.

Să revenim la călătoria noastră în timp. Încă stăm pe acel deal privind cum se desfășoară în fața noastră fenomenele și vedem că, pe măsură ce noi forme de viață evoluează pe planeta noastră, strategiile reptiliene (adică arhetipurile) au fost cele care ne-au adus pe toți aici. Lupta reptilelor pentru viață și soluțiile evoluate au fost cele care au influențat fluxul genelor. Ele și strategiile pe care le-au urmat nu sunt „rele", ci sunt parte a evoluției vieții și a minților care vor urma. Așa dure, sălbatice și tragice precum ar putea fi pentru mințile noastre, ele pun și bazele călătoriei noastre evolutive.

În urmă cu aproximativ 120 de milioane de ani, noi forme de viață – mamiferele – au apărut în fluxul vieții. Odată cu mamiferele, au apărut noi strategii care presupun sânge cald – traiul în grupuri familiale care oferă grijă puilor și în grupuri mari pentru protecția generală. Mamiferele formează, de asemenea, mai degrabă ierarhii de statut decât strict teritoriale. La unele specii, există cruzime – o singură femelă este capabilă să se înmulțească și ea alungă și chiar își omoară competitorii. Acest lucru este obișnuit la mangustele africane, în ciuda aspectului lor delicat și amuzant. Pentru mamifere, competiția sexuală, motivată de dubla dorință de a se implica și de a-i împiedica pe ceilalți să facă sex, le va contura viețile. Cu mult înainte ca oamenii să apară chiar în amurgul zilei noastre, vom vedea modul de funcționare a arhetipurilor care permit competiția sexuală, loialitățile și trădările, traiul în grup și teritorialitatea, supunerea față de lideri și frica de masculii dominanți, năzuința pentru statut și poziție socială, vânatul cooperativ și lucrul împreună – toate temele care, atunci când în cele din urmă vom apărea, vor juca un rol important în mințile noastre, ale oamenilor. Găsesc uimitor faptul că multe dorințe care curg prin mine și, cu adevărat, prin noi toți au fost proiectate nu doar cu mult timp înaintea mea, ci cu mult înaintea tuturor oamenilor.

Lucrurile pe care ni le dorim și pe care ne place să le facem

Așadar, vedem că multe dintre motivațiile și dorințele noastre sunt legate de strategii și arhetipuri care își fac treaba de milioane de ani. Dar trebuie să avem grijă aici. Deși transmiterea caracterelor ereditare este cheia evoluției, animalele *nu sunt direct* motivate să se reproducă. Acest lucru se întâmplă în parte pentru că succesul transmiterii genelor este un rezultat pe care niciun animal nu îl poate calcula cu adevărat. Prin urmare, ele sunt motivate să se angajeze în comportamente precum dorința, căutarea și bucuria de a face sex; dorința și bucuria de a avea prieteni și neplăcerea în fața respingerii și excluderii; dorința și bucuria față de statut și neplăcerea de a fi marginalizat. În anumite momente din an, unele animale pot fi motivate să călătorească (să migreze) sau să construiască cuiburi sau adăposturi. Când sunt făcute eficient, aceste sarcini contribuie la succesul reproductiv și, prin urmare, în cursul normal al evenimentelor, au ca rezultat genele care susțin aceste comportamente pentru a fi transmise generației următoare. Așa că încă ne străbat acele motivații, pentru că ele au avut succes milioane de ani.

Totuși, așa cum am discutat în ultimul capitol și așa cum vom face și în următoarele, avem multe alte abilități ale „creierului nou/minții noi", care includ capacitatea de a folosi limbajul și simbolurile, a gândi lucrurile pe îndelete, a raționa, a reflecta, a ne imagina noi posibilități și chiar imposibilități (de exemplu, poveștile *science fiction*). Datorită acestor capacități evoluate ale omului de a gândi în perspectivă, de a fi capabil să păstreze distanța și să reflecteze la ce se petrece în mintea sa și la ce simte și face se diferențiază de alte ființe vii. Prin urmare, oamenii au o potențială flexibilitate crescută în privința *modului în care aplică* diferite dorințe și motive. De exemplu, ne putem dori sex, dar folosim contracepția; putem separa plăcerea sexuală de consecințele actului; sau putem alege să facem bani, să obținem statut și să amânăm cu totul făcutul copiilor, sau, în căutarea „iluminării", să devenim celibatari. Și mai elaborat de atât, am putea să folosim sau nu contracepția în concordanță cu ce spun înalții prelați ai religiei noastre. De asemenea, oamenii și-ar putea stimula dorințele sexuale cu ajutorul internetului, fără ca o altă persoană să fie cu adevărat prezentă. Dorințele nu s-au schimbat cu mult de-a lungul timpului, dar datorită creierilor putem inventa mii de moduri de a le pune în aplicare sau de a ne abține de la ele – întocmai ca o sabie cu două tăișuri.

Așa că strategiile sunt ca planurile de joc pentru viață. Ele sunt componentele minții care ajută la direcționarea atenției, sentimentelor, raționamentului și comportamentului nostru și sunt foarte receptive la anumite tipuri de informații. Într-adevăr, aceste strategii și arhetipuri ale minților pot fi activate destul de repede, înainte ca măcar să fim conștienți de ele sau să ne fi gândit la ce au răscolit în noi. Poți arăta poze cu femei dezbrăcate unor bărbați tineri cu o asemenea viteză, încât percepția imaginilor este subliminală, ei nu „știu" că au văzut imaginile și totuși răspund fiziologic. Strategiile și arhetipurile care ne ghidează pot avea și o calitate seducătoare; pur și simplu acceptăm sentimentele și modurile de gândire. În acest sens, *arhetipul sau strategia gândește prin noi*. Cunoașterea acestui lucru ne poate conduce la niște descoperiri foarte importante despre întreaga natură a minții. De exemplu, religiile vor încerca adesea să te facă să te identifici cu un grup local sau un lider. Ideea este că toată lumea care se identifică cu acea zeitate sau religie va face parte dintr-un grup. Religiile care s-au născut din conflictele teritoriale din estul Mediteranei în urmă cu 2 000-3 000 de ani sunt toate așa și foarte diferite de budism, al cărui fondator a fost un prinț răsfățat, care nu se afla sub vreo amenințare.[69] Acel arhetip îți va insufla pasiuni și îți va direcționa gândirea astfel încât tu să îl urmezi. Cu siguranță nu te va avertiza asupra riscurilor de a-ți pierde individualitatea sau asupra posibilei violențe inerente când devii susținător, adept, discipol sau devotat. Pur și simplu îți va insufla dorința de a fi teritorial, de a face parte și de a urma/a te conforma.

Ce putem face? Cel mai important este, desigur, să luăm distanță de la a ne identifica cu oricare proces arhetipal și să ne gândim, în primul rând, la noi ca la forme de viață sensibile, care își datorează existența, experiențele și competențele curente milioanelor de alte forme de viață preexistente. Ne putem alinia la fluxul vieții. Apoi, ne putem identifica cu faptul că suntem ființe umane și trăim printre alți oameni. Toți „pur și simplu am ajuns aici" și ne străduim să facem tot ce e mai bun cu un creier pe care nici nu l-am proiectat și, până într-un anumit grad, nici nu îl înțelegem. Recunoaștem că avem capacități enorme de a fi binevoitori sau malefici, asupra cărora avem nevoie să câștigăm o perspectivă plină de compasiune. Doar atunci ar trebui să ne gândim la noi înșine ca aparținând unor grupuri locale, cum ar fi neamul sau un partid politic. Mintea evoluată va fi lucrat deja în acea direcție, pentru a stârni pasiuni puternice prin identificarea cu grupul. Doar înțelegând cum să acționăm împotriva acelor pasiuni, știind că suntem ființe umane, putem găsi cheia acțiunilor noastre.

Scenariile pe care arhetipurile și mentalitățile sociale le scriu pentru tine

Să privim mai detaliat mintea noastră arhetipală. Se pare că studiile asupra minții și creierului din ultimii aproximativ 50 de ani au arătat că mințile noastre sunt un amalgam de strategii, arhetipuri, dorințe, motivații, frici, abilități și talente. Toate acestea au evoluat în vremuri diferite pentru a face lucruri diferite și nu funcționează întotdeauna împreună. Avem minți capabile să înțeleagă că „noi existăm" și că putem explora natura universului; suntem capabili să dăm dovadă de o mare grijă, dragoste și bunăvoință, dar și de furie, violență și tortură. Suntem o multitudine de posibilități. Nu e de mirare că mințile pot părea uneori confuze, copleșite și scăpate de sub control.

Oamenii se întreabă adesea dacă există un „sine real" sau un „eu real" printre toate aspectele sinelui pe care le avem și care nu ne plac. Uneori vorbim despre încercarea de a ne descoperi „adevăratul" eu. Totuși, acest lucru este, parțial, o iluzie. Nu există un „sine real"; există doar stări mintale și tipare de conștiință. Nu există niciun atom din corpul tău cu care te naști; de fapt, îți schimbi constant materialul fizic al corpului, inclusiv creierul. Experiența sinelui tău ca ființă reiese din tiparele care sunt create în creier. Dacă, din anumite motive, o parte din creierul tău ar fi vătămată, atunci experiența sinelui ar fi foarte diferită. Acestea sunt paradoxurile pe care știința modernă se străduiește să le deslușească. Așadar, mai degrabă gândește-te la tine ca la un tipar de mare complexitate, un curcubeu cu multe culori, decât ca la un „sine real", iar scopul nu este neapărat a găsi o anumită culoare, ci a învăța cum să amesteci toate culorile. O grădină nu e alcătuită doar din flori, copaci, iarbă sau pământ – ci din toate aceste lucruri. Gândește-te la tine nu ca la un singur sine, ci ca la o conștiință care este texturată de o serie de posibilități multifațetate și multicolore.

Ideea arhetipurilor a existat de mii de ani, apărând din vremea lui Platon și, mult mai târziu, la Kant, dar probabil că numele cel mai asociat cu această idee este Carl Gustav Jung (1875–1961).[70] Jung a fost fiul unui preot și contemporan cu Freud. În timp ce Freud era concentrat pe fluxurile energiei libidinale, Jung a sugerat că mintea umană este alcătuită dintr-o serie de sisteme speciale care ne organizează motivațiile, gândirea, sentimentele, fanteziile și comportamentul în jurul unor teme specifice. Le-a numit „arhetipuri", care au evoluat, spunea el, pentru că de-a lungul timpului ne-au ajutat să navigăm printre sarcinile de bază ale vieții. Printre aceste sarcini se numără copiii care caută să se atașeze de părinți și să obțină îngrijirea din partea lor, precum și adulții care vor să formeze relații cu semenii, să se alăture la grupuri și să le apere limitele, să-și manifeste interesul pentru sex și reproducere, să îngrijească copiii, să îmbătrânească, să caute un sens, înțelepciune și să accepte moartea.

Arhetipurile sunt ca niște călăuze interioare care ne orientează spre anumite lucruri și ne motivează. Așa că Jung s-a gândit că pot exista multe feluri de arhetipuri. De exemplu, *arhetipul mamei* ne poate orienta spre figuri grijulii și ne face să răspundem când suntem îngrijiți. Arhetipurile sexuale, sub forma *anima* (la bărbat) și *animus* (la femeie), trezesc dorințele și comportamentele spre sexul opus. *Persona* ne influențează reprezentările sociale și caută să ne mențină reputația curată, astfel încât să găsim acceptarea în grupuri. *Umbra* reprezintă acele aspecte care exclud informația din conștiință despre adevăratele noastre intenții/motivații. *Arhetipul eroului* ne motivează să ne asumăm riscuri, să excelăm în ochii altora și să luăm avânt. Acest arhetip poate fi legat de motivațiile sociale, cum ar fi întrajutorarea și salvarea altora, sau de dorințe mai întunecate, cum ar fi puterea de a-i controla pe ceilalți.

Jung a sugerat că arhetipurile pot deveni subdezvoltate sau supradezvoltate în noi. Pentru a oferi un exemplu clinic: oamenii cu arhetipul *persona* supralicitat își organizează o mare parte a comportamentului în jurul nevoii de aprobare socială. În consecință, se pot gândi doar la aspectul fizic și la ultima modă, și își pierd sentimentul individualității și capacitatea de a se ridica împotriva mulțimii. Arhetipul *persona* limitat apare la oamenii cărora nu le pasă deloc de ce cred alții despre ei și riscă să fie ori elemente curajoase ale schimbării, ori antisociali. Multe depind de echilibrul dintre arhetipurile din interior și de modul în care ele se amestecă sau intră în conflict unele cu altele.

Pentru că arhetipurile noastre sunt concepute pentru a face lucruri diferite și pentru a urma diferite scopuri, *ele se pot afla în conflict unele cu altele* și acest lucru cauzează adesea nevroze. Pentru că acestea sunt predispoziții evoluate, sunt împărtășite de toate ființele umane și, în acest sens, sunt colective. Aceste predispoziții înnăscute sunt în mare parte inconștiente – pur și simplu le simțim în noi, în grija noastră pentru alții, în dorința de a face sex, de a avea prieteni și de a aparține unor grupuri sau de a ne distruge dușmanii.

Jung a sugerat și că modul în care un arhetip se maturizează și funcționează este afectat atât de personalitatea (genele), cât și de experiența noastră. De exemplu, deși avem un arhetip care ne inspiră și ne ghidează spre iubire și confort în brațele mamelor când suntem copii, dacă această relație nu funcționează, ei bine, avem arhetipul de *mamă* inhibat. Anthony Stevens[71] se referă la acest lucru ca la o *intenție arhetipală dejucată*. În acest caz, ca adulți, petrecem o mare parte a vieții căutând o figură maternă sau paternă – încercând să găsim pe cineva care ne va iubi și ne va proteja ca un părinte. Sau ne putem bloca permanent nevoia de îngrijire și de iubire, și evita grija celor dragi. Cercetătorii care studiază aceste relații timpurii și „comportamentul de atașament" au descoperit că adulții (și copiii) se comportă foarte diferit. Pot fi deschiși față de iubire și grijă sau anxioși gândindu-se la pierderea iubirii celorlalți, având nevoie de garanții. Pe de altă parte, pot evita relațiile pentru că sunt înspăimântați sau disprețuitori și sfidători față de apropiere.[72]

Arhetipul eroului se activează odată cu adolescența și cu apariția motivațiilor de a concura și de a-ți găsi locul în lume – de a te alătura unui grup, de a-ți face un statut și de a găsi un partener. Acesta este momentul în care începem să ne identificăm cu eroii noștri (în sport, muzică rock sau filme). Ei au o reputație şi vrem să le urmăm acțiunile, ba chiar să îi copiem. La fel ca toate arhetipurile, și al eroului se poate dezvolta în diferite moduri. Oamenii precauți sunt inspirați să atingă obiective realiste și să se bucure de succes, în timp ce alții ar aspira să devină faimoși sau să exceleze. Totuși, dacă arhetipul eroului este îmbinat cu furia sau ura (de obicei pentru că persoana se simte marginalizată sau nedreptățită), el se poate concentra pe obiective precum răzbunarea cu rezultate devastatoare. De asemenea, pentru că *arhetipul eroului* este susceptibil să copieze ce fac alții și să caute recunoaștere, este foarte ușor pentru membrii dominanți ai unui grup să inspire oamenii (tineri) la bine sau la rău.[73] Miliarde de oameni care au murit luptând pentru idealurile lor în războaie stau mărturie atât pentru puterea *arhetipului eroului*, cât și pentru ușurința tragică cu care se formează alianțele și grupurile, ori pentru cum liderii îi pot deturna și direcționa.

Acum, arhetipurile nu sunt altceva decât regula de aur, idei legate de aspectele înnăscute ale minților noastre. *Persona*, *umbra*, *eroul* și așa mai departe sunt doar moduri de a descrie și de a ne gândi la diferite aspecte ale minții noastre. De fapt, psihologii dezbat și cercetează constant cum să descrie și să înțeleagă cel mai bine interacțiunile dintre ce este înnăscut și cum potențialul nostru înnăscut se transformă în experiențe. Ideea este să ne gândim la modurile în care procesele arhetipale *trăiesc în noi toți* și cum pot fi valorificate, adesea fără să băgăm de seamă.

Importanța literaturii ca oglindă pentru sine

Prietenul lui Jung, autorul Hermann Hesse (1877–1962), câștigător al Premiului Nobel, nu a înțeles cu adevărat această controversă legată de arhetipuri. El spunea că scriitorii au știut despre ele de secole, iar dacă „nu ar fi putut simți diferite arhetipuri în ei înșiși și nu s-ar fi conectat cu ele", nu ar mai fi scris povești. A fi capabil să scrii despre „o persoană îndrăgostită", „fricile eroului", „iubirea pentru un copil", „durerea doliului", dorința de „răzbunare sălbatică" și așa mai departe necesită să ai un oarecare simț al lor în tine însuți. Dacă nu ai idee despre cum e să fii îndrăgostit, cum e să îți dorești să excelezi, cum se simt doliul, dorința de a le face rău celorlalți și așa mai departe, nu vei scrie convingător. Așa că nu renunța la slujba ta de zi cu zi!

De fapt, povestitul este o activitate umană interesantă, din care putem învăța multe. De exemplu, în ciuda miilor de ani și numeroaselor diferențe din stilurile culturale și din limbaj, de la egiptenii, grecii, indienii și chinezii antici, suntem capabili să înțelegem temele tuturor poveștilor pe care oamenii le-au scris vreodată! Indiferent de caracteristicile culturii, ele sunt *de suprafață*, nu acoperă semnificațiile *mai profunde* ale vieții. Jung a notat că, de-a lungul secolelor, poveștile au tratat aceleași teme: dragostea și relațiile familiale, onoarea, loialitatea și trădarea, frica și curajul, cei puternici care caută controlul celor slabi, încercările și călătoriile eroului – fără să uităm de dorință și sex. Prin aceste teme, literatura ne oferă un mod nou de a gândi structura și conținutul minților evoluate. Christopher Booker[74] a scris o carte fascinantă, care a examinat intrigile de bază ale poveștilor și ale temelor vieții – din punctul său de vedere, există numai șapte! Printre ele se numără încercările, restriștile și ispitele eroului (populare în filme precum *Star Wars* și în cartea lui John Campbell, *Eroul cu o mie de* *chipuri**) și căutarea înțelegerii, înțelepciunii și sensului, o călătorie din întuneric spre iluminare și înțelepciune (povestea călătoriei interioare a lui Buddha).

Recent, cercetătorii au analizat modul în care putem fi inspirați și vindecați cu povești care descriu oameni care se luptă cu tragediile vieții, cu sentimente și dileme, și care se confruntă cu „părțile lor întunecate“ – de exemplu, *Un caz foarte straniu: doctorul Jekyll și domnul Hyde***. J.R.R. Tolkien a scris trilogia sa imensă *Stăpânul inelelor**** între 1937 și 1949, folosind personaje și narațiuni fanteziste pentru a reflecta modul în care dorința de putere și bani ne poate consuma, ajungând să ne pierdem controlul. În mod clar, el reflecta asupra celui de Al Doilea Război Mondial, teritorialității și distrugerii Pământului prin industrializare – cu care trebuie să ne confruntăm acum în fiecare zi. Peter Jackson a realizat adaptări cinematografice minunate pentru aceste cărți. Ideea este că aceste teme și *scenarii* de viață sunt țesute de mii de ani de istorie și dau culoare și textură poveștilor noastre pentru că au devenit arhetipale. Dacă facem un pas înapoi, vedem clar că ele au loc prin intermediul nostru; suntem un tip de conștiință care se lasă pătrunsă de ele, prin care devin martore pentru durerea, suferința și bucuriile punerii lor în scenă.

Sunt necesare câteva avertismente totuși: pe cât de distractiv este *Stăpânul inelelor*, pe atât ne va conduce spre rătăcire dacă îl considerăm altceva decât ficțiune. În primul rând, oamenii rareori vor face „rău“ în mod conștient. Naziștii și Pol Pot nu s-au considerat niciodată oameni răi, ba dimpotrivă. Romanii nu și-au privit jocurile lor cu gladiatori ca malefice. Adevărata sursă a distrugerii se află de obicei la oamenii care cred că luptă pentru cauze *bune*. Hitler credea că creează o societate perfectă și nobilă, cu oameni infailibili – și el era vegetarian pentru că detesta cruzimea față de animale! Indivizii care își justifică acțiunile în acest fel sunt cei mai îngrijorători. Acest lucru este cu siguranță adevărat pe scena internațională. În opinia mea, refuzul lui George Bush de a-și folosi dreptul de veto pentru utilizarea unor tehnici de

* Traducere de Gabriela Deniz și Mihai Mănescu, Herald, București, 2020. (*N. red.*)

** Traducere de Mihnea Gafița, Art, București, 2018. (*N. red.*)

*** Traducere vol. 1 și 3 de Irina Horea, vol. 2 de Gabriela Nedelea, Rao, București, 2012. (*N. red.*)

tortură precum „water boarding“ (adică imobilizarea cuiva și turnarea apei peste fața sa pentru a simula înecul) este o susținere a cruzimii. Un asemenea comportament este îngrijorător pentru că Bush a avut toate privilegiile care vin din faptul că a primit o educație occidentală și a avut acces la drepturile omului. Și el declară că este creștin, dar dacă Iisus ar fi aici astăzi, este clar că nu ar susține niciodată tortura. Și totuși, el crede cu tărie că face bine și că își apără țara. Amintește-ți acea zicală bine cunoscută: „Drumul spre Iad e pavat cu intenții bune.“ Așa că trebuie să avem grijă, pentru că adesea nu putem vedea arhetipurile care lucrează prin noi.

O a doua greșeală pe care o facem în romane precum *Stăpânul inelelor* este înfățișarea răului urât (orcii și creaturile Uruk-hai). A înfățișa inamicii astfel este un lucru foarte comun. Ei sunt făcuți adesea să arate ca și cum ar fi deformați și „bolnavi“, ceea ce declanșează răspunsul psihologic de dezgust și frică față de ce am putea deveni și dorința să le eradicăm ca pe o boală. Mulți tirani se referă la inamicii lor ca la paraziți și dăunători, folosind metafore corporale. Hitler cu siguranță a făcut acest lucru. Inamicii cuiva sunt, de fapt, ființe umane care au pornit în același fel ca mine și ca tine – ei pur și simplu s-au regăsit aici, mai degrabă în acel grup decât în acesta – și care fac tot posibilul pentru a înțelege ce îi înconjoară, ghidați fiind de genele lor, de creierii formați social, de nevoile și arhetipurile umane. A lega răutatea de urâțenie și dezgust este un truc foarte vechi, dar fii atent, pentru că este și o iluzie masivă. Pentru unii oameni din alte culturi, societatea vestică, devoratoare, poluantă și exploatatoare înseamnă că *noi* suntem echivalentul orcilor și al Uruk-hai.

Așadar, fii precaut față de răul înfățișat ca și cum ar crea sau chiar ar căuta urâțenia. Bucură-te de el în filme, dacă dorești, dar nu privi acest lucru ca pe o realitate. De fapt, urâțenia este adesea o consecință mai degrabă neintenționată. Comportamentele distructive sunt foarte rar promovate de oamenii care încearcă să creeze urâțenie. În mintea lor, ei creează frumusețe. Mafia și alți criminali vor cele mai bune case, cele mai bune mașini și tot așa. Într-adevăr, aceasta este chiar natura problemei, că în căutarea noastră pentru cele mai bune și mai frumoase lucruri ne lăcomim. Nu devenim lacomi în căutarea urâțeniei; nu căutăm puterea pentru a face lucruri urâte. Cărțile care cuprind mituri ne pot împiedica astfel să vedem că propria lăcomie pentru lucruri frumoase poate fi pentru alții o sursă de nedreptate și răzbunare. Creând constant aceste distincții false între bun/frumos și rău/urât, suntem capabili să ignorăm propriul caracter distructiv, deoarece credem că urmărim plăcutul, frumosul și binele. A avea compasiune înseamnă să ne concentrăm pe ce este comun în noi toți – adică lupta pe care o avem în creierii și mințile noastre evoluate cu atâtea impulsuri și sentimente contrare. Deschidem ochii spre ușurința cu care putem fi amăgiți, fără să vedem realitățile pe care le creăm în jurul nostru – fără nicio vină care să ne aparțină.

Mentalități sociale

În anii '80, am combinat arhetipurile cu psihologia evoluționistă pentru a ne gândi la mințile noastre și la comportamentul social, lucru pe care l-am denumit *teoria mentalității sociale*[75]. Mentalitățile sociale se referă la modul în care mințile noastre caută alte minți pentru a avea diferite interacțiuni. Așadar, dacă dorești să ai o relație sexuală, ai nevoie să cauți pe cineva care are anumite caracteristici și dorește să aibă o asemenea relație cu tine; sau dacă dorești să ai o prietenie apropiată, trebuie să găsești pe cineva care va împărtăși și va interacționa cu tine într-un asemenea mod încât împreună veți afla și simți plăcerea prieteniei. Pe scurt, o mentalitate socială:

- îți ghidează motivațiile, sentimentele, atenția, gândurile și comportamentele spre a găsi și a te implica în anumite tipuri de relații;
- te ajută să recunoști când acea relație are loc pentru tine;
- îți oferă gândurile și sentimentele favorabile dezvoltării și întreținerii acelei relații;
- dă naștere sentimentelor pozitive când relațiile funcționează așa cum dorești, dar și sentimentelor negative când nu se întâmplă acest lucru (ne simțim fericiți când suntem doriți ca prieteni sau iubiți și nefericiți când nu putem crea aceste relații așa cum dorim sau când suntem respinși de ceilalți).

Mentalitățile sociale diferă de arhetipuri în măsura în care o mentalitate socială ia parte, observă și urmărește ce fac alți oameni, cum relaționează cu tine și cum le răspunzi tu. Și, desigur, cu toții putem avea fantezii, vise despre alți oameni și despre ce s-ar putea petrece în mințile lor. Ideea „înnăscută“ este că există diverse roluri-cheie pe care suntem motivați să le *creăm* cu alții, pentru că, de-a lungul evoluției, a fi capabili să creăm aceste roluri a fost benefic pentru supraviețuire și reproducere. Așa cum vom vedea, atât mentalitățile sociale, cât și arhetipurile au aspecte pozitive, dar și unele cu potențial distructiv – părțile umbrite – pentru ele. Să le privim pe cele mai comune.

Obținerea/căutarea îngrijirii

A fi protejat și îngrijit le-a oferit puilor de mamifere un avantaj uriaș în lupta pentru supraviețuire. Suntem atât de protejați, încât astăzi ne naștem complet neajutorați, iar modul în care se dezvoltă creierii noștri, în care învățăm limbajul, în care suntem capabili să gândim ca oameni, ce valori susținem, chiar și dacă trăim sau murim – toate sunt influențate de îngrijirea pe care o primim în primii ani. Creierii noștri sunt foarte sensibili la a acorda atenția și la a răspunde în mai multe moduri în funcție de comportamentul celorlalți. În special, expresiile faciale și tonurile vocale ale mamei au efecte puternice asupra creierului unui bebeluș.

Când ne naștem, căutăm îngrijire prin emiterea de semnale – adică plângem dacă suferim sau ne este foame, ceea ce îi semnalează mamei nevoile noastre. Semnalele (plânsetele) pe care le emitem au impact asupra minții ei în asemenea mod, încât ne va sări în ajutor. Apoi, creierul nostru înțelege că „se acordă grijă“ și că suntem în siguranță, urmând să ne calmăm. Secvența este:

1. suferim,
2. transmitem un semnal (plânsetul),
3. semnalul primește răspuns (îmbrățișarea sau sânul mamei),
4. suferința dispare.

Drept urmare, am avut un rol împreună. De fapt, interacțiunea dintre bebeluș și mamă le influențează constant mințile și fiziologiile – chiar și adaptarea genelor bebelușului. Așa că, atunci când mentalitatea noastră socială de căutare a îngrijirii este funcțională, simțim o nevoie de contribuție din partea celorlalți.

Pe măsură ce ne maturizăm, nevoile noastre se schimbă și căutăm și răspundem la diferite tipuri de îngrijire și la diferite semnale care indică faptul că suntem îngrijiți. Așadar, azi nu mai răspund la faptul că sunt ridicat și ajutat să elimin aerul și rareori plâng pentru cina mea sau dacă sunt obosit și vreau să fiu culcat, dar mă simt îngrijit când oamenii sunt interesați de mine și doresc să mă ajute, să îmi asculte nevoile și le ia în serios, când au tonuri prietenoase și sunt afectuoși. Să fim capabili să simțim că suntem îngrijiți și alinați de comportamentele pline de compasiune ale celorlalți și să știm că există alții în jur cărora le pasă de noi și de bunăstarea noastră poate însemna totul pentru influențarea stării noastre de bine. Ulterior în viață, putem adopta această abordare a îngrijirii pentru noi înșine și, de fapt, acesta este primul pas spre compasiune față de sine – așa cum vom vedea în capitolele 8 și 10.

Totuși, dezavantajul este că rămânem dependenți și sub influența altora puternici mulți ani și, prin urmare, suntem incredibil de vulnerabili la neglijența și abuzul lor și la modul în care ne educă. Așa cum am menționat în Capitolul 2 și vom explora din nou în Capitolul 5, rețelele cerebrale și modelul conexiunilor care se formează sunt afectate de calitatea îngrijirii din copilărie. Această mentalitate socială de căutare a grijii ne deschide și spre anumite tipuri de experiențe emoționale, cum ar fi dorința de apropiere, de a ne simți îngrijiți și protejați. Când această mentalitate socială este dejucată, putem simți însingurare, deconectare și abandon. La rădăcina multor depresii și anxietăți este o experiență interioară de însingurare și separare de la sursele de îngrijire, protecție, confort și dragoste.

În plus, pentru a ne simți protejați când suntem nesiguri sau speriați, putem chiar să fim atrași de alții mai puternici și să nu ne pese dacă ei sunt sau nu binevoitori ori plini de compasiune. Vezi asta în relațiile intime, când unele femei sunt atrase de bărbați foarte duri, care par să fie protectori și să aibă resurse, dar care nu sunt tocmai binevoitori. Putem vedea acest lucru în grupurile și chiar în națiunile care aleg mai degrabă lideri duri decât unii binevoitori sau plini de compasiune. Protecția și achiziția de resurse sunt chiar calitățile-cheie pe care oamenii le caută în liderii lor.

Îngrijire

Îngrijirea copiilor și a rudelor de sânge crește în mod evident șansele supraviețuirii și reproducerii lor. Îngrijirea de acest tip este altruistă și, când este concentrată pe rude, aceasta se numește *selecția prin rudenie.*[76] Pentru ca îngrijirea să evolueze, sistemele creierului trebuie, de asemenea, să evolueze ca să creeze *motive* și *dorințe* pentru a avea grijă de ceilalți (și de sine), precum și capacitatea de a fi atenți și sensibili la nevoile celorlalți și de a răspunde la acele nevoi corespunzător. Există un număr de aspecte (separate) diferite ale îngrijirii:

- asigurarea *protecției* și/sau salvarea de la rău;
- *asigurarea* – oferirea celor necesare pentru sine sau pentru ca alții să o ducă bine și să crească;
- oferirea de *sprijin emoțional* – alinarea și validarea sentimentelor.

Unii psihologi fac distincția între *îngrijirea instrumentală* (practică și concentrată pe sarcini) și *îngrijirea emoțională*. Cineva poate să fie bun la un anumit tip de îngrijire, nu și la celălalt. Prin urmare, reunim destul de multe elemente în această mentalitate.

Totuși, când mentalitatea socială marcată de grijă se pune în funcțiune prin noi, ne conectează atenția (pentru nevoile altora), modurile de gândire (cum să fim de ajutor), sentimentele (grijă, simpatie, empatie, bunăvoință și căldură) și comportamentul (încercarea de a atenua suferința sau de a-l ajuta pe celălalt să prospere și să crească). Cum te simți și ce faci va depinde de cum răspunde cealaltă persoană la încercările tale. Așa cum vom vedea mai târziu, această mentalitate socială este foarte importantă pentru valorificarea compasiunii generale și a compasiunii față de sine; ea ne modelează sentimentele, gândurile și comportamentele într-un mod diferit de alte mentalități sociale.

Dezavantajul acestei mentalități sociale este că devine foarte ușor să ne limităm la ea: este mult mai ușor să ne îngrijim apropiații decât străinii. Oferim cu dărnicie îngrijire propriilor copii, în timp ce la câțiva mii de kilometri depărtare alți copii mor din cauza lipsei apei potabile. Grija este ușor dată la o parte de alte emoții precum stresul, oboseala și furia. Mai mult decât atât, așa cum vom vedea în Capitolul 6, compasiunea este, de fapt, destul de complicată și mai mult decât o simplă motivație de a fi „drăguț și grijuliu". Grija omenească se clatină dacă nu avem, de asemenea, și capacitatea de a ne tolera suferința și pe a altor persoane – este ușor să evităm să suferim pentru suferința altora prin a ne izola pur și simplu față de ea. De asemenea, avem nevoie de empatie și de o înțelegere a minții celorlalți. Așadar, îngrijirea și compasiunea pot fi cu adevărat fragile.

Cooperarea și formarea grupurilor

Împărtășirea cu alții – denumită uneori „altruismul reciproc" – a evoluat datorită beneficiilor pe care le-au oferit colaborarea și cooperarea participanților. Pentru evoluția cooperării, sistemele creierului trebuie să evolueze și ele ca să creeze *motivații* și *dorințe* de a împărți cu alții, de a forma alianțe, de a te face să simți că faci parte dintr-un grup, de a te simți apreciat și acceptat. Nu există niciun dubiu că oamenii excelează în cooperare și că au calități evoluate, precum limbajul, cu certitudine ca un ajutor. De la o vârstă foarte fragedă, copiii se dovedesc capabili să se implice în jocuri de cooperare, prefăcându-se și împărtășind fantezii (cowboy și indieni). Pentru ca ei să se joace asemenea jocuri, trebuie să existe o „împărtășire a minții", o înțelegere reciprocă a lumii și un acord față de cine joacă ce.

Toată cultura și știința au apărut pentru că suntem o specie care cooperează și care împărtășește. Într-adevăr, împărtășirea umană este atât de puternică, încât ne construim și împărtășim cunoașterea generație după generație – ceea ce face posibil progresul. Ideile din mintea mea și care se află acum în această carte ar putea să influențeze mintea cuiva care nu s-a născut încă și care le va citi cu mult timp după ce eu nu voi mai fi. Împărtășirea și dorința de a face acest lucru sunt fundamentale pentru natura ființei umane.

Așadar, *comportamentul* de cooperare a fost un avantaj imens al oamenilor și de aceea ne bucurăm de el. Ne place să facem lucruri împreună, fie pentru a trimite oameni pe Lună, pentru a juca în echipa locală de fotbal sau pentru a cânta într-o orchestră. Un sentiment de apartenență (modul în care ne simțim și interacționăm cu cei din jurul nostru) este important pentru a avea siguranță și pentru bunăstarea noastră. Mentalitatea socială de cooperare ne modelează creierii în anumite feluri, ghidându-ne motivațiile, stilurile de gândire și comportamentul. Ne orientează spre a participa și a ne gândi la cooperarea cu alții care sunt *ca noi*. Drept rezultat, ne putem identifica cu grupuri mari de oameni (pe mulți nici măcar nu i-am putea vedea vreodată, cu atât mai puțin să-i și întâlnim) dacă ne gândim că ei sunt „ca noi". Îi căutăm pe cei cu interese comune tocmai pentru a coopera, a învăța și a ne dezvolta împreună, pentru a face parte din comunitate. Din acest motiv internetul este un progres foarte important în comunicare – pentru că suntem pasionați să împărtășim, căutându-i pe alții „ca noi".

Cooperarea ne poate orienta să fim adepți ai egalitarismului. Dovezi recente sugerează că atitudinile egalitariste dau mai multe răspunsuri sănătoase când oamenii sunt confruntați cu situații sociale stresante, în comparație cu atitudinile părtinitoare, competitive și non-egalitariste.[77] Există, de asemenea, tot mai multe dovezi conform cărora adoptarea unor atitudini și comportamente cooperante la copii și la adolescenți (în comparație cu cele competitive și individualiste) promovează relații pozitive, sănătate mintală și fizică îmbunătățite și realizări superioare.[78] În plus, se crede din ce în ce mai mult că grupurile care pun preț pe cooperare le vor depăși pe termen lung pe cele competitive/individualiste. De fapt, afacerea este descoperirea faptului că internetul este o sursă bună pentru rezolvarea problemelor, pentru că oamenilor pur și simplu le place să își împărtășească gândurile și ideile gratuit! Este trist că, în fața acestei situații, guvernele continuă să creadă în modelul de afaceri conform căruia concurența creează eficiență. În interiorul NHS, de exemplu, suntem din ce în ce mai împărțiți în grupuri concurente mici, denumite „unități de afaceri". Încurajarea unor niveluri înalte de cooperare ar fi mult mai bună.

Cooperarea și împărtășirea stau la baza sentimentului de apartenență. Una dintre tragediile vieții occidentale moderne este inventarea unui grup de oameni denumiți adolescenți, care nu mai sunt bine-veniți în lumea adulților așa cum erau, să zicem, în urmă cu 100 de ani sau așa cum sunt încă în alte societăți, prin ritualurile de inițiere. Capacitatea de a te identifica cu Tata sau Mama și de a te alătura grupului unuia dintre ei – prin muncă – și a te simți bine-venit în lumea bărbaților și femeilor este un eveniment din ce în ce mai rar. Dar a fi bine-venit în universul adulților presupune asumarea responsabilităților și așteptărilor de a fi în acel grup.

Așadar, la fel ca în multe aspecte alte minților și corpurilor noastre evoluate, există dezavantaje în cooperare și în apartenența la grup. Pentru oameni, grupurile sunt sursa celor mai mari tragedii și traume. De exemplu, această mentalitate socială ne orientează să ne comparăm cu alții din grup în privința *asemănării* și a faptului că ne simțim acceptați și doriți ca membri sau străini, nedoriți și marginalizați. Cabinetele de psihologie sunt pline de oameni care se simt străini. Un pacient sinucigaș de-ai mei mi-a spus: „Nu am simțit niciodată că mă potrivesc nicăieri, ca și cum nu aparțin. Nu există niciun loc pentru mine pe lumea asta." Una dintre problemele cu care se confruntă constant terapeuții este sentimentul oamenilor că nu aparțin, că nu se simt „bine-veniți" în lumea adulților și se întreabă cum să își câștige locul sau să creeze acel sentiment de apartenență. Acești indivizi caută să își vadă *contribuțiile* apreciate, să știe că existența lor contează pentru grup.

O altă problemă este că împărtășirea umană a evoluat în contextul grupurilor mici de oameni familiarizați unii cu alții, astfel încât ei să poată ține evidența celor cu care au împărtășit și ce favoruri au fost oferite și întoarse; aprecierea și recunoștința erau și ele împărtășite. Acest lucru înseamnă că ceea ce dăruim poate avea limite și că avem mecanisme cerebrale care să verifice cu cine am putea împărtăși – verificarea asemănării cu noi. Astfel, oamenii, ca multe alte mamifere, sunt tribali.

Chiar această teritorialitate se transformă în antiteza compasiunii. Acest lucru este în special valabil atunci când oamenii se lasă inspirați de grupul din care fac parte și îi adoptă valorile. Cercetările au arătat că dezvoltăm sentimente de „interioritate“ și „exterioritate“ – „ei“ și „noi“ – extrem de ușor, iar odată ce am identificat un grup exterior, membrii lui devin „diferiți de noi“. Pe scurt, putem ajunge incredibil de disprețuitori, cruzi și paranoici față de cei pe care îi vedem că aparțin grupului exterior. Ajungem chiar să le vedem valorile și obiceiurile potențial contagioase și apoi căutăm să le identificăm și să le distrugem. Fie că vezi acest lucru ca pe un arhetip, o mentalitate socială sau ca pe un mecanism evoluat, fie că dorești să te concentrezi pe reglatorii săi genetici sau sociali, ideea este că psihologia noastră tribală, prejudecățile, expansionismul și răzbunările au fost sursa unei suferințe imense perpetuate de oameni împotriva altor oameni mii de ani. Și, desigur, pentru că știm că alte grupuri pot fi la fel de pline de ură și de paranoice așa cum suntem și noi, ne temem de ele... și așa continuă ciclul, de la găștile traficanților de droguri din Los Angeles până la genocidele lumii. Psihologia și frica de alte triburi ne pot determina, în contextul social relevant, să vedem cruzimea ca virtute (*vezi* Capitolul 12).

Am încercat uneori să diminuăm barbaria dintre grupuri prin „coduri de onoare“ și „coduri ale războinicului“. Convenția de la Geneva, legea internațională și rezoluția conflictelor sunt alte încercări în această direcție, spre ceea ce unii dintre liderii occidentali au avut, din nefericire, o atitudine foarte indiferentă. Dintre toate provocările pe care compasiunea le înfruntă în orice lume nouă, una dintre cele mai grele va fi încercarea de a găsi căi pentru a contracara psihologia tribală. La nivel internațional, acest lucru înseamnă ca unele țări să renunțe la o parte din putere în favoarea legislației internaționale. La nivel personal, asta înseamnă să fii foarte atent la grupurile la care aspiri, să știi bine de ce și pentru ce ești pregătit să le aperi. Împărtășirea tradițiilor și valorilor din generație în generație poate avea o latură foarte întunecată.

Competiție, ranguri și ierarhii sociale

Concurența pentru mâncare, adăpost, oportunități sexuale și așa mai departe este o sarcină de bază a vieții pentru majoritatea speciilor de pe această planetă. Pentru unii, cei care pierd și cei mai puțin puternici ar trebui să se dea pur și simplu din calea celor mai puternici – ei folosesc spațiul pentru a reduce și evita conflictele. Totuși, există beneficii pentru traiul în grupuri, iar pentru ca acestea să evolueze a trebuit să existe căi de a îndepărta potențialul de luptă. Acest lucru a fost obținut odată cu evoluția mecanismelor psihologice ale comportamentului supus, iar animalele dominante au adoptat acest comportament ca dovadă că domnia lor nu era contestată. Formarea *mentalității de clasificare socială* le-a permis animalelor să trăiască împreună fără să ajungă la un război continuu. Acest lucru, în timp, ar permite o mai mare apropiere și, în consecință, evoluția unor forme de comportament cooperante. Așa a început *clasificarea socială*, care va fi devenit un mod important de a ne gândi la noi înșine, la relațiile sociale și la o modalitate de a organiza distribuirea resurselor.

Conștiința ierarhiei sociale implică preocupări legate de putere, loc și control. Există, desigur, multe feluri prin care noi, oamenii, ne clasificăm – să zicem, prin cunoștințe, experiență, vârstă, tradiție, putere, talent și frumusețe. Suntem departe de a folosi rangurile doar pentru a regla agresivitatea. Într-adevăr, în afară de grupurile infracționale, mulți dintre noi nu prea au un interes personal de a concura folosind agresiunea și amenințarea fizică. Mai degrabă, vrem să concurăm pentru a fi considerați talentați, dezirabili și merituoși: învățăm pentru a trece examene, ținem regim pentru a ne potrivi ultimelor mode și cântăm la chitară – toate pentru a impresiona. O mângâiere pe creștet contează mult, pentru că ne simțim apreciați și doriți, iar faptul că ne simțim doriți ne ajută să ne simțim în siguranță. Într-adevăr, în privința cooperării și împărtășirii cunoașterii, ne plac puțină recunoaștere (statut), precum și conștientizarea faptului că am fost de ajutor.

Competiția se manifestă în multe locuri în care căutăm *să câștigăm* afecțiunea sau considerația potențialilor iubiți, prieteni sau angajatori. Vrem *să câștigăm* un loc la universitate sau *să câștigăm* finanțarea pentru cercetare. Vrem *să câștigăm* în contexte în care alții urmăresc aceleași lucruri pe care le vrem și noi; câștigul nostru va fi pierderea altcuiva. Deși s-ar putea să nu existe vreo intenție agresivă, deoarece concurăm ca să fim atrăgători pentru alții (nu ca să îi amenințăm), putem afișa iritare, furie și chiar amenințări sau violență reală dacă simțim că acea competiție a fost nedreaptă (din cauza, să zicem, ponturilor sau altor forme de înșelăciune) sau pentru că „poziția", „statutul" sau „puterea" noastră sunt amenințate. Cu toții am cunoscut medicul, administratorul sau liderul binevoitor, dulceața întruchipată, până în momentul în care îl sfidăm. Într-adevăr, nimănui nu îi place să îi fie contestată „poziția".

Oamenii sunt foarte atenți și motivați de rangul social. Mentalitatea rangului social ne atrage atenția spre poziția noastră socială într-o ierarhie, spre *a ne gândi* la relații în termenii ierarhiilor și comparațiilor sociale – solid/puternic *versus* slab/lipsit de putere, câștigător *versus* perdant, superior *versus* inferior, dominant *versus* supus, lider *versus* adept, deținător al controlului *versus* controlat – și spre *a ne comporta* în moduri adecvate ierarhiilor: concurăm pentru statut, încercăm să îi impresionăm pe cei aflați în poziții de putere, ne supunem, afișăm considerație, ne depășim subordonații sau competiția.

În timp ce conducerea, respectul pentru autoritate și măiestrie și considerația sunt esențiale pentru buna desfășurare a oricărui grup, există, desigur, multe dezavantaje ale acestei mentalități. Oamenii depresivi și anxioși pot fi prinși în sentimente și gânduri, crezând că sunt de rang inferior – inadecvați, slabi sau nedemni în comparație cu ceilalți. Indivizii narcisiști, pe de altă parte, sunt foarte competitivi, caută ranguri superioare, vor să îi impresioneze pe ceilalți și să fie considerați superiori și mai îndreptățiți decât alții. Ambele tipologii sunt motivate să evite a fi considerate inferioare.[79]

În timp ce unii narcisiști pot fi și relativ binevoitori și grijulii, alții nu sunt. De fapt, acum știm că a câștiga putere și statut social afectează modul în care gândim și acordăm atenție celor din jur. Indivizii dominanți și puternici devin mai puțin interesați și mai degrabă disprețuitori față de subordonați. Puterea corupe cu adevărat, pentru că exploatarea poziției cuiva este o strategie evoluționistă foarte veche, în care putem cădea cu ușurință.[80] În fața puterii altora, avem tendința să devenim foarte supuși și împăciuitori – râzi la glumele (neamuzante) ale șefului, dar poate că tu nu spui niciuna. Unii oameni foarte motivați de rang afișează un anumit *slime effect*. Plăcuți și respectuoși față de superiori, ei sunt hărțuitorii celor de sub ei. Aceștia sunt adesea extrem de ambițioși și se orientează spre poziții de putere. Când ajung acolo, se transformă în amenințări serioase pentru existența locurilor de muncă pline de compasiune și cooperare, și chiar pentru societăți.[81] Mai puțin analizați sunt cei care evită puterea și rangul și au o atitudine sfidătoare pentru cei mai sus de ei și o atitudine paternă față de cei mai slab poziționați în ierarhie. Uneori descoperi că oamenii cărora le place să se lupte pentru cei dezavantajați și caută recunoaștere pentru nevoile lor sunt la fel de interesați să se lupte cu autoritatea. Toate aceste stiluri pot fi legate de problemele din copilărie.

Așadar, această mentalitate socială implică motivații de a câștiga competiții și conflicte pentru resurse și poziție socială și pentru a depăși competitorii. Societățile vestice au în prezent diferențe de rang exagerate, împărțindu-i pe oameni între „cei care au", „cei care nu au" și „cei care au prea mult". „Cei care nu au" prezintă un risc mult mai ridicat pentru o serie de tulburări de sănătate fizică și mintală, fiind agresori sau victime ale anumitor tipuri de infracțiuni. Mentalitatea socială competitivă ne va orienta, de asemenea, să gândim în termeni de invidie și subminare a altor oameni, pentru că acestea promovează propriile interese. De la discuțiile de comerț la nivel mondial la bandele de stradă, menținerea avantajului concurențial domină gândirea. Arhetipul concurențial are tendința să dezactiveze tiparele din creierul nostru care facilitează grija.[82] Vom explora acest lucru pe îndelete în Capitolul 4.

Sexualități

În evoluție, bărbații și femeile au urmat diferite strategii sexuale. Pentru că bărbații sunt capabili să aibă literalmente sute de copii, lăsarea în urmă a genelor are legătură cu *accesul*. Dacă un mascul își acordă atenția unei femele și puilor ei, are nevoie de siguranța că puii sunt ai lui și că nu a fost încornorat. Pentru femei, sarcina este destul de diferită. Ele nu pot fi încornorate, deși sunt vulnerabile la sexul impus – care variază în grade de severitate. Ele vor gene de la bărbații capabili să asigure resurse, să aibă succes în jocul reproducător, să fie apți să obțină un rang superior și să devină atrăgători și populari, pentru ca fiii lor să moștenească acele gene și să devină așa la rândul lor, astfel răspândind genele mamei. Totuși, asemenea bărbați sunt susceptibili să înșele și să nu le asigure femeilor resursele și protecția de care au nevoie. Așa că femeile trebuie să echilibreze aceste două alegeri, iar echilibrul poate depinde de accesul lor la propriile resurse. Când au control și acces redus asupra resurselor, a alege „un tip de treabă" ar putea fi pariul mai sigur; pe când, dacă au bani, se bucură de o libertate mai mare de a alege – de exemplu, alegerile făcute de vedetele din industria de film.

Aceste probleme ale sexualității sunt aprig dezbătute și deloc lipsite de complicații, dar importantă este modalitatea prin care sexualitatea, experiențele sexuale, dorința și comportamentele care derivă din sex variază în funcție de gen, cultură, istoric, accesul la resurse și control.[83] Aceste lucruri ne modelează mințile în anumite feluri. Desigur, așa cum am menționat anterior, poți hotărî să urmezi o cale spirituală și să nu te implici sexual deloc. Acest lucru nu înseamnă că îți pierzi dorințele; pur și simplu alegi să nu acționezi conform lor. De asemenea, comportamentul sexual poate fi amestecat cu alte mentalități sociale. Așa că o persoană poate fi iubitoare și blândă cu partenerul, în timp ce își folosește sexualitatea ca modalitate de dominare, pentru a obține putere și/sau control. Pentru cei mai mulți dintre noi, este adevărat că, odată cu declanșarea pubertății, va trebui să avem de-a face cu apariția dorințelor sexuale, care urmează anumite strategii. Aceste sentimente și schimbări din corpul tău la pubertate *ți se întâmplă* – nu le *alegi*.

Rezumat

Privind mentalitățile sociale și arhetipurile, în general, teoreticienii au recunoscut că „înnăscut" este doar potențialul, iar lumea socială în care trăim și relațiile care ne înconjoară ne ghidează și ne ajută să ne dezvoltăm potențialul arhetipal. Mentalitățile sociale apar și ne modelează constant mințile prin *interacțiuni*; ele nu sunt doar procese care au loc în mod autonom în mințile noastre. Acest lucru înseamnă că structurile sociale și culturile ne pot activa și, de asemenea, modela mințile. Așadar, tipurile de relații pe care le avem și modul în care ne afectăm reciproc mințile și corpurile vor fi influențate de tipurile de culturi și de societăți în care trăim. În societățile noastre grăbite și competitive, vom interacționa și stimula diferite tipare în fiecare dintre noi, mai degrabă decât am face-o dacă am trăi în societăți mai lente și mai mulțumite.

Trebuie să reflectăm dincolo de indivizi, de mințile și creierii individuali și să ne gândim la noi înșine ca la niște *ființe care se influențează reciproc*. La nivel simplist, iritarea față de semeni va crește stresul și ne va spori vulnerabilitatea la o gamă de probleme de sănătate și la dezbinare socială, în timp ce bunăvoința ne va coborî nivelul de stres, va avea un impact pozitiv asupra bunăstării noastre și ne va spori siguranța socială. La un alt nivel, bolile mintale și infracționalitatea sunt țesute din interacțiuni sociale/culturale, genetice și mentalități sociale complicate. Și, bineînțeles, la un nivel și mai înalt, modurile în care societățile noastre funcționează, caută bunuri și servicii, asigură acordurile comerciale și le permit companiilor internaționale să extragă profituri uriașe de pe piețe bursiere (și, așa cum arătat și ultimul crah, să le exploateze) vor afecta foarte mult în viitor viețile și tiparele minților. Suntem cu toții minți conectate.

Este clar totuși că putem face și alegeri. Putem trăi într-o lume în care adoptăm gândirea noastră tribală sau să nu facem nimic în timp ce ea se dezvoltă în zone de sărăcie și nedreptate. Apoi avem de-a face cu grupuri furioase care vin după noi. Putem alege să dezvoltăm partea arhetipală competitivă, cu „trebuie să fiu cel mai bun și să am cel mai mult" și cu „interesul meu sau interesele tribului meu deasupra alor tale". Sau alegem o abordare plină de compasiune, care este mai atentă la alții. Ideal, desigur, ar fi să le amestecăm pe acestea. Să ne gândim cu grijă la valorile noastre și să încercăm să fim „cât de buni putem fi" fără să exploatăm nemilos.

Cum funcționează strategiile creierului și arhetipurile

Cum funcționează, de fapt, toate aceste strategii, arhetipuri și mentalități în creierii noștri? Practic, ele funcționează prin activarea diferitelor tipare cerebrale. Cu alte cuvinte, precum un spectacol cu lumini de Crăciun, unele sisteme se dezactivează și altele se activează când punem în aplicare un anumit tipar de strategii, mentalități sociale sau arhetipuri. De exemplu, dacă vrem să ne implicăm într-o relație plină de compasiune și de grijă, este activată zona din creier care ne dă capacitatea de a avea empatie și înțelegere. Simțim căldură și îngrijorare pentru ea; atenţia noastră este direcţionată spre modul în care o putem ajuta. Zonele din creier care ne produc dorinţele de agresivitate şi de a le face rău sunt închise permanent. Dacă ne-am putea uita în creierul nostru, am vedea cum diferite părţi se aprind în mozaicuri de activitate.

Dar să presupunem că persoana cu care interacţionăm este văzută ca o ameninţare sau ca un duşman. Tiparele cerebrale vor fi acum destul de diferite. Sistemele empatiei, grijii, preocupării şi aşa mai departe vor fi dezactivate; luminile se vor aprinde în acele zone ale creierului şi în sistemele furiei şi dorinţei de a riposta sau răni cealaltă persoană, sau chiar de a o îndepărta cu totul. Vom vedea un mozaic cu totul diferit.

Această perspectivă ne comunică două lucruri importante. În primul rând, mentalităţile sociale care funcţionează în (modelarea) creieri(lor) au efecte importante pentru ce considerăm că este plăcut şi împlinitor în relaţiile sociale. Să vedem cum funcţionează. Dacă adoptăm grija, a-i îngriji, a-i ajuta pe ceilalţi şi a-i vedea cum prosperă este împlinitor pentru noi şi ne încălzeşte, iar suferinţa lor este insuportabilă pentru noi. În schimb, dacă adoptăm mentalitatea socială competitivă, a-i vedea pe alţii cum suferă sau că se descurcă mai prost decât noi ar putea fi satisfăcător şi a-i vedea că se împlinesc ar fi neplăcut. Am putea să ne simţim bine doar dacă îi vedem cum suferă, cum se scufundă sau cum rămân în urmă. Aşa că lucrurile care ne atrag şi din care obţinem plăcere ne pot spune ceva despre cum minţile noastre au fost sau sunt modelate de arhetipurile şi mentalităţile sociale.

Putem, desigur, să ne confruntăm cu conflictele mentalităţilor pe măsură ce ele concurează pentru exprimare şi control asupra acţiunilor. Din cauza aceasta vorbim în mod obişnuit în termeni de „o parte din mine simte asta şi o altă parte simte altfel“: o parte din mine este furioasă pe, să zicem, soţia mea sau copilul meu şi vrea să fie critică şi acuzatoare, în timp ce o parte din mine vrea să fie rezonabilă, binevoitoare şi blândă. Starea psihică influenţează ce parte va prelua controlul. Dacă venim acasă de la muncă stresaţi şi iritaţi, s-ar putea să fie mai degrabă o luptă să exprimăm bunăvoinţă şi tandreţe (aşa că partenerul tău îţi pune în mână un pahar cu vin roşu).

Mentalităţile sociale se amestecă. Aşa că, la fel cum un amestec de galben cu albastru devine verde, un amestec de îngrijire, cooperare şi sexualitate are ca rezultat experienţe sexuale şi afective în care partenerii se preţuiesc unul pe altul şi construiesc o legătură prin ce împart.

Majoritatea psihologilor cred că a ști cum să amestecăm gândirea și emoțiile, astfel încât să fim flexibili, este important pentru starea noastră de bine. Înțelegem că putem iubi și putem fi furioși pe cineva, ne putem dori să fim apropiați uneori de ceilalți, dar și singuri. Indivizii care văd lucrurile mai degrabă în alb sau negru, cărora le este dificil să facă față ambivalenței, amestecurilor și conflictelor, sunt mai predispuși la probleme emoționale.

Arhetipurile și mentalitățile sociale pot prelua, de asemenea, controlul asupra grupurilor. Pe măsură ce privim în urmă în istorie, observăm că oamenii s-au simțit atât de amenințați în căutarea lor de putere și statut, avându-i pe alții în urmă loiali (adesea temători sau adepți aspiranți), încât lumea a suferit mari cruzimi – de la crucificările în masă ale romanilor la camerele de tortură și genocidul naziștilor. În timp ce scriu, o mulțime agitată din Kenya a dat foc unei biserici în care familii cu copii se refugiaseră pentru protecție. În aceste cazuri, capacitatea de a raționa și de a da înapoi din răul pe care îl facem este pierdută în pasiunile și impulsurile arhetipurilor. Suntem literalmente „posedați" de ele – dar prea orbi să le vedem. Este important să constatăm ușurința cu care sunt „trezite" arhetipurile de valorile și pasiunile grupului în care trăim.

Odată ce știm acest lucru, ne gândim la cum recunoaștem diferite tipare de activare cerebrale și strategiile care ar putea sta la baza lor, pentru *a ne reorienta mințile*. Chiar ne dorim ca mințile să fie preluate de arhetipul din noi? Nu ar trebui să ne opunem modului în care pasiunile sunt trezite atât de ușor? Nu va fi ușor să ne dăm înapoi și să opunem rezistență, pentru că tiparele și strategiile stârnesc în noi emoții și pasiune. Dar există și posibilitatea de a alege. Psihologii sugerează că cu cât „creierii/mințile noi" sunt mai capabile să gândească și să înțeleagă emoțiile și pasiunile care curg prin ele, luând distanță, cu atât mai mult vom fi capabili să preluăm controlul și să facem alegeri conștiente despre ce punem în acțiune și ce nu. Într-adevăr, aceasta este întreaga premisă a psihoterapiei pe de o parte, iar pe de altă parte, a practicilor meditative. Ele încearcă să ne ajute să ne familiarizăm cu mințile noastre și astfel să obținem mai mult control. Nu va fi total, desigur, pentru că toate lucrurile se întâmplă în afara conștiinței noastre, dar este un pas într-o direcție bună. Vom explora acest lucru pe îndelete în capitolele 7 și 9.

O să îți spun o poveste minunată dintr-un trib de amerindieni. Într-o zi, un șef de trib se plimba pe lângă râu cu nepotul său, gândindu-se la ce înțelepciune să îi ofere băiatului. I-a spus că mințile noastre sunt precum râul: curg încontinuu. Dar în apa curgătoare sunt diferiți curenți, și astfel este și mintea. În interior, spunea bătrânul, omul poate simți uneori doi lupi: unul este blând și binevoitor, căutător al păcii, în timp ce altul este furios și agresiv. Nepotul l-a privit pe bătrân cu uimire și a întrebat: „Cine va câștiga, bunicule?“ Bătrânul șef a răspuns: „Cel pe care îl hrănesc.“

Astăzi știm că există multe posibilități tragice ale minții umane, care pot apărea din cauza călătoriei evolutive pe care au făcut-o creierii și a modului în care ei activează sau dezactivează anumite emoții și motivații-cheie. Cruzimea ia amploare pentru că noi pur și simplu ne limităm capacitatea pentru compasiune. Când facem acest lucru, există riscul serios de a ne pierde echilibrul și de a ne abandona creativitatea și inteligența în favoarea strategiilor de protecție, dar și de distrugere. Acest lucru presupune un pericol, dar unul pe care îl putem reduce recunoscând că grija și compasiunea sunt antidoturi pentru frică, furie și dorința de a face rău.

De asemenea, devenim cruzi și insensibili față de noi înșine prin autocritică, disprețul sau chiar ura de sine (toate lipsite de compasiune). Gândim și spunem despre noi lucruri și ne tratăm cum nici nu am visa să le facem altora – în special celor de care ne pasă. Pentru că ne facem aceste lucruri nouă înșine, precum agresorii pe care nu are cine să îi oprească, credem că este în regulă să ne comportăm în acest fel și am putea chiar să justificăm lipsa de bunăvoință față de sine. Acest aspect este atât de important, încât îl vom explora în detaliu în capitolele 4 și 10.

Religie și spiritualitate

A conștientiza modul în care motivațiile, sentimentele și gândurile noastre sunt cu adevărat ghidate de strategii înnăscute, arhetipuri și mentalități sociale ne poate ajuta să reflectăm asupra problemelor-cheie legate de religie și spiritualitate, cu care mulți oameni se luptă în ziua de azi. Acestea nu sunt zone ușor de explorat. Mulți scriitori au observat că ritualurile și credințele religioase își câștigă sprijinul pe care îl au în mințile și culturile noastre pentru că se folosesc de sentimentele puternice ale gândirii sociale și ale arhetipurilor, și de dorințele noastre (din mințile evoluate), vorbind despre fricile profunde și existențiale ale vieții și morții.[84] Ele îi pot face pe oameni să simtă că au rădăcini și tradiții sau că ei sunt îngrijiți în univers. Cu această intensitate a emoției, credințele se amplifică, astfel încât oamenii vor spune lucruri precum: „Simt în adâncul meu că acest lucru este adevărat." Se presupune că și credința aztecilor în valoarea sacrificiilor umane a izvorât tot din asemenea „certitudini" – așa că trebuie să fim atenți.

Tocmai această „folosire a arhetipului" le oferă credințelor puterea emoțională asupra noastră. Prin urmare, când este văzut prin lentila ierarhiei sociale, Dumnezeu poate fi asociat cu un *mascul dominant* care trebuie ascultat; dacă nu, nesupunerea ta va fi pedepsită. În unele religii, credincioșii adoptă postura supusă, cu capul plecat, incapabili să Îl privească în ochi pe Dumnezeu (contactul vizual poate fi interpretat ca amenințare). Oamenii au transformat această înclinare a capului într-un semn de respect, desigur, dar mecanismele par să fie aceleași. Chiar și unele aspecte ale budismului sunt predispuse acestei psihologii a respectului.

Dacă psihologia ierarhiei domină orientarea unei persoane sau a unui grup și imaginarea lui Dumnezeu, credincioșii pot avea o relație de teamă cu divinitatea (își închipuie tot felul de pedepse), dar și una de respect, cu o dorință de a impresiona și de a se dovedi loiali. Ei pot avea o atitudine dură față de subordonați sau față de cei care „nu reușesc să înțeleagă", și ar putea dori să îi persecute pe „dușmanii lui Dumnezeu". Atenția este îndreptată asupra puterii, conformității și obedienței. Acesta nu este, așa cum au conștientizat mulți gânditori, un Dumnezeu „bun", conform Vechiului Testament, pentru că el poate hotărî să înece toate viețățile sau să omoare toți copiii celor pe care nu îi place, să stârnească invazii de broaște sau foamete, sau să îi amenințe pe oameni cu sadismul fără margini al iadului. Singurul lucru pe care îl poți face este să speri că este de partea ta. Nu e vorba despre un Dumnezeu bun, ci despre un Dumnezeu de partea ta, aceasta este problema. Din cauza aceasta, mulți oameni simt că trebuie să mențină credința că ei sunt aleși, pentru că, în caz contrar, este înfricoșător.

Totuși, chiar gândul că Dumnezeu poate avea favoriți ar trebui să trezească griji. De fapt, acestea sunt temele noastre arhetipale proiectate, propriile dorințe sadice și frici pe care le punem pe seama lui

Dumnezeu sau a zeilor. Acestea nici nu sunt idei noi – până și cel de-al cincilea film *Star Trek: Ultima frontieră* a fost despre modul în care propriile proiecții despre divinitate pot crea orori. Să analizăm următorul exemplu. Oamenii se întreabă adesea de ce Dumnezeu din Vechiul Testament era nemilos și măcelărea copiii dușmanilor. Dar este bine cunoscut faptul că masculii unor specii, când preiau un harem, omoară puii pentru a le face pe femele să intre în călduri. Învingătorii, de-a lungul istoriei, au omorât copiii celor înfrânți pentru a încheia linia genetică și pentru a pune astfel capăt unei amenințări asupra domniei câștigătorilor. Irod, desigur, este faimos pentru acest lucru. De ce să dai vina pe Dumnezeu, când este clar că este o strategie genetică?

În opoziție totală, dragostea necesită contact vizual și o dizolvare a raporturilor de putere – așa cum o mamă și bebelușul ei se privesc reciproc în ochi cu uimire. Trecerea de la un Dumnezeu concentrat pe rang la unul dăruitor este, desigur, tranziția de la Vechiul la Noul Testament. Iertarea, empatia profundă, tristețea și compasiunea sunt văzute acum drept caracteristici ale lui Iisus (deși acestea sunt legate de gândirea socială). Așa că îți poți alege citatele din toate textele religioase și poți găsi la fel de multe apeluri la compasiune pe câte chemări la războaie sfinte. Drept rezultat, mulți oameni de știință recunosc acum că, din cauza gândirii sociale, construim și ne raportăm la Dumnezeu prin imaginația și mintea arhetipală.[85] Acest lucru ne poate ajuta cu anumite probleme psihologice și, așa cum a observat Jung, dacă ne activăm procesele arhetipale, ele pot avea o putere enormă asupra emoțiilor. Oamenii pot găsi un confort deosebit în religiile lor și am cunoscut mulți suferinzi cu vieți grele care și-au găsit tăria prin credințele lor (deși bănuiesc că bunătatea preoților lor a fost, de asemenea, importantă). Religiile au fost un punct central pentru apartenența și coeziunea de grup, o sursă a legii și a gândirii morale, dar, până la urmă, ele sunt arhetipale, o parte a trecutului și a minților noastre evoluate. Nu putem evita sentimentele arhetipale, într-adevăr, compasiunea este bazată pe unul, dar putem deveni conștienți de părțile lor întunecate. De asemenea, ar trebui să recunoaștem în mod clar că ele au puține de spus despre natura reală a universului, a conștiinței, despre cum să îi vindecăm pe bolnavi, despre viața de după moarte sau despre orice altă chestiune importantă de acest tip.

Există multe puncte de vedere alternative care lasă loc pentru un tip diferit de spiritualitate, una mai puțin predispusă spre capcanele teritoriale și ale rangurilor. Jung a sugerat că „conștiința lui Dumnezeu“ – „o conștiință a trezirii în univers“ – necesită simț de comuniune și de moralitate, și, pe măsură ce conștientizăm responsabilitățile noastre, se trezește și conștiința lui Dumnezeu – o temă pe care Jung a explorat-o în cartea sa, *Răspuns lui Iov*. O altă idee despre spiritualitate este să ne imaginăm pe noi înșine ca valuri pe un ocean. Nu suntem separați de spiritual; facem parte din el – ceva care se reflectă în credințele panteiste care datează de mii de ani. Budismul are, de asemenea, propria abordare – un proces reciproc prin care, pe măsură ce devii mai plin de compasiune și mai luminat, te întorci spre alinarea suferinței tuturor ființelor umane, prin toate planurile existenței, și devii o parte a comunității ființelor luminate.

În final, lasă-mă să împărtășesc cu tine o perspectivă plină de compasiune din știința modernă. Unii oameni se poartă crud, ceea ce, în mod tradițional, este privit ca un lucru demn de pedeapsă, un păcat sau acumularea de *karma* rea. Dar dacă se comportă așa din cauza genelor lor, sau pentru că au o boală mintală, un cortex frontal vătămat din cauza leziunilor de la naștere, pentru că mamele lor sunt alcoolice sau consumatoare de droguri, pentru că au fost abuzați în copilărie, pentru că au trăit în condiții sociale oribile, pentru că au mâncat alimente care conțin toxine? Apoi, să presupunem că în 50 de ani putem repara toate aceste lucruri. Să zicem că, în urma unor psihoterapii noi, a schimbărilor condițiilor sociale sau cu câteva medicamente, acești indivizi nu mai sunt cruzi, ci binevoitori, și ajung în rai, nu în iad. Dacă toate se rezumă la condițiile sociale, gene sau chimie, medicamentele îi fac pe oameni „binevoitori“ și îi țin departe de iad, sunt în favoarea medicamentelor. Dar gândește-te la consecințe – inclusiv la ideile spirituale care au fost cu noi atât timp, dar ai căror inițiatori au ignorat complet evoluția, genele și neurochimia. Dacă comportamentul bun și cel rău sunt cu adevărat reflexii ale strategiilor înnăscute, ale chimiei și ale condițiilor sociale, atunci cum rămâne cu punctele de vedere tradiționale despre păcat, *karma* și pedeapsă? Dacă avem așa puțin de ales cu privire la cine suntem și cine devenim, cum rămâne cu ideea că avem toți suflete care învață lecții? Hei, dă-mi medicamentele, fă-mă să mă simt bine în legătură cu mine și cu ceilalți – vreau să merg în rai!

Mi se pare că alternativa este să devenim conștienți de modul în care noile noastre cunoștințe ne deschid cu adevărat spre o spiritualitate complet nouă, plină de compasiune, eliberată de toate fricile și pasiunile scrise de formele arhetipale vechi. Totuși, este o provocare uriașă a compasiunii, pentru că ne place să ne simțim speciali și aleși, iubiți de Atotputernic, sau să fim capabili să îi pedepsim pe oamenii „răi". Modul în care gândești aceste chestiuni îți va influența abordarea compasiunii. Abia am început să ne gândim la urmările noii noastre înțelegeri a influenței genelor și a iubirii timpurii asupra creierilor, a puterii contextului social și a influenței grupului în modelarea lucrurilor pe care le simțim, le gândim și le facem. Aici ne pierdem sensul individului „care deține controlul" asupra sinelui. Așa cum vezi, compasiunea care se deschide spre noua noastră înțelegere a creierilor și minților nu este un drum ușor. Știința și „creierii/mințile noi" sunt cele care ne vor ajuta, odată ce suntem motivați de grija și de împărtășirea mentalităților sociale.

Egoismul, arhetipul compasiunii și mentalitatea socială

Înainte să părăsim călătoria noastră evolutivă, să încheiem în nota optimistă importantă a acestei cărți: deși potențialul întunericului și cruzimii a apărut din lupta pentru viață și poate trăi în mințile noastre (așa cum a arătat o bună parte din marea artă și literatură), noi suntem, de asemenea, capabili de compasiune. Dar și compasiunea are un potențial care își face apariția în mințile noastre, sculptat din natură. Este ușor să ne concentrăm pe multe dintre arhetipurile întunecare ale minților și să uităm că, din întunericul luptei pentru supraviețuire și reproducere, din amenințare și frică, a apărut capacitatea pentru grijă și compasiune. Dacă privim drumul spre compasiune, observăm că începe când ființele dau semne că manifestă interes pentru semenii lor. Vom explora natura și elementele-cheie ale compasiunii în capitolele 5 și 6.

Compasiunea și genele egoiste

Unii oameni ar putea să vadă compasiunea manifestată prin grijă ca rezultat al genelor egoiste. De exemplu, dacă mergi la spital și dai naștere unui copil, vrei să îl poți lua acasă, să îl îngrijești și să îl iubești. Nu ai fi fericit dacă toți copiii născuți în acea zi ar fi puși într-o singură cameră, iar apoi ai putea să îl alegi pe cel dorit. Chiar dacă cineva ți-ar spune că, în comparație cu acel bebeluș, al tău ar fi mai puțin inteligent, mai puțin atletic sau mai supus infecțiilor pulmonare, nu ai putea fi împiedicat. De fapt, te-ar face să fii și mai afectuos față de copilul tău, pentru că vrei să ai grijă de genele tale. Oamenii se întristează dacă, după niște ani, se dovedește că nu au luat acasă propriul copil de la spital după naștere. Desigur, avem interes față de o gamă largă de lucruri – tipuri de mâncare, formare a prieteniilor, relații sexuale și îngrijire a copiilor – pentru că genele au construit psihologii care să manifeste sentimente față de acele lucruri. Și au făcut aceste lucruri pentru că indivizii motivați de acele sentimente și-au lăsat în urmă genele.

Știm că grija are anumite preferințe genetice: este mult mai ușor să îți îngrijești bebelușii și rudele de sânge și, de asemenea, prietenii, nu străinii. Totuși, nu contează că recunoaștem că posibilitățile noastre pentru compasiune au apărut în univers doar ca strategie de replicare a genelor. Acesta este un punct de vedere despre care Richard Dawkins* a scris pe larg, inclusiv despre faptul că „genele egoiste" nu fac neapărat persoanele egoiste; ne putem dezvolta înțelegerea, ne antrenăm și depășim dictatele genelor sau ale strategiilor egoiste.[86] Așa că nu e nevoie să ne preocupăm prea mult de faptul că, deoarece originile compasiunii reies în mod clar din politicile genelor, acest lucru subminează cumva sentimentele, motivațiile sau procesele compasiunii. Pentru că genele îți fac ochii să vadă anumite frecvențe luminoase nu anulează sau diminuează experiența culorii. Cert este că acum avem sisteme cerebrale care fac posibilă „experiența" compasiunii, iar acea compasiune ne poate organiza tiparele creierului în anumite feluri. Ce trebuie să facem este să vedem cum, lucrând cu aceste tipare din creier pentru a folosi compasiunea, putem obține o stare de bine și o vocație. Ne folosim „creierii/mințile noi" pentru a ne antrena să simțim compasiune mai profund și pentru un grup mai larg de indivizi decât am fi orientați din punct de vedere biologic. Nu suntem limitați de genetică, ci ni se oferă astfel un punct de pornire.

Într-adevăr, procesele motivaționale, arhetipale și ale mentalității sociale sunt util de înțeles. În întreaga lume, oamenii doresc să îi îngrijească pe alții, să devină asistenți medicali, doctori, asistenți sociali, profesori și terapeuți. În întreaga lume, oamenii își pun viețile în pericol pentru a-i salva pe alții – gândește-te la servicii precum poliția, trupele de menținere a păcii, pompierii, salvamarii și salvamontiștii.

---

* La Curtea Veche Publishing i-a fost publicată în anul 2018 cartea *Dumnezeu, o amăgire*, în traducerea lui Victor Godeanu. (*N. red.*)

Dacă privim din punct de vedere capitalist sau spre modul în care istoria a fost modelată de părțile întunecate ale naturii, de ciocnirile dintre triburi și dintre masculii dominanți, este ușor de uitat că, deși mulți își doresc să aibă vieți bune, scopul este să îi ajutăm și pe alții, și să facem o diferență pentru ei. Când conștientizăm că ne-am trezit într-o lume a frumuseții, dar și într-una în care mulți trăiesc în condiții infernale, vedem că sunt multe lucruri pe care trebuie să le facem cu știința noastră, cu politicile sociale și sistemele legale. În inimile multora există o dorință autentică de a îmbunătăți condiția umană și, într-adevăr, a tuturor ființelor vii.

În ce privește egoismul care stă la baza compasiunii, din nou, răspunsul este: bineînțeles. Dalai Lama spune acest lucru foarte clar în scrierile sale. Compasiunea nu este bună doar pentru tine, pentru că te ajută să te simți bine și să îți organizezi mintea, în așa fel încât aceasta va fi mai deschisă spre fericire, ci este bună și pentru ceilalți, iar acest fapt înseamnă că trăim într-o lume mai fericită. Dacă ai compasiune pentru alții, probabil că și ei manifestă compasiune pentru tine – așa că, sigur, există o mulțime de beneficii personale. Să fiu sincer, dacă compasiunea pentru sine și pentru alții ți-ar crește tensiunea arterială, ar dăuna sistemului imunitar, ți-ar crește vulnerabilitatea la bolile de inimă, accidente vasculare, depresie și anxietate și te-ar face mai puțin distractiv, te-aș sfătui să nu ai parte de ea. Cert este că stresul, eforturile și mentalitățile noastre sociale competitive sunt cele care ne aduc asemenea necazuri – ca să nu mai vorbim despre ce efect avem asupra lumii înconjurătoare –, pentru că ele au ieșit din echilibru. Compasiunea este potențialul nostru antidot.

Concluzie

Acest capitol a prezentat modul în care noi „pur și simplu ne găsim aici" cu un creier construit de gene, plin de dorințe, pasiuni și frici ciudate și contrare, care adesea sunt activate și dezactivate de relațiile în care ne regăsim. Credem că mințile ne aparțin în totalitate, atât de mult, încât simțim că acest aspect este „eu". Și totuși, nu putem simți sau gândi nimic (în afară de acte creative de artă sau știință, poate) din lucrurile pe care nu le-au simțit sau gândit deja milioane de alți oameni. Sentimentele pe care le avem se bazează pe programarea noastră comună – umanitatea comună. Tot ce ești „doar tu" este conștiința care trece prin timp, clipă de clipă.

Am analizat perspectiva de ansamblu și am urmărit desfășurarea vieții și a diferitelor dorințe și motivații în fluxul vieții și al conștiinței. Am văzut cum apar strategiile, arhetipurile și mentalitățile sociale, cum devin complexe și cum se desfășoară, ajutând genele să își transmită talentele constructoare de tipare în timp, pentru că fără gene nu există corpuri, viață și schimbare, iar universul se prăbușește tăcut. Pasiunile și dorințele noastre fac parte din fluxul vieții. Această cunoaștere, care este începutul înțelegerii, luminării și înțelepciunii, și care este fondată pe psihologia de bază, ne va ajuta să gândim sarcinile viitoare și modul în care am putea dori să interacționăm cu ele. Ne va ajuta să ne retragem treptat din „individualizarea excesivă" a minților noastre și să conștientizăm că multe dintre cele care se petrec în ele nu sunt din vina sau din proiecția noastră. Aceștia sunt primii pași spre a deveni căutători și formatori ai unei minți pline de compasiune, echilibrându-ne astfel mințile și asumându-ne responsabilitate pentru acțiunile noastre.

În capitolul următor, vom discuta mai mult despre importanța echilibrului, observând cum evoluția ne-a proiectat creierul cu trei sisteme de bază pentru reglarea emoțiilor, care joacă un rol vital în dirijarea sentimentelor de zi cu zi și în sănătatea noastră mintală.

4

Amenințare și protecție: bunul, răul și cu adevărat dificilul

Emoțiile sunt cele care dau culoare vieții. Ele dau textură în tot ce facem. Cu emoții, lucrurile contează; fără ele, s-ar putea să nu. Capacitatea noastră de a simți ne leagă de lucrurile pe care punem valoare. Unii oameni de știință chiar cred că emoțiile se află la rădăcina conștiinței înseși. Trebuie să recunoaștem că necesitățile și plăcerile, oricât de importante sunt, pot fi o sabie cu două tăișuri pentru plăcere, fericire și, desigur, anxietate, frustrare și furie. Emoțiile au evoluat pentru că ele au servit diferite funcții, iar acum vom privi spre aceste *funcții*. Când le vom înțelege pe acestea și modul în care iau formă prin noi, vom fi mai bine situați pentru a lucra cu ele pentru compasiunea de sine și pentru a ne alina mințile.

Așa cum am spus în Capitolul 2, ne putem gândi la emoțiile noastre ca la *trei* sisteme de bază.[87] Să ne amintim aceste sisteme și apoi să explorăm mai în detaliu cum funcționează ele prin noi. Reamintim că, în Capitolul 2 (*vezi* pp. 44–50), am sugerat următoarele sisteme:

1. amenințare și autoapărare
2. stimulente și căutarea resurselor
3. alinare și mulțumire

Dacă aceste trei sisteme își pierd echilibrul sau sunt modelate în anumite feluri, putem suferi. În societatea modernă, este foarte ușor pentru sistemul de amenințare/autoapărare să devină hiperactiv. Ne temem să ne pierdem slujba sau să facem greșeli la locul de muncă ori să fim criticați sau respinși de alți oameni, ori ne aflăm sub presiunea timpului. Stresul și încordările vieții ne pot face să avem probleme cu anxietatea și depresia. Este, de asemenea, ușor să devenim motivați în exces, să dorim să ne dovedim că suntem valoroși și „calificați", și să căutăm constant plăceri, confort, succese și realizări mai scumpe, iar așa ne este mai dificil să ne relaxăm. Fie că vrem sau nu, descoperim că viața ne ține „în mișcare" tot timpul – fără timp de oprire. Când sistemul bazat pe stimulente/căutarea resurselor eșuează, am putea crede că șansele noastre de succes au dispărut, ne simțim extenuați, înfrânți și depresivi și ne-am putea da bătuți cu totul. Motivația și „combustibilul" nu se mai găsesc în sistem.

Vom analiza fiecare dintre aceste sisteme, pentru a ne ajuta să le recunoaștem când lucrează în și prin noi și pentru a ști cum să aducem un echilibru mai bun al lor în mințile noastre. Urmărim acest lucru în următoarea parte a cărții – să învățăm să ne echilibrăm mințile. Acest capitol se va concentra pe sistemul de amenințare/autoapărare, o sursă a multora dintre emoțiile neplăcute, care sunt uneori dificil de gestionat.

Viața e amenințătoare

Pentru a ne începe călătoria, să explorăm de unde a apărut sistemul de amenințare/autoapărare și cum a devenit fundamental pentru toate ființele vii. De fapt, amenințările la viață au existat încă de când au evoluat primele organisme pe Pământ. Într-adevăr, așa cum am observat în capitolul anterior, chiar și pe o planetă favorabilă vieții, ca a noastră, lupta pentru existență a fost atât de dificilă și de riscantă, încât majoritatea speciilor care au existat vreodată sunt acum dispărute – peste 99% dintre ele.

Să luăm ca exemplu oamenii de Neanderthal, o specie similară cu a noastră. Ei au trăit în peșteri, în grupuri familiale, și-au îngrijit și s-au jucat cu copiii lor și au avut propriile aspirații pentru viitor. Totuși, au dispărut, lăsând în urmă doar oase și artefacte ca testament al vieților și luptelor lor. Nu este clar de ce au dispărut: este posibil să fi fost împinși de noi, oamenii moderni, sosiți din sud, sau poate că ei au dispărut prin împerecherea cu noi – se pare că gena care susține limbajul ar fi evoluat la ei, pentru că erau foarte cooperanți. Așteptăm mai multe cercetări. Totuși, ideea este că, din cauza confortului nostru bazat pe încălzirea centralizată și pe mâncarea din supermarket, este dificil să intrăm în contact cu felul dur și amenințător al vieții, așa cum a fost și cum încă este în anumite părți ale lumii.

Există, desigur, diferite tipuri de amenințare – prădători, lipsa alimentelor și a apei potabile, microbi care provoacă boli, riscul rănirii fizice, adăpostul inadecvat, pierderea prietenilor, ostilitatea altora din aceeași specie. Animalele (inclusiv oamenii) au moduri evoluate – adesea denumite *strategii defensive* – de a detecta și de a gestiona aceste amenințări. Unele dintre aceste strategii sunt legate de funcționarea de bază a corpului nostru – de exemplu, a avea blană sau pene ca izolație termică sau a intra în hibernare pentru a conserva energia pe timpul iernii sunt căi de protecție față de provocările condițiilor meteorologice. Sistemele noastre imunitare sunt proiectate să ajute la detectarea și supravegherea bacteriilor și a altor agenți dăunători care pot intra în corp. Sistemele digestive au fost, de asemenea, proiectate să ne ajute să expulzăm substanțele nocive prin vomă și diaree. Și în privința amenințărilor din partea altora am aflat căi pentru a încerca să lucrăm cu sentimentele și intențiile lor reale față de noi și să îi evităm sau să ne angajăm într-un comportament supus și împăciuitor dacă par mai puternici.

Anxietate

Creierul nostru este sursa mai multor emoții și moduri de gândire proiectate de evoluție să facă parte dintr-un sistem de autoapărare de bază. De fapt, a simți teama când ne confruntăm cu lucruri care ne pot face rău, cu dorința adăugată de a fugi de ele sau de a le evita, este o strategie fundamentală de autoapărare. Pentru că sunt diferiți, oamenii dezvoltă anxietăți în legătură cu lucruri diferite. Unii devin agitați în apropierea câinilor, alții când întâlnesc oameni noi, iar alții sunt înspăimântați de vorbitul în public. Multe dintre lucrurile care ne provoacă anxietate sunt lucruri care, de-a lungul a milioane de ani, au fost amenințări. Așa că ne putem speria cu ușurință de șerpi sau păianjeni, dar deloc ușor de electricitatea inventată relativ recent, mult mai capabilă să te ucidă. Frica de microbi și de substanțe nocive este, de asemenea, ușor de dezvoltat. Dar observă că, în epoca modernă, o frică de păianjeni sau șerpi poate fi un dezavantaj, întrucât, cel puțin în Regatul Unit sau în Statele Unite, rareori îi întâlnim pe cei periculoși.

Nu ne naștem cu aceste fobii, dar se pare că există diferențe în sensibilitățile (genetice) care influențează modul în care ne descurcăm cu ele și ușurința cu care le dobândim și le amplificăm. Uneori dobândim temeri pur și simplu uitându-ne la alte persoane care par înspăimântate. De la nouă luni, pe măsură ce capătă mobilitate, bebelușii încep automat să fie prudenți față de străini și acest lucru se amplifică dacă sunt și părinții precauți, copiii preluând semnale de „fii temător în această situație“ din partea părinților lor.[88] Vom analiza modul în care să gestionăm anxietatea prin compasiune în Capitolul 11.

Furie

Furia este o altă emoție importantă pentru autoapărare, pe care o împărtășim cu animalele.[89] Ea poate fi activată dacă drumul spre un obiectiv sau altceva ce dorim este blocat. Cel mai comun sentiment este frustrarea, de care multe animale, inclusiv micul șobolan de laborator, pot suferi. Cu cât activăm mai des sistemul axat pe stimulente/căutarea resurselor (*vezi* Capitolul 5), cu dorințele noastre, cu „am nevoie de mai multe“ și cu constrângerile de timp, cu atât devenim mai vulnerabili la frustrare. Frustrarea și furia ne fac să depunem mai mult efort pentru a încerca și *a forța* lucrurile să meargă. Această strategie – „când toate eșuează, încearcă forța brută“ – este una destul de învechită.

Un alt tip de furie, legată de frustrare, este *furia din răzbunare*, legată de nevoia noastră evoluată de a ne apăra resursele, statutul și poziția socială. Dacă cineva ne provoacă prin a ne critica munca, simțim furie și dorim să ripostăm; dacă cineva profită de noi sau se comportă nedrept, putem simți furie și atunci. A ne simți înșelați ne face, invariabil, furioși. În timp ce anxietatea protectoare ne provoacă să ne detașăm – adică să fugim sau să evităm ceva neplăcut sau periculos, ori să ne supunem – de furie, dorim să ne implicăm *mai mult*, să depășim obstacolul sau să obținem tot ce e mai bun de la cealaltă persoană. Când simțim furia din răzbunare, dorim să forțăm cealaltă persoană să se supună. Poate că așteptăm scuze sau dorim să o facem și pe ea să sufere. De ce? Ei bine, pentru că atunci ne-am simți mai în siguranță cu ea; am deține controlul.

Cum ar fi lumea noastră, dacă oricine ne-ar putea da jos fără să ripostăm; cum ar fi dacă nu am avea nicio modalitate de a ne apăra, astfel încât alții să profite cu ușurință de noi sau să ne înșele fără a suferi consecințele? Cum ar fi dacă ei ar simți că nu trebuie să fie precauți față de noi, pentru că nu ripostăm niciodată? Aiurea, din punct de vedere evolutiv vorbind! Așadar, acest răspuns a fost proiectat de evoluție pentru a ne proteja. Dar dacă nu suntem precauți, „creierii/mințile noi“ pot fi inspirate de răzbunare și cauza suferință în lume. A simți o erupție de furie înăuntrul nostru este înspăimântător, pentru că are putere și ne tortureză. Unii oameni simt o furie puternică, dar le este teamă să piardă controlul și încearcă să o suprime (așa cum s-a arătat cu efect dramatic în filmul *The Hulk*). Dar furia este o chemare la acțiune, o strigare, și necesită atenția noastră. Totuși, acest lucru nu înseamnă că pur și simplu acționăm agresiv; în schimb, ar trebui să înțelegem sentimentul și apoi să hotărâm ce vom face în legătură cu el.

Concepte-cheie ale furiei

Cu ceva timp în urmă, psihologul comportamental american Charles Ferster a arătat că, dacă copiii sunt pedepsiți că afișează furie, ei vor deveni mai neliniștiți în legătură cu pedeapsa. Cu timpul, acea anxietate va fi asociată cu furia, până când copilul nu mai poate procesa sentimentele. În schimb, în fazele incipiente ale furiei în interiorul lui, se face o comutare automată spre anxietate. Oamenii depresivi au adesea acest tip de dificultate.

De fapt, toate emoțiile pot fi asociate și corelate în acest fel. Copiii mici care sunt pedepsiți sau făcuți de rușine pentru afișarea entuziasmului sau distracției pot, ca adulți, să devină anxioși dacă apar „momente distractive". Acest lucru se numește *condiționare* și este una dintre cele mai puternice modalități prin care învățăm să ne adaptăm la mediile noastre. Deși era un behaviorist înverșunat, Ferster a spus clar că, din cauza condiționării, unele dintre sentimentele noastre sunt reprimate și nu suntem conștienți de ele. Copiii pedepsiți pentru că se distrează sau fiindcă sunt fericiți ar putea avea sentimente incomode (anxietate) când se simt bine, dar fără să știe de ce.

Psihoterapeutul cognitiv Robert Leahy a analizat unele credințe pe care le avem despre emoțiile noastre și modul în care ne cauzează probleme. Printre credințele legate de furie s-ar putea număra: „Furia este rea. Este rușinoasă. Este distrugătoare. Este prea chinuitoare." Acest gen de gândire poate avea ca rezultat dificultăți în procesarea furiei și a cauzelor sale.

Conform lui Sigmund Freud, oamenii depresivi sunt foarte furioși cu cei de care sunt dependenți, pentru că i-au dezamăgit sau pentru că i-au trădat. Totuși, cei depresivi sunt, de asemenea, speriați că, dacă își exprimă furia, ceilalți se vor retrage sau îi vor dezamăgi și mai mult, ori că vor fi rușinați sau vor fi făcuți să simtă că sunt răi, nerecunoscători și neplăcuți. Drept rezultat, pentru că furia este o amenințare, devin inerți la furia lor.[90] Așa cum am abordat în ultimul capitol și cum vom mai explora în Capitolul 10, furia direcționată spre sine și sfidarea sunt probleme serioase. Doar pentru că suntem furioși pe noi înșine nu înseamnă că folosim alte sisteme ale creierului decât cele pe care le-am folosi dacă am simți furie pentru cei din jur. Prin urmare, furia direcționată spre sine menține sistemele de amenințare într-o stare de stimulare ridicată și face cu adevărat dificile alinarea și mulțumirea.

Reține întotdeauna că emoțiile defensive manifestate prin anxietate și furie nu au fost proiectate să fie inamicii tăi, există pentru a te apăra – funcția lor este autoapărarea. Totuși, evoluția le-a proiectat cu mult înainte de apariția gândirii și a imaginației pe care le avem acum. Evoluția nu avea cum să prevadă ce se va întâmpla când capacitățile „noi“ se vor combina cu aceste impulsuri și apărări primitive. Cele din urmă ne pot concentra și ghida gândirea și inteligența într-un asemenea fel încât să ne pierdem controlul.

Așadar, pentru a stăpâni furia (sau oricare altă emoție de amenințare/autoapărare), mai întâi trebuie să înțelegem că sistemul de amenințare/autoapărare nu vrea ca noi să rămânem fără armură. *Ar putea chiar rezista încercării noastre de a ne calma.* Îi întreb adesea pe oamenii care au probleme cu furia: „Care ar fi cea mai mare frică a ta dacă ai renunța sau ai diminua semnificativ furia?“ Uneori ei spun: „Mi-ar plăcea să fiu așa – ar fi grozav!“, dar cu alții există o revărsare de frică: „Ceilalți nu mă vor asculta sau nu mă vor respecta. Nu mă voi respecta pe mine însumi. Nu voi fi capabil să mă apăr. Alții vor scăpa nepedepsiți. Nu voi mai fi auzit. Nu obții dreptate dacă nu te lupți pentru ea. Va trebui să accept comportamentul rău și nepăsător al altora. Oamenilor nu trebuie să li se permită să scape nepedepsiți pentru așa ceva. Aș fi slab, un pămpălău, iar eu am nevoie să le arăt oamenilor că am un rost – pămpălăii sunt ignorați. Oamenii merită furia mea. Furia este singurul mod în care oamenii învață.“ Da, este o listă lungă și fără dubiu poți adăuga câteva dintre fricile tale. Totuși, toate acestea se referă practic la trei fobii majore:

- frica de a fi rănit sau distrus;
- frica de a nu avea control asupra obiectivelor, sensului sau scopului vieții tale;

- frica de a fi nedorit, marginalizat, ignorat, exclus sau izolat.

Gândește-te la cât de multe provoacă incapacitatea de a ne controla dorința de răzbunare. Există multe izbucniri de conflicte și de violență în lume din cauză că furia, răzbunarea și fricile sunt activate constant. Oamenii (în special bărbații) consideră că este extrem de dificil să ieși din acest ciclu, nefiind ajutați, desigur, de Occident, care este adesea disperat să vândă arme ambelor tabere pentru a face bani. Adesea, este nevoie de un lider precum Gandhi sau Mandela pentru a schimba sistemul și tiparul.

Dezgust și dispreț

O altă emoție defensivă importantă este *dezgustul*, apărut în primul rând să ne ajute să detectăm și să ne ferim de substanțele toxice. De la naștere, bebelușii și copiii vor scuipa când simt gusturi amare și se vor bucura de cele dulci. Se întâmplă astfel fiindcă pentru noi, oamenii, un gust amar este un bun ghid pentru posibilele substanțe toxice. Oamenii pot simți dezgust (repulsie) pentru o serie de lucruri, inclusiv pentru propriul comportament și al altora. Aici termenul *dispreț*[91] ar putea fi cel potrivit. Cercetătorii sunt de părere că, de multe ori, când dezgustul și disprețul sunt amestecate cu frica și furia, devenim capabili de lucruri îngrozitoare. Când ne vedem inamicii atât periculoși, cât și demni de dispreț sau simțim că „ne infectează modul de viață sau ne contaminează valorile“, aceste lucruri pun în mișcare strategiile defensive de detectare, protejare, evitare, subjugare și eradicare. Aceste strategii sunt folositoare când avem de-a face cu boli și agenți contaminanți autentici, dar când sunt țintite spre alți oameni, ele pot conduce spre atrocități și genocid. Când simțim dezgust față de anumite aspecte personale, de asemenea, dorim să scăpăm, să curățăm sau să înlăturăm aspecte din noi înșine. Dezgustul este un proces arhetipal – inițial evoluat ca strategie de autoapărare –, dar care acum ne poate conduce spre necazuri serioase.

Dezgustul intră în joc când gândim în termeni de bine și rău și dorim să „purificăm“, să „scăpăm“ și să „distrugem“, și a fost folosit atât în scopuri religioase, cât și laice, pentru a ataca și a anihila oameni văzuți ca „profanatori“. Hitler i-a considerat pe evrei o „infecție“, iar odată ce oamenii folosesc acest arhetip pentru a-i privi pe ceilalți, intrăm în teritoriul lui „caută/îndepărtează/distruge“, unde sistemele de compasiune ale creierului sunt blocate.

Ascultarea emoțiilor noastre

Fiecare dintre emoțiile noastre vine cu instrucțiuni (limitate) despre ce să facem în anumite situații. Gândește-te la ce se întâmplă în corpul tău când te străbate furia. Ce vrea corpul tău să faci? Ți se încleștează maxilarele, ți se încordează mușchii, mijești ochii, se schimbă tonul vocii, crește dorința de a vorbi. Pe măsură ce furia crește, atenția este îndreptată spre amintiri: „Și lasă-mă să îți spun alt lucru care mă enervează foarte mult!" Dacă furia crește și mai mult, presiunea se acumulează și te poți simți ca și cum urmează să explodezi. Ai putea dori să îți modifici tonul de la unul ridicat la un țipăt, să bați sau să lovești ceva sau pe cineva.

Sistemul de furie este proiectat să amenințe alți oameni care ne amenință sau care ne blochează – pentru a-i face să-și revină, să se dea înapoi sau să facă ce vrem. Ideea este că furia ta, care te implică într-o strategie de autoapărare, *exercită un control tot mai mare asupra minții*, în parte pentru că este proiectată să facă fix acest lucru. Dacă ești obosit și slăbit, este și mai ușor, deoarece creierul va trece în modul de „hiperprotecție" și orice lucru mărunt te poate îndrepta spre furie, lacrimi sau anxietate. Acestea sunt motive bune pentru care trebuie să fim conștienți de emoțiile bazate pe amenințare și să stăm deoparte când ne copleșesc, să ne comportăm asertiv dacă avem nevoie și să nu acționăm pur și simplu conform lor. Același lucru este adevărat și pentru anxietate. Dacă fugim întotdeauna când suntem neliniștiți, s-ar putea să nu ne dezvoltăm abilitățile de care avem nevoie pentru a fi capabili să facem față.

Este, desigur, altceva să avem aceste sentimente ca rezultat al unor întâlniri reale cu lucruri sau persoane înfricoșătoare sau frustrante. Totuși, pentru că suntem o specie socială, care poate fi influențată cu ușurință de retorica și de expunerile altora, liderii trezesc cu ușurință aceste emoții în noi, dacă nu suntem conștienți de ele. Într-adevăr, oamenii vorbesc adesea despre faptul că doresc lideri care să îi inspire prin stimularea emoțiilor și pasiunilor lor. Dar decât să idealizăm acest lucru, sugerez să fim precauți în legătură cu ce îi lăsăm pe lideri să creeze în noi și să nu ne lăsăm conduși orbește de emoții. Hitler avea putere pentru că era privit ca un lider care inspira, care putea genera pasiune și mândrie în publicul său. Fără această capacitate, probabil că nu ar fi ajuns nicăieri – dar și publicul și-a permis să se lase stimulat în acest fel. Prin urmare, avem nevoie să ne învățăm emoțiile mai bine, pe măsură ce ele funcționează în și prin noi. Vom descoperi că acest lucru este mult mai ușor când încetăm să ne mai învinovățim pentru aceste sentimente și dorințe și când le vedem făcând parte din modul în care a evoluat creierul nostru.

Așadar, ideea principală este: amintește-ți întotdeauna că sistemul de amenințare/autoapărare a fost proiectat să te apere (și, da, să îți apere genele în fluxul vieții, dacă vrei să privești din acest punct de vedere). Totuși, aceste mici dispozitive primitive, care au servit multor specii milioane de ani, sunt puternice și acum, în lumea modernă, și au nevoie de îndrumarea noastră și de „mințile noi" pentru a le stăpâni.

Rutele rapide: paza bună trece primejdia rea

Am stabilit acum că sistemul nostru de amenințare/autoapărare a evoluat (fără ajutor din partea noastră) pentru a avea sentimente precum frica, anxietatea, furia, mânia, ura și disprețul. Acestea sunt emoții naturale de bază. Deși își pot depăși limitele și pot fi foarte dăunătoare, noi nu trebuie să uităm că funcția lor de bază este *apărarea* – în mare parte, a noastră, dar și a celor pe care îi iubim și a altor membri din grupurile noastre. Ele nu au evoluat doar pentru a da bătăi de cap tuturor sau pentru a elibera demoni pe Pământ. Sunt adesea puternice și ușor de activat în noi pentru că au fost proiectate să fie astfel (nu avem nicio vină).

De asemenea, sistemul de amenințare/autoapărare este primul port de apel pentru multele informații care vin spre noi. Acest lucru se întâmplă astfel deoarece creierul este creat să verifice mai întâi lucrurile și apoi să intre în acțiune pentru a ne proteja – să vadă dacă acest eveniment sau acea situație este în regulă. Dacă privești păsările care mănâncă semințe dintr-un suport de hrană, vei observa că ciugulesc de câteva ori și apoi se uită împrejur, verificând constant zona. Sistemele noastre de amenințare/autoapărare operează similar, adesea ticăind chiar și când nu le observăm. Acesta este motivul pentru care o mamă poate auzi plânsetele bebelușului ei chiar și când doarme. Sistemele de apărare prea lente să reacționeze sau care au stat prea mult pe gânduri nu s-au descurcat bine în evoluție: „O, uite, vine un leu spre mine… Hmm, mă întreb dacă îi este foame sau dacă a mâncat recent. Poate că nu. Ei bine, nu se uită în direcția asta, așa că nu sunt sigur care ar fi cel mai bun lucru de făcut? Poate să fug. Nu, să mă urc în copacul acela. Sau aș putea să mă prefac că sunt mort... Cred că o să fug... *aaa*!" (Scuze – ești terminat!)

Un alt aspect interesant și util pentru sistemul nostru de amenințare/autoapărare ar putea fi numit „paza bună trece primejdia rea". Practic, dacă suntem într-o țară cu lei și auzim un sunet din tufișuri, putem presupune că zgomotul este produs de un leu și fugim înainte să vedem unul. Nouă din zece dăți, simțurile noastre se vor înșela – nu a fost un leu în tufișuri, ci o pasăre. Totuși, această greșeală înseamnă că, deși ai pierdut ceva timp de mâncat, pe care îl poți recupera mai târziu, ești în siguranță, pe când nu ai putea să repari greșeala în direcția opusă: a subestima o potențială amenințare și a deveni prânzul unui prădător. Ideea acestei povești este extraordinară – *creierul tău este, de fapt, proiectat să facă greșeli!* Pentru a te proteja (și pe rudele și prietenii tăi), el va face repede presupuneri, fără să îi pese prea mult dacă greșește. Poate supraestima natural amenințarea și pericolul, considerând că este mult mai bine pentru tine să fugi de zece ori de un posibil leu, dintre care de nouă ori inutil, decât să rămâi acea singură dată când chiar ai nevoie să fugi. Tendința naturală de a supraestima amenințarea și pericolul – în special în situațiile sociale sau între grupuri („Nu te încrede în ei!") – poate, desigur, însemna necazuri adevărate pentru oameni, dar este o funcție naturală a creierului. Avem din nou nevoie să ne antrenăm creierii cu atenție pentru a compensa această tendință. Vedem acest lucru în multe filme în care eroul dorește să se încreadă în celălalt grup (sau în extratereștri) și altă persoană (de obicei, cineva din armată) vrea să opteze pentru metoda „paza bună trece primejdia rea" și să îi atace cu arme nucleare!

Aceste „concluzii pripite" și „presupunerea celui mai rău scenariu" au salvat, de fapt, multe dintre viețile strămoșilor noștri. De exemplu, cei care s-au îngrijorat pentru copiii lor când aceștia dispăreau, chiar și când nu era nimic îngrijorător, au fost acolo și când era nevoie de ei. Așadar, creierul are de făcut judecăți dificile când e de presupus ce este amenințare și ce nu, când să avem încredere și când nu, iar, de fapt, multe dintre problemele legate de sănătatea mintală implică adesea exact acest lucru – sistemul de amenințare/autoapărare este prea dezvoltat, sensibil, părtinitor sau confuz. Când îi ajutăm pe alții să își înfrunte temerile în anumite moduri, le ajutăm sistemele de amenințare/autoapărare să își revină la normal. Când oamenii învață să se expună la lucrurile care îi înspăimântă, își învață treptat creierii protectori că este, de fapt, în regulă, că evenimentul de care au fugit nu se va întâmpla cu adevărat și că pot învăța să tolereze anxietatea anterior insuportabilă pentru ei – astfel reducând și „frica de frică", și anxietatea de a deveni anxioși.

De asemenea important, creierul poate greși și invers, nefiind suficient de sensibil. Unele riscuri pur și simplu ne privesc în față, dar noi nu prea facem nimic sau încercăm să le ignorăm. Știm că fumatul dăunează, dar mulți dintre noi fumează oricum. În grupuri, uneori ne angajăm într-un comportament mai riscant decât am face-o dacă am fi pe cont propriu. Există momente în care recunoaștem o amenințare, dar dacă nu e prea multă emoție în ea, o putem anula cu ușurință. De fapt, există o gamă întreagă de amenințări care ar putea provoca ravagii, dar pe care le ignorăm. De exemplu, la nivel intelectual, știm despre schimbările climatice, despre deficitul de apă la nivel mondial și despre nedreptățile din lume, care perpetuează resentimentul, conflictele și agresivitatea, dar ele par prea distante de viețile noastre pentru a ne activa emoțiile suficient de mult, încât să acționăm de urgență. Atunci când o amenințare declanșează o emoție puternică în noi, probabil o observăm și facem ceva în legătură cu ea.

Cum învață sistemul de amenințare/autoapărare să își facă treaba

Creierul nostru conține un meniu al modurilor în care ne-am simți și comporta în situații amenințătoare (să ne înfuriem sau să ne temem și să fugim), dar el trebuie să și *învețe* ce este și ce nu este amenințător și cum să modifice tiparele de bază care pot fi create în creier. Genele construiesc creierii să acorde atenție anumitor tipuri de stimuli (de exemplu, gusturi amare, chestii mici și enervante, fețe furioase sau fericite), însă învață și sunt transformați prin experiențe. Creierul învață din sedimentarea amintirilor, care sunt schimbări subtile în celulele creierului nostru și conexiuni între neuroni care codifică ce s-a întâmplat în trecut. Această informație este disponibilă pentru a te ajuta să detectezi amenințări întâlnite în trecut, să răspunzi la ele și să întreprinzi acțiuni noi pe măsură ce apar amenințări. Aceste amintiri pot afecta, de fapt, întregul corp, așa cum vom vedea imediat.

De fapt, cercetările sugerează că există o serie de sisteme diferite de memorie pentru procesarea evenimentelor amenințătoare.[92] De exemplu, partea din creier denumită *amigdală* primește repede informații și emite judecăți foarte rapide și crude, dar importante, indiferent dacă informația nouă constituie o amenințare sau nu – cu alte cuvinte, ia decizii relevante pentru supraviețuire. Așadar, când avem acel val de frică, de anxietate sau de furie, amigdala se aprinde, iar dacă rămânem stresați mai multe zile sau săptămâni, ea devine chiar mai sensibilă („inflamată" într-un fel – dar doar metaforic). Există și gene care pot influența sensibilitatea amigdalei, făcându-i pe unii oameni mai vulnerabili decât pe alții la dezvoltarea fricilor și anxietăților față de diferite lucruri.

Important la acest sistem particular al creierului este că stabilește coduri pentru amintirile *emoționale*, care operează prin sisteme fiziologice la nivelul întregului corp. Așadar, să presupunem că mergi la o petrecere și bei o bere sau un pahar de vin, sau mănânci niște fructe de mare, iar în câteva minute, acestea îți fac rău – știi tu, rău cu vizite la toaletă! Atât amigdala, cât și corpul tău își vor aminti acest incident cu rezultatul că, deși te-ai recuperat destul de repede la momentul respectiv, când mergi la altă petrecere și cineva îți oferă un pahar de bere, vin sau niște fructe de mare, la simplul miros (semnal senzorial) sau văzul lor (alt semnal senzorial), corpul va resimți greață. Asemenea „recreări" fiziologice sau amintirile unei stări originare își au rădăcinile în amigdală. Aceste semnale nu declanșează emoțiile de furie sau anxietate, ci *re*creează tiparele stării de greață – aceleași pe care le-ai simțit când erai bolnav. Această amintire funcționează prin reamintire și recreând tiparele corporale în tine.

În opoziție, o altă parte din creier – *hipocampul* – codifică „memoria evenimentelor". Această parte a creierului nu va crea sentimente fizice pentru a-ți reaminti un eveniment neplăcut din trecut, ci îți va reaminti fapte: unde erai când te-ai îmbolnăvit ultima oară sau că ai băut multă bere în trecut, dar ți-a fost bine – pur și simplu ai fost ghinionist în acea zi, așa că este în regulă să bei din nou. Dacă dintr-un motiv sau altul sistemul hipocampului nu accesează acea informație pentru tine, atunci la următoarea petrecere o să te simți din nou rău la mirosul berii, dar nu îți vei aminti de ce. De asemenea, nu vei fi capabil să îți actualizezi amintirile cu informații din prezent și să spui: „Asta a fost atunci, o singură dată – asta este acum", astfel permițându-ți să depășești sentimentele prin cunoașterea faptului că această bere (nouă) este în regulă/sigură. Cu alte cuvinte, memoria ta fiziologică (corporală) domină.

Bine, ai prins ideea. Totuși, multe dintre amintirile noastre de autoapărare operează astfel, atât prin amintirile corporale/senzoriale, cât și prin amintiri despre evenimente. Lucrurile care ne-au neliniștit în trecut pot fi asociate cu anumite semnale, iar când acele semnale sunt prezente din nou, corpurile noastre reacționează imediat, producând un val de anxietate sau de furie. Problema este că aceste tipuri de amintiri cuprind amenințări mari și, pe măsură ce se activează sistemul de amenințare, integrarea informațiilor noi devine dificilă, pentru că sistemul este proiectat să dezactiveze gândirea reflexivă, să ajungă la concluzii și, pur și simplu, să acționeze repede. De asemenea, el activează cortizolul, care interferează cu procesarea hipocampului și a cortexului frontal.

Am prefera să nu avem aceste sentimente din nou, nu numai pentru că au fost foarte neplăcute, ci și pentru că am dori să bem din nou bere sau vin, ori să mâncăm fructe de mare. Totuși, asemenea dorințe logice ar putea să nu aibă impact asupra părții emoționale din creier, legată de amenințare/autoapărare, decât dacă îl antrenăm. *Corpul își amintește* ce s-a întâmplat ultima oară și caută să ne amintească și să ne protejeze. Aici se întâmplă ceva destul de important pentru regula „paza bună trece primejdia rea": odată ce s-a întâmplat ceva rău, creierii noștri protectori operează după un principiu de amintire rapidă, de tipul „cine s-a fript cu ciorbă suflă și în iaurt".

Am folosit exemple simple cu băutul berii sau mâncatul fructelor de mare pentru a sublinia o idee. Dar exact același proces funcționează când lucrurile ne fac furioși, speriați sau triști – corpul își poate aminti și reacționa la acele sentimente și tipare corporale. Este în special important când alți oameni sunt sursa furiei, fricii sau depresiei.

Cum pot alți oameni să ne modeleze creierii autoprotectori

Multe dintre acele amenințări care activează, stimulează și modelează sistemul de amenințare/autoapărare provin de la alți oameni. Într-adevăr, în relații învățăm să înțelegem și ne simțim confortabil sau înspăimântați în preajma altor oameni. Ceilalți oameni, de asemenea, ne ajută să ne acomodăm cu sentimentele noastre, să le înțelegem și să le dăm însemnătate.

Așadar, imaginează-ți o tânără, criticată frecvent de un părinte sau de un hărțuitor de la școală pentru anumite comportamente sau pentru că își exprimă anumite emoții. Ea răspunde automat la acele evenimente, *protejându-se* și devenind neliniștită sau evitând astfel de situații. Mai târziu, orice eveniment sau situație similară sau în care riscă să fie hărțuită, criticată și/sau rănită îi poate produce anxietate – chiar și în situațiile în care fata, ca adult, nu vrea să simtă astfel de lucruri. Folosind exemplele anterioare, este ca și cum nu ți-ai dori să te simți rău la o petrecere, dar corpul insistă să îți amintească „ce s-a întâmplat". Așadar, pentru că amintirile emoționale sunt concentrate pe autoapărare, este foarte ușor pentru sentimentele din trecut să pătrundă în prezent. De fapt, o mare parte din psihoterapie își propune îi ajute pe oameni cu exact acest tip de problemă – să își dea seama cum pătrunde trecutul în prezent și cum să se elibereze de constrângerile și fricile din trecut, alinându-și amintirile corporale.

Un sentiment de protecție poate suprima un altul

Am petrecut ceva timp discutând cum un mod de a gândi și de a simți poate elimina un altul. Dacă ne înfuriem peste măsură, este dificil să ne simțim relaxați sau plini de compasiune. În unele situații totuși putem învăța cum să nu fim conștienți de anumite emoții.

Să presupunem că, atunci când un băiețel își exprimă furia, unul dintre părinți îl pedepsește și îi spune că este rău. Băiatul ar putea să asocieze furia cu pedeapsa. Cu timpul, creierul său va încerca să îi reamintească faptul că exprimarea furiei conduce la pedeapsă, așa că, atunci când este furios, imediat apare anxietatea *protectoare*. Pe măsură ce crește, acest lucru face din ce în ce mai dificilă procesarea furiei sau asertivitatea pentru că, de câte ori băiatul încearcă să își exprime furia sau să fie asertiv, anxietatea apare din nou ca o reacție *normală* de autoapărare. Amintește-ți că, la fel ca în exemplul petrecerii, aceasta va fi o reacție la nivelul întregului corp. Pentru că băiatul nu își poate exprima furia, dezvoltă o frică intensă față de propria furie.[93] Cu cât încearcă mai mult să scape de ea și o crede rea sau malefică (decât să învețe să o trăiască și să o tolereze ca emoție normală, chiar dacă neplăcută), cu atât va avea mai multe dificultăți.

Mama lui Kay era constant critică și răutăcioasă, iar în mintea ei, Kay își dorea adesea ca ea să fi fost moartă. Totuși, fusese crescută cu viziuni religioase despre sentimente și se gândea că era „haină", temându-se de pedeapsa lui Dumnezeu pentru că avea asemenea dorințe. Abordarea plină de compasiune ar fi, desigur, să conștientizeze și să accepte aceste dorințe, înțelegându-le exact așa cum sunt, perfect naturale, chiar neplăcute și triste (și-ar fi dorit să fi avut o mamă iubitoare pe care să nu o dorească moartă). Odată ce Kay a renunțat să se mai blameze din cauza lor, a putut să le înțeleagă. Evident că acest lucru nu era o invitație să le pună în aplicare – acea cale duce la pușcărie, desigur! Așa că trebuie să învățăm cum să lucrăm cu emoții puternice, prin compasiune, recunoscând că nu noi le-am proiectat, nu le-am ales sau nu le-am cerut să se modeleze astfel, dar nici să fim pasivi în fața lor sau să le punem orbește în aplicare.

Ne putem gândi la tot felul de emoții și de comportamente asemănătoare. Să presupunem că un copil caută afecțiune din partea unui părinte, dar este respins sau rănit. Ce crezi că va ajunge să simtă copilul când va simți impulsuri de a-și exprima afecțiunea? Creierul protector îi va reaminti în mod automat că, ultima dată când a căutat afecțiune, a fost pedepsit sau respins. Și ține minte, aceste amintiri sunt puse în scenă automat fără gânduri, în *sentimentele noastre corporale*. Așa că atunci când o asemenea persoană este încercată de sentimentul de apropiere și de a se simți îngrijită, ce va apărea imediat în urma ei sunt anxietatea și dorința de a îndepărta toate sentimentele. O asemenea persoană nu este deplin conștientă de ce se întâmplă în interiorul ei; se întâmplă automat. Consecința inteligibilă ar putea fi că acea persoană evită să caute afecțiunea și este incapabilă să învețe cum să o caute, să răspundă la ea sau să o exprime; ea pur și simplu s-a decuplat de la acel sistem. Sau uneori oamenii doresc să se apropie de alții și să încerce afecțiunea, dar pe măsură ce se apropie, anxietatea crește și se retrag. Această dificultate – de a fi un fel de yo-yo emoțional – există pentru că diferite sisteme de emoții răspund la lucruri diferite.

O altă complicație apare când un părinte este uneori binevoitor, dar alteori foarte critic și dur. Creierul emoțional al copilului se luptă cu adevărat, pentru că nu poate prezice ce ar trebui să facă. Oare ar trebui să se apropie de părinte și să caute confort sau ar trebui să stea deoparte? Problema este că, dacă el stă deoparte, ar putea fi în siguranță, dar se va simți și foarte însingurat și izolat. Sistemul de amenințare/autoapărare simte și furie față de părintele care este dur sau care respinge, dar a o exprima sau a o conștientiza reprezintă un alt tip de amenințare – frica de abandon după ce ai fost văzut ca un copil rău.

În aceste exemple vedem cum creierul protector încearcă să controleze ce simte copilul și ce exprimă. Din nefericire, acest lucru poate fi o contradicție directă față de ce are *nevoie* să exprime și să simtă. Pe măsură ce creștem, trebuie să fim capabili să simțim și să înțelegem emoții și să le permitem altor oameni să ne ajute să le acceptăm. Cum facem asta dacă nu le exprimăm într-o anumită măsură și nu învățăm din experiența respectivă? Este ca și cum ai încerca să înveți să mergi pe bicicletă, dar fără să te sui niciodată pe una. Emoțiile pot fi dificile. În încercarea de a ne proteja de exprimarea emoțiilor care ne-ar aduce belele, am putea ajunge, de fapt, să nu fim capabili să le înțelegem suficient pentru a lucra cu ele.

Știm, de asemenea, că aceste lucruri au legătură cu alcătuirea genetică a copilului. Unii copii sunt mai vulnerabili din punct de vedere genetic la amenințările majore, răspunzând prin anxietate, furie sau retragere în sine. Alții par să fie mai rezistenți la duritate în copilărie – deși nu se știe cu exactitate de ce. Reține, așadar, copiii nu își aleg reacțiile și modalitățile de a face față – mai degrabă acestea apar în interiorul lor pe măsură ce creierii încearcă să se modeleze pentru a face față cât de bine pot.

Abordarea plină de compasiune înseamnă că însăși experiența emoției este o proiecție evolutivă (nu din vina noastră), și astfel, învățând (cât de bine putem), înțelegem profunzimile, texturile și natura emoțiilor noastre, vom putea fi capabili să le facem față. Imaginează-ți că ești călare pe un armăsar puternic (emoțiile tale). Fără îndrumare, educație și practică treptată, un asemenea cal se va grăbi în toate direcțiile, aruncându-te pe tine, călărețul. Dar cu înțelegere, bunăvoință, tandrețe și antrenament, îți va permite să preiei puterea asupra lui. Să încerci să supui și să domesticești, să suprimi, să legi sau să ignori puterea nu îți va fi de ajutor.

Când sistemul de amenințare/autoapărare intră în conflict cu el însuși

Prin sistemul nostru de amenințare/autoapărare, avem un număr de alternative pentru a ne apăra (sau pe alții de care ne pasă) dintre care să alegem. Putem, de exemplu, să fugim *sau* să luptăm. Dar *acestea sunt exact opuse* – nu poți fugi și lupta în același timp! Așa că o complicație importantă cu care ne confruntăm este modul în care sistemul nostru de amenințare/autoapărare generează tipuri diferite și conflictuale de răspunsuri defensive.

Imaginează-ți că ai muncit ca un sclav pentru o lucrare și șeful tău o critică. Poate ești copleșit de multe emoții diferite. Ai putea să te simți furios, gândindu-te: „Cum îndrăznești?! Pun pariu că nici nu ai citit-o cu atenție, ...le!“ (alege propria etichetă). Ai putea fi neliniștit: „O, Doamne, crede că nu sunt bun în meseria mea?“ Ai putea să simți că vrei să plângi: „Am muncit mult la asta. Chiar este nedrept.“ În funcție de reacția ta, ai putea să vrei: să îi dai un bobârnac șefului tău; să fugi din încăpere; să îți depui preavizul; să iei înapoi lucrarea și să promiți că vei lucra toată noaptea pentru a o îmbunătăți; să plângi și să speri că șefului îi va părea rău pentru tine, deci nu o să fie supărat.

Îți poți imagina cât de greu este dacă sistemul de amenințare/autoapărare îți prezintă toate aceste opțiuni și trebuie să alegi sau să ignori unele dintre ele. Și, desigur, procesul de alegere aleargă prin capul și prin corpul tău. Vrei să îți păstrezi demnitatea și să îți găsești o cale de a trece prin asta. Pentru unii oameni, această gamă de sentimente contradictorii și potențiale acțiuni este copleșitoare. Ei plâng, fug sau își pierd cumpătul, chiar dacă nu doresc acest lucru. Sau, opțiunea mai des întâlnită, chiar dacă fac față situației și își păstrează cumpătul, decât să fie mulțumiți de acest lucru și să se minuneze de modul în care au gestionat situația dificilă, mai degrabă întorc pe toate fețele furia sau lipsa de asertivitate și se simt și mai rău. Își petrec o noapte albă, gândindu-se cum să își ia revanșa sau întrebându-se cum au putut să îl lase pe șeful lor să facă acest lucru. Sau, dacă se învinuiesc și evită conflictele, se gândesc la cât de inutili sunt și, desigur, că munca lor nu are nicio valoare.

Totuși, ideea este că aceste conflicte emoționale nu sunt din vina noastră, pentru că mințile ne sunt proiectate să facă fix acest lucru. Așa că dacă oamenii încearcă să îți spună că ai nevoie să fii asertiv și să îți cunoști mintea, răspunsul este: „Desigur, dar am trei sau patru minți diferite și toate se luptă să fie auzite!" Este important să înveți cum să apreciezi mai degrabă modul în care faci față, decât să te gândești îndelungat la ce ți-ar fi plăcut să fi făcut.

Conflictele ard siguranțe

Este ușor pentru creierii noștri să devină confuzi când ne dorim să facem sau să obținem multe lucruri. De exemplu, îți displace slujba ta, dar ai nevoie de bani, sau ești nefericit într-o relație, dar nu ești sigur dacă ar trebui să pleci, pentru că există copii care trebuie luați în considerare. Aceste conflicte oarecum normale ale vieții pot fi chiar foarte stresante.

Intrigile multor filme SF bune prezintă un robot care se confruntă cu două situații incompatibile. De exemplu, este programat cu regula fixă că nu trebuie să omoare niciodată un om, dar apoi, într-o zi, pentru a salva viețile unor oameni, trebuie, să zicem, să ucidă un tiran. Așa că iese fum din panoul de control, strigă: „Eroare de sistem! Eroare de sistem!" și explodează – lăsându-i în mâinile tiranului pe oamenii pe care trebuia să îi salveze. Cu mulți ani în urmă, cercetătorii au analizat aceste tipuri de conflicte la șobolani. Un șobolan a fost antrenat să străbată un labirint pentru mâncare atunci când apărea un cerc roșu deasupra intrării în labirint. Dacă apărea un pătrat albastru, însemna că șobolanul se va confrunta cu un șoc electric în interiorul labirintului și astfel trebuia evitat. Totul a funcționat cât timp cercuri roșii și pătrate albastre erau afișate clar. Dar apoi, cercetătorii au creat o elipsă mov. Sărmanul șobolan – acum teribil de confuz, pentru că nu putea hotărî dacă să alerge după mâncare sau să evite șocul – a simțit niveluri ridicate de frică, dezorganizare și confuzie. Acest lucru a devenit cunoscut ca „nevroza experimentală" și a demonstrat cum creierii noștri pot deveni foarte stresați și stimulați în situații de conflict intens, în care există alternative incompatibile.[94]

Ideea este că sistemul nostru de amenințare/autoapărare a fost proiectat în linii relativ simple pentru a detecta amenințările și pentru a ne proteja. Totuși, având în vedere „mințile noi", capacitatea de a gândi, dorințele de autoconservare și de a-i impresiona și influența pe alții, sistemul cauzează tot felul de probleme dacă nu suntem atenți. Am putea chiar ajunge să urâm sentimentele pe care le generează – ceea ce, desigur, de obicei nu face decât să înrăutățească lucrurile.

Depresie și amenințare

Știm că aproximativ un sfert dintre noi vor suferi de depresie la un moment dat în viață și că mulți vor avea ocazional dispoziții proaste. Oamenii mă întreabă adesea cum este posibil ca depresia, pe care o resimțim drept ceva îngrozitor și care este devastatoare, să fie legată de autoapărare. Ei bine, este, și iată cum.

Oamenii, ca alte mamifere, au evoluat pentru a avea nevoie de alții cărora să le pese de ei când sunt bebeluși și copii. Pentru multe mamifere, inclusiv pentru oameni, separarea de mamă îi pune pe minori în pericol față de o mulțime de amenințări. Cât timp este prezentă, ea reprezintă siguranța și accesul la o sursă de sprijin. De asemenea, oferă mâncare și confort și va ajuta bebelușul să se calmeze dacă este neliniștit și supărat. Ea reglează sistemul de amenințare/stres al bebelușului prin alinare și grijă, pentru că bebelușul nu poate face asta singur. De fapt, știm acum că aceste acțiuni au impact asupra unei game largi de sisteme fiziologice și afectează dezvoltarea bebelușului, inclusiv modul în care se dezvoltă creierul.

În absența mamei, lumea devine amenințătoare și copilul afișează o reacție *de protest și de disperare,* o parte a unei strategii normale și evoluate de apărare. Protestul presupune suferință, anxietate, plânsete și încercarea de a se conecta din nou cu mama. Bebelușul este programat să se implice într-o căutare urgentă și să semnaleze/comunice suferința (strigăte de primejdie și plânsete) pentru a obține ajutor, protecție și sprijin, prin reunirea cu „un altul" îngrijitor; semnalul este proiectat să aibă impact asupra altora. Acest lucru poate fi numit *dor.* Această strategie de apărare a „protestului" dispare când bebelușul este alinat sau când mama sosește.

Totuși, lucrurile pot să nu se desfășoare chiar atât de bine. Să presupunem că eforturile consumate pe plâns și căutare nu au ca rezultat întoarcerea mamei sau semnalele liniștitoare din partea ei. Acest lucru este periculos. Pentru majoritatea mamiferelor, un individ tânăr aflat în dificultate/căutare pe cont propriu este în pericol de a atrage prădători sau de a se pierde și/sau a se epuiza și înfometa. În asemenea contexte, a sta cuminte și a-l aștepta pe părinte să se întoarcă reprezintă o mai bună strategie de apărare pentru supraviețuire. *Disperarea* este o formă de dezactivare comportamentală când protestul nu funcționează. Emoțiile pozitive, încrederea și dorința de a explora și căuta trebuie să fie diminuate, pentru că acest aspect al strategiei de apărare este proiectat să oprească individul din a trimite semnale și a se mișca în mediu când a face acest lucru este periculos. E ca și cum ți-ar transmite: „Du-te înapoi în peșteră și stai acolo.“ Extraordinar, dar adevărat: strămoșii noștri care în anumite condiții se întristau oarecum și „renunțau“ pentru o perioadă au supraviețuit mai bine decât cei care au dus-o mai departe indiferent de context.

Există, de fapt, multe evenimente și situații de viață, cum ar fi înfrângerile și eșecurile importante sau a fi hărțuit sau respins, care ne fac creierul să intre în modul de autoapărare „înapoi în peșteră“. *Se simte* groaznic pentru că această strategie de autoapărare funcționează prin dezactivarea emoțiilor pozitive și făcându-ne să ne concentrăm pe lucrurile rele. A evoluat cu mult timp înainte ca noi, oamenii, să fi apărut, capabili să ne gândim la noi înșine și la viitorul nostru. Și a evoluat cu mult timp înainte să ne fi dezvoltat conștiința, ceea ce ne permite să ne dăm seama cât de neplăcute se „simt“ aceste sentimente. Depresia le va înrăutăți, făcându-ne să credem că suntem ratați și că viitorul este întunecat și fără speranță. Și la rădăcina acesteia este o strategie de apărare primitivă, de tipul „eliberează calea!“. Unii oameni au o sensibilitate genetică la această strategie, care le face mai ușoară activarea acesteia și care o poate face mai intensă, în timp ce pentru mulți dintre noi ea este activată de stresul vieții.

Când se activează într-o specie ca a noastră, „stările creierului“ de protest/disperare ne pot alimenta sentimentul că suntem rupți de ceilalți, singuri și vulnerabili. Uneori, oamenii depresivi spun că există o barieră între ei și ceilalți; se simt total deconectați de societate, ca și cum ar fi într-un vis – o senzație care ar putea indica probleme într-un anumit tip de sistem emoțional pozitiv social. Ei rumineazӑ aceste sentimente, încearcă să descifreze de ce se simt astfel, se învinovățesc, se simt inferiori, sunt convinși că altora nu le pasă de ei sau că doresc să îi excludă, iar apoi se simt și mai deconectați. Din nefericire, acesta este alt exemplu în care „creierii/mințile noi“, care au conștiință de sine, ne adâncesc, de fapt, în depresie. Dacă oamenii cu depresie ușoară/moderată se gândesc la viețile lor și la ce le-ar putea cauza depresia, ca apoi să facă ceva în legătura cu ea, depresia ar putea chiar să servească un scop mai important. Dar unele depresii îi blochează pe oameni în spirale de gândire negativă și de retragere din lume, neputând să deslușească dificultățile din viețile lor.

Ne simțim rău, nu putem dormi, pierdem interesul pentru mâncare sau sex și așa mai departe fiindcă creierii și-au îndreptat atenția spre un tipar defensiv specific. Nu ne simțim rău doar din cauza gândurilor. Dacă evoluția nu ar fi plasat acest tipar defensiv în noi, nu l-am fi trăit. Gândurile noastre ar putea declanșa, accentua sau menține această strategie defensivă de „a sta ghemuit", dar asemenea strategii, cu tiparele lor de motivații, emoții și comportamente, fac parte din proiectul evoluat al creierului. Mai mult decât atât, generează sentimente *arhetipale* dureroase, pe care le simțim de parcă propriile vieți ar fi în pericol și nu putem beneficia de ajutor – incapabili, total pierduți. A-i ajuta pe oamenii depresivi să conștientizeze că aceste sentimente înspăimântătoare sunt, de asemenea, înnăscute și arhetipale (și că ar putea fi legate de primele amintiri) îi face să revină cu picioarele pe pământ și să îi îndepărteze de învinuire și de condamnare.

Un alt reglator natural al emoțiilor pozitive este *înfrângerea*. Dacă suferă înfrângeri serioase sau comportamentele lor de a face față sunt blocate, multe animale afișează o diminuare a emoțiilor pozitive și un comportament depresiv, iar animalele înfrânte își pierd și statutul. Este interesant, prin urmare, că oamenii depresivi se văd adesea ca având un statut limitat, fiind inferiori, fără valoare și inadecvați. Acest lucru sugerează că o parte a depresiei lor presupune această strategie defensivă de înfrângere/statut scăzut. Strategia creează aceste gânduri în mintea oamenilor depresivi și, desigur, ele sunt ecourile părinților care cândva le-au adresat cuvinte aspre. A-i ajuta pe oamenii depresivi să facă un pas înapoi din calea sentimentelor și gândurilor ostile despre sine, a-i vedea ca parte a moștenirii umane și a-i trata cu bunăvoință și compasiune pot fi de ajutor.[95]

Capturați în sistemele noastre de amenințare/autoapărare

Uneori suntem prinși de urgențele emoțiilor noastre de amenințare/autoapărare și nu le putem calma nici când există motive întemeiate. Gândește-te la oamenii care au o problemă cu atacurile de panică:

chiar dacă au o grămadă de dovezi că senzațiile din pieptul lor sunt cauzate de arsurile gastrice și că nu sunt primele semne ale unui atac de cord, nu pot fi liniștiți și rămân foarte speriați. Sau gândește-te la dificultățile legate de obsesii. Chiar dacă oamenii știu din punct de vedere logic că nu curățenia îi va salva cu adevărat de microbi, nu se pot opri din curățenie, pentru că anxietatea devine prea mare dacă fac asta. Deși cei cu anxietate socială știu că ceilalți oameni sunt prietenoși, tot se simt neliniștiți în legătură cu a face ceva ce ar stârni critica sau ridicolul. Așa că stau în casă, gândindu-se îndelung la singurătatea lor.

Acestea sunt situațiile în care săracul sistem de amenințare/autoapărare pune în joc regula „paza bună trece primejdia rea", iar noi nu o depășim. Sentimentele create de amenințare (de exemplu, anxietatea) devin atât de puternice, încât trebuie să acționezi asupra lor. Acesta este motivul pentru care terapeuții moderni încearcă să îi ajute pe oamenii care trăiesc aceste sentimente și exersează depășirea lor, schimbându-le gândirea și comportamentul. Cercetările au arătat că expunerea la anxietate – adică înfruntarea ei – este adesea importantă pentru a o depăși. În mod clar, acest lucru este făcut controlat și adecvat, nu copleșind persoana cu ce o face să fie neliniștită. În schimb, noi încercăm să „reeducăm" sistemul de amenințare/autoapărare. Abordarea plină de compasiune se construiește pe aceste principii bine stabilite, pur și simplu adăugând la amestec sentimentul de bunăvoință, sprijin și încurajare când se face „reeducarea". Când ne concentrăm pe gestionarea sentimentelor dificile precum anxietatea, ne oferim o încurajare și sprijin și exersăm să vorbim cu noi înșine pe un ton cald. Acest lucru atrage atenția spre un sistem emoțional diferit, care ne va ajuta să ne calmăm. Vom analiza din nou acest aspect în capitolele ulterioare.

Unii oameni au învățat să le fie teamă, dar au uitat ce o cauzează. Să o luăm ca exemplu pe Kim, care avea atacuri de panică din cauza unei boli cardiace. Ea și-a „amintit oarecum" că avea un unchi care murise la o petrecere de familie când era tânără – dar fără detalii. A legat automat moartea de frica ei doar în măsura în care își făcea griji pentru o vulnerabilitate genetică. Încurajată de terapeutul ei să descopere mai multe despre acest eveniment, a vorbit cu mama ei (chiar sora lui). A descoperit că mama ei nu își dorise niciodată să discute despre această tragedie din cauza propriului doliu nerezolvat și a vinovăției: erau beți la petrecere și se distrau de minune, în timp ce unchiul cădea deodată secerat. Era multă confuzie; unii dintre oaspeți crezuseră că era doar foarte beat, dar apoi alții și-au dat seama că ceva mult mai serios se întâmplase și s-au panicat. Mamei ei nu îi era clar dacă persoana care sunase la ambulanță dăduse instrucțiuni clare, dar, în orice caz, ambulanța s-a pierdut. Pentru câțiva ani buni, mama lui Kim a fost afectată profund de moartea fratelui la acea petrecere și probabil încă era. Kim a ajuns să recunoască faptul că atacurile ei de panică erau asociate cu multe alte frici: „Simte-te bine și ceva rău se poate întâmpla din senin; poate că oamenii ar dori să mă ajute, dar nu ar fi în stare; dacă mor, copiii mei se vor cufunda într-un doliu profund și nu va mai fi nimeni care să aibă grijă de ei." Era, de asemenea, și doliul față de conștientizarea faptului că moartea unchiului o afectase pe mama ei – își dăduse seama că în acea noapte a pierdut o parte din mama ei, din cauza doliului mamei și a refugiului în sine. Pe Kim a ajutat-o mult să identifice înțelesurile senzațiilor *fizice* pe care le avea în piept, dar a avut nevoie și să se ocupe de *frica* și *tristețea* asociate acelor senzații.

Ideea pe care încerc să o subliniez aici este că unii oameni rămân blocați în sistemul de amenințare/autoapărare și nu sunt capabili să îl liniștească fiindcă există alte teme sau amintiri înfricoșătoare la mijloc. Observă că, odată ce am înțeles-o pe Kim, am fost mult mai puțin predispuși să îi vedem frica drept „patologie" sau „boală" în sensul medical, sau că se comporta irațional sau avea o gândire defectuoasă. Observă, de asemenea, că înțelegerea te va atrage natural într-o poziție plină de compasiune, în care accentul se pune pe a vedea clar cum și de ce sistemul de amenințare/autoapărare se comportă (făcând ce știe mai bine) și pe a explora cum să îl întărească și cum să îl liniștească.

Capcane și blocaje

În final, ar trebui să observăm că sistemul nostru de amenințare/autoapărare a fost proiectat cu mult timp în urmă, în linii destul de simpliste. Nu a fost proiectat în sau pentru lumea modernă. Este simplu: ceva te amenință, fugi și îl eviți; dacă ești blocat, devii furios și împingi sau lovești ce îți stă în cale. Totuși, oamenii nu pot face des acest lucru. Așa cum a subliniat Freud, oamenii au nevoie să își inhibe impulsurile din tot felul de motive, dar există un aspect diferit și aici. Cei hărțuiți sunt adesea blocați în școli, case sau birouri cu agresorii. Nu suntem maimuțe libere, care pot să stea la marginile grupului să păstreze distanța. Suntem foarte stresați de faptul că trebuie să lucrăm să ne plătim ipotecile chiar dacă ne urâm slujbele. Această *capcană* este probabil una dintre cele mai mari surse ale stresului modern: va trebui să stai în medii și în situații care nu îți plac pentru că îți lipsesc resursele să pleci, nu vezi alternative sau cele care există sunt mai rele decât capcana în sine. În aceste cazuri, impulsurile și motivațiile de a scăpa sau a evita sunt stimulate, dar și dejucate constant, conducând la un stres grav.

Dacă vorbești cu oamenii depresivi, vei descoperi și că mulți dintre ei, dar în niciun caz toți, simt o mare furie – ceva ce am discutat deja. Furia blocată este doar o altă apărare stârnită, dar blocată. Așa că, atunci când dorința de a scăpa este foarte mare sau când suntem foarte furioși, dar nu ne putem exprima furia sau acționa asupra ei, ne simțim precum o mașină care turează scoasă din viteză – se încinge treptat.[96] Ideea e că vechiul nostru creier a fost proiectat să funcționeze într-o lume în care am putea să ne distanțăm de ceilalți și în care relațiile nu ar fi atât de încâlcite și complicate. Totuși, în societățile moderne, avem relații complexe care, în multe privințe, ne reduc libertatea de a veni și de a pleca. Nu există nimic în natură precum familia occidentală, blocată într-o casă, probabil cu părinți frustrați și agresivi. Ei nu se pot separa cu ușurință și copiii nu au posibilitatea să scape. Acesta este unul dintre motivele pentru care abuzul se petrece atât de ușor, fiind, din păcate, comun.

Suntem, de asemenea, blocați de stilurile de viață și de nevoia de a munci chiar și când tânjim după libertate. Animalele trăiesc în lumea simțurilor, în care „se află pur și simplu sub cer" – cerințele de muncă și termenele de predare le sunt, desigur, necunoscute. Trăim într-o lume a termenelor de predare și în care trebuie să ne înțelegem cu ceilalți, chiar dacă nu ne plac. Nu este surprinzător că săracul nostru sistem de amenințare/autoapărare, vechi de când lumea, pocnește pe la cusături. Ce îl ajută și îl alină sunt relațiile de susținere și bunăvoința. Dacă avem de gând să trăim într-o lume modernă, destul de sufocantă, probabil că avem nevoie să ne dezvoltăm mult mai mult compasiunea.

Concluzie

Punând cap la cap toate aceste lucruri, vedem că sistemul nostru de amenințare/autoapărare este, la un anumit nivel, simplu, cu emoții și tendințe îndreptate spre acțiune, dar la un alt nivel, este destul de încâlcit. Unele dintre emoțiile noastre vor intra în conflict pentru a se exprima, iar noi putem fi înspăimântați de ele sau pierde controlul. Dorința de a fugi sau de a ne comporta asertiv poate fi blocată și, în schimb, alegem să exagerăm totul prin gândire excesivă. Așa că ceea ce a pornit ca o apărare relativ fragilă în fluxul vieții s-a transformat în lucruri elaborate și complicate în mintea umană.

Totuși, înțelegerea plină de compasiune a acestor dificultăți ne ajută evoluția considerabil. Amintește-ți că nu e vina ta dacă ai aceste dificultăți – ele sunt rezultatul unuia dintre micile capricii ale evoluției. În capitolul următor, vom explora cele două sisteme de reglare a emoțiilor pozitive și apoi ne vom gândi cum se potrivesc toate cele trei sisteme împreună.

5

Plăcerile și satisfacțiile vieții: cele două tipuri de emoții bune, mintea și compasiunea umană

Așa cum am văzut în capitolul anterior, sistemul de amenințare/autoapărare este esențial pentru supraviețuire, inclusiv pentru noi înșine, dar ne poate da bătăi de cap. Deși suntem motivați să evităm amenințările și lucrurile neplăcute, iar sistemul de amenințare/autoapărare este primul port de apel pentru majoritatea informațiilor primite, ne petrecem o bună parte din viață căutând lucruri despre care credem că ne vor oferi plăcere și ne vor face fericiți.

Mințile noastre sunt pline de speranțe, obiective și ambiții. Căutăm anumite tipuri de mâncare sau experiențe sexuale, slujbe, mașini, relații și provocări noi. Preferăm să fim cu oameni care ne plac și care ne apreciază decât cu cei care nu fac asta. Când lucrurile merg bine și avansăm spre ce dorim, creierul ne oferă o injecție cu anumite chimicale cum ar fi dopamina; acesta este modul prin care ne dă de înțeles că suntem pe calea spre prosperitate, ceea ce, de obicei, a fost bine pentru genele noastre. Starea de bine se propagă prin conștiința noastră. Acestea sunt impulsurile și sentimentele sistemului axat pe stimuli/căutarea resurselor. (Am examinat acest lucru în Capitolul 2, așa că s-ar putea să dorești să arunci din nou o privire pe acel model – *vezi* pp. 45–50.)[97]

Puritanii se temeau să urmărească asemenea plăceri în cazul în care duceau spre ispită. Uneori se spune că Buddha era împotriva unor asemenea dorințe și distracții și că ar fi sugerat că eliminarea dorinței ne-ar face cu adevărat fericiți. E deja prea mult – mai degrabă rămân cu plăcerile mele! Adică, fără Merlot? Din fericire, el nu a spus deloc astfel de lucruri. Dorința este foarte importantă în viață. Fără ea, nu am face nimic – „nu m-aș deranja", cum se zice. Am muri treptat de foame și oamenii ar dispărea.

Nu, de fapt, o problemă a dorințelor este că, de fapt, nu ne bucurăm destul de ele! Să luăm drept exemplu mâncatul. Dacă ești ca mine, poate că la sfârșitul unei săptămâni grele și ocupate, hotărăști să ieși în oraș la masă – un curry. Minunat, de abia aștept. Dar, în ciuda faptului că îmi place să vorbesc cu soția mea, Jean, mă irită puțin când durează prea mult să sosească mâncarea. Apoi vine și într-o secundă dispare. Am mâncat-o atât de repede, încât acum mă simt balonat. Jean îmi aruncă o privire blândă în care citesc „Ți-am spus eu". Cât de bine ar fi fost să o iau mai ușor, să mă fi bucurat de prezența iubitei mele, luând încet fiecare îmbucătură, fiind „conștient" de toate texturile și aromele, acordând mai multă atenție corpului și oprindu-mă înainte să mă simt balonat! Chiar am nevoie să învăț *să savurez* și să trăiesc plăcerea de a mânca ce a creat bucătarul din diferite forme de viață, care și-au dat viața pentru mine.

Mark Epstein, psihoterapeut și budist, a scris o carte frumoasă numită *Open to Desire*, despre cum este văzută dorința în budism[98]. El atrage atenția asupra diferențelor dintre a savura/aprecia ceva și a încerca activ să îl îmbunătățești. El povestește despre un moment în care, ca tânăr, cu mai bine de 20 de ani în urmă, era într-o relație serioasă, iar el și partenera erau dornici să folosească un medicament despre care se presupunea că le sporește plăcerea sexuală, ducându-i pe noi culmi ale plăcerii. Plănuiau să îl folosească într-o vacanță în Jamaica, pe care o așteptau de ceva vreme. Din nefericire, la sosirea lor în Jamaica, frumosul hotel cu priveliște spre plajă la care se așteptau s-a dovedit o cameră incomodă cu vedere spre un garaj. Totuși, mai aveau medicamentul. Din nefericire, nu i-a ajutat prea mult, dar i-a îmbolnăvit pe amândoi și le-a făcut cadou o mâncărime imposibilă, care a scos sexul din meniu. Atâtea sacrificii pentru a spori dorința!

Tâlcul acestei povești este că, decât să se savureze unul pe altul, căutarea a ceva mai bun i-a condus spre dezamăgire. Ne exagerăm dorințele și așteptăm prea multe din partea lor, iar apoi ne simțim dezamăgiți. Gândește-te la ultima dată când ai făcut ceva care îți plăcea foarte mult. Poate că te-ai simțit bine, dar probabil nu a durat prea mult, pentru că genul acela de plăcere este efemeră. De fapt, dorințele *întotdeauna* ajung la un sfârșit. De câte ori ne-am spus nouă înșine că anticiparea a fost mai bună decât experiența reală? Și uneori experiențele trec pe lângă noi cu o viteză atât de mare, încât suntem în permanență în căutarea următoarei, pentru că nu am învățat cum să savurăm „ceea ce pur și simplu este". Amintește-ți ultima dată când ți-ai satisfăcut o dorință, să zicem, ieșind în oraș la o masă grozavă sau te-ai bucurat de o vacanță sau de o experiență sexuală. După aceea, pur și simplu, a dispărut, nu-i așa? Poate că ai avut parte de o explozie de plăcere, dar apoi viața și emoțiile tale s-au potolit din nou.

Budismul Vajrayana, cel la care se face referire ca *tradiția tantrică*, este uneori privit ca o a treia școală a budismului, împreună cu Theravada (mindfulness) și Mahayana (compasiune). Această abordare tantrică îi invită pe oameni să își recunoască faptul că „sinele" este doar un tipar, iar ei pot descoperi acest lucru pe îndelete prin exersarea deliberată a diferitelor tipare, imaginându-și că devin un alt tip de persoană sau identificându-se cu o zeitate și/sau implicându-se în ritualuri. (Vom explora acest lucru mai detaliat în Capitolul 8.) Ideea este să vezi că egoul este doar un model de conștiință și că ceea ce avem nevoie pentru a fi „noi înșine", „eul din mine", este, de fapt, precum undele unui ocean. Această școală a budismului încurajează explorarea elementelor esențiale ale experienței, prin a fi total prezent *în* experiență, iar acest lucru include a te abandona *cu totul* plăcerilor tale.

Mulți oameni din Occident se întâlnesc pentru prima dată cu budismul Vajrayana auzind despre sexul tantric. (Ei bine, trebuie să începi de undeva.) Menționez acest lucru pentru a sublinia că oamenii găsesc în această formă de activitate intimă o abordare complet diferită a plăcerii și a sexului decât cea văzută de obicei în comportamentul sexual occidental. Comercializarea sexului ne-a împins să ne concentrăm pe sistemul axat pe stimulente/căutarea resurselor și să încercăm să intensificăm „experiența" sexului prin cumpărarea jucăriilor sexuale (cu fiecare orificiu, după ce te-ai dat cu ulei și ți-ai luat mai întâi Viagra, și nu întreba despre jeleul de zmeură – acela a fost o greșeală). În Occident, atenția cade asupra orgasmului și a împlinirii dorinței. În fiecare zi, căsuța mea de e-mail este presărată cu invitații și oferte de a-mi mări penisul cu cinci centimetri (dacă aș fi acceptat toate aceste oferte, până acum deja mi-ar fi ajuns până la podea!). Există medicamente care îmi vor permite să fac dragoste toată noaptea și să devin prințul plăcerii (mai degrabă îmi place această idee). Acest lucru, desigur, este o abordare de „mai mult și mai mult" asupra sexualității. Și, pentru că suntem creativi și exploratori, ceea ce ne face umani, nu vrem să facem aceleași lucruri întotdeauna.

Prin opoziție, sexul tantric, acolo unde orgasmul este irelevant sau inutil, se referă la concentrare, savurare, învățare și a fi deplin conștient. Înveți să te afli mai degrabă „în momentul“ excitării sexuale decât într-o simplă etapă în drum spre orgasm. Sexul tantric se concentrează nu atât de mult pe plăcere și dorință, cât pe comunicarea și explorarea fiecărei persoane, pe reciprocitate și conectarea experienței, atenția căzând asupra senzațiilor subtile ale corpului, văzute ca energii. Problema nu este neapărat dorința, ci *felul în care căutăm dorința.*

Psihologia budistă este bazată pe „calea de mijloc“. Nu renunță la plăcere, ci o transformă în moduri „neștiute“. Plăcerea și dorința vin și pleacă, toate lucrurile sunt trecătoare, inclusiv relațiile noastre și propriile vieți. Dacă ne bazăm fericirea doar pe funcționarea sistemului axat pe stimulente și pe împlinirea dorințelor, viața va fi un *roller coaster* cu plăceri de scurtă durată, zbucium, căutare, frustrare, dorind tot mai mult și mai bine, cu eforturi crescânde pentru a ne controla viețile și pe ale celorlalți, pentru a ne oferi următoarea doză de plăcere. Aceste tipuri de plăceri sunt dependente de lume și de ceilalți oameni, care, într-un fel, ne oferă ceva. În plus, vom fugi întotdeauna de realitatea vieților noastre efemere și a suferinței din lume; încercăm să ne pierdem pe noi înșine și să uităm, răsfățându-ne. Și, mai important, această plăcere ne distrage de la reflecție, explorare, cunoaștere și experiențele minții noastre. Mai mult decât atât, așa cum vom vedea în curând, există diferite tipuri de sentimente pozitive care se bazează pe mulțumire, pe lipsa zbuciumului, pe conștientizare și pe trăitul clipei. Aceste sentimente sunt stimulate prin concentrarea vieților noastre în jurul compasiunii și bunăvoinței.

Sistemul axat pe stimulente/căutarea resurselor

Științele psihologiei budiste sunt orientate spre a explora mintea prin propria conștiință. Știința occidentală ne permite totuși să o explorăm din exterior, în legătură cu sistemele evoluate ale creierului, și prin cercetare. Când facem acest lucru, vedem că dorințele sunt controlate de sistemul axat pe stimulente/căutarea resurselor, care este parțial reglat de o substanță chimică din creierii noștri, numită *dopamină*. Trebuie să acordăm atenție acestui sistem și felului în care este el activat în viețile noastre occidentale, pentru că, precum sistemul de amenințare/autoapărare, și el ne poate cauza o grămadă de probleme – nu în ultimul rând, pentru că stă și la baza lăcomiei („vreau mai mult“) și îndepărtează compasiunea.

Așa cum am discutat pe scurt în Capitolul 2, sistemul axat pe stimulente/căutarea resurselor este activat în căutarea și obținerea unui impuls din realizările noastre și din accesul la resurse – inclusiv prin energia pe care ne-o dă iubirea la început de drum. Acest sistem ne ajută să avem motivație, entuziasm și un sentiment „grozav“ de plăcere. Când oamenii consumă droguri precum amfetamina sau cocaina, încearcă să își stimuleze acest „entuziasm“, oferindu-și energie. Este, de asemenea, un sistem stârnit când câștigăm ceva. Observă ce se întâmplă când o echipă marchează un gol: suporterii acelei echipe sar, ridicându-și brațele în aer. Când avem succes, dorim adesea să îl sărbătorim – acela este efectul dopaminei. Gândește-te la ce s-ar întâmpla dacă ai descoperi că ești câștigător la loto și că ai devenit milionar peste noapte: ai fi atât de entuziasmat, încât ai deveni agitat, probabil că o perioadă n-ai mai dormi liniștit și ai fi ocupat făcându-ți planuri. În șase luni sau un an, totuși, nivelul tău de fericire probabil că nu va fi mai mare decât a fost în ziua precedentă câștigului – asta a arătat cercetarea. Unii câștigători la loto sunt chiar *mai nefericiți*, pentru că au pierdut legăturile sociale și contactele pe care le-au creat de-a lungul anilor.

Entuziasmul poate deveni, de asemenea, o adicție. Unii cercetători sunt îngrijorați de faptul că folosirea jocurilor video de către copii, în special cele care implică agresivitate, ar stimula sistemul de activare a dopaminei. De fiecare dată când copiii marchează sau dau o lovitură, creierii lor primesc mici doze de dopamină care să le stimuleze atât sistemul axat pe stimulente/căutarea resurselor, cât și pe cel de amenințare/autoapărare – până la urmă, aceste jocuri sunt create *intenționat* să fie intense și să aibă acest tip de impact asupra creierilor copiilor noștri. Dar dacă suprastimulezi aceste sisteme, ce se întâmplă când retragi stimulul? Ei bine, unii oameni ajung ușor să se plictisească, având nevoie constantă de stimulare pentru a produce energie, și devin agitați dacă nu își obțin „doza“. Într-adevăr, cercetarea arată că unii oameni sunt din ce în ce mai dependenți de jocurile pe calculator. Această nevoie de a ne oferi doze constante de entuziasm poate fi, de asemenea, o cauză a dependenței de pornografie online. Așa că nu numai jocurile sunt cele care ar trebui să ne îngrijoreze, ci și ce le permitem producătorilor de jocuri comerciale să facă atât pentru creierii noștri, cât și pentru ai copiilor.[99]

Trăsătura umană de a dori „mai mult și mai bine" a fost un avantaj pentru noi și ne-a ajutat să ieșim din peșteri și să devenim specia dominantă. Totuși, în lumea de azi, ea devine o problemă serioasă. Acest lucru se întâmplă pentru că suntem suficient de inteligenți cât să descoperim noi modalități de a ne satisface dorințele, dar nu suficient de isteți pentru a rezista să facem acest lucru cu ușurință. Să luăm ca exemplu alimentele bogate în grăsimi sau dulciurile. Spre deosebire de strămoșii noștri, nu trebuie să muncim din greu pentru a le găsi și apoi să ne bucurăm ocazional de ele; noi doar mergem la supermarket și cumpărăm cât dorim. Milioane de ani, mediul și lipsurile ne-au ținut în șah dorințele, dar astăzi nu. Fără să fie vina noastră, ne confruntăm cu obezitatea, cariile și rata crescândă a diabetului.[100]

Într-adevăr, putem chiar aplica această atitudine pentru noi înșine. Poate suntem nemulțumiți de noi și dorim să fim mai buni (mai inteligenți, mai slabi, mai populari, mai puțin temători sau triști), simțindu-ne frustrați, dezamăgiți sau chiar urându-ne dacă nu reușim. Îi privim pe alții și gândim: „Eu de ce nu pot să fiu așa?" Fără să avem grijă, este ușor să ne punem dorințe, iar sistemul nostru să fie dezechilibrat. Să-i luăm drept exemplu pe oamenii care suferă de anorexie. Ei se simt rău față de ei înșiși, ceea ce înseamnă că furia, anxietatea și/sau dezgustul sunt activate și concentrate pe sine. Ei se compară cu supermodelele slabe, a căror imagine este prelucrată pe calculator (figuri foarte cunoscute) și doresc să fie ca ele, așa că își stabilesc sarcina de a slăbi și de a-și controla dorința de a mânca. A se urca pe cântar și a vedea cum dispar kilogramele le oferă o doză de mândrie și de succes – este o realizare adevărată. Acest lucru îi ajută să se simtă mai bine temporar, pentru că sistemul axat pe stimulente/căutarea resurselor blochează sentimentele neplăcute din partea sistemului de amenințare/autoapărare.

Ei cred că dețin controlul. Unii ajung să își imagineze cum câștigă un anumit tip de competiție și devin dependenți de exercițiile fizice și de înfometare. A se opri din aceste lucruri se resimte ca o trădare a scopurilor atunci când nu mai au nimic altceva care să le ofere sentimente bune – și acest lucru este înfricoșător și deprimant. A pierde acel sentiment de control poate, de asemenea, să activeze un simț puternic de autocritică și chiar ură de sine, înrădăcinate în furia și frica de dezamăgire (*vezi* pp. 321–324). Într-adevăr, această experiență negativă a sinelui și incapacitatea de a simți bunăvoință, gingășie și acceptare prin iubire alimentează parțial tulburarea. Tulburările alimentare sunt complicate, desigur, dar această descriere reflectă aspecte ale modului în care putem fi prinși de dorință, nevoie sau chiar preocupare/obsesie pentru a obține ceva și a simți euforia succesului, iar apoi frica și revenirea dacă greutatea este redobândită.

Creierul uman este creat pentru a dori „mai multe și mai bune", pentru a îmbunătăți lucrurile. Totuși, ce se întâmplă când creierul întâlnește societatea capitalistă, care se bazează chiar pe *stimularea dorințelor și nemulțumirilor noastre*? Reclamele spun deschis: „De ce să fii mulțumit cu X, când – pentru mai mulți bani – poți avea Y?" sau „De ce să te mulțumești cu acea slujbă când – cu mai multă muncă sau efort – o poți avea pe aceasta?" Fără o luptă continuă pentru mai mult, noi nu ne-am putea menține afacerile. Lupta este adânc înrădăcinată în substanța vieții de zi cu ci. Din prima zi de școală, suntem învățați *să nu fim mulțumiți*, ci să ne luptăm mereu pentru a ne îmbunătăți. Nu îmi aduc aminte să îmi fi spus cineva vreodată despre importanța savurării lucrurilor și despre învățarea *mulțumirii*. Ei bine, nu este întru totul adevărat. Mi-o amintesc pe bunica mea spunându-mi odată: „Încearcă să te bucuri de fiecare zi așa cum e, Paul, pentru că toate se vor sfârși în curând." Doar acum, la aproape 60 de ani, încep să înțeleg acest lucru. Sunt un elev care învață lent.

Alegere

Suntem înconjurați de firme și de afaceri care ne arată că putem avea „mai multe și mai bune", oferindu-ne tot felul de opțiuni. Asta sună ca un lucru bun, nu-i așa? Și, practicat echilibrat, chiar este. Dar cercetătorii au arătat că mai multe opțiuni pot conduce la așteptări mai mari și la mai multă îndoială, dezamăgire și chiar nemulțumire față de sine.[101] Să presupunem că vreau o mașină și nu există decât o singură opțiune. Ei bine, am muncit din greu să mi iau una și sunt mulțumit cu ce primesc. Dar să presupunem că există 100 de tipuri diferite de mașini dintre care să aleg. Nu sunt sigur acum care este cea mai bună (și, desigur, o vreau pe cea mai bună pentru banii mei). Așa că aleg. Dacă nu este exact cum mi-aș dori, mă gândesc că poate am făcut alegerea greșită, că o altă mașină ar fi fost mai bună: „O, Doamne, am fost prea grăbit. Poate că ar fi trebuit să încerc mai multe." Acum nu numai că nu sunt mulțumit de mașina mea, ci sunt și autocritic și nemulțumit de mine însumi! Apoi, se dovedește că mașina are un mic defect și că trebuie să se întoarcă la reprezentanță. Prietenul meu spune: „O, am cumpărat *celălalt* model și nu am avut niciodată probleme cu el. De ce nu ai cumpărat unul ca al meu?" Primul meu gând a fost: „Te rog, întinde-te pe jos și lasă-mă să te calc!"

A avea de ales persoana cu care să te căsătorești este, de asemenea, un lucru bun, nu-i așa? Ei bine, din nou, mult depinde de echilibrul în care se află acest lucru cu celelalte sisteme ale noastre. Nu mai trăim în grupuri mici de vânători-culegători. Astăzi, datorită mass-mediei moderne, comparăm alegerea noastră de partener cu alte milioane. Dacă suntem capabili să ne bucurăm de relații, să le explorăm și să avem un simțământ real de *a fi* cu o altă persoană, vom fi pregătiți să depășim conflictele inevitabile pe care le vom întâlni. Dar dacă orientarea este mai degrabă centrată pe sine și ne gândim doar la modul în care partenerii noștri *ne* pot face fericiți sau pot îndeplini dorințele *noastre*, atunci ne transformăm partenerii în mașinării și ne îngrijorăm dacă am făcut alegerea corectă, crezând că ar exista un model mai bun undeva – de ce l-am ales pe acesta?

Nu suntem ajutați de miturile despre sufletele-pereche și de ideile conform cărora undeva există *cineva* potrivit doar pentru tine. Realitatea este că, la un nivel, cu toții suntem suflete-pereche și există mii de oameni în lume cu care ai putea avea relații excelente, dacă doar ai putea să îi întâlnești pe toți – dar nu poți. Desigur, te-ai potrivi mai bine cu unii decât cu alții. Când crezi că cineva este sexy sau nu depinde de feromonii și mirosul lor corporal! Da, dorința sexuală este legată de miros. Așadar, asta e – sufletul tău pereche trebuie să arate și să miroasă cum trebuie. Ideal, după prima explozie de pasiune și dorință, care se diminuează după primii ani, oamenii cresc împreună datorită modului în care *lucrează* împreună și construiesc lucruri pozitive în viețile lor. În timp ce toți avem un partener arhetipal „ideal" (întotdeauna atrăgător, admirativ, distractiv, adorabil, binevoitor și amabil – niciodată critic, morocănos sau plin de aere), trebuie să fim atenți la modul în care se desfășoară aceste fantezii în mințile și în viețile noastre.

Afacerile moderne își doresc să ne concentrăm pe acea jumătate goală, astfel încât să fim nemulțumiți și să dorim mai mult și mai bine. Totuși, dacă aplicăm această orientare relaţiilor noastre, vom dori să obţinem tot mai multe de la parteneri. Dacă nu suntem atenţi, ne vom concentra pe modul în care ne fac nefericiţi şi vom rata fericirea din a-i aprecia pe oameni aşa cum sunt, *construind* prietenii şi învăţând împreună cât de dificile pot fi emoţiile şi gândurile noastre, supărându-ne şi iertând, plăcându-ne şi displăcându-ne – toate în vâltoarea relaţiilor adevărate. Desigur, acest lucru nu înseamnă în nicio formă negarea faptului că unor oameni le este mai bine în afara relaţiilor.

Există o altă problemă legată de alegere, care a fost subliniată de scriitorii existenţialişti, preocupaţi de crearea sensului şi de modul în care acceptăm moartea şi singurătatea. Ei cred că alegerea este importantă, pentru că are legătură cu capacitatea noastră de a trăi autentic.[102] Iată dificultatea pe care au subliniat-o. Mergi la un restaurant. Dacă alegi peştele din meniu, atunci posibilitatea de a te bucura de celelalte preparate „moare" literalmente pentru tine. Acele preparate rămân netrăite şi neexperimentate. Dacă alegi să urmezi această profesie, şi nu pe celelalte posibile, toate vieţile care ar fi rezultat din acele profesii nu mai pot fi trăite, sunt moarte pentru tine. În fiecare zi din viaţa noastră, spun existenţialiştii, facem alegeri despre ce va exista pentru noi. Uneori este o decizie minoră, alteori este ceva mult mai mare.

A accepta procesul alegerii – adică a permite unor lucruri să rămână netrăite şi neexperimentate sau moarte pentru noi – ne afectează într-un mod profund. Este vorba despre a renunţa la lucrurile care ar fi putut să fie şi a trăi clipa – în acest „acum", cu această alegere. Ce ne poate ajuta este mai degrabă modul în care creăm sens din alegerile pe care le-am făcut decât a ne întreba ce s-ar fi putut întâmpla sau a regreta alegerile nefăcute. Orice alegeri am face, psihologia noastră este, de fapt, aceeaşi: cum să profităm la maximum de această alegere, să o savurăm, să ne angajăm faţă de ea, să lucrăm cu ea în perioadele dificile şi în cele bune – şi să facem alegeri noi dacă avem nevoie. Aceste idei au fost explorate în diferite filme precum *Efectul fluturelui* din 2004, care priveşte spre ce s-ar întâmpla dacă cineva ar călători în timp şi ar face alegeri diferite. Rezultatul ar fi, desigur, total imprevizibil. Nu îţi place slujba, aşa că hotărăşti să te întorci în timp şi să nu mergi la interviu. Acum că ai dimineaţa liberă, te duci la o cafenea şi te loveşte autobuzul 42 de la Scunthorpe! Ei bine, mai încearcă o dată.

Poate că este mai bine să acceptăm faptul că trăim vieți cu multiple posibilități, întâlnind mai multe drumuri bifurcate și alegând unele lucruri, în timp ce alte posibilități dispar. Noi putem trăi doar în prezent. Dacă facem asta, ne vom îndepărta lent de conținutul vieților noastre pentru a deveni mai conștienți de conștiința însăși.

Competiție și zbucium

Sistemul axat pe stimulente este foarte implicat în *mentalitatea socială competitivă* pe care am explorat-o în paginile 128–130. Studiile arată că acesta este legat de dorințele și grija pentru statut și poziție socială. La animale, ajută la reglarea comportamentului dominant sau supus și este legat de el. Putem învăța să depistăm când mentalitatea social-competitivă legată de stimulente a intrat în joc în funcție de modul în care gândim. De exemplu, îi vedem pe alții că ne provoacă în termeni negativi, de joasă speță („idiotul“, „prostovanul“). Devenim mai interesați să câștigăm puncte decât să înțelegem și să avem claritate (academicienii sunt și ei astfel) și obținem o stare euforică din câștigarea unui lucru pe care îl prețuim. Când mentalitatea competitivă este activă, suntem concentrați să ne comparăm cu alții și să ne facem griji dacă ne potrivim sau dacă avem aspecte negative care ne fac inferiori; *ne* vor vedea alții ca pe subordonații lor, ca pe niște idioți și prostovani sau inadecvați, care nu merită vreun deranj? Dacă eșuăm, ne gândim că suntem inadecvați și inferiori, fiind predispuși la rușine și autocritici (*vezi* Capitolul 10). Dorința de a evita inferioritatea (care nu este același lucru cu dorința de superioritate) se poate furișa în spatele multor motivații personale. Cu cât sunt mai nesiguri și mai incerți oamenii în relațiile sociale, cu atât mai mult se gândesc la ei înșiși în termeni de competiție și de rang social (puternici/slabi, inferiori/superiori, dominanți/subordonați) și se simt *motivați* să încerce să își demonstreze capacitatea, de teama că alți oameni îi critică, îi resping sau îi ignoră.

Viața are un obicei de a ridica nivelul jocului, nu-i așa? Cel puțin în privința nevoii de a urca pe scara socială și a dorinței pentru plăcere. Imediat ce ne-am bucurat de o realizare, în scurt timp, simțim nevoia să obținem altceva, ceva mai bun. Sau, în câteva luni de la promovarea la care speram, căutăm o alta pentru a avansa pe scara socială. Acum, desigur, la un anumit nivel, asta ne face umani. De aceea avem culturi și știință, pentru că vrem constant să îmbunătățim ce s-a făcut anterior. Dar, din nou, multe depind de locul în care alegem să facem acea îmbunătățire. Există o diferență uriașă între îmbunătățirea tehnicilor medicale de a combate bolile și construirea de bombe cu dispersie și de mine antipersonal mai bune. Unele dintre dorințele noastre, dacă sunt îndeplinite, vor cauza rău altora, având în spatele lor o pasiune care le face dificil de controlat.

Alte dorințe se concentrează pe sinele tău ca persoană. Dorim să devenim un anumit tip de persoană, să urmăm o anumită carieră, să ne identificăm cu sau să aparținem unui grup special și dorim ca alții să ne vadă în acel mod, cu o anume reputație sau cu un statut. Din nou, dorințele ne pot inspira și ne pot conduce spre un mare efort și dedicație. Dar dacă nu suntem capabili să obținem aceste obiective, ele se transformă repede într-un coșmar în care neplăcerea și eșecul fac casă bună. În departamentul meu de cercetare, am privit oameni care simt că aveau nevoie să se străduiască și să își demonstreze capacitatea, care se aflau sub presiunea de „a ține pasul“ și de a arăta că sunt la fel de competenți și de capabili precum cei din jurul lor.[103] Aceștia privesc constant spre ce fac alții și se compară cu ei (adesea nefavorabil). Simt că viața pur și simplu îi zorește, dar dacă ar lua în calcul să se oprească, „să se dea jos din tren“, s-ar simți amenințați și ar avea sentimentul că eșuează, că sunt inferiori, că ratează și să sunt lăsați în urmă. Așa că trebuie să meargă înainte și să țină pasul, altfel sistemul lor de amenințare/autoapărare începe să îi avertizeze despre posibilele pierderi și amenințări. Așa cum îți poți imagina, acești indivizi sunt mai vulnerabili decât majoritatea la a deveni stresați, epuizați și deprimați. Așa cum mi-a spus cineva: „Merg înainte pentru că am nevoie să reușesc. Nu vreau să fiu un nimeni, un mediocru.“

Perfecționiștii sunt, de asemenea, vulnerabili la stres și depresie. Acum există două tipuri de perfecționiști. Un tip pune accentul obsesiv pe detalii, concentrându-se pe standarde înalte de dragul lor – și cu toții putem fi așa în legătură cu anumite lucruri. Cu siguranță vrei ca un neurochirurg să fie așa. Celălalt tip pare astfel – persoana în cauză se simte astfel –, dar căutarea perfecțiunii este hotărâtă de frica de respingere și de eșec. În consecință, când acești oameni nu fac ceva bine, fac greșeli sau eșuează cu totul, se tem de respingere și lansează atacuri destul de dure asupra lor.[104] Unii perfecționiști încearcă să găsească moduri de a preveni critica sau respingerea, pentru că le-au trăit foarte des în copilărie. Mulți oameni faimoși au dezvăluit faptul că, deoarece au avut copilării nefericite, întotdeauna simt că au ceva de dovedit.

Aici sistemul de amenințare și cel axat pe stimulente și-au unit forțele. Dorințele pe care le avem, scopul lor, cum ne propunem să le satisfacem, cum ne simțim și cum ne tratăm pe noi înșine dacă nu primim ce vrem sau ce avem nevoie – sunt toate importante pentru starea noastră de bine.

Comparații și presiuni sociale

Copiii noștri cresc prea repede, spun analiștii. Totuși, în ce privește lumea comercială și afacerile capitaliste, ei nu cresc suficient de repede. Copiii sunt vizați drept consumatori imediat ce încep să se uite la televizor și să își exprime alegerile și cererile. Pe măsură ce ajung la școală, atmosfera competitivă de acolo reflectă presiunile asupra profesorilor, pentru că acum școlile au ținte de atins. Așadar, copiii cresc într-un mediu în care toată lumea caută „avantajul concurențial" stimulând acea mentalitate socială competitivă în noi. Ei știu că sunt evaluați constant pentru a vedea dacă se ridică la nivelul așteptărilor – sunt suficient de buni pentru această școală, pentru clasa A sau D, să se înscrie în echipa de fotbal? –, iar rezultatele testelor le sunt mereu puse sub nas. Nu este distractiv să înveți; învățatul înseamnă cum te vei poziționa în comparație cu alții în competițiile vieții. Am avut un drum lung de parcurs de la stilurile noastre de viață de vânători-culegători, când copiii erau acceptați și inițiați automat la anumite vârste. Fără școli și fără examene și fără să fie forțați să se gândească la sine în comparație cu alții sau: „Unde mă voi încadra mâine sau când o să cresc?"

Pe măsură ce intrăm în lumea muncii, nu ne mai putem aștepta la siguranța locului de muncă, ci, probabil, la multiple schimbări de slujbe, pentru că modelul de afaceri cere flexibilitate, indiferent cât de bine se potrivește acest lucru cu cerințele minților noastre și cu sănătatea mintală. Nu mai trăim într-o lume în care putem lucra cu prietenii noștri pentru a ne construi propriile colibe din chirpici și a merge la vânătoare împreună. Supraviețuirea și capacitatea de a progresa în viață nu depind de cooperare, ci de avantajul concurențial. Pentru a fi capabili să câștigăm destul cât să cumpărăm confortul, să plătim în continuare ipoteca și așa mai departe, trebuie să concurăm cu alții care încearcă să își asigure aceleași lucruri. Dorința de a avea avantajul concurențial este legată de sistemul axat pe stimulente/căutare a resurselor: ne simțim bine și suntem mulțumiți când facem mai mult în comparație cu alții. Dar ea poate hrăni, de asemenea, sistemul de amenințare/autoapărare, pentru că devenim temători, ne întristăm și ne simțim ca niște ratați dacă credem că am fost înfrânți în competițiile sociale ale vieții.

Acest lucru are un efect negativ asupra atitudinilor noastre față de alții și față de noi înșine, pentru că, de la școală până mai târziu în viață, suntem încurajați să ne comparăm cu alții – fac la fel de bine ca ea sau el? Când eram în școală, mă aflam de obicei la coada clasei, așa că unele dintre comparațiile pe care le făceam erau ca să văd dacă aş putea evita să fiu printre ultimii trei. Era o licărire de consolare când reușeam și câțiva erau chiar mai jos de mine: „Grozav, nu sunt ultimul acest semestru!“ Școala și-a făcut treaba. Mă simțeam bine știind că eram mai bun decât alții. Dar asta însemna că nu mă simțeam bine când eram chiar ultimul – de obicei se întâmpla la limbile străine, la care mă descurcam cu adevărat îngrozitor.

Comparația socială ne poate influența sentimentele și ne face nefericiți și în alte feluri, hrănindu-ne dorința de a dori „mai mult și mai bun“. Imaginează-ți că ești fericit luându-ți două săptămâni de vacanță. Apoi descoperi că oamenii din altă firmă, făcând exact aceeași muncă, primesc șase săptămâni. Nimic nu s-a schimbat, cu excepția comparației tale, dar nu vei mai fi fericit cu o vacanță de doar două săptămâni.

Și, desigur, unele dintre comparațiile noastre sunt disperate, pentru că trebuie să concurăm pentru slujbe sau contracte pentru a fi capabili să ne susținem ipotecile și alte obligații. Nu numai că trăim într-o societate în care suntem încurajați să ne comparăm cu alții, ci există câteva domenii ale vieții la care comparațiile nu ajung. Oamenii se compară negativ în privința dimensiunii corpului (simțindu-se mai grași decât alții), capacității intelectuale (simțindu-se mai proști), atracției (simțindu-se mai urâți), realizării (simțind un eșec), negocierii (simțindu-se mai greu de angajat), tipurilor de emoții pe care le au (emoții și fantezii rele), iubirii (simțindu-se mai puțin doriți) și așa mai departe. Deși comparația socială este ceva ce fac toate animalele într-o anumită măsură (așa își dau seama pe cine să aleagă drept parteneri sexuali și cu cine să se lupte sau să evite pentru a se propulsa în rang), la oameni, comparația socială îi îndepărtează de la a învăța cum să fie mulțumiți și împăcați cu sine și le schimbă atitudinea pozitivă în dezamăgire, furie și chiar ură de sine: „De ce nu pot fi/arăta/simți ca el/ea?“ Bunăvoința și compasiunea față de sine, care formează împreună cea mai bună bază pentru a face față greutăților vieții, s-au evaporat. Nu ne rămân decât dezamăgirea și amenințările din lumea exterioară și sentimentele negative față de noi înșine. A ne simți inferiori și marginalizați în lumea exterioară și a avea o voce interioară critică și dojenitoare înseamnă că suntem atacați din toate părțile. Nimic nu ne susține sau nu ne oferă bunăvoință și sprijin – nu e de mirare că ne simțim rău.

A învăța cum să eșuăm

Societatea occidentală funcționează prin amplificarea impulsurilor oamenilor de a se realiza și a alimenta competiția deschisă cu ceilalți, iar acest lucru este oarecum disprețuitor față de cei mai puțin interesați sau capabili să se realizeze. Chiar mai rău, foarte puțini profesori îi învață pe copii una dintre cele mai importante lecții ale vieții – *cum să eșuezi*. Totuși, fiecare studiu psihologic de sporire a succesului din câte cunosc spune că, dacă vrei să îi ajuți pe copii și pe adulți să aibă succes și să fie încrezători, atunci *concentrează-te pe eforturile lor, nu pe rezultate*. Totuși, capitalismul nu are niciun interes pentru efort, doar pentru rezultate. De fapt, la sport și în multe alte arii ale vieții, mesajul este: „Cine își amintește dacă ai ieșit pe locul doi?“ Ieri am auzit ceva asemănător: „Persoana care a ieșit pe locul doi este prima ratată.“ Desigur, mulți dintre noi ies pe locul doi sau mai jos! Chiar dacă faci bine azi, s-ar putea să se schimbe situația până mâine, așa că succesul este adesea temporar. Se pare că centrarea atenției pe efort și pe a învăța cum să ratezi este, de fapt, secretul succesului. Când nu ne temem de eșec și îl putem înfrunta direct ca pe ceva din care avem de învățat, vom fi liberi să avem succes.

Cât de mult și cât de des ne-a oprit frica din drum? Fricile noastre ne împiedică în multe moduri din a face lucruri, nu-i așa? Dezvoltarea unei atitudini pline de compasiune față de eșec nu înseamnă a te resemna, a fi pasiv, ci a cultiva o hotărâre bazată pe deschiderea spre a învăța, a înțelege și a sprijini efortul. În fiecare aspect al societății noastre, suntem din ce în ce mai concentrați pe rezultate, și nu pe efort. Guvernele de pretutindeni (și diferiți gazetari) înțeleg complet greșit acest aspect al psihologiei noastre, în ciuda consecințelor destul de serioase. Când te concentrezi doar pe rezultate, îi îndemni pe oameni să trișeze, de obicei din frică. Drept rezultat, puțini oameni din ziua de azi cred cu adevărat statisticile guvernamentale, pentru că ei știu că acele cifre sunt manipulate.

Cealaltă problemă este că țintele continuă să se miște. Unora dintre angajați li se dau acum planuri de muncă și recenzii de performanță, care sunt împachetate în descrieri de tipul „dorim să fim de ajutor", dar se asigură că rămânem pe o curbă ascendentă. Dacă îți atingi țintele anul acesta, poți să fii sigur că ele vor fi mărite anul viitor. Unele afaceri și departamente guvernamentale cred în ideea schimbării constante. Nu trebuie să lași sistemele să se stabilizeze și să se organizeze, pentru că atunci oamenii devin mulțumiți de sine și ineficienți. Așa că aici, la NHS, ne reorganizăm în permanență pentru a ne atinge țintele care se schimbă de la un an la altul.

Nu numai că aceste metode creează haos în mințile, moralul și capacitatea noastră de a clădi relații de cooperare în muncă (care sunt, de fapt, aur curat pentru organizațiile bine conduse, precum și pentru starea de bine mintală), ele nu sunt nici foarte eficiente. Mulți analiști vor recunoaște acum că lupta pentru rezultate și neglijarea procesului, a structurii și a cadrelor integrate au costat NHS și alte organizații destul de mult. Nu prea contează dacă administrezi o echipă de fotbal, o companie sau o țară – administratorii concentrați mai degrabă pe rezultate, nu pe efort și pe proces, și care nu îi pot inspira pe alții să facă tot posibilul ajung să irosească bani și să nu obțină rezultatele dorite. O echipă inspirată, dedicată, cooperantă în stilul „toți pentru unul și unul pentru toți", cu oameni mai puțin talentați poate să învingă una alcătuită din cei mai înzestrați, dar care sunt tratați ca obiecte vandabile și nu cooperează.

Ideea pentru care am menționat toate acestea este de a păstra în minte că psihologia personală este adânc înrădăcinată în societate și muncă. Este foarte ușor pentru noi să absorbim valori din media, atitudini care ne pătrund viețile la muncă, și să nu apreciem efectele negative asupra minților și relațiilor noastre. Așa că ajungem să avem sisteme axate pe stimulente, pe care le suprasolicităm în căutarea de obiective, și ne pierdem concentrarea față de multe alte aspecte ale vieților. Căutăm avantajul concurențial pe cheltuiala sprijinului, cooperării și integrării.

Impulsuri și dorințe dejucate

Să ne întoarcem la mințile noastre. Oprește-te și gândește-te un minut la ce se întâmplă când sistemul tău axat pe stimulente/căutarea resurselor este dejucat. Să spunem că șofezi în drum spre locul de muncă și te gândești la ce se află în fața ta. Traficul este foarte prost astăzi, vei întârzia. Acest lucru îți va crea probleme pentru un număr de sarcini pe care ți le-ai propus sau vei rata o anumită întâlnire și va ieși rău. O iei nebunește pe toate scurtăturile pe care le-ai descoperit pe traseul tău spre muncă, dar se fac prea multe lucrări azi pe drum pentru a putea profita de ele. Ajungi la muncă agitat și țâfnos. Cineva îți aduce o cafea și dai din cap în semn de mulțumire. Două minute mai târziu, te întorci și răstorni cana cu cafea pe raportul pe care tocmai l-ai terminat. „De ce a trebuit să o pună aici?“, te gândești, în același timp știind că accidentul s-a petrecut pentru că nu ai fost atent, deci din cauza stresului. Apoi ajungi acasă, prăjit ca un cârnat ars, și la fel de folositor. Ai descoperit că dejucarea sistemului axat pe stimulente/căutarea resurselor îți activează automat sistemul de amenințare/autoapărare.

Majoritatea lucrurilor care ne epuizează au legătură cu dejucarea planurilor zilnice, care sunt legate de rețele complexe de planuri. A ajunge la serviciu la timp este important, pentru că vrei să faci o treabă bună pentru a-ți păstra slujba sau a obține o promovare. Acest lucru îți consolidează statutul, apoi îți poți plăti ipoteca și cumpăra mai multe dintre lucrurile care îți asigură confortul în viață. Desigur, vei lucra prea din greu pentru a te bucura de ele, dar hai să nu ne gândim la asta. Apoi bona te dezamăgește; te îmbolnăvești înainte de un concediu important; banii pe care i-ai economisit pentru concediu sunt necesari pentru a-ți plăti o reparație neașteptată la mașină. Sau te confrunți cu unul dintre stresurile cauzate de boală, moarte și vătămare. „De ce eu?“ nu este departe de gândurile tale. Ideea este că dejucarea este inevitabilă pentru noi toți. Ne confruntăm constant cu probleme și stresuri mici, dar dacă ne antrenăm mințile pentru compasiune în vremuri în care frustrarea este la cote maxime, vom găsi mijloace de a lucra cu acele dificultăți, în loc să avem accese de furie sau de panică atât de des.

Consecințele dorințelor

Avem nevoie să privim în profunzime consecințele *modului* în care încercăm să ne satisfacem dorințele. Buddha a subliniat că, în timp ce dorințele noastre nu sunt dăunătoare în sine, atașamentul față de ele, nevoia pe care o simțim, dependența, sentimentul că „trebuie să le avem“ și sentimentul de frustrare și lipsa pe care o simțim dacă nu putem avea ce dorim, toate acestea fac pagube. El a mai spus că satisfacerea impulsurilor, chiar dacă pare să fie de succes, s-ar putea să nu fie fără costuri în altă parte a sistemului; fără o gândire atentă a modului în care le putem satisface, ne pot fi dăunătoare. De exemplu, tocmai am comemorat 200 de ani de la încheierea comerțului britanic cu sclavi. Acesta a fost un exemplu clasic în care, pentru a îndeplini dorințele altor oameni, alte milioane au suferit teribil. Deși acum suntem revoltați de sclavie, milioane de oameni *încă* sunt captivi într-o formă a ei, în ziua de azi, prin munca forțată. În calitate de consumatori, ne gândim mai mult la locul din care provin alimentele și hainele noastre care ne satisfac dorințele, iar unele lucruri pe care le-am descoperit sunt tulburătoare.[105] O abordare plină de compasiune a vieții, prin urmare, ne cere să fim mai responsabili asupra modului în care ne satisfacem impulsurile. A avea dorințe și impulsuri înseamnă a fi uman și acest lucru include, desigur, dorințele egoiste; compasiunea ne cere nu să ne condamnăm pentru că le avem, ci mai degrabă să ne gândim la consecințele împlinirii lor.

A spune pur și simplu „nu“ dorințelor noastre poate fi problematic – acest lucru este evident în cazul persoanelor cu dependențe reale. Totuși, cercetarea modernă a observat o altă problemă: când este stârnită, dorința îi dă gândirii o vedere îngustă, cu o concentrare limitată. Ne dorim ceva atât de mult, încât nu ne oprim să gândim în detaliu efectele sau problemele pe care le poate cauza. Oamenii dependenți nu se gândesc la răul pe care și-l fac sau pe care îl cauzează altora. Ne cumpărăm haine și alimente și nu ne gândim prea mult la ce s-ar putea petrece pentru a ne aduce aceste lucruri relativ ieftine. Bărbații navighează pe internet după pornografie, dar nu se opresc să se întrebe dacă femeile la care se uită au fost traficate... și cum ar fi dacă una dintre ele ar fi propria fiică? Marile afaceri le preiau pe cele mici și nu își fac griji că îi lasă pe oameni fără loc de muncă. Multe dintre lucrurile pe care le dorim sunt scrise în genele noastre, în linii mari cel puțin, dar asta nu înseamnă că trebuie să le punem în aplicare. Dorințele de a face sex, de a avea faimă, avere și lucruri frumoase în viață sunt vechi de milioane de ani – ele acționează prin noi; totuși, ține de noi dacă vrem să alergăm fără minte după ele.

Așa că sistemul axat pe stimulente/căutarea resurselor influențează toate aspectele vieților și sentimentelor noastre. Este esențial pentru noi în multe feluri, pentru că ne inspiră și ne recompensează eforturile. Dar este și potențial problematic, fiind destul de superficial și creat să fie rareori satisfăcut, astfel încât ne direcționează să urmăm atât scopurile benefice, cât și pe cele malefice. Prin el, de asemenea, devenim frustrați de noi înșine și autocritici dacă eșuăm să obținem lucrurile pe care le dorim sau să atingem standardele autoimpuse. Ideea lui Buddha era să urmăm calea de mijloc și să încercăm să obținem echilibrul. Ajungem să avem probleme atunci când devenim excesiv de atașați și dependenți de dorințele noastre, pentru că dorințele preiau controlul. Dalai Lama spunea adesea că, doar pentru că e budist, nu înseamnă că nu are dorințe sexuale, că nu simte furia sau că nu se neliniștește și vrea să evite lucruri. Nu e ca și cum a încetat să mai aibă sentimente umane. Este mai mult vorba despre faptul că și-a antrenat mintea să fie capabilă să observe aceste emoții și apoi să facă alegeri în funcție de modul în care își evaluează propriile sentimente și acțiunile care vor urma experienței sale cu ele.

Perfecționism Zen

În Zen, ne concentrăm atenția complet și conștient într-o activitate. Fie că facem o ceașcă de ceai sau pictăm o operă de artă, căutăm să o facem la cea mai bună calitate, să căutăm perfecțiunea în acea activitate. Acest lucru nu are nicio legătură cu a ne face să ne simțim mai bine. Reține că abordarea din această carte nu este împotriva realizării și încercării. Există multe dăți în viață când realizările se adaugă la plăcerile vieții și pot fi savurate. Grădinarii pasionați resimt o mare bucurie din faptul că își văd grădinile înflorite, muzicienii din stăpânirea pieselor dificile și persoanele care fac bricolaj dintr-o cameră recent decorată. Este, de asemenea, important să încercăm să ne îmbunătățim. Într-adevăr, ideea formării minții și compasiunii este să depunem efort și energie în formarea minților noastre într-un anume fel. Problema, prin urmare, se referă la echilibru și la înțelegerea laturii ascunse a dorinței și a părților din noi care caută realizarea. După cum subliniază acum mulți psihologi, învățăm să ne bucurăm de realizările noastre *pentru ele însele,* nu pentru că ne fac să ne simțim mai bine sau superiori, sau pentru că alungă sentimentele de inferioritate sau invidie. *Putem* învăța cum să facem față eșecurilor cu o frustrare relativ mică și cum să *nu* transformăm dorințele în imperative. Chiar dacă uneori cu toții cădem în această capcană, când ajungem la un echilibru al sistemului de alinare/mulțumire, realizările noastre nu ne vor exacerba egourile și eșecurile noastre nu le vor dezumfla.

Apreciere

Un mesaj-cheie al multor abordări noi din psihologie și practica spirituală este importanța de a învăța să apreciezi și să generezi sentimente de bucurie prin trăirea „momentului“. Câți dintre noi se opresc cu adevărat și privesc frumusețea cerului și formele sale mereu schimbătoare, sau frumusețea florilor, sau a copacilor din parc, sau petrec timpul explorând cu adevărat gusturile, mirosurile și senzația pe care o creează lucrurile? Câți dintre noi trăiesc cu adevărat bucuria prin capacitatea de a vedea, de a auzi sau de a se concentra pe plăcerea de a vedea și a auzi, știind că există unii oameni cărora li s-au furat aceste simțuri? Viețile noastre grăbite se îngustează în tuneluri gri, cu doar o licărire ciudată sau o urmă de mirare. Dar dacă te gândești la asta, ești o conștiință care trece prin timp. Noi existăm doar în *acest* moment. Nu existăm încă în momentul care urmează să vină și nici în momentul care tocmai a trecut; doar *în prezent* existăm cu adevărat. Cu toate acestea, „mințile noi“ sunt atât de distrase, încât nu existăm deplin nici aici.

Există o poveste cusută cu ață albă care arată cum ne ajută aprecierea chiar și în momente de stres și tragedie. Un maestru budist mergea de-a lungul unei prăpastii, când o rafală de vânt l-a doborât. În timp ce cădea, dându-și seama că viața lui urma să se sfârșească, a văzut o căpșună care creștea sălbatic pe un perete al prăpastiei. A smuls-o când a trecut pe lângă ea, observându-i frumusețea, roșeața și, când a mâncat-o, gustul ei dulce. Minunea căpșunii i-a fost alături în moarte. Aceasta este, desigur, doar o poveste – dacă acest lucru ni s-ar întâmpla nouă, probabil că am zbiera niște înjurături zdravene, și cu siguranță nu am observa nicio nenorocită de căpșună. Dar tocmai asta e ideea, desigur.

Sistemul de alinare/mulțumire

Am ajuns la un sistem de reglare a emoțiilor care va fi în centrul atenției pentru o mare parte din restul acestei cărți. Este sistemul de alinare/mulțumire, care ajută la echilibrarea celorlalte două sisteme, de amenințare și dorință, și este o sursă importantă pentru sentimentele noastre de bunăstare și de conectare.[106] Acum este clar că animalele (inclusiv noi) nu fug întotdeauna de amenințări sau se grăbesc să facă lucruri precum mâncatul, sexul sau să își contureze carierele (deși, privind la noi, oamenii, uneori ar fi greu să ne gândim dacă mai facem și altceva). Animalele sunt, de asemenea, capabile să ia pauze, să aibă o stare de mulțumire. Uneori, când nu trebuie să evite amenințările și pericolele și au mâncat destul, ele se pot „relaxa". Într-adevăr, a fi capabili să ne relaxăm și să avem pauze când toate sistemele sunt satisfăcute are legătură cu procesele reparatoare din corp. Se credea că aceste stări mintale erau doar rezultatul sistemului de amenințare dat la minimum sau atenuat; astfel, dacă nu am fi amenințați, am fi relaxați. Dar cercetările recente au arătat că aceasta este doar jumătate din poveste. De fapt, mulțumirea acompaniază *sentimente pozitive foarte profunde*, care nu sunt doar amenințări scăzute. (Într-adevăr, a avea sentimentul de amenințare scăzută, fără sentimente pozitive, poate conduce la plictiseală.)

Prin urmare, acum există dovezi că avem în creier un sistem special de alinare/mulțumire, care ne permite să avem parte de bunăstare și împlinire. Acest sistem folosește substanțe chimice naturale, numite *endorfine* și *opioide*. Într-adevăr, când oamenii consumă opiacee manufacturate precum heroina, trăiesc o stare generală de bine. Nu sunt încărcați, stimulați, nu doresc să se distreze și nu sunt agitați sau agresivi, așa cum se poate întâmpla cu dopamina, care stimulează sistemul dorinței/entuziasmului. Dacă vrei să ai o experiență plină de fericire și o abordezi dintr-un punct de vedere pur mecanic și fiziologic, atunci acesta este sistemul pe care ar trebui să îl ținteşti pentru modificare și dezvoltare. El te încurajează să te bucuri și să savurezi ce ai, în loc să cauți mai mult și mai mult. Vom analiza acest lucru în unele dintre exercițiile din următoarea secțiune a acestei cărți. Totuși, nu fi tentat să mergi pe traseul artificial și să încerci heroina. Revenirea este îngrozitoare și riscul de dependență este mare. Este mult mai bine să înveți cum să îți dezvolți acest sistem cerebral făcând anumite tipuri de exerciții și să încerci să adopți un stil de viață.

Unul dintre scopurile formării minții pline de compasiune este să ne ajute să creăm stări cerebrale favorabile pentru calm și mulțumire. Cercetările au arătat că acest tip de minte, împăcată cu sine, este, de asemenea, una care poate gândi clar și poate dezvolta noi perspective și sentimente despre natura sinelui și a relațiilor cu ceilalți. Acest lucru se datorează faptului că o minte mulțumită nu este dominată de vreun arhetip sau vreun sentiment anume și, prin urmare, este „liberă" să exploreze nestingherită.

Alinare, mulțumire și afecțiune

Așa cum am menționat în capitolele 3 și 4, evoluția tinde să conserve lucrurile care s-au dezvoltat prin ea și, dacă este necesar, să le adapteze și să le aducă noi utilizări. Sistemul de alinare/mulțumire, care produce pace, siguranță și liniște, a fost adaptat să funcționeze într-un mod foarte nou, odată cu apariția mamiferelor cu sânge cald – să devină sistemul prin care efectele calmante ale grijii, dragostei și afecțiunii vor funcționa. Pentru a-l ajuta să-și efectueze aceste funcții, evoluția a inventat niște hormoni noi, inclusiv vasopresina și ocitocina, cel din urmă fiind în special important pentru sentimentul de apropiere față de alții și pentru siguranță și bunăstare. Una dintre cele mai importante descoperiri din ultimii ani a fost că sistemul de alinare/mulțumire a jucat un rol uriaș în dezvoltarea îngrijirii și atașamentului la mamifere.[107]

Să ne gândim pentru un moment la evoluția comportamentului grijii. Ea a evoluat inițial datorită beneficiilor (genetice) transmise celor care o exprimau. Îngrijirea ne-a ajutat puii și rudele de sânge să supraviețuiască și să se reproducă, iar îngrijirea și ajutarea celorlalți te-au făcut să dezvolți alianțe și prietenii bazate pe întrajutorare, numite *altruism* în psihologia evoluționistă. Aici suntem interesați totuși de modul în care grija funcționează, de fapt, în creierii noștri și cum este legată de compasiune. Așa că, practic, căutăm mai profund în mentalitățile sociale despre care am discutat în paginile 123–124.

Îngrijirea și protejarea urmașilor au devenit o strategie de mare succes și au trecut printr-o schimbare și o dezvoltare considerabile de-a lungul a milioane de ani.[108] Vedem cu ușurință beneficiile. În schimb, să privim țestoasele. Aceste reptile depun sute de ouă și apoi își lasă puii să supraviețuiască cum pot când ies din ou. Specia lor supraviețuiește doar datorită numărului mare de ouă pe care îl produc, 98% dintre care nu vor ajunge la vârsta adultă reproducătoare – în schimb, ele vor fi prânzul pentru mulți rechini, vulpi sau păsări, sau vor muri în alte tragedii cu mult timp înainte de asta. Când privești din punctul acesta de vedere, viața țestoasei este ca un iad – cu siguranță nu o grădină a raiului! Există un mesaj spiritual aici, dacă vrei: nu te reîncarna în țestoasă. Mesajul mai serios este, desigur, chemarea în lumea motivațiilor, sentimentelor și comportamentului.

Apariția mamiferelor a fost un start pentru evoluția unei importante strategii/mentalități sociale/unui important arhetip care, în cele din urmă, a prosperat pentru a sta la temelia compasiunii. Mamiferele își îngrijesc puii; se interesează de ei pentru a-și continua bunăstarea. Prin comportamentul plin de grijă, ele sunt capabile să își protejeze puii de amenințări precum prădătorii și să ofere o bază sigură pe care ei pot să o exploreze și la care să se întoarcă. Desigur, când îngrijirea a apărut prima dată pe planeta noastră, era mai degrabă mecanică, funcționând în baza regulilor alb sau negru, precum „Hrănește-i pe cei din cuib". Vor fi conflicte de interes între părinte și pui, iar unii părinți nu vor fi foarte grijulii, dar acest lucru nu trebuie să umbrească recunoașterea acestui salt evolutiv fundamental spre o minte orientată spre viitor, care poate răspunde la strigătele de suferință ale altora și care poate oferi lucruri pentru a-i ajuta pe alții să prospere.[109]

Până în momentul în care ajungem să fim primate și oameni, această relație de îngrijire și mentalitatea socială au evoluat ca o serie complexă de dorințe și competențe prin care părinții nu numai că își protejează puii, ci comportamentul lor afectiv chiar afectează modul în care se vor dezvolta creierii copiilor. În plus, părinții sunt de o importanță vitală pentru a-i învăța și educa pe copii de-a lungul vieții.[110] Vom reveni asupra acestei strategii mai târziu, pentru că, așa cum am spus, este fundația capacității noastre de a avea compasiune – adică un interes față de bunăstarea altora și de a fi îndurerați de suferința lor, combinat cu o dorință de a o alina. Vom vedea și modul în care putem dezvolta „modelul cerebral de compasiune" și direcționa spre noi înșine, astfel încât propriul simț de sine (și creierul) este organizat în jurul arhetipului compasiunii și al mentalității sociale de îngrijire.[111] A proceda astfel este benefic pentru sănătatea noastră fizică, pentru că hrănește sentimentele de bunăstare și pace interioară și ne ajută să creăm relații pozitive, pașnice cu alții.

Așadar, mama mamifer este capabilă să ofere mâncare, confort și căldură puiului ei și, făcând astfel, îl calmează și îi oferă siguranță. Dacă tânărul mamifer este amenințat, va fugi înapoi la mama lui, iar prezența sa îl va calma pe copil și îi va restaura sentimentele de siguranță. Aflat în siguranță și calmat, copilul va fi capabil să se joace și să exploreze din nou. Dacă această relație merge bine, pentru tot restul vieții copilul va asocia mulțumirea și starea de bine cu sentimente de acceptare și afecțiune din partea altora.

Majoritatea părinților vor ști că, pentru protejarea puilor lor, unul dintre cele mai importante roluri pe care le joacă este de a-i ajuta să regleze emoțiile. Un mod prin care vor face acest lucru sunt mângâierile și ținutul în brațe. De fapt, când se sperie, toate maimuțele caută confortul fizic și se țin de mamele lor sau, dacă sunt adulte, unele de altele. Pentru mamifere, senzația de bine corporală este un stimul important de alinare de care creierul are nevoie pentru a-și regla sistemul de amenințare/autoapărare, deoarece confortul calmează emoțiile de amenințare/autoapărare.

Robert Sapolsky[112], profesor de neurologie și științe neurologice la Stanford University din California, a petrecut ani umblând după, ascunzându-se de și studiind maimuțele din savanele din Africa, și a descoperit foarte multe despre cum diferiți hormoni afectează comportamentul în grupurile sălbatice. El a lămurit – împreună cu mulți alții – că relația de atașament pe care o avem noi și alte mamifere cu părinții noștri, modul în care ei sunt capabili să ne aline și să ne calmeze, este vitală pentru modul în care se dezvoltă creierii și în care sunt capabili să regleze stimulii și amenințarea. Atingerea este un regulator important, în parte pentru că stimulează sistemul de alinare și opioidele. În 1994, Sapolsky a observat că:

> „Atingerea este una dintre experiențele centrale ale unui pui, fie că este rozător, primat sau om. Gândim cu ușurință factorii stresanți drept lucruri neplăcute care pot fi făcute unui organism. Uneori ei reprezintă *eșecul* de a oferi ceva unui organism, iar absența atingerii pare să fie unul dintre cei mai marcanți factori stresanți de dezvoltare de care suferim."

O altă cercetătoare importantă, Tiffany Field[113] de la University of Miami, a petrecut mult timp analizând efectul atingerii asupra hormonilor stresului, dispozițiilor și stării generale de bine. Ea și colegii au arătat, de exemplu, că bebelușii născuți prematur se vor dezvolta mai bine dacă sunt atinși și mângâiați decât dacă sunt lăsați singuri. „Dragostea contează", să folosim cuvintele lui Sue Gerhardt – și contează mult.[114] Observă și tu cum bunăvoința din partea celorlalți este adesea numită atingere – „Am fost *atins* de bunătatea ta" sau „Am fost *atins* de grija/atenția ta". Este tragic că teroarea noastră de pedofilie a condus la faptul că profesorilor nu li se permite să îi atingă sau să îi țină în brațe pe copiii suferinzi și la situația în care crema solară poate fi doar pulverizată, nu masată, pe ei. Asemenea prohibiții sunt făcute doar de oamenii care nu au nici cea mai mică idee despre modul în care funcționează psihologia, despre ce se petrece în creierii noștri când suferim și despre ce avem nevoie din partea celorlalți pentru confort. Există tot mai multe dovezi conform cărora copiii consideră creșele mai stresante decât s-a recunoscut anterior, iar un motiv posibil pentru acest lucru, care trebuie explorat, este dacă acești copii primesc sau nu suficientă afecțiune *fizică*. Aceasta este o chestiune foarte serioasă și de cercetat urgent.

Practic, sistemul de alinare primește semnale când este îngrijit de alții, care sunt mai degrabă ajutători și susținători (decât reci, critici sau respingători) – acest lucru ne indică faptul că suntem în siguranță. De aici, modul în care părinții și alții cu autoritate vorbesc și arată interes față de copii, tonurile vocii și expresiile faciale pe care le folosesc, modul în care împărtășesc sentimente pozitive, în care validează și explorează ce simt copiii – toate aceste semnale le transmit copiilor că sunt iubiți și apreciați. Pentru creier, aceasta este o veste foarte bună (pentru că lumea este un loc potențial ostil fără această siguranță). Sistemul de alinare este, prin urmare, capabil să transmită către sistemul de amenințare: „E OK aici. Suntem îngrijiți și în siguranță."

Aceste experiențe au un efect profund asupra creierilor aflați în dezvoltare ai copiilor. Grija afectează modul în care sunt conectate sistemele noastre de reglare a emoțiilor pentru viața de mai târziu și modul în care sunt stimulate emoțiile noastre pozitive.[115] Aceste comportamente de îngrijire le permit copiilor să sedimenteze amintiri emoționante, care apoi devin o resursă pentru viața de mai târziu; ele au, de asemenea, un efect profund asupra modului în care sunt echilibrate cele trei sisteme de reglare a emoțiilor. Există acum multe dovezi conform cărora, dacă simțim grija în copilărie, acest lucru ne ajută să facem față diferitelor suișuri și coborâșuri ale vieții – este unul dintre lucrurile care ne fac rezistenți la stres. A avea relații curente de sprijin și de îngrijire este ceva, iar a fi capabili să ne tratăm pe noi înșine cu bunăvoință, și nu cu duritate, este altceva.

Amintirile emoționante și sentimentul nostru de sine

Experiențele timpurii cu părinții noștri și cu alții stimulează diferite emoții și combinații de emoții care rămân asociate cu sentimentul nostru de sine și cu impresia pe care ne-am format-o în legătură cu ceilalți. Așa funcționează. Gândește-te la modul în care un copil trăiește *emoțiile altora* într-o interacțiune și cum acestea pun baza felului în care ajunge să se simtă față de sine. A fi capabil să îți spui singur: „În sistemele mele de memorie există multe experiențe formate emoțional, în care am provocat *emoții pozitive* în cei din jur și am fost tratat într-un mod iubitor, fiind competent – prin urmare, pot fi iubit."

Să presupunem că părinții sunt adesea furioși pe fiica lor. În ea crește simțământul că alții nu o văd într-o lumină pozitivă, ceea ce, pe scurt, este: „În memoria mea există multe experiențe emoționale prin care am primit *furie* din partea altora și am fost tratată rău – prin urmare, sunt rea și alții sunt potențial ostili." Să presupunem că părinții sunt întotdeauna disprețuitori sau își retrag iubirea și îi întorc spatele fiului lor. Aici nu se internalizează furia, ci disprețul sau pierderea. Băiatul are senzația că alții îl văd ca pe cineva de care te îndepărtezi și cred că este de neiubit și îl resping, ceea ce, pe scurt, este: „În memoria mea există experiențe emoționale în care ceilalți se *retrăgeau* și eu eram nedorit – prin urmare, sunt indezirabil și ceilalți mă resping." Să ne gândim la copiii abuzați sexual. Acest lucru poate deveni: „Îmi amintesc doar *furie* și *dezgust* – prin urmare, eu sunt dezgustător și rău, și alții se vor apropia de mine doar pentru a mă abuza."

Care dintre acești copii a ales să aibă acest sentiment particular al sinelui? Niciunul dintre ei, toate au fost create prin interacțiuni. Dacă ești ca mine și dorești să ai mai mult control asupra conștiinței de sine, poate că amândoi avem nevoie să recunoaștem că a rămâne cu sentimentul de sine *care ne-a fost dat* înseamnă că nu vom învăța cum să ne eliberăm de condiționare și să înflorim.

Observă cum creierul uman pune o *etichetă* asupra fiecăruia dintre aceste sentimente complexe. Problema este că eticheta s-ar putea să nu fie foarte precisă, ci doar aproximarea celor simțite. Oamenii pot trece prin durerea de a se simți separați de ceilalți, ceea ce poate fi legat de amintirile despre alții care nu au fost acolo pentru ei. Cea mai apropiată etichetă care se potrivește acestui sentiment și sentimentului de sine este: „Sunt singur și, prin urmare, nedorit." Dar eticheta este greșită. Realitatea este că probabil părintele l-a iubit/dorit pe copil în felul lui limitat, dar a fost depresiv sau foarte retras, iar acesta este motivul pentru care acele amintiri emoționale există în mintea fiului sau fiicei. Aici este vorba despre tristețe și pierdere, *nu* despre a fi nedorit.

Copiii, folosindu-și strategiile înnăscute, vor încerca să sporească grija și investițiile în timp și energie, de obicei folosind un amestec de silire, lacrimi și accese de furie (pentru a-și satisface dorințele și nevoile) și comportamente care inspiră afecțiune (zâmbind și încercând să fie de ajutor și ascultători). Generarea sentimentelor pozitive în mintea mamei sau a altcuiva despre sine și a le vedea afișate pe fața sa și în tonul vocii reprezintă o strategie-cheie pentru a asigura resursele și grija, cruciale pentru apariția siguranței de sine – ne alină. De exemplu, să ne-o imaginăm pe Sue, de trei ani, că desenează ceva. Când termină, ea arată desenul cu mândrie pentru aprobare/admirație din partea mamei. Mama răspunde îngenunchind și afișând o expresie facială pozitivă și un ton de plăcere în voce, spunând: „Uau, e minunat. Ce fată inteligentă!“ Acum, în această interacțiune, Sue vede o afișare de sentimente pozitive și de afecțiune din partea mamei, pe care ea le atribuie lucrului pe care ea (Sue) l-a făcut. Fetița învață că poate crea sentimente pozitive în mințile altora și acest lucru indică faptul că alții sunt deschiși spre ea și o vor îngriji și ajuta – cu alte cuvinte, este în siguranță. Dar foarte important este și faptul că Sue are emoții cu privire la sine, *generate direct prin comportamentul verbal și nonverbal al mamei ei*. Comportamentul mamei activează în Sue anumite tipare psihologice care dau naștere unor sentimente de sine bune – ea se simte bine cu ea însăși.

Legătura sentimentelor pozitive cu sinele este în mod clar un efect fiziologic deplin. Ai avea dreptate dacă ai spune: „Dar nu este acel sentiment de a fi bine legat de sistemul axat pe stimulente/căutarea resurselor?“ Da, dar reține că acestea sunt sisteme care interacționează; aici evidențiem ideea că, atunci când simțim că existăm într-o lumină pozitivă în mințile altora, acest lucru ne ajută să ne simțim în siguranță și mulțumiți. Vom folosi acest lucru în exercițiile noastre de imagerie mintală de la paginile 271–275.

Dar să presupunem că mama lui Sue ar fi răspuns: „O, nu, nu încă un desen – sunt peste tot prin casă și fac mizerie!“ Sau să presupunem că mama ar fi răspuns cu desconsiderare și cu o față neutră: „Sigur, foarte bine. Uite, acum sunt ocupată. De ce nu te duci să te uiți la televizor?“ În mod clar, este puțin probabil ca Sue să aibă sentimente bune generate despre sine. Își înclină capul și pleacă dezamăgită și/sau rușinată. Sentimentele de rușine (a fi descurajat sau prea conștient de sine) sunt generate automat de nervii sau desconsiderarea din partea mamei, declanșând sistemul de amenințare/autoapărare al lui Sue și diminuându-i sentimentele pozitive. Mai mult decât atât, aceste sentimente proaste sunt asociate cu afișarea talentelor (precum desenatul) și astfel ar putea deveni o amintire rușinoasă, care se transformă într-un scenariu pentru experiențele ulterioare, precum a nu mai încerca să deseneze din cauza sentimentului (reieșit din această amintire) că nu se descurcă. Este important de observat că aceste „comunicări ale sentimentelor“ au efecte la nivelul întregului corp și stabilesc tiparele de reglare a emoțiilor pentru conștiința de sine. Ele pot forma texturi care stau la baza autocriticii, așa cum vom vedea în Capitolul 10. Unii copii devin atât de disperați să obțină feedback și o asigurare că trăiesc într-o lumină pozitivă în mințile părinților lor (în ciuda criticilor anterioare, distanței emoționale sau chiar abuzului), încât devin perfecționiști, foarte motivați și/sau autocritici.

A spune lucruri precum „E bine, dragă“ în timp ce ești simultan disprețuitor sau afișezi prin comunicarea nonverbală o lipsă de interes clară poate fi destul de confuz pentru copii. Într-adevăr, a primi mesaje prin diferite canale îi face pe oameni să se îndoiască de conținutul verbal și să îl respingă – „Doar zici asta.“ Oamenii, desigur, sunt mult mai interesați să deslușească *sentimentele* altora despre ei decât să se bazeze doar pe ce spun. Acest lucru, bineînțeles, ridică probleme cruciale despre comunicarea nonverbală și despre felul în care monitorizezi și citești expresiile faciale și stilurile în care îți vorbesc oamenii. Unii transmit sfidare, în timp ce alții par să fie foarte implicați, chiar dacă pot *spune* lucruri similare. Așa că fii atent la comunicarea nonverbală, la zâmbetul tău și la interacțiuni.

A te simți în siguranță prin crearea sentimentelor pozitive în mințile altora

Știm acum că, deși oamenii sunt cruzi unii cu alții, dorința lor de a se simți apreciați, îngrijiți și iubiți este unul dintre cele mai puternice impulsuri umane. Când satisfacem acel impuls, ne simțim alinați și mulțumiți, în siguranță și împăcați. Acest lucru se datorează faptului că a avea grijă unul de altul ne-a ajutat să supraviețuim multor necazuri. La un moment dat, în ultima eră glaciară, omenirea se poate să fi ajuns până la 700 de indivizi la nivel global și am trecut prin asta doar pentru că suntem o specie foarte sociabilă şi cooperantă, care are grijă de apropiaţi.

Acest lucru este uşor de arătat. Gândeşte-te la prietenii, iubiţii, părinţii şi colegii tăi. Acum ai de ales. Eşti considerat fie puternic şi ameninţător, astfel încât ei să facă ce le spui din frică, fie o persoană pozitivă în minţile lor, cineva iubit, de care se îngrijesc şi le pasă. Ce alegi? Şansele sunt ca tu să îţi doreşti să te simţi apreciat, iubit şi îngrijit. Şi, desigur, noi înţelegem asta şi facem jocul. Dacă mergi acasă la un prieten, să zicem, pentru o masă, spui: „Mulţumesc pentru masa aceasta minunată“, nu „Mulţumesc pentru masă – am mâncat şi mai bine, şi mai rău. A ta a fost perfect în regulă, o masă mediocră“. Sau unui nou iubit de care îţi pasă: „Faci dragoste în regulă – am avut şi experienţe mai rele, dar şi mai bune. Tu eşti aşa şi aşa, mediocru.“ În calitate de prieten care a preparat masa sau de nou iubit, vrem să auzim că mâncarea a fost grozavă şi că facem dragoste cum trebuie, cu adevărat cool (sau ar trebui să spun „intens“?)!

Acum nu este vorba despre a fi înşelător, sau a nu oferi oamenilor feedback autentic ori folositor, sau despre a le spune întotdeauna copiilor că sunt minunaţi, astfel încât să nu înveţe niciodată să facă faţă criticii sau eşecurilor. Ideea e că noi, oamenii, ne simţim în siguranţă când facilităm apariţia sentimentelor pozitive despre noi în minţile oamenilor şi când le pasă de noi, astfel încât ne simţim mai în siguranţă în reţele previzibile de susţinere. Petrecem mult timp gândindu-ne la sentimentele altora faţă de noi – de fapt, creierii au zone specifice pentru a se gândi la ce gândesc alţii – încercând să câştigăm aprobarea, aprecierea şi respectul altora şi să fim acceptaţi în grupul nostru. Dacă te gândeşti la cum ţi-ar plăcea să te vadă prietenii, iubiţii, părinţii şi colegii, răspunsul ar fi, în principal, să te aprecieze şi să te vadă dezirabil, de ajutor, talentat şi capabil. Dacă poţi să creezi genul acesta de sentimente în minţile altora, trei lucruri se vor întâmpla. În primul rând, lumea va fi sigură şi tu vei şti că aceşti oameni nu te vor ataca sau respinge, pentru că te stimează. În al doilea rând, cu ei vei putea crea legături pentru sprijin reciproc, relaţii sexuale şi/sau conectare. Şi, în al treilea rând, primirea semnalelor din partea celorlalţi că te apreciază şi că le pasă de tine va avea efecte directe asupra corpului şi sistemului tău de alinare/mulţumire.

Să privim la ce se întâmplă când are loc contrariul. A fi considerați indezirabili, inutili, netalentați și incapabili ne supune riscului să pierdem toate beneficiile prezentate anterior și, ca atare, este o amenințare reală. Există acum dovezi clare conform cărora relațiile critice, în care oamenii (adulți sau copii) sunt etichetați astfel, cresc foarte mult riscul tulburărilor de anxietate și depresie, chiar dacă etichetele nu poartă o amenințare fizică. De asemenea, *a crede* că suntem văzuți astfel, chiar dacă nu suntem, este la fel de rău ca în cazul în care chiar suntem priviți astfel – și a deveni autocritici are legătură cu depresia. Atât de importantă este nevoia noastră socială de a ne simți în siguranță, acceptați și apreciați de alții, încât oamenii riscă vătămări grave sau propriile vieți pentru a evita rușinea și excluderea. Din această cauză, rușinea (legată de sentimentul de a fi neatrăgători și inferiori pentru alții) este o amenințare serioasă pentru oamenii anxioși și depresivi. Practic, critica și rușinea activează sistemele de amenințare și ne taie accesul la sursele de alinare și reglare emoțională.[116] Ținând cont de faptul că te simți mult mai bine dacă oamenii sunt binevoitori și pozitivi față de tine, astfel încât ești în siguranță cu ei și știi că te vor ajuta dacă ai nevoie de asta, dat fiind faptul că știi că alți oameni au exact aceleași nevoi ca tine, atunci are sens ca bunăvoința și compasiunea să fie în centrul relațiilor noastre și al implicării cu lumea. În acest fel, *ne echilibrăm unul altuia creierii și dispozițiile cerebrale*, ceea ce va da naștere experiențelor din conștiință. Altfel spus: *experiențele din conștiință sunt construite de relațiile dintre noi.*

De la grijă la compasiune

Compasiunea apare din echilibrul dintre cele trei sisteme de emoție. În special, ea operează prin mentalitatea socială a îngrijirii, care ne orientează să ne concentrăm pe atenuarea suferinței și pe promovarea prosperității. Știm acum că această mentalitate socială a evoluat odată cu sistemul de alinare/mulțumire și este legată de el. Se bazează pe eliberarea de hormoni naturali din creier, cum ar fi opioidele și ocitocina.[117] Când creierii activează un tipar al grijii, acest lucru aduce la suprafață anumite sentimente și moduri de gândire și un comportament anume – de exemplu, preocupare și bunăvoință pentru alții și contribuția la bunăstarea lor. Totuși, este un tipar al creierului și, prin urmare, sentimentele și comportamentul care îl susțin se pierd când sistemul axat pe stimulente/căutarea resurselor sau cel de amenințare/autoapărare domină și reglează simţirea şi gândirea. Învăţând compasiunea, învăţăm cum să activăm în noi o anumită stare a minţii şi un tipar cerebral, asociate cu grija şi creşterea care au calitatea de a alina. Putem învăţa anumite exerciţii care vor stimula acest sistem, un fel de fizioterapie pentru minte.[118] În următorul capitol, vom analiza în detaliu atributele de bază ale compasiunii şi abilităţile dezvoltate pentru a o promova.

Concluzie

Am ajuns şi aici. Ticăind în creierul nostru, evoluţia ne-a oferit trei sisteme de bază care dau naştere multora dintre sentimentele şi stările creierului. Arhetipurile pe care le-am discutat în Capitolul 3 trebuie să opereze, de asemenea, prin aceste sisteme – ei bine, de fapt, tot ce facem şi gândim trebuie să facă asta, mai mult sau mai puţin. Reţine că aceste sisteme emoţionale care ne protejează, ne fac să ne dorim anumite lucruri, create pentru alinare şi mulţumire, fac parte din evoluţie. Ele operează prin noi ca grupuri de neuroni în creier. O bună parte din timp, nu suntem nici măcar conştienţi de ele; mai degrabă simţim doar efectele lor propagându-se prin conştiinţă.[119] Conştiinţa noastră e doar dusă de val. Dar aici intervenim noi, nu i aşa, în deschiderea paragrafelor Capitolului 2. Totuşi, a fi duşi de val şi a merge prin curenţii şi vârtejurile minţilor noastre, pe măsură ce sistemele cerebrale schimbă direcţia încolo şi încoace, nu sunt întotdeauna foarte distractive.

Adoptarea compasiunii şi bunăvoinţei în noi înşine şi pentru alţii este calea de a dezvolta sentimente de mulţumire şi de bunăstare şi alină atât sistemul de ameninţare/autoapărare, cât şi pe cel axat pe stimulente/căutarea resurselor. A alege să adoptăm deliberat aceste tipare ale creierului este calea formării minţii şi compasiunii. Aşa cum vom vedea, există multe sarcini pe parcurs, cum ar fi: să acordăm atenţie lucrurilor care se petrec în minţile noastre (conştientizare) şi să ne centrăm atenţia pentru a aprecia şi a savura lucrurile; să fim curioşi în legătură cu sentimentele, nu înspăimântaţi sau să le negăm; şi, mai presus de toate, să avem bunăvoinţă – inima compasiunii. Dezvoltarea acestor calităţi îţi va îmbogăţi şi colora conştiinţa – şi îţi poate schimba creierul.[120]

6
Compasiunea în contextul creierilor și minților vechi și noi

Capacitatea de a ne imagina și a fantaza este o mare parte din „creierul nou/mintea nouă". Această capacitate poate avea o influență puternică asupra emoțiilor și a modului în care ne simțim față de noi înșine și de ceilalți.

Acest capitol va explora puterea imaginației și a fanteziei, precum și modul în care ele funcționează în creierul nostru. Vom explora modul în care autocritica și compasiunea pentru sine pot avea efecte diferite asupra creierului și apoi vom analiza în detaliu diferitele calități și aspecte ale compasiunii. Puterea ei provine din modul în care ne concentrăm mințile, cum participăm, gândim, imaginăm și visăm compasiunea.

Folosirea imaginației

Să începem cu imaginația noastră – una dintre cele mai importante calități ale „creierului nou/minții noi" și una care ne-a permis să dezvoltăm știința și cultura. Imaginația ne permite să „creăm lumi în capul nostru", să ne prefacem și să luăm în considerare multiple posibilități – „Mă întreb ce s-ar întâmpla dacă aș face asta sau asta..." Capacitatea de a avea imaginație joacă un rol extrem de important în viețile și culturile noastre. În cartea *În căutarea fericirii**, Daniel Gilbert (nicio legătură de rudenie cu mine) analizează studiile naturii imaginației și cum poate fi ea și o sursă de probleme.[121] Am atins acest subiect în Capitolul 2, unde am observat că fanteziile devin nerealiste

* Traducere de Mihaiela Vacariu, Curtea Veche Publishing, București, 2012 (ediția a II-a). (*N. red.*)

și ne putem imagina pericole care nu există sau dorințe imposibil de îndeplinit, care conduc la dezamăgire sau frustrare. Ne pierdem capacitatea de a ne bucura de „ceea ce este“ pentru că nu se potrivește cu fanteziile noastre despre cum ar trebui să fie viața.

Oamenii trăiesc în două lumi înrudite, dar foarte diferite. Prima este lumea pe care ei o trăiesc, care vine spre noi prin vedere, auz, miros, gust și atingere – o putem numi lumea „așa cum este“. Cealaltă este cea pe care ne-am imaginat-o, la care ne-am gândit și pe care am creat-o în capul nostru. Totuși, ambele lumi sunt creații ale creierului.

Simțurile noastre, care au evoluat peste un milion de ani, sunt legătura cu lumea exterioară, dar și cu lumile minții. Experiența cu exteriorul își are originea în creier. Pentru a demonstra acest lucru, să facem o călătorie împreună. Să presupunem că ne plimbăm în mediul rural într-o dimineață luminoasă de primăvară. Respirăm profund aerul proaspăt al dimineții și simțim adierea unei brize reci pe față și pe mâini. Aerul are un miros de pământ reavăn, bogat. Privind în sus, vedem cerul de un albastru intens, presărat cu nori albi, vaporoși. Plimbându-ne pe un drum neasfaltat, observăm că terenurile agricole sunt verzi și copacii maro de abia încep să înmugurească. Pe măsură ce înaintăm, vedem niște narcise sălbatice și clopoței. Dacă acest peisaj rural îți este nefamiliar, atunci gândește-te și mergi într-un loc cunoscut. Dacă te plimbi pe lângă mare într-o zi toridă, cerul poate fi alb albastru, întinzându-se departe în orizont, iar tu miroși marea și simți nisipul sub picioare și căldura brizei pe față.

Dar vezi ceva care chiar se află acolo? Ei bine, da și nu. Noi chiar vedem culorile cerului, ierbii, frunzelor, mării, nisipului – și ale mingilor de plajă – pentru că ochii absorb și reflectă frecvențe diferite de lumină. De fapt, deasupra există doar negrul spațiului. Nu există albastru, alb, verde sau maro „acolo“. Creierul ne oferă experiența albastrului, verdelui și maroului prin modul în care procesează acele frecvențe luminoase. Desigur, unii oameni sunt daltoniști, așa că nu pot „vedea“ sau „simți“ anumite culori. Ce m-a uimit când am aflat acest lucru a fost faptul că variațiile frecvențelor luminoase care dau naștere experienței de, să zicem, albastru, verde sau roșu sunt extrem de mici – de fapt, se măsoară împărțind un milimetru la un milion. Atunci, mesajul-cheie este că creierul preia în permanență frecvențe de energie care vin spre el sub forma luminii sau sunetului și le transformă în „experiențe“. Dacă am fi avut creieri diferiți, „experiența“ universului ar fi fost diferită. Această trăire va fi conturată de sentimente și de întregul proces de a fi conștient și alert.

Totuși, pe cât de fascinant este să te gândești la acest lucru (mintea se minunează de posibilitățile experiențelor din creierii noștri de extratereștri), vom părăsi lumea experiențelor așa cum este creată din informațiile senzoriale reale și vom lua în considerare lumea imaginației. Gândește-te pentru un moment la ce s-a întâmplat în mintea ta când ai citit cuvintele despre plimbarea în mediul rural sau pe malul mării. Închizi ochii și îți imaginezi o plimbare într-o zi de primăvară – una poate chiar ți-a apărut în minte pe măsură ce citeai despre călătoria pe care am descris-o. Ai citit cuvinte pe o pagină și mintea ta a creat un mic videoclip în capul tău. Ar putea fi doar trecător și impresionist, dar tot ar exista. Nu numai că creierul creează experiențe conștiente din informații senzoriale reale, dar, prin imaginație, dă naștere unor lumi închipuite. Un alt aspect important al imaginilor cu plimbarea de primăvară create în interior este că tu le vei fi conturat prin propriile amintiri.

Eu pot scrie cuvinte care, ani mai târziu, prin imaginația cititorilor mei, creează imagini în mințile lor. Ei bine, asta fac toți autorii buni – când citim cărți vechi, locuim în lumile imaginate ale scriitorilor care poate au murit cu sute de ani înainte.

Gândirea creativă și imaginația

Imaginația este mult mai mult decât un proces pasiv; este creativă și dinamică. Animalele sunt înspăimântate și supărate de lucruri care li s-au întâmplat, dar nu se gândesc la ce înseamnă să fii supărat. Ele nu sunt capabile să se gândească la modul în care a apărut universul sau la viitorul personal, la sensul vieții, ori dacă sunt sau nu demne de iubit. Ele nu își fac griji în legătură cu interviurile pentru locul de muncă sau cum își vor plăti ratele. Capacitatea de a ne gândi la lumea în care trăim, de a avea conștiință de sine, de a reflecta asupra sinelui, scopurilor noastre și relațiilor cu alții, de a planifica lucruri și de a fi creativi este o sursă a ce ne face oameni. Este motivul pentru care avem cultură, știință și spectacole de modă. Putem schimba ce se petrece în capul nostru. De exemplu, putem crea o scenă și să ne imaginăm ce s-ar întâmpla dacă s-ar petrece A, B sau C.

De asemenea, putem planifica, conceptualiza și anticipa, și putem rula o mulțime de simulări video în mințile noastre. În imaginație, ne-am putea imagina că ne întâlnim cu o anumită persoană, ce ar spune, ce am răspunde, și așa mai departe, până când alcoolul preia controlul. Sau anticipăm distracția unei vacanțe, ce vom face cu siguranță, ce ne-ar plăcea să facem, ce nu ne-ar plăcea să se întâmple. Ne gândim la planurile de a obține lucruri și cum să evităm eșecul – de exemplu, aclamarea și schimbarea vieții care s-ar întâmpla dacă am trece un examen și oportunitățile pierdute dacă l-am rata. Suntem acum departe de lumea „așa cum este" și adânc în lumea imaginației.

Avantajele și dezavantajele imaginației

Mulți cercetători cred că evoluția imaginației a fost cea care ne-a dat avantajele care ne-au făcut specia dominantă. Pentru prima dată, o formă de viață nu a fost constrânsă de ce i-au dictat genele să facă. Noi, oamenii, ne putem îmbunătăți genele pentru că ne imaginăm soluții mai bune. Albinele, păsările și castorii vor construi aceleași tipuri de cartiere vii (stupi, cuiburi și baraje) generație după generație – într-adevăr, mii de ani – pentru că se bazează în primul rând pe cunoașterea acumulată în gene, care le spune „cum să facă", alături de observarea altora și de învățarea la locul de muncă. Dar oamenii au trecut de la colibele din chirpici la zgârie-nori, de la focul cu lemne la încălzirea centralizată, de la plimbatul prin savană la zburatul spre Lună. Evoluția unei minți care își poate „imagina" și merge dincolo de ce este „acolo" a avut un impact fenomenal asupra suprafeței Pământului. Ne apropiem de o tehnologie prin care vom fi capabili chiar să ne schimbăm genele.

Avantajele imaginației noastre sunt multiple. Ea nu doar că ne permite să fim creativi și să avem perspectivă, ci, așa cum vom vedea imediat, să ne stimulăm și sistemele fiziologice. Totuși, la fel ca multe alte aspecte ale evoluției, avantajele sunt adesea însoțite de dezavantaje. Adesea, imaginația noastră ne face nefericiți sau temători. Ea se poate bloca în amintirile lucrurilor care ni s-au întâmplat. Dacă, de exemplu, am avut mai degrabă o copilărie nefericită, s-ar putea să ne fie foarte dificil să ne imaginăm că vom găsi vreodată o relație de iubire sau că vom avea vreodată succes. Mai des întâlnit, dacă am avut multe dificultăți în trecut, atunci creierul va încerca să ne protejeze, iar imaginația se va concentra pe amenințare – „Ai face bine să ții minte asta sau aia" (imagini din trecut se reaprind în minte) și „Nu lăsa garda jos".

Pentru că ne putem imagina, *despicăm firul în patru*. Există două tipuri de ruminare. Una are legătură cu încercarea de a rezolva probleme. Vom răsturna un puzzle o dată și încă o dată în mințile noastre, pe măsură ce încercăm să dormim, și uneori o soluție va fi pur și simplu acolo când ne trezim și vom avea unul dintre acele momente de constatare. Totuși, într-o altă formă de ruminare, suntem supărați și reluăm lucrurile care ne-au făcut nefericiți, temători sau furioși. Un exemplu trist este ce se întâmplă când moare cineva iubit. Este foarte greu să nu îți imaginezi persoana și să nu te gândești îndelung la felul în care ar fi viața dacă ea încă ar mai trăi printre noi. Sau să presupunem că te-a supărat cineva cu adevărat, profitând de tine sau tratându-te nedrept. Te poți surprinde reluând în minte modul nedrept în care te-a tratat și cum ai vrea să te răzbuni. Fiind creativ, gândești niște lucruri destul de înfricoșătoare.

Așadar, imaginația noastră ne ține mințile *orientate spre suferință*. Plimbându-te pe stradă, un tânăr care arată agresiv pare să se lovească de tine intenționat. Durerea reală a loviturii durează aproximativ un minut sau două, dar durerea cauzată de concentrarea atenției pe furia și pe gândirea că „Dacă eram cu 20 de ani mai tânăr" și „În ce hal a ajuns lumea?" poate dura mult mai mult. Adesea, despicarea firului în patru ne face să trăim chiar în locurile care cauzează durerea cea mai mare. Deși este dificil să nu recurgem la ruminație, pentru că emoțiile noastre sunt ca niște magneți sau vâltori foarte puternice care ne trag înapoi, noi putem recunoaște că nu vrem să trăim și să reflectăm asupra nefericirii, furiei sau răzbunării. Acționăm să ne îndepărtăm de acele locuri, nu să le negăm, ci pur și simplu să nu stăm în ele.

Cum ne afectează imaginația și gândurile creierul

Gândurile, imaginația și amintirile noastre au efecte puternice asupra sistemelor cerebrale. Privește Diagrama 2, care arată cum lucrurile din exterior și imaginea ta despre ele au efecte similare asupra corpului tău. În mijlocul diagramei, poți vedea *sistemul limbic*. Acesta este un termen-umbrelă pentru un număr important de sisteme ale creierului (cum ar fi amigdala, glanda pituitară și hipotalamusul) care ne reglează dorințele, sentimentele și diferitele funcții corporale. Să vedem cum imaginația activează aceste sisteme ale creierului.

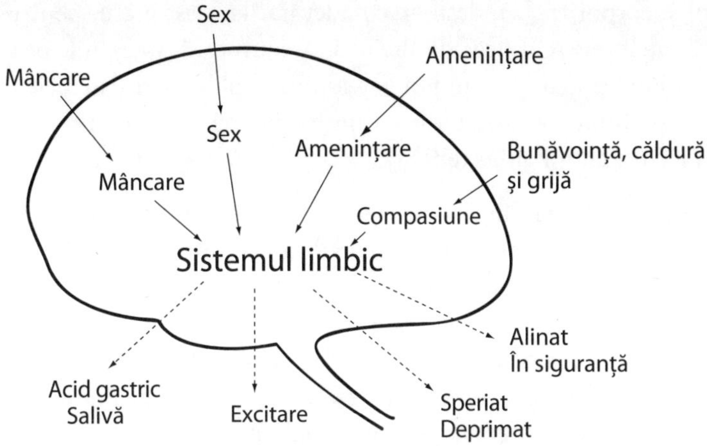

Diagrama 2: Modul în care gândurile și imaginile ne afectează creierii și corpurile

Să zicem că îți este foarte foame și o masă apetisantă apare în fața ta. Ce se întâmplă în corpul tău? Ce ai văzut (și probabil ai mirosit) îți va stimula o zonă din creier care va trimite mesaje corpului, astfel încât gura va începe să saliveze, acidul gastric se va pune în mișcare și stomacul tău va chiorăi. Totuși, să presupunem că îți este foame și doar îți *imaginezi* o masă minunată. Ce se întâmplă atunci în corpul tău? Ia-ți puțin timp să te gândești cu adevărat la asta. Ei bine, imaginile pe care *le-ai creat intenționat în minte* pot, de asemenea, trimite mesaje în aceeași parte a creierului, care apoi trimite mesaje corpului, astfel încât gura va începe să saliveze și sucurile gastrice vor fi secretate din nou. Dar ține minte: de data aceasta, nu există o masă, este doar o imagine pe care ai creat-o în mintea ta și totuși este capabilă să stimuleze sistemele fiziologice care secretă saliva și acizii gastrici. Gândește-te un moment la asta.

Bine, hai să luăm alt exemplu, ceva ce am întâlnit cu toții. Să zicem că vezi ceva sexy la televizor, deci este stimulată o zonă din creierul tău care îți afectează corpul, conducând la excitare. Dar, în mod egal, chiar dacă ești singur, îți poți imagina ceva sexy și *acel* lucru îți afectează corpul. Acea imagine îți poate stimula sistemele fiziologice din zona creierului numită glandă pituitară, care va elibera hormoni în corp. Așadar, ideea este că aceste imagini sunt modalități foarte puternice de a ne stimula creierii și corpurile. Gândește-te cu adevărat la acest lucru, pentru că această înțelegere se va lega de alte idei care urmează. Imaginile pe care le creezi intenționat în minte îți vor stimula fiziologia și sistemele corporale. (Întâmplător, asigură-te că nu îți încurci mesele cu sexul, așa cum a făcut Hannibal Lecter!)

Să privim acest lucru din altă perspectivă și să ne gândim la un exemplu mai grav. Imaginează-ți că cineva te hărțuiește – întotdeauna indicând și insistând asupra greșelilor tale sau lucrurilor care te fac nefericit, spunându-ți că nu ești bun și că nu are niciun sens să încerci ceva sau fiind furios pe tine – toate acestea îți vor afecta sistemele de stres, iar nivelul cortizolului din corpul tău va crește. Cum te simți când te critică oamenii? Cum se simte asta pentru corpul tău? Ia-ți un moment să te gândești la acest lucru. Neplăcerea lor probabil că te face să fii neliniștit, supărat și nefericit, pentru că sistemul de amenințare/autoapărare din creier a fost declanșat. Dacă această critică este dură și constantă, ea ar putea să te deprime. Nu ai fi surprins de acest lucru. Totuși, ideea este că *propriile gânduri și imaginația procedează la fel.*

Așadar, dacă te critici *singur* constant, acest lucru activează sistemele de stres și declanșează sistemul emoțional din creierul tău, care te determină să fii neliniștit, furios și trist. Așa este – propriile gânduri ne afectează părți din creier care dau naștere unor emoții stresante și neplăcute. Ele cu siguranță pot diminua sentimentele pozitive. Dacă ne dezvoltăm un stil autocritic, ne vom stimula constant sistemul de amenințare/autoapărare și, este de înțeles, ne vom simți încontinuu sub amenințare! Acest lucru nu este diferit de a spune că sentimentele și gândurile sexuale îți vor stimula sistemul sexual sau că gândurile despre o masă apetisantă îți vor stimula sistemul digestiv. De fapt, împreună cu alți cercetători de la universitățile din Aston și Glasgow, eu și colegii mei scanăm în prezent creierii oamenilor pentru a vedea ce se întâmplă când li se spune să fie autocritici sau să aibă compasiune față de sine. Până acum, este clar că aceste moduri de gândire despre noi înșine stimulează diferite zone din creier.

Există o mulțime de motive pentru care să fim autocritici. În Capitolul 10, voi explora în detaliu rușinea derivată din autocritică și ce e de făcut cu ea folosind o abordare plină de compasiune. Pe scurt, putem observa aici că devenim autocritici pentru că ceilalți au fost critici cu noi în trecut și pur și simplu preluăm punctele lor de vedere cu exactitate. Nu ne oprim să ne gândim dacă ei au fost interesați cu adevărat de bunăstarea noastră, le-a păsat de noi și au dorit să ne ajute – de fapt, se poate ca ei să fi fost mai degrabă oameni stresați și iritabili, critici cu toată lumea. Noi doar le-am acceptat critica – așa cum adesea face un copil – și nu ne-am oprit să ne întrebăm dacă erau rezonabili. Sau se poate să fi încercat din greu să atingem un anumit standard, să obținem ceva sau să ne prezentăm într-un anumit fel. Sau poate că ni s-au întâmplat lucruri rele din care nu ne putem reveni, am fost dezamăgiți și acum ne urâm din cauza aceasta. Când lucrurile nu funcționează așa cum ne-am dori, acest lucru ne înspăimântă, pentru că am putea crede că ne-am dezamăgit singuri sau că alții ne vor respinge. În frustrarea noastră, ne criticăm. Deși este de înțeles, aceste moduri de a ne trata sunt, în sine, vătămătoare, pentru că apoi ne trimitem singuri semnale negative care ne afectează creierul.

Autoalinarea prin compasiune

În acest curs normal de evenimente, ne simțim alinați când alții sunt binevoitori și înțelegători, încurajatori și ne susțin. Creierii noștri răspund la acel tip de comportament din partea altora. În termenii teoriei mentalității sociale, bunăvoința a apărut odată cu evoluția altruismului și în special cu mentalitățile sociale ale grijii (*vezi* pp. 123–124). Să presupunem că, atunci când lucrurile sunt grele pentru tine și te zbați, există o persoană căreia îi pasă de tine, care înțelege cât de greu îți este și care te încurajează prin căldură și grijă autentice. Cum se simte acest lucru? Ia-ți puțin timp să te gândești la asta. Observă cum creierul și mentalitatea de a primi îngrijire sunt capabile să răspundă la aceste semnale de alinare.

Acum direcționează-ți gândurile spre ce se întâmplă când te zbați să înveți ceva nou și alți oameni par să se descurce mai ușor decât tine. Conștientizarea că ceilalți se descurcă mai bine îți activează mentalitatea competitivă și pe cea concentrată pe rang. Atunci observi că te compari cu ei. Ai putea să te forțezi să te descurci mai bine sau să renunți, sau pur și simplu ai putea accepta că ceilalți sunt mai buni la acea sarcină anume și doar să continui cât de bine poți.

Cum ar fi să ai un profesor foarte blând și cald, care este atent la dificultățile tale, care te ajută să vezi ce faci bine și cum să pornești de la acele lucruri bune? Compară acest profesor cu unul care este în mod clar iritat de tine, care te face să simți că ții clasa în loc și care se concentrează doar pe neajunsurile tale. Este destul de evident pe care l-ai prefera și că îți va merge mult mai bine cu primul profesor. Observă cum comportamentul primului te va calma, iar cum cel de-al doilea îți va activa în continuare stresul, mentalitatea competitivă și sentimentul că ai fi inferior.

Să folosim această informație pentru a vedea că putem relaționa cu *noi înșine* prin bunăvoință sau iritare, care vor stimula diferit mentalitățile sociale din noi. Putem să fim binevoitori și liniștitori sau critici și să ne întristăm, făcându-ne să ne simțim inferiori altora. Prin exact același mod în care imaginarea unei mese declanșează senzații și sentimente în corpurile noastre, legate de mâncat, propriile gânduri și imagini sunt capabile să ne stimuleze grija și sistemele din creier care conduc la alinare. Dacă putem învăța să fim binevoitori și să relaționăm cu *noi înșine* cu o mentalitate a grijii – să ne trimitem mesaje ajutătoare când lucrurile sunt grele pentru noi –, probabil vom stimula acele părți din creierul nostru care răspund la bunăvoință. Acest lucru ne va ajuta să facem față stresului și eșecurilor.[122] Dacă dezvolți o relație cu tine însuți bazată pe mentalitatea competitivă de a depune eforturi și de a avea nevoie să reușești, să obții și să controlezi sau să impresionezi alți oameni, atunci te vei simți bine dacă lucrurile merg așa cum ți-ai propus, dar deprimat (și inferior sau ratat) dacă eșuezi. Mentalitatea grijii intervine exact când lucrurile nu merg atât de bine, să te încurajeze, să te susțină și să te aline. Așa că îngrijirea, înțelegerea și încurajarea, gândirea și sentimentele binevoitoare direcționate către sine sunt ceea ce încercăm să creăm în mințile noastre.

Antrenarea minților noastre prin compasiune

Am ajuns la un drum cu dublu sens. Imaginația, gândurile și reflecțiile noastre stimulează sisteme cerebrale, iar sistemele de reglare a emoțiilor ne îndrumă gândurile și imaginația. Ținând cont de acest lucru, nu este dificil să înțelegem beneficiile compasiunii și bunăvoinței. De asemenea, cunoaștem și faptul că a dori să ne asociem cu alții care sunt de ajutor este probabil o parte a moștenirii noastre înnăscute, pentru că oamenii de ajutor și plini de compasiune sunt buni pentru supraviețuirea și genele noastre. Într-adevăr, atât de importantă este bunăvoința, încât, chiar de la o vârstă fragedă, suntem foarte atenți și sensibili față de cei care o afișează. De exemplu, profesoara Kiley Hamlin de la Yale le-a arătat unor bebeluși cu vârste între șase și zece luni o siluetă care se chinuia să urce un deal. Apoi le-a arătat o jucărie care încerca să ajute acea siluetă și o altă jucărie care dobora silueta. Bebelușii au preferat să se joace cu jucăria care era înfățișată ca ajutor – și asta la copii mai mici de un an![123]

Și totuși, în ciuda a ce este evident, că bunăvoința este bună pentru noi și că ar trebui să o urmăm, cu toții suferim de lipsa ei[124] – nu în ultimul rând, săracii lumii, cei înfometați, cei prinși în războaie și conflicte, cei blocați în relații violente, cei pierduți în urma ravagiilor bolilor mintale, cei bolnavi și muribunzi. În inimile noastre, știm că viața este dură și că toți avem nevoie de mai multă bunăvoință și de acte de compasiune decât ce primim în prezent. Putem, de asemenea, aprecia că mulți dintre prietenii și apropiații noștri – și noi înșine – suferă de o lipsă de compasiune față de *sine*. Și, desigur, avem nevoie să ne respectăm și să îngrijim mediile pe care le-am exploatat, poluat și distrus.

A fi sensibil, grijuliu și plin de compasiune nu este ușor pentru că noi avem atât de multe alte mecanisme care acționează asupra noastră. Evoluționiștii ne spun că bunăvoința și îngrijirea sunt resurse prea scumpe pentru a le risipi și că astfel le păstrăm în mare parte (cu unele excepții) pentru rudele, iubiții și prietenii noștri. Cât despre bunăvoința față de sine, ia în considerare ce este necesar pentru a fi blând față de tine când lucrurile merg prost sau când oamenii te critică. Devenim furioși sau dezamăgiți de noi înșine și reluăm în minte criticile altora sau greșelile pe care le-am făcut. Din frustrare sau frică, bunăvoința și iertarea sunt greu de găsit.

Există multe cărți pe piață care se concentrează pe valoarea compasiunii ca modalitate de a găsi fericirea. Totuși, compasiunea ne poate asista în multe aspecte ale vieților, nu doar în fericire. Ea ne ajută să facem față eșecului, să ne asumăm riscuri, să exersăm și să ne înfruntăm eșecurile pe drumul spre desăvârșire, să facem față criticilor și conflictelor, să dezvoltăm relații mai armonioase. Ea este un punct central al identității noastre, ceva pentru care să ne luptăm și la care să lucrăm.

Ea ne poate ajuta să ne legăm de un aspect al îngrijirii/alinării din mintea noastră şi să confruntăm şi să facem faţă tragediilor vieţii. Prin recunoaşterea faptului că trăim într-o mare de suferinţă, ne găsim sensul, ca apoi să ne dedicăm pentru a aduce compasiune în lume. Şi ne poate ajuta să căpătăm înţelepciune, astfel încât să ne dăm înapoi de la soluţii răzbunătoare, temătoare şi agresive pentru probleme şi să căutăm în schimb corectitudine, dreptate şi bunăvoinţă pentru toţi, într-o lume a resurselor limitate.[125]

Elementele unei minţi pline de compasiune

Bine, am ajuns acum în punctul în care ne gândim la *ce este compasiunea* şi cum putem să o dezvoltăm. Am stabilit că ea a evoluat şi a apărut din îngrijire – o mentalitate socială care oferă îngrijire şi un arhetip fundamental. Acest arhetip, când este prezent în interacţiunile în care avem grijă unul de altul, ne ajută să ne simţim alinaţi şi în siguranţă şi influenţează modul în care funcţionează corpurile noastre. Când ne aflăm în relaţii mai degrabă binevoitoare decât critice, nivelul hormonilor de stres din creierii noştri scad şi substanţele chimice din creier care ne fac să ne simţim bine cresc, iar sistemele imunitare sunt mai rezistente. Acelaşi lucru este adevărat şi când ne tratăm pe *noi înşine* cu compasiune, şi nu cu critică.

Compasiunea este şi un generator important de tipare cerebrale – ea valorifică anumite motive şi competenţe şi le organizează în anumite feluri, care sunt favorabile experienţelor de bine ale minţilor şi corpurilor noastre.[126] Dar avem nevoie să ne concentrăm şi să ne antrenăm creierul pentru a dezvolta compasiunea şi a culege aceste recompense.

Acum există multe definiţii ale compasiunii şi ale elementelor care o alcătuiesc. Buddha şi adepţii săi au recunoscut că avem nevoie să ne antrenăm minţile în moduri diferite. El a vorbit despre calea cu opt alegeri:

- *perspectivă corectă* – dezvoltarea unei înţelegeri clare asupra adevăratelor cauze ale suferinţei legate de ataşament şi dorinţă;
- *concentrare corectă* – concentrarea atenţiei ca o formă a conştientizării şi compasiunii;
- *intenţie corectă* – motivaţia pentru îngrijire;

- *discurs corect* – legat de relaționare, spunând cuvinte mai degrabă binevoitoare decât lucruri dureroase;
- *acțiune corectă* – comportamentul care încearcă să vindece, nu să distrugă;
- *trai corect* – alegerea carierei și modul în care te comporți la muncă;
- *eforturi corecte* – nevoia de a exersa cu efort/dedicare;
- *conștientizare corectă* – acordarea atenției „de moment" într-un mod plin de compasiune.

Vom vedea câteva dintre acestea în contexte noi ulterioare.

Kristin Neff s-a aflat în fruntea dezvoltării ideii de compasiune față de sine și poți găsi trimiteri la toate lucrările ei – împreună cu niște chestionare pe care le poți completa pentru a vedea propriile niveluri de compasiune față de sine – pe site-ul ei, Self-Compassion, www.self-compassion.org. Kristin se concentrează pe trei dimensiuni importante:

- *bunăvoința* – înțelegerea dificultăților cuiva și a fi binevoitor și cald în fața eșecului sau necazurilor, mai degrabă decât a fi critic și a judeca dur;
- *umanitate comună* – a vedea experiențele cuiva ca parte din condiția umană, nu una personală, izolatoare și rușinoasă;
- *acceptarea conștientă* – conștientizarea și acceptarea gândurilor și sentimentelor dureroase, nu identificarea excesivă cu ele.

Chiar gândirea mea se bazează pe abordarea evoluționistă a neuroștiințelor și se schimbă odată cu înțelegerea și cunoașterea în domeniu. Așa cum spune Dalai Lama că religia lui de bază este bunăvoința, o abordare neuroștiințifică plasează bunăvoința la înălțime între atributele compasiunii și bunăstării. În abordarea mea, compasiunea a evoluat din capacitatea noastră pentru altruism și grijă. Compasiunea poate fi definită drept comportamentul care țintește să hrănească, îngrijească, învețe, îndrume, aline, protejeze, să ofere sentimentul de acceptare și de apartenență – de care să beneficieze altă persoană.[127] Un asemenea comportament necesită un număr de competențe și de atribute diferite, care pot fi legate într-un *cerc al compasiunii* (*vezi* Diagrama 3). Aceste elemente interconectate se amplifică unele pe altele și toate sunt infuzate mai degrabă de căldură, nu de detașare. Există un cerc interior de *atribute* și unul exterior de *capacități*. Cercul exterior cuprinde „cum să"-urile pentru cercul interior. Așa că putem să ne direcționăm atenția cu compasiune, să gândim, să simțim, să ne comportăm cu compasiune, să generăm imagini și lucruri imaginate pline de compasiune și să lucrăm la crearea unei senzații corporale de compasiune. Nu îți face griji dacă pare puțin complicat. Va deveni mai clar pe măsură ce avansăm.

Cercurile compasiunii sunt ceva ce alegem să dezvoltăm în relațiile cu alți oameni, dar, la fel de important, și în relația cu noi înșine. Se întâmplă astfel deoarece compasiunea este alcătuită din multe elemente care interacționează. Când e activă, ea ne modelează întreaga minte; de aceea există un raport atât de strâns între *compasiune și mintea umană*. Când ne antrenăm mințile pentru compasiune, acest lucru se numește *formarea minții pline de compasiune*. Acum ne vom deplasa în jurul cercului și vom explora fiecare dintre atributele compasiunii.

Grija pentru starea de bine

Motivația și dorința de a fi grijuliu și de ajutor se află la rădăcina compasiunii. A te îngriji de tine însuți și de alții implică exploatarea unei dorințe și motivații de a avea un interes real față de a te îngriji și a te preocupa de alții (și de tine) când se află în suferință *și* de a le favoriza starea de bine.[128]

În psihologia budistă, dorința se îndreaptă spre atenuarea suferinței, dar acest lucru trebuie făcut cu „pricepere", prin cunoașterea cauzelor suferinței și cu eforturi de a achiziționa mijloace care să ajute.[129] De fapt, oamenii pot desluși cum să îngrijească și să se ocupe de multe lucruri – de la propriii copii la animalul de companie al familiei, plante și chiar de mașina familiei. Desigur, înțelegem că îngrijirea care este direcționată spre ființele vii și spre cele cu inteligență este diferită de îngrijirea obiectelor, dar dorința de „a avea grijă" le parcurge pe toate. Uneori, îngrijirea noastră este colorată și de dorința de apreciere din partea celorlalți sau de a fi îngrijiți în schimb – de fapt, de obicei așa este; oameni suntem.

Formarea multimodală a minții pline de compasiune

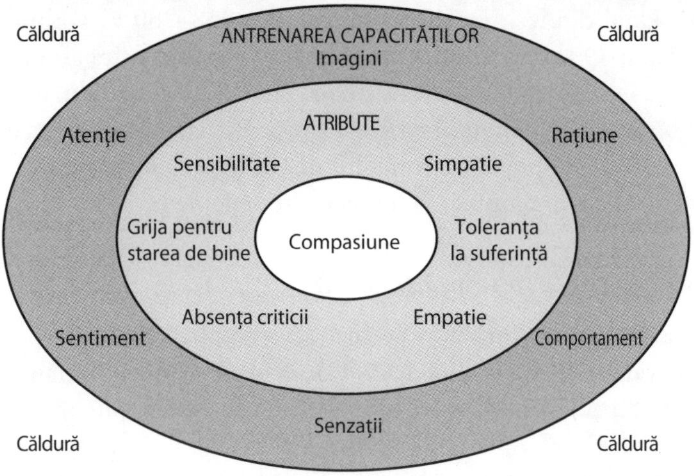

Diagrama 3: Cercul compasiunii: atributele-cheie ale compasiunii (cercul din interior) și capacitățile necesare dezvoltării acestora (cercul exterior)

Multe dintre alegerile noastre au loc din diferite motive, așa că nu încerca să descoperi dacă emoțiile tale nu sunt influențate de dorințe egoiste; pur și simplu, lasă-te dus de val în această privință. O dorință clar egoistă este „Îmi place să simt că sunt o persoană grijulie", pentru că ne ajută stima de sine. Eu simt o înălțare din faptul că pot fi de ajutor. Totuși, așa cum voi continua să accentuez, importante sunt combinația și integrarea *tuturor calităților compasiunii* – adică tiparul. În Capitolul 8 vom analiza câteva exerciții de imagerie mintală în care vom genera sentimente de compasiune pentru alții.

Când compasiunea este direcționată către sine, ne concentrăm pe dorințele de a ne îngriji, hrăni și susține pe noi înșine pentru a ne promova starea de bine și dezvoltarea. Oamenii care provin din medii dure nu simt foarte clar motivația și exercițiul de a avea grijă, a se hrăni și a se preocupa de sine. Ei sunt atenți față de alți oameni sau capabili să se apere sau să se concentreze pe „obținerea" lucrurilor sau câștigarea aprobării sociale sau a promovării de sine – dar îngrijirea și preocuparea autentică pentru propria stare de bine sunt diferite. De fapt, așa cum am menționat în Capitolul 2, ei pot considera această motivație egoistă, permisivă sau chiar o slăbiciune. Unii vor avea credințe precum:

„Întotdeauna trebuie să îi pui pe alții pe primul loc." Prin urmare, este important să ne gândim la ce înseamnă „grija pentru propria stare de bine". Unul dintre exercițiile de la paginile 258–260 va vorbi despre acest lucru. O abordare este să arunci o privire pragmatică asupra acestui lucru în termenii propriilor sisteme cerebrale și ai modului în care se echilibrează, la fel cum te antrenezi fizic, pentru că nu este vorba despre „a merita", ci despre antrenamentul minții. Așa că ne putem gândi la dezvoltarea compasiunii ca la un fel de fizioterapie pentru minte.

Sensibilitatea la suferință și nevoie

A fi sensibil la suferința altor persoane înseamnă că suntem capabili să o observăm și să ne ocupăm de ea. Este evident că, dacă suntem grăbiți sau ocupați, acest lucru poate fi trecut cu vederea. Dar putem măcar să hotărâm dacă ne-ar plăcea să ne antrenăm mințile să fim sensibili sau insensibili – aceasta este o alegere.

De fapt, am lucrat cu o mulțime de oameni care simțeau că au nevoie să se antreneze să fie *insensibili*; altfel, nu puteau lua o decizie dificilă. Acest lucru nu este atât de straniu pe cât de crud ar părea. Un director de companie mi-a spus cum a trebuit să fie relativ insensibil și să se înăsprească în fața suferinței când i-a disponibilizat pe angajații săi. Dacă nu ar fi făcut acest lucru, firma sa s-ar fi prăbușit și toată lumea și-ar fi pierdut slujbele. Un exemplu extrem este pregătirea militară, care îi învață pe soldați cum să fie capabili să ucidă. În cursul normal al evenimentelor, oamenilor nu le place cu adevărat să ucidă alte persoane, așa că, fără această pregătire, soldații ar putea ezita prea mult și s-ar pune pe ei înșiși și pe alții în pericol. Desigur, dacă pregătim mințile soldaților în așa fel, nu ar trebui să ne surprindă când unii dintre ei se poartă crud. Din nefericire, când unii se întorc răniți din război, trauma nu este cauzată numai de violența la care au fost supuși, ci și de violența la care i-au supus ei pe alții. Nu există bun și rău aici, doar stări complexe ale creierului, care apar ca rezultat al personalității, mediului și pregătirii, contextelor sociale, tiparelor de frică și de răzbunare ale persoanei și așa mai departe.

Unii oameni cred că cea mai bună cale de a trece prin viață este să fii insensibil față de propria durere, să o blochezi și pur și simplu să îți vezi de treabă, să ai obraz gros. A avea compasiune înseamnă a fi respectuos față de această încercare de a deveni „dur" și „rigid", a recunoaște că noi toți încercăm să trecem prin viață cât de bine putem. Totuși, pentru unii oameni, aceste tactici duc la probleme de sănătate mintală sau la o anumită asprime, care poate însemna necaz pentru alții. A ne antrena mințile să fie mai în ton cu noi înșine – cu supărările, sentimentele și nevoile noastre – este de obicei mai util pentru noi.

Dezvoltarea conștiinței de sine, a deschiderii și a sensibilității față de suferințele și nevoile noastre înseamnă să învățăm să fim mai atenți la schimbările sentimentelor și senzațiilor fizice și din gândurile noastre. Acest lucru ar putea dezvălui că, uneori, primim anumite semne în corpurile noastre care declanșează mai degrabă strategiile defensive sau de evitare decât să proceseze acele sentimente. De exemplu, când Kirsten îl critică pe Alan, el merge direct la furie, ocolind sentimentele de confuzie, rușine, dezamăgire, supărare, frică de respingere și reactivarea amintirilor de respingere din copilăria sa. Furia a eliminat nevoia de a procesa toată acea suferință. „A învăța să fii sensibil la suferința cuiva" ar însemna, pentru Alan, a te încetini, a face un pas înapoi și a vedea ce se află în spatele furiei. Practic, oamenii furioși sunt ușor de amenințat, iar unii folosesc droguri sau alcool ca o distragere de la sentimentele și amintirile dureroase. Când discuți despre schimbare cu ei, uneori spun că a fi „sensibil la propria suferință" este ultimul lucru care vor să devină; ei vor să scape de suferință, nu să o accepte.

A deveni sensibil la ce ne supără înseamnă și a rezolva ce ne deranjează cu adevărat: care este frica sau amenințarea-cheie, care sunt cu adevărat problemele importante din mințile noastre. Această ceartă pe care o ai cu partenerul despre faptul că a uitat de ziua ta de naștere – chiar este despre acel lucru sau este pentru că tu crezi că lui/ei nu îi pasă de tine? Acea furie pe care ai simțit-o când colegul tău ți-a criticat munca – chiar este legată de muncă sau de faptul că pur și simplu nu îți place colegul? Sau tu, de fapt, ești furios pentru că îți lipsește încrederea în munca ta sau pentru că ești, pur și simplu, excesiv de stresat și orice lucru mărunt te poate declanșa? Ești dezamăgit sau furios pe colegul tău pentru că el îți amintește de tatăl tău care te critica? A fi sensibili la noi înșine înseamnă să învățăm să fim curioși și interesați de motivele pentru care reacționăm așa.

Unul dintre lucrurile cu care te pot ajuta terapiile psihologice este să îți ofere spațiul pentru a gândi aceste lucruri pe îndelete. Dar, atât timp cât fricile noastre nu sunt atât de mari, învățăm să facem acest lucru pentru noi înșine, devenind *conștienți* și *buni observatori*. Putem învăța să ne transpunem sentimentele în cuvinte și, de asemenea, să scriem despre ele – de exemplu, să scriem scrisori către noi înșine despre situațiile în care ne regăsim. Vom analiza acest lucru mai târziu. Cred că este întotdeauna mai ușor să ne înfruntăm fricile și nevoile dacă ne este clar că multe dintre suferințe nu sunt trăite doar de noi, ci că sunt împărtășite cu alte ființe de pe întreaga planetă. Într-adevăr, vulnerabilitățile noastre și nevoia de dragoste, grijă, afecțiune și respect ne fac oameni.

Simpatia

Aceasta este capacitatea de a fi mișcați emoțional de durerea altora. Mergem la un film trist și plângem în popcornul nostru. De fapt, avem neuroni speciali în creier, numiți *neuroni-oglindă*, care ne permit să simțim lucruri doar urmărind pe altcineva trăindu-le. Neuronii care se aprind când noi înșine simțim dezgust, frică, furie sau bucurie se pot aprinde, de asemenea, când vedem aceste emoții la alții. Unii cercetători cred că aceasta este baza simpatiei (capacitatea de a simți pentru alții) și a empatiei (capacitatea de a-i înțelege pe alții). Acestea încep foarte devreme în viață – de exemplu, într-o creșă, dacă un bebeluș începe să sufere și să plângă, alții reacționează la fel.[130]

Cât de pregătiți suntem să ne *permitem* să fim mișcați emoțional este crucial pentru felul în care înțelegem lucrurile. În 1995, BBC a rulat o serie de documentare pentru a comemora 50 de ani de la sfârșitul celui de Al Doilea Război Mondial. Văzusem, desigur, multe documentare despre Holocaust și lagărele de concentrare și credeam că înțelesesem tragismul celor din urmă. Totuși, un program de două ore, având drept coloană sonoră Simfonia a III-a a lui Górecki, a fost diferit. Am început să mă uit pentru că, ei bine, am crezut că trebuie, din respect. Să fiu sincer, aș fi preferat să mă fi uitat la crichet. În acest documentar, totuși, muzica a ritmat cuvintele. A început cu un tren lent care mergea de-a lungul unor șine acoperite de zăpadă spre clădiri filmate alb-negru. Apoi a intrat în detaliile vieții fiecărui ins, citind din scrisori ascunse în saltele și inscripții de pe pereți, scrise de mâini firave și muribunde. Una era din partea unei mame disperate pentru ce pățise fiica ei și care spera că raiul le va reuni. Vocile s-au suprapus cu imagini ale încăperilor părăsite în care aveau loc experimentele din lagăre. Gândurile și imaginile despre cum aș fi suportat asta dacă li s-ar fi întâmplat soției și copiilor mei au fost dureroase și insuportabile.

Pentru prima dată, am plâns. De fapt, am fost atât de îndurerat, încât am fost tentat să închid programul.

M-am bucurat că nu am făcut asta. În discuția care a urmat, oamenii au exprimat aceleași idei simpliste despre bine și rău, dar apoi o persoană a evidențiat că acest lucru nu are prea multă legătură cu binele sau răul. Totul are de-a face cu creierii noștri, cu ce sunt capabili să facă și cu contextele sociale care îi modelează – că trebuie să renunțăm să mai credem că avem control deplin asupra minților, când istoria ne-a arătat de atâtea ori că nu avem, este o iluzie – în grupuri, suntem capabili să facem lucruri îngrozitoare.[131] Acel sentiment este drumul spre compasiune. Înțelegerea disperării pure din această tragedie și conștientizarea lucrurilor cărora ne opunem din partea minților noastre evoluate și a modului în care putem fi atât de ușor conduși de pasiunile „creierului vechi/minții vechi" mi-au oferit noi perspective și m-au afectat.

Cum rămâne cu dezvoltarea simpatiei centrate *pe sine* pentru propria suferință? Cum diferă acest lucru de compătimire? Ei bine, compasiunea față de sine înseamnă că suntem mișcați de lucrurile dureroase pe care le-am trăit; suntem deschiși din punct de vedere emoțional spre suferința noastră. Mila de sine nu are nicio legătură cu compasiunea, pentru că ea implică elemente de sfidare și de identificare excesivă cu sentimentul de a fi victimă și/sau cu sentimentul de nedreptate: am putea să ne considerăm „săracul și jalnicul de mine" sau să ne umplem de lacrimi furibunde, plângându-ne de nedreptate. Aceasta nu este simpatie față de propria suferință. A avea simpatie înseamnă să fii mișcat cu adevărat de îngrozitoarea depresie sau de frica din copilărie, când mama ta te amenința că te abandonează, sau tatăl tău era beat, sau te bătea, sau erai hărțuit la școală, sau te simțeai întotdeauna cel ciudat. Acest lucru nu înseamnă că te gândești îndelung la cât de rele au fost sau sunt lucrurile într-un mod inutil, ci mai degrabă la modul în care ai putea să îți dezvolți o înțelegere plină de compasiune pentru durerea ta. Este, de asemenea, de ajutor pentru a reflecta asupra faptului că am depășit aceste lucruri și că uneori avem mai mult curaj și rezistență decât credem.

Oamenii spun că au recunoscut din punct vedere „intelectual" cât de dificile au fost lucrurile pentru ei – când erau copii, sau când au trecut printr-un divorț, sau când se luptau cu singurătatea în timp ce își creșteau copiii singuri –, dar niciodată nu au avut prea multă simpatie sau nu au simțit bunăvoință față de ei înșiși pentru că au avut acele experiențe. Ei au petrecut atât de mult timp „ținându-se să nu cadă“, „protejându-se“ sau „mergând înainte“, încât nu au avut cu adevărat șansa să proceseze acele experiențe și durerea în care se aflau. Acest stil de a face față manifestă compasiune prin faptul că a fost necesar în acel moment, având în vedere posibilitățile și resursele. Totuși, este de mare ajutor dacă cineva căruia îi pasă de tine poate să amenajeze un mediu sigur și să ofere bunăvoință și sprijin. Asta înseamnă să fii om – a ne ajuta și a ne înțelege sentimentele și mințile unul altuia. Niciun alt animal nu poate egala aceste capacități. Când vine vorba despre noi, simpatia este capacitatea prin care recunoaștem durerea fără să o minimalizăm, să o negăm sau să ne disociem de ea; asta înseamnă că, atunci când apar oportunitățile, prelucrăm durerea și o împărtășim cu alții.

De exemplu, să ascultăm povestea lui Christine, o femeie cu care am lucrat, care avusese un trecut dificil și care învățase „să nu simtă lucruri“. Când a murit mama ei, Christine a observat că alți oameni de la înmormântare erau foarte triști, dar ea se simțea oarecum golită și mai degrabă detașată și disprețuitoare față de plânsul lor și de faptul că „nu se controlau“. Terapia a ajutat-o să se conecteze cu propriile sentimente, iar în timpul acelei călătorii, a început să resimtă durerea trecută din cauza faptului că mama ei se distanțase prin depresie și băutură. De asemenea, le-a jelit pe mama pe care ar fi putut să o aibă, cea dorită, precum și pe mama adevărată care murise. Amestecate cu doliul profund erau, desigur, mânia și furia. După ani de medicație pentru depresie, Christine simțea că și-a recăpătat capacitatea de a simți și de a se simți vie, chiar dacă acest lucru era uneori îngrozitor de dureros.

A avea simpatie pentru noi înșine dă startul procesului de conștientizare asociat cu amintirile rele, vremurile dificile și fricile de bază – și de a fi mișcat cu adevărat de ele. Mulți dintre noi înfruntă tragediile vieții în moduri diferite, cât de bine pot. Uneori este vorba despre a ține capul plecat și de a merge înainte, dar este important să recunoaștem cât pierdem făcând acest lucru, că putem pune în așteptare unele dintre sistemele noastre emoționale. De asemenea, ar trebui să adaug aici că cercetările încep să ne arate că oamenii care provin din medii dificile și își suspendă sentimentele astfel, care evită într-un anume fel intimitatea, sunt potențial dăunători pentru noi toți, în special dacă ajung în poziții de putere. Și aceste tipologii caută adesea puterea de a compensa pentru detașarea lor emoțională.[132]

Toleranța și acceptarea suferințelor

Sensibilitatea și simpatia față de suferință funcționează împreună și sunt componente-cheie pentru un element crucial al compasiunii: toleranța la suferință. Totuși, este important să întâmpinăm prin bunăvoință și căldură toleranța, astfel încât *compasiunea* să fie în centrul atenției.

Legată de acceptare, dar nu identică, toleranța este capacitatea de a avea emoții atunci când ele apar. Am putea învăța să tolerăm ceva pentru a-l putea schimba – de exemplu, să tolerăm durerea antrenamentelor pentru a fi în formă. Acceptarea implică toleranța, dar este, de asemenea, o orientare filozofică profundă spre dificultățile tale. Este o acceptare a lucrurilor, „a le lăsa să fie“, fără să te împotrivești sau să te zbuciumi. Acest lucru este diferit de resemnarea sau renunțarea forțată și plină de resentimente. Relațiile noastre cu alte persoane sunt importante pentru modul în care devenim toleranți la experiențele și sentimentele dureroase. Este adesea mai ușor să tolerăm lucruri dacă ne simțim sprijiniți. Chiar și moartea poate fi mai ușor de înfruntat prin iubire decât prin singurătate. Dar există o asemănare cu relația cu noi înșine – cu cât suntem mai binevoitori și avem mai multă compasiune pentru noi înșine, cu atât mai mult dezvoltăm curajul de a tolera lucruri dificile. Atât toleranța, cât și acceptarea sunt lucruri total diferite de resemnare. În acest sens, simți că trebuie să cedezi inevitabilului și te simți înfrânt și neputincios să faci orice altceva. Acest lucru este adesea asociat cu a te simți fără speranță sau plin de resentimente. Spiritul acceptării înseamnă a fi împăcat cu o situație fără aceste sentimente.

Importanța de a învăța toleranța față de sentimentele dureroase este destul de clară. Totuși, poate că este surprinzător să descoperi că unii oameni au nevoie, de asemenea, să învețe să tolereze și să *savureze* emoții pozitive. Pentru unii, bucuria de dragul bucuriei se simte greșit. Unii oameni depresivi dezvoltă un „tabu al plăcerii“ sau față de unele tipuri ale ei – o trăsătură pentru care au fost remarcați puritanii. Unii oameni nu pot tolera să se simtă fericiți sau mulțumiți, pentru că acest lucru declanșează fricile că vor lăsa garda jos și ceva rău se va întâmpla; sau pentru că simt că se răsfață și că nu merită acest lucru – așa cum mi-a spus cineva: „Pur și simplu nu sunt o persoană fericită, pur și simplu nu sunt așa.“

Un individ simte că nu ar trebui să fie fericit în legătură cu, să zicem, o vacanță în caz că nu merge bine și apoi va trebui să facă față furiei și dezamăgirii. Altuia i s-a spus în mod repetat când era copil să nu se entuziasmeze prea mult pentru că făcea „lucruri prostești"; drept rezultat, entuziasmul adesea declanșează precauție și o frică de „a pierde controlul" sau de a face ceva care l-ar face să se simtă rușinat. Încă un altul crede că a fi fericit și a-și dedica viața fericirii când lumea se confruntă cu atâtea suferințe sunt imorale. Altă persoană nu vrea ca oamenii să o vadă fericită pentru că ar putea profita de ea sau ar înceta să le mai pese de ea. În cele din urmă, unii cred că a fi fericit înseamnă renunțarea la ce consideră că este furie justificată, uitarea nedreptăților trecutului și dorința pentru răzbunare. Ei au nevoie să le amintească altora (și lor înșiși) cât de rele au fost lucrurile pentru ei, sperând la recunoaștere sau salvare. Recunoașterea pe care o caută adesea nu vine niciodată, așa că rămân în această poziție de evitare a fericirii. Și, așa cum am văzut în capitolul anterior, unii cred că a deveni „luminat" înseamnă a renunța la plăcere.

Dorințele sexuale sunt, de asemenea, o altă arie importantă în care oamenii predispuși la rușine au o serie de blocaje în a-și permite să simtă și să exploreze o *varietate* de plăceri sexuale. Ei au credințe religioase care îi împiedică, amintiri neplăcute sau o frică de a-și pierde controlul.

Frica de a ne bucura de plăceri, deși este de înțeles, dezechilibrează cele trei sisteme de reglare a emoțiilor. Așa că am putea încerca niște lucruri, un fel de experiment, expunându-ne la a învăța cum să tolerăm și să acceptăm sentimentele *pozitive*. Desigur, îți spui că „unele sentimente s-ar putea să fie bune pentru tine, dar pe mine mă neliniștesc". Așa că, dacă vrei să abandonezi o asemenea situație, ești îndreptățit. Dar cum ar fi dacă ai putea să te bucuri de diverse sentimente pozitive, precum cele care te fac să te simți ca și cum nu ai nicio grijă pe lume? Ți-aș adresa o singură întrebare: „Care ar fi cea mai mare frică a ta dacă ai deveni cu adevărat fericit (sau dezinhibat), dacă te-ai lăsa cu adevărat dus de val?" Dacă stăm și ne gândim la care este cea mai mare frică a noastră în a ne permite să trăim plăcerea, fericirea și mulțumirea, am veni cu niște idei foarte interesante. Dar ține minte că, în lucrul cu compasiunea, este important să menții acest tip de interogatoriu la un nivel de curiozitate și să nu te ataci singur.

Empatia

Este alcătuită atât dintr-o componentă emoțională, cât și din capacitatea de a „înțelege" de ce simțim, gândim și reacționăm în modul în care o facem.[133] Empatia începe cu o curiozitate a minții și cu o dorință autentică de a cunoaște și a descoperi. Dacă nu prea ai interes față de aceste lucruri, este dificil să dezvolți anumite aspecte ale empatiei. Empatia, de asemenea, necesită ca noi să avem o legătură cu propriile sentimente și cu ale altor oameni – de aici și valoarea toleranței la suferință.

Noi aducem cunoașterea și experiențele noastre în empatie. Înțelegerea motivelor pentru care gândim, simțim și ne comportăm așa cum o facem și pentru care alții gândesc, simt și se comportă așa cum o fac rezidă în lucrurile pe care le cunoaștem despre noi înșine și despre ceilalți oameni. Dacă știm că cineva se descurcă cu greu în viață, apoi dacă ei sunt țâfnoși cu noi, înțelegem de ce și nu o luăm personal. Dezvoltarea empatiei și a înțelegerii propriilor dificultăți (de ce eu, de ce acum?) ne ajută să fim capabili de sensibilitate, simpatie și toleranță cu propriile sentimente și dificultăți. Înțelegerea empatică este personală (legată de copilăria fiecăruia), dar și *trans*personală – adică presupune înțelegerea naturii înnăscute a unora dintre strategiile de protecție (frici și furii), a nevoilor și dorințelor noastre și a omeniei comune.

Empatia plină de compasiune ne permite să folosim cunoașterea faptului că noi „pur și simplu am ajuns aici" și că ne luptăm să controlăm un creier pe care nu l-am proiectat niciodată, care a fost alcătuit în milioane de ani și niște emoții și dorințe alarmante și înfricoșătoare. Acest tip de empatie plină de compasiune conduce în mod natural la următorul element-cheie al compasiunii – absența criticii (vezi în cele ce urmează).

Așa cum am văzut în Capitolul 2, unii cercetători cred că empatia este o dimensiune a personalității și că este intuitivă. De asemenea, s-a spus că empatia poate fi folosită în scopuri negative. Torționarul lipsit de empatie îți pune un pistol la tâmplă, pe când cel empatic îl orientează spre copilul tău. Un asemenea act necesită o înțelegere clară a faptului că mințile noastre sunt mai degrabă influențate de o amenințare asupra unui copil decât asupra noastră. Unii psihopați sunt destul de empatici și înțeleg cum să manipuleze oamenii, pentru că ei par să aibă o intuiție în ce îi privește pe oameni. Din acest motiv, trebuie să ne gândim la compasiune ca la o *serie* integrată de talente, și nu ca la un proces singular. Este modul în care aceste abilități, evidențiate în cercul compasiunii, funcționează împreună. A avea câteva dintre ele pe cont propriu nu duce neapărat la compasiune. Și dacă oricare dintre acele abilități este pierdută, atunci compasiunea se poate zdruncina.

Totuși, empatia este complexă, pentru că există în mod clar atât aspecte intuitive, cât și neintuitive ale ei. Trebuie să facem presupuneri intuitive despre mințile altora – dacă nu am putea să facem acest lucru, ar părea că ne confruntăm cu extratereștrii. Adevărata empatie totuși este un act de imaginație. Trebuie să ne imaginăm cum ar fi dacă ne-am afla în mințile celorlalți, dacă am fi în locul lor. Trebuie să le luăm în considerare trecutul și modul în care a avut impact asupra lor/ar fi avut impact asupra noastră; trebuie să luăm în considerare contextul – adică fricile, dorințele și speranțele lor.

De exemplu, dacă lucrez cu un bărbat care are un trecut agresiv și *este* agresiv, empatia față de el nu va implica doar să mă gândesc la un anumit eveniment în care agresivitatea sa a fost evidentă. Ar trebui să încerc să îmi imaginez genul de persoană care aș fi fost eu dacă propriul tată ar fi fost la fel de brutal ca al bărbatului respectiv. Și cum îți imaginezi că ar fi să ai un temperament diferit din punct de vedere genetic sau un cortex frontal diferit? De fapt, este foarte dificil să te gândești la oameni ca la o formație de gene și de contexte diferite de propriile experiențe.

Acest lucru face empatia atât de diferită de simpatie. Simpatia este o reacție automată; noi suntem mișcați și simțim conform modului în care cealaltă persoană se exprimă. În empatie, trebuie să muncim din greu, să cunoaștem și să înțelegem cealaltă persoană. A vedea empatia pur intuitivă și automată sau legată de personalitate este doar o parte din poveste. De asemenea, trebuie să fii motivat să faci acest lucru; dacă nu ai niciun interes în a încerca să înțelegi mintea altcuiva, empatia este sufocată înainte de a începe. Prin urmare, una dintre cele mai mari probleme când avem de-a face cu oameni care sunt văzuți ca dușmani este lipsa gândirii empatice din partea noastră sau, dacă ea are loc, este folosită doar pentru a încerca să deslușim ce ar putea face ceilalți, astfel încât să îi putem găsi sau înfrânge.

Privind înapoi în istorie, aflăm că oamenii erau fascinați de cruzime (de exemplu, jocurile romane) și erau cu toții prea pregătiți să folosească violența și tortura ca soluții la problemele și conflictele sociale. Dacă ne lipsește empatia, nu ne putem imagina pe noi înșine ca pe ei – de exemplu, ne bucurăm de jocuri. Prin urmare, strămoșii ne devin străini și eșuăm să recunoaștem că mințile lor erau ca ale noastre și că, în condiții similare, ale noastre ar deveni ca ale lor din nou.

Astfel, empatia presupune ca noi să facem un pas curajos, să analizăm acele locuri în propriile minți în care se află fascinația față de cruzime și potențialul pentru pedepsele sadice și alte comportamente malefice. Jung a numit acest lucru „vizitarea umbrei". El a sugerat că acei indivizi care nu își cunosc sau nu își acceptă propriile umbre sunt mai predispuși să vadă doar lucrurile rele din ceilalți. Pentru asemenea oameni, răul, dezgustătorul și oribilul sunt „în celălalt", niciodată în sine sau, dacă sunt, ele trebuie să fie renegate. Adevărul este că toți am fost construiți din punct de vedere genetic în același fel, cu aproximativ aceleași potențiale. Nimeni nu a ales modul în care sunt construiți creierii, așa că, într-un fel, nu trebuie să ne învinovățim pentru umbre, pentru că acum le putem evalua și ne asumăm responsabilitatea asupra lor.

Empatia față de sine are același punct central. Trebuie să ne suspendăm judecata și să încercăm să înțelegem cu adevărat de ce simțim ce simțim, care au fost influențele istorice care ne-au dat aceste valori, gânduri, aceste dispoziții emoționale, atitudini și față de noi înșine. Dacă suntem nemulțumiți de noi, critici, putem întreba: „De unde vin toate acestea? Cum am învățat să fiu autocritic? Este autocritica mea legată de competiție – o mentalitate – și de a încerca să mă realizez și să îi impresionez pe alții?" A fi empatic față de sine înseamnă a nu accepta lucrurile ca atare, ci a insista asupra unei înțelegeri mai profunde a sinelui. Este muncă grea și, desigur, exact procesul psihoterapiei. Prin empatia terapeutului, pacientul dezvoltă empatia față de sine, cunoaște și se înțelege mai bine, fiind mai plin de compasiune față de acceptare sau schimbare. Aici este o altă zonă în care compasiunea necesită curaj, pentru că a descoperi originile durerii sau furiei sau a naturii umbrelor noastre nu este cel mai ușor lucru de făcut.

Absența criticii

Nu în ultimul rând, ajungem la capacitatea de a nu fi critici – adică de a ne implica în complexitatea și emoțiile altei persoane și vieți fără a le condamna. Așa cum am menționat anterior, dezvoltarea empatiei, în special modul în care am fost creați prin genele și mediile noastre, poate ajuta la absența criticii. Conștientizăm că, dacă ne-am fi născut în Roma în urmă cu 2 000 de ani, se poate să fi așteptat cu bucurie jocurile de sâmbătă ca să privim cum oamenii se omoară și cum copiii sunt alergați de lei, toate urmate de un festin și de o orgie la Marcus.

Contextele sociale au un impact asupra valorilor și stărilor noastre mentale. Cele din urmă au impact, de asemenea, asupra valorilor și comportamentului. Știm, de exemplu, că oamenii rămân blocați în stări mentale de depresie, frică, paranoia sau răzbunare, propulsate de emoții puternice care le modelează experiența cu lumea. Într-adevăr, asemenea stări le acaparează gândurile și comportamentele, chiar dacă acești indivizi nu au proiectat acele emoții sau dispoziții. În mod clar, cât de mult înțelegem acest lucru va avea impact asupra judecăților noastre de valoare și a dorințelor de a blama.

Trebuie să clarificăm că absența criticii nu înseamnă lipsa unei preferințe; nu înseamnă că totul este acceptabil. Mulți budiști încearcă absența criticii ca valoare, dar în mod clar ar prefera ca lumea să fie un loc mai spiritual și mai plin de compasiune și lucrează pentru acel scop. Așa că putem face o distincție între preferință, care încurajează energia, angajamentul dedicat, speranța pentru cum ne-ar plăcea să fie ceva și condamnarea erorii, care încurajează furia și disprețul.

A nu fi critic față de *sine* nu înseamnă să spunem că nu avem preferințe sau valori sau că nu suntem dedicați și deschiși spre îmbunătățire (*vezi* p. 333), ci mai degrabă este renunțarea la atacarea și condamnarea sinelui, aceasta fiind problema. Vezi tu, problema este că blamarea și critica vin împreună cu o serie de emoții, de obicei cu furie, frustrare sau sfidare. Mindfulness, pe care îl vom explora mai târziu, este adesea privit ca o modalitate utilă de a deveni mai atenți la sentimentele și gândurile noastre și lipsiți de critică.

Căldură

Aceasta este calitatea blândeții și a bunăvoinței care operează prin toate cele anterioare. Căldura este o calitate dificil de definit cu exactitate, dar ea implică a nu fi amenințător în timp ce ai o orientare spre îngrijire. În mod obișnuit, experiențele de căldură sunt notabile prin comunicarea și maniera lor interpersonale și nonverbale. Oamenii considerați calzi sunt de obicei văzuți siguri și pașnici, dar nu plictisitori sau pasivi – ei au un impact calmant asupra minților altora. Când te simți amenințat sau frustrat, de obicei se dezactivează căldura.

Căldura față de sine ar putea naște o simpatie autentică pentru propria suferință și o blândețe față de propriile nevoi. Totuși, a nu se confunda cu centrarea pe sine sau cu a simți că îți urmărești propriul interes. Ea apare când îți permiți să simți compasiune din interior. În exercițiile din capitolele următoare, vom analiza modul în care se dezvoltă căldura ca o emoție pentru sine.

Capacitățile compasiunii

Acum putem atinge cercul exterior al compasiunii și să ne gândim la unele dintre *capacitățile* implicate. Așa cum am arătat în Diagrama 3 (*vezi* p. 211), ele cuprind învățarea:

- direcționării atenției
- gândirii
- comportamentului
- concentrării senzoriale
- simțirii
- folosirii imageriei mintale

Această învățare poate fi folosită doar într-un mod util și plin de compasiune. Și facem toate aceste lucruri cu căldură, sprijin și bunăvoință.

Atenția plină de compasiune se referă la a învăța să te concentrezi pe ce îți este de ajutor. Faci o glumă la o petrecere și majoritatea oamenilor par amuzați, cu excepția unei persoane. Te concentrezi pe majoritate sau pe cel care părea plictisit de gluma ta? Când se întâmplă ceva negativ sau ești nefericit cu tine însuți, te concentrezi pe supărare, pe furia față de tine însuți sau le conștientizezi, dar apoi îți redirecționezi atenția spre ceva care este de ajutor, probabil pe amintiri ale succeselor anterioare sau pe bunăvoința altora? A învăța să fii conștient (*vezi* Capitolul 7) sau a-ți aduce aminte fragmente utile sau a te concentra înseamnă atenția plină de compasiune (*vezi* capitolele 8 și 9).

În *gândirea plină de compasiune*, ne antrenăm mințile să se concentreze pe rațiune și pe gândirea despre ceilalți, noi înșine, relațiile și situațiile în care ne găsim prin intermediul ajutorului. Când ne gândim prea mult la anxietate, dezamăgire sau furie, acest lucru doar blochează sentimentele. Putem oare exersa alegerea intenționată de a ne concentra rațiunea într-un mod care să ajute – să ne punem întrebarea: „Cum pot să-mi fiu de ajutor în această problemă, situație sau dificultate?“ Imaginează-ți argumentarea cu un prieten sau că ai un dialog cu altcineva plin de compasiune (așa cum vom explora în Capitolul 8, cu imaginea ta plină de compasiune), sau că vorbești cu altcineva care a trecut prin această dificultate, sau că poate scrii o scrisoare ca și cum i-ai adresa-o unei persoane care are această dificultate (*vezi* Capitolul 10). A ne gândi pe îndelete la lucruri prin compasiune înseamnă a fi sinceri despre ce simțim – uneori pot fi sentimente și dileme dificile, dureroase sau chiar agresive. Asta ne conduce spre importanța încercării de a ne susține onestitatea față de sine și toleranța emoțională. Totuși, trebuie să conștientizăm că acest lucru va fi doar parțial onest, pentru că nu suntem deplin conștienți de unele dintre motivațiile noastre – așa că putem face doar ce ne stă în putință. Dar cel puțin încercăm să avem o concentrare a compasiunii de tipul „ce ar fi de ajutor aici“ în gând.

A te comporta cu compasiune înseamnă a te comporta în moduri pe care le identifici de ajutor în suferința ta și care te vor purta înainte în călătoria vieții, iar acest comportament este direcționat și spre alții. Uneori comportamentul plin de compasiune înseamnă a fi drăguți cu noi înșine, recunoscând faptul că avem nevoie de o vacanță, să ne luăm timp liber, puțin răsfăț sau sprijinul altora, sau doar să ne tratăm cu bunăvoință. Dar presupune și *curajul* de a face lucruri care ar putea să ne blocheze. Uneori comportamentul plin de compasiune se referă la a face lucruri pe care nu le dorim, cum ar fi să adoptăm o poziție în ciuda faptului că vrem să evităm confruntarea din cauza depresiei, anxietății sau prejudecății (*vezi* capitolele 11 și 12). Acest comportament denotă compasiune pentru că, deși adoptarea lucrului care ar părea cea mai ușoară cale pe termen scurt (a evita să faci ceva) ne oferă o alinare temporară, nu ne conduce nicăieri (*vezi* Capitolul 11).

Ajutorarea plină de compasiune nu este niciodată supusă și nici nu înseamnă că pur și simplu cedăm lucrurilor pe care le vor alți oameni, doar pentru a rămâne plini de resentimente sau însetați de aprobarea lor. Este dificil să acționezi prin compasiune dintr-o poziție de frică sau slăbiciune. Așa că uneori trebuie să învățăm să fim asertivi pentru a-i putea înfrunta pe alții și să spunem „Nu“. O persoană plină de compasiune trebuie să fie înțeleaptă, atentă, curioasă și deschisă, dar uneori are nevoie de curaj – și cu toții ne confruntăm cu asta.

Fiecare dintre aceste capacități, împreună cu exercițiile de imagerie mintală, sentimentele și concentrarea senzorială sunt prezentate în capitolele următoare. Problema importantă este să înveți să te concentrezi pe ceea ce este de ajutor pentru tine (sau pentru alții), dar nu într-un mod egoist, pentru că vei descoperi că acel lucru nu este de ajutor și oamenii își vor pierde interesul față de tine. Cu ajutorul autentic al compasiunii, ne gândim la alți oameni, precum și la noi înșine.

Tabelul 1: Însușirile și capacitățile compasiunii

Însuşirile compasiunii	Capacitățile compasiunii
• Motivația de a fi mai grijulii față de sine și de alții. • Sensibilitatea la sentimentele și nevoile sinelui și ale altora. • Simpatia, deschiderea și capacitatea de a fi mișcat și în ton din punct de vedere emoțional cu propriile sentimente, suferințe și nevoi și cu ale altora. • Capacitatea de a tolera, mai degrabă decât a evita sentimentele, amintirile sau situațiile dificile. • O înțelegere empatică asupra modului în care funcționează mințile noastre, motivului pentru care simțim ce simțim, modului în care gândurile sunt cum sunt – și la fel și pentru alții. • O orientare primitoare, lipsită de critică și nesupusă față de noi înșine și față de alții.	• Concentrarea atenției în mod intenționat pe lucrurile care sunt de ajutor și care aduc o perspectivă echilibrată. • Mindfulness (*vezi* Capitolul 7) și folosirea lui pentru a aduce în minte imagini și/sau un sentiment de ajutor și de compasiune (Capitolul 8). • Gândirea și judecata raționale, privind dovezile și având o perspectivă echilibrată. • Scrierea și reflecția asupra stilurilor de gândire și de raționare (capitolele 9 și 10). • Planificarea și implicarea în comportamente care acționează pentru a alina suferințele și care ne fac să mergem înainte (pe noi și pe alții) spre obiective – să ne dezvoltăm (Capitolul 11).

Însușirile și capacitățile compasiunii sunt folosite pentru a contracara sentimentele, stilurile de gândire și de comportament care apar din sistemul nostru de amenințare/autoapărare, precum anxietatea, furia şi depresia. Putem, de asemenea, să le folosim pentru a dezvolta noi modalităţi de a trăi lumea şi pe noi înşine.

Tabelul rezumă însuşirile şi capacităţile compasiunii. Vei descoperi că unele se suprapun cu calea budistă în opt alegeri (*vezi* pp. 208–209), dar există şi unele diferenţe. Observă că diferite capacităţi pot dezvolta aptitudini diferite (şi invers). De exemplu, cu o gândire şi o atenţie pline de compasiune, ne sporim sentimentele şi motivaţiile de a fi mai grijulii; sau practicarea atenţiei şi gândirii pline de compasiune ne-ar putea creşte empatia şi reduce tendinţele critice.

Ruşine, vinovăţie şi dreptate

Există trei elemente-cheie pe care trebuie să le luăm în considerare în analiza compasiunii. Dacă ar fi să ne îndreptăm spre o societate plină de compasiune şi o apreciere personală de acelaşi calibru, modul în care ne ocupăm de acestea va fi important. În Capitolul 2, am văzut cât de complicată este gândirea morală, pentru că uneori există un schimb între punctele de vedere ale dreptăţii şi cele ale compasiunii. Este foarte clar că uneori facem lucruri care sunt dăunătoare pentru alţi oameni şi pentru noi înşine. Este util, prin urmare, să privim asupra acestora dintr-o perspectivă plină de compasiune, care nu înseamnă doar a ierta şi a spune că lucrurile nu contează, pentru că în mod clar a cauza rău contează foarte mult.

Ruşine şi vinovăţie

O diferenţă care poate fi de ajutor aici este între *ruşine* şi *vinovăţie* – oamenii adesea le încurcă pe cele două. Când ne simţim ruşinaţi, atenţia cade asupra modului în care alţii ne văd – gândesc rău despre noi. În ruşine, ne simţim expuşi şi credem că este ceva greşit sau defect la noi. Ne simţim neliniştiţi, trişti şi inimile ni se scufundă. Ne plecăm capul şi evităm privirea altora, acoperind lucrurile de care ne simţim ruşinaţi. Dacă ne este ruşine de noi înşine, facem acest lucru fiind autocritici şi dispreţuitori. Ruşinea este, prin urmare, reprezentată de ameninţări şi atacuri, dar înseamnă şi cât de răi sau inadecvaţi simţim că suntem; a judeca şi a fi judecaţi. Uneori, desigur, dacă oamenii ne fac să ne simţim astfel, ne apărăm prin furie. Probabil că ştii oameni de genul acesta – orice critică îi înfurie şi stârneşte un torent de justificări.

Pentru că rușinea poate însemna învinovățire și pedeapsă, oamenii vor încerca în mod natural să o evite.

Vinovăția este foarte diferită. Când ne simțim vinovați, suntem capabili să fim deschiși față de lucrurile pe care le-am fi putut face: „O, Doamne, am făcut eu *asta* – îmi pare foarte rău!" Expresiile faciale și sentimentele sunt destul de diferite – fără cap plecat sau ascunzișuri. Dorința noastră este de a repara, de a înainta, în timp ce în rușine vrem să ne retragem sau să atacăm. În plus, vinovăția tinde să se concentreze pe anumite evenimente și comportamente: „Mă simt vinovat pentru că am făcut asta sau aia", pe când rușinea este concentrată pe sentimentul personal de inadecvare, neajuns sau urâțenie. În cele din urmă, vinovăția poate apărea unde sunt conflicte pentru lucruri pe care trebuie sau vrem să le facem, dar asta i-ar putea răni pe alții, în care câștigul unei persoane este pierderea alteia. Totuși, dacă devenim prea preocupați de a-i răni sau a-i supăra pe alții și nu echilibrăm acest lucru cu propriile nevoi, devenim supuși și acest lucru nu denotă compasiune. Compasiunea nu înseamnă evitarea tuturor conflictelor; este mai mult modul în care ne implicăm în diferențe și conflict.

Pentru a clarifica această diferență, ia în considerare reacțiile a doi bărbați, John și Tom, care au relații extraconjugale. Când soțiile lor descoperă infidelitatea, John gândește: „O, Doamne, soția mea îmi va da bătăi de cap acum. Poate că nu o să mă mai iubească. Dacă le spune prietenilor noștri? Cum îi voi înfrunta? Cred că e mai bine să mă ascund de ei o perioadă. Voi fi drăguț, astfel încât soția mea să mă placă din nou." Atenția lui John nu se concentrează deloc pe răul, durerea și dezamăgirea provocate soției, ci doar pe el însuși. Grija lui este răul pe care descoperirea i l-a provocat. Sentimentele lui sunt bazate pe *rușine*.

Tom se simte teribil de trist pentru răul provocat soției și pentru dauna adusă relației lor. El recunoaște cât de rău s-ar simți dacă situația ar fi invers și simte regret (empatie). Tom ar putea, de asemenea, să se îngrijoreze că soția îl iubește mai puțin și de ceea ce ar gândi prietenii lui dacă ar descoperi, dar în principal este concentrat pe răul făcut și pe tristețea provocată. Sentimentele sale sunt bazate pe *vinovăție*.

Sentimentele de vinovăție sunt adesea legate de frică și tristețe. Când am făcut ceva care a rănit sau a provocat rău cuiva, acolo pot exista sentimente de tristețe legate de regrete și remușcări. Așadar, John nu simte atât de multă tristețe pentru ce a făcut, pentru că el se concentrează doar pe prejudiciul lui cauzat de descoperire. Totuşi, Tom simte o tristețe profundă văzând-o pe soția sa dezamăgită.

Psihologul american Martin Hoffman[134] consideră că vinovăția este legată de simpatie şi empatie. De aceea, prin urmare, vinovăția adulților este legată de compasiune şi de dorința de a avea grijă de alții. Dacă nu ne pasă de alții, de ce ne-am deranja cu vinovăția? Nu trebuie să îți pese pentru a te simți ruşinat, dar trebuie pentru a te simți vinovat. Într-adevăr, unul dintre motivele pentru care ne purtăm urât cu alții este că nu avem simpatie şi nici grijă față de ei. Aşadar, renunțăm cu uşurință la calitățile compasiunii, dar încă putem simți ruşine. Aceste diferențe sunt incredibil de importante, pentru că guvernele noastre şi alte agenții cred că a-i face de ruşine şi a-i pedepsi pe alții este singura cale de a schimba comportamentul oamenilor. De fapt, în urmă cu mai mult de o sută de ani, behavioriştii au spus că acest lucru este o idee proastă, pentru că oamenii vor încerca să evite pedeapsa, dar nu se vor ataşa neapărat de comportamentul pe care vrei tu să îl adopte. Şi ei învață că insuflarea fricii şi a pedepsei îți dă putere – tu trebuie să fii doar cel care deține puterea!

Societățile nu au nevoie de oameni care se tem să fie prinşi şi făcuți de ruşine şi care vor descoperi cum să nu fie prinşi, ci oameni care au fost formați să fie empatici, să aibă un sentiment de vinovăție şi să se echilibreze din interior prin compasiune şi empatie. Desigur, avem nevoie de pedepse, descurajări şi închisori – compasiunea nu este naivă în această privință –, dar există moduri pline de compasiune prin care putem evolua spre o societate mai justă, una care, de asemenea, promovează şi încurajează dezvoltarea morală. Această societate este bazată pe exersarea compasiunii în şcoli, la locurile de muncă şi în sistemele de justiție restaurativă. În ciuda dovezilor că funcționează compasiunea, guvernele sunt îngrijorate că oamenii nu vor fi de acord cu aceste abordări pentru că ei vor pedepse şi doresc să fie considerați duri şi dominanți. Compasiunea, de asemenea, ne direcționează atenția spre costurile şi complexitatea prevenției în furnizarea îngrijirii şi sprijinului celor predispuşi „să o ia razna". Intimidarea se bazează doar pe frica de a fi prins; ea nu formează, nu reeducă, nu vindecă sau nu îi ajută pe oameni să se dezvolte.

Tipuri de justiție

Deși punctele de vedere asupra justiției și compasiunii pot intra în conflict (*vezi* pp. 89–92), este dificil să ne gândim la cum putem avea o societate plină de compasiune, dar nedreaptă. Dar ce vrem să spunem prin justiție și cum ar trebui să ne ocupăm de indivizii care încalcă regulile sau care sunt răufăcători în societate? Acest lucru indică o distincție foarte importantă referitoare la tipul sau tipurile de justiție pe care le dorim și care elemente din mințile noastre alimentează diferite tipuri de căutare a dreptății.

O diferență importantă aici este între justiția *retributivă* și justiția *restaurativă*. Justiția retributivă se concentrează pe condamnare, blamare și pedepsire. Accentul este pus pe rușine, frică, provocând un anume fel de durere fizică și/sau reducere a mișcării/libertății și intimidare; este intenționată să îl facă pe făptuitor să sufere într-un anumit fel. În justiția restaurativă, totuși, accentul este mult mai puțin pus pe suferința făptuitorului și mai mult pe încercarea de a crea vindecare și schimbare atât pentru făptuitor, cât și pentru victimă. Ei sunt aduși laolaltă și confruntați direct cu durerea celuilalt. Decât să te rușinezi de emoții, care ar putea ajunge la justificare, furie sau negarea seriozității faptei petrecute, atenția se concentrează pe dezvoltarea empatiei reciproce: la făptuitor, un sentiment de remușcare, tristețe și vinovăție; la victimă, mișcarea spre iertare și acceptare. Aceste diferențe sunt prezentate în Tabelul 2.

Valorificarea acestor sentimente și procese a fost cea care s-a aflat în spatele eforturilor Truth and Reconciliation Commission din Africa de Sud. Dacă ar fi mers pe calea rușinii, învinuirii, represaliilor și persecuției acolo, s-ar fi riscat o baie de sânge. Există tot mai multe dovezi că, în ansamblu, în justiția restaurativă, atât victimele, cât și făptuitorii câștigă din experiență prin bonusul adăugat al ratelor de recidivă mai mici. Practic, compasiunea nu înseamnă să lăsăm pe cineva să scape de pedeapsă sau să evităm să conștientizăm răul pe care îl facem – ba dimpotrivă. Este vorba despre asumarea responsabilității într-un mod anume, bazat pe grija și preocuparea față de alte persoane – mai degrabă decât să ne concentrăm pe propria persoană. O căutare pe Google a cuvintelor „justiție restaurativă" te va purta spre multe documente interesante asupra problemei – de exemplu, Restorative Justice: The Evidence, la adresa www.esmeefairbairn.org.uk/docs/RJ_full_report.pdf.

Tabelul 2: Justiția retributivă și restaurativă

Justiția retributivă (concentrată pe rușine)	**Justiția restaurativă (concentrată pe vinovăție)**
Victima și/sau judecătoria:	*Victima și/sau judecătoria:*
• Furie • Blamare • Rușine • Condamnare • Persecutare/pedepsire • Răzbunare/retribuție • Represalii	• Emoții complexe de furie, tristețe, frică și vulnerabilitate • Clarificarea durerii cauzate • Nevoia de a înțelege • Încercarea de imparțialitate • Posibilitatea iertării • Lipsa represaliilor
Răspunsurile făptuitorilor sunt defensive, concentrate pe sine și legate de amenințare:	*Răspunsurile făptuitorilor sunt mai deschise și mai concentrate pe celălalt:*
• Trist, temător, neliniștit • Concentrat pe sine și pe rușine (sinele rău) • Concentrat pe pedeapsă *sau* • Disociat • Blamarea celuilalt, agresiv, sfidător • Simularea regretului ca practică social așteptată	• Tristețe, regret • Vinovăție pentru propriul comportament • Conștientizare empatică a răului făcut • Asumarea responsabilității • Reparare

În prezent, guvernul Regatului Unit intenționează să închidă tot mai multe persoane și să construiască mai multe (mega)închisori. Oricine știe ceva despre infracționalitate îți va spune că mulți dintre acești indivizi se chinuie cu dificultăți de învățare și probleme de sănătate mintală și/sau provin din medii dure, critice sau abuzive, inclusiv cei care au fost instituționalizați. Trebuie să hotărâm dacă vrem să îi tratăm astfel pe oamenii cu aceste tipuri de probleme și, cu adevărat, ce tip de societate ne dorim:

- una concentrată pe condamnări, care va vota persoanele care exprimă retorica unei „nevoi pentru mai multă pedeapsă“ din cauza propriilor temeri și dorințe de răzbunare – și acest lucru în fața dovezilor că aceste abordări nu funcționează, sunt costisitoare și nu ajung la rădăcina comiterii infracțiunii. Chiar vrem să continuăm construirea închisorilor și să plătim sume uriașe pentru a închide oameni?

- una cu politicieni care înțeleg cu adevărat că multe infracțiuni apar din cauza problemelor sociale și psihologice, și că necesită soluții sociale și psihologice, nu în ultimul rând compasiune, îngrijire și implicare în sarcina grea de a păstra ordinea preventiv și adecvat, lucrând în școli și în comunitățile defavorizate și ajutându-i pe oameni să se simtă membri valoroși ai comunității lor. Asta se întâmplă înainte de a ajunge la o educație sexuală de calitate pentru a reduce numărul de sarcini nedorite și la sprijinul emoțional pentru părinții care se zbat din greu.

Situația este chiar mai complicată. Este recunoscut din ce în ce mai mult faptul că unii indivizi au o vulnerabilitate genetică față de dobândirea trăsăturilor care le cresc riscul de a comite infracțiuni. Genele nu „cauzează“ infracțiunea, dar ele pot mări riscul persoanei de a se comporta în anumite feluri dacă crește în anumite medii sau condiții sociale (de exemplu, cu afecțiune scăzută sau privată de ea). Este foarte neclar cum ar trebui tratați acești indivizi într-un sistem corect.

Știm din istoric că delictele ne incită să recurgem la răzbunări cumplite. Incendiere, înec, lapidare, crucificare, spânzurare și sfârtecare, electrocutare, stigmatizare, tortură, amputare – acestea sunt doar câteva dintre modalitățile prin care strămoșii noștri s-au ocupat de cei care au comis infracțiuni. La execuții erau, de asemenea, prezenți mii de oameni și, într-adevăr, era foarte important în secolele anterioare să se *vadă* că se face dreptate. Desigur, oamenii cereau în mod obișnuit execuții publice și se răsculau dacă li se refuzau asemenea spectacole – se crede că Pilat din Pont dorea să îl elibereze pe Iisus, dar mulțimea a cerut crucificarea sa. Acceptarea socială a pedepsei sadice atât ca soluție, cât și ca mijloc de intimidare, așa de inutile cum s-au dovedit în prevenirea infracționalității, încă există în unele țări! Așadar, compasiunea are de urcat un deal destul de abrupt când vine vorba despre modul în care creierul uman se ocupă de infractorii, escrocii și indivizii periculoși. Într-adevăr, când conștientizezi că sfârșitul comerțului cu sclavi s-a petrecut doar în urmă cu două sute de ani și că reforma închisorilor și Convenția de la Geneva privind tratamentul prizonierilor de război sunt şi mai recente, poţi vedea că, în Occident, compasiunea este o idee relativ nouă şi una încă extrem de fragilă în faţa pasiunii pentru răzbunare a „creierului/minţii vechi".

Aşa că, pentru a ne întoarce la cercul compasiunii, problema judecăţilor de valoare şi a absenţei criticii în compasiune este complexă. Absenţa criticii nu este absenţa preferinţei, nu poate fi vorba despre evitarea complexităţii gândirii justiţiei sau realităţilor unui comportament dăunător şi infracţionalităţii. Cu toate acestea, când compasiunea pătrunde în conştiinţa noastră şi o luăm în serios ca modalitate de gestionare a acestor probleme, venim cu soluţii diferite. Britanicii au încheiat comerţul cu sclavi pentru că era inuman, au abrogat uciderea prin spânzurare pentru că era inumană, au încetat practica de a trimite copiii în mine, sus pe coşuri şi în fabrici, pentru că era inuman. Acesta este, probabil, doar începutul unei treziri la compasiune. Modul în care incriminăm şi îi tratăm pe unii oameni, în special pe cei tineri, din medii defavorizate, este inuman şi inutil.

Concluzie

Construind peste capitolele anterioare, acesta a explorat natura compasiunii. Putem vedea că există diferite idei despre compasiune; una pe care o urmărim aici se bazează pe o perspectivă evolutivă şi neuroştiinţifică, iar aceste idei se dezvoltă tot timpul. Unul dintre punctele importante de vedere a fost să privim în direcţia în care gândim şi ne imaginăm şi să arătăm cum se leagă acest lucru de procesele psihologice de bază. Am demonstrat că gândurile ne pot afecta fiziologia – doar imaginându-ne o masă sau ceva sexy ne stimulăm sistemele fiziologice din creieri şi corpuri. Prin urmare, crearea gândurilor şi imaginilor negative are în mod clar un impact fiziologic. Furia faţă de alţii şi critica de sine sunt probleme comune, care îi privează pe mulţi oameni de fericire şi de sentimentul de bunăstare şi scop. Uşurinţa cu care aceste lucruri sunt trezite poate fi legată de amintirile şi experienţele neplăcute din trecut. Critica de sine şi ruşinea menţin, de asemenea, sentimentul de ameninţare prin stimularea sistemului de ameninţare autoapărare.

Un alt element-cheie al compasiunii este recunoaşterea că aceasta operează în şi prin relaţiile sociale. Oamenii adesea răspund la mediile în care se află; într-adevăr, cunoaştem că anumite medii inhibă compasiunea.[135] Compasiunea este dificilă. Nu numai că avem nevoie de mult mai multă cercetare asupra modului în care să o promovăm și asupra efectelor pentru bunăstare, dar vom avea nevoie de exersarea compasiunii în multe dintre ariile de interes ale vieții – în școli, familii și la locurile de muncă. Ne-am trezit într-o lume dură, cu vieți scurte. Unii vor căuta mângâiere într-un Dumnezeu (sau zei) care se presupune că a creat-o; alții vor crede că avem nevoie să ne privim pe noi înșine și pe alții. Așa că, înarmați cu înțelegere asupra modului de funcționare a creierilor și minților noastre, putem acum să trecem la exercițiile care ne ajută să dezvoltăm o minte bazată pe compasiune.

PARTEA A II-A

Construirea sinelui plin de compasiune prin tehnici și exerciții

7
Pregătiri conștiente pe drumul spre compasiune

Am ajuns acum la partea de lucru practic și de exerciții a explorării noastre. Uneori, oamenilor le este realmente de ajutor să țină un dosar sau un jurnal în care să își scrie reflecțiile asupra diferitelor exerciții, gânduri pe care le-au avut în timpul zilei sau note asupra modurilor în care ar fi putut răspunde diferitelor situații sau chiar despre schimbările din visele lor. Este ca un jurnal. Poți să aduni, de asemenea, alte lucruri pe parcurs – poze relevante, poezii, articole – și să le plasezi în jurnalul tău.

Scrierea reflexivă este foarte utilă în a ne clarifica gândurile și punctele de vedere. Vei descoperi că vor fi niște zile în care te vei bucura să scrii în jurnal și alteori vei omite. Desigur, aceasta este doar o sugestie, deși te invit să îți folosești jurnalul în moduri diferite pe măsură ce avansăm.

Primii pași: mindfulness

Dintre toate abilitățile care te vor ajuta în dezvoltarea compasiunii față de tine și față de alții, a deveni „conștient" este una dintre cele mai valoroase. Practic, „mindfulness" înseamnă să înveți cum să acorzi atenție momentului prezent fără să evaluezi sau să judeci; este folosirea conștiinței tale și direcționarea atenției pentru a observa și *doar* a observa. Vrem să creăm o relație nouă între „creierul vechi/mintea veche", cu simțurile, dorințele, arhetipurile sale și „creierul nou/mintea nouă", cu rațiunea și conștiința de sine. Budismul, desigur, a dezvoltat aceste „tehnici" de mindfulness mii de ani. În notele acestui capitol am sugerat niște cărți, site-uri și CD-uri pe care poate ți-ar plăcea să le explorezi pentru dezvoltarea propriei înțelegeri și practici.[136]

Există diferite aspecte ale mindfulnessului. Uneori se poate întâmpla automat. Ai fost vreodată, pur și simplu, uimit de frumusețea unui apus, sau de o piesă muzicală, sau te-ai lăsat complet absorbit jucând un joc cu alții? În acele momente, îți pierzi sentimentul de sine și pur și simplu te afli *în fluxul momentului* – fără judecăți de valoare, ci pur și simplu existând, trăind. Acest lucru nu este ceva poți *face* să se întâmple. Mai degrabă este ca somnul: creezi niște condiții pentru somn, dar în momentul în care începi să îți faci griji în legătură cu el – „Voi adormi acum?" –, este pierdut. Totuși, acesta este doar un aspect al mindfulnessului – este la fel de ușor ca a intra în fluxul anxietății sau furiei și a-ți permite să te lași absorbit. Așadar, mindfulness nu înseamnă lipsa rațiunii în acel sens; este un tip de conștientizare „limpede".

Așa cum am menționat anterior, mulți dintre marii învățători ai meditației au arătat că noi existăm doar în *acest moment* – fiecare dintre noi este „un punct de conștiință" care trece prin timp. Conștiința noastră nu există în momentul care tocmai a trecut sau în momentul care nu a sosit. Mindfulnessul ne face să trăim deplin în *prezentul* existenței noastre, singurul loc în care existăm cu adevărat! Dacă ești materialist, ai putea spune că creierul generează tipare care îți dau conștiința acestui moment din timp. Dacă ai o perspectivă mai spirituală, ai putea spune că creează tipare în conștiință și timp. Oamenii de știință și filozofii au dezbătut acest lucru îndelung.

Ideea este că suntem atât de pierduți în speranțele sau fricile noastre pentru ziua de mâine, sau în regretele zilei de ieri, încât ratăm momentul *prezent* – trăim într-o lume amintită sau imaginată, nu în *lumea de acum*. Desigur, uneori este mai important să reflectăm și să proiectăm în viitor, dar când facem asta, vrem să o facem mai degrabă intenționat decât să fim târâți automat acolo de frică, furie sau dorințe puternice.

Mindfulnessul înseamnă, de asemenea, a deveni mai adaptat și mai implicat în experiența ta, acordând atenție detaliilor lumii în care exiști în *prezent* și sentimentelor și gândurilor tale, pe măsură ce îți vin în minte. Câți dintre noi, de exemplu, când sunt neliniștiți sau furioși, se opresc cu adevărat și acordă atenție locului în care se află acest sentiment în corp, modului în care sună vocile, părții din minte care emite instrucțiuni pentru gânduri și corpuri, gândurilor și fricilor primare?

Cât de des facem un pas înapoi și exersăm observarea lucrurilor care se întâmplă cu adevărat în mințile noastre? Mulți dintre noi nu fac asta; arhetipurile și tiparele cerebrale pur și simplu „își fac treaba“.

Mindfulnessul înseamnă a învăța cum să schimbi acest blocaj al „automatismului minții vechi“ mai degrabă prin aplicarea artei non-rezistenței decât a forței. Efortul este important în măsura acordării timpului de a exersa și de a permite lucrurilor să se întâmple. Mindfulnessul înseamnă folosirea intenționată a atenției pentru a crea stări ale creierului în care tiparele cerebrale stimulate și rețelele de celule nervoase pot fi dezvoltate, care sunt favorabile calmării minții și dezvoltării compasiunii.

Așadar, mindfulnessul este o modalitate de a înțelege „atenția“. Poți alege să îți oferi atenția unui loc anume. De exemplu, dacă te rog să te concentrezi și să te „preocupi“ de degetul mare de la piciorul tău stâng, vei simți deodată impulsuri din acea parte a corpului. Dacă acum îți mut atenția spre creștetul capului, vei avea senzații diferite. Putem să ne gândim la atenția noastră ca la un reflector care se tot mișcă. A învăța cum să te afli *în* acel mecanism, în atenție, este cheia mindfulnessului.

Mindfulnessul înseamnă, de asemenea, claritatea observației. Să presupunem că vei mânca un măr. Cum ai face acest lucru în mod conștient? Mai întâi, privește mărul și observă-i toate culorile și texturile, ține-l în mână și simte calitatea cojii sale. Nu te grăbi – petrece timp doar observându-l. Când mintea începe să se rătăcească (și cel mai probabil o va face), îndreapt-o cu blândețe din nou asupra mărului. În această explorare, tu nu judeci mărul; pur și simplu îi explorezi proprietățile. Apoi, ia un cuțit și curăță-l sau taie-l. Din nou, observă efectul pe care îl ai asupra mărului, culoarea și textura fructului de sub coajă. Alocă-ți timp să îl observi cu adevărat. Apoi, ia o îmbucătură din măr: acum concentrează-te pe simțul gustului și pe cum se simte mărul în gura ta. Apoi, mestecă încet, simțind gustul, observând cum sucul îți stimulează glandele salivare și cum se simte saliva în gură. Concentrează-te cu adevărat pe gust. Pe măsură ce mesteci, observă cum se înmoaie mărul. Pe măsură ce înghiți, acordă atenție senzațiilor înghițirii.

Ai explorat mărul din punct de vedere vizual, prin atingere și pipăire, prin miros și textură, prin gust. Dacă ai fi scăpat mărul, ai fi putut să auzi și cum sună – dar nu trebuie să faci asta astăzi! În această interacțiune, *nu există judecăți de valoare*; există doar *experiența interacțiunii tale cu mărul*. Aceasta este atenția conștientă – mai degrabă a fi implicat în activitate decât a fi distras de la ea cu alte gânduri și a explora la maximum toate aspectele activității.

Dacă ai desfășura această activitate – mușcatul dintr-un măr – fără a fi conștient, mintea ta, fără îndoială, ar rătăci: „Acesta nu este un măr bun – de unde l-am cumpărat? Ar trebui să mănânc mai multe fructe. De fapt, mie nu îmi plac merele... Ah, la naiba, tocmai m-am tăiat la deget!" Prin mindfulness, învățăm să observăm distragerea – rătăcirea gândurilor – și, cu blândețe și bunăvoință, să ne concentrăm la sarcina de îndeplinit.

Mindfulnessul este important, pentru că cea mai mare parte din viață ne-o petrecem făcând un lucru și gândindu-ne la altul, nefiind vreodată întru totul ancorați în moment. Mințile noastre sunt distrase constant. Să luăm ca exemplu șofatul. Ajungem acasă și constatăm că nu ne putem aminti cu exactitate cum am ajuns acolo, pentru că mintea era doldora de lucruri. Dacă s-ar fi întâmplat ceva neașteptat – să zicem, un grup de motocicliști dezbrăcați s-ar fi expus în fața noastră –, atenția ar fi fost trezită, sau dacă șoferul din fața noastră și-ar fi aprins brusc luminile de frânare, ne-am fi concentrat din nou. Dar acest lucru nu este un exemplu de savurare a momentului – este vorba despre a fi adus în stare de alertă pentru un motiv anume. Mindfulnessul înseamnă a trăi fiecare moment.

Învață cum să respiri

Vom folosi acum aceeași idee de a descoji și a mânca un măr în mod conștient, dar de data aceasta ne vom concentra pe respirație. Acest lucru va deveni punctul central de atenție în jurul căruia vom face mai târziu niște exerciții de concentrare a compasiunii. Cel mai important lucru este să exersezi respiratul fără să îți faci griji dacă îl faci corect. Aceste gânduri sunt obișnuite și sunt de înțeles, dar sunt distrageri. Dacă ele îți apar în minte, pur și simplu observă-le, numește-le „gândurile tale critice și evaluative", *zâmbește plin de compasiune către sine* și concentrează-ți atenția asupra sarcinii. Căutarea profesorilor cu experiență este foarte utilă, unii ar spune esențială, pentru o dezvoltare a acestei tehnici.

Bine, să începem prin a găsi un loc în care poți sta confortabil și unde nu vei fi deranjat. Ține-ți spatele drept, plasează ambele picioare complet pe podea, distanțate în dreptul umerilor, și așază-ți mâinile confortabil pe genunchi sau în poală. Dacă stai pe podea sau pe un scaun mic pentru meditație, poate ți-ar plăcea să stai cu picioarele încrucișate. Încearcă și găsește o poziție care este confortabilă pentru tine, dar nu sta cocoșat – spatele tău ar trebui să fie drept. Uneori, a sta întins pe podea este util dacă aceea este cea mai confortabilă poziție când începi să lucrezi. Ideea nu este neapărat să te relaxezi atât de mult încât să devii somnoros, ci să îți dezvolți un anumit tip de atenție și o stare de alertă.

Acum concentrează-te cu blândețe doar pe respirația ta. Respiră pe nas și, pe măsură ce inspiri, lasă aerul să ajungă până la diafragmă – adică în partea de jos a cutiei toracice, în „V"-ul inversat. Plasează o mână pe diafragmă cu degetul mare îndreptat în sus și observă cum mâna se ridică și coboară odată cu respirația. Simte diafragma (adică zona aflată imediat sub coaste) cum se mișcă pe măsură ce inspiri și expiri. Fă acest lucru de câteva ori, până când te simți confortabil și pare natural și ușor pentru tine.

Apoi, plasează-ți mâinile pe fiecare parte laterală a cutiei toracice. Acest lucru poate părea puțin incomod, deoarece coatele îți vor fi orientate spre exterior. Acum respiră cu blândețe. Observă cum cutia toracică se extinde, împingându-ți mâinile, plămânii acționând ca niște burdufuri. Aceasta este mișcarea respirației care te interesează – simți cum plămânii se extind în jurul tău. Practic, vrei ca o gură de aer să intre și să iasă în timp ce îți extinzi cutia toracică în lateral. Respirația ta ar trebui să se simtă confortabil, nu forțată. Ca orientare aproximativă, durează cam trei secunde inspirația, o mică pauză, apoi trei secunde expirația. Dar tu trebuie să găsești *ritmul care ți se potrivește*. Pe măsură ce exersezi, încearcă să îți umpli din nou plămânii cu aer, dar nu forțat.

Exercițiu: respirația conștientă

Acum, doar observă-ți respirația și testeaz-o. Respiră puțin mai repede sau puțin mai încet, până când găsești un tipar care, pentru tine, pare să fie un *ritm liniștitor*, natural. Pe măsură ce te implici în asta, îți vei simți corpul cum încetinește. Este ca și cum testezi și te legi de ritm. Îți lași corpul să seteze ritmul, să respire pentru tine și tu îi acorzi atenție. Odihnește-ți ochii, astfel încât să privească în jos într-un unghi de aproximativ 45 de grade. Dacă dorești să îi închizi, fii atent – ai putea deveni foarte somnoros. Acum petrece aproximativ 30 de secunde concentrându-te pe respirație, doar observând cum aerul intră pe nas, în jos spre diafragmă, cum ți se ridică diafragma, cum coastele se extind în lateral cu blândețe și, apoi, cum aerul iese pe nas. Poți încerca acest lucru, mai întâi, punându-ți o mână pe diafragmă și simțind-o cum se ridică și cum coboară datorită respirației. Apoi, pune-ți mâinile pe fiecare parte laterală a coastelor inferioare și simte cum sunt împinse în afară în timp ce respiri. Observă diferența. Este o „experiență multilaterală" a aerului care intră în plămâni, mărindu-i. Analizează senzațiile din corp pe măsură ce aerul intră și iese pe nas. Doar concentrează-te asupra acestui lucru timp de 30 de secunde (și mai mult dacă dorești) și simte o ușoară încetinire a respirației... Simte cum încetinește corpul pe măsură ce îți descoperi ritmul și îl preiei.

Important este, mai degrabă, să găsești propriul ritm decât să îți impui unul. În ce privește punctul central al atenției, odată ce te simți confortabil cu respirația ta, îți poți îndrepta atenția asupra interiorului vârfului nasului. Încearcă și vezi cât de folositor este ca punct focal pentru tine.

Unii oameni consideră că aceste prime etape le provoacă anxietate și nu prea le plac. Dacă acest lucru este valabil pentru tine, nu îți face griji – putem face exerciții de compasiune în capitolele următoare, fără să recurgem la această respirație conștientă. Totuși, ar fi destul de folositor de exersat, astfel încât, chiar dacă o faci doar pentru câteva secunde la început și apoi crești treptat pe parcursul următoarelor săptămâni, tot este bine. Dificile vor fi, probabil, senzațiile care apar din concentrarea asupra corpului – așa că este adesea util doar să exersezi cu blândețe și să ajungi să te simți confortabil cu aceste emoții.

Presupunând că totul a decurs bine, ce ai observat în timpul exercițiului de respirație? Poate că ai devenit conștient de modul în care corpul răspunde la respirație, cu senzațiile de încetinire și de îngreunare ușoară, și modul în care scaunul tău te susține. Poate că ai observat că, deși a fost vorba doar de aproximativ 30 de secunde, mintea ta a rătăcit. Poate că ai avut gânduri precum: „Despre ce este acest lucru? Mă va ajuta? Mi-am făcut cum trebuia meseria ieri? De unde vine durerea asta în piciorul meu?" Dacă exersezi respirația pentru orice durată, disconfortul care îți distrage atenția este foarte obișnuit. Atenția poate că ți-a fost distrasă de sunetul scrisorilor împinse în cutia poștală, de traficul de afară sau orice altceva. Mințile noastre sunt foarte dezordonate, iar cu cât practici mai mult acest exercițiu de respirație și cu cât îl prelungești, cu atât vei observa cât de mult mintea merge dintr-un loc în altul. Când faci acest tip de exercițiu de respirație conștientă și concentrare pentru prima dată, este destul de surprinzător cât de mult trece mintea ta de la un lucru la altul. Este foarte normal, natural și e de așteptat.

Așa că avem nevoie să ne antrenăm mintea, și singurul lucru care este important în acest antrenament este *să nu încercăm să creăm ceva*. Tu *nu* încerci să creezi o stare de relaxare. Tu *nu* încerci să îți forțezi mintea să se elibereze de gânduri – ceea ce este imposibil oricum. Tot ce faci este să îți *permiți* să observi în joacă și cu blândețe când mintea rătăcește și apoi, cu bunăvoință și blândețe, să îți îndrepți atenția înapoi spre respirația ta. Atât: *observi* și te *întorci*. Observă distragerile și concentrează-ți atenția pe respirația ta. Observă cât de des judecata încearcă să intre în acțiune cu gânduri precum: „Fac asta corect? Mă ajută asta? Sunt relaxat acum?" Doar observă aceste gânduri și apoi întoarce-ți atenția asupra respirației. Cu alte cuvinte, acest exercițiu este unul simplu, în care înveți să te concentrezi. *Nu încerci să obții nimic*. Dacă ai o sută sau o mie de gânduri, nu contează. Tot ce contează este ca tu să le observi și, apoi, cu toată strădania, cu blândețe și bunăvoință, să îți întorci atenția asupra respirației.

Acum, dacă exersezi „observă și întoarce" cu blândețe și bunăvoință, vei descoperi că mintea ta va deraia tot mai rar. S-ar putea să devină mai ușor. Ține minte: *nu încerci să te relaxezi*. Tot ce faci în acest exercițiu este să observi că mintea rătăcește și apoi să îți întorci atenția pentru a te concentra pe respirație. Asta înseamnă *observare* și *întoarcere*. De fiecare dată când mintea rătăcește, este în regulă, nu te înfuria, doar adu-o înapoi cu blândețe, pentru a se concentra pe respirație. De asemenea, este de ajutor să îți permiți să zâmbești când observi că mintea rătăcește. Cultivă o atitudine de blândețe și de bunăvoință față de ea.

Poți face acest exercițiu oricând, cum ar fi când aștepți, stai în autobuz, în tren sau în cadă. Ulterior, vei hotărî să îți dezvolți practica și să îți aloci timp special pentru mindfulness. Ai putea alege doar să stai în liniște și să practici acest exercițiu. Într-adevăr, găsești util să îți aloci timp pentru a exersa de două sau de trei ori pe săptămână, și să faci acest exercițiu timp de cinci minute, apoi zece, crescând până la oricât de mult poți face față, îți este confortabil și pare util pentru tine. Ai putea descoperi că ajută să te alături unui grup pentru a învăța mai multe despre asta.

Așadar, acest exercițiu de mindfulness îți acordă niște timp pentru a te concentra pe respirația ta și pentru ca mintea să se întoarcă în acel punct de concentrare. Vei fi surprins cât de mult seamănă mintea cu o lăcustă (a mea e mai degrabă ca un cangur), dar, în orice moment, fă tot posibilul să nu îi condamni rătăcirea; întotdeauna fii blând, întotdeauna binevoitor. Doar observă și întoarce-te. Dacă ai gânduri care îți spun că nu faci bine sau că nu poate funcționa pentru tine, atunci reține că aceste gânduri sunt intruziuni tipice și concentrează-ți atenția asupra respirației și fluxului de aer din vârful nasului.

Unor oameni le place să aibă un punct focal precum o lumânare sau o floare. Din nou, problema aici este să înveți cum să îți concentrezi atenția, permițându-le diferitelor gânduri, reflecții, preocupări, griji și așa mai departe să fie acolo, dar fără să te concentrezi asupra lor. O altă variație este să ai o mantră – adică un cuvânt sau o frază pe care o poți rumega în minte. Unii oameni cred că trebuie să ți se dea o mantră, în timp ce alții sunt de părere că îți poți alege singur una care să sune precum PACE, CALM și IUBIRE.[137]

Aplicarea principiului mindfulness

Acum poți folosi mindfulnessul în multe moduri diferite. De exemplu, în timp ce mănânci, ai putea exersa concentrarea atenției pe gustul și textura mâncării sau, în timp ce mergi, ai putea să te concentrezi pe pașii tăi[138]; observă cum se ridică picioarele și coboară într-o acțiune coordonată; cum un picior aterizează de la călcâi până la vârf, pe măsură ce atinge pământul; cum mâinile tale se mișcă și cum respirația curge odată cu acțiunea. În mindfulness, te poți concentra pe gândul „Eu merg".

O practică de mindfulness foarte comodă este cea făcută în cada din baie. Adesea, când ne relaxăm în cadă, permitem minții să rătăcească. Totuși, exersează un ritm al respirației și participă la experiența de a te afla în apă caldă. Simte cum greutatea ta este diferită. Explorează cum, de la degetele picioarelor până la cap, apa caldă îți mângâie corpul. Încearcă să observi și să explorezi fiecare detaliu al experienței senzoriale. Aceste exerciții pot fi îmbunătățite dacă îți permiți o expresie facială blândă, plină de compasiune.

Ai putea dori să trăiești în prezent într-un mod diferit, acordând atenție simțurilor. Așa că, în timp ce mergi, direcționează-ți atenția și observă cerul – păstrează-ți concentrarea. Observă culoarea schimbătoare de la linia orizontului până deasupra capului tău, graba norilor, formele lor sau modul în care lumina surprinde diferite aspecte ale lor. Sau observă copacii cu formele lor, texturile, culorile frunzelor, senzația și gustul aerului în sine. Din nou, dacă mintea rătăcește, pur și simplu adu-o înapoi cu blândețe. Văzutul culorilor, auzitul sunetelor și simțirea aerului care ne înconjoară devin noi experiențe, concentrat cum ești asupra lucrurilor care te înconjoară *în acest moment.*

Când ne întristăm, ne îngrijorăm sau ne preocupăm, ne putem retrage din lumea simțurilor și din a exista deplin „în momentul acesta“, concentrându-ne în schimb la gândurile despre mâine sau ieri, sau la sentimentul de greutate, pe fluturași, anxietate sau groază. Nu vom trăi în prezent, ci în altă parte. Când suntem pe pilot automat, ne pierdem în gândurile noastre și cu greu observăm lumea din jur. Există dovezi conform cărora a învăța să fii conștient ajută la îndepărtarea depresiei, pentru că ne abate de la concentrarea excesivă pe negativ și îi oferă creierului o șansă să se odihnească din a fi bombardat de gânduri negative.[139]

Oamenii care vor să folosească mindfulnessul ca modalitate de a trăi deplin momentul prezent sau de a-i ajuta în lupta cu sentimentele neplăcute pot exersa în fiecare zi folosind exercițiul „stai și respiră“ sau combinația de mindfulness cu yoga. Este folositor să mergi la un centru de conștientizare sau meditație, care te va aduce în contact cu alți oameni asemănători și unde vei găsi pe cineva care să te ghideze în practica ta.

Să ne permitem să ne relaxăm

Putem acum să trecem la un alt exercițiu care folosește „observarea și întoarcerea“, dar de această dată ne vom concentra pe a ne permite să ne relaxăm. Voi vorbi despre detensionare și prin acest lucru mă refer la a încerca să nu vedem tensiunea ca pe un lucru rău sau ca pe inamicul de care trebuie să scapi, ci mai degrabă ca modalitate pe care corpul tău a folosit-o pentru a încerca să se protejeze, fiind tensionat și gata de acțiune. Trebuie să fim blânzi și să ne ajutăm corpurile să înțeleagă că ele nu trebuie să fie așa în momentul acesta. Așa că, pe măsură ce ne detensionăm, este ca și cum i-am permite corpului să se relaxeze – lucru pentru care el este recunoscător.[140]

Exercițiu: relaxarea conștientă

Din nou, reia poziția așezat sau întins, care ți se potrivește, și apoi concentrează-te pe respirația ta, până când îți găsești sau simți ritmul care ți se pare cel mai confortabil și liniștitor. Dacă ți se pare greu, nu îți face griji, doar respiră cât de confortabil poți. Acordă-ți vreo 30 de secunde pentru a-ți găsi ritmul – sau chiar mai mult dacă dorești. După ce ai făcut asta, concentrează-te asupra picioarelor tale. Observă cum se simt. Acum imaginează-ți cum toată acea tensiune din picioare se scurge din ele pe podea și se îndepărtează. Las-o să se ducă pe drumul ei.

Așa că, pe măsură ce inspiri, observă orice tensiune și apoi, pe măsură ce expiri, imaginează-ți cum se scurge tensiunea prin picioare și se prelinge spre podea. Imaginează-ți cum picioarele *se simt mulțumite și recunoscătoare* că se pot detensiona. Imaginează-ți că picioarele îți zâmbesc. Uneori, oamenii găsesc că le este util dacă își încordează ușor mușchii pe măsură ce inspiră și dacă apoi îi relaxează pe măsură ce expiră. (Încearcă asta cu fiecare dintre grupele de mușchi prin care vom trece.) Doar petrece 30 de secunde acum pentru a permite acelei tensiuni să plece prin bunăvoință...

Acum concentrează-te pe corpul tău și simte tensiunea din el de la umeri până la trunchi. Din nou, pe măsură ce expiri, doar imaginează-ți cum tensiunea părăsește această parte a corpului, mergând în jos spre picioare, spre podea și îndepărtându-se. Dacă te ajută, încordează-ți ușor stomacul și mușchii spatelui și inspiră, apoi relaxează-te pe măsură ce expiri. Într-un fel, este ca și cum îți imaginezi că golești un vas cu tensiunea care trece acum prin picioarele tale și în jos pe podea... Corpul tău îți este recunoscător și simți bunăvoință. Simte-i plăcerea. Acum concentrează-te pe vârfurile degetelor de la mâini și în sus spre încheieturi, antebrațe, coate, brațe și umeri. Imaginează-ți că acea tensiune care se afla acolo poate fi eliberată – că renunți la ea. Renunță cu blândețe la acea tensiune, astfel încât să poată curge prin corpul tău, în jos spre picioarele, și pe podea, ca apoi să se îndepărteze – libertate.

Acum imaginează-ți tensiunea care se află în cap și gât. Ea a fost sistemul tău de alertă și acum i-ar plăcea să fie eliberată – să se odihnească. Așa că, din nou, pe măsură ce expiri, doar imaginează-ți cum curge în jos prin corpul tău, prin picioare și în afară, pe podea... Așadar, acum ne putem concentra pe tot corpul. De fiecare dată când expiri, concentrează-te pe cuvântul-cheie, RELAXARE. Doar imaginează-ți cum corpul se relaxează... Bine, petrece un minut făcând acest lucru. Poți încheia acest exercițiu respirând profund, mișcându-te puțin împrejur și întinzându-ți brațele în unghiuri drepte cu corpul tău. Observă cum se simte corpul și cât de recunoscător îți este pentru că ai petrecut timp încercând să-l eliberezi de tensiune. Acordă-ți un moment ca să încerci cu adevărat să accepți ideea că trupul îți este recunoscător pentru că ai petrecut timp cu el. Când ești gata, ridică-te și continuă-ți ziua.

Poți practica acest exercițiu cât de des ai nevoie. El te ajută și să dormi. Ține minte că, dacă mintea rătăcește când faci asta, ar trebui să o aduci înapoi cu blândețe asupra sarcinii date – cu un zâmbet cunoscător, plin de compasiune. Ideea este că, pe măsură ce stai acolo, permițându-ți să te concentrezi pe respirație, te relaxezi mai mult, pe măsură ce te obișnuiești cu corpul tău și cu locul în care se află tensiunea. Treptat, vei ajunge să te gândești la corpul tău ca la un prieten și să te interesezi de el și de modul în care îl poți îngriji, hrăni și ajuta să se relaxeze. Tensiunea nu este dușmanul de care vrei să scapi. Ea doar apare ca o formă de protecție și pentru a-ți pregăti corpul pentru acțiune – așa că este cu adevărat recunoscătoare pentru eliberarea sa din corp. Este ca și cum ai spune unei armate că bătălia s-a încheiat și că pot merge toți acasă. Concentrează-te pe sentimentul de *recunoștință* din corp, care provine din efectuarea acestor exerciții.

Variații

Există multe variații ale acestui exercițiu de bază și ține de tine în ce mod vei explora diferite exerciții de relaxare și le vei găsi pe cele care funcționează pentru tine sau care îți plac cel mai mult. Cel prezentat anterior este standard și îi ajută pe unii oameni. Ideea este să exersezi și să vezi ce se întâmplă.

Relaxarea prin activitate

Uneori, oamenii observă că relaxarea produce sentimente neplăcute în corpurile lor, care sunt asociate cu emoții negative, sau descoperă că relaxarea îi face, de fapt, și mai neliniștiți. Acest lucru nu este neobișnuit. În plus, când ne aflăm în anumite stări ale minții/creierului, relaxarea este puțin dificilă. Dacă sunt foarte încordat sau agitat în legătură cu ceva, ce funcționează pentru mine este să mă concentrez asupra respirației, împreună cu *o activitate fizică*. Așa că aș putea încerca să îmi concentrez mintea pe momentul și locul prezent și să exersez respirația liniștitoare, dar și să am o activitate fizică precum mersul cu bicicleta, săpatul în grădină, plimbatul, spălatul vaselor (bine, golitul mașinii de spălat vase) sau cântatul la chitară.

Concentrarea senzorială

Când eu și Sue Procter, administrator clinic pentru unul dintre serviciile de zi, am alcătuit un grup pentru persoane cu dificultăți mintale, ei au descoperit că relaxarea și mindfulnessul sunt grele la început.[141] Așa că am căutat soluții împreună. Oamenii din grup simțeau că, dacă aveau ceva pe care își concentrau atenția, altceva în afară de respirația și corpurile lor, acest lucru îi ajuta să dea startul.

Împreună am venit cu ideea mingilor de tenis pe care să ne concentrăm. Fiecare membru al grupului încerca să respire atent și conștient, dar se concentra pe o minge de tenis, explorându-i texturile și felul în care se simte în mână. Și, da, au apărut și câteva comentarii foarte amuzante: „Ține-ți mingiuțele – suntem din ce în ce mai treji!“ Ideea aici este că, dacă ți se pare prea complicată concentrarea pe respirație, să nu îți faci griji – unor oameni așa li se pare că este. Pur și simplu încearcă să îți relaxezi corpul cât de bine poți și concentrează-ți atenția pe altceva. Ulterior, ar putea să ți se pară mai ușor respiratul.

Pregătirea

În multe părți ale lumii, oamenii folosesc lucruri precum mătăniile pentru a se concentra; ele sunt netede la atingere și pot fi trecute printre degete. Când locuiam în Dubai, la sfârșitul anilor ’60, am fost uimit cât de mulți oameni foloseau mătăniile cu înțelegerea foarte clară că aveau scopul să îi ajute să își concentreze atenția și să stea calmi.

Uneori oamenilor le place să își „pregătească" exercițiul folosind un declanșator de memorie. Poți face asta în multe feluri. Unul este să găsești o piatră netedă, semiprețioasă, sau doar una de pe plajă care îți place cum arată și cum se simte. Pe măsură ce îți faci exercițiile de relaxare, ține cu blândețe piatra în mână. Doar simte-o pe măsură ce respiri. Acest lucru te va ajuta să legi senzația resimțită la atingerea pietrei de starea ta de relaxare. Apoi, dacă te simți tensionat, poți doar să respiri în felul tău liniștitor, ritmic, în timp ce ții piatra, pentru a te ajuta să te pregătești puțin. Vom folosi aceeași idee când vom analiza imageria mintală a compasiunii în capitolul următor.

O altă metodă de pregătire este folosirea mirosului. Unora le place să asocieze relaxarea și calmul cu un anume miros. Aceste tipuri de mirosuri și miresme asociate cu relaxarea, cum ar fi lavanda și uleiurile esențiale, sunt acum disponibile în multe farmacii. Dacă descoperi una care ți se potrivește, poți continua cu ea astfel încât, dacă vrei să te relaxezi, îți faci exercițiile de respirație în timp ce folosești simultan mirosul/mireasma. Psihologii sugerează că putem favoriza declanșarea unor stări noi ale minții dacă folosim mai multe simțuri, cum ar fi atenția, mirosul și/sau atingerea.

La fel ca în exercițiile din această carte, odată ce ai înțeles principiile lucrurilor pe care vrei să le obții, privește spre propriile sentimente și experiențe pentru a te ghida. Încearcă diferite lucruri și vezi ce funcționează pentru tine. Ai înțelepciune intuitivă, trebuie doar să o asculți. Reține că aceste moduri de a fi cu propriul corp pot fi folosite când ești activ. Așadar, în timp ce speli sau calci, exersează mai degrabă relaxarea decât să fii pe pilot automat și să te gândești îndelung la dificultățile tale. Îți poți dezvolta un corp relaxat hrănindu-l și fiind blând și binevoitor cu el.

Relaxarea în viața de zi cu zi – liniștirea

A fi singur

Adesea, este util să recunoaștem că, deși grija este vitală pentru noi, uneori este important să fim singuri. Acest lucru poate fi greu în societatea modernă, cu case proiectate ca niște cutiuțe și condiții meteo care ne blochează înăuntru. Prin comparație, milioane de ani nu am avut nevoie să rătăcim ca să fim departe de ceilalți.

Însingurarea ca rezultat al unei alegeri este, desigur, foarte diferită de singurătate, pe care nu o alegem. Dacă este posibil, încearcă să îți aloci ceva timp pentru a fi singur. Am cunoscut multe femei care se simt vinovate să le spună familiilor că au nevoie de timp pentru a se relaxa. Una mi-a spus că, chiar și când s-a dus să facă o baie, nu a durat mult până când vocile au început să o strige: „Unde ești? Unde mi-ai pus cămașa? Mamă, mi-ai văzut temele?"

Încearcă să le explici familiei și prietenilor că avem cu toții nevoie de timp pentru noi înșine, doar pentru a ne relaxa, a ne concentra și a fi capabili să ne relaxăm fără a trebui să ne gândim la ceilalți – și că asta nu înseamnă că nu îți place să fii în preajma oamenilor. Ideea este să îți aloci timp ca să fii singur și să te gândești la cum să folosești acel timp pentru *a te îngriji și a te hrăni.*

Relaxează-te în mintea ta

Dacă ești ocupat, sunt utile și relaxările de scurtă durată. Reține că încerci să stimulezi tipare cerebrale. Să zicem că primești un telefon și cineva spune ceva ca să te supere. Oprește-te pentru un moment și concentrează-te pe respirație. Observă cum se propagă sentimentele în corpul tău. Așa cum am menționat în Capitolul 4, ar putea fi mai multe, diferite, și care se contrazic. Încearcă să le transpui în cuvinte: „Acum corpul meu se simte tensionat. Am această tensiune și fluturași în stomac, fața mea este tensionată. Mintea mea sare de la un gând furios la un altul. Bine, să găsesc chiar și o clipă acel ritm liniștitor și să rămân cu el o perioadă. «Creierul meu vechi» se va grăbi ca întotdeauna, dar eu voi avea ritmul meu liniștitor un moment și îmi voi privi gândurile și sentimentele cum trec pe lângă mine." Exersarea în acest mod poate fi foarte utilă. Mai târziu vom adăuga imageria mintală a compasiunii la acest exercițiu.

Mindfulnessul în sex

Deși este extrem de folositor să aloci timp pentru a te dedica exersării mindfulnessului, este de asemenea util să aduci acest lucru în activitățile-cheie ale vieții tale. Mindfulnessul te ajută să te bucuri mai mult de lucrurile mici, să îți savurezi plăcerile. Una dintre acestea este, desigur, plăcerea sexuală. A învăța cum să fii conștient înseamnă să acorzi atenție plăcerilor pe care le oferi și celor pe care le primești. Ancorându-ne în moment, pe măsură ce apar sentimentele, ne schimbăm orientarea de la rezultate (graba sau nevoia de a avea un orgasm) la „a trăi în prezent". Aceasta este baza sexului tantric și, dacă abordările din mindfulness asupra sexului îți surâd, atunci asta ți-ar plăcea să explorezi în detaliu.

Îmi pare rău, oameni buni, atât din partea mea – va trebui să explorați această plăcere în altă parte! Menționez aici pentru a sublinia cât de important este ca mindfulnessul să devină *un mod de a exista* în multele lucruri pe care le facem în mod regulat, nu doar ca activitate pe care o practicăm din când în când.

Exercițiu: a deveni extraterestru pentru o zi

Iată un exercițiu mai degrabă drăguț și jucăuș – să devii extraterestru pentru o zi. Încearcă și vezi dacă creează un tip special de mindfulness pentru tine și dacă îți dă noi senzații despre cum este să fii în viață.

Imaginează-ți că vii de pe o planetă foarte diferită, poate una unde este puțină lumină și cerul este întunecat, și vizitezi Pământul pentru prima dată. Ești fascinat de tot ce vezi și simți – de cer și de modelele sale mereu schimbătoare, de mirosul și de felul în care se simte aerul, de sunetele din jurul tău, de culorile copacilor și ale ierbii. Permite-ți să fii uimit și fascinat de verdele plantelor. Ideea este să începi să trăiești din nou în lume, în joacă, pentru a aduce o prospețime percepțiilor și simțurilor tale.

Am citit cândva niște graffiti-uri amuzante. Cineva scrisese: „Există vreo urmă de viață inteligentă pe planeta asta?" – în mod clar, se plângea de unele lucruri prostești pe care le fac oamenii. Dedesubt cineva scrisese: „Da, dar sunt doar în vizită."

Exerciții: arta aprecierii

Dacă ne direcționăm atenția spre locul în care vrem să se afle, spre creștetul capului sau spre degetul mare de la picior, sau spre plantele care se află pe pervaz, de ce să nu folosim această capacitate pentru a stimula unele dintre emoțiile noastre pozitive? Există o zicală veche despre paharul ba pe jumătate plin, ba pe jumătate gol. Când suntem deprimați, îl vedem pe jumătate gol; când ne simțim bine, paharul este pe jumătate plin. Știm că dispozițiile noastre ne schimbă atenția. Paharul este la fel oricum – nu se schimbă, doar sentimentele și percepțiile noastre față de el se modifică. Dar exersăm să ne mutăm atenția asupra lucrurilor pe care le apreciem, care stimulează plăcerea și alte emoții bune pentru noi; putem exersa direcționarea atenției asupra părții pline a paharului. Iată cum.

În fiecare zi când te trezești, concentrează-te pe lucrurile care îți plac sau care îți oferă doar un strop de plăcere. De exemplu, s-ar putea să îți placă să te afli într-un pat cald. Așadar, decât să te gândești la cât de enervant este să te dai jos din pat, zâmbește-ți pentru bucuria de a te afla într-un pat confortabil și cald și cum, în aproximativ 16 ore, te întorci aici. Gândește-te la modul în care te vei bucura când faci un duș, când bei prima ceașcă de ceai, când guști micul dejun sau citești ziarul. Când îți prepari ceaiul și pâinea prăjită, încearcă să le faci conștient. Acordă atenție apei, acel lichid dătător de viață, și modului în care apa fierbinte produce peste pliculețul tău de ceai un vârtej de lichid maro. Iar în privința pâinii prăjite, concentrează-te pe gust și senzație. Imaginează-ți că ești o furnică ce se plimbă pe felia ta de pâine prăjită – ar fi un peisaj selenar. Când a fost ultima dată când ai gustat cu adevărat o felie de pâine proaspăt prăjită cu unt – adică ai gustat cu *adevărat*? Ești conștient cu *adevărat* de felul în care miroase aerul unei noi zile de primăvară? Îți acorzi cu adevărat timp să îl respiri, observi și apreciezi? Dacă e să fim sinceri, suntem atât de preocupați să ne gândim dinainte la toate problemele zilei, încât aceste simple plăceri pur și simplu trec pe lângă noi.

Chiar și când faci ceva atât de banal precum spălatul, observă senzația caldă a apei și a clăbucilor, și modul în care aproape poți vedea curcubeie în ele. Copil fiind, eram fascinat de culorile pe care le vedeam în baloanele de săpun. Ne pierdem fascinația pentru aceste lucruri de zi cu zi pentru că noi, ca specie, ne obișnuim repede cu lucrurile și întotdeauna vrem ceva nou. Întotdeauna ne gândim la atât de multe lucruri, unul dintre ele fiind cât de enervant este să spălăm vasele când suntem obosiți și vrem să facem multe alte lucruri – a ne băga înapoi în pat fiind doar unul dintre ele. Dar a învăța să *observăm*, să simțim și să vedem ne stimulează creierii în moduri noi.

Îți aloci timp pentru a aprecia ce fac oamenii pentru tine? Alege o zi și petrece timp concentrându-te doar pe lucrurile care îți plac și pe care le apreciezi la oameni, renunțând la cele care îți displac. Gândește-te la modul în care suntem dependenți unii de alții. Oamenii s-au trezit încă de la patru dimineața pentru ca noi să avem lapte proaspăt, pâine și ziare. Și în fiecare zi fac același lucru. Cum e cu oamenii cu care lucrezi – care sunt punctele lor forte? Cât de des te concentrezi asupra lor? Cât de des le spui că îi apreciezi?

În aceste exerciții contracarezi sistemul de amenințare/autoapărare, care este hotărât să te facă să te concentrezi pe jumătatea goală a paharului. Slujba lui este să te avertizeze că vei rămâne fără apă sau să te facă să exclami: „Hei, ce s-a întâmplat cu cealaltă jumătate? Un nesimțit a băut-o!" Este ceea ce a fost proiectat să facă și tu îl lași. Dar să preluăm controlul asupra sentimentelor noastre și să folosim în mod *intenționat* atenția pentru a exersa stimularea sistemelor emoționale care dau naștere unor tipare cerebrale, care creează sentimente bune. Aprecierea este un mod de a exersa acest lucru.

Important este *spiritul de joacă și al bunăvoinței* pe care le implică acest exercițiu. Când începem să apreciem, este foarte ușor să ne gândim cât de norocoși suntem în comparație cu atât de mulți oameni din lume, înfometați sau cărora le lipsesc facilitățile de bază. Noi avem paturi calde, mâncare bună, mașini și așa mai departe. Dacă avem orice altceva mai mult decât o podea sub picioare, care să nu fie din pământ, suntem în top 50% din populația lumii. Dacă avem o casă cu acoperiș, suntem în top 20%. Puțini dintre noi, cei din Occident, se culcă înfometați, riscându-și viața.

Totuși, acel mod de gândire nu te ajută cu adevărat în acest exercițiu, deși poate fi folositor pentru dezvoltarea moralității. Trebuie să fim atenți la acest mod de gândire fiindcă e concentrat pe negativ și, mă tem, face parte din sistemul nostru de amenințare/autoapărare. Va exista o senzație de *sentiment rău* că nu apreciezi lucrurile; va exista sentimentul că *trebuie* sau *ar trebui* să ne bucurăm mai mult de lucruri. Problema este că nu ne putem simți cu adevărat bine dacă ce simțim este acompaniat de „trebuie" sau „ar trebui". Aprecierea autentică înseamnă a învăța să avem plăceri pline de bucurie; nu este vorba despre ce „trebuie". Creierul are mai multe șanse să dezvolte capacitatea de a avea plăcere dacă alegi să îl formezi astfel și să îi direcționezi atenția; îți poți ajuta „creierul nou/mintea nouă" să câștige mai mult control asupra „creierului vechi/minții vechi".

Reformularea mindfulnessului

Așadar, practica mindfulness are multe aspecte. Ea poate fi o formă de observare și de concentrare a atenției asupra anumitor lucruri, precum inspirarea și expirarea aerului, o mantră OM sau PACE, concentrarea asupra unei lumânări sau a unei plante, sau observarea atentă a unei activități obișnuite precum mersul sau spălatul. Aceste forme de atenție sunt concepute pentru a ne ajuta să devenim conștienți de modul în care mintea încearcă să ne distragă atenția de la concentrarea din *acest moment*. Antrenând atenția într-un mod blând și calm pe calea concentrării, mintea se liniștește treptat. Când se liniștește, noi devenim mai conștienți, pur și simplu, de faptul că suntem conștienți. Noi ne aflăm în „conștiința conștiinței" și, drept rezultat, mintea se vede pe sine într-un mod oarecum diferit.

Mindfulnessul poate fi folosit pentru a direcționa atenția asupra anumitor elemente și aspecte ale vieții. Mai degrabă preluăm controlul asupra lucrurilor în care ne implicăm decât permitem atenției să fie direcționată spre orice emoții se întâmplă să fie activate în acel timp. O mare parte din viața noastră este trăită pe pilot automat; doar plutim de-a lungul curenților sentimentelor și ne schimbăm stările creierului pe măsură ce ne implicăm în viața de zi cu zi. Dar să presupunem că alegem cu adevărat să ne centrăm atenția în modul în care *noi* dorim. Să presupunem că exersăm o concentrare proaspătă a atenției imaginându-ne că suntem extratereștri sau că exersăm concentrarea și ne implicăm în lucrurile care ne plac, pe care le apreciem și de care ne bucurăm. În acest fel, preluăm controlul asupra tiparelor pe care vrem să le creăm în creierii noștri. Aceasta este una dintre cele mai interesante și mai importante înțelegeri ale psihologiei moderne.

Schimbarea creierului

Așa cum am menționat deja, diferite stiluri de atenție stimulează diferite tipare din creier. Acest lucru nu este diferit de a fi conștient de faptul că, dacă te concentrezi pe lucruri sexuale, îți vei stimula glanda pituitară și astfel vei crea schimbări în corpul tău. Fascinant este totuși că, dacă ne folosim atenția pentru a stimula tipare din creier, creierul se va reconecta singur. Noi deja știm că neuronii care se aprind creează conexiuni – procesul este foarte subtil și necesită timp, dar te pune înapoi în control.

În capitolul următor, ne vom concentra în special pe imageria mintală. Atunci când lucrăm cu imageria mintală, este util pentru noi să fim conștienți, după ce am învățat să fim blânzi și să observăm când mințile s-au îndepărtat de la sarcină și cum să le aducem înapoi într-un mod plin de compasiune. Acestea sunt secretele mindfulnessului.

Tristețea

Deși sper că te vei bucura și te vei distra cu aceste exerciții și vei găsi o nouă fascinație pentru mintea ta și pentru a te afla în lume, ar trebui să știi că, pentru a deveni conștient, pot ieși la suprafață probleme anterioare nerezolvate. Uneori, când oamenii exersează tehnica mindfulness, se întristează și plâng, pentru că sunt deschiși spre aceste tipuri de dificultăți. Odată ce mintea încetează să se mai grăbească de la un lucru la altul, poate să trăiască niveluri mai subtile ale ei. De exemplu, Jennifer a descoperit că lucrul cu o formă plină de compasiune a mindfulnessului a făcut-o să fie tristă și a ajuns să își dea seama că totul avea legătură cu o amintire legată de moartea mamei ei, din urmă cu cinci ani. În inima ei, știa că a evitat să își trăiască doliul, aproape ca și cum, dacă nu ar fi jelit, poate că mama nu ar fi murit cu adevărat.

Așadar, dacă ai sentimente de tristețe sau de anxietate care ies la suprafață în timp ce lucrezi prin mindfulness, încearcă să rămâi cu ele: fii conștient de ele și observă-le, poate scrii despre ele în jurnal. Dacă ai prieteni sau un partener cu care poți să discuți despre sentimente, atunci fă asta. Dacă totuși aceste sentimente devin un blocaj și ți-ar plăcea să găsești o cale de a le rezolva, găsește un profesor de meditație sau un terapeut cu care să lucrezi și să îți împărtășești experiențele. Dacă tristețea este importantă pentru tine, ar putea să îți fie de folos *Exerciții de meditație pentru depășirea depresiei** de Mark Williams și colegii săi.[142]

Nu e nimic în neregulă cu tine sau cu tehnicile tale de mindfulness dacă descoperi că ies la suprafață sentimente de suferință; acest lucru pur și simplu indică faptul că acolo există lucruri pe care ai putea să le rezolvi și probabil că ar fi o idee bună să obții ajutor din partea altora în acest moment al vieții tale.

---

* Traducere de Alexandru Macovescu, Trei, București, 2013. (*N. red.*)

Concluzie

Acest capitol ne-a ghidat prin nişte idei despre mindfulness, despre dezvoltarea unui ritm de respiraţie liniştitor, despre modalităţi de a ne gândi şi de a ne implica în relaxare şi despre importanţa de a ne aloca spaţiu pentru exersare. În vieţile noastre ocupate, nu este întotdeauna uşor şi astfel trebuie să prindem câteva momente pentru a le petrece cu noi înşine când putem. Cheia este să profităm de fiecare ocazie pentru a avea cu blândeţe o respiraţie liniştitoare şi un exerciţiu de mindfulness. Încearcă să faci asta în timp ce faci naveta spre locul de muncă, pentru că e mai bine pentru tine să exersezi decât să îţi concentrezi mintea pe cât de iritat eşti în legătură cu ambuteiajele sau trenurile care întârzie. Este vorba despre a avea această atitudine în fiecare aspect al vieţii.

Totuşi, pentru a dezvolta mindfulnessul într-un asemenea mod încât să începi să înţelegi natura minţii tale şi să dezvolţi perspective asupra ei, vei avea nevoie să îţi oferi spaţiu şi timp. Desigur, ştii foarte bine că, aşa cum ai nevoie de timp pentru a fi în formă sau pentru a învăţa să cânţi la un instrument muzical, şi aici îţi trebuie timp pentru a exersa. A sta cu propriile gânduri şi sentimente observându-le pur şi simplu are ca rezultat faptul că, iniţial, devenim conştienţi de goana gândurilor, preocupărilor şi multiplelor griji şi dorinţe, dar treptat ele dispar. Nu ar trebui să fim surprinşi de acest lucru pentru că, până nu începi practica, aceste aspecte ale minţii se vor fi deplasat cu viteză maximă şi vei fi devenit foarte priceput în generarea unei noi game de gânduri şi sentimente care îţi vor solicita atenţia.

De asemenea, reţine că cel mai bine este să exersezi când lucrurile sunt calme pentru tine, nu încerca să foloseşti aceste tehnici pentru a te calma când eşti stresat. Exersează când eşti calm şi dezvoltă-ţi mai întâi tehnicile.

Nu este nimic greu în legătură cu a fi conştient, pentru că *nu este nimic de obţinut* din a face acest lucru. Dar nici nu este nimic uşor în legătură cu metoda mindfulness. Când renunţăm la a încerca „să facem ceva să se întâmple" şi doar ne aflăm în moment ca observatori, noi devenim observatori ai celui mai extraordinar lucru – şi anume, conştiinţa. A deveni complet conştient de conştiinţă, de a fi conştient şi de a-ţi da seama că îţi dai seama este fascinant. Aşa că distrează-te, explorează diferite faţete ale meditaţiei şi include-le viaţa ta. Aşa cum am indicat totuşi, sper că vei reuşi să iei legătura cu un grup din apropiere care te poate ajuta în explorările tale.

8

Antrenarea compasiunii prin imagerie mintală

Adu-ți aminte de Capitolul 6 și de discuția despre cum gândurile și imaginile ne pot afecta creierii și corpurile. Mai aruncă o privire pe Diagrama 2 (p. 203). Ții minte cum am explorat modul în care a ne imagina o masă cu toate detaliile ei stimulează acidul gastric și saliva sau cum a ne concentra pe fanteziile sexuale pasionale provoacă schimbări în corpurile noastre? Ei bine, putem folosi acest principiu de bază și pentru a ne ajuta să dezvoltăm tipare cerebrale pline de compasiune. Exercițiile centrate pe compasiune, legate de imagerie, gândire și comportament (eu le numesc „capacitățile compasiunii" – *vezi* pp. 223–225), au fost cheia practicii budiste dintotdeauna. Cei care se concentrează pe mindfulness sunt tributari unei tradiții ușor diferite față de cei care se concentrează pe compasiune, dar majoritatea practicanților cred că ele sunt precum două aripi ale aceleiași păsări și zboară împreună.[143]

Am văzut că multe dintre cele care se petrec la nivel mintal nu sunt raționale într-o anumită măsură și, de asemenea, nu sunt din vina noastră – suntem construiți astfel. Totuși, vrem și avem nevoie să obținem un mai mare control asupra minților noastre. Ar fi de ajutor dacă ne-am putea dezvolta capacitatea de alinare. Nu ne va proteja de durerile și de tragediile vieții, dar ne poate ajuta să le facem față diferit. Așa că acum să trecem la exerciții specifice, ținând cont că exersăm stimularea anumitor tipuri de sentimente, senzații și stări ale minții și corpului.

Cu toate aceste exerciții, unii oameni simt destul de repede sclipiri de bunăvoință și căldură față de sine, în timp ce alții au mai multe dificultăți. Dacă la început obții puțin din aceste exerciții, încearcă să nu îți faci griji, pentru că poate dura până când lucrurile avansează. De asemenea, există multe exerciții în această carte, unele care ți s-ar potrivi mai bine decât altele. Ia-o drept exemplu pe Kim, care a încercat să practice imageria mintală a compasiunii în multe zile, dar nu obținut mare lucru. Cu toate acestea, a continuat să aloce timp pentru a încerca. Tot nu s-a întâmplat mare lucru. Apoi, într-o zi, cineva a fost binevoitor față de ea și a simțit un val de căldură, iar un zâmbet i-a apărut pe față, așa cum exersase prin intermediul imageriei mintale. Și-a dat seama dintr-odată că începuse să simtă mai multă căldură în viața ei. Uneori pur și simplu trebuie să te ții tare. Vom analiza mai departe diferite tipuri de exerciții. Unele se vor concentra pe generarea sentimentelor de compasiune din *memorie*. Altele se vor concentra pe crearea acestor sentimente din *dorințe* și *fantezii*.

Dorința plină de compasiune de a fi fericit

Exercițiu: explorarea dorinței de a fi împăcat

În acest prim exercițiu, vei explora dorința ta de a fi împăcat cu tine însuți. Iată ce vei face. În primul rând, adoptă un ritm liniștitor și *conștient* de respirație un minut. Ia o poziție relaxată. Dacă dorești, lucrează cu corpul tău, relaxându-te de la picioare în sus, în timp ce rămâi alert. Apoi, zâmbește pe jumătate, observând cum mușchii faciali creează o expresie blândă, plină de compasiune. Din nou, petrece aproximativ un minut făcând acest lucru. Acum permite atenției să revină asupra ta. În practica budistă, există un exercițiu concentrat care este legat de dezvoltarea *bunătății iubitoare față de sine* – o motivație prietenoasă, afectuoasă, de a te elibera de suferință. Îți imaginezi cum se deschide zona inimii și repeți cu blândețe: „Pot să fiu bine. Pot să fiu fericit. Pot să mă eliberez de suferință." Îți imaginezi aceste fraze cum intră repetat în zona inimii tale.

Iată o adaptare a exercițiului de bază:

- Recunoaște-te ca ființă creată în fluxul vieții; ca noi toți, pur și simplu te-ai regăsit aici.
- Acum ia în considerare dorința profundă și autentică de a fi împăcat cu tine însuți și de a avea o minte binevoitoare și mulțumită.

- Concentrează-te pe dorința de a te elibera de suferință și de a te afla într-o stare în care vei simți starea de bine deplină.
- Familiarizează-te cu felul în care se simte această dorință.
- Concentrează-te pe modul în care te simți știind că o parte din tine înțelege luptele din fluxul vieții și dorește *cu adevărat* mulțumirea și pacea.
- Clarifică pentru tine însuți că această parte a ta este *înțeleaptă* și *grijulie*; nu este partea din tine care se simte extenuată și gândește: „Oh, da, orice pentru odihnă – sunt rupt." Partea care vrea cu adevărat mulțumire și pace recunoaște cât de obosit ești, dar *acea* parte nu este obosită.

Încearcă să petreci cât de mult timp poți făcând aceste lucruri. După ce ai exersat atât timp cât este confortabil, scrie în jurnal orice gând ai avut în călătoria plină de compasiune. A scrie este util pentru reflecție și, de asemenea, funcționează sub formă de amintire sau călătorie pentru tine. E interesant dacă ai observat vreo rezistență la a dori cu adevărat să fii mulțumit și împăcat – orice gânduri legate de faptul că acest lucru este greu de obținut, sau că nu meriți să fii împăcat, sau frici legate de a fi împăcat; de exemplu, că ai putea rata alte oportunități ale vieții sau că ți-ai lăsa garda jos. În acest punct, doar notează-le cu interes. De asemenea, scrie și cum se simte să crezi că există o parte din tine care își dorește cu adevărat o stare de bine.

Exercițiu: să simți bucuria și pacea

În exercițiul următor, pe care te sfătuiesc să îl încerci câteva zile mai târziu, imaginează-ți că simți o anumită *bucurie* – adică nu doar a fi mulțumit și împăcat, ci și mai bucuros. Acest sentiment îmbucurător se leagă de motivația și energia noastră. Fericirea de acest tip se referă la un echilibru puțin diferit sau un tipar de interacțiuni între sistemele de motivare/stimulare și alinare/mulțumire decât cel care funcționează prin pace și mulțumire.

Este foarte folositor să fii conștient de tipurile de gânduri care apar din aceste exerciții. Când mintea ta rătăcește, pur și simplu îndreapt-o cu blândețe înapoi asupra sarcinii. Mie, concentrarea pe pace și pe bucurie mi-a permis să înțeleg că resimt o anumită neliniște. Am găsit acest exercițiu mai dificil decât mi-aș fi imaginat. Eram conștient că aveam gânduri care îmi spuneau că nu o să fiu *prea* împăcat, mulțumit sau bucuros din cauza unui sentiment din fundalul minții mele conform căruia întotdeauna erau mai multe de făcut. Era straniu, dar deodată mi-am dat seama că mă simțeam ușor incomod cu ideea de a fi bucuros. Poți să crezi? Am observat sentimente și gânduri care păreau să îmi spună: „Este normal pentru tine să simți bucuria și împăcarea. Cum rămâne cu acele sărmane suflete?“ Oh, Doamne. Și, da, acest lucru are legătură cu diferite probleme din istoricul meu și – cine știe? – chiar cu genele mele. Desigur, lucrul important aici este să rămâi plin de compasiune, să îți zâmbești singur, să fii recunoscător pentru descoperirea ta și să te gândești cum vrei să ai de-a face cu ea.

Aceste exerciții sunt de ajutor pentru stimularea tiparelor cerebrale și valoroase pentru că scot la lumină gânduri interesante, care ne-ar putea bloca drumul spre bunăstarea personală și dezvoltarea compasiunii de sine. Așadar, a ne *dori* profund, cu adevărat și pe îndelete să fim împăcați sau fericiți ar putea să nu fie atât de simplu cum pare. Ciudat, nu-i așa? Oamenii cu care am lucrat au observat că au avut gânduri precum: „Dacă mă simt mulțumit, voi rata lucruri și voi rămâne în urmă“ sau „Aș putea fi împăcat, dar viața nu ar fi foarte distractivă“ – ceea ce, desigur, ar duce mai apoi la faptul că ei nu se simt mulțumiți. Interesantă aici este *frica* de mulțumire. Este important să nu te îngrijorezi de acest lucru, ci să fii recunoscător că ai descoperit-o în tine însuți și apoi să te gândești la modul în care ți-ar plăcea să avansezi în legătură cu aceste probleme.

Unul dintre lucrurile de făcut este să iei în considerare sentimentele asociate cu mulțumirea și însemnătatea lor. „Mulțumirea“ ar putea să solicite, de fapt, un grad de efort spre un scop sau un angajament față de o cauză sau descoperirea unui mod semnificativ în care să trăiești. Dalai Lama a fost profund dedicat călătoritului în jurul lumii în încercarea de a spori compasiunea – dar este totodată foarte mulțumit și împăcat cu el însuși. Așadar, aici vorbim despre stările minții. Nu este vorba despre faptul că trebuie să găsim mulțumire în afara scopurilor noastre, dar ar trebui să ne ferim de *condiționarea* mulțumirii în funcție de obținerea ei: „Sunt mulțumit *doar* dacă reușesc să fac X sau Y.“ Apariția stărilor de mulțumire nu este moartea angajamentului față de o cauză sau de căutarea pentru însemnătate sau cunoaștere. Acestea sunt cele mai interesante meditații și reflecții. Care este lucrul pe care îl apreciezi în viață și față de care vrei să te angajezi?

Folosirea imageriei mintale

Acum ne vom folosi imaginația și vom încerca intenționat să creăm diferite tipuri de imagini. Totuși, am o avertizare. Pentru majoritatea oamenilor, asemenea imagini nu sunt fotografii clare în minte; mai degrabă, în măsura în care le putem obține, sunt impresii efemere ale lucrurilor. Dacă te gândești din nou la acele exemple cu masa sau fantezia sexuală, imaginile pe care le-ai creat atunci erau mai degrabă impresioniste decât vii. Așa va fi când vom lucra cu imageria mintală a compasiunii și vom explora sentimentul prin analizarea lui în amintiri.

Lucrurile importante sunt *sentimentele* generate în interior prin imageria mintală. Am lucrat cu imageria compasiunii cu oameni care nu au surprins o imagine prea clară, dar pentru care a fost importantă compasiunea. De asemenea, unii indivizi consideră imaginarea sunetelor și tonurilor vocale mai ușoară decât crearea imaginilor vizuale. De fapt, unul dintre motivele pentru care religiile au adesea simboluri, cum ar fi Iisus sau Buddha, este pentru că, odată cu simbolul pe care îl vezi și/sau ții, ai o imagine gata pregătită și nu trebuie să creezi singur una. Așadar, în exercițiul care urmează, fii binevoitor și blând și acceptă că ce ți-ar apărea în minte este mai degrabă impresionist decât clar și viu.

Exerciții: folosirea memoriei pentru a crea compasiune

Acum vom trece de la exercițiile care explorează emoțiile și dorința de a fi fericit la încercarea de a crea compasiune prin folosirea memoriei. Iată un exercițiu util de încercat.

La fel ca în toate aceste exerciții, stai confortabil, într-o postură dreaptă, caută un ritm liniștitor de respirație pentru o scurtă perioadă și apoi implică-te în exercițiu când simți că o poți face deplin. Începe prin a încerca să îți amintești pe cineva care era afectuos, binevoitor și cald față de tine. Încearcă să îți amintești un eveniment anume și apoi concentrează-te pe *detaliile* acestuia – ce se întâmpla? Nu alege ceva foarte supărător pentru tine, pentru că atunci atenția se va concentra pe supărarea cauzată de dificultăți. Scopul acestui exercițiu este să îți reamintești cum te-ai simțit când ai primit bunăvoința altcuiva. Concentrează-te pe expresiile faciale ale persoanei binevoitoare, pe tonul vocii și pe comportament în general. Concentrează-te pe cât mai multe *detalii specifice* din câte îți poți aminti. Ce simțeai că este direcţionat către tine? Ai putea să simţi energiile care vin din partea persoanei binevoitoare? Analizează-ţi sentimentele legate de dăruirea bunăvoinţei. Poţi să le simţi la nivelul corpului? Explorezi din memorie sentimente de bunăvoinţă şi de compasiune care *curg prin* tine. Când ai terminat, notează-ţi gândurile şi sentimentele în jurnal – şi amintirea în sine, ce ai simţit când ai avut-o.

Următorul nostru exerciţiu de memorie este să ne concentrăm pe compasiune „apărând din interior" şi *scurgându-se în exterior.* Aminteşte-ţi un moment sau momente în care te-ai simţit binevoitor, cald şi afectuos faţă de o altă persoană (un adult, un copil sau chiar faţă de un animal) care avea o anumită suferinţă. Din nou, nu îţi aminti de dăţile în care încercai să îi ajuţi pe alţii cu necazuri mari din cauza traumelor sau accidentelor, sau când simţeai intens neliniştea şi „o nevoie de a salva". Dacă faci asta, ţi-ai putea aminti că te-ai simţit alarmat şi nesigur că îl poţi ajuta pe acel individ sau că te-ai supărat pe supărarea lui. Nu este „suferinţa celuilalt" cea pe care vrem să ţi-o aminteşti; mai degrabă, sentimentele de căldură, înţelegere şi bunăvoinţă. Aşadar, este mai bine să începi cu sentimente (mai) blânde de a dori ca alţii să aibă o stare de bine. Căldura care *curge dinspre tine* spre cealaltă persoană este importantă aici.

Aşadar, din nou, respiră liniştit, închide ochii sau priveşte în jos şi încearcă să îţi stârneşti amintirea cu toate *detaliile* sale senzoriale. Ce se întâmpla? Dacă te-ai vedea, cum ai arăta? Cum te simţeai? Care era tonul vocii tale? Ce expresii are faţa ta? Observă dacă se întâmplă ceva cu sentimentele tale sau senzaţiile corporale. Nu te îngrijora dacă nu se întâmplă nimic – este doar interesant de observat dacă se întâmplă ceva. Recunoaşte aceste amintiri şi cum se *simte* când te concentrezi pe căldura şi bunăvoinţa altora. Din nou, scrie-ţi reflecţiile în jurnal. Care exerciţiu ţi s-a părut mai uşor – cel în care compasiunea se scurge spre tine sau din tine?

Exerciţii: dorinţa ca alţii să fie fericiţi

Până acum am reflectat asupra propriilor sentimente când ne-am amintit că am fost buni cu un alt adult, copil sau animal în trecut, dar poţi extinde acest lucru într-un alt exerciţiu de imagerie mintală axat pe momentul prezent. Imaginează-ţi că îţi îndrepţi bunăvoinţa spre oameni de care îţi pasă. Adu-ţi-i aminte, vizualizează-le feţele şi modul în care se mişcă, ce iubeşti la ei, amintindu-ţi că în imageria mintală de obicei nu obţii decât fragmente efemere, nu imagini clare. Acum explorează sentimentele care reies din această dorinţă ca ei să fie fericiţi, împăcaţi şi mulţumiţi. Repetă în minte afirmaţiile budiste: „Poţi să fii bine. Poţi să fii fericit. Poţi să te eliberezi de suferinţă." Ei, la fel ca tine, pur şi simplu s-au regăsit în lumea aceasta şi fac tot ce le stă în putinţă. Uneori această constatare ar putea să te întristeze, pentru că eşti mai degrabă îngrijorat pentru ei. Sau ar putea să te facă să lăcrimezi, pe măsură ce emoţiile se revarsă odată cu dorinţa ca lucrurile bune să li se întâmple. Sau doar ai un sentiment de căldură pentru ei. Notează aceste experienţe; reflectează asupra lor mai târziu, pe măsură ce stimulează anumite tipare cerebrale. Reţine că gânditul la ele ca la tipare cerebrale nu este o modalitate de a diminua aceste sentimente sau de a le explica pentru a scăpa de ele. Sunt experienţe importante în fluxul vieţii.

Acum, este posibil ca sentimentele să fie mai puternice pentru cei de care suntem ataşaţi, cu care am împărtăşit vieţile şi de care suntem legaţi din punct de vedere genetic. Cu toate acestea, este folositor să lărgeşti cercul de oameni faţă de care ai sentimente directe de compasiune. În primul rând, imaginează-ţi că direcţionezi spre prietenii tăi dorinţa ca ei să fie fericiţi, mulţumiţi, împăcaţi şi eliberaţi din suferinţă. Imaginează-ţi că îţi doreşti cu adevărat mulţumirea şi fericirea lor. Nu te grăbi cu aceste lucruri – alocă-ţi timp pentru ca lucrurile să apară în mintea ta. Vezi cum prietenii zâmbesc cu adevărat şi se simt din ce în ce mai fericiţi şi mai eliberaţi de suferinţă.

Când eşti gata să mergi mai departe, concentrează-te pe oameni pe care nu-i cunoşti foarte bine şi, aşa ca înainte, gândeşte-te să fie împăcaţi, mulţumiţi şi fericiţi. Şi ei s-au regăsit, pur şi simplu, aici şi doresc să fie fericiţi sau eliberaţi de suferinţă. Apoi îţi poţi imagina cum direcţionezi bunăvoinţă spre toţi vecinii (bine, da, şi spre echipa locală de de fotbal, care speri că se va descurca astăzi). Continuă să îţi exprimi dorinţa ca alţii să fie mulţumiţi, împăcaţi şi fericiţi în oraşul tău, în ţara ta şi în lume. Vei ajunge să doreşti ca toate fiinţele din fluxul vieţii să crească şi să fie eliberate de suferinţă. Poţi extinde acest lucru în timp, astfel încât dorinţa de căldură, mulţumire şi împăcare să nu fie îndreptată doar către fiinţele vii din prezent, ci către toate fiinţele care vor apărea. În studiile despre efectele compasiunii asupra fiziologiei creierului, acesta a fost exerciţiul folosit, în care „un sentiment necondiţionat de bunătate iubitoare, bunăvoinţă şi compasiune pentru alţii pătrunde în întreaga minte ca o modalitate de a exista fără alte considerente sau gânduri coerente“[144].

La un moment dat, îți dai seama că, prin extinderea dorinței ca alții să fie mulțumiți, împăcați și fericiți, va trebui să îi incluzi și pe oamenii care nu îți plac în mod special, pe cei care ți-au făcut rău și chiar pe dușmanii tăi. Deși este puțin mai complicat, a-ți extinde dorința de mulțumire, împăcare și fericire către acești oameni este un exercițiu folositor dacă te-ai pregătit treptat până aici. Trebuie să îți amintești că nimeni nu a ales unde să nimerească în această viață, nici genele cu care ne-am născut sau arhetipurile care ne-au fost date. Suntem cu toții actori în fluxul vieții. Ne facem rău reciproc pentru că nu știm ce se întâmplă și pentru că este prea greu să avem cu adevărat control asupra propriilor minți.

Budiștii vorbesc uneori despre „eradicarea urii“ din interior. Dar „eradicare“ este un cuvânt legat de ura în sine, indicând pe cineva care „urăște“ ura. În formarea minții și compasiunii, noi nu abordăm nimic prin eradicare. Mai degrabă o abordăm dintr-o poziție de înțelegere, compasiune și transcendență. Transcendența este destul de diferită de eradicare – este mai degrabă vorba despre a depăși sau „a nu mai fi influențat de“ decât despre a distruge sau „a scăpa de“.

Ar trebui să repet că, în practica budistă, o idee importantă este: „Eu și alții putem fi eliberați de suferință.“ Uneori concentrarea este îndreptată spre „Eu pot să îmi suport suferința“ sau „Pot să am compasiune pentru suferința mea“. Am descoperit că uneori pacienții găsesc că acest lucru le este mai ușor de făcut și că îi ajută să dezvolte curajul de a înfrunta lucrurile dificile. Important este să îți asculți înțelepciunea interioară și să vezi ce are sens pentru tine.

Ritmul compasiunii și rolul tristeții

Unele meditații și exerciții de imagerie mintală pot fi practicate împreună cu incantații, cântece, muzică, tobe sau clopote – adică facilitate de utilizarea sunetului.[145] Știm că muzica este extrem de puternică în evocarea sentimentelor. Din acest motiv, în multe filme, dispozițiile și sentimentele anumitor scene sunt accentuate de coloana sonoră. Muzica ne poate stimula și conecta la emoții cu care, altfel, ne-am strădui să intrăm în contact. Explorează diferite piese muzicale și vezi care te ajută să ajungi la compasiune față de tine însuți, față de alții și, într-adevăr, față de lume.

Uneori, acest tip de muzică are o tentă de tristețe. Există diferite aspecte ale muzicii sufite care sunt create pentru a-i da ascultătorului un sentiment de dor, o conștientizare a separării. Încă îmi amintesc când locuiam în Dubai în anii '60 și îi auzeam pe muezini chemându-i pe credincioși la rugăciune, din minaretele întregului oraș, când cerul devenea roz ca un nou răsărit – era foarte emoționant. Aceste cântece și muzica sunt, de asemenea, create pentru a fi auzite în grupuri, astfel încât să producă un sentiment de conectare prin experiență. Pentru mine, primul cântec al lui Hans Zimmer din coloana sonoră a filmului *Ultimul samurai* din 2003 surprinde ceva trist și spiritual în această tradiție și oferă un sentiment puternic, nonverbal, de compasiune.

Muzica ne ajută să găsim sentimente cu specificul lor și cu amestecuri complexe, care nu sunt ușor de așezat în cuvinte. Într-adevăr, adesea descrie durerea și suferința, ajutându-ne să declanșăm, să comunicăm și să împărtășim aceste lucruri cu alții. Tradițiile muzicale precum flamenco-ul spaniol și fado-ul portughez stârnesc patosul din noi. Și, așa cum am menționat în capitolul anterior, Simfonia a III-a a lui Górecki a fost scrisă ca testament al suferinței din secolul trecut.

Prin urmare, este interesant de reflectat asupra faptului că, atunci când ne concentrăm asupra dorinței ca alții să fie fericiți, există și un element de împărtășire „a lacrimilor lumii"; suntem mișcați de suferința din lume și avem simpatie, înțelegem rolul suferinței în viață. Important este că unele tipuri de tristețe nu se manifestă împotriva compasiunii – de fapt, dimpotrivă. Ne pot deschide spre conectare – ne aflăm toți în același flux al vieții, supuși unor tragedii, dorind cumva să găsim conectarea și eliberarea de suferință. Într-adevăr, în terapia prin compasiune, tristețea este o stare foarte importantă. Așadar, compasiunea nu se referă doar la „fericire", ci și la conectare, simpatie și empatie, toleranța și împărtășirea emoțiilor (*vezi* p. 211).

Totuși, există atât de multe fețe ale compasiunii, încât alte tipuri de muzică pot genera diferite sentimente. De exemplu, unii oameni preferă muzica ce seamănă cu sunetul apei curgătoare, sau este mistică, sau are o anumită bucurie, sau îi calmează. Este interesant să cauți piese și să observi cum stimulează diferite sentimente în tine.

Exercițiu: sinele milos

Școlile tantrice ale budismului cred că semințele diferitelor fețe ale „sinelui“ se află în fiecare dintre noi și că ce alegem să hrănim și să îngrijim prin angajament și practică este cheia creșterii noastre. Noi avem deja o natură budistă care așteaptă „să fie udată mintal“, putând astfel să crească.

Următorul exercițiu se potrivește cu acest punct de vedere. Totuși, am dat peste el într-un mod neobișnuit. În anii '70, psihiatrul Bill Hughes, un îndrumător academic interesat de arte, ne-a adus pe noi, psihologii și psihanaliștii tineri, în practică alături de niște actori. Cele două grupuri au început să exploreze diferite metode de a obține empatia. Când am fost întrebați cum înțelegem depresia și anxietatea, actorii erau foarte concentrați pe *crearea sentimentelor pentru sine* – de fapt, încercau să devină și să se simtă ca o persoană care suferă de anxietate și depresie. Ei au vorbit despre cum s-au concentrat pe expresiile faciale, pe posturile corpului, tonurile vocii și sentimente. Noi, psihologii, pe de altă parte, doream să înțelegem aceste stări emoționale privind din exterior înăuntru, să ne gândim la simptomele unei persoane anxioase sau depresive și să punem un diagnostic sau să întocmim o listă cu probleme. Totuși, am fost încurajați să jucăm teatru și să ne imaginăm că suntem puși în pielea acelor persoane – să intrăm în rol! A fost o experiență interesantă și m-a încurajat să exersez crearea unor stări mintale. Din nefericire, „formarea prin actorie“ a cadrelor medicale și a terapeuților nu este folosită în prezent. Totuși, am învățat multe din această experiență, inclusiv ideile care au stat la baza exercițiului.

Așadar, dacă ți-ar fi plăcut vreodată să fii actor sau chiar o vedetă la Hollywood, aceasta este șansa ta – ei bine, cel puțin să exersezi în propria casă. Următorul exercițiu este să joci un rol și implică practicarea posturilor și a stărilor corporale ale compasiunii.

Practic, *vei intra în rolul* unei persoane înțelepte, pline de compasiune, ca și cum ai fi un actor care, pentru a-și convinge publicul, trebuie să trăiască acest rol. Pentru a face acest lucru, trebuie să te conectezi cu adevărat cu ce înseamnă să fii *acea persoană*. Așa cum un actor bun analizează individul pe care urmează să îl înfățișeze și încearcă să recreeze rolul în interior, tu vei face același lucru – vei deveni persoana perfectă, plină de compasiune. Acum, este posibil să ai pe cineva în minte; ai putea alege să devii precum Buddha sau altcineva care să reprezinte idealul tău de compasiune. Ideea nu este să te transformi în acea persoană ca atare, ci să o folosești ca pe un ghid sau inspirație ca tu să fii influențat de compasiune. Există multe texte care discută despre acest lucru.[146]

Iată ce să faci. Mai întâi, stai comod și relaxat, privind în jos sau acolo unde vederea ta se simte cel mai confortabil. Respiră liniștit timp de 30 de secunde. Permite-i corpului să se relaxeze și să se elibereze pe cât este posibil. Acum, pentru un moment, imaginează-ți că *tu* ești o persoană plină de compasiune și înțeleaptă. Gândește-te la calitățile *ideale* pe care ți-ar plăcea să le ai în această postură. Printre ele ar putea fi: bunăvoință profundă, căldură, blândețe, să fii greu de provocat, sentimentul de „a fi fost acolo" și de a fi acumulat înțelepciune ca rezultat. Nu contează dacă ai cu adevărat calitățile acestea sau nu, pentru că tu te concentrezi la *imaginarea* și *gândirea* posibilității de a le avea, la ce sunt ele și la dorința ta de a le acumula. Așadar, gândește-te la vârsta și la aspectul tău, la expresiile faciale și la postură, la emoțiile tale, cum ar fi blândețea. Acum, ca un actor care urmează să preia un rol, simte cum *devii* aceste lucruri.

Încearcă să le permiți expresiilor faciale să fie blânde și *pline de compasiune*; permite-ți un zâmbet ușor, cald. Gândește-te că ești o persoană înțeleaptă, care a văzut multe în viață. Când vorbești, ia aminte la tonul vocii. Gândește-te cum este să fii o persoană clementă, care nu poartă ranchiună. Gândește-te la calitățile pe care le apreciezi cu adevărat la compasiune și imaginează-ți cum ar fi să le ai. Permite-ți să devii această persoană. Petrece cât îți este confortabil exersând acest rol și încearcă să o faci serios, dar și în joacă. Cu acest exercițiu, este interesant de observat cum îți sunt influențate corpul, inclusiv postura, ritmul respirației și așa mai departe. Observi cum mușchii tăi devin mai încordați sau mai relaxați și mai moi? Există alte zone din corpul tău care se simt calde?

Poți exersa acest lucru în orice moment al zilei (sau al nopții), dacă dorești. Pe măsură ce te miști prin viață, imaginează-ți că ești (și că devii) această persoană plină de compasiune. Pentru început, s-ar putea să se simtă puțin artificial, dar și foarte distractiv. Totuși, fii prudent.

Îmi aduc aminte cum, într-o dimineață, înainte de serviciu, îmi făceam exercițiile pentru compasiune, mergând încet, concentrându-mă pe calitățile pe care mi-ar plăcea să le am pentru ziua care urma, păstrându-mi atenția asupra momentului prezent – și m-am lăsat destul dus de val. Apoi, mi-am amintit că am lăsat terciul de ovăz să fiarbă, m-am grăbit să îl verific și am căzut, împiedicându-mă de un scaun. Ai grijă!

În săptămânile următoare, poți exersa concentrarea pe a deveni plin de compasiune prin refacerea posturilor corporale, expresiilor faciale și tonurilor vocale. Toate acestea sunt create pentru a te ajuta să te concentrezi pe a deveni mai plin de compasiune pentru tine și să explorezi cum îți afectează acest lucru sentimentele și corpul. Reține că ești în *formare*, că acum înveți cum să gestionezi frustrările și anxietățile vieții.

Imageria compasiunii și fanteziile ei

Imageria mintală a fost folosită de multe terapii psihologice occidentale câteva decenii.[147] Cum este folosită variază. Îi poate ajuta pe oameni cu lucrurile de care sunt înspăimântați – adică fobiile. De exemplu, oamenii speriați de păianjeni încep terapia prin a-și *imagina* un păianjen, apoi desenează unul, trecând de la atingerea unuia de jucărie, a unuia mort, apoi a unuia adevărat.

Imageria mintală mai este folosită și pentru a-i ajuta pe oameni să depășească mintal lucrurile traumatizante pentru ei, și astfel, mai degrabă să le înfrunte decât să evite să se gândească la ele sau să le simtă. Dacă fug mereu de aceste amintiri și de frică, pot retrăi acele momente și pot avea și alte tipuri de simptome. Sportivii, de asemenea, folosesc imageria în antrenament – de exemplu, își imaginează din nou cum dau lovitura potrivită – imageria ne poate ajuta ajuta și pe noi să creștem încrederea și să stimulăm excitația (sexuală).

De fapt, imageria mintală a fost cercetată cu atenție și folosirea ei este acum privită ca un mijloc mai puternic de a produce o schimbare în anumite stări sentimentale decât metodele prin vorbire sau „gândire".

Exercițiu: găsirea adăpostului

Înainte să ne implicăm în exercițiile specifice compasiunii, care sunt create pentru alinare, este foarte util de exersat imageria mintală a „adăpostului". Mai întâi, treci prin exercițiul scurt de relaxare pe care l-am încercat în Capitolul 7. Apoi, permite-i minții să se concentreze pe un loc care îți oferă o stare de *siguranță*, *calm* și *mulțumire*. Acest loc poate varia de la o zi la alta; nu trebuie să îl faci întotdeauna pe același, deși alegerea unuia singur poate fi de ajutor.

Adăpostul tău ar putea fi o pădure frumoasă în care frunzele copacilor foșnesc blând la orice adiere, iar raze puternice luminează pământul. Încearcă să simți vântul cum îți atinge cu blândețe fața și cum lumina dansează pe chipul tău. Ascultă foșnetul copacilor și simte mirosul dulce-lemnos al aerului. Sau locul tău ar putea fi o plajă frumoasă, cu o mare albastră, strălucitoare, care se întinde până la orizont, unde se întâlnește cu cerul albastru-cristal. Sub tălpi simți nisipul moale, fin, alb și mătăsos la atingere. Auzi calmul valurilor sparte la mal. Încearcă să simți razele scăldându-ți fața, lumina cum dansează ușor în diamante pe apă, nisipul moale sub picioare, pe măsură ce degetele se îngroapă în el, și simte briza ușoară care îți atinge delicat fața. Adăpostul poate fi un foc de bușteni în care auzi pocniturile lemnului ars și simți mirosul fumului. Tehnica este să încerci să strângi cât poți de multe detalii senzoriale în imaginea ta.

Acesta e adăpostul tău. Poți să adaugi sentimentele, imaginându-ți că acest loc te *primește* cu adevărat și că se *bucură* că ești acolo. Așadar, concentrează-te pe sentimentul de apartenență, pentru că locul îți aparține și este unic. Sentimentul de a fi bine-venit poate fi foarte folositor în acest tip de imagerie mintală. Poți exersa oricând – de exemplu, în timp ce aștepți autobuzul sau când stai în pat sau în cadă. Din nou, oamenii diferă în funcție de cât de ușor consideră că este acest exercițiu.

Când ești stresat sau supărat, respiră ușor câteva minute și apoi poartă-te în acest loc din minte, permițându-ți să te calmezi și să îți oferi niște timp de relaxare. Ține minte să lucrezi cu toate simțurile în imaginație.

Imageria axată pe compasiune

Există acum multe studii în care cercetătorii au făcut poze creierului, pe măsură ce oamenilor li s-a cerut să execute diferite sarcini, inclusiv să își imagineze lucruri. Știm că, dacă eu ți-aș cere să îți imaginezi că ești furios, fericit, senzual sau temător, diferite tipare cerebrale s-ar activa. Imageria axată pe compasiune și practicarea ei afectează diferite legături neuronale.[148] Și totuși, nu e doar creierul tău: Atkinson și McCraty[149] au explorat impactul pe care îl au imageria furiei și a compasiunii asupra sistemului imunitar al corpului prin măsurarea substanței din corp numite imunoglobulină secretorie A (s-IgA). Imageria furiei a avut un efect negativ asupra s-IgA, în timp ce imageria compasiunii a crescut-o. Prin urmare, printre multele lucruri pe care le face imageria mintală a compasiunii se numără și modificarea pozitivă a sistemelor neurofiziologice.

Imageria mintală a compasiunii este consacrată în budism și în alte tradiții religioase, care o folosesc pentru a-i aduce pe adepți în anumite stări mintale. Există o mulțime de ritualuri și de practici meditative proiectate pentru a-i ajuta pe practicanți să se adapteze și să simtă compasiunea.[150] De exemplu, exercițiile budiste sunt alcătuite dintr-o serie de pași, fiecare dintre ei fiind un punct central pentru practică. Pașii sunt: să-ți imaginezi un anumit tip de Buddha; felul în care Buddha stăpânește compasiunea în univers; Buddha direcționează acea energie a compasiunii spre tine și observi cum se simte (adică faptul că ți se dă și că primești compasiune în mod necondiționat); Buddha ia legătura cu tine și simți natura compasiunii; a fi plin de compasiune (fiind tu însuți un Buddha al compasiunii); apoi, să-ți imaginezi că le oferi compasiune tuturor ființelor din univers.

Nu există o singură imagine a compasiunii lui Buddha; în schimb, multe au apărut pentru exersarea imageriei mintale a compasiunii. Fiecare dintre ele are o funcție diferită, fiind folosită pentru a inspira și a susține trezirea spirituală, chiar și pentru a-i calma pe oameni când suferă.[151] În practica budistă, inițiatul se concentrează pe anumite imagini sau figuri. Există ideea că acestea cuprind în ele însele calitățile compasiunii. La un moment dat, inițiații erau doar oameni obișnuiți și nu aveau aceste calități, dar, cu experiență, înțelegere și practică, le-au dezvoltat și acum pot să înțeleagă ce zbucium presupune să fii om, așa cum este și drumul spre compasiune. Aceste imagini se numesc *bodhisattva* compasiunii (*bodhi* înseamnă „trezire“ sau „iluminare“ și *sattva* este ființa care simte și are conștiința sinelui). *Bodhisattva* compasiunii apare în diferite forme în diferite tradiții. În Tibet, el este numit *Chenrezig*, dar este cunoscut și ca *Avalokiteshvara*. *Bodhisattva* compasiunii poate apărea în multe forme, masculine și feminine (pentru înțelepciune sau bunăvoință), ideea fiind să trezești aceste aspecte din propriul sine – „trezire arhetipală“[152].

Imaginarea unui „celălalt plin de compasiune" ideal

Modul obișnuit în care simțim compasiunea este, desigur, prin bunăvoința celorlalți. Compasiunea curge de obicei în și prin relații. Așa că putem exersa stimularea și activarea sistemelor care reacționează la siguranța socială și la „simțirea faptului că suntem îngrijiți" prin alinare, prin folosirea imaginațiilor și raportându-ne la „ceilalți plini de compasiune". La fel cum ne imaginăm mesele ideale sau partenerii sexuali ideali, care ne pot stimula corpurile în moduri speciale (*vezi* p. 203), așa creăm și imaginile interioare care ne pot stimula sistemul de alinare. Ideea este să ne jucăm, să creăm, să descoperim, să construim și să dezvoltăm o imagerie a compasiunii.

Să ne gândim la modul în care am crea o imagine plină de compasiune la care să ne raportăm și pe care să o folosim pentru a stimula propria compasiune și alinarea. Când folosim *imagini fanteziste*, ne concentrăm asupra *imaginii ideale a compasiunii* și a felului în care conversăm cu ea. Așadar, când te gândești la compasiune, ce tipuri de imagini îți vin în minte? Ce culori sunt asociate cu compasiunea pentru tine? Ce sunete și texturi? Alocă-ți un moment doar pentru a te relaxa și a te gândi la toate acestea.

Pentru a crea o imagine plină de compasiune, vrei să faci mai mult decât să te concentrezi pe calitățile tale. Încearcă să îți imaginezi că ai patru calități de bază:

1. *O minte înțeleaptă.* Ea înțelege ce înseamnă să fii o ființă umană, să te zbați, să suferi, să fii furios, să ai dorințe, să te bucuri. Ea înțelege crearea minții – cu toate sentimentele, strategiile și arhetipurile ei complexe, toate putând intra în conflict – ca parte din fluxul vieții, dar știe cum să facă față acestora.
2. *Putere și vitejie.* Ea poate îndura și tolera, având și puterea de a proteja dacă este necesar.
3. *O mare căldură și bunăvoință.* Aceasta radiază din și în jurul imaginii. În anumite practici budiste, inițiatul și-l imaginează pe Buddha al compasiunii cum trimite compasiune spre el, sub forma energiei.
4. *Absența judecății.* Imaginea noastră plină de compasiune nu învinuiește niciodată, nu judecă, nici nu critică. Acest lucru nu

înseamnă că nu are dorințe sau preferințe; într-adevăr, dorința sa principală este reprezentată de bunăstarea și dezvoltarea ta.

Bine, așadar avem niște calități-cheie pe care le vom construi în imaginația plină de compasiune. Ideea aici este să creezi una *unică*, *specială* pentru tine. Imaginea este a ta și doar a ta. Unor oameni le plac imaginile religioase – Buddha sau Hristos. Dacă acestea sunt de ajutor, atunci folosește-le, dar pentru exercițiile noastre este mai bine să creăm o imagine de la zero, una care să ți se potrivească exact.

Există două motive pentru care să faci acest lucru. În primul rând, ideea ca ea să fie „ideală" înseamnă că este ideală pentru *tine* (s-ar putea să nu fie pentru altcineva). Așadar, ar trebui să îi atribui fiecare calitate importantă pentru tine, ca și cum ai încerca să vii cu ideea pentru casa, masa sau mașina ta ideală – i-ai oferi tot ce ți-ai dorit și nu ai ezita. Așa este și cu imaginea idealului compasiunii: îți imaginezi că deții fiecare aspect al compasiunii care este important pentru tine. În al doilea rând, eu și colegii mei am descoperit că la oamenii care folosesc imaginile religioase, precum cele hristice, există asocieri care nu sunt de ajutor, cum ar fi faptul că Hristos nu ar „aprecia" păcatul, în timp ce imaginea plină de compasiune nu este niciodată judecată sau pedepsită în vreun fel.

Exercițiu: construirea unei imagini pline de compasiune

Găsește un loc în care să stai confortabil, unde nu vei fi deranjat. Hotărăște dacă vrei să asculți un CD cu incantații, cu altă muzică sau, să zicem, să activezi sunetul apei sau alt aspect senzorial în cameră. Mai târziu, poate nu vrei aceste adaosuri, dar ele sunt de ajutor pentru început, când creează dispoziția potrivită. Stai cu ochii în jos sau închiși și caută un ritm liniștitor în care să respiri. Când simți că trupul tău a găsit ritmul respirației, imaginează-ți idealul compasiunii. Adoptă o expresie facială plină de compasiune, cu un zâmbet ușor și blând, și ia în considerare următoarele: dacă ai crea pentru tine însuți un „celălalt plin de compasiune" ideal (care ar putea fi sau nu uman), ce calități ar avea, cum ar arăta? Dacă e prea greu, încearcă această explorare: Dacă ai putea să creezi un „celălalt plin de compasiune" ideal pentru un copil, ce calități ar avea? Cum s-ar schimba pe măsură ce copilul crește și cum ar fi când copilul a crescut?

La paginile 274–275, vei găsi o fișă de lucru care te poate îndruma. Citește instrucțiunile din ea, apoi găsește un ritm al respirației timp de 30 de secunde și permite-i imaginii să apară. Ideea este să faci asta conștient, astfel încât, dacă mintea rătăcește, pur și simplu să o întorci la concentrare. Încearcă să intri în cât mai multe detalii senzoriale. De exemplu, gândește-te la cât de bătrână este imaginea ta, la sexul ei, la cum arată ochii, dacă o vezi zâmbind. Ai vreo idee despre modul în care sunt aranjate părul ei (ce culoare), hainele și postura? Apoi, concentrează-te pe tonul vocii: dacă comunică, cum sună tonul ei plin de compasiune? Dacă există alte calități senzoriale pe care ți-ar plăcea să le aibă imaginea, adu-le în exercițiul tău.

O persoană cu care am lucrat nu a asociat o persoană exercițiului, ci un copac înalt și frunzos. Asta a devenit imaginea ei plină de compasiune – un copac înțelept. Era acolo de mult timp și a simțit că se poate cuibări în ramurile lui și că este protejată. O altă persoană avea o imagine a lui Buddha îmbrăcat ca o zeiță a Pământului și simțea că este atât femeie, cât și bărbat, în esență. Nu a văzut niciodată această imagine clar, dar i-a transmis un sentiment de hrănire și o mare căldură, se concentra asupra imaginii când suferea.

Gândește-te la modul în care ți-ar plăcea ca imaginea să aibă o legătură cu tine. Unii oameni ar dori ca imaginile lor pline de compasiune să pară mai în vârstă, mai înțelepte și foarte protectoare – de exemplu, femeia care s-a gândit la copac era concentrată pe apărare. Altor oameni le place să își imagineze că sunt îngrijiți. O persoană a dorit ca imaginea ei să înțeleagă cu adevărat cât de dureroase și dificile au fost și sunt încă anumite aspecte ale vieții ei.

O imagine plină de compasiune poate, de asemenea, să îți ofere sentimentul că ești un membru important și valoros al unei echipe sau comunități. Acest lucru te ajută destul de mult să gândești sentimentele de apartenență și modul în care te raportezi la alții care urmăresc scopuri similare. Ai putea să te gândești totodată la modul în care te raportezi la imaginea ta, la modul în care îi vei vorbi, genurile de lucruri pe care ai vrea să i le comunici.

Fișa de lucru 1: Construirea unei imagini pline de compasiune

Acest exercițiu este destinat să te ajute să construiești o imagine plină de compasiune, astfel încât să lucrezi cu ea și să îți dezvolți anumite zone-cheie ale minții. Poți să ai mai multe imagini dacă dorești și ele se pot schimba în timp. Orice imagine îți vine în minte, amintește-ți că este creația ta și, prin urmare, propriul ideal: ce ți-ar plăcea cu adevărat să simți când primești afecțiune și când ești îngrijit, înțeles, susținut și încurajat.

În acest exercițiu, este important ca tu să încerci să îi dai imaginii anumite calități, inclusiv:

- înțelepciune
- putere
- căldură
- acceptare

Așadar, pe măsură ce ai de-a face cu fiecare casetă pe care o vei vedea, gândește-te la aceste calități și imaginează-ți cum ar arăta, s-ar auzi și s-ar simți.

Dacă este posibil, începe prin concentrarea pe respirația ta, descoperind ritmul în care găsești alinarea și surâzând. Apoi, lasă imaginile să apară în mintea ta cât de bine poți. Nu încerca prea din greu – dacă nu îți vine nimic în minte sau ea rătăcește, doar îndreapt-o cu blândețe asupra respirației și exersează acceptarea plină de compasiune.

Iată niște întrebări care te-ar putea ajuta:

- Cum ți-ar plăcea să fie/să pară/să se simtă imaginea ta îngrijitoare/hrănitoare:
  - bătrână sau tânără?
  - masculină sau feminină?
  - umană sau non-umană (un animal, o mare sau o lumină)?
- Ce culori și sunete sunt asociate cu calitățile înțelepciunii, puterii, căldurii și absenței judecăților de valoare? (Într-adevăr, dacă ai doar senzația unei culori a compasiunii care te înconjoară, care se simte caldă și afectuoasă, acela este un început bun. Ține minte culoarea ta și imaginează-ți că are compasiune pentru tine.)

Fișa de lucru 1 ***continuare***

Cum ți-ai dori să arate imaginea ideală a afecțiunii/ compasiunii – ce calități vizuale ar trebui să aibă?

Cum ți-ar plăcea să sune imaginea ideală a afecțiunii/compasiunii (adică tonul vocii)?

Ce alte calități senzoriale are imaginea ideală a afecțiunii/ compasiunii?

Cum ți-ar plăcea să se raporteze la tine imaginea ideală a afecțiunii/compasiunii?

Cum ți-ar plăcea să te raportezi tu la imaginea ideală a afecțiunii/ compasiunii?

Uneori poate fi folositor să încerci diferite *sexe* pentru imaginea ta. Dacă are tendința să fie femeie, atunci imaginează-ți idealul masculin al compasiunii și invers. Uneori, dacă avem sentimente negative față de un sex sau altul, acest exercițiu este de ajutor, dar opune și o mare rezistență – așa că doar explorează dacă este de ajutor. Poți avea mai mult de o imagine; într-adevăr, descoperi că imaginea ta se schimbă odată cu dispoziția. Ai putea avea atât imagini masculine, cât și feminine care îți duc diferite tipuri de compasiune, sau imagini care contopesc ambele sexe.

Ai dificultăți în a-ți găsi o imagine?

Dacă descoperi cu timpul că te chinui să creezi o imagine vizuală, s-ar putea ca sunetele să te ajute. Încearcă să te concentrezi pe sunetul unei voci pline de compasiune. Este masculină sau feminină, vorbită domol sau puternic?

Un alt lucru pe care să îl încerci este să cauți prin reviste poze cu fețe pline de compasiune și apoi să folosești ce găsești ca șablon pentru a începe să practici imageria compasiunii. Cercetările au arătat că, dacă oamenii exersează concentrarea pe poze cu fețe zâmbitoare, ei își pot antrena treptat creierii să preia aceste semnale, care au un impact asupra stimei de sine.[153]

Unii oameni nu sunt dornici să își creeze propriul „ideal"; mai degrabă vor pe cineva real care să fie plin de compasiune pentru ei. Un bărbat cu care am lucrat a spus: „Presupun că într-o mie de ani s-ar putea să construim roboți care arată, se simt și sună ca oamenii, și care pot fi plini de compasiune. Totuși, nu sunt sigur că acest lucru ar funcționa pentru mine." El dorea să simtă compasiunea, dar din partea cuiva care dorea să se raporteze la el, nu la un ideal pe care l-ar fi creat pentru sine. Pentru a depăși această barieră, i-am indus prin imageria mintală ideea că imaginea lui plină de compasiune dorea să se raporteze la el, dar avea nevoie „să fie reglată".

Unii oameni – de exemplu, cei care au fost abuzați sau care au avut copilării dificile – consideră imaginile *umane* prea amenințătoare, așa că preferă să aibă drept imagine a compasiunii un armăsar, un vultur, un munte, un copac și altele asemenea. Acestea sunt în regulă, cu condiția să fie imaginate ca având minți asemănătoare omului. Singura mică problemă cu ele este că, în general, nu au o față zâmbitoare și plină de compasiune. A ne imagina expresiile compasiunii pe fața „celuilalt" ne e de folos, pentru că amigdala și alte părți ale creierului răspund la expresiile faciale.

Când oamenii se gândesc la imaginea lor plină de compasiune, de obicei le place să fi câștigat înțelepciunea după mai multe experiențe – simt astfel o *înrudire* cu imaginea ideală pe care și-au creat-o despre compasiune. Aceasta poate fi o experiență importantă. *Bodhisattva* este la fel: ea a fost deplin umană și supusă acelorași pasiuni și dorințe, greșeli și regrete ca noi toți, dar, prin formarea, studiul și practica ei, a obținut înțelegere și compasiune – compasiunea care a apărut din zbucium.[154]

Relația exactă pe care oamenii o au cu imaginea lor variază. De exemplu, unora le place să își închipuie imaginile aproape părintești și să simtă afecțiune și îngrijire ca din partea unei mame iubitoare sau a unui tată. Altora le place să își privească imaginile mai mult ca pe niște îndrumători sau guru care nu îi îngrijesc ca un părinte, ci îi conduc; și mai sunt cei cărora le place să își imagineze prieteni sau ajutoare interioare. O variație a acestui exercițiu de imagerie mintală poate fi să îți imaginezi că universul este plin de *bodhisattva* cu diferite niveluri de iluminare. Poți să îți imaginezi că ești legat de comunitatea celor care caută să aducă compasiune în fluxul vieții.

Exerciții: concentrarea pe inimă

Unor oameni le place să își imagineze bunăvoința și căldura imaginilor lor pline de compasiune concentrate într-un tip de energie. O metodă de a lucra cu imaginile care folosește această abordare se numește HeartMath.[155] Cercetătorii implicați au studiat procesul fiziologic numit *variabilitatea ritmului cardiac*. Acest lucru este diferit de ritmul cardiac în sine, adică numărul de bătăi ale inimii pe minut. Variabilitatea ritmului cardiac, pe de altă parte, măsoară diferența de timp *dintre* bătăile inimii, care variază în milisecunde și reflectă echilibrul relativ dintre sistemul nervos simpatic și cel parasimpatic. Dacă timpul dintre bătăi este aproape întotdeauna același, ai o variabilitate scăzută a ritmului cardiac, dar, în general, variabilitatea mărită a ritmului cardiac este de preferat, pentru că reprezintă o integrare bună și un echilibru între cele două sisteme nervoase. Într-adevăr, acest echilibru a fost legat de capacitatea noastră de a fi flexibili și de a ne alina singuri.[156] Noi cercetări sugerează că există diferite mecanisme în inimă care alimentează creierul și că, prin concentrarea pe schimbarea variabilității ritmului cardiac, avem un impact asupra emoțiilor.

Oamenii pot fi antrenați să își îmbunătățească variabilitatea ritmului cardiac în diferite moduri.[157] Unul este prin concentrarea afecțiunii și bunăvoinței, deoarece aceste experiențe afectează variabilitatea ritmului cardiac. Cercetătorii sugerează să îți imaginezi că bunăvoința și compasiunea sunt direcționate către inima ta și se extind în piept, iar apoi prin tot corpul. Așadar, când interacționezi cu imaginea ta plină de compasiune sau când folosești amintiri despre compasiune, imaginează-ți cum compasiunea curge în tine prin inimă și că poți să îi simți căldura în piept.

Un exercițiu foarte interesant este să iei mâna dreaptă și să o plasezi la o distanță de doi centimetri deasupra inimii – aproape de pieptul tău, dar fără să îl atingi. Imaginează-ți cum compasiunea curge în tine și în această zonă, prin inima ta. Observă dacă simți vreun pic de căldură acolo. Menține un ritm respirator liniștitor, pe măsură ce faci exercițiul. Uneori, oamenilor le place să asocieze o culoare compasiunii, astfel încât îți poți imagina o culoare a compasiunii curgând în inima ta, alinând-o și vindecându-te.

Exercițiu: compasiune pentru sistemul nostru de stres și amenințare

Așa cum am văzut, sistemul nostru de amenințare/autoapărare, care ne dă sentimentele de furie, anxietate, dezgust și alte lucruri neplăcute, este suprasolicitat.

Dacă ai trecut prin momente dificile sau te-ai supărat în legătură cu ceva, iată un exercițiu care poate fi de ajutor. Stai liniștit într-un scaun sau în postura ta de compasiune, caută-ți ritmul liniștitor de respirație și apoi concentrează-te spre a deveni un sine plin de compasiune. Imaginează-ți că *ești* o persoană foarte miloasă, că nu învinuiești niciodată și că deții înțelepciune și o mare căldură. Acum imaginează-ți că partea din tine care este furioasă, temătoare sau supărată se află în fața ta, la fel și partea plină de compasiune. Privește-ți expresiile faciale și comportamentul. Imaginează-ți ce parte din tine simte și gândește. Pur și simplu trimite compasiune acelei părți din tine. Încearcă să simți cu adevărat acest lucru pentru ea. Nu încerca să schimbi nimic – pur și simplu privește acea parte și simte compasiune. Îți dai seama că aceste emoții provin din sistemul de amenințare și sunt legate de frici și supărări. Dacă exersezi păstrarea poziției tale de compasiune și privești sinele supărat, temător sau furios, ai putea observa că diferite sentimente și gânduri care vin în minte îți sunt de ajutor. Încearcă și vezi cum te descurci.

Poți să faci exact același exercițiu, dar imaginează-ți că ești cu imaginea ta plină de compasiune. Împreună puteți emite compasiune către partea temătoare, furioasă sau supărată. Din nou, exersează și vezi cum merge asta pentru tine. Dacă par să se furișeze sentimente învinuitoare, batjocoritoare sau sfidătoare față de partea temătoare, furioasă sau supărată, atunci doar observă-le și întoarce-ți atenția pe cât se poate spre o concentrare care să implice compasiune, bunăvoință și înțelegere.

Pregătirea

Ne putem folosi compasiunea și imageria mintală pentru a încerca să stimulăm anumite tipare cerebrale și să creăm stări ale creierului care ne vor ajuta. Uneori, acest lucru ajută să ne gândim la lucruri pe îndelete, într-un mod binevoitor și susținător, sau să facem lucrurile pe care le considerăm dificile. Să presupunem că trebuie să faci un apel telefonic dificil. Caută un ritm liniștitor de respirație și petrece câteva minute imaginându-ți adăpostul tău sau imaginea plină de compasiune și cum te sprijină. Apoi, din acea stare mintală, efectuează apelul telefonic. Nu este magie, dar ar putea să îți ofere puțin ajutor.

Așa cum am observat deja, multe societăți folosesc „mătăniile" trecute cu blândețe printre degete ca metodă de calmare. Folosește mărgele ca acestea sau, să zicem, o piatră netedă, sau alt obiect care se simte liniștitor în mână și ține-l în timp ce îți faci exercițiile de imaginație. Acest lucru se numește „pregătire". Ține mărgelele, piatra sau obiectul ales în buzunar și, când ai nevoie, poți să treci mărgelele printre degete sau să ții piatra, și aceasta îți va face legătura cu imaginea și sentimentele pe care le-ai exersat.

Deborah Lee[158] a lucrat cu cineva care a găsit util să asocieze o marcă de cremă de mâini cu un anumit miros și imaginile pline de compasiune. Acest lucru îi amintea de bunica ei dragă. Mirosul răspândea sentimentul de grijă, așa că ea exersa imaginarea ca o meditație în sine și, de asemenea, cu crema de mână aplicată, iar când era supărată le folosea pe amândouă. Folosirea miresmelor și mirosurilor pentru a modifica sentimente este, desigur, foarte obișnuită în multe societăți. Mirosurile sunt bune și pentru că au acces direct la centrul emoțional al creierului. Aromoterapeuții te pot sfătui asupra mirosurilor și miresmelor despre care se crede că te pot alina, astfel încât să alegi un parfum în cunoștință de cauză.

În diferite tradiții spirituale, imageria mintală este asociată cu alți declanșatori senzoriali, iar procesele se numesc *mudras* și *mantre.*[159] *Mudras* sunt gesturi, posturi corporale și mișcări ale mâinii, asociate cu anumite aspecte ale sentimentelor sau teme, precum înțelepciunea, puterea și bunăvoința. Dacă exersezi imageria mintală a compasiunii așezat într-o poziție tradițională de meditație – adică cu picioarele încrucișate – sau, cum găsesc eu uneori că este mai confortabil, așezat pe scaun, îți odihnești mâinile în poală, cu fiecare deget arătător atingând degetul mare. Adoptând această poziție oricând faci exercițiile de imagerie mintală a compasiunii, vei fi capabil ulterior să recreezi aceleași senzații pur și simplu respirând și unind vârful degetelor arătătoare cu cele ale degetelor mari.

Așadar, s-ar putea ca tu să fi exersat imageria mintală a compasiunii acasă dimineața, apoi să fi plecat la serviciu. În timp ce aștepți trenul, respiri liniștit, îți ții degetele în același fel și îți aduci aminte imaginea plină de compasiune. Nu uita postura relaxată și expresia facială plină de compasiune. Îți poți imagina că radiezi compasiune în jurul tău în stație – către cei care sunt de asemenea prinși în marele flux al vieții și în graba de zi cu zi, chiar dacă nici ei nu doresc să fie acolo. Fiecare deget pe care îl atingi cu degetul mare poate avea o însemnătate diferită. Dacă te interesează, poți căuta *mudras* pe internet și să citești despre ele. Distrează-te puțin.

Imageria fluxului vieții

Există un număr de alte exerciții de imagerie mintală pentru alinare și compasiune de care ai putea fi interesat, care se referă la fluxul vieții și care îți oferă o experiență de *conectare* și de *acceptare*.

Exercițiu: conectarea la fluxul vieții

Hotărăște dacă legătura preferată este cu marea, cerul sau munții. Față de care dintre ele simți că ai o afinitate mai mare? Alege-o pe aceea. Bine, pentru scopul acestui exercițiu, să presupunem că ai ales marea. Totuși, acest exercițiu de imagerie mintală ar fi fost exact la fel dacă ai fi ales muntele sau cerul, sau un alt aspect. În mod clar, dacă nu îți place apa, vei alege o altă imagine.

În primul rând, caută un ritm liniștitor de respirație cât de bine poți, în timp ce privești în jos sau închizi ochii. Acum imaginează-ți că marea este în fața ta și că este de un albastru frumos, caldă și calmă, întinzându-se spre malul de nisip alb și mătăsos. Imaginează-ți că stai în apă, care susură ușor la picioarele tale. În exercițiul de imagerie, este foarte folositor să acorzi cât mai multă atenție cât mai multora dintre simțurile tale. De exemplu, imaginează-ți o briză caldă care îți mângâie cu blândețe fața, mirosul mării, sunetul valurilor care ating plaja, diamantele sclipitoare de pe suprafața apei, soarele care îți încălzește corpul. Această concentrare senzorială te ajută să creezi experiența pe care ți-o dorești.

Când ai trecut prin toate simțurile și ai „simțit“ oarecum imaginea, acum te implici în partea de „conectare“. Pe măsură ce te uiți la mare spre orizont, imaginează-ți că această mare, care a fost aici de milioane de ani, este o sursă de viață. Într-adevăr, viața întregii planete a început aici, cu mult timp în urmă. Această mare a văzut multe lucruri în istorie, a fost martoră la evoluția și dispariția nenumăratelor specii și cunoaște multe lucruri. Multe bătălii au fost purtate pe suprafața ei. Acum imaginează-ți că marea te acceptă complet, că îți cunoaște toate luptele și durerile, că te recunoaște ca ființă conștientă în fluxul vieții. Permite-ți să te simți conectat cu marea, cu puterea și înțelepciunea ei, care te-au acceptat în totalitate. Încearcă să menții un sentiment de conectare, de a fi întâmpinat de ceva bătrân și înțelept.

Unora le place să modifice această imagine în tot felul de moduri. De exemplu, își imaginează că marea este purificatoare și că pur și simplu spală gândurile sau sentimentele dificile. Alții se gândesc la mare ca la o alinare; plutesc pe ea și îi susține. Din nou, lucrul important la acest tip de exercițiu de imagerie este să trăiești și să descoperi ce are valoare pentru tine. Uneori îmi imaginez un cer cenușiu, nori uriași purpurii, încărcați cu tunete, și un vânt puternic. Ciudat, știu, dar pentru mine uneori asta este atât liniștitor, cât și revigorant; mă conectează cumva cu puterea vieții. Așa că încearcă și tu.

În multe feluri, faci ce fac toți romancierii – creezi scene și personaje cu ajutorul minții. Singura diferență aici este că tu faci asta conștient și explorezi impactul asupra ta dintr-o perspectivă alinătoare, a conectării, și plină de compasiune. Dacă se întâmplă să dai peste imagini care nu funcționează, pur și simplu renunță la ele. Dacă știi că imaginile tale se schimbă sub influența ciclului menstrual sau a altui tip de ciclu fizic, lasă-te dus de val, cu condiția să pară că se conectează cu sentimentele tale de căldură și de compasiune, care sunt capabile să te aline.

În cele din urmă, unii descoperă că sunt atrași de tradiții spirituale și doresc ca imaginile lor să fie Buddha sau un alt simbol. Ideea despre toate acestea este să nu te pierzi în complexitate, ci să recunoști spiritul și scopul principal, să te ajute să îți stimulezi tipare de activitate în minte, care îți dau acces și te ajută să crești o minte plină de compasiune. Acest lucru are nevoie de exercițiu; este nevoie de timp pentru a recunoaşte şi a lucra cu o minte care este precum o lăcustă. Totuşi, dacă te ţii de el, ai putea să afli că îţi este util şi ai putea să descoperi că ţi-a antrenat cu adevărat mintea pentru compasiune.

Concluzie

În Capitolul 6 am explorat puterea uimitoare a imaginaţiei. Atât de multe dintre cele care se petrec în minţile noastre sunt propria creaţie; chiar şi ce vedem şi auzim este, într-un fel, creat de creier. Totuşi, trăim într-o lume grăbită, în care atât de multe sunt create *pentru* noi şi aruncate *către* noi, încât adesea nu simţim că avem ocazia să facem un pas înapoi şi să hotărâm *noi înşine* cu adevărat ce vrem să creăm. Dar dacă putem învăţa să ne alinăm singuri şi să creăm stări cerebrale pline de compasiune, ne simţim mult mai bine şi deveni parteneri, prieteni şi colegi mai buni.

Tu ştii destul de bine, desigur, că fie că înveţi un nou instrument muzical, sport sau limbă străină, chiar dacă abia îţi intri în formă, cu cât mai mult timp îi aloci, cu atât e mai bine. Nu te-ai aştepta să fii bun la aceste lucruri din prima – exerciţiul este cheia.

Trebuie să hotărăşti cum vrei să practici aceste exerciţii de imagerie mintală a compasiunii. Dacă poţi găsi, să zicem, jumătate de oră de singurătate la fiecare două zile, acest lucru ar fi foarte util, dar găsirea timpului nu este întotdeauna uşoară. Chiar dacă ai doar o mică şansă să exersezi aceste lucruri în baie sau chiar înainte de culcare, tot e mai bine decât să nu exersezi deloc. Şi, desigur, ţine minte să fii întotdeauna plin de compasiune faţă de practica pe care ai executat-o şi să nu critici ce nu ai reuşit să faci.

Când exersezi, este util să ţii un jurnal, să iei notiţe cu observaţiile tale. Vreau să te încurajez să faci aceste exerciţii *conştient* şi să nu simţi că te forţezi sau că te provoci singur. În acelaşi timp, ia o notă mintală să fii curios şi să observi şi, mai ales, să te distrezi.

9

Compasiunea ca mod de gândire

Așa cum am văzut deja, „creierii/mințile noi" sunt fantastice în multe privințe. Cu ele putem planifica, anticipa, prezice, imagina și fantaza. Avem inteligență și capacitatea de a gândi în moduri care ne permit să înțelegem și să căpătăm perspective asupra lumii, să lucrăm și să funcționăm. Fie că sunt atomi, universuri, corpurile sau mințile noastre, sau chiar mașina familiei, înțelegem că relațiile dintre diferite elemente constituente sunt cele care le fac să existe – adică suntem capabili să stăpânim ideea că lucrurile *apar datorită relațiilor*. Genele ne construiesc celulele, celulele ne alcătuiesc corpurile și creierii, creierii dau naștere minților și mințile construiesc relații sociale și culturale. Apoi, descoperim și că relațiile noastre sociale și culturale ne afectează mințile, care, la rândul lor, ne afectează creierii și corpurile, și chiar perpetuarea genelor. Suntem capabili să înțelegem cum ne îmbolnăvim (din cauza bacteriilor, virusurilor sau condițiilor sociale) și cum ne putem vindeca singuri. „Creierii/mințile noi" ne oferă conștiința faptului că suntem „vii", că existăm, că avem dorințe, nevoi și speranțe. Putem învăța lucruri uimitoare, cum ar fi un limbaj complex și cum să conducem un autoturism, să facem pizza, să construim reactoare nucleare, să cântăm la pian (gândește-te la un concert Rahmaninov, care necesită tot felul de calități motorii extraordinare și o memorie complexă), să jucăm și să ne uităm la crichet mai mult de cinci zile!

Ne putem înțelege mințile și pe ale altora așa cum nu a făcut-o nicio altă specie în miliardele de ani în care viața a existat pe această planetă. Suntem capabili să deslușim de ce oamenii se simt bine sau rău și ce putem face pentru a-i ajuta și a preveni ca lucrurile rele să se întâmple în viitor. „Creierii/mințile noi" ne permit să fim plini de compasiune în moduri extraordinare și vizionare. Putem împărtăși și pune în comun ce știm până în punctul în care acumulăm cunoștințe și dezvoltăm științe și tehnologii generație după generație. Datorită „creierilor/minților noi“ și capacității lor de a comunica, am putea să trăim cândva vieți asemănătoare celor din *Star Trek*. (De fapt, am hotărât să îmi amân următoarea reîncarnare până atunci.) Și cine știe? – am putea fi singurii din univers care au minți ca ale noastre (deși, ca Trekkie*, mă îndoiesc).

Totuși, la fel ca multe alte aspecte ale evoluției, există mereu o capcană, o parte întunecată. Partea întunecată este că aceste talente ne pot împinge să fim puțin (sau chiar foarte) nebuni. Este una dintre micile erori neplanificate ale naturii. Modul în care folosim „creierii/mințile noi“ și problemele care ne sunt date pentru rezolvare (în special acele impulsuri, dorințe, frici și prejudecăți ale „creierilor/minților vechi“) ne creează necazuri serioase pe plan personal și ca specie. Modul în care gândim despre noi înșine, despre alți oameni și viitor poate alimenta anxietatea, depresia, paranoia și violența. Ne folosim competențele „creierului nou/minții noi“ pentru a crea arme de distrugere în masă, pentru a-i tortura pe ceilalți și pentru a fi extraordinar de cruzi. Și, când vine vorba despre a ne gândi la noi, la situațiile întâlnite, la relațiile noastre, la viitor și la sensul vieții – ei bine, competențele „creierului nou/minții noi“ pot astfel stimula fricile, alte emoții și motivații ale „creierului/minții vechi“, încât ne bulversează.

De fapt, aceasta nu este o idee nouă. Știm de multă vreme că ne putem înnebuni singuri prin capacitățile „creierului nou/minții noi“ de a gândi. Acesta a fost practic mesajul lui Buddha, desigur, deși el a folosit mai degrabă cuvântul „suferință“ decât termenul de „nebunie“. Buddha a spus foarte clar că, fără a ne antrena mințile, suntem în pericol de a fi controlați de pasiunile, dorințele și fricile noastre. El a prezentat o serie de pași în acest antrenament care ne impun să: (1) acordăm atenție și să devenim mai alerți și mai conștienți asupra modului în care ne folosim mințile (*vezi* Capitolul 5) și (2) urmăm „calea cu opt alegeri“, pe care am discutat-o în Capitolul 6 (*vezi* pp. 208–209).

Filozofii stoici din Grecia antică, în urmă cu 2 000 de ani, au remarcat și ei că, dacă emoțiile și pasiunile sunt lăsate libere, fără constrângerile

* Numele fanilor francizei Star Trek din 1966 (apariția serialului) până în ziua de astăzi. (*N. red.*)

rațiunii, poate urma haosul. Ei au pledat pentru antrenarea minții spre a observa și a raționa cu atenție. Ei credeau că rațiunea și a fi pregătit să dezbați și să examinezi în mod critic premisele și credințele reprezintă esența vieții nobile și demne. O viață trăită doar prin capriciul oricărei emoții sau dispoziții de moment, după cum credeau ei, nu valora prea mult și era predispusă să o ia razna. Rațiunea ar trebui să stăpânească emoțiile. Oamenii au capacitatea de a sta de partea sau împotriva emoțiilor – să nu acționeze din frică, furie, poftă sau prejudecată.

Problema modului în care ne folosim capacitatea „creierului nou/minții noi" de a regla unele dintre pasiunile „creierului vechi/minții vechi" este ceva ce a preocupat gândirea umană pentru multe, multe secole și în multe culturi. Așa cum am văzut, gândirea este o calitate importantă pentru mintea plină de compasiune (*vezi* pp. 223–226). Gândirea plină de compasiune presupune mai multe decât „conștientizarea" sau simpla raționalitate rece, desigur, dar nu vom ajunge prea departe pe drumul nostru spre compasiune dacă nu abordăm stilurile de gândire.

Construirea realității versus procesarea informațiilor

Preocupările pentru mințile noastre, care datează de mii de ani, au luat o nouă turnură la mijlocul secolului al XX-lea. În timpul anilor '50 și '60, pe măsură ce știința și metodele științifice deveneau tot mai populare, psihologii au început să vorbească despre modul în care oamenii elaborează „teorii" despre lume și, precum oamenii de știință, operează (adică își trăiesc viețile) conform acestor teorii – și credințe – despre ei înșiși și despre relațiile lor în lume. Un pion important în acest domeniu a fost psihologul George Kelly (1905–1967). Contribuția sa majoră a fost să arate că noi *construim* modele ale lumii din cunoașterea, credințele și relațiile sociale. Așadar, dacă o persoană atentă la prognoze va simți ploaia în ziua nunții ca rezultat iritant al precipitațiilor din Atlantic, un individ foarte religios s-ar putea gândi că este un semn rău din partea lui Dumnezeu. Sau altcineva vede comportamentul lui Jane ca dovadă a răutății și egoismului, în timp ce o alta ar putea-o vedea fragilă și vulnerabilă.

Kelly a subliniat un număr de concluzii ale *proceselor constructive active* din experiența noastră în lume:

1. Oamenii își formează construcțiile folosind *dimensiunile* de bază ale judecăților, ideilor și valorilor (bun/rău, frumos/urât), atrăgător/neatrăgător, complex/simplu, greu/ușor).
2. Este posibil să existe foarte multe construcții alternative ale aceluiași eveniment.
3. Construcțiile alternative nu pot fi pur și simplu considerate „corecte" sau „greșite".
4. Construcțiile noastre au consecințe importante, pentru că avem tendința să ne modificăm comportamentul în funcție de ele.
5. Spre deosebire de oamenii de știință, noi avem tendința să încercăm mai degrabă să ne confirmăm credințele decât să le găsim cusururi, pentru că, dacă am încerca întotdeauna să demonstrăm că sunt false, viața ar deveni aproape imposibilă. De fapt, oamenii se agață de construcțiile lor chiar în fața dovezilor că sunt greșite, pentru că schimbarea poate destabiliza sensul.
6. Psihoterapia ar trebui să îi ajute pe oameni să recunoască realitatea „construcțiilor alternative" și să îi ajute să le exploreze pe cele favorabile pentru sănătatea și starea lor de bine. Terapeuții pot susține oamenii pe măsură ce pornesc în acest proces cu potențial destabilizator de „schimbare a minților".
7. Noi formăm relații pe baza construcțiilor și credințelor noastre (de exemplu, existența unui Dumnezeu sau a valorilor politice) și apoi vorbim unii cu alții pentru a le întări mai degrabă decât a le „deconstrui". Oamenii își pot înrădăcina identitățile în „tradițiile culturale" și în construcțiile strămoșilor lor, chiar dacă strămoșii nu aveau acces la cunoștințele din ziua de azi și chiar dacă păstrarea tradițiilor este dăunătoare. Pasiunea de a aparține și de a avea un simț al identității legate de grupuri de rudenie stă cu tărie la baza construcțiilor noastre. Oamenii vor susține și credințele și construcțiile sociale ținute de grupuri, chiar dacă știu că ele sunt greșite, din frica de a fi făcuți de rușine sau răniți pentru ruperea rândurilor. Așadar, oamenii au atât construcții private, cât și publice.

Ideea aici este că orice separare ordonată a rațiunii de emoție (cu una care o reglează pe cealaltă) trebuie să recunoască faptul că gândirea apare odată cu și din construcțiile noastre. Acestea, la rândul lor, sunt adesea localizate în societate, servind nevoilor de apartenență și de a avea o viață mai degrabă însemnată decât lipsită de sens. (Reține că, pentru Kelly, atât conectarea/deconectarea, cât și însemnătatea/lipsa sensului sunt relevante pentru o persoană.)

Lucrarea extrem de influentă a lui Kelly a ajutat la dezvoltarea unei noi abordări în psihologie și psihoterapie, denumită *constructivism*. Totuși, în același timp, alți psihologi au adoptat o abordare foarte diferită a modului în care omul gândește și își folosește rațiunea. Ei au început să îl compare cu un computer și au vorbit despre *procesarea informației* – o idee foarte potrivită în era computerelor. Problema cu această idee este că rămâne imprecisă. De exemplu, computerul la care îmi scriu această carte procesează informații și așa fac și ADN-ul meu, și sistemul imunitar. Dar nu cred că poți spune că oricare dintre acestea are gânduri sau credințe. Iar gândurile și credințele nu presupun numai procesarea informațiilor.

Simultan, prin tot entuziasmul de a încerca să deslușești modul în care oamenii își „construiesc" realitățile și „procesează informațiile", psihoterapia se diversifica în și mai multe școli. Unele forme se îndepărtau de credința lui Freud că nevroza era cauzată de conflicte inconștiente, blocate de energii libidinale. Mai degrabă, unii terapeuți s-au concentrat asupra faptului că o bună parte din suferința oamenilor era înrădăcinată în *fluxul lor de gândire continuă*.

De exemplu, în anii '60, profesorul Aaron Beck, psihiatru și psihanalist la University of Pennsylvania, a observat că, atunci când una dintre pacientele sale povestea un vis sexual, ea devenea din ce în ce mai neliniștită.[160] Ideile standard de psihoterapie dinamică ale vremii sugerau că anxietatea ei era legată de conținutul sexual și de dorințele interzise. Totuși, când Beck a întrebat-o „Ce se petrece în mintea ta?", a descoperit că anxietatea ei era legată nu de vis, ci de ceva complet diferit: ea credea că Beck era plictisit de ea, că trebuie să fi auzit toate aceste lucruri de multe ori înainte și că în curând îi va cere să părăsească terapia. Beck a devenit din ce în ce mai interesat de diferitele *fluxuri de gândire autoevaluatoare* care rulau în minte. De exemplu, în timp ce un actor încearcă să își memoreze replicile și să joace bine pe scenă, un alt șir de gânduri curg în mintea sa: „Cum mă descurc? Îi place publicului felul în care joc? Mmm, par foarte tăcuți astăzi – o, Doamne, felul în care tocmai am rostit acea replică nu a fost bun…" Și, desigur, gândurile legate de frică invadează mintea actorului, cum ar fi: „Am uitat să închid gazul? Trebuie să îmi amintesc să sun acasă și să văd cum se simte mama..." Cu cât există mai multă anxietate în șirul gândirii lui, cu atât mai multe gânduri îi pot perturba interpretarea.

Beck și-a dat seama și că, în timp ce gândurile care apar în minte pot să se concentreze în mod automat pe multe lucruri, la persoanele cu furie, anxietate și depresie, temele sunt amenințările și pierderile. Beck le-a denumit *gânduri automate*, pentru că exact asta sunt: ele pur și simplu apar în mințile noastre fără prea multă reflecție. Fiecare emoție are propriul tip de gând automat, care, la rândul lui, se joacă cu rezistența „creierilor/minților noi", amplificându-ne și accentuându-ne emoțiile și dispozițiile. Putem deveni mai neliniștiți, mai furioși și mai supărați prin lucrurile la care ne gândim și contemplăm – pe care se concentrează „creierii/mințile noi". De exemplu, în momentele de anxietate, gândurile noastre se concentrează asupra răului. Oamenii care au atacuri de panică sunt atât de speriați, încât ritmul lor cardiac crește peste măsură și indică faptul că ar suferi un atac de cord. Acum, desigur, această imagine este atât de înspăimântătoare, încât devin și mai neliniștiți. Oamenii (timizi) cu anxietate socială se concentrează pe gânduri despre a face lucruri pe care alții le-ar considera prostești sau plictisitoare și, ca rezultat, se tem de respingere, își monitorizează în exces comportamentul și devin și mai stresați. În furie, gândurile se concentrează pe abateri: „Acest lucru nu ar trebui să se întâmple. Ei nu ar trebui să facă asta – îi învăț eu." Și, în depresie, gândurile merg către faptul că suntem blocați, inferiori și ratați și că nu prea se va schimba ceva în viața noastră.

Gândurile automate pot fi legate de fricile fundamentale dezvoltate în copilărie. De exemplu, copiii care au fost respinși au gânduri automate care le spun că oamenii sunt predispuși să îi respingă.

Să schimbăm gândirea pentru a ne putea răzgândi

Aaron Beck a fost influențat foarte mult de George Kelly, dar el era mai puțin preocupat de teorie; atenția lui s-a îndreptat mai degrabă asupra terapiei. Ce s-ar întâmpla, s-a întrebat el, dacă ne-am concentra pe acele șiruri de gânduri și am încerca să îi ajutăm pe oameni să facă un pas înapoi de la ele și să le privească obiectiv? Să uităm preocupările freudiene referitoare la conflictele inconștiente, ostilitățile reprimate, dorințele oedipale, stadiul oral, cel anal și cel falic și, în schimb, să aducem în față gândurile automate, să le explorăm în detaliu și să vedem unde conduc. Apoi, odată ce ne-am clarificat gândurile și locul în care ne poartă, putem vedea dacă sunt corecte și, dacă nu, să învățăm să generăm niște alternative mai rezonabile. Doar pentru că tu gândești ceva sau simți cu tărie ceva legat de un lucru, sau simți cu ființa ta că este adevărat, nu înseamnă că *este* adevărat. Într-o abordare constructivistă, învățăm să construim diferite versiuni ale evenimentelor și posibilităților. Acest lucru a devenit cunoscut drept *terapie cognitivă.*

În anii '70, terapeuții cognitivi au colaborat cu terapeuții comportamentali care se concentrau să-i ajute pe oameni să se schimbe prin înfruntarea fricilor și prin modificarea comportamentelor. Astfel, îi încurajau pe oamenii cu agorafobie să își înfrunte și să tolereze anxietatea și să plece de acasă. Mottoul behavioriștilor este: „Învățăm și devenim încrezători prin ceea ce facem." De fapt, unii terapeuți comportamentali cred că mai degrabă concentrarea excesivă a gândurilor și nu a comportamentului este o pistă falsă. Această unire (nu întotdeauna fericită) a celor două terapii avea să dea naștere unei școli-hibrid de terapie care acum este terapia cognitiv-comportamentală (TCC).

Apropiat de viziunile lui Aaron Beck era psihologul Albert Ellis, din New York.[161] El ajunsese la aceeași concluzie, că gândurile și interpretările noastre asupra lucrurilor ne creează probleme emoționale serioase. Din punctul său de vedere, îi poți ajuta pe oameni prin a-i face să recunoască acest lucru, deși suntem *configurați biologic să fim iraționali*. Ne putem antrena să fim raționali. Această abordare este acum cunoscută drept *terapia rațional-emotivă și comportamentală*. Ellis s-a inspirat de la filozofii stoici, care, așa cum am văzut, sugerau că oamenii sunt mai presus de animale pentru că au capacitatea de a raționa. Mai mult decât atât, rațiunea ar trebui să stea la baza vieților noastre și ar trebui folosită pentru a ne controla pasiunile. Și Ellis, asemenea behavioriștilor, pleda pentru importanța schimbării directe a comportamentului spre ceva mai rațional și care dezvoltă scopurile.

Ellis s-a concentrat pe diferite aspecte ale gândirii pornind de la Beck. El a menționat, la fel cum a făcut-o psihanalista germană Karen Horney în anii '40[162], că oamenii pot fi tiranizați de propria gândire în termeni de „trebuie"[163]. De exemplu, cineva ar putea avea credința „*Trebuie* să fac bine – nu aș suporta dacă aș eșua" sau „*Trebuie* să îl/o fac pe John/Sue să mă iubească – nu aș suporta dacă el/ea nu m-ar iubi". Dacă ai genul acesta de credințe, înseamnă că deja te-ai hotărât că nu poți rezolva unele dintre dificultățile vieții. Trucul este, desigur, să îl transformi pe „trebuie" în preferințe (adică: „Aș vrea să fac bine") și să recunoști că multe dintre lucrurile pe care le credem catastrofe nu sunt – cu siguranță când sunt comparate cu alte suferințe din lume. Trebuie să învățăm să ne menținem perspectiva și echilibrul și să descoperim cum putem face față pierderilor și dezamăgirilor, nu să ne spălăm creierul singuri cum că nu putem. Nimeni nu spune că acest lucru este ușor de făcut, dar a învăța cum să facem față va fi mult mai dificil dacă avem credințe de tipul „trebuie să am", „imposibil de suportat" și „trebuie". Asemenea credințe sunt o negare a realităților vieții care, așa cum am văzut în Capitolul 1, reprezintă la fel de mult suferința și tragediile, așa cum se referă și la alte lucruri. Și da, Buddha a spus lucruri asemănătoare.

Aceste idei au atras psihologii și cercetările lor, care au făcut o mulțime de analize ale modelelor TCC. Astăzi, abordările cognitive timpurii, bazate pe raționalitate, pot părea mai degrabă simpliste și depășite, față de înțelegerea științifică modernă a modului în care creierii noștri funcționează cu adevărat. Dar pentru că ele erau concentrate pe terapie, s-au transformat într-o multitudine de metode de a trata fricile, grijile și depresiile oamenilor. Ele îi învață pe oameni cum:

- să acorde atenție gândurilor pentru a le „surprinde";
- să facă un pas înapoi și să reflecteze asupra gândurilor și sentimentelor, găsind astfel alternative;
- să testeze ideile despre ei înșiși și despre alții;
- să înfrunte lucrurile și să schimbe comportamentul pe care adesea nu îl suportă.

Institutul Național pentru Sănătate și Excelență Clinică (NICE) al guvernului britanic, care analizează eficiența terapiilor, a sugerat că aceste tipuri de terapie au o bază rezonabilă de dovezi.[164] Aceasta a fost o afirmație oarecum controversată, pentru că și alte terapii ar putea fi de ajutor; există dezbateri importante (adesea înfocate) în privința existenței unor dovezi suficiente pentru a spune una sau alta. Să spunem că, la fel ca toate aceste abordări, TCC are punctele sale forte și slabe, iar multe critici care i se aduc sunt bazate pe puncte de vedere foarte simpliste asupra terapiei.

A ne gândi la ce se petrece în minţile noastre

Ar putea părea că, odată cu discuţiile anterioare despre diferitele şcoli de terapie, ne-am îndepărtat de gândirea plină de compasiune. Dar nu este întru totul adevărat pentru că, vezi tu, esenţa TCC şi a abordărilor constructiviste este că vieţile şi minţile noastre se confruntă constant cu lucruri dificile. Poate că ai suferit nişte eşecuri, pierderi, traume sau ai avut o perioadă de doliu şi, deşi nu poţi evita durerea, suferinţa ta poate fi mult mai rea dacă interpretezi şi te gândeşti la acele supărări în anumite moduri. Să spunem că ai trecut printr-o despărţire. Eşti capabil să reflectezi că acest lucru s-a întâmplat din cauza conflictelor din relaţie, la care poate ai contribuit, dar în principiu a fost o problemă de ambele părţi. Dacă, pe de altă parte, simţi că eşti în totalitate de vină sau că eşti de neiubit şi că nu vei mai avea o relaţie plină de iubire niciodată, această concentrare a gândirii tale ar putea să te conducă mai departe spre deznădejde.

Multe gânduri automate nu sunt doar reacţii la ceva specific. Gândirea poate fi afectată de un număr de lucruri, inclusiv de stările fizice ale creierului şi stările minţii, de emoţii, gânduri şi senzaţii care apar pe neaşteptate. Se spune uneori că bărbaţii au gânduri intruzive despre sex de aproximativ 30 de ori pe zi. Nu îmi amintesc acest lucru eu însumi, din nefericire – dar poate că sunt prea bătrân şi testosteronul este în declin. În cea mai mare parte, asemenea intruziuni nu sunt considerate problematice, ci naturale. Totuşi, se dovedeşte că modul în care interpretăm acele intruziuni – emoţiile, senzaţiile corporale, gândurile, imaginile şi fanteziile care ne bâzâie în cap tot timpul – ne afectează stările mintale. De exemplu, observăm că inimile bat într-un ritm ciudat. Aceasta este o intruziune „senzorială“ deloc neobişnuită. Totuşi, unii oameni se pot alarma de acest lucru, cred că indică o problemă cardiacă şi că urmează să moară. Acest lucru, la rândul său, produce panică, ceea ce, desigur, accelerează ritmul cardiac, crescând panica – şi este, de asemenea, foarte neplăcut. Aceşti oameni rămân cu credinţa că nu trebuie să facă nimic care le-ar putea solicita inimile, le monitorizează constant şi încep să facă tot mai puţine lucruri, iar viaţa se micşorează în jurul lor. De fapt, exerciţiul fizic este bun pentru inimă. Aşa cum am discutat în Capitolul 5, ce alimentează gândurile şi intruziunile legate de panică este destul de complicat, dar concentrarea și factorul decisiv adevărat aici și acum pot fi *interpretarea* semnalelor senzoriale – de exemplu, că urmează să murim.

Unele intruziuni de gânduri și fantezii sunt extrem de neplăcute. Unora le apar imagini neplăcute în minte – că înjunghie oameni sau că îi împing în fața trenului, sau că sar de pe clădiri înalte. Mai apar și fantezii sexuale neinvitate. Acestea sunt uneori denumite colectiv *gândire obsesivă de contrast*, pentru că se deosebesc de gândurile și dorințele obișnuite ale oamenilor. Din nou, ele nu sunt neobișnuite, dar interpretarea pe care o facem ne poate provoca anxietatea și chiar depresia. Mulți dintre noi sunt capabili să le alunge, dar unii oameni se gândesc îndelung la ele. Cineva care și-a imaginat un anumit act sexual a fost atât de șocat de acea fantezie, încât a conchis că diavolul îi trimitea acele gânduri. Îți poți imagina cât de înfricoșătoare a devenit viața sa: cu cât a încercat mai mult să nu aibă acea fantezie, cu atât a devenit mai puternică, iar acea persoană a ajuns să creadă că este posedată. Din nefericire, totul s-a transformat într-o tulburare mintală foarte gravă.

Deși psihologia acestor experiențe este, desigur, complicată – de exemplu, această persoană avea credințe religioase foarte puternice și o mare frică de diavol încă din copilărie –, ideea este să observăm cum *interpretarea* lucrurilor care se petrec în mințile noastre ne poate produce dificultăți serioase. Dacă învățăm că o mare parte din ce se petrece are legătură cu creierii noștri evoluați și că uneori ni se întâmplă lucruri destul de ciudate, ne scutim de durere. Povestea este, din nou, că „creierii noștri vechi“ pot genera niște sentimente, fantezii și gânduri foarte ciudate sau neplăcute. Oamenii cu tulburări obsesive sunt înspăimântați de aceste experiențe. Pe de altă parte, scriitorii de romane horror sunt încântați să aibă aceste fantezii ca să poată vinde cărți bazate pe ele.

Este obișnuit ca noi să avem gânduri negative despre emoții. Poate credem că unele, precum furia față de oamenii pe care îi iubim sau dorința să fugim de familiile noastre pentru a avea un răgaz, indică faptul că este ceva greșit la noi sau că suntem răi. Poate ne zicem în gând „Nu ar fi trebuit să simt asta“ sau „Nu ar trebui să îmi doresc asta“, apoi încercăm să blocăm acele emoții sau dorințe. Desigur, ele provin din „creierul vechi/mintea veche“ și spunându-ne pur și simplu că trebuie să ne oprim din a simți sau a gândi aceste lucruri, sau că nu trebuie să le gândim sau să le simțim nu va funcționa. Avem nevoie să le abordăm cu compasiune, recunoscând că creierii ne oferă o mulțime de sentimente complexe, fantezii și dorințe pe care nu le-am creat niciodată și pe care nu le vrem. Gândurile și sentimentele ar putea fi doar unghere ciudate ale minții sau ar putea să ne spună să acordăm atenție lucrurilor în moduri noi. Când ne simțim furioși pe cei pe care îi iubim, suntem obosiți și iritați și, prin urmare, avem nevoie să fim mai atenți la sentimentele noastre. Totuși, ar putea fi și din cauză că furia este autentică și ne-ar prinde bine să discutăm probleme importante cu ei. Prin urmare, pentru a ne ajuta, avem nevoie să lucrăm *cu* aceste sentimente și mai degrabă să le înțelegem decât pur și simplu să încercăm să scăpăm de ele.

De asemenea, știm că emoțiile noastre sunt foarte „lipicioase" pentru gânduri. Precum magneții, par să ne atragă mințile spre ele, iar noi ne descoperim *gândindu-ne îndelung* la lucrurile care ne produc anxietate, furie sau depresie. Acum există multe dovezi conform cărora ruminarea gândurilor negative și a subiectelor nefericite nu ne face prea bine. Așa cum am spus deja, gândurile și imaginile ne stimulează puternic corpurile și modul în care funcționează; trebuie doar să te gândești la imaginile sexuale pentru a vedea asta. Așadar, gândește-te la ce le facem corpurilor când mințile își repetă lucruri care ne înfurie, sperie sau întristează. Ne stimulăm repetat sistemele cerebrale responsabile pentru aceste gânduri și sentimente negative, ceea ce nu este favorabil stării noastre de bine sau fericirii.

Estul întâlnește Vestul

În 1993, Marsha Linehan a publicat o carte foarte influentă intitulată *Dialectical Behaviour Therapy* (DBT), care oferea o integrare radicală a ideilor budiste zen și a terapiei comportamentale. Linehan a arătat că multe abordări ale terapiei se concentrează în mare parte pe schimbare și pe crearea alternativelor. Totuși, pentru oamenii care au emoții dificile, a învăța cum să le tolereze și să accepte sentimentele este adesea la fel de important ca a învăța să le schimbe. Acesta era aspectul dialectic; lucrul cu dilemele care apar din schimbare versus acceptare sau din concentrarea pe sine versus îndreptare spre alții. Linehan a introdus de asemenea ideea budistă de mindfulness (*vezi* Capitolul 7) în terapia ei, ca metodă de a învăța să respecți emoțiile, nu să le eviți.

Un alt psiholog, Stephen Hayes, a găsit o terapie care să integreze diferite aspecte ale budismului și ale terapiei comportamentale, care a devenit cunoscută drept *terapia acceptării și angajamentului* (ACT). Hayes a mai arătat și că multe dintre dificultățile oamenilor apar pentru că încearcă să evite lucrurile dureroase (o situație denumită *evitare experiențială*); acceptarea emoțiilor devine astfel un proces important în terapie. În plus, ce ne ajută să navigăm printre dificultăți este să avem obiective și valori care ne dau sens. Uneori, pacienții își pierd obiectivele și valorile, și încep să plutească în derivă. ACT îi ajută să gândească și să descopere unele noi în ei înșiși, care le vor oferi baza unui angajament pentru schimbare. Atât DBT, cât și ACT au în prezent din ce în ce mai multe dovezi impresionante care le susțin.

În anii '90, doi psihologi de la Oxford, Mark Williams și John Teasdale, împreună cu psihologul canadian Zindel Segal, au luat legătura cu Jon Kabat-Zinn. Jon era medicul care introdusese practica mindfulness pentru pacienții cu afecțiuni cronice și adesea dureroase, pentru care medicina nu prea putea face mare lucru. Mulți au descoperit noi moduri de a face față și de a trăi cu afecțiunile lor prin învățăturile „conștiente" ale lui Jon. Întrebarea era: cum putea practica mindfulness să ajute și la îndepărtarea depresiei? În urma studiilor atent controlate, datele arătau promițător. Dacă oamenii învățau mai degrabă să respecte sentimentele și gândurile deprimante decât să se lase doborâți sau să încerce să fugă, acest lucru le era de ajutor. Williams, Teasdale, Segal și Kabat-Zinn au publicat o carte de *self-help* cu un CD despre această metodă numită *Exerciții de meditație pentru depășirea depresiei.*

În 2005, Asociația Europeană pentru Psihoterapie Cognitiv-Comportamentală s-a întâlnit în Suedia. Unul dintre subiectele importante ale acelei conferințe a fost întâlnirea dintre Aaron Beck și Dalai Lama. Acest lucru se numărase printre opțiuni mult timp, pentru că psihologii au recunoscut că unele dintre principiile și modurile de lucru din terapiile mai noi erau similare cu ceea ce budiștii (și, într-adevăr, alte tradiții vindecătoare) propuneau de multe secole. Buddha zicea: „Prin gândurile noastre creăm lumea", iar această cale cu opt alegeri, pe care am discutat-o la paginile 208–209, este o abordare bine elaborată a problemelor „creierilor/minților noi". Unirea psihologiei și intervențiilor estice și vestice a fost una dintre cele mai importante dezvoltări recente în practica psihoterapeutică. Vital pentru amândouă este să recunoaștem că mințile noastre sunt departe de a fi ușor de înțeles sau de gestionat și că avem nevoie de claritatea cunoașterii și de formare. Acesta este unul dintre cele mai profunde și provocatoare mesaje ale secolului al XXI-lea.

Așa că putem privi cum mulți filozofi și gânditori ai condiției umane au ajuns la aceleași concluzii – „creierii/mințile noi", oricât de bune și de eliberatoare sunt, reprezintă și o importantă sursă de probleme. Așa cum am văzut la începutul acestui capitol, evoluția ne-a dat minți extraordinare – și, din câte știm, s-ar putea să nu existe alte minți ca ale noastre în univers. Dar – și acesta este un „dar" generos – evoluția nu ne-a învățat cum să le folosim în mod adecvat pentru că pur și simplu nu poate face asta. Doar „creierul nou/mintea nouă" în sine, care este capabil(ă) să reflecteze, poate dezvolta o perspectivă asupra rezultatelor pozitive și negative ale modului în care se exprimă. Aceasta este o concluzie plină de înțelepciune – „creierul nou/mintea nouă" trebuie să își folosească talentele pentru a înțelege „creierul vechi/mintea veche" în detaliu și să lucreze cu ele pentru a încuraja bunăstarea personală și pe cea a omenirii. Asta înseamnă să descoperim moduri în care să facem față mentalităților sociale și arhetipale discutate în Capitolul 3.

Așadar, iată provocarea pentru oameni: folosim „creierii/mințile noi" pentru a le recunoaște atât ca dar, cât și ca potențial distrugător dacă nu sunt mânuite cu grijă, înțelepciune și antrenament? În ciuda eforturilor filozofilor stoici și budismului, trăim într-o epocă în care de abia începem să înțelegem acest lucru. Modelul capitalist occidental are foarte puțin interes față de faptul de a-ți înțelege mintea. Îți va forma abilitățile necesare să te transforme într-un contribuabil care ajută la realizarea obiectivelor de căutare a profitului. Nu există nicio conspirație; am permis ca acest model să apară în căutarea noastră de confort și plăceri. Și, desigur, tu știi ce voi spune: nu suntem vinovați de acest lucru. Mie îmi plac conforturile și plăcerile mele – și, da, cumpăr biletul săptămânal la loterie. Cu toate acestea, ce putem face acum?

Asumarea responsabilității

Vechile școli psihodinamice de terapie sugerau că, prin cunoașterea și conștientizarea conflictelor inconștiente, am putea găsi fericirea sau moralitatea. Deși este adevărat că există momente în care avem nevoie să fim conștienți și să rezolvăm defensiva prin negare, proiecție, disociere și reprimare sau să acceptăm acea parte din noi care caută părintele iubitor pe care nu l-am avut în copilărie, ne-am dat seama și că o mare parte din ce trebuie să facem pentru a ne ajuta singuri este, pur și simplu, munca asiduă. A avea cunoștințe nu este suficient. Acest lucru nu se întâmplă din vina noastră: este din cauza modului în care a fost proiectat creierul.

Nu te înșela – a fi om vine la pachet cu niște capacități și talente minunate, o conștiință de a fi în viață, bucuria vieții și plăcerea (da, capacitatea de a ține în mână un pahar cu vin roșu în serile calde, la apusul soarelui, mi-a venit în minte). De asemenea, purtăm o mare povară, pentru că doar noi suntem cei care pot privi creierii și recunoaște că e nevoie să îi antrenăm. Doar noi suntem cei care pot înțelege cum ne modelează relațiile sociale și, prin urmare, gândim cu atenție ce tipuri de influență socială încurajăm (sau față de care închidem ochii). În acest punct utilizăm o mare parte din înțelepciunea psihoterapiilor recent dezvoltate, precum și ideile budismului și ale altor tradiții. Întrebarea este cum putem învăța să gândim prin compasiune?

Antrenarea minții prin gândire

Exercițiu: asistarea și monitorizarea minții

Când ne antrenăm mințile, unul dintre primele lucruri pe care avem nevoie să le facem este *să asistăm și să monitorizăm* ce se petrece în ele.[165] Acest lucru este, de fapt, mai ușor de zis decât de făcut. Terapeuții cognitiv-comportamentali ne învață cum să acordăm atenție gândurilor care apar și să remarcăm cum ele sunt adesea legate de sentimente. Aceste gânduri sunt ferestre care ne permit să vedem cum creăm sens în mințile noastre și este folositor să privim mai atent prin aceste ferestre. Pentru a face acest lucru, voi utiliza un exercițiu pe care îl vom folosi ca bază pentru următoarele în restul capitolului.

Să presupunem că aștepți un apel telefonic de la un prieten care ți-a spus că va suna la, să zicem, 22:00. Tu aștepți, dar apelul nu se concretizează. Descoperi că simți diferite lucruri, precum anxietate, furie, tristețe sau nimic altceva. Terapeuții cognitiv-comportamentali te-ar sfătui că acorzi atenție gândurilor și interpretărilor care îți trec prin minte și să-ți pui niște întrebări. Prima este foarte directă: „Ce se petrece în mintea mea? Ce gândesc cu adevărat?" Ideea este să te oprești și să fii atent la ce se petrece în mintea ta. Abia când ne oprim intenționat și facem acest lucru conștientizăm cât de des nu ne cunoaștem gândurile în detaliu – noi doar lăsăm mințile să rătăcească peste tot. Uneori poate fi de ajutor să îți scrii gândurile, pentru că acest lucru te va ajuta să încetinești și să le „prinzi". Poate că sună ciudat sau puțin plictisitor, dar uneori gândurile sunt mai degrabă vagi și în fundal, și abia când ne concentrăm asupra lor devin mai clare. Încearcă să vezi cum te descurci.

Când scriem ce gândim, vedem că diferite tipuri de gânduri și interpretări sunt asociate cu emoții. Dacă sentimentul principal pe care îl ai în legătură cu prietenul care nu a sunat este anxietatea, te gândești dacă s-a întâmplat ceva cu el. Odată ce mintea urcă în acel tren emoțional, toate tipurile de scenarii pot apărea – poate prietenul tău a fost implicat într-un accident de mașină sau s-a certat cu partenerul și a uitat promisiunea de a te suna. Dacă observi această distragere a gândurilor și imaginilor, încearcă să obții o asigurare prin crearea unor gânduri și explicații alternative, cum ar fi că probabil s-a terminat bateria telefonului.

Să presupunem că lipsa unui apel telefonic te irită. Te-ai putea gândi că prietenul te-a uitat și că ar fi putut face un efort mai mare. Dacă „prietenul" se întâmplă să fie un nou iubit/o nouă iubită, diferite scene îți apar în minte, cu el/ea aflându-se într-un bar sau la o petrecere, simțindu-se bine și pur și simplu uitând cu totul de tine. Ai putea apoi să te lași dus de un val de furie, gândindu-te la toate lucrurile pe care i le vei spune când vă întâlniți. Dacă faci sau nu asta este o altă chestiune, dar gândește-te la ce ai provocat în creier prin derularea acelor gânduri și scene! Chiar vrei să trăiești în acel loc? Care ar fi cea mai mare frică a ta legată de renunțarea la gândirea furioasă sau răzbunătoare? Te-ar face să te simți neputincios?

Dacă simți tristețe atunci când te oprești și îți privești în detaliu gândurile, descoperi că ele sunt concentrate pe ideea că probabil prietenului tău nu îi pasă prea mult de tine și că nu se deranjează suficient pentru a se asigura că te sună, deși a spus că o va face. Pe măsură ce te gândești, poate îți amintești alte dăți când te-ai simțit respins – nu te-ai simțit niciodată popular și acum te concentrezi pe cât de singur ai rămas. În acest fel, curentul emoției te trage treptat mai adânc în marea de tristețe. Este ca și cum sirenele îți cântă, dar nu este vina ta, pentru că asta fac emoțiile și pentru asta au fost create.

Psihologii sugerează că oamenii, fiind diferiți, vor realiza construcții diferite și vor interpreta aceleași evenimente diferit datorită unui număr de procese care interacționează. Printre acestea se numără:

- *Genetica.* Dovezile sugerează acum că genele joacă un rol în ușurința cu care unele emoții pot fi trezite.
- *Experiențele din mediul de proveniență.* Luând exemplul prietenului care nu a sunat, dacă persoane importante din viața ta au avut accidente, înseamnă că acest lucru a influențat interpretarea ta. Dacă, pe de altă parte, aceiași oameni au uitat pur și simplu și te-au ignorat în trecut, acest lucru a amorsat furia. Și, desigur, dacă te-ai simțit adesea mai degrabă timid și ignorat de oameni, asta ți-a trezit tristețea. Practic, avem tendința să vedem prezentul prin ochii trecutului.
- *Stresuri curente.* Dacă ai fost foarte iritat toată ziua de oameni care nu au făcut ce au spus că vor face, lipsa apelului telefonic pur și simplu se va potrivi în scenariul acelei zile. Așadar, starea creierului tău îți poate influența construcțiile și interpretările.

Exercițiu: în spatele scenei

Majoritatea psihoterapeuților sugerează că sentimentele noastre de furie sau anxietate, concentrate pe amenințare, indică amenințări și preocupări poate și mai importante. Așadar, care crezi că este amenințarea fundamentală a cuiva care devine neliniștit din cauza unui apel telefonic care nu a venit? Înainte de a citi, gândește-te la asta. Scrie câteva notițe în jurnal.

O posibilitate ar fi teama că i s-a întâmplat ceva rău persoanei care trebuia să sune și, dacă acest lucru este adevărat, ea nu va mai putea fi alături de tine în continuare. Sau s-ar putea să te gândești că s-a întâmplat ceva cu prietenul și te frămânți în legătură cu ce să faci în continuare, să îl suni tu? Care crezi că ar fi amenințarea fundamentală pentru cineva care devine furios și iritabil? Din nou, înainte de a citi mai departe, gândește-te la această întrebare. Pentru această persoană, s-ar putea să fie frica de a nu-i controla pe alții sau că alții sunt nestatornici. Dorința de a deține controlul îi poate face pe unii să folosească furia pentru a-i împinge pe cei din jur să se conformeze. Și, desigur, frica fundamentală a persoanei triste poate fi cea de singurătate și de a nu fi apreciat sau dorit.

Când ne urmărim gândurile automate, multe se dovedesc concentrate doar pe câteva frici importante. Acestea pot fi frici pentru *ființa noastră fizică*, sub formă de rănire sau vătămare, și frici de a-i răni pe cei iubiți. Alte frici țin de controlul nostru și de capacitatea de a ne asigura și a ne atinge țelurile. Ultimele frici, care le cuprind pe cele care îi preocupă cel mai mult pe oameni, se leagă de sine și de fricile sociale – de a fi făcut de rușine, criticat, neapreciat, respins, marginalizat și nedorit. Uneori putem privi spre fricile noastre prin crearea unei imagini mentale a lor. Așadar, te poți întreba: „Dacă m-aș vedea pe mine într-o stare de teamă, ce s-ar întâmpla în jurul meu? Cum aș arăta?"

Aceste frici se numesc *arhetipale*, pentru că sunt împărtășite de aproape fiecare ființă de pe planetă. Unii oameni totuși au medii de proveniență sau profiluri genetice care le facilitează gestionarea unor asemenea frici, în timp ce, pentru alții, acestea rămân destul de pronunțate.

Automonitorizarea

Până acum, am stabilit unele puncte-cheie. În primul rând, gândirea ne trimite în toate direcțiile când ne confruntăm cu diferite evenimente de viață și adesea ne regăsim mergând pur și simplu pe acele căi. Emoțiile sunt precum vârtejurile care ne trag în interior sau ca un curent pe care plutim în depărtare. Ne este dificil să facem un pas înapoi și să ne gândim la frica fundamentală care determină aceste emoții sau dacă gândurile sunt rezonabile. Totuși, dacă vrem de la „creierii noi" să facă ceva și să nu fie doar simpli pasageri sau colaboratori în trenul accelerat al emoțiilor, a face un pas înapoi și a reflecta sunt calitățile pe care trebuie să le deprindem.

Exercițiu: acordarea atenției

Prima capacitate de care avem nevoie este să acordăm atenție fluxului de sentimente și de gânduri, să recunoaștem când avem sclipiri de sentimente sau când dispozițiile noastre se schimbă într-un anume fel. Există multe moduri în care poți face asta. Iată câteva sugestii:

- Poți scrie pe degetul mare de la mâna stângă cuvântul „ATENȚIE" ca un memento. Acest lucru te va ajuta să îți amintești că, dacă emoțiile devin prea supărătoare, ar trebui să acorzi atenție gândurilor, sensurilor și ecourilor lor interioare. Această tehnică poate fi folositoare în dezvoltarea conștiinței (*vezi* Capitolul 7) pentru că îți va aminti să îți aloci un moment și să reflectezi asupra diferitelor gânduri și sentimente care nu îți dau pace și să îți îndrepți atenția asupra momentului prezent.
- Poți să iei cu tine niște cartonașe sau un caiet în buzunar sau într-o poșetă pentru a-ți nota gândurile. Dacă alegi cartonașele, e destul de drăguț să alegi cărți poștale care au pe o parte imagini care îți plac – un peisaj montan relaxant, o pajiște cu albăstrele sau poate fața zâmbitoare a lui Buddha.
- Poți să îți verbalizezi gândurile într-un mic reportofon.

Fie că scrii sau vorbești, observă gândurile și sentimentele și descrie-le. Imaginează-ți că ești un reporter aflat cu un pas în spatele acțiunii, observând-o și transmițând-o. Folosește din nou exemplul cu prietenul care nu a sunat: „Chiar acum sunt puțin neliniștit, am o tensiune în stomac și corpul e neliniștit. Gândurile mele sunt conduse spre posibilitatea că ceva s-ar fi putut întâmpla cu prietenul meu. Simt să îl sun sau să merg la el să verific dacă lucrurile sunt în regulă. Imaginea ciudată a unui accident mi-a apărut în minte."

Acest exercițiu te poate ajuta să îți ghidezi atenția spre experiența din *prezent.* Ești conștient de sentimentele corporale, de gândurile tale, de concluziile gândurilor, și apoi de imaginile sau fanteziile care îți apar în minte. Pe măsură ce îți concentrezi atenția, devii conștient de cât de activ este creierul tău în diferite dispoziții și stări sau când te concentrezi pe diferite tipuri de relații sociale.

Exercițiu: mindfulness prin compasiune

Dacă practicăm mindfulnessul, vom învăța să fim observatori ai proceselor corporale, sentimentelor și gândurilor. Nu încercăm să schimbăm gândurile, ci mai degrabă suntem curioși și fascinați de apariția lor și de relația pe care o avem cu ele. Cu cât acordăm mai mult glas gândurilor, imaginilor, emoțiilor și impulsurilor noastre, cu atât mai ușor va fi practicat mindfulnessul. Acesta este motivul pentru care este foarte util să verbalizăm gânduri precum „Acum simt impulsul de a-mi suna prietenul".

Când facem lucrurile cu compasiune, întotdeauna încercăm să le impregnăm cu *bunăvoință*, *căldură* și *blândețe*. Așadar, nu vrem să ne monitorizăm gândurile rece sau ostil, ci într-un fel blând și afectuos. Este util să ne concentrăm pe orientarea noastră emoțională și să încercăm să creăm cât mai multă căldură. Acest lucru ne poate da o „senzație" diferită față de monitorizarea gândurilor, emoțiilor și fanteziilor.

Un mod de a face acest lucru este să îți imaginezi că descrii gândurile și sentimentele unui prieten foarte bun, unui terapeut (imaginar sau real) sau imaginii compasiunii (ideale, *vezi* paginile 271–277). Imaginează-ți că prietenul tău imaginar plin de compasiune, terapeutul sau imaginea ideală sunt foarte interesați de ce se petrece în mintea ta. Aceste proiecții nu pot fi șocate: știu că nu există nimic ce poți gândi sau simți din ce alte ființe nu au gândit sau simțit la un moment dat în istoria speciei.

Sarcina ta este să îți descrii gândurile, sentimentele și fanteziile cât de clar poți și foarte detaliat. Tu nu încerci să explici *de ce* simți sau gândești așa, sau să te justifici, sau să fii rușinat de asta, ci mai degrabă să explici exact *ce* simți și gândești. Reține că prietenul tău imaginar plin de compasiune, terapeutul sau imaginea au o preocupare autentică de a asculta ce ai de spus. Unii oameni consideră acest lucru o experiență mișcătoare, în funcție de ce descriu. În mod clar ar trebui să folosești acest exercițiu în spiritul în care el a fost scris – ceva care să te ajute, și nu să te copleșească.

Exercițiu: scrierea plină de compasiune

Uneori îți poți dori să petreci mai mult timp să *înțelegi* sentimentele și modul în care ele sunt legate de diferite teme din viața ta. De fapt, există acum dovezi bune că scrisul și exprimarea sentimentelor în acest fel sunt foarte folositoare.[166] Poate dorești să îți scrii gândurile sub forma unei scrisori sau a unui scurt paragraf. În funcție de ce simți, ar putea arăta în felul următor:

Scenariul neliniștit

Prietenul meu nu m-a sunat în seara asta și am așteptat. Sunt destul de neliniștit în legătură cu asta, pentru că el/ea este de obicei de încredere. Mă întreb dacă nu cumva s-a întâmplat ceva. Mă tem că e rost de ceva rău și mă întreb dacă ar trebui sau nu să verific. Gândindu-mă la acest lucru, presupun că îmi amintește de când, în urmă cu mulți ani, o așteptam pe sora mea să se întoarcă acasă și apoi am aflat că fusese bătută la școală. De asemenea, provin dintr-o familie care era întotdeauna îngrijorată de „lucrurile care ni se întâmplă". Așadar, cred că este de înțeles de ce mintea mea declanșează astfel de momente de anxietate.

Scenariul furios

Prietenul meu nu m-a sunat în această seară și am așteptat. Sunt destul de nervos. Nu pot să nu mă întreb dacă ceva mai important i-a captat atenția. Cred că frica mea este că alții au tendința să nu mă considere neapărat o prioritate; pur și simplu nu contez suficient pentru ei. Gândindu-mă la asta, îmi amintesc cum era acasă. Mama și tata erau întotdeauna ocupați cu viețile lor și, deși nu erau răutăcioși față de noi, eram adesea destul de jos pe lista lor de interese. Consider că este de înțeles de ce mintea mea se îndreaptă spre aceste scene furioase, pentru că simt că întotdeauna a trebuit să mă zbat pentru atenție.

Scenariul trist

Chiar speram ca prietenul meu să mă sune, pentru că mă simt singur astăzi și voiam să vorbesc cu el/ea. Cred că o parte din mine gândește că s-ar putea să nu fiu important pentru oameni. Presupun că sunt, într-adevăr, puțin plictisitor – nu am niciodată nimic interesant de spus și nimic interesant nu mi se întâmplă. Întotdeauna îi aștept pe alții. Nu ies în oraș și nu fac lucrurile să se întâmple. Cred că pur și simplu așa sunt eu.

Când îți monitorizezi și îți asiști gândirea în acest fel, adu-ți aminte să o faci într-un mod *binevoitor* și *blând*, meditativ. Dacă te întorci la cercul compasiunii de la pagina 211 și la tabelul de la pagina 230, poți vedea cum se potrivește ceea ce tocmai ai făcut:

- Prin a petrece ceva timp cu tine însuți pentru a desluși ce se află în mintea ta, ești motivat de o dorință autentică de *a te îngriji* singur.
- Înveți să fii *sensibil* față de ce simți și gândești. Nu încerci să negi, să eviți și să explici pentru a scăpa sau să îți spui singur că ești prostuț când gândești așa.
- Ai *simpatie* pentru ce simți, pentru că este deranjant să nu primești un telefon și ești supărat pentru asta.
- Prin a rămâne cu gândurile și sentimentele tale, a le scrie și a te gândi la ele cu sinceritate, înveți cum să îți *tolerezi* gândurile, sentimentele și orice suferință pe care o simți.
- Prin a-ți oferi spațiu să te gândești cu adevărat la sentimentele tale, dezvolți înțelegerea și *empatia* față de tine.
- Prin efectuarea acestui exercițiu conștient, ești deschis, blând, binevoitor și concentrat pe activitate într-un mod curios, dar fără critică sau *judecăți de măsură.*

Vom reveni asupra scrisului pentru noi înșine în Capitolul 10, când vom explora scrierea de scrisori pline de compasiune.

Diferite părți din noi

Dacă ești ca mine, cred că ți se întâmplă foarte rar să ai un singur șir de gânduri, sentimente sau fantezii. De obicei, am multe, care umblă în toate direcțiile. Sunt destul de pregătit să execut rutinele furioase, neliniștite și triste, pe toate în același timp. Așa că poți avea diferite gânduri și sentimente față de aceleași evenimente. În această situație, este util să îți spui singur: „O parte din mine crede și simte asta și o parte din mine simte asta..." Dacă exersezi acest lucru, recunoști că ai un șir dominant de gânduri și sentimente, iar pe lângă el curg alte șiruri. Uneori, dacă suntem prea absorbiți de o experiență, pierdem din vedere *părți amestecate din noi.* Noi auzim doar o voce interioară. De exemplu, când unii dintre pacienții mei depresivi se află în conflict cu alte persoane, sunt tentați să acorde atât de multă importanță sentimentelor și gândurilor *anxioase*, încât nu își observă *furia.* Dar ține minte, din discuția noastră despre sistemul de amenințare/autoapărare (în Capitolul 4), că atunci când acest sistem se confruntă cu o amenințare, cum ar fi cineva care ne critică, se declanșează o mulțime de sentimente și gânduri diferite, pentru că pur și simplu nu se poate hotărî imediat asupra unui curs de acțiune. De asemenea, el tinde să amuțească vocea sistemelor cu emoții pozitive.

De asemenea, suntem afectați de diferite preocupări adverse, în funcție de ce gândim, simțim sau facem cu adevărat, în funcție de ce *ne-ar plăcea*, de ce credem că *ar trebui* și de ce suntem *capabili*. Putem să și observăm că simțim că ne înfrânăm din a gândi sau a face. Dacă șeful te critică, ești furios, dar pentru că nu vrei să îți pierzi locul de muncă, îți înfrânezi furia; apoi, mai târziu, când ești acasă și te gândești la ce s-a întâmplat, ești supărat pe tine însuți, pentru că nu ai fost asertiv. Ce trebuie să faci este un pas înapoi de la aceste conflicte interioare, să le notezi și să le privești ca pe tendințe concurente destul de normale în mintea ta. Acceptă realitățile situației: este dificil să fii asertiv în modul în care ți-ar plăcea sau ți-ai imagina; poate că ai nevoie să iei lecții de asertivitate; e nevoie să accepți că modul tău supus de a confrunta lucrurile este, de fapt, destul de eficient, pentru că îți aduce ce vrei. Învață să apreciezi modul în care ai gestionat situația, chiar dacă nu este idealul tău.

Să învățăm cum să ne echilibrăm gândurile

Terapeuții cognitiv-comportamentali obișnuiau să vorbească despre „gânduri distorsionate“ sau „gândire defectuoasă“. Totuși, terapeuții pricepuți rareori folosesc acest tip de limbaj în prezent, pentru că el nu ajută și ne poate face să ne simțim mai rău.

Desigur, dacă ajung singur într-o stare, o parte din mine știe că sunt irațional și părtinitor – dar îmi exercit dreptul uman de a fi în acest fel din când în când, așa că să clarificăm acest lucru: suntem prin natura noastră iraționali și părtinitori. Multe dintre lucrurile pe care le facem și multe dintre lucrurile care ne aduc plăcere în viață sunt profund iraționale. A te îndrăgosti, a avea copii (care acum te costă o grămadă de bani) și a șofa la Grand Prix (riscându-ți viața și sănătatea) sunt toate iraționale – a te uita la crichet timp de cinci zile așa cum mi-ar plăcea mie să fac este profund, profund irațional (în special cu echipa din prezent a Angliei). Și multe dintre lucrurile care ne alină și ne aduc confort nu sunt bazate pe logică, ci pe bunăvoință.

Cu ce tip de gândire ne confruntăm? Este concentrată pe amenințare sau mai mult spre grijă? Este utilă sau inutilă? Oare gândirea noastră determină înrăutățirea dispozițiilor și ne face să suferim sau putem să ne tragem deoparte, să ne echilibrăm gândurile și astfel să calmăm situația?

Ne putem concentra pe echilibrarea gândurilor, recunoscând că avem multe gânduri contradictorii și că sistemele emoțiilor noastre sunt precum vârtejuri care ne trag spre ele, uneori inadecvat. Este folositor să creăm o altă forță care să contrabalanseze gândurile, fricile și preocupările sistemului de amenințare/autoapărare. Putem face acest lucru prin capacitatea de a ne da un pas înapoi și de a ne concentra pe bunăvoință, blândețe și pe gânduri de încurajare, utile, și care să ofere sprijin. Un mod de a gândi aceste lucruri este faptul că tu literalmente muți atenția minții gânditoare și conștiente de sine (sau „creierul nou/mintea nouă") de la sistemul de amenințare și o concentrezi intenționat pe compasiune, bunăvoință și sprijin. Acestea sunt calitățile care trebuie să îți ghideze gândirea.

Mulți gânditori și cercetători – printre ei și budiști, filozofi stoici (atât antici, cât și moderni), terapeuți și psihologi care studiază dispozițiile și emoțiile – ne-au oferit multă înțelepciune pentru a ne ajuta să echilibrăm gândurile. Niciunii dintre ei nu sugerează că este ușor, dar cu *exercițiu*, putem căpăta beneficii. Ce vom face acum este să trecem printr-o serie de etape de folosire a abordării pline de compasiune, iar primul lucru este să conștientizăm când suferim.

Exercițiu: validarea sentimentelor

Voi rămâne la exemplul simplu cu prietenul care trebuia să sune și nu a făcut-o, dar poți să aplici aceste principii multor situații. Dacă avem compasiune față de sentimentele noastre, vom fi capabili să spunem că anxietatea/furia/tristețea pe care o simțim este de înțeles. Avem o perspectivă prin care recunoaștem că înclinăm spre acele tipuri de gânduri și de sentimente. Mai mult decât atât, vom fi binevoitori, recunoscând faptul că a nu primi apelul telefonic pe care îl așteptam poate fi stresant pentru noi. Acest lucru se numește *validarea* sau *accentuarea* sentimentelor noastre și este important de învățat. Unii dintre noi provin din medii în care părinții le spuneau că sentimentele sunt greșite, prostești, jalnice, stupide, rele, excesive, slabe – și ăsta e doar începutul! Poate că am crescut nesiguri cu privire la ce sentimente sunt adecvate. Într-adevăr, mulți dintre pacienții mei sunt adesea preocupați de încercarea de a nu simți ce simt. Ei se *anulează* singuri cu gânduri precum „Nu ar trebui să simt asta“, în loc să se accepte și să se înțeleagă.

Așadar, prima ta sarcină este să reții că tot ce simți este în regulă. Poate că nu este dezirabil, poate că este neplăcut, poate că tu știi că nu trebuie să acționezi conform sentimentelor și, într-o perioadă scurtă, descoperi că nu ai nevoie să te simți așa, dar nu ar trebui să îți fie rușine în vreun fel de ce simți. Te pot asigura că, în decursul vieții mele, am avut parte de adevărate panici, accese de furie, tristeți și alte sentimente excesive. De fapt, sunt un nevrotic convertit!

Așadar, înainte de a începe să analizăm dovezile și alternativele pentru gândirea noastră, să facem o mică modificare în exercițiul de monitorizare făcut anterior. Acest exercițiu începe cu ideea: „Este de înțeles să mă simt așa pentru că...“ Acum scrie motivele pentru care te simți cum te simți. Poți să le scrii pe o carte poștală drăguță sau să îți imaginezi că i le explici unui prieten, cuiva de care îți place și în care ai încredere sau imaginii tale pline de compasiune. Învață *să îți validezi* sentimentele, nu doar să le îndepărtezi. Imaginează-ți prietenul sau imaginea plină de compasiune cum sunt perfect înțelegătoare și acceptă ce simți chiar acum, în acest moment, sau datorită unui eveniment sau altuia.

Când simți că îți poți accepta gândurile și sentimentele pentru ce sunt „în acest moment“ și că nu îți este rușine, că în calitate de ființă umană îți ceri dreptul de a fi irațional ca noi toți (și, în orice caz, gândurile și sentimentele ar putea să nu fie chiar iraționale), explorezi următoarea serie de exerciții.

Înainte de a face asta, reține un aspect vital, pe care se bazează întreaga abordare a compasiunii, că viața este tragică, cu multă durere, dezamăgire, frustrare și tristețe. Uneori, acceptarea realităților și stărilor mintale dureroase este foarte grea. De exemplu, nimeni nu vrea să accepte că este depresiv; totuși, doar atunci când ne-am acceptat fără rușine depresia ca stare a creierului care a apărut în noi fără nicio vină care să ne aparțină, facem primii pași pentru a schimba acea stare a creierului. Dacă suntem rușinați de ea sau simțim că este o slăbiciune, luptăm cu noi înșine și evităm să căutăm ajutor. Tulburările, precum depresia severă, se referă la stările creierului și avem nevoie să fim suficient de practici în legătură cu asta, dacă avem de gând să o schimbăm prin psihoterapie, medicamente și alte soluții.

Generarea alternativelor

Cheia abordării TCC este să ne privim gândurile și emoțiile ca pe teorii sau ca pe o construcție, experiență sau punct de vedere creat de creier dintre multe posibilități. Am văzut că sistemul de amenințare/autoapărare operează după principiul „paza bună trece primejdia rea" și, prin urmare, ne va atrage spre gândirea concentrată pe amenințare.

Ideea este să învățăm să generăm alternative, pentru că *înțelegem* că acestea ne vor echilibra mințile și ne vor ajuta să prosperăm, să creștem și să dezvoltăm înțelepciunea. Nu vrem să fim prinși în pasiunile și emoțiile „creierului/minții vechi". Vrem să fim capabili să alegem în ce fel și care emoții ne conturează viețile. Așa că generăm alternative, cerându-le „creierilor/minților noi" să se activeze luând în considerare câteva întrebări. Mai departe, vom examina pe care dintre ele să le adresăm. Petrece niște timp gândindu-te la fiecare dintre ele și poate scrii niște răspunsuri. Dacă te ajută, îți poți imagina cum imaginea plină de compasiune, prietenul imaginar sau terapeutul ideal își pun întrebările. Ideea importantă aici este ca tu să auzi întrebarea în minte ca pe o anchetă blândă, binevoitoare și plină de compasiune autentică, făcută cu scopul de a te ajuta. Tonul emoțional este foarte important în aceste exerciții. De asemenea, dacă adopți o expresie facială plină de compasiune, cu un zâmbet blând, și iei câteva guri liniștitoare de aer, vei putea adopta acel ton.

Vei observa că, pe măsură ce răspunzi la unele dintre aceste întrebări și le gândești rezonabil, o altă parte din mintea ta va veni cu gânduri de tipul „Da, dar...". Acest lucru nu este deloc neobișnuit. Vei descoperi că emoția asociată cu aceste gânduri este frica sau iritarea, dar, pe moment, doar observă gândurile și revino conștient asupra sarcinii date.

Vom rămâne la exemplul cu prietenul care nu a telefonat din simplul motiv că oferă consecvență și că procesul este cel important aici, nu detaliile. Acum, reține că, pentru a lucra cu gândurile tale, mai întâi îți vei valida sentimentele în modurile pe care le-am sugerat anterior.

Să ne gândim la modul în care putem face un pas înapoi și obține o perspectivă mai echilibrată, care ne va ajuta să calmăm sistemul de amenințare/autoapărare, ceea ce, amintește-ți, este unul dintre obiectivele noastre. Să vedem dacă putem să punem în aplicare capacitățile „creierului nou/minții noi". Imaginează-ți că prietenul tău nu a sunat și pune-ți următoarele întrebări sau gândește-te la afirmații.

Exercițiu: gândește-te la fapte

- Cum aș vedea în mod obișnuit această situație dacă nu aș fi stresat, temător, trist, iritabil sau încordat, sau dacă aș fi fericit și relaxat – adică într-o altă stare de spirit?
- Deși am multe ipostaze sentimentale importante pentru starea mea de bine și protecția mea, nu este util pentru oameni să se bazeze prea mult pe sentimentele lor pentru a avea puncte de vedere corecte asupra lumii. Așadar, în ce fel ar putea sentimentele mele să nu fie exacte astăzi?
- Deși pot folosi trecutul, ce dovezi am din ce s-a întâmplat anterior pentru a-mi susține punctul de vedere „din acest moment", pentru *acest* eveniment?
- Ce alte motive ar putea avea prietenul meu să nu sune? Alcătuiesc unele dintre ele vreo explicație rezonabilă sau mai plauzibilă decât cele de care mă tem?
- Cum mă voi simți față de acest eveniment în trei săptămâni, trei sau șase luni? Mi-l voi aminti? Dacă îmi trece atât de repede, ce m-ar face să îmi treacă acum și mai repede?

Exercițiu: gândește-te la regulile pe care le utilizăm

- Să presupunem ce.e mai rău pe moment: poate că prietenul meu m-a uitat. Îmi spun singur că acest lucru este cumplit, total inacceptabil și că nu pot să îl suport? Este rezonabil? Am avut eșecuri ca acesta în trecut și am trecut prin ele. Ele fac parte din viață și cu siguranță nu sunt prima persoană din lume care are o asemenea experiență.
- Mi-am strecurat o clauză sau o regulă (sau două) în gândurile mele despre viață? Insist asupra lucrurilor precum „Oamenii trebuie" sau „Oamenii nu trebuie", mai degrabă decât să accept oamenii

ca ființe supuse greșelii, diferite de mine și cu propriile dorințe și stiluri de viață în lume? Poate că mă lovesc de această idee cu „trebuie" doar când sunt neliniștit, caz în care mă pot gândi de ce sunt așa și dacă am nevoie să fiu.

- Oare regulile precum „Oamenii nu trebuie să mă dezamăgească niciodată" sau „Oamenii nu ar trebui să uite niciodată de mine" au devenit prescrise în viața mea? Oare am explicat vreodată regulile mele altora? Dacă nu am făcut-o, oare ei le-ar accepta? Ei bine, probabil că nu, de fapt, pentru că nu sunt reguli rezonabile, la care să îi forțezi pe oameni să se supună, ca să fiu sincer.

Exercițiu: echilibrarea capacităților și punctelor forte

- Am făcut față acestor evenimente în trecut – de multe ori, de fapt – și pot din nou. Ele sunt dureroase, dar fac parte din suișurile și coborâșurile vieții.
- Poate că îmi subestimez capacitatea de a face față acestor evenimente. Poate că reacționez din obișnuință și, dacă îmi ofer un moment de relaxare față de ele, voi fi capabil să îmi dau seama cum să fac față.

Exercițiu: gândește-te la ce înseamnă sprijin

- Când îmi sfătuiesc și susțin un prieten în aceeași situație, ce îi spun și cum mă simt în legătură cu sprijinul pe care îl ofer?
- Dacă aș avea un prieten acum cu mine, ce mi-ar plăcea să îmi spună? Care ar fi cel mai folositor lucru pe care să se concentreze acel prieten?

Exercițiu: adoptarea unei poziții empatice

- Prietenul care nu a sunat este o persoană diferită de mine, cu gene diferite și cu un alt mediu de proveniență și, prin urmare, are valori și reguli (ușor) diferite de ale mele. Pentru moment, lasă-mă să îmi imaginez ce s-ar putea petrece cu el/ea și acest apel telefonic. Ce observ când gândesc din punctul *lui/ei* de vedere, în mintea *lui/ei*, despre a efectua sau nu apelul telefonic?

- Dacă recunosc că probabil prietenul meu nu ar fi deranjat de a nu fi sunat, ar putea oare să fie acesta pur și simplu stilul lui/ei și să nu aibă neapărat legătură cu mine?

Exercițiu: observarea blocajelor

- Ce mă împiedică să accept cu adevărat propria înțelepciune și înțelegere că lucrurile nu sunt tocmai așa cum îmi spun singur că sunt?
- Dacă m-am văzut întotdeauna ca pe o persoană temătoare sau ca pe cineva care reacționează la astfel de evenimente în acest mod, oare există o parte din mine îngrijorată de schimbare? Este o parte din mine neliniștită de tipul de persoană care aș putea fi dacă m-aș relaxa?

Bine, au fost destule întrebări – acestea sunt menite să fie blânde, pentru a te ajuta să faci un pas înapoi și să nu presupui că gândurile și sentimentele care curg prin mintea ta sunt exacte. Această capacitate de a te întreba și de a nu lua lucrurile de bune este foarte importantă ca prim pas pentru echilibrarea minților. Îmi plac aceste întrebări, pentru că, uneori, în fundalul minții, știu că unele dintre sentimente sunt iraționale și că poate exista o rezistență interioară de a fi rațional. Totuși, dacă îmi pun întrebări cu blândețe și bunăvoință, acest lucru ajută.

Totuși, acest lucru te poate duce într-un teritoriu puțin mai complicat. O persoană cu care am lucrat, care avea foarte multă furie ce o împiedica să-și formeze relații armonioase cu alții, a recunoscut că, de fapt, nu dorea să fie rațională și să renunțe la furia ei, pentru că, așa cum zicea: „Furia îmi dă putere." Mai mult decât atât, credea cu tărie că, dacă oamenii sunt necugetați (prin definiția ei), *trebuie* pedepsiți cumva. Așadar, chiar dacă furia o supăra și îi cauza probleme în relațiile ei, era prea înspăimântată să renunțe. Uneori trebuie să tratăm cu seriozitate faptul că *ne-am blocat* înțelepciunea și logica, pentru că nu am ajuns cu adevărat la sursa dificultății noastre.

Capacitățile compasiunii

Poate că îți amintești din capitolele 6 și 8 că am făcut diferența dintre aptitudinile și capacitățile compasiunii. Capacitățile compasiunii se concentrează pe atenția, gândirea, comportamentul și sentimentul pline de compasiune.

Când îți concentrezi atenția pe amintirile în care te descurci sau pe dățile în care prietenul nu a sunat și a fost în regulă, sau îți amintești că ai alți prieteni care telefonează atunci când spun că o fac, sau care se bucură de compania ta – într-adevăr, orice asemenea element pe care îl găsești folositor –, aceea este atenția *plină de compasiune*. Scopul acesteia este să te concentrezi în mod intenționat pe ce este de ajutor. Cheia este să îți apropriezi aceste lucruri, să respiri într-un ritm liniștitor și *să îți păstrezi* în minte acele amintiri, lăsându-le să te ajute.

Când te concentrezi pe gândirea cu scopul clar de a fi de ajutor și de a purta de grijă, deschizându-te spre recunoașterea umanității noastre comune, spre faptul că alți oameni au aceste dificultăți, și când îți spui singur, cu seriozitate: „Care va fi cel mai folositor și cel mai plin de compasiune mod de a mă gândi la acest lucru?", simți compasiune. Din nou, petrece timp „doar cu gândurile și sentimentele tale", cu bunăvoință – simte-le.

Comportamentul plin de compasiune constă în a hotărî lucrul cel mai de folos și cel mai plin de compasiune de făcut într-o situație dată. Ar putea însemna acceptarea sentimentelor și simpla conștientizare a lor, fără a face ceva, sau ar putea presupune implicarea într-un act de alinare a sinelui. Comportamentul plin de compasiune înseamnă să nu fii supus, ci deschis emoțional față de prietenul tău, spunându-i că ai fost dezamăgit de uitare, dacă ai fost. Ar putea solicita curaj sau iertare. Nu există rețete: tot ce putem face este să încercăm să deslușim ce înseamnă comportament plin de compasiune într-o anumită situație. Efortul și concentrarea sunt importante.

Exercițiu: concentrarea asupra emoției

Când vine vorba despre gândire și despre generarea gândurilor și alternativelor (adică gândirea plină de compasiune), acestea pot fi scrise ca o serie de idei. Să presupunem că avem în minte gândurile neliniștite care ar putea urma acelui apel telefonic care nu a mai venit. Ele ar putea suna cam așa:

- Este de înțeles că m-am supărat, dar ar fi de ajutor dacă aș face un pas înapoi un moment și dacă aș vedea dacă pot explora niște idei și construcții alternative. Acelea m-ar ajuta să fac față acum.
- Nu este prima dată când prietenul meu nu și-a ținut promisiunea să sune.

- Cea mai plauzibilă explicaţie este că a intervenit altceva, dar nimic serios.
- El/ea se comportă la fel şi cu alţi oameni, aşa că nu m-a respins intenţionat.
- Ţin minte că am avut parte de momente bune împreună şi pot să mi le amintesc.
- Am mai avut asemenea momente de anxietate înainte şi de 99 de ori din 100 nu au însemnat nimic.

Acum eşti capabil să vii cu o serie de alternative. Criteriul principal este să le *simţi* ca ajutor, iar acest lucru înseamnă că trebuie să acorzi timp pentru a le filtra prin a te aşeza şi a te concentra cu adevărat asupra lor. Lasă-le în mintea ta şi imaginează-ţi cu tărie că sunt adevărate. Cum se simte?

Încearcă asta. Închide ochii pentru un moment, trage de câteva ori aer în piept şi lasă-ţi corpul să se detensioneze. Apoi, pe măsură ce inspiri, concentrează-te pe imaginea ta plină de compasiune sau sinele tău (ca în Capitolul 8). Permite-i acestui sentiment să ia formă în interiorul tău. După ce ai făcut asta şi simţi că ai intrat în contact cu mintea plină de compasiune, deschide ochii şi citeşte din nou gândurile alternative, dar de data aceasta nu te îngrijora prea mult dacă le crezi sau nu sau dacă sunt exacte. Doar concentrează-te pe căldura, bunăvoinţa şi înţelegerea pe care le poţi pune în ele. Citeşte-le şi ascultă-le în minte cât mai cald şi mai încurajator.

Ai observat altceva care reiese din acest exerciţiu? Ai observat că, atunci când te concentrezi pe un tip de *emoţie* citind gândurile alternative, aceasta se simte uşor diferit? Într-adevăr, uneori oamenii spun că acest lucru le face mai credibile! Nu este ciudat? Ne concentrăm pe bunăvoinţă şi sprijin în gândurile alternative şi le facem cumva să fie mai credibile şi acceptabile.

Nu trebuie să lupţi cu tine însuţi să te convingi de logică. De fapt, dacă faci asta, exerciţiul probabil că nu va funcţiona. Ce ar trebui să faci este să recunoşti că viaţa poate fi dură şi dificilă, şi cu toţii suntem îngrijoraţi de lucruri, dar putem şi să ne dezvoltăm bunăvoinţa, sprijinul şi încurajarea pentru noi înşine şi să câştigăm o perspectivă diferită din aceste experienţe. Dacă acele tonuri înţelegătoare, înţelepte, binevoitoare şi blânde pornesc pentru tine, probabil că te vei simţi diferit.

Există o variantă pe care unii oameni o preferă. Ca până acum, caută un ritm liniștitor de respirație și apoi concentrează-te pe imaginea ta sau pe sinele plin de compasiune. Din acea perspectivă și poziție, poți genera cu adevărat alternative într-un mod cald și plin de compasiune. Îți imaginezi ce spune latura ta plină de compasiune despre sprijin în această situație supărătoare. Dacă ții evidența gândurilor alternative, această metodă le va contrabalansa pe unele dintre cele stresante. Scrie-ți gândurile ca și cum partea plină de compasiune o face. În această manieră, îți vei folosi compasiunea pentru a face legătura cu „creierul nou/mintea nouă", care să vină cu alternative pentru tine.

Alte moduri de a lucra cu gândirea și compasiunea

Ține minte că suntem toți prinși în fluxul vieții, ca plutele pe mare, și încercăm să facem tot ce ne stă în putință pentru a trece prin viață, ținându-ne emoțiile în echilibru și folosindu-ne compasiunea. Așadar, sper că unul dintre principiile pe care le-ai preluat din această carte este importanța de a trăi și a desluși ce funcționează cel mai bine pentru *tine*. Mai jos sunt câteva variații pe aceeași temă.

Exercițiu: scrierea gândurilor

O variantă este ca tu să scrii ce gândești și să te provoci să exprimi idei alternative. Detaliez aceste lucruri pe CD-ul și în cartea mea, intitulate *Overcoming Depression*[167]. Pentru că scrisul implică o parte diferită a minții decât cea folosită când vorbești sau gândești, oamenii descoperă că scrierea ideilor alternative îi ajută foarte mult. Poți să faci asta destul de ușor, trasând două coloane. Într-o coloană, scrie-ți gândurile supărătoare și fricile fundamentale; în cealaltă, încearcă să le echilibrezi cu alternative. Păstrează-ți gândurile și ideile alternative într-un dosar, astfel încât să te uiți peste ele mai târziu. De asemenea, amintește-ți să scrii gânduri pe cărți poștale drăguțe, pe care să le porți cu tine.

Exercițiu: oglinda

Dacă nu leșini la perspectiva de a te privi singur în oglindă, acesta ar putea fi un exercițiu destul de puternic și folositor pentru tine. Stai în fața unei oglinzi și imaginează-te drept persoana plină de compasiune (*vezi* pp. 266–269). Imaginează-ți că ai toate calitățile compasiunii profunde. Afișează o expresie facială blândă (nu un zâmbet bolnăvicios, pentru că atunci nu vei simți că este autentic). Acum privește-te în oglindă și spune-i imaginii gândurile tale alternative, ajutătoare, liniștitoare. Încearcă să exprimi cât de multă emoție poți față de persoana pe care o vezi în oglindă.

Tratează acest lucru ca pe un experiment. Unii oameni descoperă că este o experiență care îi animă, în timp ce alții nu o găsesc de ajutor. Explorează doar lucrurile pe care le vei găsi utile sau despre care crezi că s-ar dovedi de ajutor dacă te ții de ele și le exersezi.

Exercițiu: două scaune

Așa cum am spus, există de obicei multe părți diferite ale noastre, cu diferite puncte de vedere, și acest lucru este așa pentru că avem sisteme diferite de procesare în creierii noștri. Sistemul de amenințare/autoapărare este unul dintre cei trei jucători emoționali importanți din creier. El primește de obicei primul informațiile și are doar două scopuri: să detecteze amenințarea și să genereze răspunsuri defensive. Acest sistem nu are o altă manieră de interpretare, motiv pentru care avem nevoie să aducem un altul, sistemul de alinare, care ne va ajuta să venim cu o abordare mai echilibrată.

O metodă prin care poți ajuta acest echilibru să se dezvolte este să le permiți celor două sisteme să vorbească unul cu celălalt. Așază două scaune față în față. Stai pe unul și verbalizează-ți gândurile supărătoare sau îngrijorătoare, concentrându-te pe problemele importante. Nu te adânci în sentimente, pentru că asta te va supăra și mai mult; te interesează mai mult să vezi la ce se referă gândurile. Când simți că i-ai acordat părții tale amenințate ocazia să își exprime îngrijorările, ridică-te de pe acel scaun, plimbă-te câteva momente, respiră liniștit și adoptă o postură plină de compasiune, inclusiv expresiile faciale și tonul vocii, pentru a deveni tu însuți o persoană plină de compasiune (*vezi* pp. 266–269).

Acum stai pe celălalt scaun, cu fața spre cel de pe care te-ai ridicat mai devreme. Vorbește-i sinelui neliniștit cu bunăvoință și cu blândețe, din poziția sinelui plin de compasiune. Poate îți dorești să începi cu ceva în stilul acesta (folosind exemplul cu prietenul care nu a sunat):

> Bună, latură neliniștită a mea. [*Încearcă să vorbești cu căldură.*] Este de înțeles de ce te-a îngrijorat acest lucru. Este supărător că prietenul nu a sunat și că îți amintește de oamenii care au uitat de tine în trecut. Îmi aduc aminte asta, dar și faptul că ai făcut față acelor sentimente și evenimente, și că le-ai depășit. Așadar, poate că ai mai mult curaj decât crezi. În inima ta, știi că acele sentimente se vor liniști în câteva zile și că există șanse să nu se fi întâmplat nimic cu prietenul tău...

Acesta e doar modul în care începi. Probabil că vei fi mult mai creativ decât atât, cunoști mesajele pe care le consideri de ajutor. Însă, un lucru la care trebuie să fii atent este oferirea de instrucțiuni sau sfaturi. A spune „trebuie să" sau „nu ai de ce să te simți așa" ar putea să nu fie de ajutor și, de fapt, ar putea ignora partea neliniștită. Pentru a scăpa, imaginează-ți cu adevărat că vorbești cu un individ care suferă de anxietate.

Este o idee bună să petreci mai mult timp în scaunul compasiunii, exprimându-ți gândurile cu voce tare, auzindu-le vorbite, construind cu ajutorul lor, învățând să le simți pe măsură ce vorbești. Acest lucru îți va îmbunătăți practica de a împărtăși – într-un mod ordonat și articulat – compasiunea de a gândi și a gestiona lucrurile.

Un alt lucru de luat în considerare este dacă folosești limbajul cu „noi" și „al nostru". Deoarece sinele plin de compasiune face parte din tine, este folositor să formulezi lucrurile precum: „Mă deranjează că prietenul *nostru* nu a telefonat" și „Am putea avea mai mult curaj", și așa mai departe. Ai putea suna un pic precum Gollum din *Stăpânul Inelelor* („Ni-l doresc, noi avem nevoie de el – trebuie să avem nepre-țuitul!"), dar încearcă treaba asta și vezi dacă ajută. Utilizarea lui „noi" este modul de a accentua mai degrabă legătura decât separația părții tale pline de compasiune de tine. Ai putea să folosești doar „eu" în toate cazurile: „Eu mă simt..."

A face față momentului prin compasiune

Situațiile și evenimentele ne pot declanșa gânduri și sentimente pe parcursul zilei, așa încât ne este foarte ușor să ne dezechilibrăm spre suferință. Pentru a învăța cum să facem față momentului, trebuie să acordăm atenție oricăror sentimente sau gânduri supărătoare, pe măsură ce apar. Așa că avem nevoie să recunoaștem aceste sentimente și gânduri stresante și să le folosim drept semnale pentru a depune un efort sincer de a ne reechilibra. Iată niște pași pe care îi poți încerca pentru a face față prezentului. Să ne imaginăm că ceva te-a supărat.

1. Un prim pas bun este să îți concentrezi toată atenția asupra *observării* gândurilor, sentimentelor și stărilor corporale „în moment". Poate dorești să le descrii – punerea lor în cuvinte creează puțin spațiu între tine și ele.
2. Încearcă să îți încetinești conștient corpul și mintea, căutând un ritm liniștitor al respirației și concentrându-te pe postura corpului. Permite-ți să ai un zâmbet lejer și să îți detensionezi voit mușchii. Imaginează-ți cum adopți o poziție plină de compasiune și devii persoana compasiunii descrise în paginile 266–269.
3. Acum mută atenția spre sistemul de alinare/mulțumire. Poți face asta în mai multe feluri. Pe măsură ce respiri, concentrează-ți atenția spre locul tău calm și liniștitor. Observă-l în fața ta și concentrează-te pe detaliile senzoriale – briza ușoară din păr, natura luminii, sunetele, mirosul. Acestea te pot ajuta să te pregătești. Atenția trebuie să cadă totuși asupra experienței de îngrijire, sprijin și încurajare. Imaginează-ți că propria voce plină de compasiune este caldă și liniștitoare, că prietenul sau imaginea plină de compasiune îți vorbesc și sunt alături de tine. Concentrează-te pe sentimente de înțelegere, căldură, bunăvoință, sprijin și încurajare, pe care să le primești.
4. Folosește această bunăvoință și acest sprijin, concentrează-te pe a te ajuta să îți echilibrezi gândurile prin acordarea atenției unei perspective diferite – modul în care faci față, punctele forte, curajul. Ce ar spune latura ta plină de compasiune ca să îți fie de ajutor? Îți poți imagina și alte tipuri de sprijin pe care le-ai oferi într-o situație similară cu a ta.

Cei care au dezvoltat abordarea HeartMath (*vezi* p. 277) sugerează, de asemenea, concentrarea atenției asupra sentimentului de bunăvoință care vine *fizic* în inima ta. Încearcă să pui mâna la doi centimetri deasupra inimii și imaginează-ți cum compasiunea intră acolo și se împrăștie prin pieptul tău și în restul corpului.

O variație a concentrării atenției care poate fi de ajutor este să îți aduci aminte o întâmplare cu cineva care a fost binevoitor față de tine sau un eveniment real similar cu cel cu care te confrunți acum și pe care l-ai gestionat cum trebuia. Cheia este să înveți cum să pășești la modul figurat în lateralul sistemului tău de amenințare/autoapărare și să te recentrezi din interiorul sistemelor emoțiilor pozitive. Poți încerca pentru a vedea ce funcționează pentru tine. Ai putea descoperi că, în funcție de ocazie, un lucru se dovedește mai eficient decât altul. Așadar, pentru un anumit tip de eveniment, a-ți reaminti ceva real îți va fi de ajutor, în timp ce, pentru un alt tip de eveniment, angajarea într-un dialog plin de compasiune și concentrarea pe sentimentul compasiunii ar putea funcționa mai mult.

Aceste abordări îți vor fi și mai de folos dacă le exersezi. Încearcă în fiecare zi să „faci față momentului prin compasiune". Încearcă să găsești o situație, indiferent cât de mică, în care ești puțin suferind, supărat sau neliniștit și folosește-ți capacitatea de a face față momentului prin compasiune pentru a te ajuta.

Caută ajutor din partea altora

Este ușor să pierdem perspectiva, iar „echilibrul mintal" ține de păstrarea tuturor lucrurilor în perspectivă. Totuși, există un alt aspect important în treaba aceasta.

Am cunoscut oameni care încearcă să folosească abordări *self-help* pentru ceea ce sunt, de fapt, experiențe de viață foarte dure – ruptura unei relații, descoperirea că partenerul îi înșela, hărțuirea la locul de muncă sau acasă, o pierdere financiară importantă sau apariția unei boli foarte grave. Dacă trăiești așa ceva, cel mai probabil suferi. Este foarte important să recunoști că aceste circumstanțe vor avea nevoie uneori de tot curajul tău și adesea de ajutorul altora. Reține că, deși cartea aceasta este creată pentru a-ți fi de ajutor, ea nu poate îndepărta durerile adevărate, pentru că, așa cum am spus, mulți oameni trăiesc tragedii. Important rămâne totuși că și într-o tragedie trebuie să îți echilibrezi gândirea, astfel încât să nu te critici într-o asemenea manieră, încât să nu existe niciun sprijin interior. Practic, când viața devine dură, te va ajuta să dezvolți o abordare plină de compasiune.

S-ar putea foarte bine ca, în contextul anumitor experiențe de viață, abordarea plină de compasiune să îți ceară să intri în contact cu alții și să cauți ajutor profesionist. Într-adevăr, a recunoaște că „am nevoie de ajutorul altora, pentru că starea creierului sau suferința mea au devenit prea intense sau prea dificil de schimbat" poate fi un pas important pe drumul spre compasiunea de sine.

Gândirea plină de compasiune față de ceilalți

Acest capitol s-a concentrat în principal pe gândirea plină de compasiune direcționată către tine. Totuși, este de foarte mare ajutor să dezvolți compasiune față de ceilalți. Poți face asta în multe feluri. Ia în considerare modul în care gândești cu compasiune la cineva de care îți pasă în mod real dacă se află în suferință. Cum ți-ar plăcea să îl ajuți? Ce ți-ar plăcea să îi spui? Ce ți-ar plăcea să faci? Acum te poți concentra cu aceeași orientare asupra prietenilor tăi, apoi asupra cunoștințelor, apoi asupra străinilor și, în cele din urmă, asupra oamenilor care nu îți plac sau chiar asupra inamicilor. Cu cei din urmă, vei recunoaște, așa cum a subliniat Dalai Lama de multe ori, că niciunul nu ar alege durerea unui picior rupt, frica de cancer, tristețea de a privi cum moare cineva iubit sau de a fi pierdut în depresie; mai degrabă, toți ne dorim fericirea și ne ferim de suferință. În contextul acestei cărți, acest lucru înseamnă să recunoaștem că: *noi toți ne găsim pur și simplu* în fluxul vieții; suntem efemeri; trebuie să acceptăm durerea inevitabilă, pe care nu am ales-o niciodată. Prin urmare, suntem toți în aceeași barcă.

Poate descoperi că aprecierea și dezvoltarea compasiunii față de alții te-ar putea ajuta și pe tine. Dacă ai conflicte în relație, dar ți-ar plăcea să funcționeze, pune-te într-o perspectivă plină de compasiune pe măsură ce abordezi aceste conflicte, în opoziție cu furia (și față de gândurile de tipul „Îi voi spune acum cât de prost este"). Încearcă să petreci câteva momente *imaginându-ți că tu ești el*, gândind și simțind ca el. Încearcă să simți ce se petrece în mintea lui. Există, așa cum am menționat în Capitolul 7, o varietate de meditații care se concentrează pe compasiunea pentru alții.

Amintește-ți, la fel ca în cazul exercițiilor concentrate pe compasiune, să împiedici această abordare să devină un „trebuie", pentru că acela nu este un sistem emoțional corect prin care să lucrezi. Și, dacă îți este greu să ai compasiune față de tine însuți în legătură cu asemenea gânduri, chiar *este foarte dificil*!

Concluzie

Acest capitol a analizat un aspect al abordării pline de compasiune a vieții – raționarea noastră. În primul rând, ne-am concentrat asupra modului în care raționarea, ruminarea și anticiparea „minții noi" se pot bloca și pot fi direcționate de sistemul de amenințare/autoapărare al „creierului vechi". Când se întâmplă acest lucru, ne rotim în cerc, anxietatea, furia, depresia sau suferința ne atrag gândurile în direcții diferite, apoi, pe măsură ce ne concentrăm din nou asupra acelor gânduri, suferim mai mult. Așa că ne oprim și observăm modul în care gândurile, sentimentele și stările corporale interacționează constant. Având în vedere acest lucru, este posibil să supraveghem fluxul gândurilor, fiind tot mai atenți la modul în care apar gândurile și în care pot fi legate de sentimente și stări corporale. Atât acest proces de a deveni un *observator mai bun* – de a observa unele dintre declanșatoarele emoționale și modul în care mințile noastre funcționează, iar corpurile reacționează –, cât și exersarea mindfulnessului te pot ajuta. Devenim mai conștienți că dispozițiile variază în decursul săptămânilor sau lunilor și că suntem mai predispuși uneori să gândim în anumite moduri. Am putea observa, să zicem, că, atunci când suntem stresați, iritarea este mai mare decât de obicei și gândurile se îndreaptă mai mult către sursele iritării care, la rândul lor, ne scot din minți.

În al doilea rând, pentru a deveni mai conștienți, învățăm să ne observăm gândurile, dar să le tratăm mai mult ca pe frunze care plutesc pe suprafața unui râu iute. Gândurile apar din agitația minții, dar sinele conștient este situat de o parte a lor – simțim vântul și ploaia, dar nu suntem vântul sau ploaia. Ne putem observa gândurile fără să ne lăsăm copleșiți de ele.

În al treilea rând, abordările centrate pe compasiune se construiesc în jurul acelor idei de bază, dar propun și o modalitate „fizioterapeutică" de a trata sistemul de amenințare/autoapărare. Acest lucru este în special folositor pentru oamenii care găsesc dificilă practica mindfulness sau care nu sunt obișnuiți să aibă compasiune, să fie susținători și binevoitori cu ei înșiși. Atunci este necesar să construim „mușchi" pentru compasiune, făcând exerciții de concentrare. În abordările centrate pe compasiune, se sugerează că putem să echilibrăm gândurile încercând literalmente să declanșăm un alt sistem emoțional sau pășind pur și simplu într-un altul. Facem asta prin folosirea atenției, nu doar pentru a fi buni observatori, ci pentru a încerca cu adevărat să trecem la sistemul de alinare. Dacă putem face acest lucru, aducem în joc capacitatea „creierului nou/minții noi" de a raționa, prin încercarea intenționată de a crea puncte de vedere pline de compasiune și o orientare prin imagerie mintală sau prin „a exista în spiritul compasiunii" (*vezi* Capitolul 8). Din această poziție, suntem capabili să ne folosim mințile înțelepte, logice pentru a restabili echilibrul sentimental. În abordările centrate pe compasiune încerci literalmente să stimulezi un anumit sistem de reglare emoțională și apoi să îl folosești pentru a direcționa posibilitățile „creierului nou/minții noi".

În cele din urmă, amintește-ți că studiile au arătat că, dacă oamenii fac exerciții și recurg la practică, vor construi conexiuni cerebrale. Este important, prin urmare, să exersezi gândirea plină de compasiune, chiar și când nu suferi, pentru că vei construi astfel acel mod de gândire. Într-un fel, este ca și cum te-ai menține în formă. Prin exercițiu fizic, corpul tău devine treptat mai tonifiat și mai puternic, și aceste calități îți folosesc când ai nevoie să alergi după un tren. Dacă îți dezvolți compasiunea ca stil de viață, va fi atunci disponibilă pentru tine când viața te lovește cu ceva cu adevărat supărător. Vei descoperi că, dacă exersezi compasiunea, vei începe să vezi lumea într-o lumină diferită. Vei vedea că suntem prinși în fluxul vieții și că existența are mai multă legătură cu tragediile decât cu binele și răul. Vei fi mai puțin interesat de persecuții și răzbunare și mai atras de compasiune, corectitudine și dreptate. Dacă am putea aplica regulile compasiunii în conflictele internaționale, gândește-te ce ar face asta lumii întregi!

10

De la critica de sine la compasiune

Cu toții suferim din cauza rușinii. Nimeni nu trece prin viață fără să fie criticat, să facă lucruri pe care ulterior le regretă sau să aibă trăsături pe care nu și le dorește. Fac parte din condiția umană. Un sentiment de rușine apare când ne gândim că alții ne desconsideră în vreun fel, că ne văd inadecvați, inferiori sau răi, sau pur și simplu nepricepuți sau nedemni de vreun deranj.

Simțim rușine când apar aceste lucruri. În mod obișnuit, sentimentul de rușine este însoțit de autocritică și chiar atacuri față de sine. De fapt, critica și atacurile bazate pe rușine sunt printre cele mai întâlnite probleme din societățile occidentale și subminează semnificativ mulțumirea și starea de bine. Opusul lor este compasiunea. Decât să arătăm sprijin, bunăvoință și entuziasm pentru noi înșine, atunci când lucrurile nu merg cum ne dorim, simțim furie, dezamăgire, frustrare, sau chiar dispreț pentru noi înșine. Aceste sentimente centrate pe amenințare, noi înșine fiind ținta, sunt cele care ne țin în priză sistemul de amenințare/autoapărare.

Uită-te la pagina 203 și amintește-ți cum modul în care gândești și te simți față de tine stimulează sistemele cerebrale. Așa că a învăța să înlocuiești rușinea și critica de sine cu compasiunea și înțelegerea este important și te va ajuta să evoluezi în viață și să prinzi curaj. Dacă te confrunți cu probleme de rușine și de autocritică, fie că sunt moderate sau severe, atunci nu te amăgi că ești singur – sunt probleme larg răspândite, cu care se confruntă mulți oameni în viața de zi cu zi.

Așa cum vei vedea în scurt timp, există mulți factori declanșatori pentru a deveni autocritici sau chiar disprețuitori față de sine și există diferite forme de autocritică și situații care pot provoca autocritica.[168] Să privim câteva. Pentru a avea o idee despre cum funcționează autocritica, imaginează-ți următoarele:

Scenariul 1

Te-ai mutat în altă zonă a țării și ești dornic să îți faci prieteni. Inviți câțiva oameni la masă. Nu îi cunoști în mod special, dar crezi că ai putea să te înțelegi cu ei. Petreci timp gândindu-te la ce vei găti și aduni laolaltă ingredientele. Oaspeții tăi sosesc, le oferi câteva băuturi și apoi îți dai seama că ai uitat un ingredient important. Așa că pui paharul cu vin deoparte și fugi să îl cumperi. Problema este că, atunci când te întorci, descoperi că ai uitat să iei de pe foc niște cratițe și acum ele și mâncarea sunt arse. Se pare că va trebui să comanzi mâncare. Ce crezi că simt și gândesc oaspeții despre tine? Ce gânduri și judecăți ar putea trece prin mintea ta?

Scenariul 2

Va fi o zi aglomerată la serviciu. Ai niște hârtii la care ai lucrat din greu în seara precedentă și care sunt gata de predat echipei pentru o ședință importantă. Te pregătești să pleci de acasă, când primești un apel prin care ți se solicită să umbli printre alte hârtii și să organizezi un alt dosar de dus la serviciu. Îndeși totul în servietă și pleci în traficul aglomerat, dar ești fericit că știi că ai îndeplinit sarcina. Ajungând la serviciu, îți deschizi servieta doar pentru a descoperi că ai adus documentele greșite și că toată munca pe care ai pregătit-o cu grijă noaptea a rămas pe biroul de acasă. Ce crezi că vor gândi și vor simți ceilalți despre tine când vor descoperi că nu ai hârtiile importante pentru ședință? Ce gânduri de judecată și sentimente ar putea trece prin mintea ta?

Scenariul 3

Te uiți la hainele tale și vezi că încep să fie puțin uzate – a venit timpul să cumperi unele noi. Mergi la magazin și descoperi o ținută care îți fură atenția. Te îndrepți spre cabina de probă și apoi – „O, Doamne!" descoperi că nu încapi în niciuna dintre piesele vestimentare. Sunt aceeași mărime pe care obișnuiai să o cumperi, desigur, dar te-ai îngrășat! Ce crezi că vor gândi și simți alții despre tine, acum că te-ai îngrășat? Ce gânduri și judecăți ți-ar putea trece prin minte?

Bine, încă un scenariu – unul special pentru bărbați:

Scenariul 4

Ieși cu cineva care îți place mult și a venit timpul pentru masa romantică, urmată de rămasul peste noapte la unul dintre voi. Masa este grozavă și, desigur, și vinul roșu, dar ești precaut față de cât bei, pentru că speri la ce ar putea urma. Vă întoarceți la tine acasă, aveți parte de câteva momente romantice și pline de afecțiune, apoi scapi de haine. Încet și spre marea ta surpriză, îți dai seama că ceva se întâmplă cu corpul tău – sau mai degrabă nu se întâmplă. Membrul de nădejde s-a transformat într-un pitic somnoros! Iubita ta e oarecum tristă, dar nu critică. Ce crezi că va gândi și simți partenera ta despre tine? Ce gânduri și judecăți îți trec prin minte?

Foarte multe lucruri din viață pot stârni autocritica. Acestor scenarii li se pot adăuga, desigur, unele mai supărătoare, cum ar fi falimentul, a avea o aventură, a te îmbăta și a face sex cu cineva, apoi a regreta că te-ai culcat cu ea/el, a minți, a înșela și așa mai departe. Probleme severe de autocritică și rușine pot apărea din traume și abuzuri din copilărie și am putea simți rușine și dispreț de sine din cauza unor lucruri pentru care știm că nu suntem responsabili, cum ar fi desfigurarea. Simțim rușinea reflectată dacă, să zicem, fiica este condamnată pentru o infracțiune. În anii trecuți ai Occidentului și încă în multe culturi, o femeie care rămâne însărcinată în afara căsătoriei sau care are o relație cu cineva din afara castei sau culturii acceptate aduce rușine familiei – tragedia „ucisului pentru onoare" este un exemplu extrem al acestui lucru, centrat în jurul problemei rușinii. Se întâmplă ca o persoană care vrea să se căsătorească cu cineva care nu este ales de familie să nu fie rușinată de alegere (pentru că își iubește partenerul), dar tot are regrete pentru că „aduce rușine" membrilor familiei.[169]

Și, când vine vorba despre a te comporta în moduri diferite de ce este acceptabil pentru familia ta, un sentiment de a fi trădat valorile sau tradițiile lor poate fi o sursă de rușine, chiar dacă știi că te-ai comportat rezonabil. Karen se bucura foarte mult când făcea sex cu partenerul ei, dar a recunoscut că întotdeauna simțea rușine față de entuziasm, pentru că mamei ei, care era foarte religioasă, îi displăcea sexul și credea că este rău, nu ceva de care să te bucuri. „Știu că este prostesc", zicea Karen, „dar e ca și cum aș acționa împotriva ei, ca și cum aș dezamăgi-o cumva. Știu că ea ar dezaproba actul și m-ar desconsidera – chiar dacă eu îmi apreciez cu adevărat valorile. Dumnezeule, la vârsta mea ai crede că am depășit aceste lucruri, nu-i așa? Dar eu încă simt blamarea – undeva în fundal".

Un sentiment de rușine poate strica multe aspecte ale vieților noastre, pentru că provoacă îndoiala, autocritica și inhibiția. Amintește-ți că unul dintre motivele pentru care avem aceste dificultăți este modul în care interacționează „creierii/mințile vechi" cu „creierii/mințile noi" (*vezi* Capitolul 2). Ca specie, avem o conștiință de sine și aproape orice eveniment negativ poate fi privit ca indicatorul a ceva rău în legătură cu noi înșine. Acest lucru înseamnă că, atunci când avem dificultăți, când facem greșeli sau când lucrurile nu merg așa cum ne-am dori, întotdeauna ne confruntăm cu două potențiale probleme. Este „lucrul în sine", adică a fi supraponderal, a face o eroare de judecată sau a descoperi că propriile corpuri nu funcționează așa cum am dori să o facă. Și mai există experiența propriului sine: acel sentiment de a te simți nedorit, neatrăgător, inferior, o dezamăgire. Am putea depăși prima problemă destul de repede, dar cea de-a doua, care presupune conștiința sinelui, persistă și ne poate doborî. Compasiunea ne ajută să rezolvăm aceste probleme și să devenim mai binevoitori, mai aprobatori și mai blânzi față de noi înșine. Trebuie să ne amintim că nu există nicio greșeală din câte putem face pe care milioane de alți oameni să nu o fi făcut deja sau niciun alt aspect care ne îngrijorează de care milioane de oameni să nu se fi îngrijorat deja. Toate fac parte din condiția umană.

Rușinea și autocritica

Cercetările au arătat că autocritica este adesea legată de o îngrijorare în legătură cu ce cred alți oameni. Prin urmare, când îți monitorizezi gândurile și sentimentele autocritice, este util să îți amintești că vor fi *două șiruri de gânduri*. Unul dintre ele se va concentra pe ce crezi că se petrece în mințile altora, câtă vreme celălalt se va concentra pe propriile gânduri și sentimente.

Pentru a te ajuta să recunoști acest lucru, să folosim primul dintre scenariile anterioare – cel în care te grăbești să cumperi un ingredient și apoi toată mâncarea se arde. Privind ambele coloane din Tabelul 3, poți observa că, atunci când devenim autocritici, presupunem adesea că alții sunt critici și că ne resping. Facem presupuneri despre ce se petrece în mințile altor oameni. De exemplu, deși toți acei potențiali prieteni s-au comportat înțelegător și plăcut, spunând: „A avea mâncare comandată nu prea contează cu adevărat“, te-ai putea îngrijora că ei gândesc foarte diferit – că ești incompetent. Ar putea chiar să te vorbească pe la spate! Vezi atât lumea exterioară, cât și lumea interioară cum sunt critice și învinuitoare, având drept rezultat o amenințare din interior și o amenințare din exterior, și *nicăieri nu te simți în siguranță, liniștit, alinat sau blând!* Vei fi în mod clar foarte stresat și te vei simți amenințat.

Unul dintre lucrurile pe care le poți face este să te dai un pas în spate și să îți recunoști șirurile de gânduri; încearcă niște intervenții prezentate în capitolul anterior. Așadar, caută un ritm liniștitor în care să respiri, reconcentrează-ți atenția și încearcă să îți echilibrezi aceste gânduri cu niște întrebări, asigurându-te că păstrezi un ton binevoitor și blând:

- A părut cineva cu adevărat deranjat că a trebuit să mănânce mâncare comandată?
- Și-a exprimat cineva simpatia și empatia față de tine pentru mâncarea arsă?
- A părut cineva îngrijorat că ai putea fi supărat?
- Păreau oamenii să se bucure reciproc de companie?
- Luând lucrurile ca întreg, mâncarea a fost o dezamăgire, dar te va împiedica acest lucru să fii prieten cu acești oameni?
- Dacă rolurile ar fi inversate și acest lucru i s-ar întâmpla altcuiva, tu l-ai respinge?

Treci prin aceste întrebări în mintea ta, *creând cât poți de multă căldură, blândețe și bunăvoință* și concentrează-te pe (participă cu multă compasiune) aspectele pozitive ale reacțiilor oamenilor față de mâncarea arsă. Va fi, desigur, mult mai ușor să te concentrezi pe reacții negative, pentru că așa funcționează sistemul de amenințare/autoapărare. Așadar, dacă o singură persoană din zece care au fost invitate a părut deranjată, te vei concentra la aceasta. Totuși, în formarea minții pline de compasiune, atenția este concentrată pe celelalte nouă, care sunt în general îngrijorate de tine și mai interesate de timpul pe care îl petreceau cu tine și cu ceilalți oameni de acolo, decât de masa arsă. Dacă te-ai fi dus în casa altcuiva și acest lucru i s-ar fi întâmplat, probabil că ai fi gândit: „Ce păcat. Înseamnă că nu sunt doar eu așa“ și poate ai fi fost mai ușurat!

Tabelul 3: Gândurile autocritice și frica

Coloana 1 *Cum cred eu că mă văd alții și ce simt ei față de mine*	**Coloana 2** *Ce simt și ce cred eu despre mine însumi*
Acești oameni noi vor vedea că sunt dezorganizat.	Sunt atât de enervat pe mine însumi pentru că am uitat un ingredient de bază.
Nu vor fi foarte impresionați de aptitudinea mea de a găti sau de organizare.	Ce se întâmplă cu mine? De ce nu pot gândi clar?
Probabil că mi-am ratat șansa cu ei.	Mâncarea pe care am gătit-o ar fi fost atât de bună și i-ar fi impresionat.
De acum mă vor vedea întotdeauna împrăștiat și nu mă vor lua în serios.	M-am dezamăgit din nou fiind nesăbuit și neatent.
Frica mea fundamentală este că nu voi fi în stare să leg prietenii apropiate cu oameni care să mă respecte.	Frica mea fundamentală este că nu voi fi capabil să leg prietenii apropiate cu oamenii care mă respectă. Voi fi marginalizat și singur.

Există și o mică problemă de încredere. Oamenii se pot purta drăguț, dar tu îi crezi? Și dacă este posibil să ierți pe altcineva în aceeași situație, dar nu crezi că cei pe care i-ai invitat la tine acasă ar face același lucru, de ce presupui că doar tu poți fi binevoitor și iertător? Și chiar dacă te văd puțin împrăștiat, acest lucru ar putea să te facă mai simpatic în ochii lor, mai degrabă decât să îi îndepărteze – eu mă înțeleg bine cu oamenii împrăștiați. Dacă te plac sau nu va depinde de cât de prietenos, deschis și afectuos ești și de interesele și valorile comune, nu de mâncarea arsă. Frica de respingere și cea de a fi desconsiderat sunt cele care îți stimulează autocritica, nu-i așa? Dacă nu am fi înspăimântați de acești oameni, am crede cu adevărat că nu au fost deranjați de mâncare și comportamentul nostru ne-ar fi făcut simpatici, am fi autocritici?

Când avem compasiune, ne recunoaștem fricile fundamentale; din acest motiv am inclus în Tabelul 3 o întrebare pentru tine: „Frica mea fundamentală este..." Îți poți pune această întrebare de fiecare dată când îți faci autocritica prin furie, dispreț sau dezamăgire. A învăța să îți rezolvi fricile și să ai compasiune pentru ele te poate opri din a te ataca.

Rușine și dezamăgire

Acum există dovezi clare conform cărora, atunci când simțim rușine, nu se întâmplă din cauză că nu ne atingem țintele sau standardele, ci pentru că avem impresia că suntem indezirabili în ochii celorlalți și apoi în ochii noștri.[170] Așadar, nu spunem „Nu sunt atât de slab cum aș dori să fiu"; de rușine, spunem „Sunt gras". Nu spunem „Nu sunt bun cum mi-aș dori să fiu"; de rușine, spunem „Sunt rău/inadecvat". Rușinea trezește apoi sinele pe care nu îl dorim. Și nu ne dorim acel sine, pentru că el se identifică cu anumite amenințări, în special respingerea, critica celorlalți, marginalizarea sau chiar cu ridicolul și cu a deveni sursa de amuzament a altora. Așadar, sistemul de amenințare este cel care ne dă sentimente, care apoi sunt etichetate în anumite feluri.

Desigur, dintr-un punct de vedere evolutiv, dacă alții te tratează negativ, creierul va percepe acest lucru ca amenințare la propria existență. Toate exemplele pe care le-am explorat anterior au demonstrat dezamăgirea. Aceasta este adesea rezultatul amenințărilor de a deveni *sinele indezirabil*. Să luăm exemplul în care descoperi că nu mai încapi în aceeași dimensiune de haine ca înainte. Să ne gândim la Anne. Ea urma să aibă o aniversare importantă și încerca să piardă greutate pentru a încăpea într-o rochie care îi plăcea mult. Din nefericire, când a venit ziua și nu a putut să închidă fermoarul confortabil – ei bine, de fapt, nu a putut deloc –, s-a așezat pe pat, a plâns și s-a mustrat singură pentru că nu a fost în stare să își controleze dieta, pentru că nu a făcut suficiente exerciții fizice și pentru că era grasă. Avea acum două probleme: (1) nu încăpea în rochie și (2) era deprimată după ce se atacase singură. Amintește-ți ce am spus despre cum autocritica poate influența fiziologia creierului și senzațiile corporale (*vezi* p. 203). Nu este vorba doar despre gânduri, ci și despre frustrare, furie și dispreț, care fac rău în autocritică.[171] Reține și faptul că autocritica este în mod obișnuit legată de frica de a strica relațiile cu alții, de a fi considerat prostuț, inadecvat, rău în vreun fel. Anne nu își dorea ca alte femei să observe creșterea ei în greutate.

Unul dintre lucrurile pe care adesea nu le conștientizăm este că, atunci când suntem sensibili la rușine și autocritică, de multe ori avem în minte diferite *idealuri* – cum *vrem să fim* și categoric *cum nu vrem să fim*. Diferența dintre sinele ideal și sinele real se numește „decalajul dezamăgirii". Cu cât „sinele real" este mai aproape de „sinele indezirabil", cu atât mai predispuși la rușine suntem. Poți observa acest lucru în Tabelul 4. În acest exemplu, „sinele real" pare identic cu sinele pe care nu ți-l dorești. Acesta este modul în care simțim rușinea – devenind „sinele indezirabil". Multe dintre încercările noastre de a ne îmbunătăți și a-i impresiona pe ceilalți sunt de fapt alimentate de frica de a nu deveni sau de a nu avea unele însușiri ale „sinelui indezirabil".

Tabelul 4: Dezamăgire și rușine

Sinele ideal	Sinele real	Sinele indezirabil
Slab	De dimensiuni mai mari	De dimensiuni mai mari
Ține diete stricte	Ronțăie gustări	Ronțăie gustări
Se simte ușor	Se simte greoi	Se simte greoi
Face exerciții fizice regulat	Vizitează sala de sport ocazional	Vizitează sala de sport ocazional
Decalajul dezamăgirii		Vulnerabilitate la rușine

Pe măsură ce devenim mai vulnerabili la rușine, se întâmplă multe lucruri.

- *Atacul sinelui.* Aici avem diferite gânduri, cum ar fi: „Ar fi trebuit să mă descurc. Ce se întâmplă cu mine? Nu sunt suficient de bun." Acestea, de obicei, nu sunt doar declarații, ci vin împreună cu frustrare, furie și uneori chiar dispreț. Dacă ții minte discuția pe care am avut-o la pagina 203, îți poți imagina ce le face acest lucru creierilor noștri.
- *Atacul altora.* Decalajul dezamăgirii ne lasă frustrați și apoi putem fi iritați de alți oameni sau chiar îi putem ataca. De exemplu, dacă

ardem mâncarea pe care am pregătit-o pentru petrecere, suntem critici față de partener și spunem: „De ce nu mi-ai amintit că aveam nevoie de ingredientul ăsta? De ce trebuie să fiu mereu eu cel care își amintește totul?"

- *Renunțarea.* Am putea avea acel sentiment de descurajare și apoi gânduri precum: „Nu pot să fac nimic. Întotdeauna voi face greșeli, așa că nu are niciun sens să încerc. Lucrurile nu merg niciodată pentru mine. Totul este inutil." Așa că putem simți înfrângerea și că nimic nu poate fi făcut în afară de a ne da bătuți.

Dacă facem un pas înapoi și ne gândim, niciunul dintre aceste răspunsuri la dezamăgire nu are prea multă compasiune. Într-adevăr, încearcă să te concentrezi pe ideea că cheia succesului (și, într-adevăr, a fericirii) este capacitatea de a eșua și de a învăța cum să gestionezi dezamăgirile. Astfel, ne situăm corect pentru a face față acestor probleme. Nu poți să îți trăiești viața fără dezamăgiri, eșecuri, greșeli, neplăceri și alte rateuri. Avem nevoie să învățăm cum să ne ocupăm de acea mică voce din mințile noastre care poate fi furioasă, care are o replică bună din cuvinte cu patru litere, legate de reproducere, și care spune: „Nu vreau să fiu binevoitor. Eu vreau doar să fiu furios!" Abordarea plină de compasiune aici este să accepți această furie ca un înțeles a ceva de care suntem dezamăgiți sau de care ne simțim amenințați. În același timp, este vorba despre a învăța să fim binevoitori și un real sprijin, mai degrabă conștientizând dezamăgirea și amenințarea decât rămânând doar cu furia. Este util, prin urmare, să spunem cu voce tare sau să scriem următoarele: „Această situație mă amenință pentru că..." Apoi te poți gândi cum să tratezi această amenințare prin compasiune.

Concentrează-te asupra respirației și recunoaște gândurile și sentimentele care se plimbă prin mintea ta. Le poți vedea drept rezultat al creierului care te împinge să simți anumite amenințări și recunoști că dincolo de neplăcerea emoțiilor se află un sistem de autoapărare neliniștit pentru tine și care încearcă să te avertizeze și să te salveze. Ține minte, el a fost creat cu milioane de ani în urmă, așa că este elementar și primitiv, dar face tot ce poate. Totuși, nu este cea mai sclipitoare parte din tine, nu-i așa?

Nevoia de a fi apreciați de alții pentru a ne aprecia pe noi înșine

În Capitolul 5, am petrecut ceva timp privind spre modul în care sentimentele pe care ni le creăm în mințile altora despre noi înșine au un impact major asupra propriilor sentimente. Îți amintești de Sue, care a desenat ceva pentru mama sa și modul în care s-a simțit diferit față de *ea însăși*, conform modului în care a reacționat mama sa? Pentru că mințile noastre sunt dependente de ale celorlalți, avem nevoie de ei ca să apreciem binele din noi înșine și lucrurile mărunte pe care le facem, nu doar realizările mărețe. Într-adevăr, această atenție ne ajută cu adevărat să dezvoltăm sentimente pozitive față de noi înșine.

Modul în care percepem ce gândesc alții despre noi și care ne modelează sentimentele și judecata despre noi înșine au fost cercetate de Mark Baldwin și colegii săi de la McGill University din Canada.[172] Rugându-i pe studenți să scrie niște idei de cercetare, Baldwin le-a arătat apoi, subliminal, fotografii cu profesorul lor. Unui grup i s-a arătat o imagine în care el zâmbea aprobator; celuilalt grup i s-a arătat o imagine cu el încruntându-se. (Prin „subliminal", mă refer la faptul că imaginea a fost prezentată atât de repede, încât, deși studenții erau conștienți că au văzut ceva, o sclipire luminoasă, nu știau că li s-a arătat imaginea unei fețe.) Cei cărora li s-a prezentat fața zâmbitoare au crezut că ideile lor nu erau prea rele – de fapt, destul de bune. Cei cărora li s-a prezentat fața încruntată au crezut că ideile lor nu erau bune. Așadar, se pare că judecata *propriilor idei* a fost amorsată de faptul că au văzut fie o față aprobatoare, fie una încruntată. Acum, amintește-ți, studenții nu știau cu adevărat că au văzut vreo imagine cu profesorul, așadar această amorsare a fost făcută în afara conștiinței lor.

Cercetarea lui Mark Baldwin a dezvăluit ceva ce filozofii au recunoscut de mult timp, că oamenii vor face multe lucruri – bune și rele – de dragul recunoștinței și creării de sentimente pozitive în mințile celorlalți. La cumpăna dintre secole, celebrul sociolog american Charles Horton Cooley (1864–1929) a inventat termenul „sine-le-oglindă". El a arătat că modul în care ne vedem depinde de modul în care credem că gândesc alții despre noi. El a sugerat că majoritatea oamenilor nu conștientizează asta, dar ar face-o repede dacă, într-o zi, s-ar trezi și ar descoperi că toată lumea a devenit critică și îi respinge sau pur și simplu este neinteresată. Încrederea lor s-ar diminua și s-ar simți oribil. Într-adevăr, știm că mintea umană a evoluat pentru a fi interesată de impresionatul altor oameni și pentru a obține îngrijire, sprijin, respect, simpatie și chiar admirație din partea lor, pentru că aceste lucruri sunt extrem de benefice pentru supraviețuirea și reproducerea noastră (ceva ce am explorat în Capitolul 5). Sentimentul de siguranță și bunăstare este legat de modul în care credem că existăm în mințile celorlalți.

În marea parte a muncii pe care o fac în calitate de terapeut, descopăr că oamenii – conștient și uneori mai puțin conștient – se luptă să obțină lucruri în viață pentru a-i impresiona pe părinții lor sau alte persoane și pentru a le câștiga aprobarea. Acest lucru se întâmplă pentru că creierii au deslușit că, dacă oamenii ne apreciază, ne plac și ne respectă, vor fi acolo când avem nevoie de ei. Dacă simțim că nu le putem câștiga aprobarea, viața va fi puțin mai riscantă. Pentru a ajuta la clarificarea acestui lucru în viața ta, poate merită uneori să îți scrii singur o scrisoare întrebându-te a cui aprobare o prețuiești cel mai mult, pe cine vrei să impresionezi, din partea cui vrei să auzi că te apreciază. De ce ai vrea să faci aceste lucruri? Ce anume cauți cu adevărat? Poate cauți anumiți oameni, precum părinții, un profesor, sau prietenii. Pentru oamenii religioși, ar putea fi Dumnezeu – sau chiar cosmosul, dacă ești adept al mișcării New Age!

Probabil că vrei să te simți iubit, dorit și că aparții – toate nevoile umane de bază. Totuși, probabil recunoaștem că compasiunea începe acasă și că avem nevoie să o antrenăm în mințile noastre. Așadar, invocă o imagine plină de compasiune, adoptă expresia facială a compasiunii și încearcă să îți imaginezi că ești acceptat, apreciat de imaginea ta, care face parte din tine.

Autocritica și a nu fi apreciat

Autocritica se poate dezvolta pentru că nu am simțit niciodată cu adevărat că suntem suficient de buni în mințile celorlalți, pentru că nu am primit acele sentimente pozitive și binevoitoare de care avem nevoie din partea altora pentru a ne simți bine cu noi, sau pentru că luptăm în continuare, schimbând obiectivele, fiind dezamăgiți și furioși, fără să învățăm arta mulțumirii și recompensării propriilor eforturi. Problema este că oamenii se simt amenințați de posibilitatea de a fi marginalizați, excluși sau respinși. De fapt, creierii sunt foarte atenți la aceste lucruri.[173] Capacitatea de a ne susține unul pe celălalt este partea bună a evoluției. Partea mai rea este că ne simțim amenințați dacă nu putem să creăm sentimente pozitive în mințile celorlalți și astfel apare frica de a nu avea sprijinul și grija celor de care am avea nevoie.

Surse de autocritică

Dacă privești modul în care autocritica îți afectează creierul, îți vei da seama cu repeziciune că criticul din interiorul tău va continua să îți stimuleze sistemul de amenințare/autoapărare (care, desigur, este în sine o sursă de stres), oferindu-i constant mici înțepături cu explozii de hormoni de stres. Pentru autocriticul versat, foarte puține zile vor trece fără să aibă niște gânduri negative față de sine. Într-un fel, este ca și cum ai smulge coaja de pe o rană. Când faci un pas înapoi și te gândești astfel la acest lucru, autocritica nu prea are sens, nu-i așa? Și totuși…

Amuzant este că oamenii detestă adesea să renunțe la ea. Așa că avem nevoie să ne gândim la acest lucru în detaliu: ce ne face să fim autocritici și de ce suntem agățați de asta? Sursele autocriticii nu sunt chiar greu de găsit. Cele evidente sunt, desigur, lucrurile care ni s-au întâmplat în trecut. Unii critici au avut părinți sau profesori care erau critici și îi învinuiau.

Suzanne, de exemplu, își amintește că mama ei era o persoană veșnic nemulțumită. Nu era abuzivă, nu era de acord cu pedeapsa fizică, dar, vai, folosea tratamentul tăcerii. Fiind unul dintre căutătorii de greșeli în viață, era o femeie care întotdeauna vedea „jumătatea goală a paharului“. Dacă Suzanne ieșea pe locul doi la un test, mama ei o întreba cine a ieșit pe primul loc și ce a împiedicat-o pe Suzanne să fie prima. Realizările lui Suzanne nu erau niciodată văzute, lăudate sau sărbătorite. Din punctul de vedere al mamei ei, nu ar trebui „să te lauzi singur“, „să nu fii niciodată satisfăcut de poziția în care te afli“ și nu trebuie „niciodată să te culci pe lauri“. Conform lui Suzanne: „Nu pot să îmi aduc aminte ca mama să se fi entuziasmat față de ceva ce am făcut eu.“

Mama Soniei era la fel de dificilă. Întotdeauna îi spunea fiicei că viața ei fusese mult mai grea decât a Soniei, că ea era mult mai dură decât

Sonia și cât de ușor le este fetelor din ziua de azi. Așadar, Suzanne și Sonia au crescut în moduri diferite, învățând *să nu acorde atenție* lucrurilor pe care le fac bine, să nu fie satisfăcute sau să se simtă bine față de ele însele, ci doar să se concentreze pe lucrurile pe care nu le făceau perfect și pe care ar fi putut să le facă mai bine, sau pe modul în care alții se descurcau întotdeauna mai bine decât ele. Au avut mult antrenament în a simți că „alții nu le văd să fie suficient de bune".

Problema este, desigur, că întotdeauna putem să fim mai buni la orice încercăm și astfel dezamăgirea și autocritica lui Suzanne nu erau niciodată departe. Și îți aduci aminte de Jack, Jane și Carol, pe care i-am întâlnit în paginile 94–97. Ideea de a avea compasiune, a fi binevoitori și apreciativi față de sine și a se simți bine cu ei înșiși părea destul de ciudată, precum răsfățul. Apoi există problema Soniei, pe care mulți au întâlnit-o, adică a ști cu adevărat că părinții lor au greșit – totuși, această idee pare greșită. Sonia ar putea-o exprima astfel: „Dacă îmi schimb valorile, voi simți că o trădez pe mama și amintirea ei." Nu este neobișnuit pentru oameni să se agațe de valori pe care le știu inutile – din loialitate.[174] Ei vor susține lideri pe care îi știu dezastruoși deoarece sentimentul de apartenență pare mai important decât să ne susținem singuri. Dacă respingem punctele de vedere și valorile altora – dacă ne răzvrătim –, ne simțim neloiali și străini.

Așadar, observi cum modul în care ne gândim la noi înșine și în care ne tratăm este adesea legat de felul în care am fost învățați. Și acest lucru se întâmplă în atâtea zone ale vieții. Femeile care au fost învățate că sexul este „rău" sau „dezgustător" și „doar pentru bărbați", sau că este „rușinos" să ai fantezii „obraznice" niciodată nu ar putea să descopere sau să examineze spectrul și profunzimea propriei sexualități și își vor condamna dorințele sexuale. Explorarea propriului potențial și a conștiinței este constrânsă. În unele grupuri sociale care se tem de homosexualitate și astfel o condamnă atât pe ea, cât și pe cei care o practică, oamenii sunt otrăviți de o rușine teribilă față de propria homosexualitate, chiar până la punctul sinuciderii – și, totuși, în alte societăți, homosexualitatea este sărbătorită. Vezi tu, rușinea este legată de societățile în care trăim.

Pentru unii, amintirile rușinoase se amestecă cu cele traumatizante. Tom a avut o copilărie abuzivă. Tatăl său era un hărțuitor și, deși mama exprima grija în felul ei, era destul de supusă și depresivă. Tatăl lui

Tom – care probabil căra în spate o rușine destul de mare pe care o proiecta asupra lui Tom – era genul de bărbat care venea la meciurile de fotbal și urla critici spre fiul său aflat pe teren. Amintindu-și anumite evenimente, Tom mi-a transmis perspectiva lui despre ce numim *memoria rușinii/traumei.* Un asemenea eveniment a avut loc când tatăl a descoperit că Tom avea probleme la matematică și a pus mâna pe câteva dintre lucrările sale pe care a văzut niște note proaste. Tom își amintește că fața tatălui său s-a înroșit de furie – „Am crezut că ar putea exploda“, a spus el. Pe măsură ce urla, el i-a spus lui Tom că era „îngrozitor de leneș și de prost“, că nu exista niciun motiv pentru care să ia note proaste și că, dacă nu o să își revină, vor exista probleme serioase.

Să ne gândim la modul în care toate acestea se depun în memorie. În primul rând, există emoția emanată din partea tatălui lui Tom, adică furia și agresivitatea. Creierul lui Tom intră imediat într-o stare semnificativă de amenințare/autoapărare, pentru că se află sub atacul unui mascul adult mai puternic, deși nu îi este clar dacă va fi lovit sau rănit de acesta. El este automat foarte speriat și se chinuie să vorbească, este înțepenit, dar și disperat să fugă. Nivelul său de stimulare este ridicat și, în același timp, aude cum este numit „leneș“ și „prost“. Aceste etichete sunt asociate în mintea sa cu lucruri cu care el s-a chinuit, pentru că, în realitate, Tom s-a străduit din greu la matematică, dar pur și simplu nu poate să o scoată la capăt. Nivelul de amenințare și furia din partea tatălui îi dau sentimentul că a făcut ceva foarte rău/greșit. Mama, speriată de soț, nu se vede pe nicăieri și astfel Tom are sentimentul acut că este singur cu un bărbat potențial violent; nu există nimeni în jurul său capabil să îl ajute sau să îl salveze. Și din ce am putut să aflu, tatăl lui Tom a venit din același tip de mediu și era bătut mereu – o moștenire tragică. Aici avem de-a face cu experiențe îmbinate, care au dus *împreună* la apariția memoriei rușinii/traumei:

- o mare amenințare exterioară,
- experiența de a fi etichetat,
- simțământul de a fi rău, prost și de a fi făcut ceva teribil,
- o implozie de frică și sentimentul de a fi „înțepenit în loc“, totuși dorind să fugi și să te ascunzi,
- conștiința faptului că ești complet singur și că nu există salvare.

Așa că îți poți imagina ce se întâmplă dacă Tom intră în situații în care el crede că a făcut vreo greșeală sau că nu este suficient de bun, iar figurile autoritare sau cei pe care se bazează sunt critici: *Dacă simte că nu este suficient de bun, se va simți singur, pentru că exact așa s-a întâmplat când era copil.* Într-adevăr, oamenii care au fost supuși rușinii, în special copiii, pot avea sentimente preexistente de însingurare – pentru că experiența rușinii este una de a fi îndepărtat când nu ești suficient de bun, nedorit și aruncat.

Tom recunoaște că o parte a autocriticii sale este ecoul vocii tatălui care îi răsună în cap, o parte fiind legată de propria frustrare și o parte de anxietatea sa: „O, cum aș fi putut face asta? Acum sunt din nou vulnerabil." Tom ar putea fi văzut ca perfecționist, dar cercetările au arătat că există diferite tipuri de perfecționiști. Unul este legat de standardele personale, în timp ce altul este asociat cu o frică de critică – oamenii caută perfecțiunea pentru a evita critica.[175]

Una dintre problemele oamenilor care au trecut prin evenimente rușinoase puternice este că amintirile lor sunt prea puternice. Tom își amintea adesea despre trecutul său abuziv – și sentimentele pe care acestea le produceau.[176] El era predispus la explozii de furie, care apoi îl făceau să se simtă rușinat, disprețuitor față de sine și retras.

Hărțuiții devin hărțuitori

Unii dintre copiii care provin din aceste tipuri de medii, care presupun combinații de neglijență, control, așteptări, abuz și niveluri scăzute de afecțiune, pot ajunge în direcția opusă. Decât să fie supuși și autocritici, se transformă în hărțuitori și se identifică cu agresorii lor, modelând comportamentul după cel al abuzatorilor. Copiii învață că, dacă amenință alte persoane, acelea nu îi vor amenința. Problema este, desigur, că în privința dezvoltării creierilor, toate sistemele importante pentru compasiune nu sunt considerate folositoare – de fapt, ele n-ar putea fi de niciun ajutor în dezvoltarea acestei strategii particulare pentru supraviețuire și autoapărare. Dacă alți oameni te-au rănit și te-au amenințat, de ce ai avea încredere în ei? De ce ți-ai dori să simți bunăvoință? Tu trebuie să îți întărești autoapărarea întâi. Înclinația socială spre compasiune nu este folosită și nu se dezvoltă în mințile acestor hărțuitori. Într-adevăr, asemenea oameni văd compasiunea pentru alții ca slăbiciune, făcându-i vulnerabili.

Pentru ei, dorința de putere și de a deține controlul este o apărare împotriva altor oameni care îi controlează – pentru că nu au încredere în cei autoritari să îi iubească, să le pese și să îi îngrijească. Bărbații din aceste medii le privesc pe femei ca pe ceva ce poți iubi sau dori, dar niciodată ca pe egali, pentru că mamele lor nu au fost suficient de puternice pentru a-i proteja de tații ostili. Dacă acești oameni vătămați se luptă și ajung în poziții de putere, restul suferă consecințele. Istoria este plină de ei și de ambiția lor crudă. Acești indivizi sunt mai puțin îndreptați spre autocritică și mult mai predispuși să dea vina pe alții când lucrurile merg prost.

Ce iese la iveală din aceste exemple este o singură frică fundamentală – frica de deconectare. Dacă am ști complet în inimile noastre că oamenii ne vor iubi indiferent dacă vom avea succes sau vom eșua, nu am suferi de neliniști într-un asemenea grad. Și, desigur, nu doar acasă apar aceste probleme; ci și la școală, cu bătăușii. Sunt conturate și de societatea noastră. Vezi tu, cu cât trebuie să concurăm mai mult pentru poziția socială, cu atât ne simțim mai amenințați. Zilele în care băieții își încheiau adolescența urmându-i pe tații lor în ucenicie sau altă muncă și în care exista un sentiment al comunității și al apartenenței la un grup al familiei tradiționale au apus. Există puțină continuitate socială pentru adolescenții noștri. Un sentiment de alienare, de a nu aparține cu adevărat de vreun loc – nici ca parte din lumea copiilor, nici bine-veniți în lumea adulților – îi bântuie pe mulți. Deoarece creierului uman chiar nu îi place sau nu se descurcă bine cu acest tip de alienare, reacționează prin amenințare. Și, desigur, adolescenții concurează între ei pentru lucruri de care cred că au nevoie, toate acestea fiind influențate de modelul de afaceri al vieții.

De asemenea, există problema însingurării în rușine. Din moment ce rușinea poate fi legată de excluziune sau de sentimentul de a fi considerat nedemn de prea multă atenție, copiii neglijați simt adesea rușine. Vine din amintirile singurătății și din cele în care nu suntem capabili să îi influențăm pe alții să își afișeze interesul față de noi.

De la autocritică la compasiunea de sine

Deoarece autocritica poate apărea dintr-un număr de surse, unul dintre lucrurile la care trebuie să lucrăm este să identificăm de unde provine și care ar fi cele mai mari frici ale noastre dacă am diminua-o sau dacă chiar am renunța la ea. Am discutat modul în care autocritica este dăunătoare creierului și în care compasiunea față de sine este bună pentru el, dar chiar și așa, ai putea fi oarecum reticent să renunți la autocritică. Așa că iată un exercițiu care să te ajute.

Exercițiu: diferența dintre autocritica bazată pe rușine și corectarea prin compasiune

Ia un pix și o hârtie. Acum imaginează-ți că, după ce citești această carte, nu vei mai fi *niciodată* autocritic. Închide ochii și imaginează-ți cu adevărat că autocritica nu mai face parte din alcătuirea ta. Reflectează asupra acestui lucru. Care sunt primele sentimente care apar? Care sunt cele mai mari frici ale tale? Acum, dacă semeni cu mine și cu oamenii cu care am lucrat în trecut, vei fi capabil să reproduci tot felul de „Da, dar“ față de renunțarea la autocritică. Acestea ar putea include: „Da, dar dacă nu aș fi autocritic, aș deveni leneș, aș putea să nu realizez nimic, aș deveni arogant și aș putea să nu îmi văd greșelile, aș deveni neplăcut.“ Tu încă crezi că autocritica te ajută, nu-i așa? Sau cel puțin câteva părți ale ei?

Acum desenează două coloane pe o foaie. Pe una intitulează-o „CUM MĂ AJUTĂ AUTOCRITICA“ și pe cealaltă „CUM MĂ ÎNCURCĂ AUTOCRITICA“. Acum scrie toate avantajele autocriticii în prima coloană și toate dezavantajele în cea de-a doua. Poți observa motivele pentru care încă te ții de autocritică, de ce nu poți renunța la ea. Așadar, să ne gândim cum să abordăm acest lucru prin compasiune.

În primul rând, vreau să fac o distincție foarte clară pentru tine între autocritica bazată pe rușine și corectarea prin compasiune. Această distincție este făcută pe baza *sentimentelor* tale. Vezi tu, autocritica este adesea însoțită de dezamăgire, frustrare și chiar dispreț, iar aceste emoții îți fac cu adevărat rău, în parte pentru că ele provin din sistemul de amenințare/autoapărare. Ele te împiedică să conștientizezi că, de fapt, nu vei deveni arogant, pentru că ai *dorința autentică* de a-ți păsa de alte persoane și nu vei fi leneș, pentru că tu ai *o dorință sinceră* de a realiza lucruri și de a face bine – nu pentru că te vei critica și te vei ataca sau că vei fi critic. Autocritica ne poate orbi față de *emoțiile și dorințele pozitive* și ne poate prosti să credem că doar dacă suntem bătuți cu bățul pe spate devenim oameni decenți.

Amintește-ți că părinții îți spuneau: „De ce trebuie să te alerg mereu? De ce trebuie să mă înfurii pe tine înainte ca tu să faci ceva?“ Știind ce știu acum, mi-ar plăcea să mă întorc în adolescență și să îi spun calm tatălui meu: „Hei, faptul că nu prea fac nimic nu e neobișnuit. Se întâmplă pentru că sunt adolescent, creat de genele tale și ale mamei. Asta înseamnă că, la vârsta mea, îmi place să fiu cu prietenii, să mă îmbăt, să dorm toată ziua și să cânt în trupa mea rock noaptea. Nu e nimic neobișnuit la mine – nu e vina mea! Nu-ți face griji, o să fiu bine.“

Desigur, acum recunosc că o mare parte din cicăleala părinților se baza pe îngrijorare, pentru că ne aflăm într-o societate competitivă și le era teamă că, dacă nu obțineam calificarea de a concura, nu ajungeam nicăieri în viață – n-aș fi avut acel avantaj concurențial. Era oarecum îngrijorător când, 30 de ani mai târziu, m-am trezit spunându-le copiilor mei să învețe pentru examene, precum și să se spele: „De ce trebuie să vă alerg mereu? De ce trebuie să mă înfurii înainte ca voi să faceți ceva?“ Programele genetice sunt plictisitor de repetitive, nu-i așa? Dar cred că ține și de echilibru. Uneori, puțină urgență este de ajutor, iar aceste griji părintești pot fi, de asemenea, văzute ca expresii ale afecțiunii, cu condiția să nu fie exprimate cu ostilitate sau dispreț.

Totuși, încă avem problema cu autocritica noastră și cum să facem diferența dintre ea și corectare. Într-adevăr, când vine vorba despre modul în care ne tratăm pe noi înșine, este vorba despre a învăța distincția dintre autocritica bazată pe rușine și autocorectarea prin compasiune. Înțelegerea acestor diferențe ne poate ajuta să înfruntăm rușinea.

Autocritica este de obicei retrospectivă; ea nu ne încurajează pentru viitor. Este în mod normal însoțită mai degrabă de sentimente de furie sau dispreț decât de sprijin și de încurajare; ne subminează încrederea, nu o inspiră și dezvoltă. Corectarea prin compasiune, pe de altă parte, ne poate inspira și ne ajută să ne înfruntăm greșelile și să învățăm din ele. Să ne reamintim calitățile compasiunii. Ele includ: a fi motivați de grijă și întrajutorare; a fi capabili să recunoaștem și să empatizăm cu suferința; adoptarea sentimentelor de bunăvoință, căldură și sprijin și recunoașterea suferinței; învățarea răbdării și toleranței; analizarea dificultăților cu scopul de a învăța din ele și de a obține înțelepciune.

Tabelul 5: Diferențierea dintre autocritica bazată pe rușine și corectarea prin compasiune

Autocritica bazată pe rușine	Corectarea prin compasiune
• Se concentrează pe dorința de a învinui și de a pedepsi • Pedepsește greșelile trecute și este adesea retrospectivă • Este practicată cu furie, frustrare, dispreț și dezamăgire • Se concentrează pe deficiențe și frica de expunere • Se concentrează pe un sentiment global al sinelui • Include o frică mare de eșec • Crește șansele de evitare și retragere	• Se concentrează pe dorința de îmbunătățire • Evidențiază creșterea și îmbunătățirea • Privește spre viitor • Este practicată cu încurajare, sprijin, bunăvoință • Construiește pe aspectele pozitive (vede ce ai făcut bine și apoi ia în considerare învățăturile) • Se concentrează pe însușirile și calitățile specifice sinelui • Evidențiază speranța pentru succes • Sporește șansele de implicare
Ia în considerare exemplul cu profesorul critic față de un copil care se străduiește.	Ia în considerare exemplul profesorului care încurajează și sprijină copilul care se străduiește.
Pentru abatere • Rușine, evitare, frică • Descurajare, dispoziție proastă • Agresivitate	*Pentru abatere* • Vinovăție, implicare • Tristețe, regret • Compensație

În Tabelul 5 este destul de ușor de văzut diferența dintre corectarea prin compasiune și autocritica bazată pe rușine. Te poți obișnui cu ea imaginându-ți un copil care învață ceva nou, dar care se zbate și face greșeli. Un profesor critic se va concentra pe acele greșeli, va evidenția greșeala, va părea ușor iritat, va insinua că nu se concentrează sau că ar putea fi mai bun dacă ar încerca. Baza acestui stil de predare sunt cu adevărat frica și rușinea – a înspăimânta un copil sau a-l face să se simtă prost dacă nu se descurcă – și este un motiv comun pentru care copiii eșuează și renunță.[177] În ciuda acestor lucruri, a fost o abordare comună a predării în trecut; mulți medici de vârsta mea îmi spun cum medicii specialiști obișnuiau să îi umilească în studenție, crezând că acest lucru era benefic pentru educația lor.

Putem pune în balanță exemplul medicilor care umileau și al unui profesor plin de compasiune, care recunoaște că învățarea unor lucruri noi este dificilă. Acest profesor conștientizează lupta cu învățarea, recunoscând că lucrurile care merită învățate sunt adesea dificile. Își îndreaptă atenția asupra atuurilor copilului, construind de acolo, lăudându-i eforturile, încercând să aibă o înțelegere detaliată a dificultății, oferind o reacție clară și corectă asupra modului în care să își îmbunătățească performanța și oferind oportunități pentru o exersare ghidată, într-un mediu binevoitor și sprijinitor, în care comiterea greșelilor face parte din procesul de învățare. Acum, desigur, dacă problema este lipsa de efort din partea copilului, atunci accentul este pus pe a-l ajuta să încerce mai din greu și să vadă care sunt blocajele. Ar putea fi lipsa de interes a copilului, dar ar putea fi și credința fundamentală că sarcina va fi în cele din urmă prea dificilă, va eșua și va fi rușinat, așa că de ce să se deranjeze?

Avem aceste tipuri de relații și cu noi înșine. Gândește-te dacă ai un profesor critic în minte sau unul plin de compasiune. Dacă îți dai seama că modul în care gestionezi eșecurile și greșelile este unul mai degrabă autocritic, atunci pur și simplu a observa acest lucru (fără să fii autocritic!) și a lua decizia de a trece la corectarea prin compasiune sunt utile și te pot ajuta să înclini treptat balanța de la autocritica bazată pe rușine la corectarea prin compasiune. Unii dintre pacienții mei îmi spun că nu își pot imagina să renunțe complet la autocritică, așa că este vorba despre echilibrare, pas cu pas, făcând tot posibilul. Într-adevăr, eu sunt încă predispus să fiu iritat dacă uit ceva.

Stima de sine versus critica de sine

Dacă vrei să îți antrenezi mintea să aibă mai multă compasiune pentru tine și pentru alții, este important să îți amintești să echilibrezi diferitele sisteme emoționale din tine însuți. De curând, există un mare interes de a ridica stima de sine la copii și la adulți, ajutându-i să devină mai optimiști, să se realizeze și să persevereze. Există multă înțelepciune în acest lucru și pare să fie de ajutor. Totuși, au apărut îngrijorări pentru faptul că stima de sine tinde să crească atunci când îți merge bine – ea se concentrează mai mult pe a-i depăși pe alții și este mai degrabă concentrată pe sine. Compasiunea de sine, pe de altă parte, se concentrează pe modul în care ne tratăm când lucrurile merg mai degrabă prost. Ea ne învață să ne deschidem inimile și să recunoaștem că toți ne luptăm să evităm suferința și să fim fericiți, că toți pur și simplu ne găsim aici și că ne-au fost date niște gene și experiențe de viață care ne-au format creierul. Poți să vezi mai multe dezbateri asupra acestui subiect pe site-ul lui Kristin Neff, www.self-compassion.org.

Așadar, stima de sine are nevoie să fie contrabalansată prin compasiunea de sine, care ne aduce la un punct de vedere pe care l-am menționat anterior, că este foarte important să lucrăm asupra *modului în care eșuăm*, în care acceptăm că am putea fi mai puțin decât ce ne dorim să fim, cu scopul de a ne elibera de acea frică și de a continua „să fim pur și simplu".

Rușine și vinovăție

În partea de jos a Tabelului 5, vei vedea că am făcut o diferențiere clară între vinovăție, rușine cu privire la abateri – efectuarea greșelilor, încălcarea regulilor sau dezamăgirea altora – și rănirea celorlalți. Acest lucru este important și l-am acoperit anterior. Rușinea are cu adevărat legătură cu sentimentele negative pe care le avem față de noi înșine și cu etichetele negative pe care ni le aplicăm singuri, precum și cu lucrurile rele pe care alți oameni le simt față de noi. Psihologia vinovăției, pe de altă parte, se concentrează pe *cealaltă persoană*. Este vorba despre comportamentul nostru și impactul asupra *celeilalte persoane*. Trebuie să ne mișcăm psihologic spre cealaltă persoană pentru a încerca să îi înțelegem sentimentele, cu scopul de a simți vinovăție și de a avea simpatie și empatie față de durere sau supărare. Nu e vorba doar despre senzația globală de bine sau rău; este vorba despre un comportament *specific*. Nu poți simți vinovăție doar pentru că ai gânduri sau sentimente, decât dacă ele rezultă în ceva rău real. Sentimentele asociate cu asemenea gânduri se simt rușinos dacă tu crezi că ele se reflectă rău asupra ta și asupra modului în care te judeci („Sunt rău pentru că gândesc sau simt aceste lucruri"). Vinovăția este o deschidere spre ceilalți dacă le-am făcut ceva rău. Este o emoție socială importantă, care ne ajută să construim relații, pentru că ne face să ne gândim la răul pe care l-am făcut altora – de fapt, privind în acest fel, ne-ar folosi mai multă vinovăție și mai puțină rușine în societățile noastre!

În viaţa de zi cu zi, desigur, avem de obicei diferite amestecuri de ruşine şi vinovăţie, pentru că, deşi sunt emoţii destul de diferite, pot fi activate împreună. Una dintre problemele cu ruşinea şi inducerea ruşinii la alţii este că, pentru că ruşinea se bazează pe ameninţare şi pedeapsă şi se referă la sinele care se simte prost şi deschis spre respingere, oamenii care o resimt se apără prin a nega că au făcut ceva greşit, pentru a evita sentimentele neplăcute pe care le dă ruşinea. Ei pur şi simplu nu vor să privească comportamentul dăunător; se concentrează pe apărarea stimei de sine. Este probabil un lucru straniu că prin dezvoltarea compasiunii devenim mai deschişi spre propriile abateri şi dispuşi să conştientizăm când i-am rănit pe ceilalţi – uneori intenţionat, uneori din neatenţie. Ne permite să simţim acea durere şi să dorim să o reparăm.

Aşadar, unde ne lasă acest lucru în privinţa autocriticii? Ne ajută să vedem că formele de ruşinare ale autocriticii sunt de obicei inutile din multe motive: ele sunt concentrate pe pedeapsă şi activează ameninţările. Corectarea prin compasiune şi dorinţa de a îmbunătăţi prin încurajare şi bunăvoinţă cuprind un sistem motivaţional cu totul diferit. Capacitatea de a tolera vinovăţia, de a recunoaşte când i-am rănit pe alţii, de a ne imagina în poziţia lor şi de a încerca să conştientizăm şi să simţim durerea pe care s-ar putea să o fi provocat sunt elemente importante în dezvoltarea compasiunii. Într-adevăr, în multe aspecte ale vieţii, a ne imagina în minţile celorlalţi şi a învăţa ce simt faţă de acţiunile noastre ne ajută mult. Înainte de a-i spune lucruri dureroase partenerului, gândeşte-te cum te-ai simţi dacă el ţi-ar spune acele lucruri. Nu îmi doresc să te simţi prost, ci să ai compasiune.

Complicaţii: autocritica şi frica de alte persoane puternice şi dorite

Uneori, când eu şi colegii lucrăm cu oameni depresivi foarte autocritici, devine repede evident că simt o furie considerabilă de care le este frică sau care îi supără extrem de mult. Poate se comportă supus, retras şi prin învinuire, dar au în mod clar conflicte serioase cu părinţii sau partenerii.

În jurul anului 1880, filozoful german Friedrich Nietzsche a spus: „Nimeni nu se învinovăţeşte fără o dorinţă secretă de răzbunare.“ Freud a împrumutat asta pentru teoria despre depresie. El a sugerat că oamenii sunt depresivi din cauza furiei pe care o simt față de alții care i-au rănit sau dezamăgit, iar furia este întoarsă spre interior. El a crezut că nu puteau să își exprime furia față de alții, pentru că erau dependenți de ceilalți și înspăimântați că, dacă și-ar exprima furia, ceilalți s-ar întoarce împotriva lor.[178] Dacă ești disperat să fii iubit și îngrijit de cineva, nu îți vei exprima furia față de el; dacă ai face asta, sentimentul de a fi „o persoană drăguță și îndrăgită" s-ar putea destrăma. Așadar, furia este suprimată pentru efectele sale asupra celeilalte persoane și pentru modul în care te face să te simți față de tine.

Această strategie de a te învinovăți pentru comportamentul altora este, de fapt, arhetipală și, de asemenea, profund înglobată în credințele multor religii. Uite cum funcționează. Știm că viața a fost foarte dificilă pentru rasa umană, cu boli, secete, războaie și toate tipurile de catastrofe și tragedii care ni s-au întâmplat. Apoi există mica problemă a faptului că toți decădem și murim. Așadar, oamenii, cu „mințile lor noi", au încercat să deslușească de ce s-ar putea întâmpla asemenea lucruri îngrozitoare și ce ar putea să facă în legătură cu ele. Multe grupuri au deprins credințe despre zeități atotputernice care cauzează și controlează aceste evenimente înspăimântătoare și tragice. Călătorii pe mare au creat zeități ale mării, furtunilor sau rechinilor, dar dacă trăiești în Tibet, nu vei găsi zeități ale mării. Grecii au avut zei ai războiului, iubirii, fertilității și așa mai departe – toate procesele și forțele care ne sperie sau care sunt responsabile pentru lucrurile esențiale ale vieții (de exemplu, terenurile fertile). În plus, mulți dintre zeii venerați de oameni s-au dovedit înfricoșători și nestatornici. Zeus era foarte răzbunător, așa cum putea fi Dumnezeul Vechiului Testament. Zeii azteci nu erau nici ei prea blânzi.

Acum, în multe societăți, oamenii și-au dat seama că, dacă zeitățile controlează lucrurile bune și rele, atunci ele trebuie aduse de partea lor, mulțumite, curtate și câștigate. Din moment ce în mod obișnuit bărbații se aflau în fruntea acestor religii, s-au gândit: „Hmmm... ce mi-ar plăcea mie dacă aș fi zeu? A! Da, știu – câteva virgine, probabil! Asta e! O să trimitem câteva virgine zeilor, asta ar trebui să îi impresioneze, apoi vor fi mulțumiți de noi, binevoitori și ne vor ajuta." Totul sună foarte logic și rezonabil, cred, atunci când folosim proiecția (adică mințile noastre) pentru a ne imagina ce dorește și poftește un zeu. A trebui să asculți, să te supui și să mulțumești sau să te oferi celor care au putere asupra ta ar avea perfect sens pentru un creier uman care a evoluat din primate – frica de masculii dominanți este arhetipală, aparține societăților primatelor și sexualității ca pacificare.

Dar ce se întâmplă dacă asculți, te supui și îți sacrifici virginele, dar furtunile, de fapt, se înrăutățesc sau boli precum febra tifoidă sau malaria îți decimează grupul, omorându-ți copiii și persoanele iubite? Apoi ești jefuit de un alt trib. Ești într-o societate anterioară științei, așa că nu ai nicio modalitate de înțelegere că acestea nu ți se întâmplă doar ție; este pur și simplu fluxul vieții și o consecință a faptului că malaria și febra tifoidă sunt purtate de țânțari și de apă. În privința războiului, nu ai avea cum să știi că potențialele conflicte sunt scrise în genele noastre și miliarde de oameni vor muri din cauza acestui lucru, pentru că suntem ușor seduși de poveștile, miturile și misiunile eroice ale identității de trib. Dacă ești într-o asemenea societate, tot ce poți să faci este să te întorci la zeii tăi. Nu există nimic altceva – nicio altă speranță. Acum, din moment ce zeii aceia sunt puternici și tu ești slab, nu poți să fii furios pe ei, pentru că te-ar putea răni cu adevărat – nu ai absolut nicio putere asupra lor. Dacă, pe de altă parte, ei nu sunt puternici și nu pot controla aceste vieți, atunci probabil că nu merită să crezi în ei, ceea ce te duce înapoi la frica și la lipsa de sens a acestor tragedii ale vieții. De asemenea, chiar dacă ei n-ar controla/interfera cu lucrurile de pe planetă, zeii tot ar controla lucrurile după moarte – ăsta da obstacol! Așa că faci singura presupunere „sigură" care poate fi făcută: că astfel de lucruri rele ți se întâmplă pentru că trebuie să fi făcut ceva greșit, trebuie să fi păcătuit în vreun fel și să-i fi jignit pe zei, deci trebuie să li te supui și să sacrifici și mai multe. Prin urmare, și mai multe virgine anul următor (sau poate că ultimele au mințit în legătură cu viața lor sexuală!).

Acest tip de gândire conduce și la o problemă de persecuție și de paranoia în grup. Dacă nu am fost eu cel care a păcătuit și i-a împins pe zei să fie furioși pe noi și să ne părăsească, atunci înseamnă că a fost altcineva. Ar fi bine să îl descoperim repede! Așa că să îi căutăm pe acei indivizi din comunitatea noastră care au încălcat legea și i-au supărat pe zei și să îi sacrificăm. În Geneză, Eva este învinuită pentru faptul că oamenii au început să păcătuiască și au fost excluși din Grădina Edenului, iar ca rezultat părți din Biblie sunt destul de nedrepte față de femei în general. A dori să îi persecuți pe nesupuși pentru că ești îngrijorat că ei vor stârni abandonul sau pedeapsa lui Dumnezeu deschide ușile spre imaginațiile noastre sadice, infernale și păcatele de moarte.

Acestea i-au terifiat pe mulți de-a lungul secolelor. Profund lipsit de compasiune, dar arhetipurile bazate pe frică sunt așa.

Frica noastră înrădăcinată despre viață, și moarte, și fragilitatea tuturor înseamnă că ne învinovățim pe noi înșine (sau pe alții din grup). Singurul lucru pe care putem să îl facem este să ne monitorizăm comportamentul (sau pe al altora care i-ar putea jigni pe zei și cauza probleme pentru noi) și să ne asigurăm că facem tot ce ne stă în putință cu scopul de a aduce puterea zeilor de partea noastră.

În ciuda faptului că înțelegem aceste procese destul de bine acum, este tragic că multe societăți și indivizi sunt încă prinse în acest tip de gestionare a terorii. Imaginează-ți că mergi înapoi în timp într-una dintre aceste societăți și explici că nu există zei în forma pe care și-o imaginează, că bolile care s-au abătut asupra lor sunt înrădăcinate în fluxul vieții și că fac parte din proiectul ei și că, într-o mie de ani, oamenii vor înțelege acest lucru și vor avea remedii pentru boli, care nu sunt date de zei și nici controlate de ei. Îți poți imagina cum te-ar trata; s-ar înfricoșa de ce le spui, pentru că i-ar copleși informația și sensurile din spatele ei. Hmmm... vrea cineva un sacrificiu cu tine drept ofrandă? Frica și obediența față de un mascul dominant imaginat în această lume sau în cealaltă rămân profund problematice pentru noi ca specie.

Cum se leagă aceste povești de autocritică, anxietate și depresie? Ei bine, de fapt, acest mod de gândire nu este atât de diferit de cel pe care îl întâlnesc când lucrez cu oamenii depresivi. Autocritica lor s-a dezvoltat adesea în contextul existenței celor puternici sau amenințători; din cauza celorlalți, au trebuit să se învinuiască și să se monitorizeze cu foarte mare atenție.[179] Ei continuă să verifice că nu fac ceva care să agite furia celor amenințători. Dacă nu faci nimic pentru a-i controla pe ceilalți, pe oamenii mai puternici, singurul lucru pe care îl poți face este să îți controlezi comportamentul. Acest lucru se numește „strategia supusă involuntară", pentru că este genul de gândire și de concentrare a atenției care vin la pachet cu a fi un supus înfricoșat.

A renunța la învinuire și la autocritică se poate simți, prin urmare, înfricoșător. Și astfel vedem aici niște strategii defensive complexe, care funcționează în afara conștiinței noastre și ne pot cauza multe necazuri. Oamenii depresivi cu această problemă ajung lent să înțeleagă acest lucru, pentru că îi poate copleși. Prinși în această dificultate, se concentrează pe învinuire, pe răutate și păcat. Într-adevăr, în secolele trecute, uneori chiar și în prezent, depresia era asociată cu sentimentul de a-L fi jignit pe Dumnezeu și de a fi îndepărtat dragostea Lui. Depresia presupune o încetinire a sistemelor emoțiilor pozitive, lăsându-ne cu sentimente îngrozitoare de izolare și deconectare. Când încearcă să aibă de-a face cu furia față de viață sau de zeitățile pe care le-au dezamăgit, sau cu mânia față de părinții care trebuiau să fie iubitori și iubiți, oamenii pot fi atât de înspăimântați de emoțiile lor, dorindu-și să fie iubiți și protejați de părinții sau de partenerul lor, încât suferă un colaps interior. Așadar, uneori autocritica este, de fapt, o acoperire a faptului că suntem furioși pe alții: intrăm în conflict cu acest lucru și suntem înfricoșați de furia noastră. De asemenea, oamenii sunt foarte speriați de tăria, sadismul și răzbunarea furiei lor. Precum doctorul Jekyll și domnul Hyde sau Hulk, ne este frică de faptul că suntem „posedați de furie“, preluați cu totul de ea și că totul e incontrolabil. Ar putea deveni atât de intensă, încât vom pierde controlul și apoi ne vom întoarce la rușine.

Compasiunea ne permite să facem un pas înapoi și să privim cu blândețe spre mânia noastră intensă, în timp ce recunoaștem că avem cu adevărat nevoie să învățăm să ne împiedicăm din a acționa conform emoțiilor primitive care se zvârcolesc în interior. Într-adevăr, Freud și Jung și-au bazat o mare parte din gândire pe modul în care construim strategii pentru a ne ascunde de impulsurile primitive.

Abordarea prin compasiune nu încearcă pur și simplu să aline furia pentru a o îndepărta. Tipul de antrenare a minții care mă preocupă aici vede furia și ura drept tragedii, nu otrăvuri. Ideea de otravă este inutilă. Asta pentru că furia și ura sunt de obicei legate de răni și frici, și de vulnerabilități profunde, de trecut și uneori de întregul proces al vieții și al morții. Furia și ura sunt precum o flacără – ea poate lumina, oferi căldura dătătoare de viață, inspira și crea pasiune, dar, necontrolată și nedirecționată, poate și arde, cauza durere intensă, consuma și transforma în cenușă tot ce atinge. Furia și ura ar trebui văzute ca indicatoare care ne spun să privim în urmă, să găsim sursa durerii și să fim sinceri față de frică. Acest lucru este adesea cel mai greu de făcut, a fi suficient de sincer să lucrezi cu frica și doliul care se află dincolo de furie.

Kim avea depresie severă. Credea că trupul ei era bolnav și simțea că are o răutate în interior. Părinții o educaseră să creadă că sunt o familie specială și iubitoare, aleasă de Dumnezeu. Totuși, când Kim a fost abuzată de un vecin când avea opt ani, în primul rând membrii familiei ei nu au crezut-o și apoi au insinuat că Kim trebuie să fi făcut ceva care să încurajeze acest lucru. Privind în urmă, crede acum că erau speriați de vecin și, de asemenea, de scandalul pornit dacă ar fi anunțat poliția. A recunoscut că părinții ei își ascundeau capul în nisip sau pur și simplu se rugau dacă aveau dificultăți. În doar câteva luni de la abuz, relația specială și iubitoare pe care Kim credea că o are cu mama s-a făcut praf. Dar, sigur, nu putea renunța la ea, pentru că părinții erau centrul vieții ei și își dorea foarte mult ca mama să o iubească. Totuși, cum putea mama să refuze să o creadă pe Kim sau să ia în considerare sentimentele fiicei ei și cum rămâne cu eșecul de a o proteja de abuzul vecinului? Și-ar fi dorit ca mama să fi recunoscut ce s-a întâmplat și să își ceară iertare, dar când Kim a încercat să abordeze subiectul ca adult, mama pur și simplu a negat că este important. „Aceste lucruri se întâmplă", a spus ea și nu a mai discutat mai departe.

Kim a răzbit și a devenit un avocat de succes, dar când a avut copii la rândul ei, complexitatea și faptul de a deveni mamă au reactivat amintirile felului în care fusese îngrijită în copilărie – și, odată cu ele, mânia și conflictele pe care a continuat să le simtă. Totuși, când Kim a început terapia, era încă total inconștientă de furia pe care o simțea pentru mama ei și, de fapt, încă încerca să o impresioneze. În familia ei, oamenii se agățau unul de celălalt atât cât puteau, dar cu un suficient grad de prefăcătorie și amăgire cât sentimentele complexe să fie îngropate. Kim a avut multe impulsuri suicidale, adesea declanșate de furia intensă pe care o simțea față de ceva necunoscut, ca apoi să își dorească să fugă. Uneori, putea fi suficient de sinceră încât să recunoască faptul că se gândea că sinuciderea i-ar face pe ceilalți să își revină și să conștientizeze ce îi făcuseră. După aproximativ un an de lucru cu furia, înțelegând-o ca pe un sentiment important de asumat, ca durerea și frica ei, dar și depășind-o și conștientizând că o parte din acea furie pe care o direcționa asupra sinelui era, de fapt, un paravan pentru furia pe care o simțea pentru alții, depresia s-a evaporat.

Acum, acestea sunt dificultăți care adesea necesită ajutor profesionist. Dar în depresia mai puțin severă, este util să recunoaștem că ne învinuim pentru că nu conștientizăm deplin cât de supărați și de furioși suntem pe altcineva. Acest lucru nu înseamnă absolut deloc că trebuie să acționăm conform sentimentelor sau să exprimăm acea furie, ci că avem nevoie să ne dăm seama: compasiunea nu are legătură cu negarea lucrurilor pe care le simțim și nici nu înseamnă că totul trebuie să fie tăcut și liniștitor. Într-adevăr, dacă privești spre compasiune, chiar și imaginile agresive din budism, unele dintre ele sunt extrem de active.[180] Compasiunea înseamnă a încerca să înțelegem ce simțim, gestionând cât de bine putem, încercând să fim sinceri despre ce simțim și să recunoaștem că sentimentele sunt adesea codate în sistemele noastre emoționale. A face acest lucru necesită curaj, ceva ce vom explora în următorul capitol.

Câteva exerciții concentrate pe compasiune

Aceste prime exerciții implică să te gândești la tipurile de lucruri față de care ești în mod obișnuit autocritic sau de care îți este rușine. Pentru o practică mai ușoară, vom folosi exemplul anterior cu oaspeții, când te grăbeai să cumperi ingredientul lipsă și ai ars unele dintre preparate. Acesta este un exemplu destul de lejer, dar nu conținutul este atât de important, ci procesul.

Exercițiu: „a sta" cu autocritica

Mai întâi, privește în urmă la Tabelul 3. Gândește-te la o situație care a provocat un sentiment de rușine și autocritică în tine. Folosind tabelul ca model, scrie câteva dintre grijile tale despre ceva (real sau imaginar) care s-a petrecut în mințile celor prezenți și apoi propriile gânduri despre tine. Apoi încearcă să identifici amenințările și fricile tale fundamentale.

Următorul pas este să cauți un ritm liniștitor în care să respiri și să îți aduci în minte imaginea plină de compasiune. Aceasta poate fi imaginea ideală a compasiunii sau poți să te aduci pe tine însuți într-o stare de compasiune prin metoda actoriei. Acum privește-ți gândurile autocritice și doar respiră cu blândețe, simțind compasiune și văzând ce se întâmplă cu sentimentele tale. Dacă simți că aluneci spre autocritică, doar zâmbește, retrage-te și concentrează-te pe căldură și bunăvoință. Adaugă în acest exercițiu și faptul că îți imaginezi cum curge compasiunea în zona inimii tale sau chiar să îți plasezi mâna dreaptă cu doi centimetri deasupra inimii să simți căldura (*vezi* pp. 277–278). Încearcă să vezi ce te ajută.

Practică acest lucru de câteva ori și notează-ți în jurnal ce se întâmplă cu autocritica atunci când pur și simplu „stai" cu ea, fiind acompaniat de bunăvoință, căldură și înțelegere. Ține minte că autocritica este adesea bazată pe frică sau dezamăgire, sau este cauzată de ecouri din trecut.

Exercițiu: multiplele părți din mine

În acest exercițiu vom folosi unele dintre abilitățile gândirii pline de compasiune pe care le-am analizat în ultimul capitol. Așadar, privește din nou Tabelul 3 de la pagina 326 sau poate pe cel creat în exercițiul anterior. Aici sunt niște alternative utile și pline de compasiune pe care să le încerci. Folosind exemplul cu cina arsă, ai putea gândi:

- Acest lucru a fost dezamăgitor, ce dureros să uit acel ingredient! Este de înțeles să fiu supărat, pentru că îmi doream să mă descurc mai bine, dar am ieșit destul de bine și am făcut o glumă din asta.
- Oamenii erau mai interesați să vorbească unii cu alții decât să îmi evalueze performanța culinară.
- Capacitatea de a mă înțelege cu oamenii este legată de cât de binevoitor și respectuos sunt, nu de faptul că uit lucruri.
- Este de înțeles că am uitat acel ingredient, pentru că am fost foarte ocupat și grăbit.
- Așadar, realitatea este că a fost dezamăgitor și puțin jenant, dar nu am nicio dovadă că am fost respins sau că nu m-am alcs cu niciun prieten. Sistemul meu de amenințare a fost cel care s-a îngrijorat din partca mca, dar inutil cu accastă ocazic.

Bine, acestea sunt doar sugestii – te poți gândi la altele care te atrag mai mult. Terapeuții cognitivi sugerează că nu ar trebui să ne evaluăm niciodată global pentru că suntem alcătuiți din multe părți mici de „eu", bucățele diferite. Ia-mă pe mine drept exemplu – există eul chitarist, eul bețiv, tatăl calm, tatăl furios, prietenul altora, alegătorul de vinuri roșii, terapeutul dedicat, terapeutul leneș, terapeutul complet epuizat și așa mai departe. Nu există un singur eu pe care să îl evaluez și să îl judec! Așa că dezamăgirile sunt în mod obișnuit legate de anumite comportamente sau situații sau elemente specifice ale noastre și este folositor să recunoaștem acea specificitate. Este, de asemenea, de ajutor să conștientizăm că adesea nivelul de stres, dezamăgirea sau furia sunt cele care ne fac să ne ieșim din fire și să vrem să criticăm și să condamnăm tot. Mintea plină de compasiune te va ajuta să aduci lucrurile înapoi în perspectivă, conștientizând comportamentul specific sau lucrul care te supără. Poți învăța să accepți dezamăgirea, lucrurile sau situațiile și să nu te critici sau învinuiești.

Trucul este să intri în spiritul de a încerca să găsești alternative, retrăgându-te pe marginea sentimentelor și gândurilor tale supărătoare. Să privești de la balcon, așa cum este situația. Vei găsi că este ușor să tratezi gândurile și sentimentele cu „Da, dar“ și exercițiul este să notezi aceste „Da, dar“-uri în timp ce generezi și alternative, pentru că poate ele au nevoie de mai multă practică. Acum abordează-ți imageria mintală a compasiunii și caută ritmul liniștitor de respirație. Adună cât mai multă căldură, bunăvoință și încurajare, citește din nou acele alternative, dar de data aceasta concentrează-te pe căldura și susținerea din ele, mai mult decât pe însușirea lor de a fi sau nu logice.

Exercițiu: criticul de sine nu este de încredere

Este folositor să faci un pas înapoi față de latura ta autocritică și să gândești: „Cât de mult este ea preocupată cu *adevărat* de starea mea de bine și cât de mult are în vedere cele mai bune interese ale mele?“ Criticul de sine cu siguranță va lovi când te simți amenințat, dezamăgit sau supărat, dar este cu adevărat interesat de starea ta de bine? Ar putea să te lovească atunci când cazi și acest lucru nu este ce îți dorești, nu-i așa? Dacă te gândești în urmă la oamenii cu o atitudine foarte critică și dură față de tine pe care i-ai cunoscut, păreau ei foarte iubitori, afectuoși și interesați cu adevărat de starea ta de bine? Dacă răspunsurile la aceste întrebări sunt „nu“, acela este motivul pentru care te dai înapoi de la autocritică. Nu este înrădăcinată în a te ajuta să obții propria stare de bine sau chiar starea de bine a altora. Este de neîncredere pentru că se bazează pe amenințare, furie, frică sau dezgust.

Așa că în acest exercițiu vom lua doar o foaie și vom scrie toate motivele pentru care autocritica nu este de încredere. Încearcă să simți cu adevărat cum se bazează pe amenințare, furie, frică sau dezgust și cum nu are niciun pic de bunăvoință sau dorință reală să te vadă cum înflorești și te simți fericit. Este, desigur, ușor să devii autocritic prin enervare sau frică, sub impulsul momentului, sau dacă ești dezamăgit de propriul comportament. Dar, pe măsură ce ne calmăm, hotărâm autentic să ne concentrăm pe aspectele ajutătoare și pline de compasiune ale gândirii, mai degrabă decât să ne gândim îndelung la autocritică. Acest exercițiu te poate ajuta să vezi că autocritica, care este întotdeauna concentrată pe trecut și pe ce merge prost, este astfel foarte părtinitoare, de neîncredere și inutilă ca ghid sau îndrumător în viață.

Exercițiu: cu cele mai bune interese ale tale în suflet?

Uneori identificăm indivizi importanți – părinți, profesori, șefi, bătăuși de la școală – care ne-au pus pe drumul spre autocritică. Încearcă să ți-i aduci aminte și să îți imaginezi:

- Chiar te-ai gândit la cele mai bune interese ale mele?
- Ce drept ai avut să mă judeci?
- Ce anume din viața ta te-a făcut critic sau să ai o asemenea nevoie să mă desconsideri?

Încearcă să creezi o dorință adevărată de a cunoaște, mai degrabă cu o așteptare asertivă a unui răspuns decât cu sentimente, să zicem, de furie și de revendicare. Încerci să îți induci o stare de „calm“ și „asigurare“ în acest exercițiu.

Aceste întrebări, dacă sunt gândite cu atenție, îți vor permite să te retragi și să îți dai seama că oamenii critici adesea se zbat. De exemplu, Margaret a recunoscut că unele dintre atacurile invidioase din partea mamei ei erau cauzate probabil de faptul că nu se simțise niciodată apreciată când era copil. Acest lucru nu o scuză pe mama ei, desigur, dar descoperirea a ajutat-o pe Margaret să își dea seama că atacurile nu erau bazate pe caracteristici autentice ale ei, ci pe stima de sine fragilă a mamei. Nu accepta niciodată judecata cuiva decât dacă ești convins că are în vedere cele mai bune interese ale tale și că nu vrea să te desconsidere doar pentru a se simți bine!

O persoană cu care am lucrat a venit cu gândul: „Cred că am deslușit de ce mama mea obișnuia să mă critice atât de mult. Cumva, nu voia ca eu să fiu fericită pentru lucrurile față de care nu putea să se simtă ea fericită.“ Nu știm cu siguranță dacă aceste lucruri sunt adevărate, dar pentru această persoană era un pas important în drumul spre reducerea criticii de sine. Așadar, în acest exercițiu, scrie cine au fost criticii tăi principali în viață sau pur și simplu care au avut o contribuție în dezvoltarea autocriticii. Apoi deslușește ce s-ar fi putut petrece în mințile lor și explorează dacă chiar au avut în vedere interesele tale. Dacă nu, completează această frază: „Nu cred că ai avut în vedere interesele mele cele mai bune, pentru că..."

Poți chiar să îi scrii o scrisoare „criticului tău reamintit" din trecut, explicându-i de ce nu crezi că criticile nu se bazau pe grija autentică față de tine și de ce le respingi acum. În acest fel, îți clarifici motivele pentru care le vei respinge criticile. Scrisorile de acest fel nu sunt de obicei trimise, ci sunt mai degrabă folosite pentru a-ți pune în lumină poziția interioară.

Exercițiu: scrisul despre sentimentele care intră în conflict

Dacă o parte din autocritica ta este legată de sentimente contrare – de exemplu, te simți foarte furios pe cineva iubit –, ar trebui să recunoști acest lucru ca dificultate umană *normală*. Un lucru care te poate ajuta este să scrii lucrurile pentru care ești furios pe acea persoană. Încearcă să le pui pe toate într-o scrisoare. Poți să nu o trimiți sau, dacă o trimiți, doar după ce te-ai gândit puțin, pentru că acest exercițiu este mai degrabă pentru propria explorare decât pentru a-i înfrunta pe ceilalți. Începe scrisoarea cu: „Îmi este foarte dificil să scriu, pentru că..." sau „Îmi este foarte dificil să îți spun asta, pentru că..." Acest lucru te va ajuta să îți articulezi conflictul.

Sentimentele ar putea fi legate de faptul că te vezi ca pe o persoană binevoitoare, iubitoare sau drăguță, care nu trebuie să se înfurie sau să aibă alte sentimente supărătoare similare. Dar reține că nu ai creat niciodată aceste sentimente; ele au fost create pentru tine. Tot ce poți face este să lucrezi cu ele și prin ele. În timp, acest lucru te-ar putea convinge să fii asertiv prin comportament. Sau ai putea descoperi că, pe măsură ce înțelegi aceste sentimente contrare mai bine, se schimbă.

Când îți exprimi furia în scrisoarea ta (și fă asta – nu te înfrâna), zâmbește, conștientizând acest sentiment cu totul uman, și trage aer în piept de câteva ori. Apoi scrie despre lucrurile pe care le iubești la această persoană, lucrurile pe care le apreciezi. Gândește-te la modul în care îți dorești ca această persoană să înflorească, să se dezvolte și să fie eliberată de suferință, și scrie-i despre asta. Din nou, aceste tipuri de scrisori adesea nu sunt trimise, dar dacă vrei să le trimiți, ia-ți un timp să te gândești mai întâi la acest lucru.

Desigur, ar putea să nu fie niciun conflict și tu să fii doar furios pe cineva care nu îți place. Chiar și așa, te ajută să scrii câteva paragrafe pline de compasiune încercând să o/îl înțelegi. Amintește-ți că scopul acestei scrisori este să te ajute să te concentrezi pe critica ta asupra unui conflict sau unei emoții puternice, pentru a o vedea normal, și pentru a fi capabil să lucrezi cu ea. Pentru mai multe detalii despre scrisul plin de compasiune, vezi pagina 357.

Exercițiu: învinuirea celorlalți și iertarea

Uneori pare că renunțarea la autocritică este doar transformarea învinuirii. Auzim oameni la televizor și la radio care vorbesc despre faptul că psihoterapeuții îi învinuiesc prea mult pe părinți și încurajează psihologia victimei. Probabil, uneori este adevărat, dar este, desigur, tipic pentru niște adulți puternici să îi privească pe copii, să spună: „Nu ne învinuiți pe noi, părinții!" și să dea vina din nou pe copii. Acești comentatori perpetuează învinuirea copiilor, adică motivul întâlnit de copii în prima instanță și ceea ce îi face depresivi sau anxioși. De fapt, așa cum am menționat anterior, mulți oameni depresivi se învinuiesc pentru *a evita să îi învinuiască pe părinții lor*. Totuși, a învăța să fim sinceri față de ce s-a întâmplat în viețile noastre și în legătură cu sentimentele noastre este important pentru schimbare.

Cu toate acestea, comentatorii au dreptate: a înțelege de ce ne simțim așa cum ne simțim, de ce avem tendința să fim critici față de noi înșine și rolul pe care l-au avut alții mai puternici în viețile noastre ne eliberează. Nu are legătură cu a deveni victime furioase și neputincioase, ci este vorba despre sinceritate și deschidere, compasiune și iertare. Așadar, a înțelege originile autocriticii, a conștientiza și a lucra cu emoțiile și dorurile neprocesate sunt foarte importante. Totuși, trebuie să depășim acea furie sau acel dor.

Un mod de a evita simpla transferare a învinuirii și psihologia victimei este să le recunoști când apar. Apoi poți merge de la furie la renunțare și la iertare – presupunând că înțelegi ce este și ce nu iertarea. A te afla într-o stare de neiertare înseamnă că ești furios, simți o nedreptate și dorința unei recompense. Acest lucru înseamnă că sistemul tău de amenințare este activ și te răscolește. Iertarea este o modalitate prin care îți poți schimba orientarea emoțională față de cei care te-au rănit. Iertarea altora nu înseamnă a-i păstra în minte în moduri furioase și răzbunătoare. S-ar putea să nu îi placi niciodată pe oamenii pe care îi ierți și nici să îți dorești să îi mai vezi, dar iertarea este un mod de a te elibera din lanțurile furiei care te leagă de cei care te-au rănit. Este complicat totuși și nu rămâne doar o supunere de tipul „Nu contează ce mi-ai făcut“.

Așadar, atunci când scrii scrisorile sau capeți claritate în sentimentele față de alții care au fost duri față de tine, ține minte că scopul este să conștientizezi și să mergi mai departe. Concentrează-te pe ce e de ajutor. Decât să te concentrezi asupra învinuirii altora, ceea ce nu te îngrijește sau calmează, completează fraze relevante, cum ar fi:

- Ținând cont de mediul meu de proveniență, mi-ar fi de ajutor să ....

  ....
- Pentru a avea compasiune față de mine și pentru a mă îngriji, trebuie să ....

  ....

Gândește-te la cum ai putea să ajuți pe altcineva de care îți pasă să „meargă mai departe“. Un alt exercițiu folositor este să îți imaginezi că vorbești cu imaginea ta ideală plină de compasiune despre aceste lucruri. În acest exercițiu, vom încerca să recunoaștem motivațiile pentru care am devenit autocritici, le vom privi într-o altă lumină, conștientizându-ne furia sau dezamăgirea față de alții, pentru că ei au greșit în judecata sau tratamentul față de noi și ne vom întoarce atenția asupra dezvoltării compasiunii. Acest lucru ne ajută să evităm capcanele de a ne bloca în victimizarea neputincioasă și, în schimb, să căutăm să ne asumăm responsabilitatea pentru viețile și sentimentele noastre. Asigură-te că te concentrezi pe bunăvoință în timp ce treci prin asta. De asemenea, reține, la fel ca în toate aceste exerciții, dacă simți nevoia de a cere ajutor din partea altora, inclusiv a unui terapeut profesionist, să îți deschizi inima, fă exercițiul și vezi dacă te ajută.

Exercițiu: înfruntarea criticului

Acest exercițiu este probabil cel mai bine efectuat când ai deprins experiența celor șase anterioare. Vei încerca să vizualizezi autocritica. Dacă ai putea să o scoți din minte și să o privești, cum ar fi? Ar fi umană sau non-umană? Dacă ar fi umană, care ar fi expresiile sale faciale? Ce emoții ar direcționa spre tine?

Apoi, imaginează-ți o persoană înțeleaptă și plină de compasiune (*vezi* pp. 266–268). Petrece un minut sau două intrând în acea stare sentimentală a minții – este nevoie de timp pentru schimbarea stărilor. Când simți asta, imaginează-ți cum îi spui autocriticii: „Uite, îmi pare rău că ești furioasă, supărată, speriată, că te simți vulnerabilă și că vrei să ataci astfel. Totuși, nu este nevoie să fie așa. Voi avea mai mult control acum."

Ce faci este să îți înfrunți latura critică, recunoscând că este legată de amenințări, dezamăgiri sau voci din trecut, dar și conștientizând faptul că ai ajuns într-un punct al vieții în care sinele plin de compasiune va avea mai mult control. Nu ești agresiv sau amenințător pentru latura ta critică – ar fi ca și cum i-ai învăța pe copii să nu fie violenți prin a fi violent cu ei. Dacă te concentrezi pe sinele plin de compasiune, vei descoperi că te vei simți mai puternic, mai matur și mai înțelept decât agresorul tău intern și vei conștientiza că critica provine cu adevărat din frică și tristețe. Poate fi interesant să vezi cum imaginea criticului interior se schimbă pe măsură ce o înfrunți. Așa cum am mai spus, ideea aici este să creăm o textură emoțională diferită, nu să luptăm cu ea.

Iată un alt exercițiu pe care îl poți încerca. Încă o dată, inspiră și imaginează-te o persoană plină de compasiune. Apoi privește la partea ta critică; vezi expresiile faciale și emoțiile. Acum înțelege sentimentele și trimite compasiune criticului din tine. Tu nu dezbați sau nu interacționezi cu partea critică, pur și simplu recunoști sentimentele bazate pe amenințare și pe frică și simți compasiunea pentru el.

Un al treilea exercițiu este să îți imaginezi că idealul plin de compasiune te însoțește și simte foarte multă compasiune pentru latura critică. El are un interes autentic față de fricile și problemele care îl preocupă pe criticul interior (eșec, respingere etc.). Are compasiune pentru critic și clarifică faptul că furia și frica lui nu sunt de ajutor, ca tu să îți urmezi scopurile. Din nou, scopul acestui exercițiu este să observi cum te simți când faci asta.

O precauție: așa cum am menționat, uneori critica de sine ascunde, de fapt, dorința de răzbunare sau are nevoie să fie recunoscută. În aceste situații, este important să fii asertiv. De exemplu, Mary a recunoscut că o parte din comportamentul ei de autocritică provine din critica mamei ei pentru ea. A recunoscut că era dezamăgită de ea însăși pentru că nu se putea descurca suficient de bine pentru a opri critica mamei sau pentru a-i câștiga lauda. Pentru a lucra la acest lucru, Mary și-a imaginat că îi spune mamei exact cât de dezamăgită era și că această critică era dăunătoare pentru ea. În acest exemplu este important să fii clar și ajutorul unui critic pe care l-ai preluat în mintea ta.

Așa cum am menționat deja, uneori oamenii sunt foarte înspăimântați de ostilitatea lor direcționată spre exterior. Nu este neobișnuit pentru oamenii care au fost abuzați să se învinovățească, pentru că sunt foarte speriați să condamne alte persoane. Când încearcă să se gândească la acest lucru, pur și simplu se neliniștesc. Dacă este adevărat acest lucru pentru tine, caută ajutor profesionist.

Exercițiu: a te descurca în prezent

În procesul de învățare pentru a deveni mai atent la sentimentele și gândurile tale, identifică exact când te lovește autocritica. Atunci poți învăța să te descurci „în prezent“. Folositor este să îți separi clar în autoevaluare anxietatea pe care ai putea să o simți când cineva îți critică munca sau dezamăgirea pe care o simți când ceva nu îți iese așa cum ți-ai dori. Încearcă să accepți anxietatea ca pe ceva normal, trateaz-o cu compasiune, apoi fă un pas înapoi față de partea ta autocritică și fii conștient de ea.

De asemenea, poți folosi imageria mintală pentru a exersa păstrarea unui sentiment de compasiune în fața autocriticii. Așa că încearcă acest exercițiu. Imaginează-ți că te critică cineva și apoi adoptă-ți postura și expresia facială plină de compasiune și conștientizează critica, dar fără să te blamezi. Ideea este că poți să trăiești acest lucru „în moment“ când apar cu adevărat critici sau conflicte.

Exercițiu: limitarea criticii față de alții

Acesta s-ar putea să fie cel mai dificil exercițiu dintre toate. Cercetările sugerează că unii autocritici sunt destul de critici și față de alți oameni. Încearcă să monitorizezi cât de des ai gânduri critice sau le verbalizezi despre alții, fie că sunt îndreptate direct către ei, fie pe la spatele lor sau dacă, pur și simplu, ruminezi aceste gânduri. Nu te critica pentru asta, observă că se întâmplă și spune-ți în gând: „Ce-a fost asta? De ce simt nevoia să fac asta? Unde sunt frica și vulnerabilitatea din mine?“

Tratează critica față de alții prin compasiune și evită să te rușinezi pentru asta, pentru că atunci va fi dificil să lucrezi cu ea. În același timp, întreabă-te dacă vrei să fii diferit. Una dintre problemele traiului într-o lume în care tu ești critic cu alții este că îți vei stimula mereu sistemul de amenințare/autoapărare. Cum am văzut în Capitolul 8, pe măsură ce creăm compasiune și bunătate iubitoare față de alții în noi înșine, această acțiune ne stimulează creierii într-un mod diferit și pozitiv. Așadar, chiar dacă te simți îndreptățit să fii critic cu alții, tot îți este mai bine când simți compasiune.

Redactarea scrisorilor pline de compasiune

Acum există dovezi că este de mare ajutor să înveți „scrierea expresivă“[181] – adică să redactezi scrisori despre dificultăți, probleme și dileme. Scrierea scrisorilor pline de compasiune este o modalitate de a face acest lucru. Ideea este să te ajute să îți concentrezi gândurile și sentimentele spre a fi susținător, ajutător și afectuos față de tine însuți, în loc să fii autocritic. Practica acestui lucru te poate ajuta să accesezi un aspect al sinelui care îți va diminua sentimentele și gândurile centrate pe amenințare. Prin asta, îți poți face mintea să se gândească la lucruri prin tine și este o modalitate de a-ți exersa calitatea minții.

Înainte de a-ți începe scrisoarea, asigură-te că vei avea niște timp în care nu vei fi deranjat. Ia o foaie de hârtie și un creion sau un pix, caută un ritm liniștitor al respirației, apoi adu-ți în minte imaginea compasiunii tale și imaginează-ți cum scrieți scrisoarea împreună sau pune-te pe tine într-o stare a compasiunii și imaginează-ți că ești o persoană cu foarte multă compasiune (*vezi* Capitolul 8) care scrie o scrisoare. Gândește-te cu adevărat la acest lucru și încearcă să intri în contact cu acea parte „binevoitoare“ din tine.

Pe măsură ce scrii scrisoarea, încearcă să ai *înțelegere* și *acceptare* pentru situația, dificultatea, sentimentele sau supărarea ta. Scrisoarea ar putea începe cu: „Sunt trist că te simți supărat“ sau „Supărarea ta este de înțeles pentru că...“ Sau, dacă scrii din compasiune, ai putea să începi cu: „Este trist că mă simt supărat azi, dar este de înțeles pentru că...“ Nu se știe dacă este mai de ajutor să scrii o asemenea scrisoare din perspectiva lui „Eu“ (la persoana întâi singular) sau imaginându-ți că îți scrie un prieten sau imaginea compasiunii tale, din perspectiva lui „tu“ (la persoana a doua singular). Doar descoperă ce este cel mai bine pentru tine.

În următorul stadiu, notează motivele suferinței, conștientizând că totul are sens. Acest lucru se numește „validarea sentimentelor“. Continuă scrisoarea cu: „Mi-ar plăcea să știi că...“ – scoate în evidență că suferința vine cu gânduri și sentimente puternice, așa că felul în care vezi lucrurile acum ar putea să fie mai degrabă un punct de vedere al suferinței decât unul echilibrat. Având în vedere acestea, putem încerca să privim obiectiv și să ne concentrăm (prin scris) asupra modului în care să gestionăm cel mai bine situația și asupra lucrurilor folositoare, care ne echilibrează mințile.

Toate ideile care te atrag vor să fie incluse în scrisoare. *Nu* simți că trebuie să le incluzi pe toate. De fapt, abordează diferite lucruri în diferite scrisori către tine însuți. Cu toate aceste idei, încearcă să eviți să îți spui ce ar trebui și ce nu să gândești, să simți sau să faci. Nu există o cale corectă sau greșită; important este procesul de a încerca să gândești *diferit.*

A da înapoi

Odată ce ți-ai conștientizat suferința, este folositor dacă, în timp ce îți scrii scrisoarea, te retragi din suferința situației pentru un moment. Dacă poți să faci acest lucru, pe ce ar fi folositor să te concentrezi și de care să te ocupi? De exemplu, te gândești la cum te simți față de situație peste câteva zile, săptămâni sau luni sau îți aduci aminte că sentimentele supărătoare se pot evapora și să îți dai seama cum te vei simți atunci. De asemenea, poate fi de ajutor să îți amintești în scrisoare, astfel concentrându-ți atenția, de dățile în care ai gestionat alte dificultăți. Dacă afișezi tendința de a le respinge, notează acest lucru, dar încearcă să te concentrezi pe scrisoare. Va scoate la lumină eforturile și ce *ești* capabil să faci.

Mintea plină de compasiune te va ajuta cu blândețe – cu bunăvoință și înțelegere – să vezi lucrurile mai puțin negru. Ea nu te condamnă niciodată și te va asista să îți reduci condamnarea. Dacă cineva te-a respins și ești supărat din cauza aceasta, mintea îți va permite să recunoști supărarea și gândurile precum: „Acea persoană nu mă place și, prin urmare, sunt neplăcut". Poți scrie:

> Am fost foarte supărat când această persoană m-a respins. Dar oamenii fac ocazional acest lucru și, având în vedere unele dintre lucrurile pe care a trebuit să le depășesc în viața mea, este de înțeles de ce a fi respins este așa de supărător pentru mine. Cred că această persoană are tendința să fie așa și este indispusă – nu doar cu mine. Cred că are propriile dificultăți. Nu poate fi distractiv să fii așa de indispus. Eu am alți prieteni care nu mă tratează astfel și îmi voi aminti de ei și de sentimentele pe care le am când suntem împreună.

Niște întrebări din Capitolul 9 ar putea fi folositoare aici. Dacă ai uitat să faci ceva sau ai făcut o greșeală și ești foarte frustrat și supărat pe tine însuți, mintea plină de compasiune îți va înțelege frustrarea și furia și, de asemenea, te va ajuta să vezi că a fost o greșeală autentică și că nu este o dovadă că ești prost sau inutil. În cele din urmă, te va asista să hotărăști care va fi lucrul cel mai util și mai plin de compasiune pe care îl poți face în aceste circumstanțe. Totuși, nu oferă sfaturi sau nu îți spune „Ar trebui să faci asta sau asta", pentru că în inima ta știi deja acest lucru și nu ai nevoie să ți se spună. Ai nevoie de înțelegere și sprijin să faci ce consideri că îți va fi de ajutor.

Nu singur

Când suntem supărați, simțim adesea că suntem diferiți de alți oameni. Totuși, decât să ne simțim singuri și rușinați, să ne amintim că mulți alții sunt la fel de neliniștiți, de sătui și de triști, cu multe gânduri negative despre ei înșiși, despre lume și despre viitor. De fapt, cel puțin o persoană din 20 ar putea fi depresivă în orice moment dat. Deși depresia este regretabilă, este departe de a fi neobișnuită și o slăbiciune personală, o deficiență, o răutate sau un eșec.

Așadar, în scrisoare poți scrie:

> Este de înțeles să te simți supărat, pentru că acesta este modul în care tind să funcționeze mințile. Din nefericire, face parte din condiția umană ca noi să avem genul acesta de sentimente. Ele sunt dificile, dar nu sunt singura persoană care le are. Nu reprezintă nimic rău în mine. Și am avut aceste sentimente înainte și le-am depășit.

Gestionarea dezamăgirii, pierderii și fricii

Dacă te simți abătut, dezamăgit sau ești aspru cu tine însuți, notează în scrisoare că autocritica este adesea declanșată de dezamăgire (pentru că ai făcut o greșeală sau pentru că nu arăți cum ți-ai dori), pierdere (a speranței pentru dragoste) sau frică (de critică și/sau respingere). Poate că a fi autocritic este modul prin care ai învățat să gestionezi aceste lucruri sau să îți verși frustrarea pe tine însuți, dar acest lucru nu este binevoitor și nici nu te susține. De înțeles, probabil, dar nu te va ajuta să faci față dezamăgirii, pierderii sau fricii. Așa că ai nevoie să conștientizezi și să fii sensibil față de aceste sentimente, să fii înțelegător și să ai compasiune pentru dezamăgire, pierdere sau frică.

Compasiunea în acțiune

Este folositor să te gândești la care ar fi lucrul plin de compasiune *de făcut* în acest moment sau la un moment dat înainte – cum te-ar putea ajuta partea plină de compasiune să faci asta? Așadar, în scrisoare ai putea să te gândești la modul în care să aduci compasiunea în acțiune în viața ta. Dacă există lucruri pe care le-ai evitat sau pe care le-ai considerat dificile, scrie niște pași mici pe care i-ai putea face pentru a merge mai departe. Scrie aceste idei care te vor încuraja și te vor susține să abordezi lucrurile pe care le-ai găsi dificile. Dacă ești nesigur despre cum să continui, încearcă să te gândești la cât mai multe opțiuni posibile și apoi hotărăște care te atrage cel mai mult.

Te vor ajuta ceilalți? A ne deschide inimile pentru ajutorul din partea altora și a încerca să adunăm cât mai mult sprijin atunci când ne confruntăm cu lucruri dificile indică o abordare a vieții prin compasiune.

Dileme

Dacă ai o dilemă în legătură cu ceva, concentrează-te pe vocea blândă a compasiunii din tine și notează diferitele laturi ale problemei. Dilemele sunt adesea dificile și, uneori, deciziile trebuie luate, așa că durează să le depășești. Poate ajută să vorbești cu alții despre asta. Uneori, știm în inimile noastre că trebuie să ne schimbăm – să renunțăm la un stil de viață sau chiar la o relație – și astfel scrisoarea plină de compasiune ne va ajuta să ne gândim pe îndelete la acest lucru și să recunoaștem că ar putea exista o pierdere sau un doliu. Acceptarea beneficiilor și pierderilor unei decizii durează.

Compasiunea pentru sentimente

Mintea va avea compasiune pentru sentimente. Dacă simți puternic frustrarea, furia sau anxietatea, atunci recunoaște-le cu compasiune. Aceste emoții fac parte din existență și pot deveni mai puternice când ești supărat sau speriat, dar ele nu te fac un om rău – doar un om care încearcă să facă față sentimentelor dificile. Putem învăța cum să lucrăm cu aceste sentimente ca parte a „omeniei" fără să ne condamnăm pentru că le avem – ține minte: nu tu ai construit aceste sisteme emoționale. Noi putem, pe de o parte, să devenim conștienți și să nu ne luptăm cu ele sau să încercăm să le evităm și, pe de altă parte, să nu le gândim îndelung. Devenim mai buni observatori, ca și cum am privi vârtejuri într-un râu. Mintea plină de compasiune îți va aminti că adesea nu alegem să ne simțim rău și că aceste sentimente vin cu repeziciune. În acest sens, nu este „vina noastră", deși învățăm să lucrăm cu aceste sentimente dificile și să ne asumăm responsabilitatea pentru ele.

Pierderea sentimentelor pozitive

Dacă te simți rău pentru că ai pierdut sentimentele pozitive, ai compasiune pentru această pierdere – este foarte tristă. Uneori pierdem iubirea, pentru că o relație și-a încheiat cursul sau suntem epuizați, sau depresia ne poate bloca sistemele emoțiilor pozitive. Pe măsură ce ne revenim din depresie, aceste sisteme de emoții pozitive se întorc. Scrisoarea plină de compasiune te poate ajuta să vezi aceste lucruri fără să te blamezi.

Ce este de ajutor

Scrisoarea va fi o modalitate de a exersa cum să te concentrezi cu adevărat asupra lucrurilor despre care *tu* simți că te vor ajuta. Alți oameni pot veni cu tot felul de soluții și sugestii bune, dar acestea nu ți se vor potrivi neapărat, chiar dacă crezi că „ar trebui". Dacă îți vin în minte gânduri care te fac să te simți mai rău, atunci observă-le, dă-le drumul și concentrează-te din nou pe ce ar putea fi de ajutor – ține minte, nu există „ar trebui". Unii oameni își lasă deoparte scrisorile până a doua zi, când descoperă că se pot gândi la lucruri într-un mod diferit.

Când eu şi colegii mei lucrăm cu pacienţi, uneori descoperim că ei ştiu bine ce ar fi de ajutor. A învăţa cum să descoperi ce este util înseamnă jumătate din luptă, dar necesită experienţă. Fii pregătit, pentru că ar putea dura ceva.

Căldură

Acum, pe măsură ce îţi scrii scrisoarea, încearcă să te concentrezi pe sentimente de căldură şi pe o dorinţă autentică de a ajuta. Petrece timp respirând cu blândeţe şi încearcă cu adevărat, atât cât poţi, să laşi căldura să te însoţească. Dacă i-ai scrie altcuiva, ai simţi că scrisoarea ta este binevoitoare şi ajutătoare? Ai putea schimba ceva să fie şi mai bună?

Câteva precauţii

Există diferite lucruri la care să fii atent când redactezi scrisori pline de compasiune – în special validarea sentimentelor. De exemplu, întoarce-te la pagina 359, unde o persoană se confrunta cu respingerea la locul de muncă. O scrisoare care ignoră sentimentele şi care nu este de ajutor sună cam aşa:

> Dragă Eu/sine/numele tău,
>
> Îmi pare rău să aud că eşti suferind şi supărat pentru că prietenul tău te-a respins la locul de muncă. Acest lucru este supărător, în special având în vedere unele dintre lucrurile care ţi s-au întâmplat în trecut. Totuşi, ştii că este trecutul cel care operează în prezent şi ai tendinţa să faci din ţânţar armăsar. Aşa că ar trebui să încerci să îţi stăpâneşti gândirea şi să obţii o perspectivă mai bună, mai echilibrată. În mod clar, nu te vei simţi bine dacă vei continua să te concentrezi pe furie. Aşa că trebuie să te opreşti, pentru că ştii că nu-ţi face bine. Fii optimist şi concentrează-te pe lucruri pozitive. Ai nevoie să îţi concentrezi atenţia din nou şi să faci unele dintre exerciţiile din cartea aceasta...

Prima parte este în regulă, dar restul este îngrozitor. A ţi se spune că ai tendinţa să „faci din ţânţar armăsar“ şi că „ar trebui să încerci să te stăpâneşti“, că „trebuie să încetezi să te concentrezi pe trecut“, că „ai nevoie să gândeşti pozitiv şi să te concentrezi“ – ei bine, aceste afirmaţii sunt lipsite de compasiune. Această scrisoare a fost scrisă parcă de un părinte rece, dur şi aspru care, plin de sfaturi, ţi le oferă într-un mod atât de inutil, încât pur și simplu simți că ai fost „obraznic“ pentru că te-ai supărat. În opoziție cu acea scrisoare, aceasta se concentrează pe compasiune și bunăvoință:

> Dragă Eu/sine/numele tău,
>
> Am fost foarte supărat când prietenul meu m-a respins. Dar oamenii mai sunt supărați de asemenea lucruri și, ținând cont de unele dintre situațiile pe care a trebuit să le depășesc în viața mea, este de înțeles că a fi respins este supărător pentru mine. Dacă aș face un pas înapoi, cred că aș vedea că această persoană are tendința să fie așa și este indispusă – nu doar cu mine. Cred că are propriile dificultăți; nu poate fi prea distractiv să fii atât de indispus. Am prieteni care nu mă tratează așa și îmi voi aminti de ei și de sentimentele pe care le am când suntem împreună. Cred că m-am supărat și pentru că viața a fost un chin în ultima vreme. Au existat conflicte cu fiul meu și cred că m-am îngrijorat pentru el în ultima vreme. Uneori, pur și simplu ne certăm…

În scrisoarea ta, poți să lași mintea și mâna libere la scris, să curgă odată cu grijile și preocupările. Ține minte să menții un *ton emoțional*, plin de compasiune și cât de blând și de înțelegător posibil. Ar putea, de asemenea, să îți fie de ajutor să treci prin lista din Capitolul 9, derivată din cercul compasiunii din Capitolul 6. Pe măsură ce redactezi scrisoarea, amintește-ți de cercul compasiunii și întreabă-te:

- Este motivația mea una care are în vedere cu adevărat grija, hrănirea și ajutorarea?
- Sunt sensibil și un bun observator față de sentimentele mele?
- Îmi permit să fiu mișcat de suferința mea, nu să încerc să o blochez?
- Sunt conștient și tolerant, recunoscând condiția umană?
- Sunt empatic, fac un pas înapoi și încerc să îmi înțeleg sentimentele și felul în care gândesc?
- Mă judec singur?
- Îmi mențin tonul emoțional, concentrat pe căldură și pe bunăvoință cât pot de mult?

Acestea sunt calitățile pe care încerci să le aduci în redactarea scrisorii. Capacitățile compasiunii cuprind moduri prin care tu îți folosești atenția și imaginația, gândirea, comportamentul și sentimentele. După ce ai terminat de scris scrisoarea, citește-ți-o încet și cu blândețe. Poți face asta în liniște sau cu voce tare, folosind un ton lent și blând. Vezi cum te simți în legătură cu asta – pare să aibă căldură? Ar putea chiar să te facă să lăcrimezi dacă ai inclus lucruri dureroase. Dacă scrisoarea te lasă cu totul rece sau dacă te face să simți că „ar trebui" să încerci să faci ceva diferit, atunci încearcă să te concentrezi din nou pe compasiune. În mod ideal, scrisoarea te va ajuta să te simți validat, susținut, înțeles și încurajat – chiar dacă, uneori, mai trist.

Ține minte că, deși acest lucru poate părea ocazional dificil de făcut, exersezi o parte a minții care poate fi dezvoltată pentru a-ți fi de ajutor. Răspunsurile sunt dorința și efortul de a deveni blând, susținător și plin de compasiune spre interior. Beneficiile nu sunt imediat vizibile, dar așa cum exercițiile fizice te fac să fii în formă, ele vor apărea cu timpul, prin practică susținută.

Uneori oamenii consideră că, chiar dacă sunt depresivi, le-ar plăcea foarte mult să își dezvolte imaginea de sine plină de înțelepciune și de compasiune atât pentru ei înșiși, cât și pentru ceilalți. Poți exersa gândirea despre cum, în fiecare zi, devii din ce în ce mai mult așa cum ți-ai dori. La fel ca în toate lucrurile, vor fi momente bune și rele. Petrece timp exersând posturile și expresiile faciale care se potrivesc compasiunii și exersează crearea de gânduri și sentimente pline de compasiune în interior. Acest lucru înseamnă mai degrabă a fi deschis dificultăților și suferinței decât a încerca să scapi de ele. Privește-ți scrisoarea și asigură-te că este scrisă așa cum ar fi pentru un prieten suferind, aflat într-o situație ca a ta, pe care tu încerci să îl ajuți.

Câteva aspecte generale

Apropierea de compasiune

Autocritica de obicei se construiește într-o perioadă lungă, timp în care ea îndeplinește diferite funcții pentru tine. În munca axată pe compasiune, eu și colegii le sugerăm pacienților că nu trebuie să renunțe la autocritică cu totul sau chiar deloc dacă nu doresc asta.

Un mod alternativ de gândire este să iei în considerare *mutarea spre* o poziție plină de compasiune, un loc pe care ai ajunge să îl preferi. Ai putea descoperi atunci că, pe măsură ce capeți mai multă compasiune în gândire, sentimente și comportament, în mod natural, cumva, autocritica pur și simplu nu mai pare adecvată. Nu a trebuit să o provoci, să te convingi să te schimbi sau să lupți pentru a nu mai fi autocritic. Pur și simplu, îți pare mai puțin adecvat. Când am învățat să avem compasiune pentru latura noastră autocritică, recunoaștem că avem o parte foarte speriată, una panicată în fața dezamăgirilor sau a luptelor de a accepta faptul că formele noastre corporale nu se potrivesc normei sociale dorite.

Doliu

Pe măsură ce ne îndepărtăm de autocritică și de rușine, ne îndepărtăm și de sentimentul de izolare și de a fi deconectați. Acest lucru poate deschide calea spre sentimente de doliu, pentru că autocritica ar fi putut începe fiindcă doream să ne simțim doriți, incluși și iubiți, și acum conștientizăm ce chin a fost. Este ca și cum ne-am da seama cât de singuri și de izolați am fost și că există o posibilitate de a reveni acasă. Aceasta nu este o experiență neobișnuită când oamenii încep să simtă compasiune pentru ei. Cei care practică mindfulnessul sunt conștienți și de o tristețe care stă undeva, într-un colț al minții. Totuși, dacă acest doliu este copleșitor, unii oameni îl folosesc ca motivație să dea înapoi de la a avea compasiune.

Dacă ți se întâmplă asta, poate încerci să cauți ajutor profesionist sau să găsești pe cineva care să te ghideze. Toate micile dureri din viețile noastre se îmbină și construiesc ce poate părea un sentiment insuportabil de doliu, durere și izolare. Și chiar dacă suntem depresivi, acest lucru face doliul să se simtă și mai puternic. Dar doliul este un proces foarte normal și important, iar uneori simpla „conștientizare" a doliului ne permite să simțim din nou și să ne vindecăm.

Concluzie

Noi, oamenii, suntem ființe care se critică foarte mult. Acest lucru se întâmplă pentru că sinele și conștiința au evoluat, suntem preocupați de modul în care existăm în mințile altora și ne îngrijorăm față de modul în care ne potrivim cu ei. De asemenea, se întâmplă pentru că ne putem trata ca pe obiecte. La fel cum suntem iritați pe alții care nu fac ce dorim sau care nu sunt așa cum dorim, tot așa putem avea aceste sentimente și gânduri față de noi înșine.

Conștientizarea faptului că le-am cauzat altora supărare și că este neplăcut să fim critici ar putea să ne oprească din a exprima deschis lucruri care îi rănesc pe alții, dar, când vine vorba despre noi înșine, s-ar putea să nu fim la fel de inhibați. Și, pentru că se întâmplă în interiorul nostru, avem acces imediat la gândurile critice – alte persoane le pot auzi doar dacă le verbalizăm! Așadar, autocritica este unul dintre cele mai perturbatoare procese și bariere interioare pentru fericire și bunăstare. Este, de obicei, legată de dezamăgire și de frică și stimulează sistemul de amenințare/autoapărare.

Abordarea prin compasiunea de sine înseamnă a descoperi sursele de autocritică (inclusiv furia de care ne este foarte frică să o conștientizăm) și de a dezvolta înțelegerea și bunăvoința față de ea. În plus, avem nevoie să exersăm trecerea de la autocritica bazată pe rușine la corectarea de sine bazată pe compasiune. Începem din poziția în care, ca ființe evoluate, mințile ne pot fi adesea confuze, puternice și dificile. Acest lucru nu se întâmplă din vina noastră, dar numai noi ne putem asuma responsabilitatea pentru a încerca să facem ceva în legătură cu a avea asemenea minți. Dacă abordăm problema cu blândețe și bunăvoință, nu cu învinuire și furie, vom ajunge mult mai departe.

Am explorat diferite moduri prin care ne putem identifica gândurile autocritice și lucrurile de care ne temem că le-ar putea simți alții pentru noi. Dacă am scrie sau articula aceste lucruri, ne-am face mințile pline de compasiune să le suporte. În cele din urmă, am analizat redactarea scrisorilor pline de compasiune. Așa se exprimă emoțiile și lucrurile care ne supără și ne îngrijorează. Apoi, am învățat să ne implicăm în validarea și recunoașterea sursei lor, astfel încât să putem fi blânzi și binevoitori cu ele pentru a le vindeca.

Fișa de lucru 2

1. Dacă ceva te-a tulburat sau te-a supărat, notează sentimentele pe care le provoacă acel lucru în corpul tău.

2. Recunoaște că trupul tău răspunde într-un mod în care a fost programat să răspundă. Ai nevoie să îl ajuți prin concentrare. Așadar, alocă-ți un moment să te gândești la respirație și la a te încetini. Dacă ajută, pune mâna la doi centimetri deasupra inimii, apucă piatra liniștitoare, sau scoate și privește cartea poștală care te calmează.

3. Acum, cât de bine poți, conștientizează orice gând sau sentimente pe care le ai față de tine însuți care par să fie asociate cu supărarea. Observă-le, dacă poți, fără să te lași influențat prea mult. Recunoaște-le prin tipare vechi, poate ca diferite frici ascunse sau o voce a cuiva din trecut. Dacă ajută, îndreaptă-ți atenția cu blândețe asupra respirației.

4. Acum permite-ți să îți concentrezi atenția pe imaginea ta plină de compasiune, să ai un zâmbet blând și plin de compasiune. Înțelege durerea suferinței și participă cu adevărat la sprijinul și compasiunea pe care le generezi în interiorul tău. Poate nu ești capabil să vezi sau să simți clar aceste lucruri, dar actul de concentrare te poate ajuta.

5. Încearcă să îți aduci aminte dățile în care ai simțit bunăvoința pentru tine însuți sau pentru alții și permite-ți să te concentrezi pe acel sentiment. Ascultă cu atenție ce are de spus mintea plină de compasiune. Încearcă să simți cum curge prin tine compasiunea.

6. Observă-ți gândirea și permite-i să aibă compasiune. Ține minte că te afli în fluxul vieții; nu ai ales aceste sentimente sau suferința. Reține că mulți oameni suferă de autocritică și supărare la fel ca tine; nu ai nicio vină. Fă diferența clar între suferința sau dezamăgirea ta și tine. Ascultă vocea din mintea ta, blândă și caldă, binevoitoare și înțeleaptă. Acolo ar putea fi lucruri care te supără sau te dezamăgesc, dar nu sunt judecăți ale sinelui sau întregii ființe.

Scrie-ți reflecțiile asupra acestui proces.

Într-o zi sau două, aruncă o privire asupra fișei de lucru. Gândește-te cum ai putea îmbunătăți ce ai făcut pentru a avea mai multă eficiență.

Încerci să îți dezvolți atenția, gândirea și comportamentul pline de compasiune și să le încarci cu căldură, bunăvoință și sprijin.

În cele ce urmează, completează propozițiile și răspunde întrebărilor:

Atenția plină de compasiune folositoare pentru mine ar fi...

Gândirea plină de compasiune folositoare pentru mine ar fi...

Comportamentul plin de compasiune folositor pentru mine ar fi...

Practica plină de compasiune folositoare pentru mine ar fi...

Ce m-ar ajuta să aduc acest lucru în viața mea, astfel încât să îl practic, chiar dacă doar pentru câteva minute pe zi?

Care este provocarea cea mai mare în trecerea de la autocritică la compasiunea de sine și care ar fi cel mai de ajutor lucru pentru mine în efectuarea acestei tranziții în viața mea?

11

Compasiune și emoții: lucrul cu anxietatea, furia și iertarea

Acest capitol explorează modurile de a gândi și de a lucra cu emoțiile prin compasiune. Avându-și originea în sistemele creierului care au fost construite cu mult timp în urmă, ele pot apărea cu repeziciune și pot fi uneori extrem de puternice, făcându-ne să gândim și să acționăm într-un anumit fel. Acum, desigur, nu putem examina toate emoțiile, așa că ne vom concentra în principal pe cele de amenințare/autoapărare – anxietatea și furia –, pentru că acestea ne cauzează multă durere și dificultate. Vom vedea cum „creierii/minţile noi", capabile de gândire, fantazare și reflecție, pot fi ori foarte folositoare, ori foarte nefolositoare, fie calmându-ne, fie amplificându-ne emoțiile.

Când explorăm o emoție, indiferent care ar fi ea, mesajele-cheie sunt: învață să fii sincer în legătură cu ea, accept-o, descoperă cum să o tolerezi și să lucrezi cu ea binevoitor. Așa că, în primul rând, trebuie să hotărâm cum să ne abordăm emoțiile, pentru că unele școli și tradiții vorbesc despre emoții „distructive" și despre faptul că, deoarece suferim de diferite „otrăvuri" ale fricii, atașamentului, lăcomiei, invidiei, furiei și urii, trebuie să învățăm să luptăm cu ele sau să le alungăm. Ele pot fi văzute și ca sentimente „păcătoase". Cu acest mod de gândire, este ușor să încerci să te „mântuiești" singur sau să scapi de emoțiile, dorințele sau fanteziile „rele" și „otrăvitoare". Oamenii încep să aibă idei precum: „Nu ar trebui să simt asta, dar ar trebui să simt aia", „Acesta este un sentiment bun, celălalt nu" sau „Acest sentiment mă face rău" sau „Acest sentiment mă face bun". Oamenii încearcă să separe binele de rău, să se purifice, ceva ce în jargonul psihologic se numește „gândire dihotomică". Raiul și iadul sunt rezultatul gândirii dihotomice – tot ce este bun și pur merge în sus și părțile urâte merg în jos. Căutarea purificării și gândirea dihotomică ne conduc spre cruzime, așa cum vom vedea în capitolul următor. Conștientizarea și meditația (care, de fapt, înseamnă familiarizare) nu pot fi folosite pentru „a ne scăpa" de lucruri. Mai degrabă, ne ajută să înțelegem, să tolerăm, să facem față și să evităm intensificarea inutilă, permițându-ne să ne alinăm sentimentele. De asemenea, ne ajută să înțelegem puterea emoțiilor și felul în care (fără a ne antrena mințile) pot dicta cu ușurință comportamentul.

Așa că nu te lăsa indus în eroare de sugestii conform cărora ar trebui să îți abordezi emoțiile cu intenția de a te purifica. Purificarea este bună pentru corpurile care trebuie să se confrunte și să scape de virusuri și bacterii, dar această abordare *nu este deloc bună* pentru gestionarea psihicului și emoțiilor. Aici avem nevoie de implicare, integrare, transformare, transcendență și vindecare. Oamenii petrec ani întregi încercând să își purifice mințile și să își controleze emoțiile sau să înceteze să mai simtă, să își mai dorească sau să gândească anumite lucruri, dar dezvoltarea compasiunii de sine ne mută în direcția exact opusă. Nu numai că este imposibil să scapi de emoțiile indezirabile (la fel cum n-ai putea să te oprești din a avea nevoie de mâncare), dar este și inutil. Cercetările au arătat că, cu cât încercăm să ne suprimăm anumite emoții, gânduri sau amintiri, cu atât vor reveni ca intruși în mințile sau visele noastre. Mai degrabă este folositor să intrăm în aceste zone dureroase ale minților cu deschidere, acceptare, curiozitate și bunăvoință. Este o dovadă de compasiune să recunoaștem că aptitudinea de a simți aceste lucruri a fost construită de gene și de mediile sociale și, în acest sens, ele nu sunt creațiile noastre.

Emoțiile nu sunt otrăvuri care trebuie evitate sau de care să scăpăm, dar au lucruri importante de revelat pentru noi. De exemplu, o persoană dependentă de pornografie sau cumpărături online încearcă să evite însingurarea, frica de respingere, anxietatea socială sau probabil furia. O explorare binevoitoare, dar fermă a *funcției* unui comportament, pofte sau emoții este utilă. Așadar, întrebarea pe care să ne-o punem este: „Ce aș simți dacă m-aș opri din a acționa conform sentimentelor mele? Ce vreau să fac?" Ce crezi că s-ar întâmpla dacă te-ai opri din a bea un pahar de vin în fiecare seară când vii acasă de la muncă? Ține de tine dacă vrei să lucrezi asupra lucrurilor pe care le descoperi din răspunsul unei asemenea întrebări. Întrebarea, de asemenea, te invită să devii conștient de emoțiile tale și să înveți, cu o minte deschisă și curioasă, să le observi și să acorzi atenție modului în care funcționează în corpul tău și asupra gândurilor. Acest lucru nu este întotdeauna drumul cel mai ușor și uneori este util ajutorul profesionist, mai ales pentru furie și anxietate.

Comportamentul plin de compasiune

Un aspect vital al comportamentului plin de compasiune este modul în care ne comportăm când emoțiile sunt trezite. Furia și anxietatea sunt două dintre cele mai puternice emoții din creierii noștri și fiecăreia dintre ele i se dau mai multe sisteme de procesare decât oricărei alte emoții. Se întâmplă astfel pentru că ele au fost esențiale pentru protejarea și supraviețuirea noastră (și a tuturor mamiferelor). Furia ne avertizează asupra blocajelor și frustrărilor, înșelăciunii sau nedreptății și ne inspiră să schimbăm lucrurile[182], în timp ce anxietatea ne poate avertiza asupra pericolelor și ne încurajează să luăm măsuri pentru a ne proteja.

Totuși, aceste emoții primitive sunt și o sursă de mare nefericire și posibil chiar semințele propriei distrugeri (*vezi* Capitolul 4). Nu numai că anxietatea este foarte neplăcută, ci ne poate face să fugim de lucruri și ne poate opri să dezvoltăm viața pe care ne-am dori-o sau ne poate împiedica din a ne susține punctele de vedere și valorile. Anxietatea ne împiedică să înțelegem mințile, pentru că încercăm să nu ne gândim la lucrurile care ne supără sau care ne sperie. De asemenea, ne face să acceptăm lucruri despre care, în sufletul nostru, știm că sunt greșite, doar pentru că ne e frică de rușine sau respingere, pe care le vom investiga în următorul capitol. În ce privește furia, ei bine, aceasta a fost legată în mod evident de violența împotriva copiilor, soțiilor, străinilor și chiar a noastră. Frica și incapacitatea de a transforma furia în asertivitate ne conduc spre depresie. Nivelurile ridicate de furie și iritabilitate sunt legate și de o serie de probleme de sănătate, în special de bolile cardiovasculare.

Există, desigur, și înclinațiile „creierului nou/minții noi" pentru imaginație, anticipare, fantazare și ruminare. Acestea duc anxietatea și mânia la extreme și le pot menține pentru perioade lungi. Gândurile și imaginațiile noastre, care ne îndreaptă spre exces, sunt departe de realitate și putem pierde contactul cu ce este de ajutor, liniștitor sau plin de compasiune. Fără niciun dubiu, astfel, furia și anxietatea ne creează necazuri.

Curajul

Ținând cont că furia și anxietatea pot provoca dezastre în viețile noastre și în viețile altora, ai spera că sistemul de educație ne oferă moduri de a ne ajuta să înțelegem și să învățăm cum să facem față. Din nefericire, nu, pentru că școlile sunt create pentru a ne educa suficient de mult cât să producem bunuri și servicii, nu cât să ne permită să ne dezvoltăm cunoașterea și să învățăm cum să ne stimulăm starea de bine cu acești creieri complicați.

Probabil că una dintre cele mai importante lecții pe care le-am învățat în ultimii 30 de ani, în special de la behavioriști, este că sentimentele puternice bazate pe amenințare se pot trezi în noi foarte repede și din multe motive, așa că trebuie să fim alerți și să învățăm cum să *nu* acționăm. Esența capacității de a gestiona aceste sentimente dureroase este *curajul.* Curajul nu este ușor de definit. De fapt, în cartea sa fascinantă despre acest subiect[183], William Miller se referă la „misterul curajului". Oamenii descoperă că se comportă curajos automat și că, în acele momente, nu prea au frică. Curajul pornește dintr-o mare frică sau dintr-un principiu. Dintre religii, creștinismul plasează curajul în centrul său și arată clar că nu este permis să acționezi din frică sau din dorința de răzbunare – chiar până în punctul în care îți permiți singur să te lași torturat și omorât. Din nefericire, în vremea cruciadelor, acest curaj s-a schimbat complet și s-a transformat în cucerit și măcelărit.

Cheia este să le înțelegem funcția și intenția. Acesta este și cazul comportamentului plin de compasiune. Nu este întotdeauna ușor, pentru că unele dintre intențiile noastre sunt inconștiente. Evoluționiștii ar spune că mama care fuge în casa incendiată să își salveze bebelușul pur și simplu vrea să își salveze genele și acționează printr-o strategie de apărare de bază. Acest lucru ridică problema conform căreia curajul trebuie luat în considerare nu doar ca reacție automată, ci fiind legat de *alegerile* pe care le facem. Din nou, funcția este importantă aici. Masculii adolescenți adunați în armate care se atacă unii pe alții folosind sulițe, săgeți, gloanțe sau bombe pot fi considerați curajoși, dar cum rămâne cu atentatorii sinucigași care se sacrifică pentru ce cred că este o cauză validă? În ambele cazuri, există problemele presiunii sociale, ale fricii sau rușinii (de a refuza), căutării aprobării sociale, mâniei, depresiei și chiar ale stărilor disociate în care cineva devine orb în fața pericolului și a realității situației. Vom vorbi despre aceste subiecte în capitolul următor.

Vom analiza curajul de zi cu zi și vom recunoaște că, în foarte multe arii ale vieții, trebuie să ne confruntăm cu anxietatea sau furia și, făcând acest lucru, este necesar să apreciem și să dezvoltăm curajul. Pentru a ne ajuta, trebuie să urmărim cu atenție acea lume a fanteziei noastre, a gândurilor, anticipărilor și interpretărilor. Formulat altfel, va fi puțin mai ușor pentru tine să acționezi împotriva anxietății sau să nu îi permiți furiei să se transforme în atacuri agresive sau critică. E ușor dacă ai deprins compasiune pentru sentimente și dacă ai o voce caldă și binevoitoare în capul tău, care înțelege puterea acestor emoții și nu te condamnă pentru ele, ci îți permite să le tolerezi fără să acționezi conform lor, și te ajută să verifici realitatea și să îți echilibrezi gândurile, fanteziile și ruminațiile.

Așadar, când ne gândim la afecțiune, este departe de a fi doar despre blândețe, bunăvoință și căldură; avem nevoie și de curaj. Același lucru este adevărat când vine vorba despre compasiunea față de sine. Autocritica sau chiar dorința de a ne răni este rezultatul părților agresive ale emoțiilor, care au mai mult control decât este de ajutor. Simte compasiune, dar încearcă să găsești căi de a nu acționa asupra lor. Acțiunea prin compasiune presupune dezvoltarea curajului de a înfrunta probleme importante din viețile și luptele personale, de a le confrunta și de a lucra asupra dificultăților psihologice care ne țin în loc. Aceste lucruri au legătură de obicei cu modul în care lucrează sistemul nostru de amenințare/autoapărare; anxietatea și furia ne blochează calea spre împlinire, bunăstare și fericire. Dacă anxietatea și furia mai degrabă ne controlează decât le controlăm noi, le înmânăm viețile pentru a ne scrie scenariul.

Uneori, lucrul cu aceste sentimente dificile presupune a învăța cum să le tolerăm ca parte din viețile noastre, dar să nu acționăm orbește. Alteori, trebuie să interacționăm cu ele și să le schimbăm, să acționăm împotriva impulsurilor și îndemnurilor comportamentale ale emoției. Acceptarea anxietății sau furiei și acționarea *împotriva* sau *în ciuda* lor pot fi, prin urmare, cheia depășirii lor. Nu este ușor sau corect, pentru că ele pot fi influențe genetice asupra tendințelor de a ne simți anxioși și furioși, dar încă sunt foarte multe lucruri pe care le putem încerca.

Acțiune și comportament

În psihologia budistă și într-o școală a psihoterapiei occidentale, numită *terapie comportamentală*, procesul de schimbare are loc prin acțiune și comportament. Psihologia budistă a sugerat că, pentru ca noi să ne cucerim fricile, avem nevoie să le înfruntăm. Cei care se sperie de moarte pot să primească lecții despre procesul morții și descompunerea corpului – bine, nu e nici preferata mea. Cea mai recentă terapie de comportament este bazată pe cercetarea care a arătat că creierii sunt schimbați în mod direct prin comportament.

Așa cum am menționat la pagina 293, o altă școală terapeutică, dezvoltată de Marsha Linehan[184], care a combinat abordările budiste și comportamentale, este *terapia dialectic-comportamentală* (DBT). Dacă tastezi acest lucru în motorul de căutare, vei descoperi multe despre DBT. Aspectul „dialectic“ presupune concentrarea pe procesele opuse ale schimbării versus acceptării sau a sinelui versus celorlalți și modul în care noi echilibrăm acele conflicte. DBT accentuează o conștientizare mai mare a pârghiilor emoțiilor, dezvoltând acceptarea și tolerarea lor și învățarea felului în care să nu acționăm sub influența acestora. Ești neliniștit și nu vrei să mergi la un interviu. Dar vrei slujba, așa că mergi: acționezi împotriva anxietății. Temporar ai putea să te simți mai bine prin evitare, dar vei suferi pe termen lung.

Capitolele 2 și 3 au explorat modul în care arhetipurile, mentalitățile sociale și emoțiile sunt produsul a milioane de ani de evoluție și cum unele dintre ele ne pot da adevărate bătăi de cap. Este important să învățăm să ne ascultăm emoțiile cu atenție, pentru că ele au informații importante pentru noi. Uneori nu conștientizăm anxietatea, furia, frustrarea sau supărarea, pentru că pur și simplu ne ținem capetele plecate cu scopul de a supraviețui sau pentru că ne este frică de aceste sentimente. A învăța să te implici și să înțelegi semnificațiile emoțiilor și mentalităților sociale este de ajutor, motiv pentru care, uneori, redactarea scrisorilor pline de compasiune către noi înșine ne permite să înțelegem ce simțim.

Kay era rănită de obiceiul logodnicului ei de a ieși să bea cu prietenii la sfârșitul săptămânii, în loc să petreacă timp cu ea. Totuși, pentru că ea credea că este îndrăgostit, în loc să se gândească la aceste sentimente, le ignora și încerca intenționat să nu acorde atenție supărării. Totuși, pe măsură ce se apropia ziua nunții, sentimentele negative legate de acest lucru se accentuau și a hotărât să îl confrunte. El i-a spus categoric că nu îi va „controla viața" și că va face ce va dori. Drept rezultat, ea a rupt logodna. A fost în curând șocată să descopere că, departe de a fi supărat de acest lucru, iubitul ei chiar și-a găsit o prietenă în două luni. Reflectând, a conștientizat că trebuia să acorde atenție sentimentelor și intuiției – că sentimentele lui față de ea erau superficiale – mult mai devreme. Uneori respingem ce simțim și ne spunem nouă înșine să nu ne prostim. Atenția plină de compasiune ne ajută să gândim în profunzime sentimentele. Uneori le evităm din cauza conflictelor sau pentru că în inimile noastre știm ceva ce nu vrem să luăm în considerare. Dacă ai griji cu privire la o asemenea situație, poți să îți scrii o scrisoare plină de compasiune despre ele. Privește datele și rezultatele, suișurile și coborâșurile, speranțele și fricile, avantajele și dezavantajele.

Lucrul cu anxietatea

Să privim mai îndeaproape modul în care avem un comportament plin de compasiune în fața anxietății. Această emoție a fost creată pentru a te proteja și a te face să eviți situațiile periculoase. Deși nu ne place să fim anxioși, nu anxietatea este inamicul și îți va fi de folos să vezi acest lucru. Uneori este nevoie de ajustarea volumului. Așadar, această emoție *utilă* poate să ne bage în ceață și să ne conducă spre lucruri care nu sunt de ajutor. Există multe „tulburări" de anxietate legate de frici față de păianjeni sau animale, frici față de situații sociale, de microbi și de abandon sau doar un sentiment general de anxietate. Anxietatea noastră – de a face față singuri – ne poate împiedica să plecăm din relații care sunt, de fapt, toxice. Tot ea ne poate împiedica să ne adresăm altor persoane, să ne facem prieteni și să împărtășim cu ei ce avem în inimă. Ne poate împiedica să avem ce ne dorim în viață, să atingem succesul și, desigur, să ne comportăm moral sau să avem compasiune.

În ceea ce numim „tulburări de anxietate", sistemul de amenințare/autoapărare pare să fie „inflamat" și activat cu ușurință. De fapt, există dovezi că, atunci când suferim de anxietate și condiții depresive, există o sensibilitate crescută în partea din creierul nostru numită *amigdala* care reglează aceste sentimente. Genele, greutățile din copilărie și stresul curent pot juca toate rolul de a coborî pragul pentru ca amigdala să ne creeze greutăți. Dar, odată ce am aflat acest lucru și nu ne învinuim, suntem liberi să gândim cum vom ajuta acea parte din creier să se liniștească.

Un plan în zece pași pentru a gestiona anxietatea

Abordarea prin compasiune față de anxietate utilizează înțelepciunea câștigată de-a lungul anilor prin studiu atent și de la cei care au suferit de anxietate și au descoperit ce este de ajutor. Așadar, deja vei avea cunoștințe intuitive despre multe dintre lucrurile pe care le voi prezenta aici – îți voi spune lucruri pe care le știi deja în inima ta. Majoritatea terapeuților sunt de acord că ajută să dezvolți un plan pentru gestionarea anxietății. Iată un exemplu de program în zece pași. Poți să adaugi pași suplimentari sau să îi modifici pe unii deja existenți ca să reflecte propriile nevoi.

Pasul 1: Recunoaște că ai o problemă cu anxietatea care te-ar putea împiedica sau care interferează cu viața ta într-un fel.

Unor oameni le este frică de ceva, dar dacă teama nu pătrunde cu adevărat în viețile lor, nu vor în mod special să se ocupe de aceasta. Nu îmi place să călătoresc cu autobuzele pe distanțe lungi (nu întreba, e o poveste lungă), dar sunt mulțumit să evit un asemenea mijloc de transport, pentru că există multe alte variante de călătorit. Când anxietatea îți iese în cale, atunci este de ajutor să interacționezi cu ea. Majoritatea oamenilor sunt, desigur, familiarizați cu anxietatea, dar nu își dau seama cât de mult ar putea interfera ea cu stilurile de viață dorite. A-ți imagina cum ar fi viața ta fără anxietate îți poate clarifica în minte cât de problematică este și, de asemenea, să îți ofere concentrarea și curajul pentru a o rezolva.

Pasul 2: Gândește-te dacă anxietatea este legată de stres sau dacă a apărut cu depresia.

Dacă treci printr-un divorț, este de înțeles să suferi de o anxietate mărită, care se va liniști odată ce restul vieții se va liniști. Dacă crezi că ești depresiv și anxietatea a apărut odată cu depresia, este important să elimini depresia. Să presupunem că simți anxietate în anumite situații. Să gândești cu compasiune înseamnă să recunoști că nu este vina ta, nu ai proiectat creierul să fie anxios și ar putea fi tot felul de motive pentru care te-ai schimbat în legătură cu anumite lucruri. Așadar, nu e nimic de care să îți fie rușine că te simți anxios. Simte compasiune și acceptare pentru anxietatea ta ca dificultate umană. Dar verifică dacă ești oarecum critic față de ea.

Pasul 3: Acceptă faptul că ai putea să simți mai multă anxietate înainte să se atenueze, dar asta va fi mai mult sub controlul tău.

Ține minte că anxietatea tinde să curgă prin noi destul de repede și că nu este ușor suprimată de gândire. Mai degrabă avem nevoie să învățăm cum să înțelegem, să înfruntăm, să facem față și să gestionăm anxietatea și acest lucru înseamnă a învăța să tolerăm un anumit grad de anxietate, nu să o oprim sau să o inhibăm complet. Acest lucru, în schimb, înseamnă că, înainte de a începe, avem nevoie să acceptăm că va fi o călătorie care să ne neliniștească. Vom avea nevoie de curaj, dar mottoul este: „Fii provocator, nu copleșitor." Ideea este să îți iei un angajament de a găsi metode prin care să trăiești cu anxietatea, profitând de aceste oportunități pentru a exersa tolerarea sa, dar nu atât cât să te copleșească sau să te descurajeze.

Abordările psihologice sunt foarte diferite de abordările medicale, care vor presupune prescrierea de medicamente care îți reduc anxietatea prin afectarea directă a creierului. Unii oameni găsesc acest lucru foarte eficient. Abordările psihologice totuși necesită curajul și dorința de a-ți schimba singur creierul prin blândețe.

Pasul 4: Examinează clar *de ce* vrei să îți înfrunți anxietatea.

De ce vrei să înveți cum să gestionezi, să tolerezi și să lucrezi cu anxietatea? Fă o listă cu toate lucrurile despre care simți că se vor îmbunătăți dacă ai gestiona starea. Acestea vor deveni lucruri față de care îți vei lua un angajament și care te vor ajuta să te concentrezi când va fi mai greu. Este una dintre acele situații în care „o mică durere îți oferă un câștig mare". De asemenea, când lucrurile sunt dure, îți poți concentra mintea pe imaginarea cât mai detaliată a lucrurilor spre care țintești. Dacă nu îți este clar în minte, va fi mai ușor să renunți.

Jeff era puțin neliniștit în legătură cu zburatul, dar iubea soarele și își dorea cu disperare să plece într-o vacanță cu iubita. Așa că a învățat niște tehnici de bază pentru diminuarea anxietății, cum ar fi respiratul și relaxatul, amintindu-și că anxietatea nu era periculoasă și că va trece. Pentru a se concentra pe angajamentul său față de acest scop, și-a creat în minte imagini distrându-se și în care se vedea cum râde împreună cu prietena în bătaia soarelui. De asemenea, s-a gândit cât de mulțumită ar fi ea că a putut să o însoțească și cât de important era să fie acolo. Aceste lucruri sunt mici moduri prin care îi oferim curajului o mână de ajutor.

Pasul 5: Întreabă-te dacă ai avea nevoie de ajutor cu anxietatea.

Nu pune presiune sau nu îți spune că *trebuie* să te descurci singur. Abordarea prin compasiune acționează întotdeauna spre a ne deschide inimile pentru ajutorul celorlalți. Dacă simți că anxietatea este probabil puțin prea dificilă pentru a lucra singur la ea, du-te la medicul de familie pentru a descoperi ce ajutor este disponibil. Există acum multe abordări psihologice pentru rezolvarea problemelor de anxietate, iar profesioniștii din psihologie vor evalua natura și cauzele anxietății și te vor ajuta să elaborezi un program. Reține că nu trebuie să îți fie rușine pentru că ai această dificultate – este extrem de comună din cauza modului în care au fost creați creierii noștri. Așadar, căutarea ajutorului profesionist poate fi rezultatul comportamentului plin de compasiune și al curajului. Gândește-te la asta ca la descoperirea unui fizioterapeut pentru minte. Este de înțeles totuși că uneori ne facem griji că anxietatea înseamnă că e ceva în neregulă cu noi, că vom fi considerați lași și slabi, că terapeutul va scormoni ceva din trecut ce am prefera să rămână îngropat sau că pur și simplu ni se vor prescrie medicamente. Dacă acesta este cazul tău, exprimă aceste îngrijorări față de persoana pe care te duci să o vezi; explorează dacă poți avea încredere și colabora cu ea.

Pasul 6: Fă o listă cu situațiile în care anxietatea ar putea juca un rol și cu sarcinile care te-ar ajuta să o depășești.

Ordonează-le de la cea mai puțin provocatoare la cea mai provocatoare. Dacă ai anxietate socială, una dintre cele mai puțin provocatoare situații în care te-ai putea găsi ar fi încercarea de a vorbi mai mult la locul de muncă în fiecare zi sau să îți suni prietenii mai des. Cea mai provocatoare sarcină ar putea fi întâlnirea unor oameni noi, alăturarea la un nou grup, cum ar fi unul pentru pierderea kilogramelor sau ținerea unui discurs – să zicem, la o nuntă. Să numim această listă „continuumul tău de dificultate“.

Acum gândește-te la diferite sarcini pe diferite niveluri de dificultate, care pot fi plasate pe „continuumul de dificultate“. Poți folosi aceste sarcini să exersezi stimularea și lucrul cu anxietatea. Dacă ai anxietate socială, exersează să intri în magazine și să ceri informații și demonstrații pentru mașinile de spălat sau televizoare, iar apoi să le mulțumești vânzătorilor pentru ajutorul lor (întotdeauna afișează recunoștință) – nu cumpăra nimic, desigur, decât dacă ai nevoie cu adevărat! Dacă este posibil, alege o zi în care magazinul nu este aglomerat. Sau telefonează unui agent de turism şi cere informaţii despre o vacanţă. Ideea nu este să îi deranjezi pe alţii, desigur, ci să exersezi conversaţia, să iei iniţiativă, şi să pui întrebări.

O altă sarcină ar fi să descoperi câte un lucru nou în fiecare zi despre oamenii cu care lucrezi. Exersează pusul întrebărilor despre cum se simt şi despre lucrurile şi oamenii din vieţile lor. Arată-ţi interesul faţă de ei: fii atent la postură, exersează expresia facială plină de compasiune când le vorbeşti şi priveşte-i în ochi. Oamenii cu anxietate socială par îndepărtaţi şi neinteresaţi şi, desigur, oamenii nu preferă acest comportament, ceea ce le poate confirma celor cu anxietate socială că oamenii nu îi plac.

Abordarea aici este să fii creativ în dezvoltarea „ierarhiei" şi gamei tale de sarcini/exerciţii. Ierarhiile pot fi dezvoltate pentru toate tipurile de frici, cum ar fi cea de păianjeni. Începe cu desenarea unui păianjen, apoi priveşte o imagine cu unul, apoi ţine în mână unul de jucărie şi aşa mai departe. Dacă suferi de agorafobie (frica de spaţii deschise), îţi poţi crea o ierarhie – să mergi până la uşa de la intrare, apoi să faci câţiva paşi pe drum, apoi tot mai departe în fiecare zi. Fii cât de creativ doreşti. Acest lucru nu este diferit de a învăţa să conduci o maşină: este cel mai bine să stai mai întâi în ea, apoi să circuli pe străzile secundare, apoi pe străzile principale înainte să ieşi pe autostradă. Cheia procesului este angajamentul de a lucra cu anxietatea în moduri pline de compasiune, nu să o eviţi.

Pasul 7: Pregăteşte-te pentru postura de anxietate.

Dacă ştii că urmează să te confrunţi cu ceva care îţi declanşează anxietatea, ai o serie de lucruri pe care le poţi face pentru a te pregăti. Folosirea ritmului liniştitor de respiraţie, aducerea în minte a imaginii tale pline de compasiune, plasarea mâinii deasupra inimii şi concentrarea pe bătăi şi pe faptul că anxietatea nu există din vina ta (nici a duşmanului tău) şi că dai dovadă de mult curaj în interacţiunea cu ea. Permite-ţi un zâmbet plin de compasiune. Ţine minte că probabil ai mai avut parte de aceste experienţe de sute de ori înainte şi că amigdala ta acţionează. Totuşi, vei fi mulţumit să vezi cum se linişteşte. Adu-ţi în minte o imagine în care ai depăşit-o şi cât de fericit ai fost.

Pasul 8: Scrie gândurile ajutătoare.

Reține că este foarte ușor pentru anumite gânduri, fantezii și ruminații să fugă cu tine și să îți crească anxietatea. Fără grijă, vei descoperi că ea este condusă mai mult de gânduri, interpretări și/sau amintiri vechi decât de abordarea în sine a evenimentului. Cât de des, după ce am făcut ceva față de care eram anxioși, ne-am spus în gând: „Ei bine, nu a fost atât de rău pe cât mă așteptam“ (și, da, ocazional: „A fost mai rău!“)? Deși știm că putem fi nehotărâți și agitați în legătură cu lucrurile, adesea nu facem pași pentru a ne ajuta. Spunem: „Ei bine, pur și simplu sunt genul acela de persoană.“ Poate, dar prin a învăța să fii conștient și „prezent în moment“ față de gânduri pe măsură ce îți apar în minte, exersezi arta echilibrării prin compasiune a gândurilor (*vezi* Capitolul 9) și să nu le lași să fugă cu tine. Pe măsură ce te implici în situațiile care îți creează anxietate, ia o carte poștală, poate una care are o imagine liniștitoare pe ea, și scrie câteva dintre gândurile ajutătoare. Câteva exemple ar putea fi:

> Este de înțeles că ești neliniștit [începe prin a fi sensibil și binevoitor față de suferință].
>
> Am mai trăit aceste sentimente înainte și sunt neplăcute, dar este vorba despre *anxietate* și nimic altceva. Știu că este vorba despre anxietate, pentru că pot declanșa starea punându-mă în anumite situații sau gândindu-mă la anumite lucruri – dacă sentimentele ar fi mai serioase, nu aș putea să le activez sau să le opresc așa.
>
> Multe persoane au aceste anxietăți, așa că nu este vina *mea*.
>
> Prin înfruntarea fricii, îmi ajut creierul să devină mai echilibrat.
>
> Prin înfruntarea fricii, îmi permit să mă deschid față de viață mai mult.
>
> Anxietatea trece mereu, așa că și aceasta va trece.

Încearcă să menții concentrarea asupra faptelor. Ia în considerare ce ți-ar plăcea să îți spună în ureche o persoană care a fost binevoitoare și susținătoare față de tine, care te-ar susține și te-ar încuraja în timp ce tu trebuie să faci față anxietății (bine, posibil înfricoșătoare). În orice moment, amintește-ți că aceste gânduri ar trebui pătrunse de bunăvoință, sprijin și încurajare, precum și susținute cu fapte. Încearcă să îți menții expresiile faciale și postura corpului într-un mod plin de compasiune, împreună cu un zâmbet plin de compasiune. Adu-ți aminte imaginea plină de compasiune și poartă o conversație imaginară cu ea. Trăiește și încearcă lucrurile.

Pasul 9: Implică-te.

Pe măsură ce cauți anxietatea, amintește-ți de ritmul liniștitor al respirației. Păstrează în minte că, dacă anxietatea crește, este ceva natural și, în anumite feluri, destul de util, pentru că tu capeți experiență pentru a-i face față. Încearcă să fii conștient de recunoașterea felului în care anxietatea curge prin tot corpul și atrage gânduri și comportamente.

O sarcină eficientă este să îți construiești încrederea astfel încât să poți învăța că ești capabil să tolerezi anxietatea, chiar dacă este destul de intensă. Există șanse, dacă ai o tulburare anxioasă, să o fi trăit într-un număr de ocazii. Așa că obiectivul principal este să îți amintești curajul anterior și că ai făcut față și ai tolerat o anxietate severă în trecut. Nu este plăcut, dar ai făcut-o și o poți face din nou. Aici vei învăța toleranța emoțională – acceptând sentimentul fără să acționezi asupra lucrurilor pe care vrea să le atragă. În timp ce faci acest lucru, păstrează vocea din capul tău cât poți de caldă, plină de compasiune, încurajatoare și înțelegătoare.

Concentrează-te pe modul în care să o alini, să îți ajuți amigdala să se liniștească. Ține-ți gândurile concentrate pe respirație, pe cartea poștală cu poza liniștitoare și pe gândurile de a face față. Dacă ai folosit o piatră liniștitoare în cadrul exercițiilor de imagerie mintală (*vezi* p. 279), poți să o ții cu blândețe în mână. Concentrează-te pe gândirea plină de compasiune față de anxietate. Continuă să îți imaginezi că sinele plin de compasiune este cu tine și simte compasiunea în inima ta – inspiră. Păstrează expresiile faciale pline compasiune cât poți. Ține minte că anxietatea nu este din vina ta și că dai dovadă de mult curaj în lucrul cu ea. Reține care este scopul, ce vei fi capabil să faci dacă o depășești sau dacă înveți să faci față acestei anxietăți.

Nivelul de stres al lui Eve a crescut, a devenit depresivă și a dezvoltat anxietate față de lucrurile noi, cum ar fi să meargă în magazine sau să se întâlnească cu oamenii. Credea că prietenii ei nu sunt așa, deci trebuia să fie ceva în neregulă cu ea – acesta era un semn de slăbiciune sau un defect. Existau mai multe lucruri în trecutul ei care o făcuseră sensibilă la asemenea sentimente. Totuși, printr-o abordare plină de compasiune, a fost capabilă să gândească: „Ei bine, sistemul meu de amenințare este suprasolicitat în acest moment din cauza unor lucruri care mi s-au întâmplat în copilărie și din cauza acestui stres din prezent. Așadar, deși aceste anxietăți sunt neplăcute și dureros de confruntat în fiecare zi, sunt normale pentru situația mea – este modul în care creierul reacționează din când în când."

De asemenea, Eve a devenit conștientă de modul în care unele dintre gândurile ei – cum ar fi: „De ce sunt așa? Ce este în neregulă cu mine? Cât de rău o să fie? Îi dezamăgesc pe ceilalți. Ar fi trebuit să se fi terminat până acum" – pur și simplu îi stimulau amigdala și sistemul de amenințare și îi creșteau anxietatea. A învățat cum să își valideze și să își accepte anxietatea și să recunoască faptul că existau motive bune pentru apariția ei. A descoperit și cum să fie mai degrabă binevoitoare față de anxietate decât „să o agite", notându-și cu atenție gândurile și interpretările. A lucrat intenționat să își mute atenția și gândirea asupra sistemului de alinare.

Trebuie să recunosc că sunt destul de multe lucruri de ținut minte. Dar toate sunt lucruri de încercat și de văzut dacă funcționează. Anxietatea poate să fluctueze în funcție de cât de stresați suntem și pentru femei de-a lungul ciclului menstrual. Tot ce poți să faci este să faci tot ce poți și să înveți să te concentrezi asupra acestor lucruri. Și ține minte că, uneori, ajutorul profesionist poate fi cea mai bună cale, așa că nu te chinui dacă aceste idei par să nu meargă.

Pasul 10: Reflectează asupra anxietății tale după ce a trecut.

În primul rând, concentrează-te pe orice ai simțit că ai făcut bine. Să presupunem că suferi de agorafobie și că ai reușit să ajungi la capătul străzii, dar apoi a trebuit să te întorci acasă. Ai *putea* să te concentrezi pe faptul că a trebuit să te întorci acasă și să te simți autocritic sau să te concentrezi pe faptul că ai ajuns la capătul străzii și că este mai departe decât ce ai reușit de ceva vreme. Și cine știe? Poate că o să reușești să mergi mai departe data viitoare. Uneori, oamenii se subminează singuri, pentru că nu se descurcă cât de bine au sperat și apoi se simt ca niște ratați. Așa cum arată terapeuții cognitivi, poți vedea paharul plin pe jumătate sau gol pe jumătate. A ne antrena să ne concentrăm pe paharul pe jumătate plin, nu pe dezamăgire, denotă compasiune. Așa că ar trebui să reflectezi asupra lucrurilor care au mers bine pentru tine, chiar dacă nu au mers așa de bine cum ți-ar fi plăcut.

În al doilea rând, gândește-te la sarcinile tale și la alte lucruri pe care încerci să le faci. Dacă totul a mers bine, cu mici obstacole pe ici-colo, dar bine, atunci probabil că ți-ai nimerit sarcinile și așteptările, dar dacă te-ai chinuit, se poate să fi ridicat ștacheta prea sus. Amintește-ți că poți începe cu ceva foarte mic. Ideea este să îți antrenezi creierul în etape, nu să îl sperii! Dacă sarcina ta s-a dovedit foarte ușoară, atunci se poate să îți fi setat ștacheta prea jos, deși nu este nimic greșit în a o lua ușor din când în când. Este ca revenirea în formă fizică, pe bune – nu ai alerga la maraton din prima zi în care te duci la sala de forță, dar ți-ar plăcea să transpiri puțin.

În al treilea rând, gândește-te la ce a funcționat pentru a te ajuta să faci față și a-ți înfrunta anxietatea. Cum a fost respirația și ce imagini ai avut? Cum rămâne cu gândurile de pe cartea poștală? Ai nevoie să o modifici pe ultima? Atunci, odată ce ai identificat ce a funcționat pentru tine, continuă să îl dezvolți.

În reflecțiile tale, revino la ideea că îți iei un angajament să faci față sau să depășești anxietatea, și concentrează-ți motivația asupra acestui lucru, ceea ce probabil că ai scris deja. Acesta este un lucru pe care îl fac mulți oameni. Obișnuiam să fiu neliniștit în legătură cu examenele, dar a ajutat să mă concentrez asupra faptului că voiam o carieră în această profesie. Celebrul actor britanic Laurence Olivier a vorbit despre faptul că a avut atacuri de panică pentru prima dată la vârsta de 60 de ani. Își uita replicile și se simțea teribil. Totuși, își dorea atât de mult să continue actoria, încât a știut că trebuia să înfrunte această problemă, așa că avea pe cineva care stătea discret în fața scenei, cu replicile scrise pe o placă pentru a-l ajuta. De fapt, unii actori sunt atât de neliniștiți, încât chiar vomită înainte de spectacole, dar își doresc mult să facă actorie, deci lucrează împotriva anxietății lor. Așadar, a descoperi lucruri față de care să te angajezi poate să te ajute mult în a continua.[185]

Anxietatea este atât de comună în societatea noastră și cauzată de atât de multe lucruri, încât acum există o gamă largă de literatură *self-help* și diferite site-uri.[186] Dacă tastezi „*self-help* pentru anxietate" într-un motor de căutare, vei găsi multe lucruri. Caută și grupuri de suport pentru anxietate. Există multe la nivel național care îți pot oferi detalii despre grupurile din zona ta. Împărtășirea problemelor cu alții poate fi de foarte mare ajutor.

Toți pașii anteriori s-au concentrat pe a te ajuta să întreprinzi acțiuni opuse și să faci trecerea de la sistemul de amenințare/autoapărare la cel de alinare. Decât să faci ce îți dictează anxietatea, a evita și a te ascunde sau a sta tăcut, mai bine preiei controlul prin compasiune.

Lucrul cu furia

La fel ca anxietatea, furia poate fi adesea o emoție puternică, ce apare cu repeziciune. Ea se poate răspândi printre oameni precum un val și apoi vedem „furia din stradă", care se revarsă prin violență. Unii oameni se controlează excesiv și nu învață să fie asertivi – în situații de conflict, pur și simplu tac sau se retrag. În opoziție, alții nu se controlează suficient și nici nu învață să fie asertivi – pur și simplu acționează conform furiei sau chiar agresivității. De asemenea, oamenii variază de la o situație la alta. În unele, se pot controla excesiv, fiind supuși și nedând glas enervării lor (de exemplu, cu șeful), dar în alte situații (acasă cu copiii), vor fi de necontrolat, iritați și furioși.

Gestionarea furiei este una dintre cele mai mari provocări din relațiile noastre și din lumea de azi. Ca mulți dintre noi, se știe despre mine că am câte un acces ciudat de furie sau două și că sunt iritabil și răutăcios cu oamenii. Dacă mi-ar fi rușine de un asemenea comportament, aș fi tentat să dau vina pe alții: „Tu m-ai supărat". Dar există o altă cale de abordare a acestui lucru. În primul rând, putem recunoaște deschis că avem un creier ale cărui sisteme au fost declanșate pentru furie și, în al doilea rând, observăm când au fost aceste sisteme declanșate. Din moment ce pot trece prin noi atât de repede, este dificil să le cuprindem; ne pot controla foarte ușor. Au apărut odată cu evoluția, așadar nu este vina noastră. Ținând cont de acestea, este inutil să ne spunem că suntem răi dacă simțim furie, când evoluția a făcut-o atât de ușor de simțit! Nu este de ajutor nici să ne spunem că nu ar trebui să fim furioși când suntem. Blamarea ne va face doar mai deprimați și/sau mai iritabili.

Să renunțăm la toată condamnarea și despicarea firului în patru despre cât de răi suntem și să hotărâm în schimb să preluăm cu adevărat controlul asupra emoțiilor puternice și evoluate ale furiei. Așadar, învățăm să detectăm semnalele furiei și momentele vulnerabile (care, pentru mine, cu siguranță includ presiunea timpului). Învățăm să ne observăm corpurile și să recunoaștem subiectele sensibile care pot aprinde furia. Învățăm să observăm accentele gândurilor și atenția pe măsură ce devenim furioși. Poate că există motive de înțeles pentru a fi furioși: poate că dincolo de furie suntem speriați sau obosiți și în declin, sau poate că așa am învățat noi, fiind copii, să gestionăm conflictul. Acum începem să ne gândim cu grijă la factorii declanșatori. Să devenim mai degrabă curioși decât rușinați. Ne antrenăm regulat mințile prin mindfulness, relaxare sau exersarea compasiunii și ne scădem nivelurile de stimulare, astfel încât furia să devină tot mai rar un oaspete neinvitat. Dalai Lama a remarcat adesea că doar prin faptul că este budist nu înseamnă că nu are sentimente sexuale sau agresive; cheia este felul în care acestea sunt exprimate prin el.

Pentru a ne mișca în această direcție este nevoie de o dorință autentică de a încerca să ne ajutăm să gestionăm mai bine furia. Odată ce o avem, decât să începem să ne gândim la ce ar trebui sau nu să facem, mai bine ne gândim la ce ar fi cel mai binevoitor și ajutător mod de a ne gestiona conflictele, dezamăgirile, eșecurile, frustrările și furia. Acestea sunt diferite pentru fiecare om – iată câteva exemple:

- Sally, care era destul de obedientă, se tot gândea la modul în care oamenii o tratau ca pe o cârpă. În cele din urmă, a explodat în legătură cu ceva minor, apoi s-a simțit prost față de ea și a revenit la a fi supusă. Deși la început a fost o perspectivă înfricoșătoare, cu bunăvoință și înțelegere, ea a hotărât că vrea să învețe și să exerseze să fie asertivă. Acesta este un comportament plin de compasiune.
- Tom considera exprimarea sentimentelor lui și comunicarea clară foarte dificile. El știa că interiorizarea lucrurilor nu îi ajuta relațiile, așa că lucrul plin de compasiune care trebuia făcut era să nu rămână tăcut și să încerce să nu îi supere pe alții, ci să învețe să vorbească deschis despre emoții, inclusiv despre furie. Acest lucru presupunea mai întâi învățarea propriilor emoții, concentrându-se asupra posturii corpului, tonului vocii, stilului limbajului și apariției gândurilor care veneau cu aceste emoții, învățând să facă față stimulării crescânde și așa mai departe.
- Provenind dintr-o familie agresivă, Kerry simțea că furia ei o proteja și îi dădea curaj, în ciuda faptului că, de asemenea, o împiedica să își formeze relații de lungă durată. Era foarte reticentă să renunțe și dornică să o justifice. Totuși, când a avut compasiune

față de furie, a recunoscut că aceasta acoperea o foarte mare frică de a nu fi auzită, de a fi călcată în picioare și rănită.

Până nu recunoaștem prin compasiune *funcția* emoțiilor noastre, poate fi destul de greu să lucrăm cu ele. Unii indivizi au fost educați să creadă că exprimarea furiei este esențială. Ei cred că nu trebuie să îi lași niciodată pe alții să te înșele cu ceva pentru că, așa cum s-a exprimat unul dintre pacienții mei, „dacă îi lași, își bat joc de tine". Ei bine, nu este prea drăguț, așa că nu e de mirare că s-a simțit furios. Unii oameni vin din medii foarte agresive, în care afișarea furiei făcea parte din felul în care crescuseră. Acesta este modul principal prin care au învățat conflictul – să țipe și să amenințe. Și, desigur, furia și agresivitatea, ca moduri de a obține ce dorim și de a ne exercita puterea, au fost folosite ca strategii milioane de ani.

Totuși, un lucru clar este că, în ciuda faptului că suntem mult mai bine decât eram cu 50 de ani în urmă, am devenit mai iritabili, mai furioși și mai agresivi. Kim mi-a spus acum că, drept rezultat al diferitelor reduceri și „măsuri pentru eficiență", nu prea mai erau suficienți oameni în departamentul ei pentru a face o treabă adecvată. Puteau doar să meargă înainte, dar cu multe scurtături „făcute după ureche". Totuși, lipsa aprecierii, așteptările de a face mai mult și mai mult cu tot mai puțin și abordarea tot mai stresantă a managerului și oarecum hărțuitoare însemnau că, atunci când ajungea acasă, ea era iritată și furioasă. Găsea că este dificil să relaționeze cu soțul și copiii ei, chiar dacă își dorea cu disperare. Totul se întâmpla din cauza stării ei mintale, și se înfuria pe ea însăși. Acest lucru este extrem de comun și trebuie să ne confruntăm cu faptele: am permis modelului de afaceri să ne înnebunească puțin pe toți. Din acest motiv suntem atât de iritabili; goana după „avantajul concurențial" nu face nimic pentru propria sănătate mintală.

Pe de altă parte, putem spune că, pentru că trăim într-o lume a abundenței, am ajuns să ne dorim și să ne așteptăm la mai mult și mai mult. Am ajuns la acest nivel datorită acestui lucru – întotdeauna căutăm mai mult, suntem mai buni și ne îmbunătățim. Dar trebuie să avem grijă, pentru că așteptările, dorințele și nevoile sunt excesive și fanteziile pot să ne îndepărteze de realitate, iar apoi trăim într-o lume a dezamăgirii și frustrării, pe tărâmul abundenței. Așa că furia poate fi o emoție dăunătoare dacă e lăsată necontrolată. Ea nu ne stimulează creierii pentru bunăstare, pentru că este legată atât de sistemul de amenințare/autoapărare, cât și de suprasolicitatul sistem axat pe stimulente/căutarea resurselor. Poți vedea asta la unii indivizi în continuă mișcare, care întotdeauna obțin ce vor. Uneori devin directori de afaceri de succes, dar vor fi cauzat o grămadă de răni emoționale pe parcurs.

Furia are un alt mare dezavantaj. Am întâlnit oameni care nu doresc cu adevărat că renunțe la furia lor și totuși în momentele mai liniștite, conștientizează că sunt foarte izolați, că toată furia chiar îi îndepărtează pe alții – este puțin probabil ca ceilalți să te iubească dacă îi amenințí. Totuși, în mod pervers, această singurătate îi face pe indivizii furioși să se simtă și mai amenințați și, prin urmare, mai predispuși la furie.

Un plan în zece pași pentru gestionarea furiei

La fel ca în cazul anxietății, abordarea prin compasiune a furiei utilizează înțelepciunea care a fost căpătată de-a lungul multor ani, de mulți oameni, prin studiu atent. Majoritatea terapeuților sunt de acord că ajută să alcătuiești un plan pentru gestionarea furiei. Iată un exemplu de program în zece pași. Poate vrei să adaugi pași suplimentari sau să dezvolți câțiva dintre cei existenți pentru propriile nevoi.

Pasul 1: Recunoașterea faptului că ai o problemă cu furia.

Poate simți că devii furios prea des sau că furia cade într-o extremă și te temi. Uneori nu ești cea mai bună persoană în măsură să stabilească dacă ai o problemă cu furia, așa că încearcă să fii deschis și să îi întrebi pe ceilalți. Uneori există teme-cheie, punctele tale vulnerabile la furie.

Pasul 2: Determină natura furiei tale.

Mai întâi, gândește-te dacă furia este legată de stresurile din viața ta sau dacă este însoțită de depresie – ești furios și iritat în special atunci când ești deprimat? Dacă răspunsul este da, atunci înseamnă că ai nevoie să tratezi depresia.

Dar să presupunem că problema ta este în primul rând legată de furie, probabil alimentată de o toleranță scăzută la frustrare – și există multe tipuri diferite de furie[187] –, dar nu este atât de serioasă, încât să simți că a scăpat de sub control. Un mod de gândire plin de compasiune este să recunoști că *nu este vina ta*, nu ți-ai creat creierul pentru a avea furie și pot exista multe motive pentru care o simți. Nu este nimic rușinos la faptul că simți furie. Verifică să vezi dacă ești oarecum critic față de furie sau dacă încerci să o justifici. Fii sincer cu tine însuți: a te justifica în acest fel este ca și cum ai încerca să îți spui singur că este în regulă să exprimi orice furie dorești, când în inima ta știi că nu este în regulă – nu ai dori ca alți oameni să îți facă acest lucru, nu-i așa? Din nou, nu este vina ta că simți furie, dar ai nevoie să îți asumi responsabilitatea pentru ce faci cu ea. Asertivitatea, încrederea, claritatea mesajului, apărarea unei poziții, pasiunea pentru o cauză – acestea sunt forme utile ale acestei emoții, dar furia „brută" include anumite expresii faciale (înfricoșătoare), tonuri vocale, moduri de gândire și de comportare care sunt de obicei create pentru a-i opri sau pentru a le face rău altora, sau pentru a-i forța cumva să facă ce vrei tu. În formele extreme, desigur, furia are legătură cu distrugerea celuilalt. Dacă ea curge prin tine și o lași în stare „brută", aceea nu este asertivitate.

Pasul 3: Învață să tolerezi furia fără să acționezi conform ei.

Poți face asta. Dacă ești foarte furios pe cineva mult mai mare decât tine, ești precaut și eziți înainte să acționezi în vreun fel. Dacă suntem sinceri, ne exprimăm furia când ne simțim în siguranță – în fața partenerilor, subordonaților la locul de muncă, oamenilor în poziții cu mai puțină putere decât noi sau chiar în fața copiilor, *nu* în fața oricui care are control asupra noastră. Există acum multe studii care arată acest lucru.[188] Avem nevoie să recunoaștem această tendință, fără să ne fie rușine de ea, dar trebuie să ne asumăm responsabilitatea pentru ea. Dacă lăsăm acest proces arhetipal să lucreze prin noi, vom deveni cu toții niște agresori.

Oamenii spun adesea că nu își pot controla emoțiile, și în special furia. Totuși, imaginează-ți că cineva ți-a oferit 5 lire să îți controlezi furia, fără să o exprimi timp de o săptămână și să fii în schimb drăguț și răbdător. Nu e suficient? Bine, 100 de lire. Tot nu e suficient? Bine, 10 000 de lire. Hmmm, începi să te gândești la asta acum. Oferta finală: 1 000 000 de lire. Da, vei primi 1 000 000 de lire dacă îți controlezi furia pentru o săptămână. Crezi că ai putea face asta? Dovezile arată că ne putem controla exprimarea emoțiilor dacă suntem suficient de angajați în acest sens și, desigur, potențialii bani din buzunar reprezintă un angajament bun.

Desigur, nimeni nu o să îți dea 1 000 000 de lire (scuze – da, asta ți-ar permite să te pensionezi și apoi nu ai mai avea frustrări), dar principiul este cel pe care vreau să îl clarific: poți tolera o emoție puternică fără să acționezi asupra ei din momentul în care ți-ai luat un angajament față de această sarcină. Dacă te dedici cu adevărat acestui scop, vei reuși, deși va presupune efort, curaj și exercițiu. În capitolul următor, vom vedea că furia față de nedreptate și dorința de a ne răzbuna grupul împotriva altuia sunt la fel de importante de înțeles și nu trebuie să le aplicăm.

Un număr de lucruri ne pot face să ne îndepărtăm de acest angajament. Unul important este să ne justificăm furia cu gânduri precum: „Alți oameni merită furia mea“ sau „Dacă ei nu pot să îmi facă față, ar trebui să se ducă în altă parte“. Ideea este că trebuie să abordăm o filozofie diferită. Avem nevoie să conștientizăm că furia stimulează sistemul de amenințare al celeilalte persoane să provoace un flux de hormoni inutili, care să curgă prin corpul său, dăunători pentru ea și pentru sănătatea ei. Așadar, trebuie să fim foarte atenți dacă dorim cu adevărat să dăm frâu liber furiei.

Pasul 4: Gândește-te clar de ce dorești să înveți cum să îți gestionezi și să îți tolerezi furia.

Fă o listă cu toate lucrurile despre care simți că s-ar îmbunătăți dacă ai face față furiei în diferite moduri – de exemplu:

- S-ar putea să mă simt mai bine față de mine însumi.
- A fi predispus la furie este asociat cu un număr de riscuri de sănătate.
- Oamenii ar considera că s-ar înțelege mai bine cu mine.
- Oamenii m-ar aborda și ar fi mai drăguți față de mine.
- Aș putea mai degrabă să îmi fac prieteni decât să sperii oamenii.
- Aș lua decizii mai bune.

De asemenea, furia poate fi însoțită de o ruminație obsesivă, care ne distrage de la starea noastră de bine – cu siguranță nu e o modalitate de a crea pace sau fericire. În ciuda acesteia, ești îngrijorat de faptul că oamenii nu te vor lua în serios dacă te abandonezi în exprimarea furiei, dar acesta este un apel spre a învăța să fii asertiv.

Pasul 5: Ascultă când alţi oameni îţi spun că ai o problemă cu furia sau că eşti abuziv.

Gândeşte-te dacă ai nevoie de ceva ajutor. Nu îţi spune că pur şi simplu trebuie să o rezolvi singur. Abordarea prin compasiune este întotdeauna legată de deschiderea inimilor pentru nevoia de ajutor şi dacă simţi că furia este puţin cam dificilă, mergi la medicul de familie şi vezi ce ajutor este disponibil. Aminteşte-ţi că nu trebuie să îţi fie ruşine pentru că ai dificultăţi cu furia; este extrem de comună. Furia este unul dintre cei mai mari jucători din creierul nostru.

Una dintre problemele mele a fost întotdeauna o lipsă a *răbdării*. În abordările budiste ale compasiunii, răbdarea este una dintre calităţile-cheie şi noi facem asta prin recunoaşterea faptului că apucătura şi încercarea de a forţa viaţa să ne dea ce dorim sunt cele care ne fac nerăbdători. Avem multe sentimente şi credinţe despre ce „trebuie să avem" şi „avem nevoie acum" sau, în cazul meu, „trebuie să fac acum". Statul la coadă este cel mai mare factor declanşator de nerăbdare; am gânduri precum: „De ce nu aduc mai mult personal aici?", urmat cu repeziciune de sentimentul că „lor nu le pasă suficient încât să se deranjeze" şi aşa mai departe. Când suntem presaţi de timp, aşa cum suntem din ce în ce mai mult, bătrâna răbdare este prima care suferă. Meditaţia sau conştientizarea şi exerciţiile de compasiune practicate regulat ne ajută să ne încetinim şi să ne acordăm nişte răbdare. Dacă acesta este un lucru de care ai nevoie, urmează nişte paşi folosind tehnicile din această carte.

O problemă anume pe care ai putea să o ai, în special dacă furia se transformă în agresivitate, este cu *alcoolul*. O mare parte din violenţa domestică şi de alte tipuri este asociată cu acesta. Există, din nefericire, un număr de oameni, majoritatea bărbaţi, care sunt perfect civilizaţi, rezonabili şi drăguţi, până în momentul în care au consumat câteva beri; sistemul lor de ameninţare, cu sensibilitatea la critică, respingere, insultă şi agresivitate, intră în joc. Dacă eşti unul dintre aceştia, ai nevoie de ajutor în legătură cu consumul de alcool, dar te afli în negare. Dar adevărul este că, fie din cauza *mediului de provenienţă*, fie din cauza *genelor* (niciunele nefiind din vina ta), nu eşti capabil să te controlezi când ai băut alcool. O abordare prin compasiune este a înfrunta acest lucru cu sinceritate şi a căuta cu adevărat ajutor fără ruşine. Acum există multe locuri în care poţi obţine sprijin pentru acest tip de problemă. Asta nu înseamnă că ești dependent, doar că alcoolul are un anumit efect asupra stării creierului. Nu este nimic de care să fim mândri sau care ne face deosebit de *masculini* în a ne pierde controlul minților și al emoțiilor când suntem beți. Eu sufăr de migrene oribile din cauza alcoolului, așa că trebuie să am grijă. Nu este vina mea; este pur și simplu vina genelor. Același lucru poate fi valabil și pentru tine, dar odată ce știi asta, desigur, este vorba despre a-ți asuma responsabilitatea pentru a face tot ce îți stă în putință să obții ajutor.

Pasul 6: Fă o listă cu situațiile care te fac furios.

Listează-le de la cea mai puțin provocatoare la cea mai provocatoare. Poți să vezi vreun tipar? De exemplu, te înfurii cel mai mult când te gândești că:

- nu există suficient timp?
- ai putea să fii de vină?
- oamenii te critică?
- oamenii încearcă să te înșele?
- oamenii nu prea se deranjează pentru tine şi nu îţi oferă un serviciu bun?
- oamenii se comportă nedrept?

Când ai identificat factorii declanșatori, scrie de ce te fac aceste lucruri furios. În special, concentrează-te pe frica cea mai mare. Este interesant că avem nevoie să întoarcem pe cealaltă parte furia pentru a privi spre frica noastră, nu-i așa? Această frică ar putea fi că alții te desconsideră, te resping, scapă nepedepsiți, te blochează în vreun fel și te simți neputincios. Sau ar putea fi faptul că, dacă nu îți faci treaba, îi vei dezamăgi pe ceilalți.

Dacă faci această explorare, îți vei clarifica faptul că furia este adesea legată de lucruri care, de fapt, te amenință. Părinții explodează în fața copiilor lor pentru că ei, adulții, sunt presați de timp și stresați; ar putea crede că, dacă nu se supun copiii, vor deveni de nestăpânit; sau ar putea gândi despre comportamentul copiilor că este dovada că nu îi iubesc ori că nu îi respectă. Un tată care obișnuia să se înfurie pe copiii lui mici avea mereu gândul că cererile și cicălelile lor constante o oboseau pe soție și, când ea era obosită, se ducea la culcare devreme și se retrăgea. Așadar, se simțea în competiție cu copiii. De fapt, acest lucru nu este neobișnuit. Cuplul avea nevoie să discute deschis, fără condamnări, și să găsească o soluție.

Pasul 7: Ia-ți un angajament să găsești o modalitate de a te împuternici care nu implică exprimarea furiei.

Poți să faci asta cu imaginația ta. În primul rând, caută un ritm liniștitor în care să respiri și adu-ți aminte de imaginea ta plină de compasiune. Acum adu-ți aminte unul dintre factorii tăi declanșatori pentru furie – de exemplu, ar putea să fie cineva care te critică. Acum gândește-te la un răspuns asertiv care se concentrează pe modul în care te simți, făcând mesajul clar, și imaginează-te într-o postură și cu o expresie facială care comunică faptul că ești prietenos, încrezător, drept, non-defensiv și deschis, nu agresiv. Acum imaginează-ți că îți livrezi clar mesajul, într-un mod pașnic, dar prezentându-te ferm și încrezător. Reflectează asupra modului în care se simte acest lucru. Observă că poți să te încetinești intenționat și să te liniștești.

În unele feluri, acest lucru nu este diferit de o abordare a artelor marțiale, în care practicanții se comportă asertiv din punctul de vedere al calmului interior. A învăța să acționăm în lume dintr-o poziție de calm interior ne oferă cel mai mare control. Dacă îi permitem furiei să ne direcționeze, pentru că este destul de primitivă, nu va fi foarte atent exprimată și vom scăpa nepedepsiți doar dacă avem putere. Dacă ne aflăm într-o poziție subordonată, ne gândim îndelung la furia noastră, iar acest lucru nu este de foarte mare ajutor. Clare, de exemplu, era foarte furioasă pe șeful ei, dar zâmbea și era docilă. Totuși, seara sau la sfârșitul săptămânii, se tot gândea la modul în care se simțea și era destul de tristă, pierzându-și interesul pentru sex. Comportamentul ei avea un impact negativ asupra relației cu familia. Mesajul este să nu te agăți de lucruri care în mod clar îți reduc starea de bine și îți stresează creierul.

Acum, folosirea imageriei mintale pentru a crea un răspuns asertiv poate fi de ajutor, pentru că îți oferă o structură pentru a lucra și a gândi lucrurile clar. Problema este că ea nu produce emoțiile cu care va trebui să te confrunți când apare furia. Așadar, următorul element este să identifici situații minore în jurul tău care îți declanșează ușor furia, astfel încât să devii familiar cu factorii declanșatori și cu modul în care îți afectează corpul. Acest lucru te va ajuta să ajungi curând să gestionezi furia.

Un alt element important în controlarea furiei este *învățarea gestionării conflictului* – acestea ar putea fi conflicte cu copiii mici, adolescenții, părinții, partenerii, oamenii de la serviciu, șeful sau angajatorul tău. Există o gamă largă de calități foarte utile pentru a învăța să devii încrezător într-un mod creativ, ferm și de ajutor. Nu putem aborda toate acestea aici, dar dacă vei tasta „dezvoltarea prin asertivitate“ pe internet, vei descoperi multe zone de explorat. În mod clar va trebui să hotărăști ce îți va fi de ajutor. Mulți oameni consideră utile cursurile prin care să devină asertivi, dar verifică ce calificări au instructorii și mergi doar dacă simți că va fi benefic pentru tine. Ai putea să exersezi cu partenerul tău și să obții răspunsuri. Ține minte, a recunoaște că ne chinuim cu anumite conflicte în relațiile noastre nu este un fapt rușinos. Conflictele sunt obișnuite și dificile.

Diferite situații necesită diferite comportamente, așa că nu pot să fiu prea specific. Cheia constă în angajament și practică. Începe să cauți situațiile care reprezintă factorii tăi declanșatori și exersează controlarea lor. Dacă ai o zi aglomerată mâine și știi că trebuie să îi duci pe copii la școală, apoi să conduci spre serviciu prin trafic, probabil vei fi puțin iritat; nu spera ca ziua să meargă mai bine, privește-o ca pe o zi în care vei fi capabil să îți exersezi noile calități. Spune-ți în gând: „Mâine va fi o zi stresantă. Voi fi atent la iritabilitate și îmi voi observa gândurile, ceea ce îmi va da șansa să am compasiune față de sentimente și să dețin controlul lor.“ În acest fel, te poți transpune *într-o* situație, mai degrabă decât să devii furios atunci când ea se întâmplă. La fel ca în cazul anxietății, încearcă să fii conștient – adică observă sentimentele și gândurile care îți apar în minte pe măsură ce se întâmplă, dar retrage-te și doar observă-le. Într-un fel, conștiința va observa cum lucrează mintea evoluată.

Pasul 8: Scrie niște gânduri care te ajută să faci față.

Fă acest lucru pe o carte poștală cu o imagine care ar putea fi de ajutor sau liniștitoare. Gândurile tale ar putea suna cam așa:

> Este de înțeles să te înfurii [*adică începe prin a fi sensibil și binevoitor față de suferința ta, recunoscând că furia are legătură cu frica și suferința într-un fel*]. Am ales să găsesc o cale diferită de a gestiona aceste

sentimente, nu sunt furios și exersez o „abordare asertivă“. Când observ că furia apare, devin mai conștient și mă concentrez pe respirație. Este important să mă încetinesc și să nu mă grăbesc odată cu sentimentele. În acest fel, îmi ajut creierul să devină mai echilibrat, astfel încât dețin controlul furiei și nu îi permit să facă ce vrea cu comportamentul și gândurile mele. Înfruntând modul în care furia curge prin mine, mă deschid mai mult față de viață.

Pasul 9: Învață cum să renunți și să ierți.

Există două *comportamente* de bază care pot fi de ajutor în rezolvarea furiei. Primul este renunțarea. Ne agățăm de furie pentru că simțim că, dacă renunțăm la ea sau nu o exprimăm, vom slăbi. Cineva cu care lucram simțea că a fost concediat pe nedrept și că „nu ar trebui să îi lase să scape“. Ruminarea furiei sale și, de asemenea, a neputinței – pentru că nu avea ce să facă – pur și simplu l-a deprimat. Conștientizând că nu are cum să învingă în această bătălie, că viața este nedreaptă și că trebuie să facem doar ce putem mai bine, s-a adresat sindicatului să gestioneze situația. A abandonat lupta și și-a căutat alt loc de muncă. Într-o lună, depresia dispăruse. A recunoscut că a fost propria incapacitate de a renunța, pentru că își spunea singur că este slab dacă ar face asta, că va rămâne într-o poziție neajutorată. Așa că este important să explorăm „renunțarea“ și să mergem mai departe.

Uneori, renunțarea implică un comportament de bază secundar: *iertarea* oamenilor care ne-au rănit. Oferim iertare *pentru că ne face bine*, pentru că renunțarea la furie este benefică pentru creier, starea de bine și sănătatea noastră. Uneori, dacă ai fost foarte furios pe cineva, ar trebui să clarifici mai întâi gândurile și sentimentele înainte să poți ierta. Pentru a face asta, scrie o scrisoare celor pe care îi ierți, așezându-ți în ea toate durerile și sentimentele (*vezi* Capitolul 10). De obicei, aceste scrisori nu sunt trimise niciodată, dar dacă vrei să o trimiți, este mai bine să o pui deoparte pentru o perioadă, nu să trimiți impulsiv ceea ce tocmai ai scris. Scopul este să *te* ajute cu sentimentele *tale*.

Apoi gândește-te la avantajele obținute din renunțarea la furie. Observă că gânduri precum „nu trebuie să îi las să scape“ sunt, de fapt, ca lanțurile care te țin într-un loc neplăcut. Cu siguranță, dacă poți să faci ceva pozitiv, fă-o, dar în aceste situații, când ruminăm furia, știm că nu putem. Uneori nu renunțăm la furia noastră pentru că, dedesubt, există un anumit tip de dorință. De exemplu, o persoană poate fi foarte furioasă pe un părinte, dar renunțarea la acea furie ar fi ca și cum am spune „la revedere" și am rupe o legătură profundă. Ce își dorește cu adevărat este ca acel părinte să fie iubitor și atent. În această situație, renunțarea ar putea însemna *doliul* pentru părintele pe care ți l-ai dorit, dar care nu a fost acolo. Problema cu părinții este că, într-un fel, noi trăim întotdeauna doi, unul este părintele real, dar există și părintele pe care ni l-am dori în mod ideal. Dacă aceștia doi se potrivesc, e totul bine, dar dacă ei se îndepărtează prea mult, ne chinuim.

Iertarea nu înseamnă că îl vei agrea vreodată pe cel iertat și nici nu înseamnă că persoana aceea este îndreptățită să primească iertarea ta. Este pur și simplu renunțarea la furie, pentru că *îți face bine*. Înseamnă că sistemul de amenințare/autoapărare din creier, care pompează hormonii stresului, nu este stimulat constant prin ruminarea furiei tale. Tu știi că gândurile îndelungate la furie nu duc la o stare de bine, la sentimente de fericire și entuziasm. Dacă tastezi „iertare" într-un motor de căutare, vei găsi multe site-uri care abordează această problemă, dar dacă furia ta este mare, este posibil să ai nevoie de ajutor profesionist.[189] Din nou, nu te rușina de asta: recunoaște-o și deschide-ți inima pentru a fi ajutat.

Pasul 10: Reflectează asupra modului în care te descurci.

Găsește niște timp pe parcursul zilei pentru a te gândi la cum te descurci. În primul rând, exersează orice consideri că ai făcut bine, indiferent cât de mic este. Dacă te chinui în anumite arii, încearcă să nu fii autocritic, ci să recunoști că acestea necesită mai mult exercițiu. Menține așteptările realiste și recunoaște că toți suntem iritați din când în când. La fel ca la anxietate, și la furie cheia este acțiunea opusă. Furia va dori să gândești și să te comporți într-un anumit fel, și exercițiul este să faci opusul, să rămâi mai degrabă prietenos decât agresiv. Este un lucru amuzant, dar a nu acționa conform furiei poate fi un act de curaj!

Concluzie

Fiecare dintre noi are un creier care a dus la evoluția a două emoții puternice și protectoare, care îndeamnă la acțiune: anxietatea și furia. Există și altele, desigur, precum dezgustul și tristețea, dar anxietatea și furia ne creează mari dificultăți și dureri, în special când ele ne alimentează și ne direcționează fanteziile, anticipările, imaginațiile și gândurile profunde, calități ale minților care ne pot intensifica și prelungi aceste sentimente neplăcute. Anxietatea și furia sunt printre cele mai mari blocaje ale compasiunii și bunăvoinței, dar nu le putem alunga, pentru că sunt fundamentale pentru emoții. Așadar, trebuie să lucrăm cu ele prin a învăța să le tolerăm, să nu le punem în acțiune și să descoperim cum să nu ne lăsăm purtați de gândurile și fanteziile care pot veni cu ele. Mulți psihologi sugerează că problemele nerezolvate și amintirile traumatizante din trecutul nostru, împreună cu o dispoziție genetică, ne sporesc sensibilitatea la anxietate și furie, ceea ce ar putea necesita ajutor profesionist. Dar putem face multe lucruri pentru a ne ajuta pe noi înșine dacă ne recunoaștem nevoia de a ne schimba și a ne angaja să devenim mai conștienți și să exersăm schimbarea.

Abordarea prin compasiune întotdeauna ne invită să recunoaștem că dificultățile din mințile noastre sunt adesea rezultatul faptului că avem emoții puternice. Vrem să trecem la un sistem emoțional diferit, unul de alinare și bunăvoință, și din această poziție să ne gândim la cea mai bună cale de urmat. Frica, furia și violența ne-au dominat mințile și planeta foarte mult timp și au cauzat atâta durere omenirii, încât a venit timpul să învățăm noi modalități de a ne antrena și organiza mințile. Uneori, desigur, aceste situații sunt complexe și vor cere mult timp pentru a le rezolva. Viața poate fi foarte dură și tragică. Uneori trebuie să ne confruntăm cu lucruri care ne întristează. A învăța să facem asta prin compasiune este cheia depășirii lor.

Așadar, vedem că un comportament plin de compasiune poate fi mai dificil decât pare la prima vedere. Ne este greu pentru că există tot felul de dileme pe care trebuie să le înfruntăm, pentru că ne solicită curajul, pentru că trebuie să ne confruntăm propriile emoții, pentru că nu este întotdeauna clar care este cu adevărat calea compasiunii. Singurul lucru pe care îl putem face este să avem compasiune pentru faptul că a ne comporta cu compasiune și a ne înfrunta emoțiile puternice sunt lucruri dificile și facem tot ce ne stă în putință pentru a le înfăptui.

12

Comportamentul plin de compasiune: cultivarea curajului

S-a spus adesea că faptele sunt mai importante decât cuvintele, așa că nu este surprinzător că aducem compasiunea în viețile noastre și în lume prin fapte. Poți fi foarte motivat să îți pese și să fii sensibil, tolerant și răbdător, dar fără a transpune aceste intenții în acțiune, nu se va întâmpla mare lucru. Există, desigur, o gamă largă de acțiuni care nu ne costă mult, dar trebuie să și conștientizăm că un comportament plin de compasiune ne-ar putea crea dileme și ar putea presupune curaj. Acest curaj se arată în multe feluri, așa cum vom vedea.

Arta rezistenței

Ultimul capitol a explorat cum și de ce comportamentul plin de compasiune nu se referă doar la punerea în aplicare a sentimentelor binevoitoare, ci implică și acțiuni dure și curaj. Așa cum am văzut, compasiunea presupune interacțiunea cu excesele emoțiilor de amenințare/autoapărare: furia și anxietatea/frica. În acest capitol, vom analiza modul în care comportamentul plin de compasiune necesită un tip diferit de curaj – capacitatea de a rezista propriilor *dorințe*, inclusiv cele asociate cu a face parte dintr-un grup și a fi admirat de liderii noștri și de apărătorii tribului. Dar vom începe cu ceva nu foarte dificil înainte să schimbăm vitezele spre zone mai complicate din punct de vedere moral. Tema care stă la baza acestui capitol este rezistența în fața persuasiunii minților și dorințelor arhetipale.

O reclamă recentă arăta oameni zâmbitori care sugerau că putem fi binevoitori față de noi înșine, răsfățându-ne cu dorințele (poftele) pentru prăjiturile cu cremă. A ne îngrășa și a ne crește colesterolul și riscul de a muri de atac vascular și de boli de inimă ar trebui să fie ceva binevoitor? Asemenea reclame ne hrănesc confuzia dintre bunăvoință și satisfacerea dorințelor. Categoric nu sunt același lucru! Această confuzie există și în felul în care ne îngrijim copiii. În inimile noastre, știm când ne hrănim copiii și când le oferim lucruri care nu sunt în interesul lor.

Așa cum am notat în Capitolul 3, fiecare dintre noi are un creier care i-a dat o gamă de dorințe și de pasiuni care au funcționat când nu aveam abilitățile „creierului nou/minții noi", când trăiam în grupuri mici, dependente reciproc și în lumi de penurie în care nu aveam producția în masă de astăzi. Totuși, în ciuda abilităților mintale, traiului izolat și consumului, compasiunea ține de arta rezistenței – de a *nu* da curs dorințelor și emoțiilor. Dacă vreau să fiu în formă, sănătos și să trăiesc mult, trebuie să fiu precaut față de ce și cât mănânc și beau în această societate occidentală a abundenței, și să fiu suficient de disciplinat să fac exerciții fizice (ce bine ar fi!). A mă trata cu compasiune înseamnă a spune „Nu" multor lucruri dorite și a înfrunta această pierdere. Fanteziile mele pot crea tot felul de dorințe și mă amorsează pentru tot felul de dezamăgiri.

Uneori este de ajutor dacă facem o listă cu lucrurile față de care știm că vrem să rezistăm. Dacă încerci să lucrezi asupra comportamentului tău alimentar, planifică fiecare zi cu grijă și fă tot posibilul să te ții de acel plan. Poți începe prin înlăturarea unui singur lucru – de exemplu, biscuiții sau prăjiturile. Ochește ținte mici, nu pe cele mari. Folosește-ți mintea plină de compasiune pentru a te ghida. Fii iertător dacă nu prea reușești și bucuros dacă o faci. Ține minte: fără rușine sau critică! Comportamentul plin de compasiune se referă și la protejarea de propriul sistem de acțiune și de autocritică – nu la a fi pasiv în fața frustrării concentrate pe sine și pe furia că nu am obținut ce ne-am dorit, făcând greșeli sau nefiind așa cum ne-am dorit să fim.

Un comentator musulman a subliniat faptul că Ramadanul, luna în care oamenii țin post negru de la răsărit la apus, poate fi văzut în multe moduri. Poate fi văzut ca simplă supunere în fața lui Dumnezeu. Totuși, un alt mod de a-l trăi este prin a-l gândi ca moment în care li se înfățișează oamenilor experiențele care le vor arăta că *pot* rezista tentațiilor și dorințelor dacă își doresc. Mai mult decât atât, le dă și un oarecare indiciu față de ce înseamnă să îți fie foame și astfel să fie mai deschiși pentru compasiunea față de cei din lume care au lipsuri.

Având compasiune pentru alții poate însemna și a spune „Nu“ multor lucruri dorite. Noi, bărbații, ne bucurăm de imagini și fantezii sexuale – nu din vina noastră: creierii au fost proiectați pentru asta –, dar a pune în aplicare acele fantezii poate alimenta traficul sexual. Vrem haine ieftine, dar unele articole nerealist de ieftine aflate la reducere înseamnă exploatarea prin muncă a copiilor. Ne place să mâncăm carne, dar în plus față de cei care consideră acest lucru foarte crud pentru animale, unii oameni de știință cred că defrișarea pădurii amazoniene pentru creșterea vitelor a contribuit la încălzirea globală. Vrem să păstrăm cât mai mulți bani și să nu plătim taxe? Bine, dar așa cum a văzut Marea Britanie în anii ’80 și ’90, cu puțini bani pentru întreținere, infrastructurile școlilor, sistemelor de transport și spitalelor au fost lăsate să se sfărâme și să putrezească, fiind acum probleme uriașe. Societățile complexe au nevoie de investiții masive pentru menținerea calității.

Așa că, în fiecare aspect al vieții, suntem împinși să ne gândim la consecințele punerii în aplicare a dorințelor. Există o diferență imensă între comportamentul plin de compasiune și simplul răsfăț. Guvernele occidentale vorbesc despre reducerea taxelor, și nu despre investiția lor, pentru că vor să apeleze la lăcomia noastră, știind că am crescut într-o lume în care am fost antrenați să ne concentrăm pe atențiile, poftele și dorințele noastre și să credem că suntem îndreptățiți la orice, atât timp cât muncim din greu pentru asta.

Rezistența în fața altora

Comportamentul plin de compasiune se dovedește un lucru foarte greu, confuz și, uneori, înfricoșător. Nu numai că avem nevoie să înțelegem legătura dintre protecție și rezistența față de sine și cum să nu ne punem în aplicare dorințele, furia și fricile, ci trebuie să le ținem piept și altora. Putem să explorăm acest proces privind spre cum îi învățăm pe copii faptul că nu pot avea întotdeauna ce doresc. Acest lucru începe cu un anumit curaj din partea noastră, curajul de a nu fi convinși de vinovăția plasată greșit. Așadar, putem începe cu mici acte de curaj și să construim unele mai dificile.

Așadar, să presupunem că ești un părinte cu copii mici. Dacă cedezi revendicărilor lor de a mânca numai prostii, foarte curând vei avea copii nesănătoși și gălăgioși. Trebuie să fii capabil să le tolerezi frustrarea față de tine și plângerile: „Alți părinți îi lasă pe copiii lor să mănânce chestiile astea“, deci tu trebuie să fii un părinte „nu tocmai drăguț“. Trebuie să ai curajul convingerilor că *stabilirea limitelor* și a spune „nu“ copiilor sunt lucrurile corect de făcut, chiar dacă ei nu te consideră cea mai populară persoană. Dacă te simți oarecum vinovat față de lipsa timpului petrecut cu ei, atunci din vinovăție (și deloc pentru interesele lor) ai putea ceda. *Este nevoie de curaj să nu acționezi din vinovăție, ci dintr-o convingere autentică față de binele celorlalți.* Acest lucru este valabil pentru multe lucruri în viață, nu-i așa? Și, bineînțeles, nu putem fi întotdeauna siguri în legătură cu ce *este*, de fapt, în interesul altora.

Imaginează-ți că selectezi medici pentru pregătire. Unul dintre candidați este extrem de muncitor și are recomandări care arată că este de mare ajutor, atent și binevoitor, și are multe dintre calitățile personale pe care le vrei în mod ideal la un doctor. Intervievezi această persoană cu speranțe mari, dar el se chinuie din punct de vedere academic. Arunci o privire la recomandări și descoperi că profesorii sugerează și că este puțin probabil să ia note bune. Pe de altă parte, ți-ar plăcea să accepți acest candidat și să îi îndeplinești visurile, știind că va da 110% și că va fi binevoitor față de pacienții săi – totuși, știi și că nu se va ridica la nivelul așteptărilor și ar putea face greșeli, compromițând viețile altora. Ai nevoie de curaj să fii cel care trebuie să îi spună asta. Vei avea nevoie de curaj și să fii sincer în legătură cu tristețea pe care o simți pentru el, în loc să devii detașat și să fii împietrit de asemenea lucruri.

Devine clar, nu-i așa, că un comportament plin de compasiune nu poate fi unul supus, că *a ceda* altora lucrurile pe care și le doresc doar pentru simplul fapt că și le doresc nu este ceva binevoitor. Și uneori trebuie să fim suficient de sinceri cu noi înșine și să avem compasiune față de faptul că nu putem urmări ce dorim. Când suntem tineri, ne bazăm pe părinții noștri să ne ofere limite și ei fac asta (sperăm noi) dintr-o poziție de îngrijire. Dacă acele limite au fost trasate prea strâns, atunci probabil că pășim în viața de adult cu dorința de a ne răzvrăti și de a face ce vrem, indiferent cât de rău este pentru noi. Și, desigur, lumea corporațiilor nu dorește cu disperare ca tu să ai limite în jurul tău sau al copiilor; ei vor să cumperi mai mult și mai mult și vor încerca să stimuleze acceptarea de a face acest lucru. Totuși, a ceda nu are legătură cu compasiunea, în special când poate fi dăunător. Modul în care recunoaștem nevoia de a ne limita – alimentele pe care le mâncăm, alcoolul pe care îl consumăm și alte pofte și dorințe – poate fi un pas important în dezvoltarea comportamentului plin de compasiune. Este vorba despre protejarea prin compasiune – îngrijire –, nu despre negarea morală a sinelui. E nevoie de curaj pentru a conștientiza acest lucru și a-l schimba.

Ideea de merit

Narcisiștilor le este greu să îi vadă pe ceilalți ca ființe egale cu ei; simt îndreptățirea de a-i folosi pe alții pentru satisfacerea propriilor dorințe și ambiții. Acești oameni sunt foarte bine reprezentați în afaceri și în politică. Dar există multe elemente de narcisism pe care societatea occidentală le încurajează, în special idei precum „ai nevoie și meriți“ sau „ești îndreptățit să“. Ei bine, mai îndreptățit decât cine? Mai merituos sau mai îndreptățit decât copilul exploatat prin muncă din India sau bărbatul sau femeia înfometată din Africa? Acestea sunt idei inutile, folosite pentru a te stârni să răzbești și să cumperi. În schimb, poate ar trebui să ne gândim cum să facem rost exact de ce ne trebuie, pentru a le putea oferi și celorlalți ce au nevoie.

Așadar, primul pas este să recunoști că ideea de „merit“ poate fi folosită în moduri care nu sunt de ajutor. Nu trăim într-o lume care este bazată pe „merit“ și, în orice caz, acestea sunt judecăți de valoare arbitrare. Desigur, înțelegem că „meritul“ este legat de efort și de comportamentul „bun“ prin recompensă. Animalele și oamenii fac lucruri pentru recompensele pe care le primesc pentru efectuarea lor – este esențial pentru viață. Totuși, a spune că munca grea *merită* recompense este un bun punct de vedere capitalist asupra vieții. Cu siguranță nu ne place ideea ca oamenii să fie recompensați pentru lenea lor, pentru trișat sau privilegii, dar folosirea justificărilor și a raționalizărilor cum ar fi că „merităm“ să ne răsfățăm nu este de ajutor. În urmă cu câțiva ani, un bancher care primise un salariu compensatoriu de 3 milioane de lire sterline credea cu adevărat că merita această sumă!

Nimeni nu *merită* bolile de care suferă sau soarta să fi crescut într-o țară sfâșiată de război sau să fie inundat de un muson. Nimeni nu *merită* privilegiile care vin datorită genelor sale, educației sau poziției sociale care i-au oferit un avantaj. „Merită" adesea devine o modalitate de a justifica nedreptatea. Nu se pune problema dacă meriţi sau nu o vacanţă, ci dacă ai nevoie de una şi dacă ar fi folositoare pentru tine şi pentru familia ta. Nu se pune problema dacă meriţi sau nu compasiune, ci dacă te va ajuta să te dezvolţi. Nu se pune problema dacă alţi oameni merită sau nu compasiune, ci dacă îi va ajuta şi dacă noi suntem pregătiţi să o oferim. Acest punct de vedere este, desigur, diferit de cel al societăţii noastre competitive şi, într-adevăr, de cel al grecilor antici, care au pus multă valoare pe „merit".

A ţine piept agresorilor (şi a-i recunoaşte în tine însuţi)

Dacă te afli într-o poziţie de autoritate, vor fi momente când va trebui să araţi greşelile subordonaţilor tăi, lucrurile de care nu eşti mulţumit şi lucrurile pe care trebuie să le schimbe. O modalitate, bineînţeles, este să le spui direct, să îi intimidezi, să te asiguri că le este oarecum teamă de tine, astfel încât te vor respecta şi se vor pleca în faţa ta. Într-adevăr, nu e prea mult curaj acolo. Pentru agresori, aceste situaţii arată ca oportunităţi de a-i domina pe ceilalţi şi îi fac să se simtă şi mai puternici. Când conştientizezi că ai amânat abordarea problemelor, va fi nevoie să ai curaj să îi consiliezi pe oameni în legătură cu greşelile lor, în special când acest lucru nu este ceva cu care eşti obişnuit. Uneori credem că suntem binevoitori sau că încercăm să găsim o cale blândă de a spune lucrurile prin amânarea îndeplinirii sarcinilor care trebuie făcute, dar în realitate doar evităm situaţiile. Comportamentul plin de compasiune se referă la a fi sensibil faţă de sentimentele celeilalte persoane, desigur, şi de a livra mesajele în moduri neagresive, dar are legătură şi cu livrarea în mod *clar* a mesajelor, cu îndrumarea şi oferirea de răspunsuri *clare*. Este intenţia ta de a ajuta şi de a informa persoana, nu doar „să o pui la locul ei" şi „să îi dai o lecţie", asta este important. Aşadar, trebuie să tragi aer în piept şi să iei taurul de coarne.

Dacă cineva te hărţuieşte şi acest lucru te supără, atunci comportamentul plin de compasiune te invită să treci la acţiune. Încearcă să nu stai în medii toxice pentru tine; asta nu înseamnă compasiune. Alege să părăseşti situaţia – să te transferi sau să cauţi alt loc de muncă. Dacă această soluţie funcţionează pentru tine, atunci totul e bine. Nu trebuie să vezi asta ca fugă, ca laşitate, ci ca pe ceva raţional. Dacă nu poţi pleca, ai nevoie să găseşti căi de a înfrunta această persoană. În primul rând, verifică-ți alianțele. Există oameni care au avut aceleași experiențe ca tine cu această persoană? Te-ar sprijini? Ai putea să vorbești despre asta cu ei și poate să abordați împreună problema, să îl vedeți pe agresor împreună, să îi arătați că sunteți uniți?

Dacă trebuie să înfrunți singur agresorul, încearcă să găsești un moment în care el nu este grăbit; uneori, comportamentul agresiv vine din experiența agresorului cu stresul. Atunci, ar fi folositor să începi cu un comentariu pozitiv: „Înțeleg că ești stresat și încerci să faci tot posibilul pentru companie, și mi-ar plăcea să obții tot ce este mai bun de la mine. Totuși, consider că unele comentarii critice sunt supărătoare și mă împiedică să îmi îndeplinesc sarcinile. Mi-ar fi de mai mult ajutor dacă te-ai concentra pe ce crezi că fac bine și am construi de acolo... Bănuiesc că tuturor ne place aprecierea." Încearcă să îți păstrezi tonul vocii cât mai prietenos, în timp ce îți menții pozitivitatea. Fii conștient de semnele nonverbale pe care le transmiți: dacă afișezi unele agresive sau arăți că ești supărat, cealaltă persoană (sau mai degrabă amigdala celeilalte persoane) va răspunde comportamentului tău nonverbal și mesajului nonverbal. Unii agresori nu sunt cu adevărat conștienți de impactul lor asupra altor oameni, în timp ce alții vor da înapoi dacă îi confrunți. Într-un fel, adoptarea unei poziții prietenoase, dar ferme, este genul de dominare care transmite mesajul că te aștepți ca *el* să își schimbe comportamentul. Dar reține că acestea sunt doar sugestii și ai putea găsi metode mai bune dacă vorbești cu prietenii tăi, cu sindicatul sau cu departamentul de Resurse Umane din companie.

Este nevoie de curaj să recunoaștem agresorul din noi înșine. Dacă te afli într-o poziție de autoritate, fă un pas înapoi și ascultă-te din când în când. Ți-ar plăcea să fii tratat în modul în care îi tratezi pe alții? Petrece cu adevărat timp imaginându-ți că ești cineva care lucrează pentru tine. În întâlnirile de grup, cât de des folosești cuvinte precum „eu" și „al meu" în loc de „noi" și „al nostru"? Cât de des devii iritat când alți oameni sunt înceți, îi întrerupi, uneori în mijlocul frazei, și apoi, bineînțeles, justifici acest lucru? Îi vezi pe oamenii care lucrează cu tine ca pe niște ființe care se zbat cât de mult pot? Sau îi vezi ca pe niște oameni care au nevoie de „un șut în fund"? Cum gestionezi propriul stres? Dacă ești stresat, te asiguri că știe toată lumea? Sau ești politicos și nu răspândești stresul asupra tuturor? Dacă te afli într-o poziție de putere și autoritate, simți că ai dreptul să faci ce vrei. Într-adevăr, multe studii arată acum că, atunci când oamenii ocupă poziții puternice, nu își tratează întotdeauna subordonații foarte bine.[190] Este nevoie de curaj și de onestitate pentru a recunoaște că uneori noi suntem agresorii.

Conflicte: asertivitate și compasiune

Conflictele de interes fac parte din structura vieții noastre, operând de la nivel genetic în sus. La unele specii de rechin-tigru de nisip, puii concurează în uter până când supraviețuiește numai unul. Ei bine, asta este rivalitatea dintre frați dusă la extrem! Evoluționiștii ne spun despre conflictele dintre strategiile părinților și cele ale puilor în termeni de timp și investiție oferită și dorită. Puține relații sunt fără conflict. Există și multe calități ale „creierului nou/minții noi“ care pot cauza conflicte. Unul este să ai un sentiment puternic de „merit“ care te aduce împotriva oamenilor care, așa cum crezi, te contracarează constant. Un alt aspect al minților care pot alimenta și cauza conflictele sunt imaginația și fanteziile. Lumea și alți oameni nu sunt niciodată așa cum fantazăm noi. Iubiții noștri nu se comportă cum ne imaginăm că o fac și copiii se răzvrătesc, sunt obraznici și refuză să studieze.

Zeitgeistul anilor ’60 era revolta împotriva instituțiilor și structurilor vechi și apariția oamenilor „liberi“, care se conving singuri și care se exprimă liber. Acesta a fost adoptat cu entuziasm de mediul de afaceri, care considera că oamenii s-ar exprima mai bine prin cumpărarea mai multor haine, farduri, chitare, discuri și așa mai departe. De asemenea, exista și foarte multă concentrare pe asertivitatea sinelui – adică îndreptățirea de a te exprima, de a-ți spune punctul de vedere, de a te susține pe tine însuți, „de a-ți aparține“, de a nu fi supusul dictatelor și dorințelor altora. Acest lucru a fost susținut clar de al doilea val feminist, care a simțit că bărbații și-au folosit puterea pentru a le supune pe femei în toate felurile posibile. Multe idei bune au apărut din acest val, cum ar fi învățarea de a articula, de a fi clar și de a-*ți* exprima sentimentele, nu a-i ataca pe ceilalți.

Iată o poveste amuzantă care ilustrează altceva legat de asertivitate. Un instructor de asertivitate stătea la un hotel. Când un tânăr a intrat în lift cu el, instructorul l-a rugat să apese pe butonul pentru etajul 10. Tânărul a zâmbit, a dat din cap și a spus: „Nu cred că vreau.“ Surprins, instructorul a întrebat de ce. Tânărul a zâmbit din nou și a zis: „Fac un curs de asertivitate și trebuie să fac doar ce vreau să fac.“ Această poveste este folosită de instructorii de asertivitate pentru a descrie ce nu este asertivitatea – *nu* are treabă cu egoismul sau violența.

Cu toate acestea, asertivitatea are (în mod evident) tendința de concentrare pe sine și pe expresiile sinelui. Aceste abilități sunt extrem de importante pentru oamenii mai degrabă supuși, pentru că este dificil să ai compasiune dintr-o poziție subordonată. Și, desigur, asertivitatea necesită curaj. Totuși, odată ce ai încredere în a face acest lucru, asertivitatea folosită doar în serviciul propriilor interese de îndeplinire a dorinței s-ar putea să nu te ajute să iei decizii cu compasiune sau să faci lucrul corect în situațiile conflictuale. De asemenea, nu îți va oferi neapărat abilitățile pentru construirea prieteniilor și a grijii pentru alții. Prin urmare, te-ar ajuta să te întrebi: „Care este lucrul plin de compasiune de făcut?“, spre deosebire de lucrul asertiv de făcut în contextul acestei sau acelei situații. Uneori, într-o situație de conflict, e de ajutor doar să spui: „Uite, vedem această problemă în moduri diferite și vrem lucruri diferite, așa că hai să vedem cum putem lucra împreună asupra acestui lucru.“ Această declarație deschide procesul recunoașterii diferențelor, spre deosebire de faptul că amândoi simțiți că trebuie să vă impuneţi şi să vă apărați pozițiile sau să fiți convinși (cu resentimente) să treceți de partea cealaltă. Așa cum am discutat în Capitolul 2, sunt foarte importante respectarea și gestionarea diferențelor individuale. Și, așa cum am menționat la paginile 89–92, diferențele pot fi bazate pe revendicări ale justiției sau pe cele pline de compasiune.

Conflictele de interes reprezintă și adevărate dileme pentru noi. Amintește-ți câteva dintre dilemele pe care le-am văzut în discuția noastră despre moralitate în Capitolul 2. Formarea și adoptarea compasiunii pot fi dificile, pentru că dreptatea și grija intră adesea în conflict.[191] Cu privire la conflictele publice dintre oameni și tendința celor puternici de a-i exploata pe cei slabi, compasiunea trebuie să se îndrepte spre domnia legii. Societățile pline de compasiune trebuie să aibă reguli și legi adecvate, mijloace eficiente de a le controla și pedepse și mijloace de intimidare pentru încălcarea lor. Din nou, acest lucru este legat de funcțiile de apărare ale comportamentului plin de compasiune. În privința celui din urmă (așa cum am menționat în Capitolul 6), trebuie să alegem între justiția *retributivă*, concentrată pe condamnare, învinuire și pedepsire, și justiția *restaurativă*, concentrată pe vindecare, prevenire, doliu, vinovăție și remușcare. De asemenea, trebuie să recunoaștem construcțiile sociale ale încălcării legii:

oamenii devin răuvoitori, criminali și violenți unii cu ceilalți în anumite contexte sociale, cum ar fi sărăcia, lipsa modelelor în viață, nevoia de a se alătura unei bande pentru protecție și dorința de a scăpa de „canal“ prin profituri obținute din droguri. Așadar, abordările pline de compasiune au nevoie să se lupte cu problemele complexe ale libertății, poliției, drepturilor și protejării și condițiile sociale care produc infracțiunile și conflictele. Revenim la ideea cu care am început acest capitol – compasiunea nu se referă la o formă „delicată“ de bunăvoință, deși implică bunăvoința. De asemenea, ea nu presupune un comportament supus, slăbiciune sau doar întoarcerea celuilalt obraz. Este vorba despre dileme și dificultăți sociale și personale importante, cu o concentrare și o gândire particulare.

Compasiunea eroică

Există momente când curajul se află chiar în miezul capacității noastre de a acționa cu compasiune. Un exemplu bine-cunoscut al acestui lucru poate fi văzut în filmul *Lista lui Schindler*, al lui Steven Spielberg. Un bărbat – Oskar Schindler – care înainte de Al Doilea Război Mondial era un „bișnițar“ ordinar și totuși curajul său extraordinar a salvat sute de oameni. De ce? Samuel și Pearl Oliner[192] au scris o carte fascinantă și importantă despre comportamentul salvatorului. Investigând de ce atât de mulți oameni i-au ajutat pe evrei în război, au descoperit că motivele erau complexe și variate. Unele dintre aceste acte erau bazate pe sentimentul de bine și de rău al salvatorului, unele pe punctele de vedere nepărtinitoare, unele din idealuri religioase, unele dintr-un sentiment al dreptății și datorită principiilor morale și unele datorită oportunității de a ajuta, în timp ce multe acte de salvare au izvorât din grijă, simpatie și compasiune. Unii salvatori erau destul de duri față de cei pe care îi salvau, insistând ca ei să facă ce li se spune. Totuși, în ciuda acestor motivații, un lucru a reieșit foarte clar: curajul necesar pentru efectuarea salvărilor. Nu numai că acești oameni s-au pus pe sine în pericol, ci și pe familiile și pe asociații lor. Ce rost ar fi avut aici compasiunea fără curaj?

Uneori, acest tip de comportament plin de compasiune este alimentat de furie, un sentiment profund de nedreptate, un sentiment că „acest lucru nu ar trebui să se întâmple“. Într-adevăr, în imageria și psihologia budiste, compasiunea și imaginile cu Buddha plin de compasiune sunt foarte aprige.[193] Comportamentul plin de compasiune totuși este rareori acționat prin furie, dacă se întâmplă vreodată. Asta pentru că furia ne face să rătăcim prin teritorii diferite, poate fi impulsivă și distructivă și ne împinge să acționăm în moduri neprevăzute. Așadar, furia poate fi emoția care ne *alertează* să apelăm la compasiune, dar nu este punctul din care începem să acționăm prin compasiune. Instructorul de arte marțiale care își învață discipolul să acționeze dintr-o poziție de calm, liniște interioară și claritate a minții, nu dintr-una a furiei, așa este și compasiunea.

Dacă m-aș fi confruntat cu aceeași provocare de a salva evreii în 1943, mi-ar plăcea să cred că i-aș salva și pe alții, dar există o voce în cap care își exprimă îndoieli serioase. Sunt ușor de înspăimântat. Problema este că nu știi ce vei face decât atunci când te confrunți cu o situație anume. Multe studii au descoperit că nu știm cum vom acționa într-o situație de urgență până când nu ne confruntăm cu una. Gândește-te la o femeie care era tratată pentru o tulburare anxioasă și care, totuși, într-o zi, când un camion s-a ciocnit de zidul casei sale, a fost, din toate punctele de vedere, cea mai calmă dintre toți, preluând controlul, anunțând poliția și căutând să afle dacă fusese cineva rănit. Unii oameni, bineînțeles, aleg meserii în care știu că se vor afla în pericol. Pompierii din New York, care au intervenit pe 11 septembrie 2001, aleseseră o carieră cu riscuri. Cu toate acestea, sunt de acord că altruismul și curajul lor față de acea tragedie, când au murit mulți încercând să îi salveze pe alții, au fost excepționale. Și nu a fost vorba numai despre pompieri. Multe persoane din clădirile World Trade Center s-au comportat similar. Într-adevăr, găsim peste tot în lume acest lucru – unii oameni își vor asuma riscuri extraordinare pentru a-i ajuta pe alții. Este important că acei indivizi care se pun pe sine în pericol pentru a-i salva pe alții nu sunt neapărat cei mai blânzi sau cei mai binevoitori indivizi și, într-adevăr, uneori, indivizii binevoitori și blânzi nu sunt neapărat cei mai viteji.

Combaterea comportamentelor teritoriale și supuse

Una este să vorbim despre rezistența în fața dorințelor de a mânca prăjituri cu cremă sau a altor dorințe concentrate pe sine, dar există și alte dorințe, în special în relațiile sociale, mult mai distructive dacă nu suntem conștienți de modul în care se desfășoară în noi. Avem o nevoie enormă de apartenență, de a ne integra și de a ne simți acceptați. Presiunea de conformare la valorile grupului este imensă. Fie că este vorba despre fumat, băut, stilul de îmbrăcăminte sau chiar plecatul la război, oamenilor le place să fie văzuți „ca ceilalți“ și să demonstreze că sunt membri valoroși ai grupului. Eram disperat să mă alătur grupului fumătorilor de la internat. Chiar dacă uram fumatul de la început și am reușit să dau foc jachetei mele de școală, adică aproape am fost exmatriculat, am perseverat, pentru că acela era „grupul popular“, masculii dominanți – și voiam să fiu unul dintre ei. Prin a fi perceput diferit sau că nu accepți provocările grupului, riști să fii respins. Emoția care ne alertează că este posibil „să nu ne integrăm“ și că suntem în pericol de critică sau respingere este *rușinea* (*vezi* Capitolul 10). Rușinea este una dintre cele mai importante emoții sociale, pentru că efortul de a evita rușinea și de a fi rușinați joacă un rol atât de important în conformitate. Dorința de conformitate și evitarea rușinii blochează compasiunea. Uneori, compasiunea necesită să fim capabili să fim rușinați de ceilalți – nu să fugim de asta.

Atât dorința pentru conformitate (și evitarea rușinii de a nu se conforma), cât și viziunea culturală a frumuseții au alimentat practici ca legarea picioarelor în China, unde o fată tânără avea picioarele frânte și legate, condamnată fiind la o viață de durere, vulnerabilitate sporită față de infecții și moarte. De fiecare dată când picioarele erau legate din nou, durerea era intensă. În anii 1600, dinastia Qing a încercat să scoată în afara legii legarea picioarelor, dar era prea puternic înrădăcinată în credințele culturale și tradiții. Miliarde de femei de-a lungul secolelor au fost victimele acestei practici culturale menținute prin conformitate, rușine și evitarea rușinii, până când, în urma revoluției din 1911, Sun Iat-Sen a interzis-o oficial. Nu era nimic rău sau malefic în familiile chinezești care insistau să lege picioarele fetelor și a crede altceva înseamnă a înțelege total greșit puterea rușinii și a conformității sociale. Circumcizia feminină și alte practici barbare (în ochii occidentalilor) sunt menținute prin procese similare care, desigur, trebuie să dispară.

Dorințele noastre pentru conformitate socială, acceptare și apartenență – dorințe care au propulsat evoluția inteligenței sociale și care au fost salvatoare de viață în ultima eră glaciară – pot fi și sursa unor lucruri teribile în prezent. Psihologii au studiat aceste procese în diferite moduri. În anii '50, specialistul în psihologie socială Solomon

Asch a realizat niște experimente foarte simple, dar puternice. El le-a înmânat cartonașe studenților săi, pe fiecare dintre ele fiind trei linii verticale de diferite lungimi (dar nu foarte mari). Apoi, li s-a înmânat un alt cartonaș cu o singură linie verticală pe el. Fiecare student trebuia să anunțe care dintre cele trei linii de pe primul cartonaș se potrivea în lungime cu singura linie verticală. Totuși, dintre studenți, doar unul era „subiectul" adevărat; restul erau pregătiți de Asch să dea același răspuns *greșit*. Experimentul a fost efectuat de multe ori cu mulți „subiecți" diferiți. Când „subiecților" li se cerea răspunsul, se simțeau foarte incomod, știind că grupul a dat același răspuns *greșit* și că nu doreau să fie în dezacord. De fapt, 32% dintre ei au spus în cele din urmă că s-au răzgândit și au fost de acord cu răspunsul (evident) *greșit*.

Sociologul Thomas Scheff sugerează că rușinea este emoția supunerii și a conformității sociale. Cu referire la experimentele lui Asch, el observă:

> O reacție care a apărut atât la subiecții independenți, cât și la cei docili a fost teama că suferă de vreun defect și că studiul va dezvălui acest defect: „M-am simțit ca un *prost*... O chestiune de a fi *inadaptat*... vor crede că sunt un ciudat. M-a făcut să par că am ochii slabi sau mintea slabă, ca o oaie neagră." [p. 403, caracterele italice adăugate].[194]

Presiunea grupului funcționează peste tot – la școală, în modă, în naționalism și patriotism, în bandele de pe stradă, în rasism și în sexism, în umor și în religie. Fără îndoială, unii oameni gravitează către grupuri care deja își exprimă valorile cu care ei rezonează, dar este posibil ca aceste valori să fi fost obținute în timpul creșterii. Într-adevăr, în orice grup, presiunea de a se conforma poate fi atât de puternică și de intensă, încât valorile, credințele și comportamentele personale sunt construite social pentru tine – doar le adopți de la alții (îți amintești legatul picioarelor la chinezi?). Unele studii asupra conformității au analizat funcționarea creierilor în aceste condiții și sugerează că presiunea grupului ne-ar putea afecta chiar percepția, nu doar judecata sau comportamentul supus/docil.

Alte două serii de experimente sunt importante de menționat aici.[195] Unul este faimosul experiment al închisorii de la Stanford de Philip Zimbardo. În 1971, în timp ce era profesor de psihologie la Stanford, a luat un grup de studenți, i-a plasat într-o închisoare falsă și i-a împărțit în mod artificial în „prizonieri" și „gardieni". El a descoperit că, prin încurajare, gardienii au început cu repeziciune să exercite presiune și pedepse crude asupra prizonierilor – atât de mult, încât experimentul a trebuit oprit și de atunci a tot fost o sursă de controverse.

Conformitatea în fața autorității a fost studiată anterior de Stanley Milgram, care, în 1961, a conceput unul dintre experimentele clasice de explorare a conformității. În experimentele originale, făcute în laboratoarele impresionante de la Yale, voluntarilor – „profesorii" – li s-a spus de către un cercetător serios, impasibil, de 31 de ani, îmbrăcat într-un halat gri, că vor participa la un experiment de învățare. Îi vor pune întrebări altei persoane – „cursantul" –, așezată într-o cameră adiacentă, care va primi un șoc electric pentru fiecare răspuns incorect. „Cursantul" (care făcea parte din aranjament și din cercetare) era un contabil plăcut și manierat, de 47 de ani, care se pregătise pentru acest rol. Șocurile erau de intensitate graduală, pornind de la una ușoară la una destul de serioasă (450 de volți). Pe măsură ce tot mai multe întrebări primeau răspunsuri greșite, nivelul șocului creștea. În realitate, desigur, experimentul era fals, nimeni nu primea niciun șoc, dar „profesorii" care puneau întrebările și livrau șocurile nu știau acest lucru. Contabilul era un actor foarte bun și a mimat suferința, chiar un posibil infarct. În prima rundă de experimente, 65% dintre „profesori" au fost obedienți și au făcut ce li s-a spus de către cercetător, administrând acei 450 de volți chiar când puteau auzi țipetele (simulate ale) „cursantului" din camera alăturată.

În experimentele ulterioare, au fost făcute modificări pentru a face mai ușoară contestarea legitimității cercetării, cum ar fi mutarea ei în afara Universității Yale și făcându-l pe cercetător să se comporte informal. O altă schimbare a fost aceea de a nu-l plasa pe „cursant" în altă cameră, ci chiar de a interacționa cu „profesorii". Când atingerea și proximitatea fizică au fost incluse, 30% dintre „profesori" tot s-au conformat chiar dacă știau (presupuneau) că îi provoacă durere „cursantului". Milgram a observat că mulți dintre acești „profesori" erau deranjați în mod vizibil de ce li se cerea să facă, dar se conformau chiar și așa. Nu au fost capabili să își pună supărarea în acțiune, dar au pasat responsabilitatea „autorității" cercetătorului.

Recunoscând în inimile noastre cât de ușor este să renunțăm la responsabilitate chiar și când știm că ceva este greșit este, desigur, cheia în încercarea de a dezvolta un comportament plin de compasiune. A ne gândi la lucrurile din viață pe care le acceptăm pur și simplu atunci când simțim că sunt greșite este un exercițiu folositor. Privește aceste lucruri cu bunăvoință, nu cu critică, și gândește-te la efectuarea unor mici schimbări. Dar ține cont și că, așa cum vom vedea mai târziu, unele dintre sentimentele de „corect" și „greșit" nu sunt atât de vrednice de încredere pe cât credem noi că sunt.

Confruntarea capacității noastre pentru cruzime

Urmează ceva important – adevărata provocare pentru mintea plină de compasiune. La fel ca mulți alții, am sugerat[196] că nu putem înțelege și promova compasiunea decât dacă înțelegem sursele cruzimii. Când vine vorba despre cruzime, avem de-a face cu niște procese arhetipale foarte puternice. Ideea de rău nu ne ajută aici, dar înțelegerea legăturii dintre „creierul vechi/mintea veche" și „creierul nou/mintea nouă" ne ajută. În cartea lor *Crimes of Obedience*, Herbert C. Kelman și V. Lee Hamilton[197] prezintă câte comportamente imorale izvorăsc din acțiunea subordonaților și adepților care se conformează de bunăvoie (dar uneori nu), datorită unei nevoi de apartenență și de identificare cu un trib și de a căuta aprobarea liderilor. Noi îi urmăm pe lideri din multe motive – pentru că sperăm că ne vor proteja, că ne vor privi favorabil sau că ne vor conduce spre vremuri mai bune, sau că ne identificăm cu ei în vreun fel. Unele recompense pentru supunere au fost denumite *expansiuni*, adică persoana care urmează liderii evită furia sau atacurile celor din urmă și poate fi recompensată cu dragoste, aprobare, statut, siguranță, un sentiment de apartenență, acceptare, putere, privilegiu și așa mai departe, astfel devenind mai mult decât ce era înainte și având numai de câștigat. De exemplu, teroriștii sinucigași cred că vor fi eroi în propriile triburi și că vor obține recompense în rai. A deveni adepți ne poate oferi o nouă identitate de sine, însemnătate și scop în viață, ce contracarează stima de sine scăzută, depresia, criza existențială și frica. Totuși, dorința de a câștiga aprobare și de a arăta că suntem mai dornici și mai capabili decât alții să ne supunem ordinelor și să lucrăm în beneficiul liderului și grupului încurajează un comportament imoral grav.

Iată un eveniment bine mediatizat care demonstrează acest lucru, dar este doar unul dintre multe, multele mii. După cum vei vedea, în acest exemplu este vorba despre mai mult decât executarea ordinelor sau apărarea și răzbunarea grupului. Ușurința cu care preocupările morale și compasiunea pot fi *oprite* în condiții de amenințare, plus supunerea și respectarea ordinelor, toate sunt elemente importante.

Kelman și Hamilton povestesc cum, în 16 martie 1968, un grup de pușcași marini americani din Regimentul „Charlie“ au fost coborâți din elicopter în apropierea unui sat vietnamez numit Son My, într-un cătun cunoscut de americani drept My Lai. Ce urma să se desfășoare în următoarele zece ore avea să facă istorie în instanțele militare americane de judecată. Sătenii au fost masacrați de soldați aproape până la ultimul bărbat, femeie, copil și câine. Chiar și femeile care își strângeau bebelușii în brațe și implorau pentru viețile lor au fost împușcate. Numărul total de cadavre este necunoscut, dar se apropie de 500. Trupurile au fost așezate unele peste altele, în agonia morții. Mai târziu, alți pușcași marini care nu suportau sunetele muribunzilor au mers pe lângă ei și i-au împușcat „ca să le oprească suferința“.

Un prieten a adăugat recent un punct de vedere asupra acestei povești pe care nu l-am remarcat anterior: „Deși masacrul este important, ce m-a marcat în legătură cu My Lai a fost numărul mare de violuri care s-au petrecut. Acest lucru pare să nege total declarațiile soldaților, conform cărora i-au împușcat pe săteni pentru că erau înspăimântați. Dacă erau așa de înspăimântați, cum a fost posibil să petreacă atât timp (sau să aibă capacitatea fizică) să violeze?“

Nimeni nu știe gradul în care evenimentele de la My Lai au fost o aberație a războiului din Vietnam, deși judecând după istoria altor conflicte, probabil că nu au fost atât de rare pe cât am putea crede. Într-adevăr, asemenea atrocități sunt extrem de comune în timpul războiului și le poți găsi petrecându-se cu mii de ani în urmă. A fost tipic pentru armate să distrugă orașele, să omoare tot ce găsesc și să îi crucifice sau să îi înrobească pe cei capturați. Asemenea întâmplări ne arată modul în care arhetipurile și mentalitățile sociale pot fi în anumite condiții, *modelându-ne mințile* (de exemplu, prin dezactivarea atributelor compasiunii), astfel încât devenim simpli actori ai acelor scenarii vechi. Până și Dumnezeul Vechiului Testament a fost în favoarea unui genocid sau două. Totuși, neobișnuit în cazul My Lai a fost rolul mass-mediei în asigurarea faptului că aceste acțiuni nu trec neobservate fără posibilitatea conștientizării sociale și sancțiunii. Imagini cu urmările masacrului au făcut înconjurul lumii și cu siguranță au jucat un rol important în aplicarea legii la curtea marțială.

Regimentul „Charlie" era dezamăgit din cauza problemelor cu ordinele proaste, misiunile eșuate, capcanele și minele de teren. De fapt, pe 15 martie, doar cu o zi înainte, participaseră la înmormântarea unuia dintre sergenți, care sărise în aer pășind într-o capcană. În cartea sa *Our Own Worst Enemy*, Norman F. Dixon[198] oferă o relatare apăsătoare și emoționantă a implicării unuia dintre soldați în masacru. Când a fost întrebat într-o audiere ulterioară de ce a făcut asta, soldatul a răspuns:

> Pentru că am simțit că mi s-a ordonat și în acele momente credeam că fac lucrul corect, pentru că, așa cum am spus, am pierdut tovarăși. Mi-am pierdut un prieten al naibii de bun, Bobby Wilson, și era pe conștiința mea. Așadar, după ce am făcut asta, m-am simțit bine, dar pe urmă am fost afectat de cele întâmplate.

Intervievatorul rămâne perplex de modul în care americanii puteau să facă asemenea lucruri și îi cere soldatului să se gândească la propria familie. Intervievatorul întreabă: „Cum împuști bebeluși?" și soldatul răspunde: „Nu știu. Așa se întâmplă uneori." Intervievatorul apoi întreabă dacă oamenii făceau ceva, dacă implorau să se salveze. Mai întâi, soldatul neagă, dar apoi spune: „Da. Ei implorau și spuneau «Nu, nu». Și mamele își îmbrățișau copiii... dar ei continuau să tragă. Ei bine, noi continuam să tragem. Își fluturau mâinile și implorau..." (Dixon, pp. 127–128).

O parte a acestui eveniment tragic a fost alimentată de dorința de recunoaștere și de a face plăcere autorității. Kelman și Hamilton oferă o descriere bună a tipurilor de relații care au funcționat în Regimentul „Charlie", care i-au făcut pe pușcașii marini atât de slabi, încât să se comporte așa.

> Comandantul regimentului, căpitanul Ernest Medina, era un american de origine mexicană care urca în ierarhia socială și dorea să facă o carieră în armată, deși se temea că nu ar putea avansa dincolo de gradul de căpitan din cauza lipsei de educație formală. Ambiția sa i-a câștigat o poreclă printre oamenii săi: „Mad Dog Medina". Unul dintre admiratorii săi era liderul de planton, sublocotenentul William L. Calley Jr., un ins obișnuit de 1,60 metri înălțime, care abandonase din primul an facultatea, unde picase la patru dintre cele șapte cursuri la care se înscrisese. Mulți îl priveau ca pe unul dintre acei „ofițeri pe loc" apăruți doar din nevoia disperată de atunci a armatei de bărbați.

> Oricare ar fi fost cauza, el era un lider nesigur, a cărui afirmație frecventă era „Eu sunt șeful". [p. 2]

Calley, la fel ca unii bărbați din interiorul grupurilor masculine puternic ierarhizate, se dovedește nesigur, pregătit și dornic să facă pe plac, disperat după recunoașterea și aprobarea superiorilor, indiferent de ce i se cerea, cu condiția să poată justifica faptul că „își face datoria". Bărbații de acest fel au adesea relații proaste cu tații lor. În ziua în cauză, Regimentul „Charlie" avea ordin să îndeplinească o misiune „de căutare și de distrugere" a unui batalion Viet Cong, despre care se credea că își are baza în apropierea Son My. O asemenea lipsă de claritate a făcut posibil pentru câțiva indivizi precum Calley să interpreteze acțiunile odioase care au urmat așa cum au fost dorite și demne de aprobarea celor mai înalți în rangul autorității. Deși a fost judecat și condamnat, conform unui raport din ziarul *The Guardian*[199], locotenentul Calley „a devenit un erou de dreapta și a executat doar trei zile din condamnarea sa, înainte de a fi transferat în arest la domiciliu".

Într-adevăr, de-a lungul istoriei, acest tip de comportament care caută aprobarea și care concurează pentru investiții din partea altora a condus adesea la atrocități. Hitler a fost cunoscut pentru faptul că dădea ordine vagi, lăsându-și generalii să concureze pentru atenția și aprobarea lui precum frații care se ceartă, cu rezultatul că fiecare încerca să fie mai loial, mai eficient și mai nemilos decât ceilalți. Uneori viața ta poate depinde de a te dovedi loial și de a-ți asigura aprobarea din partea liderului. Saddam Hussein citea cu voce tare listele cu cei pe care îi considera neloiali și îi dădea afară pentru a fi uciși, permițând țipetelor lor să se audă în încăpere. În multe religii, de asemenea, zeii îi amenințau cu iadul pe cei neloiali. Dar Hitler, care a trimis la moarte în lagăre 11 milioane de oameni, și Stalin, care a omorât mai mult de 20 de milioane de oameni din propriul popor, nu erau mulțumiți doar de frică; ei erau profund iubiți și admirați de multe părți din populație. Și aceste atrocități au fost posibile deoarece mii de alți oameni erau pregătiți să continue aceste treburi de rutină și să facă ce li se spunea.

Așa cum spunea Milgram[200] despre propria cercetare:

> Sunt uimit pentru totdeauna că, atunci când am ținut prelegeri despre experimentele obedienței cu colegi din întreaga țară, m-am confruntat cu tineri îngroziți de comportamentul subiecților din experiment și care au mărturisit că nu se vor comporta niciodată într-un

> asemenea fel, dar care, în doar câteva luni, au fost recrutați și au făcut fără scrupule acțiuni care să transforme șocurile aplicate victimei să pălească prin comparație. În această privință, ei nu sunt nici mai buni și nici mai răi decât ființele din orice timp, care se adaptează scopurilor autorității și care devin instrumente în procesul ei distrugător. [p. 180]

Deși nu exagerat, auzim adesea cum ajung unii politicieni să își dovedească loialitatea față de lideri și de partidele lor în încercarea de a se promova. Într-adevăr, democrația face din loialitatea pentru partid o virtute care să umbrească gândirea liberă. În viziunea mea, este un mod îngrijorător de a conduce o democrație, pentru că psihologia tribală ne deschide spre tot tipul de probleme, așa cum am văzut în cele care au condus spre războiul din Irak.[201]

Cruzimea și sadismul ca virtuți

Este clar că mintea umană nu este niciodată departe de o fascinație pentru sadism și cruzime. Am văzut acest lucru în divertisment mii de ani – de la jocurile romane până la apariția sadismului în jocurile pe calculator, în romane și în fanteziile de la Hollywood. Mulți scriitori de acest gen se întreabă dacă au legătură cu fricile noastre intense și cu furia de a ne afla într-o lume înconjurată de moarte, descompunere și boală; cu creieri care nu sunt tocmai ușor de controlat, noi ne întoarcem cu repeziciune unul împotriva altuia. Există dezbateri importante asupra modului în care aceste jocuri și filme de la Hollywood, concepute doar pentru a ne lua banii, ar putea să ne amorțească sentimentele compasiunii.

Dar cruzimea operează în multe moduri, și motivațiile ei sunt complexe și multifațetate.[202] Ea este modul prin care cei puternici insuflă frica și opresc răzvrătirea. Unele dintre pedepsele date „infractorilor“ (cei care încalcă ordinea socială) au fost extraordinar de crude și adesea asociate cu tortura. În opoziție, actele subordonate cruzimii pot fi văzute ca virtuți, câștigând favoare în ochii liderilor dominați sau ai lui Dumnezeu. La urma urmei, mâna omului lovește cu sabia, înfige pumnalul sau dă foc rugului. Inchizitorii nu credeau că erau cruzi, ci virtuoși, făcând voia lui Dumnezeu. Dumnezeul lor imaginat și dorințele sale ne par acum nebunești și crude, dar o fascinație pentru durere și suferința altora există în toate culturile.

Când execuțiile erau publice, ele strângeau mulțimi mari care nu aveau dorință pentru milă, ci îl încurajau pe călău. Înregistrările istorice arată că, fie că era vorba despre arderi pe rug, decapitări, ucideri prin tragere și sfârtecare (care adesea includeau scoaterea măruntaielor) sau spânzurare, interesul public era atât de mare, încât izbucneau lupte pe măsură ce spectatorii încercau să se apropie cât mai mult posibil. Uneori, unii dintre cei din mulțime strigau disprețuitor spre biata victimă muribundă și urlau de plăcere pe măsură ce fapta era îndeplinită. În Marea Britanie, până în secolul trecut, spânzurarea ucidea prin strangulare, ceea ce putea dura chiar și 20 de minute. Conform lui Geoffrey Abbott[203] în cartea sa *Rack, Rope and Red-Hot Pincers*, când a fost descoperită abordarea mai umană de a spânzura victimele prin frângerea gâtului în cădere, mulțimea s-a înfuriat și a amenințat că se răzvrătește pentru că i-a fost furat spectacolul. Deși femeile nu se comportă atât de violent ca bărbații, și ele pot fi atrase de sadism. Într-adevăr, în timpul „domniei terorii“ din vremea Revoluției Franceze, femeile au alcătuit secțiuni mari din mulțime și s-au luptat să fie în față pentru a vedea cum este ghilotinată nobilimea.

Gândește-te la ideea de iad. Este de obicei asociat cu pedeapsa – pentru că mulți dintre noi au un sentiment puternic de justiție/retribuție și urăsc ideea că unii oameni scapă de infracțiuni fără a fi pedepsiți. Totuși, multe versiuni culturale ale iadului sugerează că aceste pedepse nu sunt doar dureroase, ci cu adevărat sadice, de o agonie care nu se termină. Acesta pare să fie cazul în care oamenii fantazează despre lucruri oribile și apoi nu se pot hotărî care este fantezia *lor* sau ce s-ar putea întâmpla în realitate. Oamenii sunt atrași de aceste idei din diferite motive.

Există și un alt aspect aici, modul în care miturile despre iad adesea folosesc focul. Un chirurg plastician mi-a spus că inventatorii iadului au inclus arderea pentru că este cea mai severă durere cunoscută oamenilor. Totuși, este și cazul conform căruia, multe secole, focul a fost singura cale de a purifica mediul de boli – așa că nu este surprinzător că purificarea, curățarea și pedeapsa sunt legate unele de celelalte.

Rolurile jocurilor de putere, obediența, furia, răzbunarea, mijloacele de intimidare și subordonații „care doresc să mulțumească“ sunt ușor de remarcat în modul în care ne conduc fanteziile spre extreme. Totuși, emoția dezgustului, deși nu este atât de frecvent asociată cruzimii, este legată de ea în multe feluri, în special prin dorința de purificare. Dezgustul a evoluat pentru a scuipa și a scăpa de lucrurile care au gust sau miros rău, cu scopul de a evita sau elimina substanțele care pot contamina și cauza infecții și boli. Vrem să ne purificăm apa pentru a nu ne îmbolnăvi. Acum, deoarece cuvinte precum „otravă" descriu procesele corporale, ele nu ar trebui folosite cu referire la o emoție, stare a minții sau la alți oameni. Totuși, un mod foarte comun de a genera violența teritorială este folosirea ideii de dezgust și de a-i vedea pe „alții" ca pe o infecție, o boală, un mod de a ne contamina stilul de viață, care ne distruge din interior, cu „rasa impură" și așa mai departe. Nu numai că acest lucru trezește interesul sistemului de amenințare/autoapărare, dar acel sistem îți va ghida creierul să caute și să înlăture pericolul. Într-o criză, oamenii intră în stări volatile și disociate în care tiparele compasiunii din creier sunt oprite categoric.

Unii oameni religioși pot dori de asemenea să purifice raiul și să îi țină afară pe toți „oamenii răi". Aceia cu gene proaste, educație slabă, pofte și comportamente „păcătoase" nu trec testul „celor ca noi" – ei nu au „sufletul pur". Din nou ajungem la împărțirea oamenilor în buni și răi. Din nefericire, oamenii încă își proiectează fricile și sadismul, folosind ca amenințări idei precum păcatul originar. Ei bine, aceste pedepse și reguli sunt în mod obișnuit făcute de om, dar prin compasiune, vedem că nu trebuie să ne fie teamă de sadismul și fricile proiectate de alții sau de dorința lor de a ne controla. Până în jurul secolului al XV-lea, se credea că una dintre plăcerile raiului era capacitatea de a-i privi pe cei de jos aflați în chinuri. Dar în jurul acelei perioade a existat o schimbare, un ecou: „Sufletul meu nu se poate odihni niciodată în timp ce un alt suflet se chinuie în iad." (Sunt de acord. Desigur, astăzi, în mod ideal, am putea să avem același sentiment și să îl aplicăm iadului în care mulți oameni încă trăiesc pe Pământ.) Din fericire, mulți dintre noi sunt acum liberi de îndoctrinare și de frica încurajată doar pentru a susține o ierarhie religioasă. Totuși, ideea de a încerca să ne purificăm mințile există în continuare, dar nu este calea compasiunii.

În ultimul capitol, am văzut problemele încercării de a pune în aplicare dorința de a ne descotorosi de emoții și sentimente. Dacă furia este cea de care încearcă oamenii să scape, acest lucru îi poate determina să fie sadici față de ei înșiși. A te tăia și a te arde sunt forme de sadism, chiar dacă funcția lor poate fi reglarea emoțiilor. Ideea este că aceste acte sunt adesea proiectate să îndrepte ceva sau pe cineva. Atunci ia în considerare faptul că ne confruntăm cu rate în creștere ale depresiei și comportamente vătămătoare la populația mai tânără. Există diferite explicații pentru acest lucru, dar mi se pare că, oricum le-am privi, aceste forme de divertisment tot mai sadice, „goana după avantajul concurențial", lipsa totală de interes de a le oferi adolescenților (și adulților) un sentiment de apartenență în lumea adulților, sacrificiul nevoilor umane în fața economiei prin „a vrea mai mult" – toate sunt semne că ceva destul de serios se întâmplă cu sănătatea noastră mintală.

Este dificil, însă calea spre compasiune ne cere să fim atenți la posibilele surse ale lipsei de grijă și cruzime, iar acest lucru nu înseamnă că le ignorăm sau condamnăm, ci le depășim și nu le punem în aplicare. Este dificil să vedem cruzimea din noi și din lume. Dar adu-ți aminte că nu tu ți-ai proiectat creierul astfel. Misiunea noastră rămâne să găsim lumina compasiunii.

Confruntarea umbrelor noastre

Carl Jung, un contemporan al lui Freud și dezvoltatorul teoriei arhetipurilor, nu se îndoia de faptul că una dintre cele mai mari provocări ale noastre este confruntarea umbrelor – sursele fricilor, furiei și violenței. Au existat demult mituri, în vremea grecilor antici și mai devreme, despre frica de „bestia din interior" – o idee care a fost surprinsă în mod genial în filmul *Planeta interzisă*, din 1956. Pe planeta Altair IV, o rasă de extratereștri numită Krell a dezvoltat o mașină care transforma gândurile în realitate. Totuși, se pare că nu au avut în vedere impulsurile distructive ale creierului, care se află alături de cele pline de compasiune, și astfel a fost făcută eliberarea „monștrilor din Id". Filmul este, de fapt, o poveste despre modul în care suntem capabili să transformăm în realitate unele dintre cele mai rele coșmaruri, când le permitem „minților noi" să îndeplinească dorințele „creierilor vechi"; războiul este exemplul evident. Problema cu multe dintre aceste mituri este, desigur, că noi credem că bestia este eliberată prin agresivitatea sau răutatea noastră, dar este mult mai complicat decât atât; ea este eliberată prin frică, prin căutarea siguranței, apartenență și conformitate, prin teritorialitate și supunerea în fața liderilor.

Cea mai mare provocare pentru compasiune este să fim deschiși și să nu ne rușinăm sau să ne blamăm pentru dorința de apartenență și recunoaștere din partea liderilor (mângâierile pe cap) și modul în care acest lucru ne poate stimula capacitatea pentru cruzime. Putem permite cruzimii să pășească pe Pământ prin fricile noastre, dorința pentru răzbunare, teritorialitatea, indiferența, dorința de a ne demonstra ceva, complicitatea, negarea și dorința centrată pe sine – destul de multe feluri, într-adevăr, dacă stai să te gândești. Asta se întâmplă pentru că creierii adoptă diferite tipare în care unele aspecte sunt activate și altele nu. Astfel, ne vom risca viețile pentru a-i salva pe cei dragi sau vom jeli pentru durerea altora într-o zi și în următoarea vom vota în favoarea bombardării altor oameni și a copiilor lor. Ne place să credem că suntem independenți, autosuficienți, că gândim limpede, dar noi suntem, de fapt, una dintre cele mai dependente, supuse și ușor de condus specii de aici. Oile nu ne depășesc cu mult – pur și simplu ne predăm creierii pentru a fi ghidați de acele arhetipuri sau emoții primitive ale „creierului/minții vechi" și de orice sau oricine care le agită.

Izbucnirea și sălbăticia războiului din Bosnia ne amintesc acest lucru. Sub influența anumitor lideri, alimentați de psihologia tribală, oamenii care au fost vecini și prieteni ani întregi au devenit dușmani și s-au masacrat în câteva săptămâni. Doar prin studiu psihologic deschis și atent al acestor procese putem spera să aducem lumină asupra modului de a le preveni. Șocul moral și nedumerirea nu sunt de ajutor și indică existența unei minți aflate în negare totală a istoriei omenirii, a proiectării creierului și a puterii contextului social. În momentul în care ne simțim amenințați sau speciali, privilegiați și îndreptățiți, în momentul în care ne distanțăm de „celălalt", atunci facem primii pași spre cruzime.

Dacă credem că facem bine grupului, sau liderilor, sau în autoapărare, compasiunea este ușor oprită în creierul nostru. Când ne simțim amenințați, creierul nu vrea să fie împotmolit în preocupări morale care i-ar submina capacitatea de a se apăra. Mai mult decât atât, înfrângerea inamicilor și a-i face să sufere pot fi o experiență pozitivă – o recompensă. Este una dintre cele mai problematice trăsături proiectate ale creierului. Versiuni ușoare ale ei apar când câștigă oricare echipă sportivă pe care o susținem – arareori suntem deprimați pentru partea care pierde. Dacă avem nevoie de un singur lucru din partea compasiunii, acela este să ne deschidem mințile cu ușurința cu care suntem conduși să comitem acte imorale și apoi să le credem cu adevărat pentru a le justifica. Oamenii fac asta de mii de ani.

Conștiință sau compasiune?

În secolul trecut, aproximativ 200 de milioane de oameni au fost omorâți de alți oameni în războaie și conflicte. Dumnezeu știe câți au fost răniți grav, torturați, expropriați sau violați. Sunt cheltuite miliarde pe arme pentru a mutila și a omorî alți oameni și pe cercetarea armelor. Psihologia tribală ne conduce într-un fel de nebunie (și spun asta literalmente) în care ne pierdem sensibilitatea pentru semeni. În întreaga lume, mințile posedate de frică și furie, motivate politic sau religios, caută să condimenteze, să agite și să concentreze psihologia tribală – poți să vezi focul din ochii unor asemenea oameni. Este un act de curaj să faci un pas înapoi și să te gândești mai întâi nu la tribul tău sau la grupul local, ci la umanitate.

Așadar, comportamentul plin de compasiune ne cere să fim curajoși în fața rușinii, nesiguranței și fricii, pentru a ne împotrivi mulțimii și a asculta vocea compasiunii. De asemenea, ne cere să recunoaștem că, atunci când spunem că luăm decizii cu *conștiința*, acele decizii s-ar putea să nu fie pline de compasiune. Dacă folosim religia pentru a ne ghida conștiința și modul în care privim lucrurile, nu cumva accesăm doar sentimentele care ne leagă tradițiile și valorile condiționate social? Nu este complicat să sugerăm că, dacă ne-am fi născut într-o altă vreme și altă cultură, valorile noastre ar fi destul de diferite – și, prin urmare, așa ar fi și conștiința. Nu sunt sigur că romanii aveau ceva pe conștiință față de sclavii sfâșiați în bucăți în arenă. Filozofii greci nu aveau nicio problemă cu sclavia sau cu faptul că unii oameni erau născuți pentru a-i stăpâni pe alții. Dar atât grecii, cât și romanii (și alte asemenea grupuri și civilizații care aveau cruzimea încorporată în sistemele sociale) erau ca tine și ca mine – dar într-o cultură diferită. Ce vedem ca problemă morală poate fi legat de cultură – am ajuns să înțelegem în mod colectiv.

Aceste lucruri sunt foarte dure pentru noi, într-adevăr. Nu există răspunsuri ușoare, exceptând poate faptul de a spune că există o diferență între compasiune și conștiință. Compasiunea necesită calitățile pe care le-am văzut în Capitolul 6 și, de asemenea, un anumit grad de curaj pentru a ne elibera de trib. Este o muncă grea și uneori înspăimântătoare. „Conștiința“ se referă mai mult la un *sentiment* automat în legătură cu ceva, dar originile unor asemenea sentimente sunt greu de descoperit. Un grup crede că contracepția este fundamentală în rezolvarea problemelor lumii; un alt grup consideră că utilizarea ei este malefică. Un grup de oameni de știință crede că cercetarea celulelor stem, inclusiv hibrizii om-animal de câteva sute de celule, este poarta spre descoperirile care ne vor ajuta să eliminăm suferința incredibilă din lume; un grup religios a descris acest lucru „monstruos". Compasiunea joacă un rol în a gândi pe îndelete aceste dileme, deoarece conștiința, condiționarea socială și reacțiile emoționale sunt problematice.

În calitate de supus declarat, pot privi în urmă în viața mea la momentele în care aș fi putut să pledez pentru ceva și nu am făcut-o. Regret profund acum. Așadar, trebuie să recunoaștem aceste forțe arhetipale puternice din noi înșine și felul în care mulți lideri politici sau religioși le manipulează și încearcă să ne transforme în oi. Avem nevoie să facem un pas înapoi și să gândim pe îndelete opțiunile pline de compasiune pentru orice situație, oferindu-ne suficient spațiu de gândire și discuție, pe măsură ce evităm să fim convinși de reacțiile *emoționale*, indiferent cât de intense sunt. Ne va ajuta să ne amintim că pur și simplu ne găsim aici, jucând în scenariile și dramele arhetipurilor din „creierii/mințile vechi". De asemenea, învățăm cum *să ne asumăm responsabilitatea pentru decizii* și nu le înmânăm liderului, maestrului spiritual sau unui zeu misterios căruia să i ne supunem orbește. Știința ne aduce treptat spre sfârșitul unei ere în care obediența și credința oarbă erau privite drept virtuți (împotriva rezistenței unora care se temeau de pierderea versiunilor lor religioase ale vieții și sensului). Este în interesul liderilor noștri să încerce să ne mențină frica și obediența. Căutarea spirituală a sensului, dorința pentru conectare și interogarea în legătură cu adevărata natură a conștiinței vor rămâne cu noi, pentru că au loc în inimile noastre. Trebuie să nu lăsăm aceste căutări să fie deturnate de părțile primitive și distructive – iar acest lucru va presupune curaj.

Concluzie

Bunăvoința, generozitatea și iertarea sunt în mod evident comportamente importante, pline de compasiune, dar acest capitol ne-a dus în zone complexe ale compasiunii, în care certitudinile morale devin dificile. În multe cărți și cercetări recente, compasiunea a fost strâns legată de fericire, dar cred că este mult mai mult decât atât. O minte plină de compasiune te duce cu adevărat într-o călătorie profundă în ființa evoluată – până la pietrele de temelie din creier și la genele care l-au construit.

Te duce într-o călătorie spre arhetipurile și mentalitățile sociale care ar putea scrie scenariile vieții și, într-adevăr, ale tuturor în relațiile colective.

Așadar, căpătăm compasiune față de faptul că suntem ființe care au apărut în fluxul vieții, cu un creier ciudat, evoluat de-a lungul a milioane de ani, plin cu pasiuni, dorințe și forțe arhetipale care lucrează prin noi. Acesta este un creier al multiplicității, cu potențial pentru compasiune, bunăvoință și iubire, și pentru dorințe și nevoi centrate pe sine, capabil să genereze fantezii nerealiste și să fie consumat de răzbunare, teritorialitate și plăcere sadică. Nu avem motiv să ne rușinăm față de lucrurile acestea și, odată ce renunțăm la blamare și la rușine, începem să privim aceste lucruri în noi înșine, să ne *așteptăm* să le găsim. Și depinde de noi care sunt părțile pe care vom alege să le antrenăm.

Privind spre deceniile care urmează, un lucru este clar, cred eu – sistemul nostru de educație și chiar întreaga structură a societății vor avea un interes mult mai mare pentru psihologie și antrenarea minților dacă vrem să creăm societăți pline de compasiune și să trăim în armonie unii cu alții și cu mediul care ne susține. Acei indivizi care văd psihologia și perspectiva mai profundă a naturii propriilor minți și consideră că au prea puține de oferit sau care cred că sunt doar pentru pămpălăi, un complot liberal ori că l-ar putea jigni pe Dumnezeu trebuie contraziși, pentru că ne vor conduce într-o lume a extenuării, poluării și epuizării – cu arme inteligente și de distrugere în masă. Ei bine, să fim cinstiți, ei deja le au. Și compasiunea este înrădăcinată în căutarea *științifică* a modului în care funcționează și sunt controlate mințile. Într-o sută de ani, ne vom cunoaște și ne vom înțelege mai bine creierii și mințile – și cine știe? – am putea să fim, de fapt, mai avansați în construirea societăților juste și pline de compasiune, pentru că sunt aspectele pe care am ales să le alimentăm și să înțelegem mai bine cum să le hrănim.

13

Exprimarea minții prin compasiune

Am văzut că multe dintre cele care se petrec în mințile noastre au legătură cu modul în care am fost construiți din punct de vedere genetic și modelați social. Șobolanii, iepurii și maimuțele nu au de ales decât să își trăiască viețile conform scenariilor emoțiilor și arhetipurilor, și în limitele mediului. Ele trăiesc și mor și nu înțeleg niciodată de ce sunt în viață, nici măcar că *sunt* „în viață". Noi, pe de altă parte, am devenit conștienți de faptul că suntem vii și că existăm în procesul vieții. Această trezire nu este ușoară, pentru că apoi descoperim că trăim într-o lume în care ființele trebuie să se consume unele pe altele pentru a supraviețui, în care virusurile schilodesc și ucid la scară largă în propria cursă pentru reproducere, în care viețile sunt scurte, corpurile sunt destinate descompunerii și sfârșitului și în care noi înșine descoperim că este îngrozitor de dificil să ne eliberăm de arhetipurile codate genetic și de condiționarea socială. Ne este foarte ușor să punem în aplicare răzbunările teritoriale, să distingem între cei aleși și cei nealeși, să fim supuși unor lideri absenți sau cruzi, să fim indiferenți la suferința altora sau să ne pierdem în anxietate, depresie și paranoia. Timp de mii de ani, aceste experiențe și teme de viață au fost redate din nou și din nou în mințile umane și în domeniile de activitate. Așa cum a spus Shakespeare: „Lumea-ntreagă e o scenă și toți oamenii-s actori...*"

Este ușor pentru noi să patologizăm aceste sentimente și teme și să credem că, dacă nu suntem fericiți sau nu ne maximizăm potențialul, atunci trebuie să fie ceva în neregulă cu noi. Avem nevoie de Prozac? Dar sentimentele și pasiunile „creierului/minții vechi" au evoluat din

* William Shakespeare, *Opere complete*, volumul 5, *Cum vă place*, traducere de Virgil Teodorescu, Univers, București, 1986, p. 151. (*N. red.*)

motivații bune – pentru a ne proteja și a ne purta spre evoluție, sau măcar să conducă genele. Așadar, uneori, emoțiile și sentimentele noastre mai puțin plăcute despre noi înșine și despre alții sunt răspunsuri naturale la situațiile dificile de viață, la stres, la problemele nerezolvate din trecut și așa mai departe. Ne putem ajuta să tolerăm, să înțelegem și să lucrăm cu ele, pentru a găsi metode de rezolvare a lor. Evoluția nu are ca interes fericirea ca experiență în sine. Doar ființele conștiente își asumă responsabilitatea de a căuta să înțeleagă cauzele suferinței, cum să o atenueze și cum să promoveze fericirea și bunăstarea. Când facem asta, descoperim că abilitatea de a ne înfrunta și a ne tolera amenințarea, tristețea și tragedia și de a dezvolta curajul este foarte importantă pentru compasiune și, într-adevăr, pentru fericire.

Cu toate acestea, evoluția nu ne-a lăsat cu mâna goală, pentru că, pe lângă faptul că avem minți care pot gândi, acumula cunoștințe, reflecta asupra sinelui și se pot antrena singure, avem și potențialul evoluției de a lua legătura cu ceilalți, a-i îngriji și a fi îngrijiți. Într-adevăr, acum știm că dragostea, bunăvoința și compasiunea influențează cu adevărat modul în care se conectează și se organizează creierii și multe dintre procesele fiziologice de bază. Cu cât încercăm să generăm și să apreciem compasiunea, cu atât mai mult vom stimula acele sisteme neuronale care susțin sentimentele pozitive – și neuronii care se aprind împreună creează legături. De asemenea, dacă ne concentrăm pe dezvoltarea sentimentelor, valorilor și comportamentelor pline de compasiune, acest lucru va influența interacțiunile, ceea ce ne va influența, la un anumit nivel, creierii și neuronii și, la un altul, tipurile de societăți pe care le creăm (de exemplu, în care împărtășim mai mult și în care ne îngrijim mai mult mediul înconjurător). Putem pune compasiunea în centrul motivației pentru conștientizare și în centrul scopurilor noastre. Și, odată ce am înțeles cum funcționează creierii, putem să facem alegeri.

Desigur, acestea sunt greu de urmat, pentru că sistemul de amenințare/autoapărare este foarte ușor de activat. Așadar, trebuie să ne antrenăm mințile pentru compasiunea față de sine și să dezvoltăm relații și comunități care susțin compasiunea și societăți care o apreciază. Ca și cum am fi într-un film *science fiction*, probabil, avem nevoie *să ne rupem condiționarea*, să punem sub semnul întrebării valorile și reacțiile emoționale, să devenim „conștienți“ de propriile minți, să învățăm despre ele, să căutăm soluții și să exersăm crearea compasiunii ca tipar preferat al creierului. Acest lucru necesită curaj, să renunțăm la certitudinile trecutului, să ne deschidem inimile, să contestăm propriile reacții emoționale, să studiem, să explorăm, să descoperim, să schimbăm și să ne asumăm responsabilitatea, și să exersăm. Trebuie să reținem că direcția călătoriei este spre transformarea minților noastre.

Îmbunătățirea vieților prin compasiune

Există trei direcții ale compasiunii: compasiunea care curge în tine de la ceilalți și deschiderea către ea; compasiunea care curge către alții; și fluxul compasiunii de sine pe care îl creezi în interior. Compasiunea funcționează pentru a maximiza fiecare categorie. Îndreptată spre sine, ne ajută să recunoaștem cât de ușor ne este să fim rușinați, dezamăgiți și autocritici când nu ne simțim capabili să realizăm, să obținem sau să fim ce vrem. Simțim că ne lipsește acel „ceva" care ne va ajuta să găsim acceptarea în ochii celorlalți. A avea compasiune pentru aceste lucruri înseamnă a le înțelege și a învăța cum să le trăim în prezent cu bunăvoință.

Formarea minții prin compasiune presupune a învăța să aducem echilibru în cele trei tipuri de sisteme care reglează emoțiile – sistemul care se concentrează pe amenințare și autoapărare, sistemul axat pe stimulente/căutarea resurselor, care se concentrează pe dorințe și realizări, și sistemul axat pe alinare/mulțumire, care se concentrează pe siguranță și conectare. Aducând echilibru, vor apărea tiparele de activitate ale creierului care creează stări de bine, valori și comportamente prosociale. În capitolele 6 și 8, am explorat natura atributelor și aptitudinilor compasiunii, care sunt cheia aducerii echilibrului, iar în capitolele ulterioare, cum să le dezvoltăm.

Odată ce înțelegem aceste atribute și aptitudini și ne este clar *de ce* vrem să punem compasiunea în centrul existenței și concentrării (pentru a ne transforma mințile), suntem liberi să ne antrenăm mințile. Ne implicăm în acest lucru cu înțelegerea și cunoașterea felului în care am apărut în fluxul vieții și a modului în care au fost proiectați creierii, nu pentru că avem doar o dorință vagă de a fi mai fericiți. De asemenea, ne implicăm în antrenament cu un sentiment de joacă, blândețe și deschidere spre explorarea și descoperirea lucrurilor noi. Chiar dacă suntem adesea morocănoși, neliniștiți, frustrați, certăreți, mahmuri sau suferinzi de efectele consumului excesiv de curry, ne putem întoarce *întotdeauna* la concentrarea pe compasiune. Fiecare moment este nou, iar fiecare dintre acele momente poate fi potrivit pentru compasiune, indiferent de ce s-a petrecut anterior.

În unele tradiții spirituale, este ușor de văzut o abordare mai degrabă negativă a dorinței umane. Sper că am clarificat care este „calea de mijloc". Nu este vorba despre a trăi viața într-o luptă exclusivă, prin abandon de sine și autolimitare. Este vorba despre acordarea atenției într-un anume fel, despre a învăța să savurăm bucuriile simple și mici, în timp ce găsim și modalități de a fi deschis și către pierderi și tragedii, luând legătura cu ceilalți și explorând lumea prin compasiune. Trăim într-o societate în care ni se spune că plăcerea maximă este câștigată prin a avea *cele mai mari* porții, *cele mai rapide* mașini, *cele mai frumoase* corpuri și *cei mai frumoși* parteneri. Dar înțelepciunea strămoșilor ne învață că fericirea vine din trăirea lucrurilor *în prezent, în acest moment, cu exact ce ai*. Acest lucru nu este sfârșitul ambiției, ci abordarea ambiției cu un zâmbet plin de compasiune. Mie încă îmi place să cumpăr chitare noi! Toată lumea știe că Dalai Lama iubește gadgeturile! Totuși, învățăm că asemenea lucruri ne oferă doar un anumit tip de plăcere, nu fericirea susținută îndelung prin mulțumirea de sine și starea de bine pe care le căutăm.

Analiza acestor realități este importantă pentru a ne ajuta să ne antrenăm, dar este doar primul pas. De exemplu, putem avea experiențe autentice de iluminare – momente de înțelegere în care „îți pică fisa". Un prieten american cu care am petrecut o oră explicându-i crichetul a înțeles brusc ideea și, în cele din urmă, jocul a căpătat sens pentru el. Dar această „iluminare" nu l-a făcut un jucător bun. Buddha a meditat în fiecare zi din viața lui, pentru că antrenarea și exersarea sunt importante. Iluminarea este căpătarea cunoașterii, dar în mod clar *nu* este produsul finit a, să zicem, 40 de ani de practică! Și în practică noi învățăm tot timpul. Antrenarea și practica sunt importante pentru că, așa cum cânți la un instrument muzical, fără ele îți poți pierde o anumită dexteritate. De aceea ți-am oferit idei de antrenament pe care să le poți folosi în majoritatea zilelor sau chiar în toate zilele vieții tale. Putem să ne schimbăm creierii.[204] Chiar dacă îți petreci doar câteva minute, să zicem, în baie sau înainte de a te da jos din pat, sau în timpul micului dejun, sau în pauza de prânz – pentru a zâmbi cu compasiune, a te concentra pe respirația ta și a încerca să fii „conștient" și să generezi sentimente de compasiune în tine –, este în regulă! Puțin și des funcționează. Mai târziu poate dorești să îți dedici mai mult timp practicii compasiunii, și chiar să începi să meditezi și, la fel ca în toate lucrurile, cu cât exersezi mai mult, cu atât vei deveni mai bun. Caută-ți profesori mai pricepuți decât mine pentru a te conduce mai departe.

Fișa de lucru 3 te va ajuta să exersezi cu regularitate și să reflectezi asupra acesteia. Poți să copiezi aceste pagini și să scrii pe ele lucrurile pe care le consideri de ajutor și pe cele dificile. În secțiunea „Descoperă mai multe" de la sfârșitul cărții vei descoperi trimiteri la diferite CD-uri care te-ar putea ajuta cu practica.

Fișa de lucru 4 îți oferă o revizie rapidă pentru gestionarea dificultăților curente ale vieții și a emoțiilor neplăcute care pot apărea în anumite momente. Acestea sunt idei de practicat pentru a vedea care sunt de ajutor și pe care vrei să le dezvolți. Din nou, poți să copiezi acest formular pentru a-ți lua notițe despre practica și eforturile tale. Luând în considerare toate lucrurile, ne întoarcem de unde am pornit, recunoscând că suntem o specie creată pentru a se dezvolta în cele mai bune condiții de bunăvoință, sprijin și compasiune care curg în și prin noi și spre exteriorul nostru. Cu cât începem mai devreme antrenarea minților pentru a face asta – pentru noi înșine și pentru copiii noștri – și încercăm să creăm societăți în care acest flux al compasiunii apare natural, cu atât mai fericiți și mai prosperi vom fi.

Pe măsură ce dezvoltăm o concentrare și o minte plină de compasiune, poate fi folositor să explorăm modul în care acestea ne vor ajuta să ne schimbăm și să devenim mai mult așa cum ne dorim. Așa că, în ultimul exercițiu din această carte – Fișa de lucru 5 –, poți vedea cum concentrarea pe compasiune se va răsfrânge asupra multor lucruri pe care le faci cu tine însuți și cu alții.

Compasiunea pentru noi înșine și pentru alții necesită de asemenea o abandonare a venerării sinelui, care este o parte importantă în cultura occidentală. De exemplu, uneori ne regăsim în locuri foarte norocoase. Poate că ne-am născut într-o viață de privilegii sau avem anumite calități – să zicem, inteligența, abilitățile sportive, talentul muzical sau un corp care se menține relativ slab sau care arată bine. Trăim într-o lume în care suntem încurajați să ne gândim la aceste calități ca la „sine", ca și cum noi le-am făcut și ar trebui să fim mândri de ele, chiar să le etalăm. Am putea avea chiar şi sentimentul de îndreptăţire. De fapt, ele sunt datorate în mod egal norocului ca oricărui alt lucru. A simţi că eşti mai bun decât alţii datorită abilităţilor sau aspectului poate cauza probleme. Este de preferat să ne gândim la talente cu încântare şi recunoştinţă pentru norocul nostru. A învăţa să fim recunoscători, să ne apreciem talentele şi să avem compasiune pentru cei care nu le au este un mod diferit de „a trăi" abilităţile – suntem mai puţin interesaţi de realizarea centrată pe sine. Dacă urmezi mai îndeaproape tradiţiile meditative, ai putea descoperi că până şi noţiunea sinelui individual (creat de creierii/minţile noastre) este oarecum iluzorie.

Fişa de lucru 3: Exersarea abordării vieţii prin compasiune

Înregistrează practica zilnică prin alegerea unei activităţi.	**Comentarii şi reflecţii despre practica ta**
Ritm liniştitor al respiraţiei şi mindfulness: a trăi „în moment". Exersează privitul lucrurilor în noi moduri, notând lucrurile de care te bucuri şi pe care le poţi savura, indiferent cât de mici – de exemplu, prima ceaşcă de ceai a zilei, căldura unei băi. Ia în considerare lucruri pentru care eşti recunoscător într-un mod fericit, distractiv, indiferent cât de mici sunt.	
Când eşti într-un loc liniştit, concentrează-te pe **imaginea ideală a compasiunii/grijii.** Ea are calităţile înţelepciunii, puterii, căldurii, nu te judecă/condamnă şi îţi oferă toate acestea în mod necondiţionat, cu dorinţa profundă ca tu să prosperi şi să te eliberezi de suferinţă.	

Înregistrează practica zilnică prin alegerea unei activități.	Comentarii și reflecții despre practica ta
Exersează sentimentul care curge prin tine din imagine. Amintește-ți că imaginile sunt efemere și pot fi mai degrabă simțite, nu văzute. Imaginea ta este conștientă de cât de dificile pot fi pentru noi viețile și creierii/mințile evoluate.	
Când te afli într-un loc liniștit, concentrează-te pe a te simți ca o persoană plină de compasiune, cu calitățile înțelepciunii, puterii, căldurii, care nu te judecă/condamnă – pe care o direcționezi în mod necondiționat spre tine însuți. De asemenea, exersează direcționarea compasiunii spre ceilalți. În ambele cazuri (direcționarea spre tine și spre ceilalți), concentrează-te pe dorința profundă ca tu și ceilalți să fiți fericiți și să vă eliberați de suferință.	
Comportamentul plin de compasiune: Alege și pune în aplicare comportamentul plin de compasiune care are intenția ca tu și ceilalți să prosperați și să nu suferiți. Acest lucru ar putea include redactarea de scrisori, acte de apreciere sau de recunoștință, sau a face în mod curajos ceva de care te temeai, dar ți-ar plăcea să depășești. Ia-ți angajamentul de a te îngriji ca și cum ai face-o pentru un prieten drag. Caută moduri de a învăța asertivitatea dacă simți că asta te-ar ajuta.	

Înregistrează practica zilnică prin alegerea unei activități.	Comentarii și reflecții despre practica ta
Exprimă-ți aprecierea pentru alții. Fă-ți un scop din a fi binevoitor și vezi cum te simți când faci asta. Acordă atenție modului în care diferite lucruri pe care le faci îți afectează sentimentele. Dacă te afli în conflict cu ceva sau cu cineva, lucrează asupra celei mai de ajutor și mai pline de compasiune căi (nesupuse) de a merge înainte. Notează orice moduri noi pe care le-ai găsit să îți dezvolți stilul de viață concentrat pe compasiune.	

A fi binevoitor

Pe măsură ce dezvoltăm compasiunea de sine, ne deschidem și către durerile altora și către propria dorință de a ajuta – pentru că noi, cu toții, pur și simplu, ne-am găsit aici. Multe practici meditative tradiționale se concentrează pe umplerea minții cu compasiune *pentru alții* – și încearcă activarea și lucrul cu acele sisteme cerebrale. Dar ne putem concentra pe comportamentul binevoitor și plin de compasiune.

Fișa de lucru 4: Abordări pline de compasiune pentru gestionarea dificultăților, emoțiilor și situațiilor neplăcute ale vieții.

Această fișă de lucru oferă diferite semnale și idei pentru a te ajuta să exersezi concentrarea minții dacă ești supărat și să îți accesezi sistemul de alinare/mulțumire. Când ești amenințat sau supărat, este ușor să te concentrezi pe sentimentele neplăcute, pe griji sau pe amintiri. Încearcă să le recunoști, dar încearcă și să îți echilibrezi sistemul.

Ce problemă(e) îți cauzează supărarea?	Reflecții asupra lucrurilor care te-au ajutat, ce a fost dificil și ce necesită practică
Atenția plină de compasiune se referă la concentrarea noastră și la modul în care creăm imagini și amintiri în mințile noastre: • Caută un ritm liniștitor al respirației. • Adoptă o postură corporală și o expresie facială pline de compasiune. • Fii conștient – păstrează-ți atenția asupra „momentului prezent“, nu te lăsa distras de „dar dacă?“-uri și ruminații. • Adu-ți aminte de dățile în care ai făcut față. • Adu-ți aminte de dățile în care ai fost fericit. • Concentrează-te pe imaginea plină de compasiune. • Reține că lucrurile și sentimentele se schimbă. • Creează o imagine cu tine însuți în care faci față sau în care te descurci. • Imaginează-ți că ai depășit această dificultate – concentrează-te cu adevărat pe asta. • Observă gândurile și sentimentele ca tipare create în tine – și conștientizează că poți încerca multe tipare diferite.	

Ce problemă(e) îți cauzează supărarea?	Reflecții asupra lucrurilor care te-au ajutat, ce a fost dificil și ce necesită practică
Gândirea/raționarea prin compasiune are legătură cu modul în care ne gândim pe îndelete la lucruri – felurile în care ne vorbim nouă înșine și conversațiile care se petrec în mințile noastre: • Observă dacă ruminezi și hotărăște să te oprești. • Observă dacă sentimentele sau gândurile tale sunt autocritice și schimbă-le concentrându-te pe bunăvoință și pe compasiune. • Imaginează-ți că ești o persoană plină de compasiune care îi vorbește unui prieten. Vorbește cu voce tare pe un ton cald. • Pune-te în instanța „compasiunii de sine" și simte compasiune pentru sinele tău supărat. Rămâi în acea instanță plină de compasiune. • Vorbește-i cu compasiune sinelui tău supărat. Dacă te ajută, plasează o mână chiar deasupra zonei inimii. Apelează la cât poți de multă înțelepciune, putere și căldură și nu te condamna. • Adu-ți aminte umanitatea și fii conștient că mulți oameni se pot lupta cu sentimentele dificile. Simte-le împreună cu ei, nu fi singur sau diferit. • Presupune că alții îți vor fi de ajutor până când vei primi dovada că nu vor fi	

Ce problemă(e) îți cauzează supărarea?	**Reflecții asupra lucrurilor care te-au ajutat, ce a fost dificil și ce necesită practică**
• Recunoaște cât de des se întâmplă să nu fie din vina ta ce simți. Gândește-te de ce nu este vina ta (nu noi ne-am proiectat creierii sau mediile de proveniență). • Ține minte mottoul: „Secretul succesului este capacitatea de a eșua." • Concentrează-te mai degrabă pe eforturile tale decât pe rezultate.	
Comportamentul plin de compasiune te va ajuta să faci față dificultății: • Ia-ți un angajament să te comporți în moduri care te-ar ajuta să avansezi în viață, chiar dacă asta înseamnă dificultate pe termen scurt. • Exersează comportamente diferite și vezi care dintre ele ți se potrivesc. • Ia legătura cu alții și vezi dacă ai ajutor la dispoziție. • Reține că încrederea se dezvoltă din interacțiunea cu dificultatea și că aceste vremuri dificile prin care treci acum ar putea, pe termen lung, să îți construiască încrederea. • Recunoaște-ți limitele și, când ai nevoie să te odihnești, încetinește ritmul sau ia o pauză. • Dacă problemele par mari, încearcă să le împarți în elemente mai mici	

Ce problemă(e) îți cauzează supărarea?	Reflecții asupra lucrurilor care te-au ajutat, ce a fost dificil și ce necesită practică
Sentimentul compasiunii Orice faci, încearcă mereu să faci tot posibilul cu bunăvoință, astfel încât să simți că eforturile sunt unele de sprijin și încurajare, cu scopul de a te ajuta să faci față și să prosperi. Ține minte că gestionarea poate fi grea și necesită exercițiu. Nu există „trebuie" aici, nici metode perfecte de gestionare, nici eliberarea sau scăparea de lucrurile dificile cu care se confruntă mulți dintre noi. Acestea nu vor îndepărta aceste dificultăți, dar ți-ar putea ușura calea printre ele – succes!	

Fișa de lucru 5: Consecințele dobândirii compasiunii pentru tine însuți și pentru ceilalți

Pe măsură ce dobândești concentrarea pe compasiune și mintea plină de compasiune, explorează cum te vor ajuta acestea să devii mai mult cum ți-ai dori să fii.

Enumeră modurile în care concentrarea pe compasiune va influența...

... cum te simți și cum te raportezi la tine însuți.
Ce va fi diferit? Cum vei observa că acest lucru se întâmplă și cum vei dezvolta asta mai departe?

… cum vei interacționa cu alți oameni.
Ce va fi diferit? Cum vei observa că acest lucru se întâmplă și cum vei dezvolta asta mai departe?

… cum vei gestiona problemele din viața ta.
Ce va fi diferit? Cum vei observa că acest lucru se întâmplă și cum vei dezvolta asta mai departe?

… cum îți vei alege obiectivele și cum vei lucra pentru îndeplinirea lor.
Ce va fi diferit? Cum vei observa că acest lucru se întâmplă și cum vei dezvolta asta mai departe? (Obiectivele pot fi pe termen scurt – durează doar câteva zile sau săptămâni – sau pot necesita luni, ani sau o viață pentru a fi obținute.)

… cum gestionezi piedicile și crizele.
Ce va fi diferit? Cum vei observa că acest lucru se întâmplă și cum vei dezvolta asta mai departe?

… alte probleme de viață importante pentru tine.
Ce va fi diferit? Cum vei observa că acest lucru se întâmplă și cum vei dezvolta asta mai departe?

Stefan Einhorn[205] a scris o carte drăguță intitulată *The Art of Being Kind*, în parte pentru a contracara credința crescândă a societății noastre conform căreia vom avansa doar dacă suntem cruzi și concentrați pe sine. El analizează un număr de situații în care am putea să punem bunăvoința în acțiune și arată că bunăvoința față de alții nu este doar o formă altruistă a sacrificiului de sine. Există multe credințe personale legate de a fi binevoitor. Dacă ești binevoitor față de alții, este mai plauzibil ca ei să fie binevoitori față de tine; vei primi în schimb apreciere și vei evita conflictul, iar oamenii vor fi predispuși să te placă și să aibă încredere în tine, iar tu te vei simți bine – toate acestea fiind bune pentru creier. Relațiile afectuoase au un impact benefic asupra corpului – și în special asupra nivelurilor hormonilor tăi de stres și a sistemului imunitar –, în opoziție cu cele conflictuale. Când recunoaștem aceste efecte ale *self-help*-ului, ele ne opresc din a ne îngrijora pentru scopuri: suntem cu adevărat binevoitori sau facem lucrurile cu bunăvoință doar pentru a ne satisface pe noi înșine sau pentru a fi plăcuți? Majoritatea actelor de bunăvoință rezultă dintr-un amestec de altruism și de egoism, așa că bunăvoința „pură" este probabil rară. Dar nu asta este ideea: efortul pe care îl depunem pentru bunăvoință contează. Uneori am o dispoziție binevoitoare; în alte zile sunt morocănos și trebuie să lucrez și să nu îmi vărs supărarea pe toată lumea. De asemenea, observă că bunăvoința nu este echivalentul supunerii, pentru că uneori avem nevoie să fim curajoși și asertivi pentru a fi binevoitori.

Totuși, bunăvoința nu este întotdeauna ușor de definit, dar cu siguranță implică generozitatea și efortul. Ia în considerare doctorul care se dedică pentru a vindeca bolile și lucrează în toate turele, dar personalitatea lui/ei nu este foarte caldă. Pune-l în paralel cu o persoană foarte caldă cu „calități interpersonale" bune, dar care nu este prea dedicată niciunui lucru. Într-adevăr, a existat o lungă discuție asupra diferitelor tipuri de bunăvoință. De exemplu, există cei care sunt alături de alte persoane și încercă să le rezolve problemele; alții care au câteva aptitudini practice, dar sunt sensibili la sentimente; alții care nu sunt prea buni nici la una, nici la cealaltă, dar care sunt foarte generoși; și încă alții care sunt foarte viteji atunci când sunt solicitați. Oamenii nu sunt buni neapărat în toate aspectele bunăvoinței, așa că ar trebui să încercăm să apreciem multele feluri de bunăvoință ale fiecărui individ.

Lucrul cu relațiile apropiate

Să ne concentrăm pe relațiile apropiate și pe modul în care compasiunea le poate ajuta. În terapia de cuplu și cea maritală, cercetările au arătat că, dacă doi oameni se concentrează pe crearea sentimentelor bune și pline de compasiune între ei, vor planta semințele unui parteneriat ca la carte. Suspectez că, de fapt, acest principiu general este valabil pentru toate tipurile de parteneriate și de relații. John M. Gottman și colegii săi[206] au lucrat mulți ani pentru a aduce lumină asupra elementelor periculoase pentru parteneriate, pe care ei le-au denumit „Cei patru călăreți ai Apocalipsei": critica, atitudinea defensivă, disprețul și retragerea în sine. Primele trei cred că se explică singure. Retragerea apare atunci când oamenii devin tăcuți și nu se exprimă sau cad de acord pentru a rezolva conflictul; ei se poate să fi adunat resentimente pe care le acoperă în supunerea lor. Totuși, Gottman sugerează și că, dacă doar ne ajutăm unii pe alții să rezolvăm conflictele și să înfruntăm „cei patru călăreți", adesea aceste lucruri nu sunt suficiente pentru a construi un parteneriat bun. Mai degrabă trebuie să ne asigurăm că se dezvoltă atât *prietenia*, cât și *împărtășirea*. Într-adevăr, dacă un cuplu poate dezvolta o prietenie în cadrul relației, probabil se vor înțelege din ce în ce mai bine în afara oricărui conflict, vor fi mai puțin negativiști în timpul unei supărări și vor încerca să își rezolve problemele amiabil.

Un element-cheie în crearea unui flux pozitiv într-o relație este a învăța să ai în vedere dorințele și nevoile partenerului – la fel ca în meditație, îți poți aloca timp să te gândești la *cum să îi aduci fericire*. Un al doilea aspect important este să înveți *să îi apreciezi* pe oamenii cu care trăiești sau lucrezi și să fii capabil să arăți acea apreciere. La fel ca în privința tuturor lucrurilor, poți să vezi paharul pe jumătate plin sau pe jumătate gol și este ușor să ne blocăm în nemulțumirile din relații, în special dacă rezonează cu ceva din trecutul nostru. Astfel, te concentrezi treptat din ce în ce mai puțin pe calitățile partenerului tău și, desigur, își dă seama și acest lucru afectează modul în care se raportează la tine.

Compasiunea pentru ceilalți înseamnă a aprecia, inclusiv folosirea expresiilor verbale create pentru a-i ajuta pe ceilalți să înțeleagă că îi apreciezi. A învăța să folosești expresii afectuoase și jucăușe („dragă", „dulceață", „iubire", „comoară", „motivul existenței mele" – bine, să nu exagerăm), tonuri vocale și expresii faciale pline de căldură, să acorzi atenție nevoilor și dorințelor celor din jur, să îți exprimi recunoștința pentru lucrurile cu care te ajută, să te concentrezi pe ce îți place la ei, nu pe ce îți displace, să le recunoști punctele forte în fața lor – acestea sunt mijloace de a construi prietenii și alte calități într-o relație, iar ele au nevoie de exercițiu și de folosire regulată. În multe feluri, am revenit la cartea lui Dale Carnegie, *Cum să vă faceți prieteni și să deveniți influent*[207], pe care am explorat-o în Capitolul 2.

Ia în considerare rolul atingerii și îmbrățișărilor adecvate în relații. Ele sunt dovezi considerabile, obținute din cercetarea asupra animalelor și oamenilor, că atingerea adecvată, mângâierea, cocoloșirea și îmbrățișarea au influențe importante asupra creierilor, ne pot aprofunda relațiile, ne pot oferi sentimente de siguranță și ne pot ajuta la reconciliere. Chiar și șobolanii de laborator se calmează dacă sunt mângâiați regulat și, desigur, câinele sau pisica familiei de obicei devine mai calm(ă) când este mângâiat(ă). Acest tip de comportament interpersonal are ca rezultat faptul că beneficiarul eliberează endorfine (substanțele chimice naturale care alină durerea și îmbunătățesc starea de spirit) și își stimulează sistemul de alinare/mulțumire. Afecțiunea fizică poate comunica mai multe decât cuvintele!

Din când în când, eu și colegii mei auzim povești din partea pacienților cu părinți distanți, care nu ofereau afecțiune fizică, și despre tristețea dintr-o căsnicie în care unul dintre parteneri nu poate oferi afecțiune fizică și rămâne cumva distant. Într-adevăr, în școli există acum o reevaluare a interzicerii atingerilor, în special când copiii sunt supărați.

Privarea de atingere și confort fizic ar putea fi, de fapt, foarte dăunătoare, ținând cont să suntem *creați din punct de vedere biologic* să căutăm confortul fizic când suntem supărați. În teroarea noastră de pedofilie, ne privăm copiii de modalitățile în care li se dezvoltă sistemele cerebrale, care ajută la reglarea sentimentului de amenințare, care aduc sentimentele de siguranță și de încredere și care le oferă încrederea corporală. Aceasta este o chestiune importantă pentru cercetare. Numărul galopant de moduri în care ne blocăm diferitele tipuri de relaționare – îngrijirea fizică și afectuoasă și împărtășirea – în lumea noastră grăbită și tot mai concentrată pe frică ar putea să ne afecteze mințile, creierii și corpurile.

Așa cum am menționat pe parcursul cărții, încearcă să fii conștient de – și să eviți – furia și frustrarea exprimate sub forma criticilor față de tine sau față de alții. De cele mai multe ori, critica subminează și este foarte ușor de observat ca formă de agresiune subtilă (și uneori nu atât de subtilă). Cu toții o facem, desigur, dar încearcă să reflectezi asupra ei și să ai compasiune pentru ea dacă îți scapă, dar dedică-te să vezi dacă poți să gestionezi cu mai multă compasiune conflictele și dezamăgirile din relații. Vezi dacă „îi ceri“ celeilalte persoane să fie așa cum vrei tu să fie și dacă te-ai blocat în încercarea de a forța lucrurile să se întâmple. Ține minte că, dacă îi critici pe alții, ei te-ar putea critica sau ar putea avea resentimente – chiar dacă sunt drăguți pe față – și, în cazuri extreme, s-ar putea retrage sau deveni depresivi.

Grija bazată pe frică și pe nevoie

Totuși, unele forme și motive ale grijii cauzează dificultăți în relații. Unii oameni cărora le lipsește încrederea sau care au anxietate socială și au nevoie să fie iubiți și apreciați se pot comporta foarte afectuos, dar caută *recunoștința* din partea celorlalți. Acest lucru reiese în terapia de cuplu. Un partener a preluat rolul „eroului" și încearcă să fie binevoitor, înțelegător și susținător pentru partenerul său sau pentru alții. Totuși, partenerul lui simte nevoia de independență. Îți poți imagina ciocnirea care va apărea. Cu cât încearcă mai mult salvatorul să fie binevoitor, iubitor și înțelegător, cu atât partenerul lui se va retrage – la un anumit nivel, cei doi au detectat că acesta este un „joc". Acesta devine profund supărător pentru salvator pentru că, oricât ar încerca, nu este capabil să obțină înapoi aprecierea pe care o caută sau un anumit grad de afecțiune. Este deosebit de trist pentru că ambele părți au jucat în mod neintenționat „jocul".

Există multe variante ale acestui tip de interacțiune. Femeile sensibile care au avut relații proaste cu mamele sau cu tații se pot lega de bărbați insensibili sau de oameni anxioși în relații. Ele au nevoie de reasigurare ca să se poată conecta cu indivizi care par puternici și încrezători, dar care adoptă un tip de afecțiune care le permite să evite apropierea. Multe dintre relațiile noastre sunt așa într-o anumită măsură, pentru că toți avem nevoi și stiluri ușor diferite.

Ideea este că aceste tipuri de dificultăți sunt obișnuite. Comportamentul plin de compasiune necesită să recunoaștem și să apreciem diferitele stiluri de relaționare și să ajungem la diferite compromisuri. Reține că toți ne găsim, pur și simplu, aici, cu nevoile, fricile și stilurile noastre de a relaționa unul cu altul, făcând tot posibilul. Este important să nu jucăm un joc al rușinii sau al vinovăției pentru a încerca să îi facem pe ceilalți să ne ofere ce dorim – deși, bineînțeles, chiar și având cele mai bune intenții ne putem găsi în această situație. Comportamentul plin de compasiune ne cere să ne recunoaștem latura salvatorului sau cea care evită, să vedem lucrurile din punctul de vedere al celeilalte persoane și modul în care comportamentul, nevoile și stilurile noastre ar putea-o afecta.

Comportamentul prosocial

Putem aborda aceste probleme conexe într-un alt mod, privind spre ce se numește *comportament prosocial* – adică un comportament prin care un individ oferă, ajută sau împarte ceva cu altă persoană fără scopuri ascunse. Nancy Eisenberg[208] este una dintre figurile fruntașe în cercetarea comportamentului prosocial la copii. Într-o serie de scrieri, ea arată că a te îngriji de alții are legătură foarte mare cu educația: putem educa și crea condiții pentru ca mințile și creierii copiilor să fie orientate spre comportamente prosociale și de îngrijire. Comportamentul plin de compasiune poate fi promovat prin:

- competența personală și starea generală de bine;
- modelele de viață care participă, apreciază și recompensează îngrijirea;
- trăirea beneficiilor îngrijirii și împărtășirii;
- oportunitățile de a exersa comportamentul îngrijitor;
- dobândirea cunoștințelor pentru dezvoltarea formelor prosociale de rezolvare a conflictelor;
- discuții deschise cu copiii despre consecințele comportamentului lor asupra celorlalți.

În schimb, dacă copiii simt pedeapsa și neglijarea, acest lucru poate avea efecte nocive asupra dezvoltării comportamentului lor prosocial și de îngrijire. Rușinea, umilirea, invidia și indiferența nu îl promovează, iar îngrijirea altora doar pentru a evita rușinea sau pentru că simți că „trebuie“ conduce la resentimente. De asemenea, este îndoielnic faptul că amenințarea cu pedeapsa conduce la comportamente pline de compasiune și grijă. Gândește-te la ce se întâmplă în creier. Pedeapsa va activa sistemul de amenințare/autoapărare și, deși copilul va fi motivat să evite pedeapsa, el nu se va implica neapărat în comportamentul pe care îl dorești sau în dezvoltarea sentimentelor adecvate. Frica de pedeapsă va bloca alinarea și empatia, în timp ce tu îți dorești să activezi capacitatea pentru înțelegerea empatică. Așa că, dacă rănim pe altcineva, capacitatea de a trăi și tolera vinovăția (și de a nu o transforma în rușine sau frica de a fi pedepsiți) devine foarte importantă. Atunci suntem capabili să simțim tristețea și să încercăm să remediem lucrurile în loc să fugim, să ne prăbușim în blamare, depresie sau furie.

Iată o amintire vagă din zilele în care eram la internat, pentru a formula această idee diferit. În afara dormitoarelor noastre, exista o terasă înaltă. La 12-13 ani, ne provocam unii pe alții să ne strecurăm pe scara de urgență după ce se dădea stingerea și să mergem pe terasă. Ocazional, eram prinși, ceea ce conducea la bătaia cu bățul, dar asta doar făcea activitatea să pară mai îndrăzneață și, pe cei care o făceau, mai curajoși. Într-o seară, un profesor nou a venit în dormitor, s-a așezat pe un pat și a spus că înțelege cât de interesant este mersul pe terasă, dar că este periculos și că trebuie să ne gândim la cum ne-am simți dacă unul dintre noi ar aluneca – să ne imaginăm pe noi înșine sau un prieten că zace căzut, în durere, cu un picior rupt sau chiar muribund, să ne imaginăm chinurile familiei lui, să ne imaginăm cum ne-am simți dacă l-am fi încurajat pe acel băiat să meargă pe terasă. Până la sfârșitul acelei conversații, eram aproape înlăcrimați – și nimeni nu a mai mers pe terasă după. O discuție plină de compasiune, prin înțelegerea entuziasmului și prin îndrumarea de a ne gândi la consecințe, a avut ce bătaia cu bățul nu a reușit. A ajutat, desigur, faptul că acest profesor era binevoitor și plăcut de băieți. În acea noapte mi-am câștigat un nou model în viață.

În ultimii ani, a existat o conștientizare crescândă a nevoii de a ne educa să devenim o societate civilizată, grijulie și morală, iar mulți cercetători au scris despre aceste teme. Un fruntaș din domeniul empatiei, Martin Hoffman[209], susține că grija poate fi promovată când le atragem copiilor atenția asupra ei. El sugerează:

> Un lucru pe care îl face educația socială este să îi învețe pe oameni simpla regulă de aur. Privește dincolo de situația ta și pune întrebări precum: „Ce tip de experiențe are cealaltă persoană în diferite situații?“, „Cum o vor afecta acțiunile mele, nu numai acum, ci și în viitor?“ și „Sunt persoane care ar putea fi afectate de acțiunea mea?“. Dacă copiii învață să pună astfel de întrebări, acest lucru ar trebui să le sporească atenția față de potențialele victime ale acțiunilor lor, care nu sunt prezente, și să empatizeze cu ele într-o anumită măsură. Pentru a crește puterea motivațională a identificării empatice, copiii ar trebui să fie

încurajați să își imagineze cum s-ar simți în locul victimei absente sau modul în care cineva apropiat lor s-ar simți în locul acelei persoane.

Astfel ne putem antrena să devenim prosociali din punct de vedere psihologic, învățând să punem anumite întrebări și să fim interesați de răspunsuri. În plus, putem învăța diferite abilități de rezolvare a conflictelor. Acestea pot fi și trebuie să le fie predate copiilor pentru a-i face mai conștienți de modul în care funcționează mințile lor, astfel încât să înțeleagă și să își gestioneze emoțiile și să fie prosociali.

Judecând după modul în care au fost educați copiii mei, această educație psihologică și morală nu se întâmplă deloc. Educația religioasă are legătură cu spusul poveștilor sau cu cântatul imnurilor, nu cu învățarea modului în care să îi ai pe alții în perspectivă sau cu formarea empatiei, ambele având nevoie de *exercițiu* ghidat. Educarea copiilor pentru compasiune se leagă de cercul compasiunii de la pagina 211. A avea clar în minte calitățile și aptitudinile pe care încercăm să le formăm în noi înșine și în copiii noștri este un prim pas important pentru ca noi să căpătăm mai multă compasiune. Unele școli analizează în prezent jocurile care necesită empatie. Avem compasiunea în noi și o putem dezvolta dacă creăm condițiile pentru a o antrena, a o aprecia și a o face esențială în tranzacțiile noastre sociale.

Așa că, punând laolaltă toate cele de mai sus, vedem că există multe căi prin care putem promova relațiile pline de compasiune. Dacă privești în urmă la atributele și aptitudinile compasiunii din Capitolul 6, vei vedea cum acelea le captează pe acestea. Există *motivația* de a îngriji: gândirea plină de compasiune față de alți oameni, reflecția asupra modului în care ai putea să te simți dacă ei te-ar trata în felul în care îi tratezi – și alocarea timpului de a lucra cu adevărat asupra impactului asupra lor. A te comporta cu compasiune înseamnă a învăța să fii generos, dedicat, săritor, dar nu supus. Ne putem angrena în atenție și comportament plin de compasiune învățând să apreciem și să prețuim, să iertăm și să fim înțelegători. Acum, de fapt, nu există nimic deosebit de nou la aceste atribute și aptitudini despre care să nu se fi scris de secole. Este vorba despre faptul că, pur și simplu, avem nevoie să depunem un efort pentru a le aduce în viețile noastre de zi cu zi – să le plasăm în centrul formării minții noastre.

Politica socială

Indivizii pot face multe pentru a aduce compasiunea în propriile vieți, în rețelele lor de relații și în lume. Totuși, pentru multe probleme mai serioase, avem nevoie de guverne, organizații și politici sociale care să fie concentrate pe compasiune și care recunosc faptul că un comportament imoral se dezvoltă în mod obișnuit din sisteme și structuri sociale imorale și/sau nereglementate.[210] Așa cum am văzut de multe ori, valorile personale sunt modelate de relații. Mulți cercetători nu au niciun dubiu că psihologia și politica bunăstării, care au pătruns în Marea Britanie în epoca postbelică a anilor '50 și '60 și care au avut ca rezultat dezvoltarea sistemului gratuit de învățământ și a NHS, au fost treptat demontate începând cu anii '80. În cartea sa *Dancing with Dogma: Britain under Thatcherism*, fostul ministru al guvernului britanic Ian Gilmour[211] notează:

> Margaret Thatcher a dorit, prin politicile sale economice, să schimbe inima și sufletul națiunii. Ea a obținut o transformare, dar probabil că nu pe cea dorită. Marea Britanie nu s-a schimbat într-o întreprindere socială. Schimbarea s-a făcut în sensibilitate. Societatea britanică a devenit mai dură și mai egoistă. Au fost încurajate atitudini care chiar au subminat bunăstarea unei societăți mult mai prospere.

Gilmour arată că guvernarea britanică din anii '80, condusă de conservatori, a fost diferită față de consensul postbelic în care politicile trebuiau orientate spre bunăstare, sărăcie și reducerea disparităților inerente ale capitalismului și amplificate de acesta, nu numai în această țară, ci și în altele. Concentrarea principală a fost asupra liberalizării, lăsând piețele libere – crezând că ele se vor corecta și că bogăția creată de ele se va răspândi. Conservatorii s-au înșelat, așa cum arată colapsurile bancare recente, din nefericire. Câștigul din petrolul din Marea Nordului, care ar fi trebuit investit în infrastructură, a plătit pentru reducerea impozitelor bogaților.

Noul Partid Laburist nu s-a justificat pentru faptul că era un guvern al afacerilor și că se îndepărta de idealurile socialiste vechi – era *Noul* Partid Laburist, până la urmă. Ei par să fi moștenit de la Thatcher (care credea că „nu există ceea ce lumea numește societate") aceeași filozofie de bază a subestimării puterii și importanței relațiilor umane. În timp ce se străduiau pentru eficiența serviciilor publice, au plecat într-o cruciadă centrată pe obiective cu o abordare prin pedepsire și rușinare, dar aveau să descopere că oamenii se străduiau să evite pedepsele, nu neapărat să se comporte în modul dorit. Și, deloc surprinzător, oamenii sunt mai stresați, agresivi și nu le place să lucreze în asemenea sisteme. Psihologia implicării în compasiune este destul de diferită de acea impunere punitivă.

Desigur, este de înțeles și adecvat ca guvernele să caute servicii bune și eficiente, dar trebuie să fim precauți din nou. În lumea mea, pacienții și personalul deopotrivă se îngrijorează, în această lume tehnică a răspunsului rapid și a încercării constante de a evalua competența tehnică (excesul birocrației defensive, conform unora), cum vor găsi timp pentru sentimente și compasiune. Mai mult decât atât, practica nu ne asigură profesiile care presupun grija pentru faptul că, pentru multe afecțiuni, nu se poate face nimic – nu poți opri întotdeauna durerea, degenerarea, suferința sau moartea. Pe măsură ce ne pierdem credința în vechii zei și rămânem cu fundamentele biologice ale vieții, ne chinuim cu furia de „a ne găsi pur și simplu aici", suferind și murind așa cum o facem. Insistăm ca medicina să ne deslușească suferința, să găsească răspunsurile și, dacă suferim, cineva este de vină. „Asta nu ar trebui să se întâmple", spunem noi. „De ce nu poți să faci ceva?" Totuși, exact în aceste momente, compasiunea contează cel mai mult. Dacă îngrijitorii care se confruntă cu asemenea realități și cu durerea și furia celor pentru care nu se mai poate face nimic, ce facem pentru a facilita compasiunea pentru profesiile care presupun grija?

Unde este timpul sau spațiul în care să plângi sau să fii deschis cu alții sau în care să reflectezi asupra propriilor sentimente? A învăța „să devii mai tare" pentru a arăta că ești dur și capabil ar putea să nu fie chiar ce avem nevoie de la profesioniștii noștri. Dacă, după o moarte, singurul lucru care contează este dacă documentele sunt corecte sau dacă cineva a făcut o greșeală, cum ne putem uimi de faptul că profesioniștii nu au compasiune cum ne-ar plăcea nouă? Și acest lucru este valabil pentru multe alte profesii care ne oferă servicii, inclusiv polițiștii și profesorii. Vei obține cele mai bune rezultate dacă ei se simt îngrijiți, susținuți din punct de vedere emoțional și apreciați. Guvernul curent încearcă să introducă compasiunea în serviciile de sănătate și sperăm că va aprecia cât de complicat și concentrat asupra personalului trebuie să fie acest lucru.

Alte exemple ale lipsei de apreciere față de puterea relațiilor pline de compasiune sunt „copiii instituționalizați“ ai Marii Britanii (acum fiind adesea numiți „copiii îngrijiți“), care sunt practic lansați din orbita acelei îngrijiri în momentul în care împlinesc 16 ani. Mulți dintre copiii instituționalizați au dificultăți emoționale și au nevoie de încredere în indivizii care îi vor îngriji și siguranța că le va păsa de ei chiar și *după ce au ajuns la maturitate*. Dacă îi întrebi pe oamenii care lucrează cu copii instituționalizați, îți vor spune că banii sunt motivul pentru care nu avem facilități pentru adolescenții mai mari și pentru tineri pentru a le oferi o bază sigură împreună cu alții cu care sunt familiarizați și care îi pot ajuta când se află în dificultate.

Tragedia este că cheltuirea banilor pe îngrijirea tinerilor, oferindu-le grijă autentică și instruire atât timp cât au nevoie, ar economisi mai mulți bani prin a-i ajuta să stea în afara închisorilor, reducându-le nevoia pentru servicii de sănătate mintală, făcând mai puțin probabil scenariul în care ajung șomeri și așa mai departe. Așa cum este, Marea Britanie a încarcerat mai mulți tineri decât oricare altă țară din Europa. Deși unii adolescenți și tineri au într-adevăr probleme serioase de sănătate mintală, mulți care ajung să folosească serviciile publice nu au nevoie de sistemul medical, ci de cămine iubitoare și de protecție. Și ia în considerare asta: copiii mei au avut crize și au dorit să se întoarcă acasă sau au avut nevoie de îngrijire și iubire sau de bani până au trecut de 20 de ani (probabil la fel ca ai tăi, dacă ai copii mari)! Cum ar trebui să fie pentru cineva de numai 16 ani să treacă printr-o criză și să știe că nu poate apela la nimeni, pentru că nimănui nu îi pasă și nu are niciun loc în care să meargă?

Un alt exemplu de subestimare a rolului relațiilor umane poate fi văzut în dorința guvernului britanic și a administratorilor NHS de a crea „policlinici“ mari de medici de familie. Ideea arată bine, pentru că accesul la medicina competentă din punct de vedere tehnic este grozav, desigur – și eu am beneficiat de ea, cu siguranță. Dar medicina de familie presupune mai mult decât accesul la medicamente și la operații (oricât de minunate ar fi acestea). General Medical Council, autoritatea de reglementare a profesiei medicale, este profund îngrijorată, arătând că relația dintre pacient și medic, construită de-a lungul anilor, este vitală pentru sănătate și îngrijire. Este relația care le permite pacienților să capete încredere, să discute lucruri despre care s-ar putea rușina, să simtă că sunt îngrijiți de cineva care îi cunoaște și căruia îi pasă cu adevărat de ei. Doctorii, de partea lor, învață despre viețile pacienților în toată subtilitatea lor, despre suișurile și coborâșurile familiei – de exemplu, natura demenței bunicii și cum acest lucru îi stresează pe fiica ei și pe copii, care ar putea fi un factor declanșator în unele dintre simptomele fiicei. De asemenea, ei înțeleg că o parte dintre stările de boală și simptome apar din istoric și din contextele sociale, ceea ce, în mod obișnuit, implică probleme psihologice care contribuie la acestea, le exacerbează sau chiar cauzează probleme. Încrederea construită de-a lungul timpului este nepreţuită atât pentru pacient, cât și pentru medic.

Unitatea mea de cercetare a efectuat niște lucrări cu Slimming World, o organizație britanică pentru slăbit. Unul dintre lucrurile cruciale care au ieșit la iveală este modul în care oamenii au vorbit despre lucrurile care i-au ajutat. Fără îndoială, sfaturile pentru stilul de viață despre alimentație și exercițiile fizice sunt extrem de valoroase, dar majoritatea participanților au menționat și sentimentul de sprijin, de apartenență la comunitate și familie pe care au primit-o din împărtășirea în fața grupului. Ei consideră aceste lucruri importante în a-i ajuta să depășească momentele dificile, inclusiv unele episoade depresive. Din nou și din nou, revenim la această experiență de depășire a dificultăților vieții dacă ne simțim înțeleși, sprijiniți și îngrijiți de alții.

Aceste procese au nevoie să fie și centrul modului în care lucrăm în comunitățile noastre cu un număr mare de oameni depresivi și anxioși. Medicamentele și terapiile psihologice individuale sunt de ajutor, dar avem nevoie să facem mai mult pentru a construi comunități de sprijin și apreciere, în care oamenii pot reveni pentru înțelegere și acceptare.

Construirea unor societăți pline de compasiune

Compasiunea începe în propriile inimi, pe măsură ce ne concentrăm atenția, gândurile, sentimentele și comportamentele asupra ei. Interesant, cercetările arată că, dacă oamenii justifică disparitatea de bogăție și greutăți între ei și cei mai puțin norocoși – adică literalmente le raționalizează pentru a se îndepărta de ele –, s-ar putea simți mai bine. Obișnuiam să îl blamăm pe Dumnezeu pentru asemenea disparități – El hotăra cine trebuia să fie prinț sau cerșetor –, și unii încă fac asta. Așa că trecerea la concentrarea pe compasiune nu este ușoară, pentru că înseamnă că nu mai poți justifica disparitățile și dezavantajele. Când ne deschidem mințile spre suferința altora, suntem mișcați, triști sau furioși și simțim o dorință de a face ceva. Dar atunci când suntem mișcați, ne activăm și politic.

Prin urmare, este important să ne gândim la compasiunea față de alții și față de noi înșine în cadrul unui *context social.* Motivația pentru „avantajul concurențial" își urmează cursul, iar indivizii cu capacitatea dură și crudă de a lua decizii dificile și „de a finaliza lucrurile" sunt din ce în ce mai căutați să preia roluri de conducere în lumea afacerilor. Acești oameni devin mari câștigători și apoi își susțin partidele politice alese, care în schimb le permit să prospere. Crahul recent arată cu ce se ocupau unii dintre ei – compasiunea pentru alții nu făcea parte din planul lor. Milioane de oameni vor suferi pierderea locurilor de muncă și confiscarea locuințelor din cauza activității lor. Totuși, ideea nu este să îi învinuim pe alții, pentru că mulți dintre noi vor da curs propriilor impulsuri egoiste, ci să recunoaștem cât de gravă a fost lipsa reglementării. Eșecul de a crea sisteme financiare etice și pline de compasiune ne-a adus pe toți în această situație. Și aceste eșecuri se întâmplă în multe zone ale lumii. Așa cum am văzut în Capitolul 12, oamenii pur și simplu se adaptează la regulile și valorile din jurul lor și ajung să le găsească „normale" chiar și când, în retrospectivă, ele se dovedesc grav eronate, iluzorii, egoiste sau chiar crude.

Căutarea noastră de a construi societăți pline de compasiune, care servesc oamenilor, aduce perspectiva unui nou tip de politică. Este unul care nu se regăsește în schemele moderne și partidele de stânga și de dreapta, pentru că din cele din urmă s-au dezvoltat din conflictele dintre clase și preocupările pentru crearea și distribuția bogăției. Propunerea de folosire a compasiunii pentru a construi societăți aduce cu ea nevoia de a stimula și de a recompensa anumite mentalități și psihologii sociale. Le cerem politicienilor noștri să conștientizeze că, fără reglementări, oamenii sunt exploatatori, astfel încât, într-o lume cu provocări noi, liderii trebuie să fie cu adevărat gardienii societății și mediului, să asigure corectitudinea socială și protejarea celor slabi. Nu mai pot să fie robi ai mediului de afaceri. Și dacă doresc ca „serviciile" să funcționeze, au nevoie să îi inspire, nu să îi amenințe, pe cei care lucrează în ele. Noi, în schimb, avem nevoie să găsim modalități de a ne aprecia politicienii și abilitățile lor, nu să îi disprețuim și să nu votăm sau să votăm după ce am primit mită. Deși probabil că ai nevoie de o anumită personalitate pentru a avea succes în politică, mulți care intră în arenă își doresc cu adevărat să facă o diferență în viețile oamenilor și au înclinația de a conduce cu pasiune. Emergența liderilor precum Barack Obama ne dă speranță.

Așadar, compasiunea ne invită să ne deschidem inimile spre natura, structura și valorile societății. Este vorba despre recunoașterea modului în care avem nevoie de a crea un nou mediu social, care ne va afecta mințile și creierii, pentru că ele sunt foarte sensibile la relațiile sociale în care ne găsim. Trebuie să ne străduim să creăm medii sociale care au impact asupra relațiilor personale și de lucru, a valorilor și a scopurilor. Compasiunea are nevoie să pătrundă în sistemele economice, educaționale și de sănătate. Dacă vom continua să urmărim doar eficiența, am putea avea o societate extraordinară, în care este pur și simplu oribil să trăiești.

Mila și generozitatea

Dar nu ne putem opri aici. În aceste zile de colaps financiar, războaie și politici ale avantajului concurențial, este de ajutor să ne reamintim că milioane de oameni din întreaga lume se adună pentru a promova dimensiunile etice și pline de compasiune ale vieții. Oamenii au dorința fundamentală de a-i ajuta pe alții – este o parte la fel de mare din alcătuirea noastră ca dorința de a face bani și (odată ce avem suficienți din aceștia) de a avea însemnătate personală. Așadar, să nu ignorăm miile de organizații de caritate internaționale și naționale care lucrează cu copii și împotriva sărăciei, greutăților, bolilor și violenței. Aceste grupuri implică milioane de oameni dedicați, care fac o treabă fantastică și strâng miliarde de lire sterline. Cred cu tărie în Organizația Națiunilor Unite* ca singură abordare a problemelor lumii. Cu defectele profunde pe care le are, ea a stimulat o mare parte a activității caritabile, inclusiv prin eforturile sale cunoscute în beneficiul copiilor (prin UNICEF) și încercările sale de a găsi soluții pentru ameliorarea datoriilor. Pe lângă organizațiile de caritate și asociațiile faimoase, fundații comunitare și proiecte din întreaga lume lucrează

* Poți descoperi mai multe detalii despre organizațiile menționate aici în secțiunea „Descoperă mai multe". (*N. a.*)

cu persoanele defavorizate. Poți descoperi mai multe despre acestea de la Trans-Atlantic Association of Community Foundations și, în Regatul Unit, de la Community Foundation Network. Un exemplu bun de asemenea grup de care sunt conștient datorită implicării unui prieten este comunitatea programului de acțiune din Ottawa, numit No Community Left Behind.

În această lume a investițiilor dubioase, ONU a elaborat îndrumare etice importante: *Principiile pentru o Investiție Responsabilă*. Unele bănci au portofolii de investiții etice și cu toții putem cere cele mai înalte standarde și să descoperim dacă au politici etice și pline de compasiune cu privire la investițiile lor, cum gestionează datornicii la plățile ipotecare și așa mai departe. De asemenea, trebuie să ne gândim la modul în care putem crește compasiunea în educație. Din nou, există deja niște programe minunate, inclusiv programul *Nurturing Compassion*, care aparține de Vancouver School Board. Compasiunea pentru copii nu ar trebui să includă numai alinarea lor frecventă prin contact fizic, ci și a-i învăța mai multe despre cum funcționează mințile și emoțiile lor, ajutându-i să înțeleagă și să lucreze cu emoțiile și să fie binevoitori unii cu alții. Avem nevoie să îi echipăm mai bine pe profesorii care îi depistează pe copiii în mod evident afectați emoțional sau problematici. Chiar dacă profesorii se îngrijorează pentru unii copii, adesea nu sunt siguri în legătură cu ce să facă sau le este dificil să obțină ajutor din partea serviciilor suprasolicitate. Cercetările recente au arătat că programul britanic guvernamental Surestart, care vizează copiii și familiile defavorizate, ar putea funcționa și că mai multă cercetare și mai mulți bani ar trebui să se investească în asemenea proiecte.

Cu privire la infracționalitate și pedeapsă, știm cu toții că unii oameni le pot face lucruri cu adevărat îngrozitoare altora și trebuie să îi oprim, așa că avem nevoie de poliție, care trebuie să fie eficientă. Dar mai știm și faptul că un sistem al compasiunii trebuie să prevină infracțiunea prin justiție socială și prin implicarea comunității. De exemplu, unii polițiști în afara serviciului încearcă să îi implice pe membrii bandelor din zonele sărace și infestate de droguri în sporturi și alte activități care îi ajută să se țină departe de belele. Și unii avocați încearcă să introducă sisteme mai eficiente și mai pline de compasiune în justiție, cum ar fi cei care pledează pentru justiția restaurativă (*vezi* pp. 229–233). În cele din urmă, nu ar trebui să uităm de cele 60 de miliarde de animale crescute în fiecare an pentru mâncare. Avem nevoie de o implicare etică mai mare și mai plină de compasiune față de această problemă, ceva de care se preocupă Compassion in World Farming.

Organizațiile menționate anterior sunt doar vârful unui mare aisberg de lucruri minunate pe care oamenii le fac prin *compasiune* în întreaga lume. Fiecare se poate implica la locurile de muncă și în rolul de consumatori, prin a cere bunăvoință și practică etică. Iată ceva ce putem face chiar noi, să petrecem doar un moment gândindu-ne cu adevărat la acest lucru:

> *Peste tot în lume, milioane de oameni lucrează pentru starea de bine a altora.*

Petrece câteva minute concentrându-te asupra acestui lucru și vezi ce se întâmplă cu dispoziția ta. Încearcă în fiecare zi. Și nu uita zâmbetul plin de compasiune. Te vei simți destul de diferit față de momentele în care te concentrezi pe ce îți transmit ziarele – inumanitatea noastră față de ceilalți. Este vorba, desigur, despre un echilibru.

Spiritualitatea

Spiritualitatea este centrală în viața multora. Unii biologi, sceptici în legătură cu existența dimensiunilor spirituale din viețile noastre, sunt reducționiști – adică, pentru ei, noi și conștiința nu suntem nimic mai mult decât produsul unor șmecherii neurochimice cauzate de gene. Probabil că așa este. Cu toate acestea, fizicienii sunt mai familiarizați cu complexitatea universului și cu lipsa clarității care există în privința naturii conștiinței și a lucrurilor în care suntem prinși cu toții.[212] Ei recunosc că știința progresează în moduri neașteptate – de exemplu, fizica newtoniană a bătătorit calea pentru relativitatea einsteiniană. Marele mister este de ce mai degrabă există „ceva" (un univers material cu legi certe) decât „nimic". De asemenea, ei înțeleg că, fără tehnologii, nu putem investiga; telescoapele, microscoapele și acceleratoarele de particule sunt esențiale. Așadar, putem studia creierul și relațiile sale cu conștiința, dar acest lucru poate fi precum analizarea unui televizor în relație cu undele radio. S-ar putea ca experiența conștiinței să fie doar o singură formă din multe altele, dar s-ar putea să treacă multe generații înainte să avem tehnologiile potrivite pentru a studia pe îndelete aceste lucruri și subiectele conexe, așa că acestea rămân probleme dezbătute aprins în știință.

Știința este calea spre o lume plină de compasiune. De la descoperirile simple, cum ar fi roata și pompa de apă, la complexitatea anestezicelor și eradicarea variolei, viețile noastre au fost transformate. Dacă spiritualitatea presupune eforturile de a reduce suferința, ea trebuie să includă știința. Știința se îmbunătățește și ne extinde cunoașterea. Totuși, să fim conștienți de faptul că folosirea științei pentru a demola pur și simplu sistemele de credință ale altor oameni, lăsându-i cu nimic altceva decât cu viețile în care s-au născut, ar putea fi în regulă pentru cei educați și privilegiați, dar este problematică pentru majoritatea indivizilor de pe această planetă. Avem nevoie de o spiritualitate care este atât științifică, cât *și* plină de compasiune. Dacă știința nu ajută, atunci oamenii vor inventa o spiritualitate care se potrivește nevoilor lor emoționale – așa cum au făcut-o întotdeauna. Știința ne poate îndepărta de aceasta.[213]

Dar chiar dacă suntem atrași de figurile religioase vechi, trebuie măcar să fim sinceri și să nu ne înșelăm. Este clar că Iisus nu a susținut violența, răzbunarea și acumularea bogăției, în timp ce pleda pentru iertare, împărtășire și compasiune. Totuși, este clar și faptul că mulți care susțin că sunt adepții lui Iisus au valorile opuse sau cel puțin au multe neclarități asupra acestor valori. O spiritualitate plină de compasiune necesită să fim sinceri cel puțin cu noi înșine. De fapt, dacă ascultăm inimile tuturor religiilor, găsim un cântec plin de compasiune. Trebuie doar să hotărâm dacă vrem să îl cântăm, dar nu este ușor.

Personal, eu nu cred în Dumnezeu Creatorul, dar rămân deschis către natura conștiinței și către posibilitatea altor forme de conștiință. Conștiința noastră poate fi un truc chimic sau ceva mult mai profund, dar, în cele din urmă, cred că știința ne va ajuta cu acest lucru. Putem dezvolta o spiritualitate plină de compasiune, bazată pe sentimentul nostru de comunitate, recunoscând că toți ne găsim pur și simplu aici, căutând să fim iubiți și apreciați. Ne dorim însemnătate și înțelegere a locului nostru în univers și de ce a trebuit să ne confruntăm cu tragedia degradării vieții și cu moartea. Dacă suntem materialiști, atei, umaniști sau credincioși, dacă avem o spiritualitate asemănătoare cu *Star Trek* ori dacă suntem pur și simplu deschiși față de ideea că încă există multe mistere de rezolvat și descoperit, putem cădea de acord că dezvoltarea unei înțelegeri științifice și personale mai bune a compasiunii și a modului în care poate fi împărtășită este utilă pentru noi toți.

Concluzie

Bine, e timpul încheierii. În această carte, am încercat să explic de ce cred că avem o minte cu o compasiune profundă care tânjește să se exprime. Am putea privi lumea ca pe un loc crud și oribil, dar vedem mințile fantastice care acționează pentru îmbunătățirea umanității și a altor ființe vii. Mintea și compasiunea apar din tipare de activitate cerebrală care pot fi suprimate cu ușurință de alte tipare, cum ar fi cele ale furiei și anxietății, teritorialității și prejudecăților, dorinței și poftelor. Mințile merg în direcții diferite, care gândesc și simt lucruri diferite, așa că avem nevoie să alegem lucrurile asupra cărora să ne concentrăm, pentru ce stări mintale vrem să ne antrenăm. Nu putem să ne descotorosim de aceste „alte" minți, dar le putem echilibra. Ne putem concentra și spori binele din lume și din noi înșine, și conștientiza că, uneori, vântul ne va scoate de pe traseu, dar putem să ne ridicăm și să ne îndreptăm în direcția dorită – pentru a ne pune mințile în serviciul compasiunii. Putem să ne alăturăm altora care au aceleași scopuri și să împărtășim cu ei un sentiment al comunității și apartenenței. Suntem acolo unde Buddha a început cu atâția ani în urmă.

Lumea noastră se schimbă. „Avantajul concurențial" nereglementat, psihologia posesivă și căutătoare de bogăție au creat pentru noi (și pentru cei care ne urmează) provocări foarte dure și, destul de probabil, tragedii în așteptare. Acest lucru nu se întâmplă din vina nimănui; este ce se întâmplă când pur și simplu acționăm conform pasiunilor egoiste din „creierii/mințile vechi". Totuși, nu mai putem să le permitem minților să fie indisciplinate. Avem nevoie de politici centrate pe compasiune și maturitate pentru a ne ajuta să construim o fundație pe care să ne antrenăm mințile și să creăm societăți pline de compasiune. Avem nevoie de spiritualitate, care este bazată pe știință. În inimile noastre, știm că majoritatea problemelor – legate de mediu, violența teritorială și terorism, nedreptate socială și exploatare umană – vor fi rezolvate doar prin relațiile dintre noi.

Evoluția a creat un creier care este cu adevărat dificil, unul care poate naște raiul sau iadul, și ține de fiecare dintre noi să aleagă. A ne deschide inimile unul către celălalt și a ne dezvolta bunăvoința de sine bazată pe înțelegerea faptului că „niciunul dintre noi nu alege să fie aici cu această minte stranie“ probabil că nu reprezintă un prim pas rău.

Așadar, fie ca mintea plină de compasiune să te ajute.

Să fii bine.
Să fii fericit
Să nu suferi.
Și să aduci toate aceste lucruri în lume pentru alții.

Acum, unde este acel Merlot...?

Post-scriptum

Cu câteva ore înainte de a intra la tipar, am ascultat discursul aprins de inaugurare al președintelui Barack Obama. El m-a inspirat. Pare să fie un politician foarte inteligent, care înțelege cu adevărat nevoia de a construi o societate mai corectă și mai plină de compasiune și provocările enorme pe care le presupune acest lucru. El și tânărul său consilier care i-a scris discursul, Jon Favreau, par să vorbească dintr-un sentiment profund de compasiune.

Pentru a cita câteva replici:

> ... nu putem să nu credem că vechile dușmănii se vor risipi într-o bună zi; că granițele teritoriale se vor dizolva în curând; pe măsură ce lumea devine tot mai mică, umanitatea noastră comună se va revela; și că America trebuie să își joace rolul în orientarea spre o nouă eră de pace.

> ... Este bunăvoința de a adăposti un străin atunci când digurile se sparg, altruismul muncitorilor care ar prefera să renunțe la orele lor decât să vadă cum un prieten își pierde locul de muncă, cea care veghează asupra noastră în cele mai întunecate vremuri. Curajul pompierului de a se grăbi pe scările cufundate în fum, dar și dorința părinților de a îngriji un copil sunt cele care, în cele din urmă, ne decid soarta.[214]

Așa că poate, poate începe o nouă eră.

NOTE

Aceste publicații sunt destinate celor care doresc să aprofundeze aspectele tehnice ale subiectului și să exploreze proveniența unor idei.

Introducere

1 F. Wheen, „Blood, sweat and carbuncles", *Weekend Guardian*, 2 octombrie 1998, pp. 9–18.

2 J. Price și A. Stevens, *Evolutionary Psychiatry: A new beginning*, Routledge, Londra, 2000.

3 V.F. Guidano și G. Liotti, *Cognitive Process and Emotional Disorders: Structural approach to psychotherapy*, Guilford Publications, New York, 1983.

4 P. Gilbert, *Human Nature and Suffering*, Psychology Press, Hove, 1989.

Capitolul 1: Compasiunea: începutul călătoriei noastre

5 L. Cozolino, *The Neuroscience of Human Relationships: Attachment and the developing brain*, Norton, New York, 2007; S. Gerhardt, *Why Love Matters. How affection shapes a baby's brain*, Bruner-Routledge, Londra, 2004.

6 Texte moderne la îndemâna oricui sunt:

- Dalai Lama, *The Power of Compassion*, HarperCollins, India, 1995.
- Dalai Lama, *An Open Heart: Practising compassion in everyday life*, N. Vreeland (ed.), Hodder & Stoughton, Londra, 2001.
- B. Sangharakshita, *Living with Kindness: The Buddha's teaching on metta*, Windhorse Publications, Londra, 2004.
- J. Hopkins, *Cultivating Compassion*, Broadway Books, New York, 2001.

Trebuie să spun că nu toate cărțile despre compasiune pe care le-am citit sunt scrise într-un ton plin de compasiune. Unele par aproape să recomande practicarea disocierii de suferință. Așa că rămâi cu ce se *simte* potrivit pentru tine.

7 S. Begley, *The Plastic Mind*, Constable, Londra, 2009.

8 M. Bunting, *Willing Slaves: How the overwork culture is ruling our lives*, HarperCollins, Londra, 2004.

9 J. Bakan, *The Corporation: The pathological pursuit of profit and power*, Constable, Londra, 2005; N. Klein, *The Shock Doctrine: The rise of disaster capitalism*, Allen Lane, Londra, 2007. Vezi și ediția în limba română: *Doctrina șocului*, traducere de Bogdan Lepădatu, Vellant, București, 2009.

10 Oliver James a scris o serie de cărți pe aceeași temă: legătura dintre nefericire și crearea dinamicii competitive și a luptei din interiorul grupurilor. În *Britain on the Couch: A treatment for the low serotonin society* (Century, Londra, 1998), el se concentrează pe modul în care dinamica socială afectează fiziologia creierului și valorile. Lucrările sale recente examinează goana după afluență și partea sa întunecată: *Afllluenza* (Vermilion, Londra, 2007; *vezi* și ediția în română: *Afluenza*, traducere de Ciprian Șiulea, Vellant, București, 2009) și *The Selfish Capitalist: Origins of affluenza* (Vermilion, Londra, 2008). O altă lucrare care analizează aceleași tipuri de teme este J.E. Graaf, D. Wann și T.H. Naylor, *Affluenza: The all-consuming epidemic*, Berrett-Koehler, San Francisco, 2001. Merită explorată și T. Kasser, *The High Price of Materialism*, MIT Press, Cambridge, Massachusetts, 2002.

Există tot mai multe dovezi conform cărora țările care se concentrează pe avantajul concurențial și maximizarea profiturilor pe cheltuiala politicilor orientate spre bunăstare au rate crescânde de boli fizice și psihice, și rate de infracționalitate mai mari. Marea Britanie, de exemplu, are cea mai mare populație din închisori pe cap de locuitor în comparație cu societățile occidentale. Vezi W.A. Arrindell, A. Steptoe și J. Wardle, „Higher levels of depression in masculine than in feminine nations“, *Behaviour Research and Therapy*, vol. 41, 2003, pp. 809–817. O altă zonă importantă de cercetare care arată că creăm societăți care ne fac nesănătoși, nefericiți și bolnavi mintal: R. Wilkinson, *Unhealthy Society: The afflictions of inequality*, Routledge, Londra, 1996; R. Wilkinson, *The Impact of Inequality: How to make sick societies healthier*, The New

Press, Londra, 2005. Copiii noștri sunt printre cei mai nefericiți din Europa: *vezi* site-ul Children's Society, www.childrenssociety.org.uk.

11 J. Naish, *Enough: Breaking free from the world of more*, Hodder & Stoughton, Londra, 2008. Psihologia evoluționistă este foarte dezbătută, în special felul în care contextul social și culturile creează valori și dispozițiii pentru anumite tipuri de comportament (atitudinile față de femei, violența dintre grupuri). Totuși, este din ce în ce mai recunoscut faptul că noi nu suntem *tabula rasa*, ci venim pe lume cu nevoi primare și dispozițiii de a acorda atenție anumitor lucruri, care sunt reflectate și în fiziologia creierului nostru. Există un număr de cărți bune dacă dorești să citești mai multe: L. Barrett, R. Dunbar și J. Lycett, *Human Evolutionary Psychology*, Palgrave, Londra, 2002; D.M. Buss, *Evolutionary Psychology: The new science of mind*, Allyn & Bacon, Boston, Massachusetts (a doua ed.), 2003; M. Ridley, *Genome: The autobiography of a species*, Fourth Estate, Londra, 2000; P. Gilbert, *Human Nature and Suffering*, Lawrence Erlbaum Associates, Londra. Două expuneri atente sunt: K.N. Laland și G.R. Brown, *Sense and Nonsense: Evolutionary perspectives on human psychology*, Oxford University Press, Oxford, 2002; și K. Malik, *Man, Beast and Zombie: What science can and cannot tell us about human nature*, Weidenfeld & Nicolson, Londra, 2000. Dacă ești interesat de abordarea arhetipală jungiană, care este bazată pe teoria evoluției, *vezi*: J. Knox, *Archetype, Attachment and Analysis*, Routledge, Londra, 2003.

12 *Vezi* nota 11.

13 Dacă ești interesat de modul în care evoluția a creat diferite vulnerabilități la boală, poate ți-ar plăcea R.M. Nesse și G.C. Williams, *Evolution and Healing*, Weidenfeld & Nicolson, Londra, 1995; și E.O. Smith, *When Culture and Biology Collide: Why we are stressed, depressed and self-obsessed*, Rutgers University Press, Piscataway, New Jersey, 2002. Cartea Cordeliei Fine din 2007, *A Mind of Its Own: How your brain distorts and deceives*, Icon Books, Cambridge (*vezi* și ediția în română: *Creierul pe cont propriu*, traducere de Dana Verescu, Nemira, București), oferă o imagine de ansamblu a modului în care creierul nostru evoluat ne poate face să rătăcim în tot felul de moduri.

14 R.M. Sapolsky, „Why stress is bad for your brain“, *Science*, vol. 273, 1996, pp. 749–750. R.M. Sapolsky, „Glucocorticoids and hippocampus atrophy in neuropsychiatric disorders“, *Archives of General Psychiatry*, vol. 57, 2000, pp. 925–935.

15 A.N. Schore, *Affect Dysregulation and Disorder of the Self*, Norton, New York, 2003; M.H. Teicher, „Scars that won't heal: The neurobiology of the abused child", *Scientific American*, vol. 286, nr. 3, 2002, pp. 54–61.

16 *Vezi* nota 14.

17 E.O. Smith, *op. cit.*

18 P. Gilbert, *Psychotherapy and Counselling for Depression*, a treia ediție, Sage, Londra, 2007. *Vezi* și ediția în limba română: *Depresia: psihoterapie și consiliere*, traducere de Iustina Cojocaru, Iulian Moga, Polirom, Iași, 2011.

19 *Vezi* nota 15.

20 R. Restak, *The New Brain: How the modern age is rewiring your mind*, Rodale, New York, 2003; L. Pani, „Is there an evolutionary mismatch between the normal physiology of the human dopaminergic system and current environmental conditions in industrialized countries?", *Molecular Psychiatry*, vol. 5, 2000, pp. 467–475.

21 D. Cohen, „Cultural variation: Considerations and implications", *Psychological Bulletin*, vol. 127, 2001, pp. 451–471. Această lucrare importantă arată cum distribuția resurselor și natura mediilor sociale în care trăiesc oamenii au un impact semnificativ asupra atitudinilor și valorilor lor, în special asupra felului în care își dezvoltă relațiile de încredere cu alții. Oamenii nu își aleg conștient strategiile de a fi sau nu încrezători, dar funcționează după reguli și strategii inconștiente.

22 D.D. Gilmore, *Manhood in the Making: Cultural concepts of masculinity*, Yale University Press, New Haven, Connecticut, 1990.

23 L. Barrett, R. Dunbar și J. Lycett, *Human Evolutionary Psychology*, Palgrave, Londra, 2002.

24 R. Matthieu, *Happiness: A guide to developing life's most important skill*, Atlantic Books, New York, 2006; S. Lyubomirsky, *The How of Happiness*, Sphere, New York, 2007. *Vezi* și ediția în română: *Cum să fii fericit*, traducere de Dorina Oprea, Amsta Publishing, București, 2010.

25 *Journal of Happiness Studies* (vol. 9, nr. 1) a dedicat o întreagă ediție diferitelor abordări ale stării de bine. Autorii fac distincția între psihologia concentrată pe fericire, tipică abordărilor budiste, și ce denumesc ei *stare psihologică de bine eudemonistă*. În cea din urmă, starea de bine este legată de o gamă de condiții: capacitatea de a urma scopuri mai degrabă pentru plăcerea intrinsecă de a face asta decât pentru rezultatele indirecte, cum ar fi faima, banii și puterea; a fi capabil să construiești legături cu alții,

dar și să fii autonom; a simți mai degrabă că deții controlul vieții decât să te simți blocat și controlat de alții. În opinia mea, compasiunea ajută la urmarea eudemonismului, pentru că este legată de tiparele particulare cerebrale care coordonează mentalitățile sociale, comportamentele, sentimentele, gândirea și identitatea, care sunt favorabile bunăstării.

Capitolul 2: Provocările vieții

26 R.A. Depue și J.V. Morrone-Strupinsky, „A neurobehavioral model of affiliative bonding", *Behavioral and Brain Sciences*, vol. 28, 2005, pp. 313–395. În această lucrare este redată știința care a stat la baza celor trei sisteme de reglare a emoțiilor. Poate ți-ar plăcea să citești și: J. Panksepp, *Affective Neuroscience*, Oxford University Press, New York, 1998; J. LeDoux, *The Emotional Brain*, Weidenfeld & Nicolson, Londra, 1998. Expunerea mea este una foarte simplificată și un rezumat brut al lucrării lui Depue. Felul în care lucrează emoțiile în creierul nostru și cum se reglează reciproc este, desigur, mult mai complicat decât cele trei sisteme. O carte foarte accesibilă este K. Stein, *The Genius Engine: Where memory, reason, passion, violence and creativity intersect in the human brain*, Wiley, New York, 2007. Stein este foarte bun la delimitarea rolului cortexului frontal. Dacă vrei să citești mai multe despre sistemul de afiliere socială, vezi C.S. Carter, „Neuroendocrine perspectives on social attachment and love", *Psychoneuroendocrinlogy*, vol. 23, 1998, pp. 779–818.

27 *Vezi* nota 26.

28 Așa cum am menționat și în Capitolul 1, există un număr de cărți interesante aici: J. Naish, *op. cit.*, R. Restak, *op. cit.*; L. Pani, *op. cit.*

29 A.R. Damasio, *Descartes' Error: Emotion, reason and the human brain*, Putman, New York, 1994. Ideea conform căreia multe dintre cele care se petrec în mințile noastre sunt inconștiente și că mintea pur și simplu răspunde deciziilor luate în mod inconștient este, desigur, veche, datează de pe vremea lui Freud și mai în urmă de atât. Ajungem la ideea că avem un creier vechi și unul nou, o temă care a fost explorată de John Birtchnell în cartea sa din 2003 *The Two of Me: The rational outer me and the emotional inner me* (Routledge, Londra). Există și un articol excelent despre cât de des ne folosim gândurile pentru a susține păreri pe care le-am luat emoțional și în afara conștiinței: J. Haidt, „The emotional dog and its rational tail: A social intuitionist approach to moral judgment", *Psychological Review*, vol. 108, 2001, pp. 814–834. Cartea lui Mark Baldwin din 2005 *Social Cognition* (Guilford, New York) explorează

procesarea inconștientă în relațiile sociale. Dacă dorești să aprofundezi cercetarea proceselor inconștiente și ideilor creierului vechi versus nou, aruncă o privire la R.R. Hassin, J.S. Uleman și J.A. Bargh, *The New Unconscious*, Oxford University Press, New York, 2005.

30 J. Goodall, *Through a Window. Thirty years with the chimpanzees of Gombe*, Penguin, Londra, 1990.

31 D.C. Geary și K.J. Huffman, „Brain and cognitive evolution: Forms of modularity and functions of the mind", *Psychological Bulletin*, vol. 128, 2002, pp. 667–698; T. Suddendorf și A. Whitten, „Mental evolution and development: Evidence for secondary representation in children, great apes and other animals", *Psychological Bulletin*, vol. 127, 2001, pp. 629–650.

32 *Vezi* nota 31.

33 P. Gilbert, *op. cit.*

34 M.R. Leary, *The Curse of the Self: Self-awareness, egotism and the quality of human life*, Oxford University Press, New York, 2003.

35 I. McGregor și D.C. Marigold, „Defensive zeal and the uncertain self: What makes you so sure?", *Journal of Personality and Social Psychology*, vol. 85, 2003, pp. 838–852. Am explorat acest lucru și în capitolul despre compasiune și cruzime din P. Gilbert, *Compassion: Conceptualisations, research and use in psychotherapy*, Routledge, Londra, 2005.

36 *Vezi* nota 35.

37 Unele studii au analizat schimbările din creier, în special trecerea spre partea stângă a cortexului frontal, care poate rezulta din concentrarea/exersarea „umplerii minții cu gânduri și sentimente pline de compasiune". R.J. Davidson, J. Kabat-Zinn, J. Schumacher, M. Rosenkranz, D. Muller *et al.*, „Alterations in brain and immune function produced by mindfulness meditation", în *Psychosomatic Medicine*, vol. 65, 2003, pp. 564–570; A. Lutz, J. Brefczynski-Lewis, T. Johnstone și R.J. Davidson, „Regulation of the neural circuitry of emotion by compassion meditation: Effects of meditative expertise", *Public Library of Science*, vol. 3, 2008, pp. 1–5; G. Rein, M. Atkinson și R. McCraty, „The physiological and psychological effects of compassion and anger", *Journal for the Advancement of Medicine*, vol. 8, 1995, pp. 87–105. Acești cercetători au descoperit că imaginile și fanteziile furiei au avut un efect nociv asupra funcționării sistemului imunitar, în timp ce fanteziile și imaginile concentrate pe compasiune au avut un efect pozitiv. Vei găsi și o analiză a multor studii despre cum antrenarea minții afectează corpul în S. Begley, *op. cit.*

38 L. Cozolino, *op. cit.*

39 *Vezi* nota 38.

40 M. Mikulincer și P. R. Shaver, *Attachment in Adulthood: Structure, dynamics, and change*, Guilford, New York, 2007.

41 A.N. Schore, *op. cit.*; M.H. Teicher, *op. cit.*

42 R.F. Baumeister și M.R. Leary, „The need to belong: Desire for interpersonal attachments as a fundamental human motivation", *Psychological Bulletin*, vol. 117, 1995, pp. 497–529.

43 R. Restak, *op. cit.*; L. Pani, *op. cit.*

44 J. Seddon, *Systems Thinking in the Public Sector: The failure of the reform regime… and a manifesto for a better way*, Triarchy Press, Axminster, Devon, 2008.

45 D. Carnegie, *How to Win Friends and Influence People*, Vermilion, Londra, 1937/1993. *Vezi* și ediția în limba română: *Secretele succesului. Cum să vă faceți prieteni și să deveniți influent*, traducere de Marius Chitoșcă, Curtea Veche Publishing, București, 2013. Aceasta este o carte fantastică și pătrunzătoare, și chiar acordă importanță concentrării asupra celorlalți, adică întreținerea și consolidarea relațiilor.

46 E. Straub, „The roots of evil: Social conditions, culture, personality, and basic human needs", *Personality and Social Psychology Review*, vol. 3, 1999, pp. 179–192; M. Shermar, *The Science of Good and Evil*, Times Books, New York, 2004; R.F. Baumeister, *Evil: Inside human violence and cruelty*, Freeman, New York, 1997.

47 P. Gilbert, *op. cit.*

48 P. Gay, *The Cultivation of Hatred*, Penguin, Londra, 1993.

49 A. Wakabayashi, S. Baron-Cohen, S. Wheelwright *et al.*, „Development of short forms of the Empathy Quotient (EQ-Short) and the Systemizing Quotient (SQShort)", *Personality and Individual Differences*, vol. 41, 2006, pp. 929–940.

50 D.M. Buss și N.M. Malmuth, *Sex, Power and Conflict: Evolutionary and feminist perspective*, Oxford University Press, New York, 1996; J. Diamond, *Why Sex is Fun: The evolution of human sexuality*, Phoenix, New York, 1997.

51 P. Gilbert și C. Irons, „Focused therapies and compassionate mind training for shame and self-attacking", în P. Gilbert (ed.), *Compassion: Conceptualisations, research and use in psychotherapy*, Routledge, Londra, 2009, pp. 263–325.

52 P. Gilbert, *An Introduction to the Theory and Practice of Compassion-focused Therapy*, Routledge, Londra, august 2009.

53 J. Haidt, *op. cit.*

54 Mi-am revizuit unele idei despre acest lucru în P. Gilbert, *Human Nature and Suffering*. Cartea lui P. Bloom, *Descartes' Baby: How child development explains what makes us human* (Arrow, Londra, 2003), expune foarte clar dezvoltarea morală la copii.

55 C.D. Batson, T.R. Klein, L. Highberger și L.L. Shaw, „Immorality from empathy-induced altruism: When compassion and justice conflict", *Journal of Personality and Social Psychology*, vol. 68, 1995, pp. 1042–1054.

56 C. Gilligan, *In a Different Voice: Psychological theory and women's development*, Harvard University Press, Cambridge, Massachusetts, 1982. Aceasta a fost bazată pe interviurile cu femei care și-au analizat dilemele când făceau avort.

57 S.E. Taylor, L.B. Klein, B.P. Lewis, T.L. Gruenwald, R.A.R. Gurung și J.A. Updegaff, „Biobehavioural responses to stress in females: Tend and befriend, not fight and flight", *Psychological Review*, vol. 107, 2000, pp. 411–429. Această lucrare argumentează că bărbații și femeile sunt adaptați pentru provocări diferite în viață și le răspund în moduri diferite.

58 S. Jaffee și J.S. Hyde, „Gender differences in moral orientation: A meta-analysis", *Psychological Bulletin*, vol. 126, 2000, pp. 703–726. O expunere fascinantă a diferențelor de gen în gândirea și conduita morală.

59 *Vezi* nota 53.

60 R.A. Hinde, *Why Gods Persist: A scientific approach to religion*, Routledge, Londra, 1999. Există, desigur, multe lucrări despre funcțiile religiilor, cum au apărut ele din evoluția capacității de a ne imagina și a ne gândi la alte minți și la realitatea tragediilor și pericolelor vieții – și a modului în care încercăm să le dăm sens. Este folositor să reținem că, în multe religii de acum câteva mii de ani, zeii erau considerați nestatornici și răuvoitori: *vezi* K. Armstrong, *The Great Transformation: The world in the time of Buddha, Socrates, Confucius, and Jeremiah*, Atlantic Books, Londra, 2006. Alți autori accentuează rolul nevoii de a avea sentimentul de apartenență, de atașament și de a fi îngrijiți, în special un sentiment de uniune, ca modalitate de a face față morții iminente. *Vezi* L.A. Kirkpatrick, *Attachment, Evolution, and the Psychology of Religion*, Guilford, New York, 2005.

61 O. Gillath, P.R. Shaver și M. Mikulincer, „An attachment-theoretical approach to compassion and altruism", în P. Gilbert (ed.), *Compassion: Conceptualisations, research and use in psychotherapy*, 2005, pp. 121–147. Acest capitol oferă o analiză bună a dovezilor curente. M. Mikulincer și P.R. Shaver, *op. cit.* oferă o analiză comprehensivă și actuală a formelor și valorilor grijii.

62 R. Davidson și A. Harrington (ed.), *Visions of Compassion: Western scientists and Tibetan Buddhists examine human nature*, Oxford University Press, New York, 2002. Un element-cheie al acestei cărți arată că, în timp ce psihologia budistă se concentrează pe bunătate iubitoare și compasiune, psihologia occidentală s-a concentrat pe studierea comportamentului prosocial și moral – care se suprapun cu noțiunile budiste despre compasiune. Același punct de vedere este preluat în *Compassion*, pe care am editat-o. Nancy Eisenberg este una dintre cele mai importante autorități ale lumii în dezvoltarea comportamentului prosocial la copii. O analiză excelentă a lucrărilor sale este făcută în N. Eisenberg, „Empathy-related emotional responses, altruism, and their socialization", în *Visions of Compassion: Western scientists and Tibetan Buddhists examine human nature*, R. Davidson și A. Harrington (ed.), Oxford University Press, New York, 2002, pp. 131–164. *Vezi și* N. Emler și R. Hogan, „Moral psychology and public policy", în *Handbook of Moral Behavior and Development*, W.M. Kurtines și J.L. Gewirtz (ed.), Lawrence Erlbaum Associates, 1991.

63 Există multe dovezi ale valorii compasiunii și meditației asupra stărilor de bine. O analiză folositoare poate fi găsită în S. Begley, *op. cit.* Una dintre autoritățile studiului asupra compasiunii de *sine* este Kristin Neff, ale cărei lucrări pot fi găsite pe site-ul ei, www.self-compassion.org. Pentru niște studii fascinante, vezi M.R. Leary, E.B. Tate, C.E. Adams, A.B. Allen și J. Hancock, „Self-compassion and reactions to unpleasant self-relevant events: The implications of treating oneself kindly", *Journal of Personality and Social Psychology*, vol. 92, 2007, pp. 887–904. Abordarea mea a fost să mă concentrez asupra compasiunii în psihoterapie (abordând dificultățile și capcanele). Studiul nostru asupra unei terapii de grup arată rezultate promițătoare: P. Gilbert și S. Procter, *op. cit.*, pp. 353–379.

64 M.C. Nassbaum, *Upheavals of Thought: The intelligence of emotions*, Cambridge University Press, Cambridge, 2003. Aceasta conține o discuție fascinantă despre compasiune, explorând pozițiile istorice și filozofice, inclusiv pe cele ale lui Aristotel. Clarifică importanța emoției și identificărilor emoției în experiența compasiunii.

Capitolul 3: Așezarea în fluxul vieții

65 S. Gerhardt, *op. cit.* Acum există multe cercetări care analizează modul în care experiențele din copilărie modelează creierul și tiparele rețelelor neuronale. Experiențele funcționează în așa fel încât neuronii care se aprind împreună creează conexiuni. *Vezi* și L. Cozolino, *op. cit.*

66 R. Klein, *Cigarettes are Sublime*, Picador, Londra, 1993.

67 C. Sagan, *The Dragons of Eden: Speculations on the evolution of human intelligence*, Ballantine Books, New York, 1977.

68 K. Bailey, *Human Paleopsychology: Applications to aggression and pathological processes*, Lawrence Erlbaum Associates, Inc, Hillsdale, New Jersey, 1987. *Vezi* și J. Panksepp, *op. cit.*; K. Stein, *op. cit.*

69 K. Armstrong, *op. cit.*

70 Există un număr de cărți bune care te vor ajuta să înțelegi abordările arhetipurilor în psihologie. O introducere foarte accesibilă este cartea lui C.S. Hall și V.J. Nordby din 1973 *A Primer of Jungian Psychology* (Mentor, New York). Cartea lui Anthony Stevens *Archetype Revisited: An updated natural history of the self* (Routledge, Londra, 1999) este, de asemenea, o introducere ușor de înțeles. Pentru informații mai tehnice și dezbateri din interiorul teoriei arhetipurilor, vezi J. Knox, *op. cit.* Evoluționiștii moderni tind să gândească mai mult în termeni de strategii, dar suprapunerea cu arhetipurile este semnificativă: R. Gray, *Archetypal Explorations: An integrated approach to human behaviour*, Routledge, Londra, 1996; A. Stevens și J. Price, *op. cit.* Dacă dorești să contextualizezi teoriile jungiene cu ale psihodinamicii din acea perioadă, o carte scrisă foarte frumos, plină de informații istorice fascinante este cea a lui H. Ellenberger din 1970 *Discovery of the Unconscious* (Basic Books, New York).

71 A. Stevens, *Archetype Revisited*, Routledge, Londra, 1998.

72 M. Mikulincer și P.R. Shaver, *op. cit.*

73 J. Campbell, *The Hero with a Thousand Faces*, Fontana, Londra, 1993. *Vezi* și ediția în limba română: *Eroul cu o mie de chipuri*, traducere de Gabriela Deniz și Mihai Mănescu, Herald, București, 2018.

74 C. Booker, *The Seven Basic Plots: Why we tell stories*, Continuum, Londra, 2004.

75 Pentru mai multe detalii despre mentalitățile sociale, *vezi*: P. Gilbert, *Human Nature and Suffering*; P. Gilbert, „Social Mentalities: A biopsychosocial and evolutionary reflection on social relationships“, în

Interpersonal Cognition, M.W. Baldwin (ed.), Guilford, New York, 2005, pp. 299–335. În acest capitol și în Capitolul 12, îmi concentrez atenția asupra capacității pentru compasiune și pentru cruzime. Lucrări mai detaliate, academice, se pot regăsi în capitolul meu din P. Gilbert, „Compassion and cruelty: A biopsychosocial approach", în *Compassion: Conceptualisations, research and use in psychotherapy*, P. Gilbert (ed.), Routledge, Londra, 2005, pp. 9–74; P. Gilbert, *Human Nature and Suffering*. Aceasta a evidențiat, de asemenea, o mulțime de căi evoluționiste de a gândi comportamentul uman, inclusiv în termenii teoriei interpersonale. Încă de la activitatea lui Timothy Leary din anii '50, cei din urmă s-au împărțit în două categorii importante: iubire–ură (să zicem, pe orizontală), care este intersectată de o dimensiune dominare–subordonare. Acest lucru dă naștere tuturor combinațiilor acestor două motive. Mai recent, J. Price și S. Steven, *Darwinian Psychiatry: A new beginning*, Routledge, Londra, 2000, fac împărțirea în doar două arhetipuri legate de atașament și de rang. Psihiatrii evoluționiști M. McGuire and A. Troisi, în lucrarea lor din 1998 *Darwinian Psychiatry* (Oxford University Press, New York), nu folosesc ideile de arhetipuri sau mentalități sociale, ci se concentrează strict pe strategiile înnăscute, în special pe cele legate de rang și pe formele de altruism.

76 *Vezi* nota 75.

77 W.B. Mendes, H.M. Gray, R. Mendoza-Denton, B. Major și E.S. Epel, „Why egalitarianism might be good for your health", *Psychological Science*, vol. 18, 2018, pp. 991–998.

78 O analiză a unei serii de studii care au privit efectele aprecierii comportamentului cooperativ versus competitiv sau individualist la peste 17 000 de subiecți a arătat cum cooperarea este de preferat din mai multe motive, inclusiv efectele pozitive asupra sănătății, obiectivelor și relațiilor sociale. Vezi C.J. Roseth, D.W. Johnson și R.T. Johnson, „«Promoting early adolescents» achievement and peer relationships: The effects of cooperative, competitive, and individualistic goal structures", *Psychological Bulletin*, vol. 134, 2008, pp. 223–246.

79 Eu și colegii am fost foarte interesați de modul în care mentalitatea competitivă și cea socială stau la baza psihopatologiei și, în special, contribuie la apariția sentimentelor de anxietate și depresie. Poți citi mai multe despre aceste lucruri în P. Gilbert (2000). „Varieties of submissive behavior: Their evolution and role in depression", în *Subordination and Defeat: An evolutionary approach to mood disorders*, L. Sloman și P. Gilbert

(ed.), Lawrence Erlbaum Associates, Hillsdale, New Jersey, 2000. Această carte explorează psihologia de rang. Pentru o analiză scurtă, *vezi*: P. Gilbert, „Evolution and depression: Issues and implications (invited review)", *Psychological Medicine*, vol. 36, 2006, pp. 287–297. Cu privire la anxietatea socială, *vezi* P. Gilbert și P. Trower, „Evolution and process in social anxiety", în *International Handbook of Social Anxiety: Concepts, research and interventions relating to the self and shyness*, W.R. Crozier și L.E. Alden (ed.), J. Wiley & Sons, Chichester, 2007, pp. 259–279. Cum poate fi mentalitatea de rang un punct central în psihoterapie poți afla din P. Gilbert, *Depresia: psihoterapie și consiliere*. Cu privire la oamenii care simt presiunea competitivă de a evita inferioritatea, *vezi* P. Gilbert *et al.*, „Striving to avoid inferiority: Scale development and its relationship to depression, anxiety and stress", *British Journal of Social Psychology*, vol. 46, 2007, pp. 633–648.

80 D. Keltner, D.H. Gruenfeld și C. Anderson, „Power, approach and inhibition", *Psychological Review*, vol. 110, 2003, pp. 265–284. Această expunere fascinantă a cercetării arată cum ne poate afecta puterea și cum poate schimba modul în care simțim, gândim și ne comportăm. Este un exemplu bun a ceea ce Jung ar fi numit „a fi condus de un arhetip" sau, într-un limbaj mai modern, o strategie și o mentalitate evoluată.

81 R. Vonk, „The slime effect: Suspicion and dislike of likeable behavior toward superiors", *Journal of Personality and Social Psychology*, vol. 74, 1989, pp. 849–864. David Owen a sugerat că, din nefericire, am îndurat multe guvernări cu acest tip de psihologie: *vezi* D. Owen, *The Hubris Syndrome: Bush, Blair and the intoxication of power*, Politico's, Londra, 2007. Nu este neobișnuit să vezi acest lucru la oamenii care se zbat pentru faimă, o obțin și devin foarte disprețuitori față de cei din jurul lor, „personalități dificile", pierzându-și complet controlul față de „arhetipul puterii" și față de orice justificare.

82 *Vezi* nota 81.

83 D.M. Buss și N. Malmuth, *op. cit.*; J. Diamond, *op. cit.*

84 În 1999, Robert Hinde, profesor de etologie la Cambridge University, a scris o carte minunată, *Why Gods Persist: A scientific approach to religion*. Dacă ești interesat de interacțiunea aspectelor înnăscute și sociale în credința și experiența religioasă, atunci este o carte de care te-ai putea bucura. Cu privire la procesele arhetipale, au existat multe încercări de a privi sentimentele și credințele religioase dintr-un punct de vedere evoluționist. Nu în ultimul rând, desigur, este munca lui Jung, încapsulată

în cunoscuta sa carte: C.G. Jung, *Answer to Job* (trad. De R.F.C. Hull), Psychology Press, Hove, 1952/2002. *Vezi* și ediția în limba română: *Răspuns lui Iov*, în *Opere complete* (vol. 11) – *Psihologia religiei vestice și estice*, Trei, București, 2010. Un alt text care analizează psihologia evoluționistă și teoria arhetipurilor este B. Wenegrat, *The Divine Archetype*, Lexington Books, Lexington, Massachusetts, 1990. O altă carte excelentă care examinează religia printr-o abordare a evoluției atașamentului este de L.A. Kirkpatrick, *op. cit.* Dacă te interesează cum se schimbă credințele religioase și cum apar pentru a se potrivi condițiilor sociale, aruncă o privire la K. Armstrong, *op. cit.*

85 *Vezi* nota 84.

86 Richard Dawkins, biologul de la Oxford, a popularizat și a făcut accesibile punctele de vedere și urmările descoperirilor lui Darwin și ale genelor ca surse de moștenire. Cartea sa clasică *The Selfish Gene* (Oxford University, 2006) a ajuns la cea de-a treia ediție revizuită. *Vezi* și ediția în limba română: *Gena egoistă*, traducere de Dan Crăciun, Publica, București, 2019.

Capitolul 4: Amenințare și protecție: bunul, răul și cu adevărat dificilul

87 R.A. Depue și J.V. Morrone-Strupinsky, *op. cit.* Știința de bază pentru cele trei sisteme de reglare a emoțiilor este redată în această lucrare. Totuși, modul în care funcționează emoțiile în creierul nostru și modul în care se co-reglează unele pe altele este, desigur, mai complicat decât cele trei sisteme și, drept rezultat, acesta este un rezumat simplificat și brut al lucrării strălucite a lui Depue. Ar putea să îți placă și J. Panksepp, *op. cit.*; J. LeDoux, *op. cit.*; K. Stein, *op. cit.*

88 I.M. Marks, *Fears, Phobias and Rituals: Panic, anxiety and their disorders*, Oxford University Press, Oxford, 1987. *Vezi* P. Gilbert, „Evolutionary approaches to psychopathology: The role of natural defences", *Australian and New Zealand Journal of Psychiatry*, vol. 35, 2001, pp. 17–27. Cartea *The Emotional Brain* oferă cunoștințe despre modul în care creierul procesează amenințările. G.F. Loewenstein, E.U. Weber, C.K. Hsee și N. Welsch, „Risk as feelings", *Psychological Bulletin*, vol. 127, 2001, pp. 267–286. A. Tobena, I. Marks și R. Dar, „Advantages of bias and prejudice: An exploration of their neurocognitive templates", *Neuroscience and Behavioral Reviews*, vol. 23, 1999, pp. 1047–1058. P. Gilbert, „The evolved basis and adaptive functions of cognitive distortions", *British Journal of Medical Psychology*, vol. 71, 1998, pp. 447–463.

89 Furia poate lua multe forme și poate fi declanșată de multe lucruri diferite. De asemenea, este un element important al unui spectru de tulburări, incluzând depresia și paranoia. R. DiGiuseppe și C. Tafrate, *Understanding Anger Disorder*, Oxford University Press, New York, 2007.

90 C.B. Ferster, „A functional analysis of depression", *American Psychologist*, vol. 28, 1973, pp. 857–870. R.L. Leahy, „A model of emotional schemas", *Cognitive and Behavioral Practice*, vol. 9, 2002, pp. 177–190. S. Freud, „Mourning and melancholia", în *Completed Psychological Works*, vol. 14, tradus și redactat de J. Strachey, Hogarth Press, Londra, 1917. *Vezi* și ediția în limba română: *Doliu și melancolie*, în *Psihologia inconștientului – Opere esențiale* (vol. III), traducere de Gilbert Lepădatu, George Purdea, Vasile Dem. Zamfirescu, Trei, București, 2017.

91 R.A. Shweder, N.C. Much, M. Mahapatra și L. Park, „The «big three» of morality (autonomy, community and divinity) and the «big three» explanations of suffering", în *Morality and Health*, A.M. Brandt și P. Rozin (ed.), Routledge, New York, 1997, pp. 119–169.

92 J. Panksepp, *op. cit.*; J. LeDoux, *op. cit.*; C.R. Brewin, „Understanding cognitive behaviour therapy: A retrieval competition account", *Behaviour Research and Therapy*, vol. 44, 2006, pp. 765–784. Lucrarea lui Chris Brewin s-a concentrat pe diferite tipuri de amintiri: cele care operează prin corp și sistemul senzorial versus cele care se concentrează pe eveniment și sunt accesibile din punct de vedere verbal. Aceste două tipuri de amintiri și sisteme de procesare ale memoriei pot deveni incompatibile în traumă. Lucrarea lui Brewin este foarte importantă pentru înțelegerea modului în care sedimentăm amenințările. Corpul este important în experiența emoției și, în particular, atunci când sedimentăm amintiri ale unor evenimente înspăimântătoare. *Vezi* P. Ogden, K. Minton și C. Pain, *Trauma and the Body: A sensorimotor approach to psychotherapy*, Norton, New York, 2006; B. Rothschild, *The Body Remembers Casebook: Unifying methods and models in the treatment of trauma and PTSD*, Norton, New York, 2003; O. Van der Hart, E.R.S. Nijenhuis și K. Steele, *The Haunted Self: Structural dissociation and the treatment of chronic traumatization*, Norton, New York, 2006.

93 *Vezi* nota 90.

94 J.A. Gray, *Pavlov*, Fontana, Londra, 1979. Această carte excelentă ne arată cum a început cercetarea clasică a condiționării, care este adesea uitată în prezent, dar care rămâne relevantă. Ne arată cât de puternică este condiționarea în modul în care învățăm despre lucruri, precum și în

felul în care asimilăm schimbările noastre fizice. De asemenea, am uitat cât de puternice și răvășitoare pot fi conflictele pentru creier; într-adevăr, pot elimina chiar capacitatea noastră de a gândi logic. Budismul nu are teorii precum condiționarea clasică și totuși în cercetările despre compasiune cu oameni care aveau probleme de sănătate mintală, ideile de condiționare clasică sunt indispensabile. Să presupunem că un copil a vrut căldură și a căutat un părinte pentru asta, dar a fost respins sau rănit. Dorința de căldură este asociată cu respingerea. Dacă începi să reactivezi aceste sentimente în terapie, vei reactiva și amintirile condiționate emoțional. Din acest motiv, pentru unii oameni, a intra în contact cu dorința de conectare sau de căldură a altora este înspăimântător. Acesta este un exemplu de condiționare emoțională și a modului în care anulează gândirea logică.

95 P. Gilbert, *Depresia: psihoterapie și consiliere*. Multe dintre aspectele tehnice ale depresiei legate de tendința noastră evoluată de a ne lăsa pradă ei – rolul conflictelor, capcanelor și blocajelor din depresie – se pot regăsi aici, împreună cu recomandări pentru intervenții psihoterapeutice. Pentru o lucrare de revizuire, vezi P. Gilbert, *op. cit.*

96 *Vezi* nota 95.

Capitolul 5: Plăcerile și satisfacțiile vieții: cele două tipuri de emoții bune, mintea și compasiunea umană

97 Reține că aceste sisteme sunt aproximări grosiere, adică tipuri folositoare de gândire despre modul în care funcționează sistemele noastre emoționale. Există alte feluri de a ne gândi la ele, și ca întotdeauna cu aceste sentimente, diavolul se află în detalii. Lucrarea principală din spatele acestor idei este R.A. Depue și J.V. Morrone-Strupinsky, *op. cit.* Ți-ar putea plăcea și: J. Panksepp, *op. cit.*; J. LeDoux, *op. cit.*; K. Stein, *op. cit.*

98 M. Epstein, *Open to Desire: The truth about what the Buddha taught*, Gotham Books, New York, 2006. Așa cum am menționat anterior, nu sunt un învățat al budismului, dar sunt familiar cu ideile lui și sunt foarte recunoscător pentru datoria mea academică și personală față de această psihologie. Dacă dorești să afli mai multe despre budism, un punct de start excelent este cartea lui Jonathan Landaw și Stephan Bodian din 2003, *Buddhism for Dummies*, publicată de Wiley. Nu te jena de titlu – aceasta este scrisă într-un mod foarte clar și este plină de cunoștințe fascinante. Vei învăța mai multe despre diferitele tipuri de budism,

inclusiv despre școlile Theravada, Mahayana și Vajrayana (uneori la cea din urmă se face referire drept școala „tantrică“).

99 R. Restak, *op. cit.*; L. Pani, *op. cit.*

100 E.O. Smith, *op. cit.*; C. Fine, *op. cit.*; N.F. Dixon, *Our Own Worst Enemy*, Routledge, Londra, 1987.

101 G. Schwartz, *The Paradox of Choice: Why more is less*, HarperCollins, New York, 2005. *Vezi și* D. Gilbert, *Stumbling on Happiness*, Harper Perennial, New York, 2007. *Vezi* și ediția în limba română, *În căutarea fericirii*, traducere de Mihaiela Vacariu, Curtea Veche Publishing, București, 2012.

102 I.D. Yalom, *Existential Psychotherapy*, Basic Books, New York, 1980 (vezi și ediția în limba română: *Psihoterapia existențială*, traducere de Bogdan Boghițoi, Trei, București, 2010). Devreme în cariera mea, această carte m-a impresionat și m-a influențat foarte mult. Scrisă frumos și ușor de înțeles, ea discută multe dintre dilemele, dramele și confuziile traiului și luptelor noastre de a da sens lucrurilor.

103 P. Gilbert, C. Broomhead, C. Irons, K. McEwan, R. Bellew, A. Mills și C. Gale, *op. cit.*

104 D.M. Dunkley, D.C. Zuroff și K.R. Blankstein, „Specific perfectionism components versus self-criticism in predicting maladjustment“, *Personality and Individual Differences*, vol. 40, 2006, pp. 665–676.

105 J. Bakan, *op. cit.*; N. Klein, *op. cit.*

106 R.A. Depue și J.V. Morrone-Strupinsky, *op. cit.* În această lucrare este redată știința de bază pentru cele trei sisteme de reglare a emoțiilor. O lucrare foarte folositoare care schițează apariția atașamentului și a sistemului de alinare poate fi găsită în D.C. Bell, „Evolution of care-giving behavior“, *Personality and Social Psychology Review*, vol. 5, 2005, pp. 216–229. Acum s-au scris multe despre specificitatea sistemului de alinare: *vezi* C.S. Carter, *op. cit.*; K. Uväns-Morberg, „Oxytocin may mediate the benefits of positive social interaction and emotions“, *Psychoneuroendocrinology*, vol. 23, 1998, pp. 819–835; M. Kosfeld, M. Heinrichs, P.J. Zak, U. Frisbacher și E. Fehr, „Oxytocin increases trust in humans“, *Nature Neuroscience* [letters], vol. 435, iunie 2005, 673–676. Ocitocina este un hormon foarte important de reglare, care susține sentimentele de afecțiune. Influența sa în compasiune încă mai trebuie studiată.

107 *Vezi* nota 106.

108 D.C. Geary, „Evolution and proximate expression of human parental investment", *Psychological Bulletin*, vol. 126, 2000, pp. 55–77. D.C. Bell, *op. cit.* Aceste lucrări sunt mai degrabă teoretice. O persoană importantă care a atras atenția asupra importanței atașamentului a fost John Bowlby, *Attachment and Loss:* vol. 1: *Attachment*, 1969; vol. 2: *Separation, Anxiety and Anger*, 1973; vol. 3: *Loss: Sadness and Depression*, 1980, Hogarth Press, Londra. Ideile lui Bowlby au stimulat o cantitate uriașă de studii și au influențat psihoterapia. M. Mikulincer și P.R. Shaver, *op. cit.*

109 D.C. Geary, *op. cit.*; D.C. Bell, *op. cit.*

110 L. Cozolino, *op. cit.* S. Gerhardt, *op. cit.*

111 P. Gilbert, *op. cit.*

112 R.M. Sapolsky, *Why Zebras Don't Get Ulcers: An updated guide to stress, stress-related disease, and coping*, Freeman, New York, 1994, p. 92.

113 T. Field, *Touch Therapy*, Churchill Livingstone, New York, 2000. Poți găsi analizele descoperirilor științifice asupra rolului experiențelor cu părinții în copilărie și asupra dezvoltării creierului în mai multe cărți: S. Gerhardt, *op. cit.* *Vezi și* L. Cozolino, *op. cit.*

114 *Vezi* nota 113.

115 *Vezi* nota 110.

116 P. Gilbert, „The evolution of shame as a marker for relationship security", în *The Self-Conscious Emotions: Theory and research*, J.L. Tracy, R.W. Robins și J.P. Tangney (ed.), Guilford, New York, 2007, pp. 283–309.

117 *Vezi* nota 106.

118 S. Begley, *op. cit.*

119 J. Haidt, *op. cit.*; Mark Baldwin, *op. cit.*; R.R. Hassin, J.S. Uleman și J.A. Bargh, *op. cit.*

Ideea că noi avem două euri împachetate într-unul singur, în care un eu operează strategiile emoționale, iar celălalt gândește și încearcă să regleze eul emoțional, a fost explorată de John Birtchnell în cartea sa din 2003, *The Two of Me: The rational outer me and the emotional inner me* (Routledge, Londra). Din punctul său de vedere, gândirea rațională cunoaște foarte multe despre eul emoțional, dar eul emoțional nu știe nimic despre eul gânditor. Încă de la vechii greci și dinaintea lor, această problemă a interacțiunii dintre creierul vechi și emoții și creierul nou și gândire ne bântuie și rămâne cea mai mare provocare a noastră. Asupra acestei probleme N.F. Dixon a scris *Our Own Worst Enemy* – titlul spune tot.

120 *Vezi* nota 118.

Capitolul 6: Compasiunea în contextul creierilor și minților vechi și noi

121 Capacitatea de a crea ceva mai întâi prin vizualizarea acelui lucru în mintea cuiva – adică prin imaginare – este cheia creativității și este o consecință a evoluției: A. Lock, „On the recent origin of symbolically mediated language and its implications for psychological science“, în *The Descent of Mind: Psychological perspectives on humanoid evolution*, M.C. Coballis și M.E.G. Lea (ed.), Oxford University Press, New York, 1999, pp. 324–355. Imageria mintală vizuală și auditivă a fost folosită la scară largă în psihoterapie (pentru a ajuta imaginația) și pentru a-i încuraja și a-i ajuta pe oamenii sportivi: *vezi* J.L. Singer, *Imagery in Psychotherapy*, American Psychological Press, Washington, D.C., 2006. Imageria este, desigur, foarte importantă pentru multe ritualuri religioase. Totuși, imaginația ne poate conduce pe un drum greșit și trebuie întotdeauna să fie verificată cu „fapte“ – adesea, ce ne imaginăm că ar fi cazul nu este așa. *Vezi* D. Gilbert, *op. cit.*

122 P. Gilbert și C. Irons, *op. cit.* Aceste idei simple au pus baza pentru dezvoltarea muncii mele concentrate pe compasiune în terapie. Le-am introdus în abordările cognitive la începutul anilor '90, vezi P. Gilbert, *Overcoming Depression*. „Social mentalities: Internal «social» conflicts and the role of inner warmth and compassion in cognitive therapy“, în *Genes on the Couch: Explorations in evolutionary psychotherapy*, P. Gilbert și K.G. Bailey (ed.), Psychology Press, Hove, 2000, pp. 118–150.

123 K. Hamlin, K. Wynn și P. Bloom, „Social evaluation by pre-verbal infants“, *Nature*, noiembrie 2007, pp. 557–560 [letters].

124 Dalai Lama, *op. cit.*

125 În timp ce ne pregătim de tipar, *Journal of Happiness Studies* a dedicat un număr întreg (vol. 9, nr. 1) diferitelor tipuri sau abordări ale stării de bine. Autorii fac distincția între psihologia concentrată pe fericire, tipică abordărilor budiste, și ceea ce denumesc ei *stare psihologică de bine eudemonistă*.

126 R.J. Davidson, J. Kabat-Zinn, J. Schumacher, M. Rosenkranz, D. Muller *et al.*, *op. cit.*; G. Rein, M. Atkinson și R. McCraty, *op. cit.* Vei

găsi și o analiză a multor studii despre cum antrenarea minții afectează corpul în S. Begley, *op. cit.*

127 P. Gilbert, *op. cit.*

128 A. Fogel, G.F. Melson și J. Mistry, „Conceptualising the determinants of nurturance: A reassessment of sex differences“, în *Origins of Nurturance: Developmental, biological and cultural perspectives on caregiving*, A. Fogel și G.F. Melson (ed.), Lawrence Erlbaum Associates Inc., Hillsdale, New Jersey, 1986, pp. 53–67. Această carte a avut o mare influență asupra mea în anii ’80. Autorii au arătat că îngrijirea poate fi direcționată către multe lucruri, cum ar fi oameni, animale, grădina, chiar o mașină, dacă este asociată cu motivația și cu înțelegerea lucrurilor de care are nevoie celălalt pentru a prospera. De asemenea, cere ca noi să ne modificăm comportamentul și gândirea în concordanță cu schimbarea din celălalt. De atunci, au mai fost efectuate cercetări asupra comportamentului manifestat prin grijă. Există o serie de capitole într-o carte pe care am editat-o: *Compassion: Conceptualisations, research and use in psychotherapy*. Cei care au un interes în abordarea specifică legăturii cu atașamentul ar trebui să arunce o privire la: O. Gillath, P.R. Shaver și M. Mikulincer, *op. cit.* Are o analiză bună a dovezilor curente. M. Mikulincer și P.R. Shaver, *op. cit.*

129 *Vezi* nota 124.

130 E. Borenstein și E. Ruppin, „The evolution of imitation and mirror neurons in adaptive agents“, *Cognitive Systems Research*, vol. 6, 2005, pp. 229–242; J. Decety, T. Chaminade, „Neural correlates of feeling sympathy“, *Neuropsychologia*, vol. 41, 2003, pp. 127–138.

131 R.F. Baumeister, *Evil: Inside human violence and cruelty*, Freeman, New York, 1997; M. Shermar, *op. cit.* E. Sober, „Kindness and cruelty in evolution“, în *Visions of Compassion: Western scientists and Tibetan Buddhists examine human nature*, R. Davidson și A. Harrington (ed.), Oxford University Press, New York, 2002; E. Straub, *op. cit.*; P. Gilbert, *op. cit.*

132 M. Mikulincer și P.R. Shaver, *op. cit.* fac observații în legătură cu actualii lideri occidentali și stilurile lor emoționale detașate. Modul în care aceste personalități au reușit să câștige putere este destul de îngrijorător. *Vezi* și Lee-Chai și J.A. Bargh, *The Use and Abuse of Power: Multiple perspectives on the causes of corruption*, Routledge, Londra, 2001; D. Westen, *The Political Brain: The role of emotion in deciding the fate of the nation*, Public Affairs, New York, 2007. Acest raport foarte îngrijorător arată cum politicienii și-au dat seama că suntem conduși cu ușurință de emoții și încearcă să găsească diferite sunete și „imagini“ care să le stimuleze.

Ei sunt dornici să ne stimuleze frica și să se întruchipeze ca niște salvatori. Obținerea pozițiilor de putere ne schimbă sentimentele, comportamentul și lucrurile cărora le acordăm atenție, și devenim sfidători față de subordonați, așteptându-ne să ni se facă voia. Cercetarea asupra acestor lucruri a fost foarte bine analizată de D. Keltner, D.H. Gruenfeld și C. Anderson, *op. cit.* Aceste tendințe pot fi serios accentuate de anumite personalități și „crize", așa cum a fost cazul cu George W. Bush și Tony Blair, care este examinat în profunzime de neurologul și politicianul dr. David Owen în cartea sa din 2007, *The Hubris Syndrome: Bush, Blair and the intoxication of power* (Politico's, Londra). Așa cum arată dr. Owen, hybrisul lui Bush și al lui Blair și sfidarea lor față de votanți s-au infiltrat în diferite sectoare ale societății și au fost adesea în miezul reorganizărilor diferitelor servicii. De asemenea, liderii pot suferi o gamă de probleme de sănătate fizice și emoționale care le pot afecta deciziile – cu urmări importante pentru noi ceilalți. Cartea lui D. Owen din 2008, *In Sickness and in Power: Illness in heads of government during the last 100 years* (Methuen, Londra), este o expunere înfiorătoare a acestui lucru. Nimeni nu are răspunsuri la aceste dificultăți; oamenii obișnuiți ca mine și ca tine probabil sunt încovoiați de presiunile vieții politice moderne de vârf. Problema este că cei care *pot* face o fac cu un anumit cost pentru ei înșiși și pentru noi! *Vezi* și H. Freeman, „The human brain and political behaviour", *British Journal of Psychiatry*, vol. 159, 1991, pp. 19–32. Barack Obama ar putea să se dovedească excepția: este plin de compasiune și rezistent din punct de vedere emoțional.

133 A. Margulies, „Toward empathy: The uses of wonder", *American Journal of Psychiatry*, vol. 141, 1984, pp. 1025–1033. Aceasta este o lucrare excelentă despre subtilitățile și importanța empatiei în relații. Ne invită să rămânem curioși, să dorim să cunoaștem, în loc să interpretăm sau să ghicim. Spre deosebire de simpatie, empatia necesită efort – a încerca să îți imaginezi cum poate să fie ceva pentru altă persoană, a alcătui o imagine în mintea ta din observații și din ce îți spune cealaltă persoană. Empatia a fost unul dintre punctele centrale în lumea psihoterapiei, dar acum înțelegem că este complexă, cu definiții și sensuri diferite. *Vezi* C. Duan și C.E. Hill, „The current state of empathy research", *Journal of Counselling*, vol. 43, 1996, pp. 261–274. Există noi informații din neuroștiințe despre cum funcționează empatia în creierii noștri. O analiză excelentă asupra acestei lucrări poate fi găsită în: J. Decety și P.L. Jackson, „The functional architecture of human empathy", *Behavioral and Cognitive Neuroscience Reviews*, vol. 3, 2004, pp. 71–100.

134 M.L. Hoffman, „Empathy, social cognition and moral action“, în *Handbook of Moral Behavior and Development: Vol. 1: Theory*, W.M. Kurtines şi J.L. Gewirtz (ed.), Lawrence Erlbaum Associates, Hillsdale, New Jersey, 1991, pp. 275–301.

135 Multe dintre aceste probleme sociale sunt discutate de câţiva autori în cartea din 2005 al cărei editor am fost: *Compassion: Conceptualisations, research and use in psychotherapy.*

Capitolul 7: Pregătiri conştiente pe drumul spre compasiune

136 Dacă arunci o privire pe site-ul www.compassionatemind.co.uk, vei găsi o grămadă de link-uri spre alte site-uri, inclusiv pe cele despre mindfulness. În privinţa cărţilor, cea a lui T.N. Hanh din 1991 *The Miracle of Mindfulness* (Rider, Londra) este deja clasică. Ai putea să te uiţi şi pe Jon Kabat-Zinn *Coming to Our Senses: Healing ourselves and the world through mindfulness* (Piatkus, 2005, Londra). O introducere ajutătoare despre originile şi natura conştientizării este cartea din 2002 a lui Bhante Henepola Gunaratana, *Mindfulness in Plain English* (Wisdom Books, Boston, Massachusetts).

137 *Vezi* nota 136.

138 T.N. Hanh, *Peace is Every Step: The path of mindfulness in everyday life*, Rider, New York, 1995. Oferă o varietate de informaţii şi exerciţii prin care putem folosi mindfulness în viaţa de zi cu zi. *Vezi* şi *The Long Road Turns to Joy: A guide to walking meditation* (Full Circle, New Delhi, 2004).

139 M. Williams, J. Teasdale, Z. Segal şi J. Kabat-Zinn, *The Mindful Way Through Depression: Freeing yourself from chronic unhappiness*, Guildford, New York, 2007.

140 Dacă vrei să asculţi acest exerciţiu pe măsură ce îl parcurgi, îl poţi găsi pe CD-ul meu *Overcoming Depression: Talks with your therapist* (Robinson, Londra), disponibil pe Amazon.co.uk.

141 P. Gilbert şi S. Procter, *op. cit.*

142 *Vezi* nota 139.

Capitolul 8: Antrenarea compasiunii prin imagerie mintală

143 T.D. Leighton, *Faces of Compassion: Classic bodhisattva archetypes and their modern expression*, Wisdom, Boston, Massachusetts, 2003. Această carte fantastică este o explorare scolastică a imageriei mintale

a compasiunii, care poate fi atât blândă, cât și feroce. De asemenea, ea privește și modul în care imageria poate fi văzută ca un proces pentru dezvoltarea arhetipurilor și stărilor creierului. Vessantara, *Meeting the Buddhas: A guide to Buddhas, bodhisattvas and tantric deities*, Windhorse, New York, 1993. Aceasta este o altă carte excelentă care arată cum practica budistă oferă novicilor o gamă de imagini specifice și cum acestea sunt folosite relațional, ca surse de alinare și, de asemenea, pentru a stimula arhetipurile și tiparele în minte. Cartea insinuează că aceste imagini sunt, de fapt, legate de sistemele de atașament: oamenii devin atașați de ele și funcționează ca figuri interioare care alină. Dacă vrei să te uiți peste lucrările budiste despre dezvoltarea compasiunii, atunci cartea lui Jeffrey Hopkins *Cultivating Compassion* este o expunere care te poate ajuta. R.T. Rinpoche și K. Mullen, „The Buddhist use of compassionate imagery in Buddhist mediation", în *Compassion: Conceptualisations, research and use in psychotherapy*, 2005, pp. 218–238. Schițează niște cicluri ale imageriei foarte interesante, bazate pe compasiune.

144 S. Begley, *op. cit. Vezi și* R.J. Davidson, J. Kabat-Zinn, J. Schumacher, M. Rosenkranz, D. Muller *et al.*, *op. cit.*; G. Rein, M. Atkinson și R. McCraty, *op. cit.*

145 Dagsay Tulku Rinpoche, *The Practice of Tibetan Meditation: Exercises, visualizations, and mantras for health and well being*, Inner Traditions, Rochester, Vermont, 2002. Această carte ilustrează o serie de posturi și de exerciții foarte folositoare, împreună cu un CD cu mantre și instrucțiuni.

146 *Vezi* nota 143.

147 C. Frederick și S. McNeal, *Inner Strengths: Contemporary psychotherapy and hypnosis for ego strengthening*, Lawrence Erlbaum Associates, Mahwah, New Jersey, 1999. Această carte excelentă este în primul rând pentru terapeuți, dar este ușor de citit și arată utilizarea unei întregi game de procese ale imageriei, inclusiv imaginarea unui ajutor, ghid și prieten interior. D. Edwards, „Restructuring implicational meaning through memory-based imagery: Some historical notes", *Journal of Behavior Therapy and Experimental Psychiatry*, vol. 39, 2007, pp. 306–316. T.D. Leighton, *op. cit.* Aceasta oferă o expunere scolastică a utilizării compasiunii în imageria mintală și în simbolistica budistă.

148 S. Begley, *op. cit.*

149 G. Rein, M. Atkinson și R. McCraty, *op. cit.*

150 T.D. Leighton, *op. cit.* R.T. Rinpoche și K. Mullen, *op. cit.* O altă carte excelentă care arată cum practica budistă oferă studenților o gamă de imagini specifice și cum acestea sunt folosite în mod relațional, ca surse de alinare și, de asemenea, pentru a stimula arhetipurile și tiparele în minte este Vessantara, *op. cit.* Deborah Lee, care lucrează cu oameni care au suferit traume și dificultăți și care a folosit abordarea centrată pe compasiune în terapie, a inventat termenul de „îngrijitor perfect" pentru a descrie imaginea plină de compasiune. Ea a dezvoltat o serie de fișe de lucru pe care oamenii le pot folosi să se gândească la acea imagine. D.A. Lee, „The perfect nurturer: A model to develop a compassionate mind within the context of cognitive therapy", în *Compassion: Conceptualisations, research and use in psychotherapy*, 2005, pp. 326–351.

151 *Vezi* nota 150.

152 *Vezi* nota 150.

153 S.D. Dandeneau, M.R. Baldwin, J.R. Baccus, M.P. Sakellaropoulo și J.C. Pruessner, „Cutting stress off at the pass: Reducing vigilance and responsiveness to social threat by manipulating attention", *Journal of Personality and Social Psychology*, vol. 93, 2007, pp. 651–666.

154 *Vezi* nota 143.

155 D. Childre și H. Martin, *The HeartMath Solution*, HarperOne, New York, 1999. Eu și colegii mei de la Mental Research Unit din Derby și din Bristol și Manchester am făcut recent o cercetare folosind variabilitatea ritmului cardiac. Am descoperit că, în timp ce unii oameni au afișat o variabilitate crescută în cadrul imageriei mintale a compasiunii, alții mergeau în direcția opusă. Acest lucru subliniază faptul că unii oameni consideră compasiunea dificilă și, într-adevăr, stresantă. În prezent încercăm să deslușim dacă antrenarea oamenilor care o consideră stresantă poate aduce beneficii din lucrul concentrat pe compasiune. H. Rockliff, P. Gilbert, K. McEwan, S. Lightman și D. Glover, „An exploration of heart-rate variability and salivary cortisol responses to compassionfocused imagery", *Journal of Clinical Neuropsychiatry*, vol. 5, pp. 132–139.

156 S.W. Porges, „The polyvagal perspective", *Biological Psychology*, vol. 74, 2007, pp. 116–143.

157 *Vezi* nota 155.

158 D.A. Lee, *op. cit.*

159 *Vezi* nota 145.

Capitolul 9: Compasiunea ca mod de gândire

160 A.T. Beck, *Depression: Clinical, experimental and theoretical aspects*, Harper & Row, New York, 1967; A.T. Beck, *Cognitive Therapy and the Emotional Disorders*, International Universities Press, New York, 1976.

161 A. Ellis și L.M. Whiteley, *Theoretical and Empirical Foundations of Rational Emotive Therapy*, Brooks/Cole, Pacific Grove, California, 1979. Pentru o introducere mai actualizată și mai ușor de înțeles despre terapia rațional-emotivă și comportamentală (așa cum se numește astăzi), *vezi*: W. Dryden, *Rational Emotive Behaviour Therapy: Distinctive features*, Routledge, Londra, 2008.

162 K. Horney, *Our Inner Conflicts: A Constructive theory of neurosis*, Norton, New York, 1945. *Vezi* și ediția în limba română: *Conflictele noastre interioare*, traducere de Leonard Gavriliu, Univers Enciclopedic Gold, București, 2010.

163 Unul dintre cei mai prolifici autori asupra acestei abordări este Windy Dryden; vei găsi multe cărți ale lui pe Amazon. O expunere utilă este cartea lui Windy Dryden și Michael Neenan din 2006, *Rational Emotive Behaviour Therapy: 100 key points & techniques*, Routledge, Londra.

164 Dacă dorești să explorezi îndrumarele NICE pentru diferite tulburări, vizitează www.nice.org.uk.

165 Constable & Robinson au o gamă largă de cărți care sunt bazate pe terapia cognitiv-comportamentală și dacă dorești să înveți cum antrenează TCC atenția, seria *Overcoming* ar fi foarte utilă. De asemenea, există multe cărți bazate pe budism și pe mindfulness, care te vor învăța și ele cum să îți antrenezi atenția.

166 James Pennebaker a cercetat mulți ani valoarea scrierii expresive (de exemplu, lucrurile care ni se întâmplă și sentimentele noastre legate de ele) . Poate dorești să te uiți la această carte: J.W. Pennebaker, *Opening Up: The healing power of expressing emotions*, Guilford, New York, 1997. Următoarea este mai tehnică: J.M. Smyth și J.W. Pennebaker, „Boundary conditions of expressive writing", *British Journal of Health Psychology*, vol.13, 2008, pp. 1–95.

167 Vezi CD-ul meu *Overcoming Depression: Talks with your therapist*, pe care îl poți achiziționa de pe Amazon.co.uk.

Capitolul 10: De la critica de sine la compasiune

168 Pentru analize ale autocriticii vezi P. Gilbert și C. Irons, *op. cit.*; D.C. Zuroff, D. Santor și M. Mongrain, „Dependency, self-criticism, and maladjustment“, în *Relatedness, Self-Definition and Mental Representation: Essays in honour of Sidney J. Blatt*, J.S. Auerbach, K.N. Levy, C.E. Schaffer (ed.), Routledge, Londra, 2005, pp.75–90. Pentru o explorare a importanței emoției în autocritică, *vezi* W.J. Whelton și L.S. Greenberg, „Emotion in self-criticism“, *Personality and Individual Differences*, vol. 38, 2005, pp. 1583–1595. Pentru cercetarea asupra autocriticii, *vezi*: P. Gilbert, M. Baldwin, C. Irons, J. Baccus și M. Palmer, „Self-criticism and self-warmth: An imagery study exploring their relation to depression“, *Journal of Cognitive Psychotherapy: An international quarterly*, vol. 20, 2006, pp. 183–200. P. Gilbert, M. Clarke, S. Kempel, J.N.V. Miles, și C. Irons, „Criticizing and reassuring oneself: An exploration of forms, style and reasons in female students“, *British Journal of Clinical Psychology*, vol. 43, 2004, pp. 31–50.

169 Am analizat aceste idei într-o serie de articole: P. Gilbert, „What is shame? Some core issues and controversies“, în *Shame: Interpersonal behavior, psychopathology and culture*, P. Gilbert și B. Andrews (ed.), Oxford University Press, New York, 1998, pp. 3–38; P. Gilbert, „Evolution, social roles, and differences in shame and guilt“, *Social Research: An international quarterly of the social sciences*, vol. 70, 2003, pp. 1205–1030; P. Gilbert, *The evolution of shame as a marker for relationship security*. Această ultimă carte, scrisă de Tracy și colegii săi, îți va oferi o expunere foarte clară a gândirii curente asupra emoțiilor conștiinței de sine. Pentru cei care cercetează rușinea, ei au o anexă folositoare care discută o serie de măsuri ale rușinii.

170 *Vezi* notele 168 și 169.

171 W.J. Whelton și L.S. Greenberg, „Emotion in selfcriticism“, *Personality and Individual Differences*, vol. 38, 2005, pp. 1583–1595.

172 O analiză excelentă poate fi găsită în M.W. Baldwin și S.D. Dandeneau, „Understanding and modifying the relational schemas underlying insecurity“, în *Interpersonal Cognition*, M.W. Baldwin (ed.), Guilford, New York, pp. 33–61. Vezi și site-ul lui Baldwin de la McGill University din Canada: www.mindhabits.com.

173 G. MacDonald și M.R. Leary, „Why does social exclusion hurt? The relationship between social and physical pain“, *Psychological Bulletin*,

vol. 131, 2005, pp. 202–223. Aceşti autori argumentează că respingerea, excluderea şi marginalizarea operează de fapt prin sistemele creierului la fel ca durerea.

174 Frica de a renunţa la autocritică pentru că este contrară stilului unui părinte şi frica rezultată de rebeliune sunt discutate mai detaliat în: P. Gilbert şi C. Irons, *op. cit.*

175 D.M. Dunkley, D.C. Zuroff şi K.R. Blankstein, *op. cit.*

176 M. Reynolds şi C.R. Brewin, „Intrusive memories in depression and posttraumatic stress disorder", *Behaviour Research and Therapy*, vol. 37, 1999, pp. 201–215. Chris Brewin s-a aflat în fruntea cercetării memoriei intruzive şi a felului în care memoria operează prin diferite tipuri de sisteme de procesare, cum ar fi o amintire care ne afectează corpul şi o amintire a unui eveniment care ne spune când s-au întâmplat lucrurile. O schiţă technică a ideilor sale poate fi găsită în: C.R. Brewin, *op. cit.*

177 J. Holt, *How Children Fail*, Penguin, New York, 1982. Prima ediţie a cărţii a apărut în 1964, cu o ediţie revizuită în 1982. Am citit-o în anii '70 şi am rămas marcat de capacitatea lui Holt de a identifica ruşinea subtilă sau nu tocmai care însoţeşte relaţiile dintre noi şi cele şcolare.

178 H. Ellenberger, *op. cit.*

179 Pentru o discuţie mai detaliată a acestei dinamici, *vezi*: P. Gilbert şi C. Irons, *op. cit.* Este discutată şi cu privire la depresie în P. Gilbert, *Depresia: psihoterapie şi consiliere.*

180 T.D. Leighton, *op. cit.*

181 Lucrările sale pot fi accesate uşor, fiind aprofundate de James Pennebaker, în cartea sa de lectură generală: J.W. Pennebaker, *op. cit.* *Vezi* şi J.M. Smyth şi J.W. Pennebaker, *op. cit.*

Capitolul 11: Compasiune şi emoţii: lucrul cu anxietatea, furia şi iertarea

182 R.F. Baumeister, E. Bratslavsky, C. Finkenauer şi K.D. Vohs, „Bad is stronger than good", *Review of General Psychology*, vol. 5, 2001, pp. 323–370. Oferă o analiză excelentă asupra modului în care emoţiile negative şi pozitive acţionează în moduri diferite şi de ce emoţiile negative bazate pe ameninţare sunt mai puternice şi pot avea un impact mult mai mare asupra noastră şi a vieţilor noastre, în comparaţie cu cele pozitive.

183 W.I. Miller, *The Mystery of Courage*, Harvard University Press, Cambridge, Massachusetts, 2000.

184 M. Linehan, *Dialectical Behavior Therapy*, Guilford, New York, 1993.

185 Steve Hayes a dezvoltat „terapia acceptării și angajamentului". Dacă vei căuta asta pe Google, vei găsi diferite site-uri și articole despre ea. Dacă te interesează manualul său de *self-help*, aruncă o privire la: S.C. Hayes, *Get Out of Your Mind and into Your Life: The new acceptance and commitment therapy*, New Harbinger, New York, 2005. *Vezi* și ediția în limba română: *Noua terapie prin acceptare și angajament*, traducere de Florentina Lijfering, Mihai Rotariu, Zsuzsanna-Agnes Sajnar, Krisztina-Gabriella Szabo, Polirom, Iași, 2013. Poate ești interesat și de ghidul bazat pe terapia acceptării și angajamentului, R. Harris, *The Happiness Trap*, Constable & Robinson, Londra, 2008.

186 W. Mansell, *Coping with Fears and Phobias: A step-by-step guide to understanding and facing your anxieties*, Oneworld, Oxford, 2007. Aceasta este o carte foarte bună, scrisă într-un stil plin de compasiune, deși este și foarte concentrată pe comportamentul cognitiv. Pentru probleme de îngrijorare și ruminare, aruncă un ochi și pe cartea lui Robert Leahy din 2006, *The Worry Cure* (Piatkus, Londra).

187 Furia poate lua multe forme și poate fi declanșată de multe lucruri. De asemenea, este un element important al unui spectru larg de tulburări care includ depresia și paranoia. R. DiGiuseppe și C. Tafrate, *op. cit.*

188 M.A. Fournier, D.S. Moskowitz și D.C. Zuroff, „Social rank strategies in hierarchical relationships", *Journal of Personality and Social Psychology*, vol. 83, 2002, pp. 425–433. Felul în care furia tinde să se răspândească de la oamenii cu putere spre cei cu mai puțină influență a fost analizat și de D. Keltner, D.H. Gruenfeld și C. Anderson, *op. cit.*

189 Dacă vrei mai multe informații despre *self-help*, există multe cărți pe care le poți consulta. Scrie „furie" în motorul de căutare de pe Amazon și vei descoperi numeroase surse, dintre care multe vor fi însoțite de recomandări din partea cititorilor. În special *The Dance of Anger: A woman's guide to changing the pattern of intimate relationships* de H.G. Lerner (Thorsons, Londra, 1999) este foarte folositoare pentru înțelegerea modului în care furia acționează în relații. În cartea sa *Overcoming Anger and Irritability* (Robinson, Londra, 2000), William Davies face o analiză cognitiv-comportamentală. Ideea importantă este că tu iei o decizie să lucrezi cu furia ta, să explorezi diferite căi și să le folosești pe cele care te ajută cel mai mult. Și să nu îți fie rușine să cauți ajutor profesionist.

Capitolul 12: Comportamentul plin de compasiune: cultivarea curajului

190 D. Keltner, D.H. Gruenfeld și C. Anderson, *op. cit. Vezi* și M.A. Fournier, D.S. Moskowitz și D.C. Zuroff, *op. cit.* O lucrare fascinantă de R. Vonk, *op. cit.* arată felul în care unii agresori sunt lingușitori cu cei aflați deasupra lor, dar lipsiți de respect față de cei de mai jos. Este o problemă reală, pentru că mulți dintre noi cred că modul în care asemenea indivizi obțin poziții de putere în cadrul organizațiilor este din ce în ce mai problematic. În fața managerilor pot părea entuziaști, dornici să respecte termenele de predare și așa mai departe, dar subalternii îi detestă.

191 C.D. Batson, T.R. Klein, L. Highberger și L.L. Shaw, *op. cit.*

192 S.P. Oliner și P.M. Oliner, *The Altruistic Personality: Rescuers of Jews in Nazi Europe*, Free Press, New York, 1988. Există acum mai multe studii despre „comportamentul salvatorului" și dacă vei căuta acest lucru pe internet, vei găsi multe lucruri interesante.

193 T.D. Leighton, *op. cit.*

194 Rușinea profită de sistemele noastre de rang și de mentalitățile sociale, de modul în care ne gândim la noi înșine în termeni de inferior-superior și devenim supuși. *Vezi* P. Gilbert și M. McGuire, „Shame, status and social roles: The psychobiological continuum from monkeys to humans", în *Shame: Interpersonal Behavior, Psychopathology and Culture*, P. Gilbert și B. Andrews (ed.), Oxford University Press, New York, 1998, pp. 99–125. În opoziție totală, vina are legătură cu îngrijirea și cu evitarea răului. Acest lucru apare în diferite publicații: T.J. Scheff, „Shame and conformity: The deference–emotion system", *American Review of Sociology*, vol. 53, 1988, pp. 395–406. Poți găsi o analiză bună și o actualizare a acestor studii pe http://en.wikipedia.org/wiki/Asch_conformity_experiments (accesat pe 9 noiembrie 2008). Mai multe informații ai în R. Bond și P. Smith, „Culture and conformity: A meta-analysis of studies using Asch's line judgment task", *Psychological Bulletin*, vol. 119, 1996, pp. 111–137. Modul în sinele este construit prin identitatea de grup poate fi explorat prin scrierile lui D. Abrams, S. Cochrane, M.A. Hogg și J.C. Turner, „Knowing what to think by knowing who you are: Self-categorization and the nature of norm formation, conformity and group polarization", *British Journal of Social Psychology*, vol. 29, 1990, pp. 97–119; W.P. Robinson, *Social Groups and Identities*, Butterworth-Heinemann, Oxford, 1996.

195 P. Zimbardo, *The Lucifer Effect*, Rider, New York, 2007. *Vezi* și ediția în limba română: *Efectul Lucifer*, traducere de Dana Verescu, Roxana Melnicu, Nemira, București, 2009. Mai bine de 40 de ani, Philip Zimbardo a încercat să studieze și să înțeleagă cum pot apela la cruzime oamenii obișnuiți. El a fost membru al multor comitete ale Congresului care explorează cruzimea în diferitele aspecte ale vieții, dar, în special, în armată și, mai recent, în unele abuzuri din Irak. Cartea sa este tulburătoare din mai multe puncte de vedere, documentând experiențele sale în cercetare și observațiile făcute de-a lungul anilor. S. Milgram, *Obedience to Authority*, Harper & Row, New York, 1974. Această carte a avut un impact enorm atunci când a apărut, arătând cât de mulți dintre noi sunt supuși în fața autorității și vor comite cruzimi dacă li se cere asta. Există plângeri (îngrijorătoare) din partea unor oameni că cercetarea lui Milgram a fost imorală. Din nefericire, am permis unora dintre lecțiile învățate din această cercetare în anii '60 și '70 să se piardă și acum părem uluiți constant de cât de ușor oamenii pot recurge la acte de cruzime și comportamente imorale, preferând explicații simpliste și nereușind să înțeleagă cum *noi* creăm condițiile pentru cruzime. O carte excelentă care include și această problemă este N.F. Dixon, *op. cit.* Un articol oarecum controversat despre lucrarea și ideile lui Zimbardo este S.A. Haslam și S.D. Reicher, „The banality of evil", *The Psychologist*, vol. 21, 2008, pp. 16–19.

196 P. Gilbert, *op. cit.*

197 H.C. Kelman și V.L. Hamilton, *Crimes of Obedience*, Yale University Press, New Haven, Connecticut, 1989. Fiind interesat de toate patologiile și problemele asociate comportamentului nostru subordonat, recomand foarte mult această carte. Doar prin înfruntarea faptului că suntem foarte supuși putem să ne eliberăm de acest lucru – este o temă preluată în urmă cu mai mult de 50 de ani de Erich Fromm în cartea sa *Fear of Freedom.* (Vezi și ediția în limba română: *Frica de libertate*, traducere de Magdalena Măringuț, București, Teora, 1998.)

198 N.F. Dixon, *op. cit.*

199 M. Kettle, „US honours hero who defied Vietnam atrocity", *Guardian*, 5 martie 1998, p. 2.

200 *Vezi* nota 195.

201 P. Cockburn, *The Occupation: War and resistance in Iraq*, Verso, Londra, 2006. Această carte clarifică faptul că războiul a fost urmărit cu un amestec de exces de ambiție și pură incompetență în planificarea post-invazie. Există momente în care simți numai disperare în fața calității revoltătoare

a liderilor din lumea occidentală, a inaptitudinii lor morale și capacității lor de a manipula mediul de afaceri și banii.

202 Am scris un capitol despre cruzime pentru o carte intitulată *Living Like Crazy*. Nu a fost publicată niciodată, dar poți să descarci o parte din ea de pe site-ul Compassionate Mind (www.compassionatemind.co.uk), inclusiv capitolul despre cruzime.

203 G. Abbott, *Rack, Rope and Red-Hot Pincers: A history of torture and its instruments*, Headline, Londra, 1993.

Capitolul 13: Exprimarea minții prin compasiune

204 S. Begley, *op. cit.* Așa cum am menționat anterior, Richard Davidson și colegii săi s-au aflat în fruntea examinării modului în care meditația prin compasiune ne afectează creierii și corpurile. R.J. Davidson, J. Kabat-Zinn, J. Schumacher, M. Rosenkranz, D. Muller *et al.*, *op. cit.*; A. Lutz, J. Brefczynski-Lewis, T. Johnstone și R.J. Davidson, *op. cit.* G. Rein, M. Atkinson și R. McCraty, *op. cit.*

205 S. Einhorn, *The Art of Being Kind*, Sphere, Londra, 2006.

206 J.M. Gottman, J. Driver și A. Tabares, „Building the sound marital house: An empirically derived couple therapy", în *Clinical Handbook of Couple Therapy*, A.S. Gurman și N.S. Jacobson (ed.), Guilford Press, New York, 2002, pp. 373–399.

207 D. Carnegie, *op. cit.*

208 Nancy Eisenberg este una dintre cele mai importante fețe ale dezvoltării comportamentului prosocial la copii. O analiză bună a lucrărilor sale este făcută în N. Eisenberg, „Empathy-related emotional responses, altruism, and their socialization", în *Visions of Compassion: Western scientists and Tibetan Buddhists examine human nature*, R. Davidson și A. Harrington (ed.), 2002, pp. 131–164. *Vezi și* N. Eisenberg și P.N. Mussen, „The Roots of Prosocial Behavior in Children", Cambridge University Press, New York, 1989. Chestiuni despre dezvoltarea morală și a comportamentului prosocial pot fi găsite într-o trilogie importantă: W.M. Kurtines și J.L. Gewirtz, *op. cit.* O analiză recentă poate fi găsită la H.W. Bierhoff „The psychology of compassion and prosocial behaviour". În P. Gilbert, *Compassion: Conceptualisations, research and use in psychotherapy*, Routledge, Londra, pp. 148–167.

209 M.L. Hoffman, *op. cit.*

210 N. Emler și R. Hogan, „Moral psychology and public policy", în W.M. Kurtines și J.L. Gewirtz, *op. cit.* R. Wilkinson, *op. cit.*

211 I.I. Gilmour, *Dancing with Dogma: Britain under Thatcherism*, Simon & Schuster, Londra, 1993, p. 340.

212 Există multe site-uri care dezbat natura conștiinței – unele extrem de tehnice și în care te poți pierde cu ușurință. Ai putea fi interesat de M. Ricard și T.X. Thuan, *The Quantum and the Lotus*, Three Rivers Press, New York, 2001. Și A. Goiswanis, *The Self-aware Universe*, Simon & Schuster, Londra, 1993. Ține cont că acestea sunt chestiuni foarte dezbătute.

213 R.A. Hinde, *op. cit.* O altă carte fascinantă care explorează mecanismul psihologic evoluat care susține credința și experiențele religioase este cea a lui Brant Wenegrat, *op. cit.* Există, desigur, multe lucrări despre funcțiile religiei, cum s-au dezvoltat ele din evoluția capacității noastre de a ne imagina și a ne gândi la alte minți, și cât de periculoasă și tragică este viața – cum încercăm să îi dăm sens. Alți autori pun accent pe rolul nevoii de a avea un sentiment de apartenență, de a fi atașat și îngrijit și în special de un sentiment de uniune, ca modalitate de a accepta moartea ca sfârșit. *Vezi* L.A. Kirkpatrick, *op. cit.*

214 O transcriere completă a discursului președintelui Obama poate fi găsită aici: http://news.bbc.co.uk/1/hi/world/americas/obama_inauguration/7840646.stm.

DESCOPERĂ MAI MULTE

Cărți

Meditație

Două combinații de cărți/CD-uri folositoare:

- Jack Kornfield, *Meditation for Beginners*, Bantam Books, New York, 2014.
- Dagsay Tulku Rinpoche, *The Practice of Tibetan Meditation: Exercises, visualisations, and mantras for health and well being.*

Mindfulness

Există multe cărți despre mindfulness. Două cărți clasice sunt:

- Thich Nhat Hanh, *The Miracle of Mindfulness*, Rider, Londra, 1991. *Vezi* și ediția în română: *Miracolul conștientizării*, traducere de Mihai Popescu, Adevăr Divin, 2017.
- Jon Kabat-Zinn, *Coming to Our Senses: Healing ourselves and the world through mindfulness*, Piatkus, New York, 2005.

Dalai Lama

Dalai Lama este liderul spiritual al budismului, care poate fi văzut atât ca o abordare spirituală, cât și ca psihologie. Este în special folositor pentru psihologia sa și cunoștințele adunate de-a lungul a mii de ani de meditație și introspecție.

- Dalai Lama, *The Power of Compassion.*
- Dalai Lama, *An Open Heart: Practising compassion in everyday life.*

Alte cărți

Două cărți pe care le-am găsit în special inspiraționale și frumos scrise sunt:

- Bikshu Sangharakshita, *Living with Kindness: The Buddha's teaching on metta.*
- Jeffrey Hopkins, *Cultivating Compassion: A Buddhist perspective.*

Dacă vrei o abordare mai tehnică, aruncă o privire la:

- Paul Gilbert, *Compassion: Conceptualisations, research and use in psychotherapy.*
- Richard J. Davidson și Anne Harrington, *Visions of Compassion: Western scientists and Tibetan Buddhists examine human nature.*

CD-uri

Nişte CD-uri folositoare care te vor ghida:

- Pema Chodron, *How to Meditate: A practical guide to making friends with your mind*, Sounds True, Boulder, Colorado, 2007. Ea oferă un program comprehensiv bazat pe mindfulness.
- Jeffrey Brantley, *Calming Your Anxious Mind: How mindfulness and compassion can free you from anxiety, fear and panic*, Harbinger, New York, 2003.
- Mark Williams, John Teasdale, Zindel Segal şi Jon Kabat-Zinn, *The Mindful Way through Depression: Freeing yourself from chronic unhappiness*, Sounds True, Boulder, Colorado, 2007.
- Jon Kabat-Zinn a lansat propriul set de CD-uri intitulat *Guided Mindfulness Meditation* (Sounds True, Boulder, Colorado, 2005). Poţi găsi mai multe despre munca sa pe internet.

Site-uri

Compassionate Mind Foundation
www.compassionatemind.co.uk

În 2007, eu şi câţiva colegi am creat o organizaţie caritabilă numită Compassionate Mind Foundation. Pe acest site, vei găsi diferite eseuri şi detalii despre alte site-uri care analizează diferite aspecte ale compasiunii. Vei descoperi şi o mulţime de materiale pe care le poţi folosi pentru meditaţie asupra compasiunii.

Mind & Life Institute
www.mindandlife.org

Dalai Lama a construit relaţii cu oamenii de ştiinţă din Occident pentru a dezvolta un mod de viaţă mai plin de compasiune. Mai multe informaţii pot fi găsite pe acest site.

Self-Compassion
www.self-compassion.org

Dr. Kristin Neff este unul dintre cercetătorii de frunte în domeniul compasiunii de sine.

The Greater Good
www.greatergood.berkeley.edu/greatergood

Acestea sunt site-ul şi revista create de cercetătorii de la University of California, Berkeley, pentru a promova şi a-i atenţiona pe oameni în legătură cu cercetarea în domeniul compasiunii. Este excelent.

Construirea societăților pline de compasiune

Community Development Framework: No community left behind
http://www.nocommunityleftbehind.ca/

Community foundation
http://en.wikipedia.org/wiki/Community_foundations

Community Foundation Network
http://www.communityfoundations.org.uk/

Compassion in World Farming
www.ciwf.org.uk/

Nurturing Compassion: An elementary school-wide theme
http://www.vsb.bc.ca/districtinfo/organization/ls/compassion/ElementaryCompassionTheme.htm

Principles for Responsible Investment
www.unpri.org/principles/

Restorative Justice Consortium
www.restorativejustice.org.uk/

Restorative Justice 4 Schools
http://restorativejustice4schools.co.uk

SureStart
www.surestart.gov.uk

Transatlantic Community Foundation
http://www.tcfn.efc.be/whats_new.php

United Nations Foundation
www.unfoundation.org/about-unf/

INDICE

A

Abbot, Geoffrey 416
abuz 96, 104, 123, 138, 166, 192, 194, 276, 323, 335, 347, 393
acceptare 30, 63, 116, 174, 189, 209, 217, 229, 280, 293, 331, 357, 370, 374, 376, 376, 401, 408, 411, 425, 446
  socială 231–232
achiziție/obținere/dobândire 111, 113, 123, 145
  motive pentru 109
ADN 70, 101, 109, 287
adolescent/adolescență 104, 126
  arhetipul eroului 117
  sentimente sexuale 131
afecțiune 67, 188–191, 277
„afluență“ 34
agresivitate/agresiune 67, 91, 105, 111, 128, 153, 172, 220, 334, 418
  consecințe ale 105–106
  dorințe pentru 133
  și arme 57
  și lăcomie 57
alcool(ism) 33, 35, 71, 83, 105, 106, 213, 390–391, 401
  și violența domestică 79–80
altruism 68, 188, 205, 209, 407, 436
  față de rude 123
  împărtășit/reciproc 125
anxietate 33, 48, 123, 143, 145–146, 173, 196, 201–202, 204, 223, 238, 266, 278, 284, 287, 345, 452
  expunere la/depășire 164
  grupuri de suport pentru 383
  interacțiunea cu 381–382
  medicamente pentru 377
  plan în zece pași pentru gestionare 376–384
  reflectare asupra 382–384
  socială 41, 288, 439
  tehnici de diminuare 420
  tulburări 375
arhetipal(e)
  comportament 343, 344, 411
  frici 299
  minți/dorințe 397–399
  modele/strategii de viață 50
  povești 119
  sentimente 135–136, 137
  sentimente dureroase 162
  și mentalități sociale 295
  teme 136–137
arhetipuri 111–118, 127, 131–139, 237, 239, 264, 418
  bazate pe frică 345
  care controlează grupuri 134
  compasiune și 139–141
  concurențial 130
  drept cauză a nevrozei (intenția arhetipală dejucată) 117
  erou 116–118
  mama 116
  persona 116
  sexuale – anima/animus 116
  și strategii 113–114
  și teoria mentalității sociale 121
  umbra 116

Aristotel 93, 95
Art of Being Kind, The 435
Asch, Solomon 408–409
asertivitate 63, 106, 150, 224, 351–352, 355, 371, 384, 385, 388, 389, 392–394
  față de sine 156, 404–405
  formare 304, 393, 404–405
  lipsă a 159, 304
  și compasiune 404–406
Asociația Europeană pentru Psihoterapie Cognitiv-Comportamentală 294
atașament 29, 39, 74, 96, 117, 188, 190, 208, 369
atenție, plină de compasiune 223, 226, 310–311, 368, 375
Atkinson, M. 269

B

Bailey, Kent 111
Baldwin, Mark 330
Baron-Cohen, Simon 78
Baumeister, Roy 69
Beck, Aaron 287–288, 289, 294
behaviorism 147, 228, 289, 372
Booker, Christopher 118
Buddha 74, 88, 96, 100, 119, 168–171, 183–185, 261, 266, 270–273, 281, 284–285, 294, 406, 426, 452
  dorința la 169
  și calea cu opt alegeri 208–209, 226
  și calea de mijloc 171, 185
budism (și) 42, 77, 84, 88, 93, 100, 114, 136, 138, 210, 237–238, 257, 263, 264, 270, 294–295, 305, 348, 374, 390, 406
  absența judecății 221–222
  bodhisattva compasiunii 270, 276–277, 293
  bunătate 30–31
  bunătate iubitoare față de sine 258
  compasiune 30–31, 38, 92
  conceptul de mindfulness 293
  ego 60–61
  Mahayana (concentrată pe compasiune) 170
  reincarnare 29
  sex tantric 170–171
  suferință 29
  tantric 266
  Theravada (concentrată pe conștientizare) 170
  Vajrayana/tradiția tantrică 170
budism Zen 293
bunătate/bunăvoință 28–30, 41, 47, 101, 180–181, 196–197, 205–208, 243, 253, 258, 261–263, 301, 325, 373, 397, 424
  concentrată pe sine 43, 74, 88, 257, 453
  direcționată către alții 263–264, 430, 435–436
Bunting, Madeline 32–34
Bush, George 119–120

C

calm/calmant 65, 97, 187, 189–190, 206, 239, 245–246, 248–249, 256, 265, 270, 369, 371, 392, 407, 438
  a se calma 122, 161, 163, 164, 222, 308, 350
  loc liniștitor 268, 316
Cameron, David 93
Campbell, Joseph 118
capacitățile compasiunii 223–226, 257, 310–313
  ajutorare plină de compasiune 224
  atenția plină de compasiune 223
  comportare cu compasiune 224
  gândirea plină de compasiune 223–224
Carnegie, Dale 73, 93, 437
Cigarettes are Sublime 107
compasiune (și) 27–43, 67–68, 424
  autoalinarea prin 205–206
  blocare 97
  bunătate 30–31
  ca antidot la necaz 141
  cerc al 209–210, 211, 219, 232, 303, 363, 442
  curaj 31, 221
  definiții ale 208–210
  drept cale spre fericire/stare de bine 28, 208
  emoții 425–430
  eroică 406–407
  față de alții 399

formare/antrenarea minții pentru 206–208
îmbunătățirea vieții cu 425–430
model al creierului 189
pentru dezvoltarea înțelepciunii 208
rezistența la 93
rușine, vinovăție și dreptate 226–232
compasiunea de sine 62, 83, 123, 124, 141, 143, 180, 198, 204, 211–212, 260, 318, 321–368, 373, 422, 430
elemente ale 209
formarea/antrenarea minții pentru 424–425
lipsă a 207
rezistența 93–99
compasiunea în contextul creierilor și minților vechi și noi 198–233
competiție/competitivitate 32, 41, 42, 70–72, 83, 90, 126, 128–130, 181, 205–206, 402
abordări competitive 132
și mentalitatea socială competitivă 132, 133, 141, 177–179
comportament 41, 257
atașament 117
căutarea aprobării 414–415
combativ teritorial/supus 407–411
competitiv 41
crud 138, 411–415
de mâncare 398
distrugător 120
funcțiile de apărare ale 405
îngrijitor/afectuos 441–442
la copii 440–441
mijloace de intimidare pentru rău 229, 230
plin de compasiune 311, 398–401, 402, 440
prosocial 440–442
schimbări la 138
terapie 293, 374
comportament plin de compasiune 48, 106–107, 224, 311, 371, 378, 385, 396, 429–430, 439–440
și cultivarea curajului 397–422
și curaj 372–375
comportament prosocial 11, 18, 92, 425, 440–442
conectare 30, 36, 47, 50–51, 70–71, 74, 186, 265, 280
cu sinele 82
socială 43
și deconectare 29, 64, 65, 287
conștientizarea existenței și a minții 100–101
conștiință 34, 49, 108, 143, 168, 197, 232, 238, 254, 256, 268, 319, 325, 367, 393, 413, 420–421
de sine 162, 193
forme de 450–451
Convenția de la Geneva 127
Cooley, Charles Horton 330
copii
amintirile timpurii ale 103–104
anxietatea la 147
compasiunea pentru 449
comportamentul la 41
comportamentul prosocial la 440
dezvoltarea creierului la 191
drept hărțuitori/agresori 335–336
educarea pentru compasiune 442
educația morală și psihologică la 442
feedback/asigurare pentru 193
importanța afecțiunii fizic pentru 190–191
instuționalizați/îngrijiți 445
jocul cooperativ al 125
măcelărirea inamicilor 137
mentalitatea socială competitivă la 178
munca de caritate pentru 448
neglijați 41
pedepsiți pentru furie 147–148
probleme timpurii ale 130
problemele de separare la 161–162
programul Surestart (UK) pentru 449
respingerea părintească a 157
segregarea educațională a 70
sentimentul de sine și amintirile emoționale 191–194
și frica de pedeapsă 440–441
și gândurile automate de respingere 288
și îngrijirea 66–67
și jocurile video 172
și reacția de disperare și protest/ „dor“ 161
și semnale din partea părinților/ adulților 191

și sentimentul timpuri de empatie/ dreptate 89
și UNICEF 448
copilărie
abuz 138, 166, 192, 194, 276, 323, 333–335, 346–347, 356
amintiri 333–335
amintiri de respingere 213
dificultăți 215–216, 276, 296
experiența de îngrijire la 191
nefericită 178, 201
probleme 94, 130
și perfecționism 178
creier nou/minte nouă (și) 51–59, 60, 63, 86, 87, 105, 134, 140, 253, 283–285, 295, 299, 305, 307, 308, 319, 320, 324, 371, 398, 404, 418
competențe 56–57, 284–285
conștientizarea de sine 162
cortexul frontal 58
limbaj și simboluri 113
relația cu creierul vechi/mintea veche 58, 237
talente 55
creier 28–30, 44, 102–105, 122–123, 140, 200, 283
al celor care empatizează 98
al copiilor 67–68, 191
amigdala 154, 202, 276, 379, 425, 403
amintiri emoționante 154
arhetipuri/strategii 132–139
autoprotector 155–156
complexitate 60
conexiunile dintre neuroni în 102–105, 106, 320
conștiință 450
cortexul frontal al 58, 155
dezvoltarea 190
dorințe/motivații 125
efectul gândului/imaginației asupra 202–205, 203
etichetarea emoțiilor 192–193
expresii faciale 276
gândurile noastre 204
glanda pituitară 202
hipocamp 154–155
hipotalamus 202
hormoni 196
legături cu principiul realității 106
leziuni 29
mărimea la cimpanzei 52
mărimea/dezvoltarea la oameni 52
memoria evenimentelor din 154–155
neuroni 102–106, 214
proiectarea 87
reptilian 111
schimbări în 254–255
sistematizare 78
sisteme 206
sisteme de reglare emoțională 142
sistemul de atașament 96
sistemul limbic 202
stările curente ale 291
stimularea tiparelor de sprijin din 84
și amenințare/stres 66–67
și îngrijire 66–68, 188
și tipare ale stărilor creierului 62–63, 452
tipare 115, 238, 260
tipare/sisteme de compasiune 65, 189, 417
creier vechi/minte veche 50–51, 60, 66, 87, 215, 239, 253, 284, 292, 295, 307, 319, 324, 418–419, 423, 452
abilitățile sale 51
apărări/pasiuni 56–57
emoții ale sale 50, 55, 58, 82–83
motivațiile sale teritoriale 56–57
motivele sale 58
sisteme 64–65
și relațiile cu creierul nou 237
creștinism/creștini 29, 42, 76, 87, 120, 372
Crimes of Obedience 411
critică 196, 204–205, 408, 438–439
cruzime 135, 220, 284, 415–419
confruntarea capacității noastre pentru 411–415
și sadism ca virtuți 415–418
Cum să vă faceți prieteni și să deveniți influent 73, 93, 437
curaj 31, 43, 48, 118, 217, 221, 264, 311, 315–316, 321, 348, 372–375, 395
cultivare a 397–422
în comportamente de luptă 407–411
în confruntarea umbrelor 418–419
politic 101
și acțiune/comportament 372–375

şi compasiunea eroică 406–407
şi conştiinţă 420–421
Curse of the Self, The 59

D

Dalai Lama 11, 57, 82, 83, 105, 141, 185, 209, 260, 294, 318, 385, 426
Dancing with Dogma: Britain under Thatcherism 443
Darwin, Charles 108
Dawkins, R. 140
De ce eficienţa este rea pentru tine! 37
deconectare 336, 346
şi însingurare 64–65, 287
depresie (şi) 46, 48–49, 57, 62–63, 74, 94, 123, 129, 143–144, 155, 162–163, 178–196, 216, 222, 251, 266, 284, 288, 319, 342–348, 361, 376, 418
ca stare a creierului 306–307
furie 147–148
maniacală 46
mindfulness 244–245, 294
tabu asupra plăcerii 217
dezgust 48, 49, 149, 173, 278, 350, 416–417
Dialectical Behaviour Therapy (DBT) 293
dispreţ/sfidare 77, 83, 117, 148, 181, 192, 215, 321, 416, 437, 447
Dixon, Norman F. 413
Dumnezeu 77, 92, 136–137, 331, 346, 415, 451
ca binevoitor 86–87
din Vechiul Testament 136–137, 412
sau zei 233, 343–345
şi egalitatea 77
şi favoriţii 136–137
şi suferinţa 86–87

E

echilibrare
capacităţi şi puncte forte 309
emoţii 48–49, 196, 218, 313, 320, 340, 425
gânduri 304–307, 310, 315–316, 317, 319, 325, 373, 380
minte 142, 144, 307–308, 310, 317, 358, 452
egalitarism 68, 71, 80, 126
Einhorn, Stefan 435
Eisenberg, Nancy 440
Ellis, Albert 289
emoţii 62–63, 87, 147–151, 237, 258, 263–264, 291, 299–300, 369–396
ascultarea lor 150–151
bazate pe ameninţare 150
concentrarea pe 311–312
conştientizare a 63
generate de imagerie 261
înţelegerea naturii şi originilor lor 48–50
protectoare 151
purificarea lor 370
sistemele de reglare a lor 425
suprimarea lor 156–158
şi comportamentul plin de compasiune 371–375
şi gândurile negative 292
şi provocări 49–50
empatie 80, 89, 132–133, 137, 218–221, 227–228, 265–266, 440, 441
ca imaginaţie 220–221
faţă de sine 221
obţinerea ei 266
pentru ce este diferit 76
plină de compasiune 219
reciprocă 229
şi jocurile 442
utilizările negative ale ei 219
„empatizatori“ şi „sistematizatori“ 78
endorfine 41, 47, 187, 438
Epstein, Mark 169
Eroul cu o mie de chipuri 118
eşec(uri) 108, 162, 180–182, 185, 201, 207, 209, 329, 355, 359, 382
evoluţionişti 207, 372, 404
Exerciţii de meditaţie pentru depăşirea depresiei 255, 294
exersarea compasiunii 45, 48, 53, 56, 92, 228, 233

F

Favreau, Jon 453
fericire 27–30, 34, 37, 43, 48, 105, 141, 143, 171, 198, 259–260, 293,

296, 318, 366, 373, 395, 421, 424, 425–426, 437
evitarea ei 217–218
Ferster, C.B. 147
Field, Tiffany 190
fluxul vieții (și) 38–43, 100–142, 151, 263
apariția din el 101–114
capturare 40–41
constrângerile contextuale 41
suprasarcina contextuală 40
Freud, Sigmund 115–116, 147, 165, 288, 346, 418
și nevroza 287
și principiul realității 106
și teoria depresiei 342–343
frustrare 47, 143, 146, 184, 185, 199, 268, 306, 321, 371, 400, 438
concentrată pe sine 398
furie/mânie 48, 49, 96, 107, 124, 133, 150, 151, 155, 173, 202, 204, 212, 216, 222, 223, 229, 232, 238, 278, 288, 310, 319, 327, 335, 350, 384–395, 406–407, 452
blocată 166
ca apărare 226
ca tragedie 346
concepte-cheie ale 147–149
dezavantaje ale 386–387
direcționată către sine 148–149
frica de a reduce 148–149
frica de propria 156
plan în zece pași pentru gestionarea 387–395
răzbunătoare 146–147
și agresivitate 350, 406, 385–386, 390
și depresie 147
și iubire 352–353
toleranță fără acțiune 389
Gandhi 96, 149
gânduri automate 288, 291, 299
generozitate 30, 98, 421, 436, 448–450
genocid 87, 127, 134, 149, 412
Gerhardt, Sue 190
Gilbert, Daniel 198
Gilmour, Ian 443
gnosticism 29, 87

H

Hamilton, V. Lee 411
Hamlin, Kiley 207
Hayes, Stephen 294
hărțuire 36, 165, 302, 333, 335–336, 386, 439, 444
la noi înșine 355, 390, 402–403
și a deveni hărțuitor/agresor 335–336
și a fi hărțuit 156, 204, 402
Hesse, Hermann 118
Hitler 119, 120, 149, 150, 414
Hoffman, Martin 228, 441
homosexualitate 76, 91–92, 333
hormoni 41, 102, 188, 190, 203, 389
cortizol 39, 46, 67, 155, 204
de stres 12, 39, 46, 67, 190, 208, 332, 395, 436
în adolescență 104
ocitocină 41, 47, 188, 196
vasopresină 188
Horney, Karen 298
Hughes, Bill 266

I

iertare 90, 137, 353–354, 394–395
și neiertare 353
Iisus, Hristos 96, 120, 137, 231, 281, 272, 451
inamici/dușmani 91, 117, 133, 148 149, 220, 264, 419
ai lui Dumnezeu 136–137
descrierea lor 120
gândirea plină de compasiune față de 318
Institutul Național pentru Sănătate și Excelență Clinică (NICE) 290
invidie 80–82, 130, 185, 369, 440
Irod 137

Î

În căutarea fericirii 198
îngrijire/îngrijitor 66–68, 122–123, 133
aspecte ale 123–124
comportament, evoluție a 188
emoțională 124
instrumentală 124
motivație pentru 443

părintească 66
relații, adoptare 73
spre compasiune 196–197
și mentalitățile sociale date 205
și preferințe genetice 139–140
însingurare 64–65, 123, 335, 336, 436
și relaxare 249–250
învinui/învinuire 384–385, 405, 418, 444
auto- 105, 151, 159, 162, 184, 221, 291, 342–346, 347, 356, 358, 361, 375, 422
Dumnezeu 77, 137, 446
și pedeapsă 229–230
transferul 353

J

Jackson, Peter 119
James, Oliver 34
Jung, Carl 76, 110, 115–117, 118, 137–138, 221, 346, 418
și conștiința lui Dumnezeu 138
și vizitarea umbrei 221

K

Kabat-Zinn, Jon 294
Kant, Immanuel 115
Kelly, George 285–287, 288
Kelman, Herbert C. 411–413
Klein, Richard 107

L

lăcomie 55–57, 120–121, 172, 369, 399
Leahy, R.L. 147
Leary, Mark 59, 69
Linehan, Marsha 293, 374
Lista lui Schindler 406

M

Mandela, Nelson 96, 149
mantră 244, 254, 279
Marx, Karl 13–14, 34
masacrul de la My Lai 412
McCraty, R. 269
meditație 35, 47, 134, 238, 260, 370, 374, 390, 426–428, 430, 437
Milgram, Stanley 410, 414
Miller, William 372
moarte 67–68, 87, 116, 136, 164–165, 176, 202, 207, 344–345, 346, 408, 412, 414
a înfrunta 85, 217
frica de 345, 374
mulțumire 30, 34, 38, 43, 47–49, 63, 81, 148, 218, 258–259, 263, 268, 321, 331
de viață 168–197
frica de 260
învățarea 174

N

Naish, John 34
National Health Service (NHS) 32, 35, 71, 126, 182, 443, 445
și ținte/obiective 182
Neff, Kristin 209, 341
și site-ul despre compasiunea de sine 209
negare 106–107, 197, 229, 296, 390, 419
de sine 401
nevroză 116, 160, 287
Nietzsche, Friedrich 342
Nightingale, Florence 96
No Community Left Behind 449
Nurturing Compassion (Vancouver School Board) 449

O

Obama, Barack 448, 453
Oliner, Samuel și Pearl 406
Open to Desire 169
opioide 41, 187, 190, 196
Organizația Mondială a Sănătății (OMS) 33
Organizația Națiunilor Unite 448
și *Principiile pentru o Investiție Responsabilă* 449
Our Own Worst Enemy 413
Overcoming Depression 313

P

perfecționism 178–179, 185, 194, 335
perfecționism Zen 185
Planeta interzisă 418
Platon 115

plăcere 35, 44, 46–48, 62, 121, 426
fizică 55, 101, 107, 113, 218, 250–251, 252, 253, 296
și mulțumiri 168–197
prietenie 46, 50–51, 69, 70, 121, 140, 176, 188, 405, 489
și sistemul imunitar 70
Procter, Sue 248
psihologia evoluționistă 97, 188

R

Rack, Rope and Red-Hot Pincers 416
Răspuns lui Iov 138
rău 73, 87, 111, 119–120, 148, 156, 215, 411, 418
și urâțenie 120–121
recunoștință 127, 246–247, 378, 428, 437, 439
relații apropiate (și) 436–440
atingerea adecvată/îmbrățișarea 438
elemente periculoase pentru 437
fluxul pozitiv în 437
îngrijirea bazată pe frică/nevoie 439–440
Restorative Justice: The Evidence 229

S

Sagan, Carl 111
Sapolsky, Robert 190
sănătate/stare de bine 28, 32, 41, 65–66, 67, 70, 73, 89, 98, 106–107, 126, 132, 189, 389, 397, 455
probleme 371
sisteme 448
și General Medical Council 445
și relația doctor–pacient 445–446
Scheff, Thomas 409
Seddon, John 72
Segal, Zindel 294
sentimente pozitive 30, 46–47, 50, 62–63, 121, 171, 187, 191, 204, 218, 330, 331–332, 424
crearea lor 194–196
pierderea lor 361
și relații însemnate 195
și sinele 193–194
societăți axate pe bunăstare 32–33
Spielberg, Steven 406
spiritualitate 135–139, 450–451
și tradiții spirituale 28, 29, 38
Star Wars 118
Stevens, Anthony 117
strategia evoluționistă 129
strategii defensive 145, 163, 213, 345
dezgust/dispreț/sfidare 149
suferință 85–88, 202, 216, 306, 317, 344
dorința de alinare 210
eliberarea de 263–264
natura ei 29–30
Systems Thinking in the Public Sector 72

T

Teasdale, John 294
terapia acceptării și angajamentului (ACT) 294
terapia cognitivă (TC) 147, 289, 349, 382
terapia cognitiv-comportamentală (TCC) 94, 289–290, 296–297, 304, 307
terapia dialectic-comportamentală (DBT) 374
The Dragons of Eden 111
toleranță 338, 374
emoțională 224
pentru sentimente dureroase 217
plină de compasiune 217
suferință/supărare 217–218
și împărtășirea emoțiilor 265
Tolkien, J.R.R. 119
Truth and Reconciliation Commission (Africa de Sud) 229

U

ură/dușmănie 75, 77, 117, 151, 369
ca tragedie 346
de sine 84, 135, 174, 180
eradicarea ei 264

V

vinovăție 65, 164, 226–228, 229, 341–342, 339–400, 405, 441

W

Williams, Mark 255, 294
Willing Slaves 32
World Trade Center 407

Y

yoga și mindfulness 245